World Book 207
Henry James
DAISY MILLER/THE TURN OF THE SCREW
데이지 밀러/나사의 회전
헨리 제임스/강서진 옮김

동서문화사

디자인 : 동서랑 미술팀

데이지 밀러/나사의 회전
차례

데이지 밀러 … 9
    제1부 브베 … 11
    제2부 로마 … 40
나사의 회전 … 75
번화한 거리 모퉁이집 … 205
어느 헌 옷가지에 얽힌 로맨스 … 245
앰비언트의 《벨트라피오》 … 269
    제1장 … 271
    제2장 … 285
    제3장 … 297
    제4장 … 310
융단 속의 무늬 … 325
실수의 비극 … 375
사생활 … 401
오언 윈그레이브 … 439
친구 중의 친구 … 475
노스모어 집안의 굴욕 … 503

헨리 제임스 삶과 문학 … 525
    헨리 제임스 삶과 문학 … 527
    헨리 제임스 연보 … 550

Daisy Miller
데이지 밀러

제1부
브베

　스위스의 작은 마을 브베(레만 호수 동북부)에는 유난히 쾌적한 분위기의 호텔이 하나 있다. 브베에는 호텔이 많은데, 그도 그럴 것이 관광객 접대가 이 마을의 본업이기 때문이다. 마을을 방문한 많은 여행객들이 기억하듯이, 이곳 관광객이라면 누구든 꼭 한 번은 방문할 가치가 있는 놀라울 정도로 푸른 호수가 있다. 호숫가에는 숙박 시설이 즐비하게 늘어서 있다. 새하얀 현관과 백 개쯤 되는 발코니, 지붕 위에는 열두 개 깃발이 펄럭이는 최신식 '그랜드 호텔'부터, 분홍 노랑 담벼락에 독일어처럼 생긴 활자체로 이름을 쓰고 정원 한구석에는 우스꽝스러운 정자를 세워 놓은 예스러운 스위스풍의 조그만 펜션에 이르기까지 각양각색이다. 하지만 브베에 있는 호텔 중에서도 호화로움이나 원숙한 분위기가 돋아보이는 한 곳이, 주위의 수많은 새 호텔들과는 달리 평판도 좋고 고전적인 분위기를 자아낸다.
　이 지역은 6월이면 미국인 관광객이 엄청나게 몰려드는데, 브베는 이 시기가 되면 미국의 어느 해수욕장 같은 느낌이 든다고 해도 과언이 아니다. 눈에 보이는 풍경, 귀에 들리는 소리가 뉴포트(미국 로드 아일랜드 주에 있는 해수욕장)나 사라토가(미국 뉴욕 주에 있는 해수욕장)를 떠올리게 한다. '최신식'으로 차려입은 아가씨들이 이쪽저쪽으로 경쾌하게 폴짝폴짝 뛰어다닌다. 모슬린 치맛자락이 사락사락 스친다. 무도곡이 아침부터 요란하게 울려 퍼진다. 높고 날카로운 목소리가 온종일 끊이지 않는다. 일류 호텔 '트루아 쿠론느'에 있노라면 이런 광경과 소리에 특히 강한 인상을 받아 사람들은 저도 모르게 자신이 오션 하우스(뉴포트에 있는 여관 이름)나 콩그레스 홀(사라토가에 있는 여관 이름)에 있는 듯한 착각에 빠져든다.
　여기서 한 가지 알아 두어야 할 사실은, 트루아 쿠론느엔 이런 풍경과는 서로 다른 특징들도 있다는 것이다. 공사관 서기처럼 깔끔한 복장을 한 독일인 웨이터들, 정원에 앉아 쉬는 러시아 공주들, 가정교사 손을 잡고 걸어 다니는 폴란드 아이들, 햇빛을 받아 반짝이는 당 뒤 미디(레만 호수 남쪽의 산봉 우리들을 가리키는 말) 정상, 시옹 고성(레만 호수 동쪽 끝 섬에 있는 고성으로, 옛날에는 감옥으로 쓰였다)의 그림 같이 아름다운 탑이 바로 그것이다.

  미국과 닮은 점이 떠올라서였는지 미국과 다른 점이 떠올라서였는지는 모르겠지만, 지금으로부터 2, 3년 전 한 미국인 청년이 이 트루아 쿠론느의 정원에 앉아서, 내가 앞서 언급한 아름다운 광경들을 한가하게 바라보고 있었다. 아름다운 여름날 아침이었으니, 이 젊은 미국인이 어떤 기분으로 바라보았든 간에 주변 풍경이 황홀할 정도로 아름답게 보였을 것은 분명하다. 전날 그는 이 호텔에 묵고 있는 큰어머님을 만나러 작은 증기선을 타고, 오래도록 묵고 있던 제네바를 떠나왔다. 그러나 그 큰어머님이 두통이 나서(큰어머님은 늘 두통을 앓았다) 장뇌 냄새를 맡으며 방 안에 틀어박혀 있는 덕분에 한가하게 돌아다닐 수 있었다. 그는 스물일곱 살 정도 되어 보였다. 그를 좋게 보는 사람들은 그가 제네바에서 '연구를 하고 있다'고 말하고, 나쁘게 보는 사람들은—아니, 솔직히 말해 그를 나쁘게 보는 사람은 아무도 없었다. 그는 아주 상냥한 청년이어서 누구나 그를 좋아했다. 다만 내가 하고 싶은 말은, 그가 그토록 제네바를 떠나지 않으려고 하는 까닭은 그곳에 사는 한 숙녀—그보다 나이가 많은 어떤 외국 여인에게 완전히 빠져 버렸기 때문이라고 잘라 말하는 사람이 몇몇 있다는 것이다. 하지만 미국인 가운데 소문의 그 여인을 본 사람은 거의—아니, 아무도 없을 것이다. 어쨌든 윈터본은 칼뱅파의 소중심지인 제네바에 어렸을 때부터 강한 애착을 느꼈다. 그가 다닌 초등학교도 그곳에 있었고 대학 진학도 거기서 했는데, 이런 환경 덕분에 젊은 친구를 많이 사귈 수 있었다. 그중 많은 친구들과는 여전히 우정을 나누며 그들에게서 커다란 기쁨을 느꼈다.

  그는 큰어머님 방을 찾아갔다가, 그녀의 몸 상태가 그리 좋지 않다는 사실을 알고는 시내를 한 바퀴 산책하고 나서 아침을 먹었다. 식사를 마치고, 에스프레소를 마셨다. 커피였다. 커피를 다 마신 그는 담배에 불을 붙였다. 그때 한 사내아이가 길 저쪽에서 다가왔다. 아홉 살이나 열 살쯤 되어 보이는, 개구쟁이같이 생긴 꼬마였다. 나이에 비해 몸집은 아주 작았으나 조숙해 보이는 인상으로, 창백한 얼굴에 이목구비가 날카롭고 오목조목했다. 니커보커스(무릎까지 오는 품이 넉넉한 서양식 바지)에 빨간 양말을 신었는데, 깡마른 정강이가 고스란히 드러나 보였다. 넥타이도 지나치게 빨갛고 화려했다. 손에 기다란 지팡이를 들고 다니면서 그 날카로운 끝으로 화단이며 정원 벤치, 길게 끌리는 부인들의 치맛자락까지 가까이 있는 것은 닥치는 대로 찔러댔다. 아이는 윈터본 앞에 멈춰 서더니, 날카롭게 빛나는 작은 눈으로 그를 빤히 쳐다보았다.

"설탕 하나만 주실래요?" 아이가 또랑또랑한 목소리로 물어 왔다. 앳되긴 하지만, 왠지 성숙한 느낌을 주는 목소리였다.

윈터본은 커피 잔이 놓인 작은 탁자를 힐끗 보았다. 거기엔 설탕 몇 조각이 남아 있었다.

"그래, 하나 가져가렴. 하지만 설탕은 아이들에게 좋지 않은데."

아이가 앞으로 다가와, 몹시 탐내던 각설탕 중에서 세 덩이를 조심스럽게 골라냈다. 그리고 그중 두 개는 니커보커스 호주머니에 넣고, 나머지 한 개는 재빨리 입안으로 털어 넣었다. 그러더니 창이라도 찌르듯이, 윈터본이 앉은 벤치를 등산지팡이로 쿡쿡 찌르면서 각설탕을 깨물었다.

"에잇, 제기랄. 너무 딱딱하잖아!" 아이가 '딱딱하다'라는 형용사를 매우 독특하게 발음하면서 소리쳤다.

그 발음을 듣는 순간 윈터본은 이 꼬마를 동포라고 부르는 영광을 얻게 되리라는 사실을 직감했다.

"이 상하지 않게 조심하렴." 그가 아버지 같은 말투로 말했다.

"어차피 상할 이도 없어요. 모두 빠져 버렸거든요 이제는 일곱 개밖에 없어요. 어젯밤에 엄마가 이를 세어 주셨는데, 곧바로 또 하나가 빠져 버렸어요. 엄마는 또다시 이가 빠지면 날 때리겠다고 말씀하셨지만, 나도 어쩔 수가 없어요. 이 낡아빠진 유럽 탓인걸요. 이 날씨 때문에 빠지는 거라고요. 미국에선 빠지지 않았어요. 이 호텔들이 문제라니까요."

윈터본은 아주 재미있었다.

"그 각설탕 세 개를 다 먹으면 엄마한테 분명히 맞을 거다."

"그러게 사탕을 좀 주면 좋잖아요." 어린 말동무가 지지 않고 대꾸했다. "여기 와서는 사탕이라곤 구경도 못했어요. 미국 사탕 말이에요. 사탕은 미국 게 최고거든요."

"사내아이도 미국 아이가 최고고?"

"모르겠어요. 나도 미국 아이이긴 하지만요."

"내가 보기에 너는 최고인 것 같구나!" 윈터본이 웃으면서 말했다.

"아저씬 미국 사람인가요?" 명랑한 사내아이가 물었다. 윈터본이 그렇다고 대답하자, 녀석은 똑 부러지게 말했다. "어른도 미국 어른이 최고죠."

윈터본은 칭찬해 주어서 고맙다고 말했다. 어느새 아이는 등산지팡이를 다리 사이에 낀 채, 두 번째 각설탕을 해치우면서 주위를 두리번거리고 있었다. 윈터본은 자신도 어렸을 때 이랬을까 하는 생각이 들었다. 그도 그 나이쯤에 유럽으로 왔기 때문이다.

그때 아이가 외쳤다.

"누나예요! 우리 누난 미국 아가씨예요."

윈터본이 길을 따라 시선을 옮기니, 아름다운 아가씨가 다가오고 있었다.

"아가씨도 미국 아가씨가 최고지." 윈터본이 어린 말동무에게 유쾌한 어조로 말했다.

"우리 누나는 아니에요! 매일 시끄럽게 잔소리만 하는걸요." 아이가 딱 잘라 말했다.

"그건 네 잘못이지 누나 잘못은 아닐 것 같은데."

그러는 사이에 젊은 아가씨가 가까이 다가왔다. 그녀는 많은 주름 장식과 레이스, 그리고 엷은 색 리본 매듭으로 장식한 흰 모슬린 드레스 차림이었다. 모자를 쓰지 않고, 테두리에 굵게 자수가 놓인 커다란 양산을 받쳐 들고 있었다. 적당한 감탄사를 찾지 못할 만큼 기가 막힌 미인이었다.

'나무랄 데 없이 완벽하게 아름답군!' 의자에 앉아 있던 윈터본은 당장에라도 일어설 것처럼 등을 곧추세우면서 생각했다.

아가씨는 그가 앉은 벤치 앞에서 걸음을 멈추었다. 호수가 내려다보이는, 정원의 야트막한 담장 가까이였다. 소년은 장대높이뛰기라도 하는 것처럼 등산지팡이를 자갈 여기저기에 박고 깡충깡충 뛰어다녔다. 그 바람에 자갈이 사방으로 튀어 올랐다.

"랜돌프, 무슨 짓이니?"

"알프스 산을 올라가는 중이야. 이렇게 말이야!" 랜돌프가 대답하면서 다시 폴짝 뛰자, 자갈이 윈터본의 머리 근처까지 튀었다.

"그런 식으로 하늘에서 떨어진다는 뜻이로구나." 윈터본이 말했다.

"이 아저씨는 미국사람이야!" 랜돌프가 또랑또랑한 목소리로 외쳤다.

아가씨는 그 말을 무시하고, 동생을 똑바로 내려다보았다.

"좀 얌전히 있어라!" 그 말뿐이었다.

그렇지만 윈터본은 자신이 어느 정도 소개된 것 같이 여겨졌다. 그래서 자리에서 일어나 담배를 끄고 아가씨 쪽으로 천천히 발걸음을 옮겼다.

"이 아이와 저는 벌써 친구가 되었답니다." 그는 대단히 예의 바르게 말했다. 그가 알기로, 제네바에서는 아주 특별한 때 말고는 젊은 남자가 젊은 미혼 여성에게 마음대로 말을 건넬 수가 없었다. 그렇지만 여기는 브베이고 이보다 더 좋은 기회가 어디 있겠는가? 예쁜 미국 아가씨가 바로 앞에 서 있는데. 그러나 이 예쁜 미국 아가씨는 윈터본의 말에 흘끗 눈길만 줄 뿐, 머리를 돌려 담장 너머로 호수와 호수 반대편 산들을 바라보았다. 그는 자신이 조금 무례했나 싶었지만, 이렇게 된 이상 후퇴하기보다는 진격하는 편이 낫겠다고 판단했다. 그가 뭔가 다른 할 말을 생각하는 사이에 아가씨가 다시 사내아이를 돌아보았다.

"그 막대기는 어디서 난 거지?"

"내가 샀어!"

"이탈리아까지 그걸 갖고 갈 생각은 아닐 테지!"

"가져갈 건데!"

아가씨는 옷 앞자락을 흘끗 살펴보더니, 리본 매듭을 매만져서 주름을 폈다. 그러고는 다시 주변 풍경을 응시했다.

"그 막대기는 버리는 게 좋겠구나." 잠시 뒤 그녀가 말했다.

"이탈리아로 가실 예정입니까?" 윈터본이 대단히 정중한 어조로 물었다.

아가씨가 다시 흘끗 그를 바라보았다.

"네, 그래요." 그녀는 대답했지만, 더 이상 아무 말도 하지 않았다.

"그럼 저…… 심플론 봉우리(스위스 서남부에 있는 알프스의 봉우리로, 터널이 뚫려 있다)를 넘어가십니까?" 윈터본은 조금 당황하며 다시 물었다.

"모르겠어요. 무슨 산이라고 했는데……. 랜돌프, 우리가 넘어갈 산이 무슨 산이지?"

"어디로 가는데?"

"이탈리아란다." 윈터본이 설명했다.

"몰라. 난 이탈리아에 가고 싶지 않아. 나, 미국으로 가고 싶어."

"이탈리아는 아주 아름다운 곳이란다!"

"거기에서도 사탕을 구할 수 있어요?" 랜돌프가 큰 소리로 물었다.

"그럴 수 없다면 좋겠구나. 사탕이라면 넌 이미 충분히 먹었어. 어머니도 그렇게 생각하셔." 누나가 말했다.

"하지만 꽤 오랫동안, 벌써 몇 달이나 한 개도 못 먹었단 말이야!" 사내아이가 여전히 주위를 깡충깡충 뛰어다니며 외쳤다.

아가씨는 레이스를 찬찬히 훑어보고, 다시 리본을 매만졌다. 윈터본은 무례를 무릅쓰고 얼른 "경치가 참 아름답지요"라고 말했다. 당혹감이 서서히 옅어지는 듯했다. 상대방이 전혀 당황하지 않았다는 걸 알아차렸기 때문이다. 그녀의 매혹적인 얼굴은 처음부터 아무런 변화도 없었고, 언짢아하지도 않았거니와 안절부절하지도 않았다. 말을 건네도 시선을 다른 데로 돌리고 딱히 그의 말을 귀담아듣지 않는 것처럼 보이는 것은 그저 그녀의 버릇인 게 분명했다. 그가 좀더 말을 걸면서, 그녀가 생소해할 것 같은 흥미로운 주변 풍경을 이것저것 지적하는 사이에 그녀는 그에게 더 자주 눈길을 주기 시작했다. 그는 그것이 조금도 주저하지 않고 상대방을 직시하는 눈이라는 것을 알았다. 그렇다고 오만한 눈은 아니었다. 그만큼 그녀의 눈은 더없이 솔직하고 맑았다. 정말 경탄을 금치 못할 만큼 아름다운 눈이었다. 윈터본은 이 동포 아가씨의 이목구비—피부색, 코, 귀, 치아 그 모든 것이—만큼 아름다운 여인은 아주 오랫동안 본 적이 없었다. 본디 그는 여성의 아름다움에 관심이 많아서 그것을 관찰하고 분석하는 재미에 빠져들곤 했다. 지금도 이 아가씨의 얼굴을 조목조목 뜯어보았다. 결코 멋없이 메마른 얼굴은 아니었지만, 그렇다고 표정이 풍부하지도 않았다. 보기 드물게 우아하긴 하지만, 굳이 꼬집자면 아직 덜 다듬어진 느낌이 결점이라면 결점이라고 윈터본은 마음속으로 평가했다. 이 랜돌프의 누이는 바람둥이일지도 모른다. 아무튼 고집이 있는 것은 확실하다. 하지만 밝고 사랑스러우면서도 깊이는 없어 보이는 조그마한 얼굴에서는 조롱이나 빈정대는 기색은 찾아볼 수 없었다. 그러나 얼마 지나지 않아 그녀가 꽤 수다스럽다는 사실을 알게 되었다. 그들, 즉 그녀와 어머니와 랜돌프는 겨울을 지내러 로마로 갈 거라고 말했다. 그런 다음 그에게 "진짜 미국 사람이냐"고 묻고는, 도저히 그렇게 보이지 않는다고 말했다. 그리고 조금 망설이더니, 오히려 독일 사람처럼 보이며 특히 말투가 그렇다고 덧붙였다. 윈터본은 자신이 기억하는 한 미국인처럼 말하는 독일인은 본 적이 있어도 독일인처럼 말하는 미국인은 본 적이 없노라고 껄껄 웃으며 대답했다. 그리고 자신이 막 일어난 벤치에 앉으면 편할 거라고 했다. 아가씨는 그냥 서서 걷는 편이 좋다고 대답했지만, 이내 벤치에 앉았다. 그리고 자기는 뉴욕 주에서 왔노라고 말하고, "거기가 어딘지 아시는지는 모르겠지만요." 덧붙였다. 윈터본은 자꾸만 도망가려는 그녀의 어린 남동생을 붙잡아 잠시 자기 곁에 세워 놓고, 누나에 관해 좀더 알아냈다.

"얘, 너 이름이 뭐니?" 그가 물었다.

"랜돌프. C. 밀러예요." 사내아이가 또랑또랑한 목소리로 대답했다. "우리 누나 이름도 알려 드릴게요." 그러면서 등산지팡이로 누나를 가리켰다.

"먼저 물어보실 때까지 기다려야지!" 아가씨가 차분하게 타일렀다.

"성함을 여쭤 봐도 될까요?"

"데이지 밀러예요! 하지만 진짜 이름은 아니에요. 명함에 적힌 이름은 달라요." 사내아이가 냉큼 소리쳤다.

"너한테는 내 명함이 한 장도 없으니, 참 안됐구나!"

"진짜 이름은 애니. P. 밀러예요." 사내아이는 계속 떠들었다.

"저분께도 성함을 여쭤 보렴." 누나가 윈터본을 가리키며 말했다.

하지만 랜돌프는 그런 것에는 전혀 관심이 없는지, 자기 가족에 대해서만 떠들어댔다.

"우리 아빠는 에즈러. B. 밀러예요. 지금은 유럽에 안 계세요. 여기보다 좋은 곳에 계시죠."

순간 윈터본은 아이 아버지가 죽어서 하늘나라로 간 것을 아이에게 이런 식으로 이해시킨 모양이라고 생각했다. 그런데 곧이어 랜돌프가 덧붙여 말했다.

"우리 아빠는 스키넥터디(뉴욕 주의 공업 도시)에 계세요. 큰 사업을 하시죠. 우리 아빠는 굉장히 부자예요."

"애도, 참!" 밀러 양이 양산을 내리더니 자수가 놓인 가장자리를 살피며 외쳤다. 윈터본은 아이를 그만 놓아주었다. 아이는 지팡이를 질질 끌며 샛길을 따라 가 버렸다.

"저 아이는 유럽을 싫어해요. 그만 돌아가고 싶어 하죠."

"스키넥터디로 말입니까?"

"네, 당장이라도 가고 싶어 해요. 여긴 친구가 없으니까요. 딱 한 명 있긴 한데, 늘 가정교사가 붙어 다니면서 우리 애와 놀게 내버려 두지 않거든요."
"그럼 동생에게는 가정교사가 없습니까?"
"안 그래도 어머니께서 가정교사를 한 명 구할까 생각했어요. 함께 여행 다닐 수 있는 사람으로 말이죠. 어떤 숙녀분이 어머니께 아주 훌륭한 선생이 있다고 말해 주었거든요. 미국 분인데—아마 아실 거예요—샌더스 부인이라고. 아마 보스턴 출신일 거예요. 그분이 어머니께 가정교사를 소개해 주었죠. 우린 가정교사와 함께 여행을 다닐 생각이었어요. 그런데 랜돌프가 그러고 싶지 않다는 거예요. 여행에 가정교사가 따라가면 싫다면서 기차 안에서 공부 같은 건 하고 싶지 않다나요. 사실 우리는 여행의 절반을 기차에서 보냈어요. 기차 안에서 한 영국 숙녀를 만난 적이 있는데, 이름이 아마 페더스톤이었을 거예요. 혹시 아시는 분일지도 모르겠네요. 어쨌든 그분이 어째서 제가 랜돌프의 공부를 봐 주지 않는지 궁금해하더군요. 정확히 '왜 가르치지 않느냐'는 표현을 쓰셨어요. 하지만 오히려 동생이 저에게 가르칠 게 더 많을걸요. 제 동생은 아주 똑똑하거든요."
"네, 아주 똑똑해 보이더군요."
"어머니는 이탈리아에 도착하는 대로 동생의 가정교사를 구할 생각이세요. 이탈리아에서 좋은 선생을 구할 수 있을까요?"
"아주 훌륭한 선생을 구할 수 있을 겁니다."
"그렇지 않으면 학교를 알아보시겠대요. 어쨌든 동생은 좀 더 배워야 하니까요. 이제 겨우 아홉 살이지만, 커서 대학도 가야 되잖아요."

밀러 양은 이런 식으로 가정사에서 다른 화제로 계속 대화를 이어갔다. 눈부시게 반짝이는 반지들로 치장한 어여쁜 두 손을 무릎 위에 포개 얹은 채 의자에 앉아서, 때로는 예쁜 두 눈으로 윈터본의 눈을 바라보다가 또 때로는 정원과 지나가는 사람들과 아름다운 주위 풍경을 이리저리 둘러보았다. 마치 오랫동안 알고 지낸 사람처럼 끊임없이 윈터본에게 이야기를 건넸다. 윈터본은 이 대화가 무척 즐거웠다. 아가씨가 이렇게 많은 말을 하는 것을 듣기는 몇 년 만이었다. 불현듯 다가와 한 벤치에 나란히 앉아 있는 이 낯선 아가씨는 수다스럽다고도 할 만했다. 매력적이고 얌전한 자태는 흐트러뜨리지 않았지만, 입술과 눈만큼은 잠시도 쉬지 않고 움직였다. 부드럽고 가느다란 목소리는 기분 좋게 귓전을 울렸으며, 말투에는 애교가 넘쳤다. 자기와 어머니와 동생이 유럽 어디 어디를 여행했는지, 앞으로 어떤 예정인지를 모조리 이야기해 주었는데, 특히 자신들이 묵었던 각지의 호텔 이름을 하나하나 열거했다.

"기차에서 만났던 그 영국 숙녀분, 그러니까 저에게 페더스톤 씨가 묻더군요. 미국사람들은 호텔에서 살지 않느냐고 말이죠. 저는 태어나서 이렇게 많은 호텔에서 묵기는 유럽에 오기까지 한 번도 없었다고 대답했어요. 정말이지 이렇게 많은 호텔을 본 건 이번이 처음이에요. 어디를 가도 호텔뿐이라니까요."

하지만 말투에는 전혀 불평하는 기색이 없었다. 오히려 모든 것이 만족스럽다는 투로, 호텔 생활이란 한번 익숙해지기만 하면 꽤 할 만하다는 둥 유럽은 매우 멋진 곳이라는 둥의 말을 했다.

"저는 조금도 실망하지 않았어요. 아마 예전부터 유럽에 관해 들은 게 많아서일 거예요. 여러 번 유럽을 다녀온 친구가 아주 많거든요. 게다가 전 옷이든 장신구든 파리에서 들여온 것이 무척 많지요. 파리에서 온 옷을 입으면 유럽에 있는 기분이 들었어요."

"소원을 들어주는 마법 모자 같은 거군요."

"맞아요." 밀러 양은 이 비유가 적절한지 아닌지 제대로 새겨보지도 않고 대뜸 맞장구쳤다.

"파리에서 온 옷을 입으면 유럽에 가고 싶어졌죠. 하지만 옷 때문이라면 굳이 유럽까지 올 필요가 없었어요. 예쁜 옷은 죄다 미국으로 보내 버리는 게 분명하니까요. 정작 여기에 있는 옷은 끔찍한 것들뿐이에요. 어쨌든 제 마음에 안 드는 딱 한 가지는……." 밀러 양이 말을 이었다. "바로 사교계예요. 여기는 사교계라고 할 만한 게 전혀 없더군요. 있다 하더라도, 대체 어디에 있는지 통 모르겠어요. 당신은 아시나요? 물론 어딘가에 있긴 있겠죠. 하지만 전 그 비슷한 것조차 본 적이 없어요. 전 사교계를 무척 좋아해요. 지금까지 각종 사교 모임에 다녔답니다. 스키넥터디에서뿐만 아니라 뉴욕에서도요. 저는 겨울마다 뉴욕에 갔어요. 뉴욕에서는 여기저기 많은 사교 모임에 나갔지요. 지난겨울에는 열일곱 번이나 만찬회에 초대받았지요. 그중 세 번은 신사분이 베푼 자리였어요." 그녀는 곧 말을 이었다. "저는 스키넥터디에보다 뉴욕에 친구가 더 많아요. 신사 친구도 많고, 숙녀 친구도 많고요." 그녀는 여기서 다시 말을 끊더니, 그 생기 있는 눈과 해맑지만 다소 단조로운 미소에 아름다움을 가득 담고서 윈터본을 잠시 빤히 바라보았다.

"전 신사분들과 많이 어울렸어요."

윈터본은 유쾌하기도 하고 당혹스럽기도 했지만, 왠지 모르게 완전히 매료당하고 말았다. 아가씨가 이런 식으로 자기 이야기를 하는 걸 듣는 것은 평생 처음이었다. 적어도 이런 말을 하는 것이 헤픈 몸가짐의 명백한 증거로 받아들여지는 때를 제외하고는 한 번도 없었다. 그렇지만 그런 이유로, 제네바에서 자주 쓰는 표현을 빌리자면, 'inconduite(프랑스어로 '비행', '탤탱'을 뜻함)'이라거나 그럴 소지가 많다고 밀러 양을 비난할 수 있을까? 윈터본은 제네바에서 너무 오래 산 탓에 많은 걸 잃어버렸다는 생각이 문득 들었다. 이를테면 미국인 기질이 이제는 낯설기만 했다. 나름의 기준으로 사물을 볼 수 있을 만큼 나이를 먹은 뒤로, 이렇게 전형적인 미국 아가씨를 만나기는 처음이었다. 분명 그녀는 대단히 매력적이지만 당황스러울 정도로 사교적이기도 했다. 과연 이 여자는 그저 뉴욕 주에서 온 예쁜 아가씨일 뿐인가? 수많은 신사와 어울리는 예쁜 아가씨들은 모두 이런 식일까? 아니면 이 아가씨 역시 음흉하고 뻔뻔스럽고 지조없는 여자일까? 윈터본은 이런 문제에 대해서는 직관력을 잃어버린 지 이미 오래였다. 게다가 그에게 이성은 아무런 도움도 되지 않았다. 데이지 밀러 양은 한없이 순수해 보였다. 미국 아가씨는 뭐니 뭐니 해도 근본은 매우 순수하다는 말을 들은 적이 있다. 그런가 하면, 결국 그렇지 않더라는 이야기도 들었다. 윈터본은 데이지 밀러 양이 말괄량이, 어여쁜 미국인 말괄량이라고 생각하고 싶은 심정이었다. 그는 여태껏 이런 여성과 사귀어 본 적이 없었다. 물론 여기 유럽에서 두세 명하고 알고 지낸 적은 있었다. 데이지 밀러 양보다 나이도 많고 체면을 위해 남편도 거느린 여자들로, 일단 관계를 맺으면 심각한 지경에 이르게 되는 위험하고 무시무시한 여자들이었다. 하지만 이 아가씨는 그런 부류가 아니었다. 그저 때 묻지 않은 예쁜 미국인 말괄량이일 뿐이었다. 윈터본은 데이지 밀러 양에게 들어맞는 표현을 발견했다는 사실이 고마울 지경이었다. 그는 의자에 비스듬히 기댄 채, 저렇게 매력적인 코는 평생 처음 본다고 중얼거렸다. 이 어여쁜 미국인 말괄량이 아가씨를 사귀는 데 어떤 조건과 한계가 있을까 생각하자, 그것들을 지금부터 알아가야 한다는 사실이 이내 분명해졌다.

"저기 저 고성에 가본 적이 있으세요?" 아가씨가 멀리서 번쩍거리는 시옹 성의 벽을 양산 끝으로 가리키며 물었다.

"네, 예전에 두어 번 갔었죠. 당신도 가 보셨겠죠?"

"아니요, 우린 못 가 봤어요. 하지만 꼭 가 보고 싶어요. 물론 한번은 갈 거고요. 저 고성을 보지 않고는 절대 이곳을 떠나지 않을 거예요."

"꽤 즐거운 나들이가 될 거예요. 가기도 쉽고요. 마차로 가도 되고, 증기선으로 가도 된답니다."

"기차로도 갈 수 있어요."

"맞습니다. 기차로 갈 수도 있죠." 윈터본이 고개를 끄덕였다.

"우리 여행 안내인 말로는 기차로 가면 성 바로 앞까지 간다더군요. 지난주에 가려고 했는데, 어머니가 병이 나셨어요. 소화 불량이 심해서 못 가시겠다잖아요. 동생은 동생대로 가고 싶지 않다고 뻗댔죠. 낡은 성 따위는 관심도 없다면서요. 하지만 랜돌프만 마음을 돌리면 이번 주에는 갈 수 있을 거예요."

"동생은 유적에 흥미가 없는 모양이군요?" 윈터본이 빙그레 웃으며 물었다.

"제 동생은 오래된 성 따위에는 흥미가 없대요. 이제 겨우 아홉 살이잖아요. 호텔에만 있고 싶어 하죠. 하지만 어머니는 동생을 혼자 두기가 걱정스럽다고 하시고, 여행 안내인은 동생과 같이 있으려고 하지 않아요. 그래서 우리 가족은 많이 돌아다니질 못했어요. 저곳도 못 가게 되면 전 너무 속상할 거예요." 밀러 양은 또다시 양산으로 시옹 성을 가리켰다.

"어떻게든 해결될 것 같은데요. 오후 동안만이라도 랜돌프와 같이 있을 사람을 구할 수는 없을까요?"

밀러 양이 잠깐 그를 쳐다보더니, 아주 침착한 어조로 말했다.

"당신이 동생과 함께 있어 주신다면 좋을 텐데요!"

윈터본은 잠시 망설였다.

"그보다 시옹 성에 함께 가고 싶습니다만."

"저하고요?" 젊은 아가씨가 여전히 차분하게 물었다.

그녀는 제네바의 젊은 아가씨들처럼 얼굴을 붉히며 자리에서 일어나거나 하지 않았다. 하지만 윈터본은 자신이 너무 무례하게 굴었다는 사실을 의식하고, 어쩌면 그녀의 기분이 상했을지도 모른다는 생각에 아주 정중하게 대답했다.

"어머님도 함께 모시고 말입니다."

하지만 그의 뻔뻔함도, 그의 정중함도 데이지 밀러 양에게는 아무런 영향을 끼치지 못한 것 같았다.

"어머니는 아마 안 가실 거예요. 오후에 탈 것을 타고 돌아다니는 걸 좋아하지 않으시거든요. 그런데 지금 하신 말씀은 진담인가요? 저 성에 가고 싶다고 하신 거요."

"진담이고말고요." 윈터본이 단호하게 대답했다.

"그렇다면 갈 수 있을 거예요. 어머니가 랜돌프랑 같이 계셔 주시면, 에우제니오도 그렇게 할 테니까요."

"에우제니오요?"

"우리 여행 안내인이요. 그는 랜돌프와 단둘이서 호텔에 남아 있는 걸 싫어하지요. 그렇게 까다로운 사람은 처음 봤어요. 하지만 굉장히 훌륭한 여행 안내인이긴 해요. 어쨌든 어머니가 남아 계신다면 그 사람도 랜돌프와 함께 있을 거예요. 그럼 우리는 저 성에 갈 수 있죠."

윈터본은 잠시 최대한 냉철하게 이 말을 새겨 보았다. 여기서 '우리'란 데이지 밀러 양과 자신 이외에 다른 뜻이 있을 수 없었다. 정말 믿기 어려울 정도로 상황이 순조롭게 진행되고 있었다. 당장 이 아가씨 손에 입이라도 맞추어야 할 것 같은 기분이었다. 좀더 있었더라면, 그냥 생각으로 그치는 게 아니라 진짜로 그렇게 해서 계획을 완전히 망쳐버렸을지도 몰랐다. 그런데 바로 그 순간, 에우제니오로 짐작되는 한 남자가 나타났다. 번쩍거리는 시곗줄을 늘어뜨린 채 벨벳 모닝코트를 입고 멋진 구레나룻을 기른, 훤칠하고 풍채 좋은 남자가 윈터본을 날카롭게 노려보며 밀러 양 쪽으로 다가왔다.

"에우제니오!" 밀러 양이 아주 친근하게 그의 이름을 불렀다.

에우제니오는 윈터본을 머리 위에서 발끝까지 훑어보더니 아가씨에게 정중하게 허리 숙여 인사했다.

"아가씨, 점심식사가 준비되었습니다."

밀러 양이 천천히 자리에서 일어났다.

"에우제니오, 난 저 고성에 꼭 갔다 와야겠어요."

"시옹 성에 말입니까, 아가씨?" 여행 안내인이 물었다. "갈 준비는 다 하셨나 보지요?" 이렇게 덧붙인 한마디가 윈터본에게는 꽤 시건방지게 들렸다.

에우제니오의 말투에서 자신의 상황을 다소 비꼬는 기색을 밀러 양도 알아챘다. 그녀는 살짝, 정말 아주 살짝 얼굴을 붉히며 윈터본을 돌아보았다.

"취소하실 건 아니죠?"

"함께 가기 전까지 전 절대로 만족할 수 없을 겁니다." 윈터본이 힘주어 말했다.

"이 호텔에 묵으시죠? 진짜 미국인이시고요?" 그녀가 계속해서 물었다.

여행 안내인은 불쾌한 시선으로 윈터본을 바라보고 있었다. 적어도 윈터본에게는 자신을 바라보는 그의 태도가 마치 밀러 양을 모욕하는 것처럼 느껴졌다. 그의 시선에는 그녀가 우연히 만난 사람과 함부로 친해진 걸 비난하는 뜻이 담겨 있었던 것이다.

"저에 관해서 모든 걸 말해 주실 분을 소개해 드리지요." 윈터본은 큰어머님을 떠올리면서 미소를 띠고 말했다.

"그럼, 우리 언제 같이 가요." 밀러 양이 말했고, 그를 향해 생긋 미소를 던지고는 돌아섰다. 그리고 양산을 쓰고 에우제니오와 나란히 숙소로 돌아갔다. 윈터본은 그녀의 뒷모습을 바라보았다. 자갈 위로 모슬린 옷자락을 사락사락 끌며 사라져 가는 모습이 고귀한 공주의 자태와 같다고 혼자 생각했다.

그러나 데이지 밀러 양에게 그의 큰어머님인 코스텔로 부인을 소개해 주겠다는 약속은 물거품이 되고 말았다. 큰어머님의 두통이 나아지자마자, 그는 그녀 방을 찾아갔다. 먼저 그녀의 건강 상태에 대해서 적당히 몇 마디 물어본 다음, 이 호텔에 묵고 있는 한 미국인 가족, 즉 어머니와 딸과 어린 아들을 아느냐고 물어보았다.

"여행 안내인도 있는 가족 말이냐? 그 가족이라면 알지. 본 적도 있고, 이야기를 들은 적도 있다. 그래서 일부러 그들을 멀리하고 있지." 코스텔로 부인이 말했다. 그녀는 부유한 과부로, 대단히 저명했다. 끔찍한 편두통에 이토록 시달리지만 않았다면 이 시대에 더 깊은 인상을 주었을 거라는 말을 입버릇처럼 했다. 낯빛이 좋지 않은 긴 얼굴에 높은 코, 매우 인상적인 하얗고 숱 많은 머리카락을 커다랗게 부풀려서 정수리에 틀어 올리고 있었다. 부인에게는 뉴욕에서 결혼한 아들 두 명과 바로 얼마 전 유럽으로 건너와 함부르크에서 한가롭게 사는 아들이 한 명 있었다. 이 젊은이는 대륙 여행을 하고 있었다. 그런데 자기 어머니가 어느 마을에 들르겠다고 미리 전갈을 보내도 그곳까지 찾아가 어머니를 만난 적이 거의 없었다. 그러고 보면 그녀 말처럼, 그녀를 보러 일부러 브베까지 찾아온 조카가 혈육보다 나은 셈이다. 윈터본은 모름지기 사람이란 언제나 자기 큰어머님을 잘 보살펴야 한다는 것을 제네바에서 몸소 체험했다. 코스텔로 부인은 여러 해 동안 그를 만나지 못했으므로 무척 기뻐했다. 그리고 만족감을 나타내고자 진짠지 거짓인지는 알 수 없지만, 자기가 미국 제일의 대도시인 뉴욕의 사교계에서 위세를 떨치던 시절의 뒷이야기를 잔뜩 들려주었다. 그녀는 자기가 사람을 매우 까다롭게 사귄다는 점을 인정했지만, 그가 뉴욕이란 곳을 잘 알았다면 자기가 그렇게 될 수밖에 없는 이유도 잘 알게 될 거라고 말했다. 계급이 여러 갈래로 나뉜 뉴욕 사교계의 구조를 다양한 측면에서 설명해 주었는데, 윈터본으로서는 숨 막힐 만큼 놀라운 이야기였다.

그는 큰어머님의 말투에서 데이지 밀러 양의 사회적 위치가 낮다는 사실을 즉각 알아차렸다.

"큰어머님은 그들을 인정하지 않으시는 것 같네요."

"그 사람들은 아주 천한 사람들이야." 코스텔로 부인이 단정지어 말했다. "그런 부류의 미국인과는 어울리지 않는 것이 우리의 의무란다."

"그렇다면 시키지 않을 거라는 말씀이시네요?"

"그래, 프레더릭. 할 수만 있다면 그러고 싶지만 나로서는 그럴 수가 없구나."

"그 아가씨 꽤 예뻐요." 잠시 뜸을 들였다가 윈터본이 말했다.

"예쁘기야 하지. 하지만 아주 천박해."

"물론 말씀하시는 뜻은 잘 알겠습니다." 윈터본이 다시 잠깐 말을 멈추었다가 이야기했다.

"그런 부류의 사람이 그렇듯이, 그 아가씨는 매력적인 외모를 지녔지." 큰어머님이 다시 말을 이었다. "대체 어디서 그런 표정을 익혔는지 알 수가 없단 말이야. 옷맵시도 완벽하고. 너야 옷에 대해서는 잘 모르겠지만. 정말이지 어디서 그런 고상한 취향을 배웠는지 통 알 수가 없다니까."

"하지만 큰어머님, 어쨌든 그 아가씨가 아주 교양 없는 여자는 아니잖아요."

"부잣집 딸인지는 모르겠지만, 자기 엄마의 여행 안내인하고도 친하게 지낸단 말이다!"

"여행 안내인하고 친하게 지낸다고요?" 윈터본이 따지듯 물었다.

"그 어머니도 딸한테 뭐라고 할 처지는 아니지. 그 사람들은 시중드는 사람을 마치 친한 친구처럼 대한다니까. 아예 신사 취급을 하지 뭐냐. 아마 식사도 같이 할 거다. 그렇게 예의 바르고 세련된 옷차림을 한 신사 같은 남자는 난생처음 보는 거겠지. 그 젊은 여자가 생각하던 백작의 모습과 똑같아서 그러는 걸 거다. 저녁이면 주인들하고 정원으로 나오지를 않나. 그들 앞에서 담배까지 피울걸."

윈터본은 이 폭로를 귀담아들었다. 큰어머님의 말은 데이지 양에 대한 생각을 정리하는 데 도움이 되었다. 생각해보면 그녀는 교양이 없는 게 확실했다.

"글쎄요, 제가 시중인은 아니지만, 그 아가씨가 제게도 무척 애교있게 대하던걸요."

"알면 아는 사이라고 처음부터 말해 줬으면 좋았잖니." 코스텔로 부인이 발끈하며 말했다.

"그냥 정원에서 만나 잠깐 이야기를 나누었을 뿐입니다."

"잘했구나. 그래, 무슨 말을 나누었니?"

"존경하는 큰어머님을 소개해 주겠다고 제 맘대로 말했어요."

"그거 참 고맙구나."

"제가 믿을 만한 사람이란 걸 보증하기 위해서였어요."

"그렇다면 그 여자를 보증해 줄 사람은 누구냐?"

"아, 큰어머님도 너무하시네요. 괜찮은 아가씨라고요."

"너도 그다지 믿고 있는 것 같은 말투가 아닌데."

"교양이 전혀 없긴 하더군요." 윈터본이 계속해서 말했다. "하지만 그 아가씨는 정말 예뻐요. 한마디로, 괜찮은 아가씨예요. 제가 그렇게 믿는다는 증거로, 그 아가씨를 시옹 성에 데리고 가기로 했답니다."

"단둘이서 가겠단 말이냐? 너하고는 아주 반대되는 아가씨와의 만남이 되겠구나. 하나만 물어보자. 도대체 그 여자를 알게 된 지 얼마 만에 그 훌륭한 계획을 세운 거냐? 네가 이곳에 온 지 아직 스물네 시간도 안 지났는데."

"알게 된 지 반시간 만이죠!" 윈터본이 씩 웃으며 대답했다.

"맙소사! 정말 무서운 여자로구나!" 코스텔로 부인이 소리쳤다.

한동안 입을 다물고 있던 조카가 말했다.

"그러면 큰어머님은 정말로……." 그는 진실을 알고 싶다는 생각으로 진지하게 입을 열었다. "큰어머님 생각에는 정말로……." 말을 꺼내기는 했으나 다시 입을 다물어 버렸다.

"내 생각에는 뭐가 어떻단 말이냐?"

"그 아가씨가 조만간 어떤 남자가 나타나 자기를 유혹해 주길 바라는 그런 여자인 것 같으세요?"

"그런 아가씨들이 남자에게 뭘 기대하는지 내가 어떻게 알겠니. 하지만 너도 얘기했다시피 교양이라고는 없는 미국인 아가씨와는 괜히 어울리지 않는 게 좋겠다는 생각만큼은 진심이다. 너는 너무 오랫동안 미국을 떠나 살았어. 분명히 큰 실수를 저지르고 말 거다. 넌 세상을 너무 모르니까."

"큰어머님, 전 그렇게 어수룩하지 않아요." 윈터본이 미소를 띤 채 콧수염을 비비 꼬면서 말했다.

"그렇다면 약삭빠르다는 거네."

윈터본은 계속해서 수염을 꼬면서 생각에 잠겼다가 이윽고 말했다.

"그럼 큰어머님은 그 아가씨를 소개받고 싶지 않다는 거죠?"

"그 아가씨가 너와 함께 시옹 성으로 갈 거라는 게 사실이니?"

"그 아가씨는 이미 그렇게 확신하고 있을 거예요."

"그렇다면, 프레더릭. 소개는 거절해야겠다. 나도 나이를 먹을 만큼 먹었지만, 고맙게도 못볼 꼴을 보고도 아무렇지 않을 만큼 늙지는 않았단다."

"하지만 다들 그렇게 행동하지 않나요? 미국 아가씨들은?" 윈터본이 물었다.

순간 코스텔로 부인의 눈이 휘둥그레졌다.

"내 손녀들에게는 절대로 그런 일은 없어!" 그녀가 단호하게 내뱉었다.

이 말은 그 문제에 어떤 빛을 던져 주는 듯했다. 뉴욕에 사는 예쁜 사촌 누이들이 '굉장한 말괄량이'라는 말을 들은 기억이 났기 때문이다. 그러므로 데이지 밀러 양의 행동이 젊은 사촌 누이들에게 허용된 자유를 초월한 것이라면, 그녀는 어떤 짓이든 저지를 수 있는 여자인 셈이었다. 윈터본은 그녀를 다시 만나고 싶다는 마음이 강하게 일었다. 그러나 본능만 가지고는 그녀를 올바로 평가할 수 없으리라는 사실에 자신에게 부아가 치밀었다.
 그녀가 보고 싶어서 애가 타긴 했지만, 큰어머님이 소개받기를 거부한 것에 대해 그녀에게 어떻게 이야기해야 할지 참으로 난감했다. 그러나 데이지 밀러 양에게는 그렇게 조심스러울 필요가 없다는 사실을 곧 알게 되었다. 그날 밤 정원에 나가 보니, 그녀는 난생처음 보는 커다란 부채를 살랑살랑 흔들며 무더운 별빛 속에 게으른 바람의 요정처럼 거닐고 있었다. 벌써 10시였다. 그는 큰어머님과 저녁 식사를 한 뒤 계속 함께 있다가, 편히 주무시라는 인사를 막 하고 나온 참이었다. 데이지 밀러 양은 그를 보자 매우 반가워하며, 저녁이 오늘처럼 길고 지루하기는 처음이라고 말했다.
 "줄곧 혼자 계셨나요?"
 "어머니와 함께 산책하고 싶지만, 어머니는 조금만 걸어도 이내 지치시거든요."
 "어머니는 벌써 잠자리에 드셨나요?"
 "아뇨, 어머닌 잠자리에 드는 걸 싫어하세요. 통 주무시질 못하거든요. 세 시간도 안 주무실 걸요. 어머니도 자신이 어떻게 버티는지 신기하대요. 신경과민이시거든요. 그래도 어머니가 생각하시는 것보다는 좀더 주무시는 것 같아요. 지금은 랜돌프를 찾으러 어딘가로 가셨어요. 그 애를 어떻게든 재워 보려고 말이죠. 그 애도 자는 것을 싫어하거든요."
 "동생이 말을 잘 들어야 할 텐데요."
 "어머닌 입에서 신물이 나오도록 타일러요. 하지만 동생은 어머니가 자기에게 뭐라고 하는 걸 싫어하죠." 데이지 양은 부채를 활짝 펴면서 말했다. "그래서 에우제니오를 시켜 달래 볼 생각이시지만, 그 애는 에우제니오를 조금도 무서워하지 않아요. 에우제니오는 뛰어난 여행 수행인이긴 하지만, 랜돌프에게는 영 맥을 못 춘다니까요! 그 애는 아마 11시 전에는 잠자리에 들지 않을 거예요."
 실제로 랜돌프는 자지 않겠다고 버티고 있는 모양인지, 윈터본은 이 아가씨와 한동안 함께 산책했지만 그녀의 어머니를 만나지 못했다.
 "당신이 소개해 주고 싶어 하시는 분에 대해 좀 알아봤어요." 그녀가 다시 말을 이었다. "당신 큰어머님이시죠?"
 윈터본이 그렇다고 하면서 어떻게 그 사실을 알았는지 궁금해 하자, 그녀는 객실 담당 하녀에게서 코스텔로 부인에 대해 모두 들었다고 대답했다. 매우 조용하고 기품 있다는 것, 백발을 틀어 올리고 있다는 것, 누구에게도 말을 건네지 않는다는 것, 모두와 함께 식사한 적이 없다는 것, 이틀에 한 번은 꼭 두통을 앓는다는 것 등이었다.

"두통이야 어찌됐든 참 멋진 분이에요!" 데이지 양은 특유의 그 가늘고 명랑한 목소리로 계속 재잘거렸다. "그분하고 무척 친해지고 싶어요. 당신 큰어머님이라면 어떤 분인지 알만해요. 분명히 그분을 좋아하게 될 거예요. 사람 사귀는 게 까다로우시겠죠? 지체 높으신 분이라면 마땅히 그래야 한다고 생각해요. 그리고 저도 까다롭게 사람을 사귀어야겠다고 늘 생각한답니다. 사실 어머니도 저도 교제에는 까다로운 편이에요. 아무한테나 스스럼없이 말을 걸지도 않고, 우리한테 스스럼없이 말을 걸어오는 사람도 없어요. 어차피, 결과는 한가지네요. 어쨌든 당신 큰어머님하고는 꼭 친해지고 싶어요."

윈터본은 당황했다.

"큰어머님도 대단히 좋아하시기야 하겠지만 그 두통이란 놈이 훼방을 놓을까 걱정스럽군요."

아가씨가 어둠 너머로 그를 쳐다보았다.

"하지만 날마다 두통을 앓으시지는 않으실 테죠?" 그녀가 조심스럽게 말했다.

윈터본은 잠시 말이 없었다.

"날마다 그렇다고 하시던데요." 그는 뭐라고 말해야 할지 몰라 결국 그렇게 대답하고 말았다.

데이지 밀러 양은 발걸음을 멈추더니 그를 빤히 쳐다보았다. 어둠 속에서도 그녀의 미모는 여전히 돋보였다. 그녀는 그 커다란 부채를 폈다 접었다 했다.

"큰어머님께서 절 소개받고 싶어 하지 않으시는군요." 그녀가 불쑥 말했다. "왜 그러면 그렇다고 말씀하시지 않는 거죠? 신경 쓰실 필요 없어요. 전 아무렇지도 않으니까요!" 그러고는 가벼운 웃음을 터뜨렸다.

윈터본은 어쩐지 그녀의 목소리가 조금 떨린 듯한 생각이 들어, 가슴이 덜컥 내려앉으면서 미안함과 수치심을 동시에 느꼈다.

"아가씨, 큰어머님은 아무도 만나지 않으신답니다. 그게 다 두통 때문이죠." 그가 반박했다.

아가씨는 여전히 소리 내어 웃으며 몇 발자국 더 걸어갔다.

"신경 쓰실 필요 없다니까요." 그녀가 같은 말을 되풀이했다. "그분이 절 알고 싶어 하실 이유가 없잖아요?" 그러고는 다시 발을 멈추었다. 마침 정원 담장 가까운 곳으로 그 앞으로는 별빛 어린 호수가 펼쳐져 있었다. 수면에는 희미한 빛이 감돌고, 저 멀리에는 산의 형체가 어렴풋이 보였다. 데이지 밀러는 그 신비스러운 풍경을 바라보다가 다시금 경쾌하게 웃었다.

"어쩜! 정말 사람을 까다롭게 사귀시는군요!"

윈터본은 그녀가 진심으로 상처 입은 것은 아닌가 걱정되었다. 차라리 그녀를 달래고 위로해 주는 것이 자연스럽게 여겨지도록 그녀가 화난 상태이기를 바라는 마음조차 들었다. 위로해 줄 목적으로라면 그녀에게 쉽게 접근할 수 있으리라는 유쾌한 속셈이었다. 그래서 그 순간, 말로나마 큰어머님을 기꺼이 희생시킬 마음의 준비까지 했다. 큰어머님은 교만하고 무례한 사람이라고 인정하고, 그런 사람은 신경 쓰지 말자고 말하려고 했다. 그런데 윈터본이 신사도와 불충이 뒤섞인 이 위험한 생각을 실행에 옮기려는 순간, 아가씨가 다시 발걸음을 옮기면서 아까와는 전혀 다른 어조로 탄성을 질렀다.

"어머, 어머니예요! 랜돌프를 아직 재우지 못하셨나 봐요."

멀리 어둠 속에서 한 여인의 모습이 매우 어렴풋하게 나타났다. 그 그림자는 머뭇거리며 천천히 다가오다가 우뚝 멈춰 선 것 같았다.

"당신 어머님이 분명한가요? 이렇게 짙은 어둠 속에서 어머님을 알아볼 수가 있어요?" 윈터본이 물었다.

"그럼요!" 데이지 밀러 양이 웃으며 소리쳤다. "자기 어머니를 어떻게 몰라 봐요? 더구나 제 숄까지 걸치고 계신 걸요! 어머니는 늘 제 옷을 입으신다니까요."

문제의 부인은 다가오려고도 하지 않고, 멈춰 선 그 지점 근처를 서성이고 있었다.

"내 생각엔 어머님이 당신을 못 보고 계신 것 같군요." 윈터본이 말했다. "그게 아니면 혹시……."

윈터본은 밀러 양에게라면 이런 농담이 통할 거라는 생각에 한마디 덧붙였다. "혹시 당신 숄을 걸치고 있는 게 마음에 걸리시는 모양이죠."

"그럴 리가요. 아주 낡은 솔인걸요, 뭐." 아가씨가 침착하게 대답했다. "어머니께 써도 좋다고 말씀드렸어요. 어머니가 이쪽으로 오시지 않는 건 당신을 보았기 때문이에요."

"아, 그러시다면 저는 이만 가보는 게 좋겠군요."

"어머, 아니에요. 자, 이쪽으로 오세요!" 데이지 밀러가 강력히 그를 재촉했다.

"어머니께서 제가 당신과 산책하는 걸 못마땅하게 생각하실지도 모릅니다."

밀러 양이 진지한 눈빛으로 그를 흘끗 바라보았다.

"그렇다면 그건 제 탓이 아니라 당신 탓이죠. ……그러니까 어머니 탓이라고요. 말하다 보니, 누구 탓인지 헷갈려버렸네! 아무튼, 어머닌 제 남자친구들을 모두 싫어하세요. 아주 내성적이시거든요. 제가 남자분을 소개할라치면 야단법석을 떠세요. 하지만 전 대체로 개의치 않고 소개하고야 말죠. 대개의 경우에 말이에요. 어머니께 남자친구를 소개하지 않는다니……." 아가씨가 부드러우면서도 억양없는 가느다란 목소리로 덧붙였다. "자연스럽지 못하잖아요."

"절 소개하시려면 제 이름을 알아야겠군요." 그는 자기 이름을 말해 주었다.

"어머나, 그렇게 긴 이름을 다 말하지는 못하겠어요!" 아가씨가 웃으며 말했다.

그러는 사이에 그들은 밀러 부인 가까이까지 왔다. 그동안 부인은 정원 담장 쪽으로 걸어가 거기에 몸을 기대고 그들에게 등을 돌린 채 가만히 호수를 바라보고 있었다.

"어머니!" 아가씨가 짧고 힘차게 불렀다. 이 소리에 어머니가 돌아섰다.

"윈터본 씨예요." 밀러 양이 매우 솔직하고 사랑스럽게 젊은이를 소개했다. 코스텔로 부인의 말처럼 과연 그녀는 '천박'했다. 그런데도 말할 수 없는 우아함을 지녔다는 사실이 윈터본에게는 하나의 놀라움이었다.

어머니는 왜소하고 호리호리했다. 눈은 불안해 보였고, 코는 아주 조그마했으며, 그리고 넓은 이마에는 색깔이 옅고 매우 곱슬곱슬한 머리카락 몇 가닥이 장식처럼 늘어져 있었다. 딸과 마찬가지로 대단히 고급스러운 옷을 입었고, 귀에는 큼지막한 다이아몬드 귀고리가 걸려 있었다. 윈터본이 보기에,

부인은 그에게 인사를 하지 않았다―적어도 그를 쳐다보지 않은 것은 분명하다. 아가씨가 어머니 곁으로 다가가 숄을 바로 펴 주었다.

"뭘 하시는 거예요, 이런 곳에서 어슬렁거리고 계시다니?" 아가씨가 물었다. 그러나 그녀가 선택한 어휘가 뜻하는 것처럼 거친 말투는 결코 아니었다.

"나도 모르겠구나." 그렇게 말하고 어머니는 다시 호수 쪽으로 얼굴을 돌렸다.

"그 숄은 이제 안 하는 게 좋겠다니까요!" 데이지가 소리쳤다.

"그런데 나는 하고 싶구나." 어머니가 살짝 웃음을 보이며 대답했다.

"랜돌프는 말을 잘 듣던가요?"

"아니, 통 말을 들어야지." 밀러 부인은 아주 조용하게 대답했다. "웨이터하고 얘기하고 싶다더구나. 원체 그 웨이터하고 얘기하길 좋아하잖니."

"윈터본 씨에게 동생 이야기를 하던 참이었어요." 아가씨가 계속해서 말했다. 젊은이의 귀에는 그녀가 평생 그의 이름을 불러오기라도 한 것처럼 그 말투가 자연스럽게 들렸다.

"아, 그렇습니다!" 윈터본이 말했다. "저는 벌써 아드님과 친해졌답니다."

랜돌프의 어머니는 한마디도 대꾸하지 않은 채 호수만 바라보았다. 그러다 마침내 입을 열었다.

"그건 그렇고 어떻게 견디는지 모르겠어!"

"하지만 도버에 있을 때보단 나아요."

"도버에선 어땠는데요?"

"아예 잠자리에 들려고 하질 않았어요. 밤을 꼬박 새우는 것 같더라고요. 호텔 홀에서요. 12시가 되도록 침대에 들지 않았던 것은 확실해요."

"12시 반이었단다." 밀러 부인이 힘주어 말했다.

"낮잠을 많이 자는 것 아닙니까?"

"별로요." 데이지가 대답했다.

"푹 자면 좋으련만! 근데 잠이 안 오는 모양이야."

"정말 피곤한 애예요."

그러고는 한동안 침묵이 흘렀다.

"애야, 동생을 흉보는 거 아니다!" 이윽고 어머니가 말문을 열었다.

"하지만 피곤하긴 하잖아요." 데이지가 말했지만, 말대답을 할 때처럼 쏘아붙이는 어조는 아니었다.

"그 애는 이제 겨우 아홉 살이야." 밀러 부인이 변호했다.

"어쨌든 그 앤 저 성에 가자고 해도 듣질 않아요." 아가씨가 말했다. "그래서 전 윈터본 씨와 함께 갈 거예요."

담담하게 딸의 말을 듣고 있는 어머니는 아무런 대꾸도 하려 하지 않았다. 윈터본은 그녀가 이 소풍 계획에 반대하는 거라고 생각했다. 그러나 부인은 단순하고 다루기 쉬운 사람이어서 조금만 정중히 설득하면 그녀의 언짢은 마음을 누그러뜨릴 수 있으리라고 생각하고서 윈터본은 이렇게 말했다.

"그렇습니다. 따님께서 저에게 안내인 역할을 할 수 있도록 흔쾌히 허락해 주셨답니다."

밀러 부인은 뭔가를 호소하듯이 그 불안한 눈빛으로 딸을 바라보았다. 그러나 데이지는 작은 소리로 흥얼거리며 몇 걸음 천천히 걸어 나갔다.

"기차를 타고 가시겠지요?"

"네, 어쩌면 배로 갈 겁니다."

"나야 모르죠. 저 성엔 가본 적이 없으니까."

"부인께서 못 가신다니 유감입니다." 윈터본은 부인이 반대하지 않는 것을 알고 안심하기 시작했다. 그러면서도 물론, 어머니가 딸과 동행하겠다고 나설 가능성에 대해 단단히 각오하고 있었다.

"우리도 가려고 몇 번이나 생각했는지 몰라요." 부인이 말을 이었다. "하지만 그럴 수가 없을 것 같아요. 물론 데이지는 여기저기 구경하고 싶어 하죠. 하지만 여기에 머물고 있는 한 부인—존함은 잘 모르겠지만—이 이곳 성들은 별로 갈 만하지 않다고 말하더군요. 성은 이탈리아에서 구경해도 늦지 않을 거라는 거예요. 거기엔 정말 성이 많은 모양이죠." 밀러 부인은 점점 허물없는 태도로 말을 이었다. "물론 우린 중요한 성만 구경하고 싶답니다. 영국에서는 대여섯 군데 둘러보았죠."

"그렇습니다! 영국에는 아름다운 성이 많죠. 하지만 여기 시옹 성도 아주 볼만한 곳이랍니다."

"그럴까요? 데이지가 괜찮다고 한다면……." 밀러 부인은 이번 계획을 심각하게 생각하는 듯한 어조로 말했다. "하여간 저 애는 뭐든 해 보고 싶어 한다니까요."

"분명 그 성은 재미있을 겁니다!" 윈터본은 단언했다. 그는 아가씨와 둘만의 시간을 누릴 특권을 확실히 자기 것으로 하고 싶은 마음이 점점 커져갔다. 아가씨는 여전히 그들 앞을 왔다 갔다 하며 작게 흥얼거리고 있었다.

"부인께선 직접 가보실 의향이 없으십니까?"

데이지의 어머니는 그를 곁눈질로 힐끔 쳐다보더니 아무런 대답도 없이 걷기 시작했다. 그러고는 잠시 뒤 짧게 말했다.

"저 아이만 가는 게 좋을 것 같군요." 그렇게만 말했다.

이 어머니는 호수 반대편에 있는 어둡고 오래된 도시 제네바에서 사교계 전면에 나서 몰려 다니는, 방심도 비집고 들어갈 틈도 없는 어머니들과는 사뭇 다른 유형이라고 윈터본은 생각했다. 그러나 그의 상념은 어머니의 보살핌을 모르는 딸이 아주 또렷한 발음으로 그의 이름을 부르는 소리에 중단되었다.

"윈터본 씨!" 데이지가 작은 목소리로 불렀다.

"무슨 일이지요, 아가씨?"

"보트를 태워 주시지 않겠어요?"

"지금 말입니까?"

"물론이죠!"

"저런, 애야!" 어머니가 소리쳤다.

"부디 허락해 주십시오." 윈터본은 간청했다. 싱그럽고 아름다운 아가씨와 별이 빛나는 여름밤에 보트를 타는 기분을 이제껏 누려본 적이 없었기 때문이다.

"가지 않는 게 좋겠어요. 그만 숙소로 돌아가는 게 좋겠어요."

"윈터본 씨는 저를 데려가고 싶어 하세요. 간절히 원하신단 말이에요!"

"별빛 아래에서 보트를 저어 시옹 성으로 데려다 드리죠."

"설마!" 데이지가 말했다.

"저런!" 어머니가 다시 외쳤다.

"30분 동안이나 저에게는 아무 말도 안 하셨잖아요." 아가씨가 말을 이었다.

"당신 어머님과 매우 즐거운 대화를 나누고 있었답니다."

"그럼 이제 보트에 태워 주시겠어요?" 데이지가 되풀이해서 말했다.

그들은 모두 걸음을 멈추었다. 그녀는 돌아서서 윈터본을 쳐다보았다. 그 얼굴에는 매력적인 미소가 가득했으며, 예쁜 두 눈은 반짝이고 있었다. 그녀는 커다란 부채로 쉴 새 없이 부채질을 했다.

'이보다 아름다운 것이 또 있을까?' 윈터본은 생각했다.

"저 선착장에 보트가 대여섯 척 정박해 있습니다." 정원에서 호수로 내려가는 계단을 가리키며 그가 말했다. "동행을 허락해 주신다면, 함께 내려가서 한 척 골라볼까요?"

데이지는 미소 짓더니, 이윽고 머리를 뒤로 한 번 젖히고는 쾌활하게 웃었다.

"전 정중한 신사분이 좋아요!"

"분명히 말씀드리는데, 이건 정식 데이트 신청입니다."

"당신이 어떻게 말씀하시는지 보려고 그런 거예요."

"그래, 어떻던가요? 별로 어려운 일은 아니었죠? 하지만 설마 절 놀리시는 건 아니겠죠?"

"그런 건 아닐 거예요." 밀러 부인이 아주 차분하게 말했다.

"그렇다면 함께 배를 타 주십시오." 젊은이가 아가씨에게 말했다.

"정말 멋지군요. 말씀하시는 게 말이에요!" 데이지가 소리쳤다.

"보트를 타고 나가면 더 멋있습니다."

"네, 멋질 거예요!" 데이지는 그렇게 말했지만, 그를 따라나설 생각은 없는 듯 웃고만 있었다.

"애야, 지금이 몇 시인지 알아봐 두는 것이 좋겠다." 어머니가 끼어들었다.

"11시입니다, 부인." 주변을 둘러싼 어둠 속에서 외국인 억양의 목소리가 들려왔다. 윈터본이 돌아보니, 이 두 여성을 시중드는 화려한 옷차림의 그 남자가 서 있었다. 지금 막 온 것 같았다.

"어머, 에우제니오. 나 지금 보트를 타러 갈 거예요!"

에우제니오가 머리 숙여 절했다.

"지금 말씀입니까, 아가씨?"

"윈터본 씨가 데리고 가주신대요, 지금 당장."

"안 된다고 말 좀 해 주렴." 밀러 부인이 에우제니오에게 말했다.

"아가씨, 보트는 그만두시는 게 좋을 것 같습니다만."

윈터본은 이 어여쁜 아가씨와 안내인이 그렇게 친밀한 사이가 아니기를 간절히 바랐다. 하지만 그런 속내를 입 밖에 내지는 않았다.

"체통 없는 행동거지라고 생각하는군요!" 데이지가 소리쳤다. "에우제니오는 무슨 일이든지 체통 없다고만 하잖아요!"

"저는 언제든 모실 준비가 되었습니다." 윈터본이 말했다.

"아가씨 혼자서 가시겠다는 겁니까?" 에우제니오가 밀러 부인에게 물었다.

"아니, 이 신사분과 함께 간다는구나." 데이지의 어머니가 대답했다.

안내인은 잠시 윈터본을 쳐다보더니―윈터본에게는 그가 비웃고 있는 것처럼 보였다―이윽고 정중하게 허리를 숙이며 말했다.

"아가씨 좋으실 대로!"

"어머, 난 야단스럽게 굴 줄 알았는데! 이젠 가고 싶지 않네요."

"가지 않으시겠다면, 이번엔 제가 야단을 떨 겁니다." 윈터본이 말했다.

"바라던 바예요. 가벼운 소동 말이죠!" 아가씨는 이렇게 말하고 다시 웃기 시작했다.

"랜돌프 도련님은 잠자리에 드셨습니다." 안내인이 차갑게 말했다.

"데이지, 그렇다면 우리도 그만 가자꾸나!" 밀러 부인이 말했다.

데이지는 윈터본에게 미소를 지어 보이고는 부채질을 하며 그에게서 돌아섰다.

"안녕히 주무세요. 저에게 실망하셨죠? 정나미가 떨어졌다거나."

그는 그녀가 내미는 손을 잡고, 그녀를 빤히 바라보며 말했다.

"도무지 무슨 영문인지 모르겠군요."

"이 일 때문에 못 주무시겠다고는 하지 마세요!" 그녀가 교묘하게 말을 돌렸다. 두 여인은 특권을 가진 에우제니오의 호위를 받으며 숙소로 돌아갔다.

윈터본은 그들의 뒷모습을 좇으며 우두커니 서 있었다. 정말 어리둥절했다. 그는 15분가량 호숫가를 서성이며 그에게 갑자기 친근하게 굴었다가 금방 변덕을 부리는, 이 아가씨의 알 수 없는 태도를 곰곰이 되새겨 보았다. 하지만 그가 얻은 단 한 가지 확실한 결론은, 어디로든 그녀와 함께 '사랑의 도주'를 한다면 정말 유쾌할 것 같다는 것이었다.

이틀 뒤, 그는 그녀와 함께 시옹 성으로 '사랑의 도주'가 아닌 나들이를 갔다. 그는 여행 안내인들이며, 하인들, 외국인 관광객들이 신기한 눈으로 주위를 어슬렁거리는 넓은 호텔 홀에서 그녀를 기다렸다. 그가 골랐으면 이런 장소는 피했겠지만, 그녀가 이곳으로 정한 것이다. 이윽고 그녀가 접은 양산을 어여쁜 몸에 꼭 붙이듯 들고, 긴 장갑의 단추를 끼우면서 경쾌한 걸음걸이로 계단을 내려왔다. 한 점 흠 잡을 데 없는 수수하고 우아한 여행복을 멋지게 차려입고 있었다. 상상력이 풍부하고, 예로부터 흔히 말하는 다정다감한 남자인 윈터본은 그녀의 옷차림과 자신감 있는 걸음걸이로 넓은 계단을 총총 내려오는 그 모습을 보자마자, 문득 무언가 낭만적인 일이 벌어질 것 같은 기분이 들었다. 그녀와 사랑의 도피 행각이라도 벌이는 듯이 느껴지기까지 했다. 그는 그곳에 모여 어슬렁거리는 사람들 사이를 뚫고 그녀를 밖으로 데리고 나왔다. 모두들 그녀를 쳐다보았다. 그를 만나자마자 그녀가 재잘거리기 시작했기 때문이다. 윈터본은 시옹 성까지 마차로 가고 싶었지만, 그녀는 기선을 좋아한다며 증기선으로 가고 싶다고 했다. 증기선은 수면 위로 언제나 미풍이 불어와 기분이 좋고, 많은 사람과 만날 수 있어서 좋다는 것이었다. 배 타는 시간은 짧았지만, 윈터본의 동행자에게는 수많은 이야기를 할 수 있을 만큼의 시간이었다. 젊은이에게 오늘의 짧은 여행은 아주 무모한 행동, 이를테면 모험처럼 여겨졌다. 그래서 그녀가 본디 자유분방하다는 점을 고려해 보더라도, 그녀 역시 이번 여행을 자기처럼 생각해주기를 바랐다. 그러나 애석하게도 그의 기대는 크게 빗나갔다. 데이지 밀러는 대단히 쾌활하고 반해버릴 만큼 기분이 좋아 보였다. 하지만 전혀 흥분한 기색을 보이지 않았으며, 안절부절하지도 않았다. 그녀는 그의 시선도, 다른 누구의 시선도 피하지 않았다. 그를 쳐다볼 때도, 주위 사람들이 자기를 바라본다고 느낄 때도 얼굴을 붉히는 법이 없었다. 사람들은 끊임없이 그녀를 곁눈질해댔다. 윈터본은 이 아름다운 동반자의 지극히 품위 있는 태도에 크게 만족했다. 사실 그녀가 큰 소리로 이야기하거나, 지나치게 많이 웃거나, 선내를 함부로 돌아다니지는 않을까 걱정되기도 했다. 그러나 이제 그런 걱정은 완전히 잊고서, 그녀의 얼굴에 시선을 고정한 채 미소를 지으며 이야기를 듣고 있었다. 그녀는 자리에서 꼼짝도 하지 않고, 그녀 특유의 생각을 계속해서 늘어놓았다. 이렇게 매력적인 수다는 난생처음이었다. 그녀가 천박한 여자라는 의견에 자신도 동의하기는 했지만 새삼 그 의견에 의문이 들었다. 아니면 그가 그녀의 천박함에 익숙해진 것일까? 그녀의 이야기는 주로 철학자들이 객관적 성향이라고 부르는 성질의 것이었지만, 때로 주관적인 구석도 있었다.

"도대체 당신은 무얼 그리 심각하게 생각하세요?" 그녀가 느닷없이 예쁜 두 눈으로 윈터본을 응시하며 물었다.

"제가 심각하다고요? 전 입이 귀에 걸리도록 웃고 있다고 생각했는데요."

"저를 장례식에라도 데려가는 것 같은 얼굴이에요. 그게 웃는 얼굴이라면 당신 두 귀는 서로 붙어 있는 거나 마찬가지네요."

"그러면 갑판에서 혼파이프(주로 뱃사람이 추는 춤)라도 출까요?"

"제발 좀 그래 보세요. 그럼 제가 당신 모자를 들고 돌아다니면서 돈을 모을 테니까요. 뱃삯은 나올 거예요."

"이렇게 즐거운 적은 태어나 처음입니다." 윈터본이 속삭였다.

그녀가 그를 흘끗 쳐다보더니 갑자기 풋 하고 웃었다.

"당신이 자꾸 그런 말을 하게 만드는 게 즐거워요. 당신은 정말 재미있는 분이세요."

배에서 내려 성으로 들어간 그들은 그 뒤부터는 주관적인 경향이 단연 우세했다. 데이지는 천장이 둥근 방들을 발랄하게 돌아다니기도 하고, 나선 계단에서 치맛자락 스치는 소리를 내는가 하면, 우블리에트(중세 때 성 안에 땅을 파서 만든 지하 감옥) 가장자리에서 작고 예쁜 비명과 함께 몸서리를 치며 휙 물러서기도 하고, 이곳에 관해 윈터본이 들려주는 모든 이야기에 그 비길 데 없이 잘생긴 귀를 기울이기도 했다. 그러나 윈터본은 그녀가 봉건시대의 유물들에는 거의 흥미가 없으며, 시옹 성의 음침한 전설에도 큰 감흥이 없다는 사실을 알았다. 운 좋게도 그들은 관리인 이외에는 다른 어떤 동행도 없이 돌아다닐 수 있었다. 게다가 윈터본은 관리인에게 자신들이 둘러보고 싶으면 둘러보고 쉬고 싶으면 쉴 테니 자기들을 재촉하지 말라고 당부해 두었다. 관리인은 그 약속을 매우 관대하게 해석해서—물론 윈터본이 사례를 후하게 한 덕분에—나중에는 아예 그들끼리만 있게 해 주었다. 밀러 양의 발언은 논리적 일관성이라는 측면에서 볼 때 형편없었다. 뭔가 말하고 싶은 것이 생기면 반드시 구실을 찾아냈다. 톱니처럼 들쑥날쑥한 성벽 틈새기까지 오자 그녀는 수많은 구실을 찾아내어 윈터본의 신상—이를테면 그의 가족, 경력, 취미, 습관, 앞으로의 계획 등에 관해 질문을 해댔으며, 같은 주제로 자기 이야기도 늘어놓았다. 밀러 양은 자신의 취미며 습관이며 계획에 관해서 매우 분명하고 희망차게 설명했다.

"자, 어때요? 이만하면 잘 아셨겠죠?" 그가 불행한 보니바르(1493~1570. 스위스 독립을 위해 싸우다가 시옹 성에 갇힌 애국지사)의 이야기를 들려주자, 그녀는 이렇게 말했다. "이토록 박식한 분은 처음 봤어요!"

보니바르의 이야기는, 흔히 말하듯 한쪽 귀로 들어가서 다른 쪽 귀로 새버린 것이 분명했다. 그러나 데이지는 계속해서 윈터본이 자기 가족과 함께 여행하면서 구석구석 안내해 주었으면 좋겠으며, 그러면 자기들도 좀더 많은 것을 알게 될 거라고 말했다.

"랜돌프를 가르쳐주지 않으시겠어요?"

윈터본은 그보다 즐거운 일은 없겠지만, 공교롭게도 다른 일이 있노라고 대답했다.

"다른 일이라니요? 믿을 수 없어요! 무슨 말씀이시죠? 당신은 하시는 사업도 없잖아요."

그는 자신이 사업을 하고 있지는 않지만, 약속이 있어서 하루 이틀 안에 제네바로 돌아가야 한다고 대답했다.

"어머, 재미없어! 믿을 수가 없어요!" 그녀는 이렇게 말하자마자 곧 화제를 돌렸다. 그러나 얼마 뒤 그가 고풍스러운 벽난로 장식을 하나하나 가리키며 설명하고 있을 때 그녀는 다짜고짜 엉뚱한 말을 꺼냈다.

"제네바로 돌아가신다는 건 진심이 아니시죠?"

"유감이지만, 내일이면 제네바로 돌아가야 합니다."

"어머, 윈터본 씨. 정말 너무하시네요."

"그런 가혹한 말씀 하지 마십시오. 이별을 앞두고 있는 지금 말입니다."

"이별이라고요?" 아가씨가 소리쳤다. "아니요, 이제 시작이죠! 당신을 여기 남겨 두고 당장 혼자서 호텔로 돌아가고 싶은 심정이네요."

그러고는 10분 동안이나 '너무하다'라는 말만 되풀이했다. 가엾게도 윈터본은 완전히 어리둥절했다. 지금까지 어떤 아가씨도 그가 떠난다는 말에 이토록 동요하는 모습을 보인 적이 없었던 것이다. 그 뒤로 그녀는 시옹 성의 진기한 구경거리도 호수의 아름다운 풍경도 더는 보려고 하지 않았다. 대신 그가 서둘러 돌아가는 것은 제네바에 숨겨 놓은 애인을 만나기 위해서라고 즉각 판단했는지, 그 연인에 대해서 공격을 퍼붓기 시작했다. 제네바에 연인이 있다는 생각은 대체 어디에서 나왔을까? 윈터본은 짐작도 하지 못한 채,

그런 사람은 결코 없노라고 부인했다. 또한 그는 그녀의 신속한 추리력에 놀라기도 했지만 그 적나라한 야유에 재미를 느끼기도 했다. 이 모든 점으로 보아, 그녀는 천진함과 조야함이 뒤섞인 묘한 인물 같았다.

"그 여자는 한 번에 사흘 이상은 절대로 허락해 주지 않는가 보군요?" 데이지가 비꼬아 물었다. "여름인데 휴가를 주지 않나요? 이 여름철에 어디론가 휴가도 떠날 수 없을 정도로 혹사당하는 사람은 어디에도 없는데 말이에요. 하루만 더 머물었다간 틀림없이 배를 타고 쫓아오겠군요. 금요일까지 한 번 기다려 보세요. 그럼 제가 그 여자를 마중하러 선착장까지 가겠어요."

그는 이 아가씨가 처음 배에 올랐을 때 보인 태도에 실망을 느낀 것이 잘못이었다는 생각이 들기 시작했다. 그때는 이 여인에게 주관적인 경향이 없어서 아쉬웠는데, 지금은 그 기질이 불쑥 고개를 쳐든 게 아닌가? 특히 마지막에 "이번 겨울에 로마로 오겠다고 엄숙히 약속해 준다면 그를 짓궂게 놀리는 일은 이제 그만두겠노라"고 말하는 대목에서 그 기질이 분명히 드러났다.

"그런 약속이라면 어려울 게 없습니다. 큰어머님이 겨울을 나기 위해 로마에 아파트를 하나 잡아 두셨는데, 저더러 놀러 오라고 하셨으니까요."

"큰어머님 때문에 오시는 건 싫어요. 절 보러 오시란 말이에요."

데이지가 불편해하는 그의 친척 이야기를 꺼내는 것은 이번이 처음이자 마지막이었다. 어쨌든 그는 틀림없이 가겠다고 장담했다. 이후로 데이지는 더 이상 짓궂게 굴지 않았다. 윈터본이 마차를 잡았고, 둘은 황혼 속을 달려 브베로 돌아왔다. 아가씨는 아무 말이 없었다.

그날 저녁, 윈터본은 코스텔로 부인에게 오후에 데이지 밀러 양과 함께 시옹 성에 다녀왔노라고 말했다.

"그 여행 안내인과 함께 다니는 미국인들 말이냐?"

"다행히 안내인은 호텔에 남아 있었어요."

"그럼 그 여자랑 단둘이서 갔단 말이냐?"

"둘이서만요."

코스텔로 부인은 장뇌가 든 병을 코에다 대고 잠시 킁킁거리며 냄새를 맡았다. 그리고 그에게 소리치며 말했다.

"그런 여자를 내게 소개시키려고 했단 말이지!"

제2부
로마

 시옹 성으로 놀러 갔다 온 다음 날에 제네바로 돌아간 윈터본은 1월 말경에 로마로 갔다. 큰어머님은 이미 수주일 전부터 그곳에 머물며, 그동안 편지를 두어 통 그에게 보내왔다.

 네가 올여름 브베에서 그토록 헌신했던 가족이 이곳에 나타났다. 여행 안내인까지 모두. 그들은 친구를 몇 명 사귄 모양이지만, 여전히 그 안내인과 가장 가까운 것 같다. 그런데 그 젊은 여자는 삼류 이탈리아인과도 매우 가깝게 지내면서 숱한 화제를 뿌리고 다닌다. 셰르빌리에(1829~1899. 프랑스 소설가)의 재미있는 소설 《폴 메레》를 좀 갖다 주렴. 늦어도 23일 안으로는 오도록 해라.

 편지에는 이렇게 적혀 있었다.
 윈터본은 별다른 일이 없는 한 로마에 도착하자마자 미국 은행에서 밀러 부인의 주소를 알아내어 데이지 양에게 인사하러 갈 생각이었다.
 "브베에서 그런 일도 있었으니, 그들을 방문해도 괜찮겠지요?" 그가 코스텔로 부인에게 말했다.
 "브베 아니라 어디에서 그런 일이 있었대도 네가 계속 교제하고 싶다면 마음대로 해라. 모름지기 남자라면 누구하고라도 알고 지내도 괜찮으니까. 그 특권을 마음껏 누리렴!"
 "도대체 이 로마에서 무슨 일이 벌어졌다는 말씀이세요?" 윈터본이 물었다.
 "그 젊은 여자가 수행인도 없이 혼자 외국인들과 어울려 다니지 뭐냐. 그 이상은 다른 곳에 가서 알아보렴. 그 여자는 결혼 지참금을 노리는 로마 남자 대여섯과 어울리며 그들을 이집저집으로 끌고 다니고 있어. 파티가 있으면, 콧수염을 이상하게 기른 대단히 세련된 신사를 데리고 나타나지."

"그녀의 어머니는 어디 있나요?"

"나야 모르지. 정말 불쾌한 사람들이야."

윈터본은 잠시 생각에 잠겼다.

"매우 무지한 사람들이기는 하죠. 하지만 그저 순진할 뿐이에요. 결코 나쁜 사람들은 아닙니다."

"그들은 너무 천박해. 구제 불능일 정도로 천박한 게 나쁜 건지 아닌지는 학자들이 다루어야 할 문제이지. 하여튼 그들은 미움을 받는다 해도 할 말이 없을 만큼 나쁜 사람들이야. 이 짧은 인생에서 그 정도만 알면 충분하지."

데이지 밀러가 멋진 콧수염을 기른 신사들에게 둘러싸여 다닌다는 소문을 듣고서, 윈터본은 당장에라도 그녀를 만나러 달려나가고 싶은 충동을 억눌렀다. 자기가 그녀의 마음에 지울 수 없는 인상을 남겼으리라고 자부했던 것은 절대 아니었다. 그러나 요즘 뇌리를 떠나지 않는 그녀의 모습—고풍스러운 로마 건물의 창밖을 내다보며, 윈터본 씨가 언제나 올까 초조하게 자문하는 아름다운 아가씨의 모습과는 사뭇 다른 현실을 접하게 되자 괴로웠다. 그러나 자기 생각도 좀 해 달라고 밀러 양에게 일깨워 주기에 앞서 조금 더 상황을 지켜보기로 마음먹고서, 곧장 다른 친구 두세 명을 방문했다. 그중 한 사람에게는 미국인 부인이 있었다. 그 부인은 아이들을 제네바에 있는 학교에 보낸 터라 몇 년 전부터 겨울에는 그곳에서 지냈다. 매우 교양 있는 부인으로, 그레고리아나 거리에 살았다. 윈터본은 3층에 있는 진홍빛의 아담한 응접실에서 부인을 만났다. 방에는 남국의 햇살이 가득 비쳐들고 있었다. 그가 방에 들어선 지 10분도 채 지나지 않았을 때, 하인이 들어오더니 "밀라(밀러 부인을 이탈리아식으로 발음한 것) 부인이 오셨습니다!"라고 알렸다. 곧이어 꼬마 랜돌프 밀러가 모습을 드러냈다. 그는 방 한가운데에 멈춰 서서 윈터본을 빤히 쳐다보았다. 바로 뒤이어 그의 아름다운 누나가 들어왔다. 밀러 부인은 한참 뒤에 천천히 들어섰다.

"저, 아저씨를 알아요!" 랜돌프가 말했다.

"물론 아주 많은 걸 알고 있겠지." 윈터본이 아이 손을 잡으며 소리쳤다. "공부는 잘하고 있니?"

데이지는 여주인과 상냥하게 인사를 나누다가, 윈터본의 목소리가 들리자

고개를 홱 돌렸다.
"어머, 이럴 수가!"
"반드시 오겠다고 당신에게 말씀드렸지 않습니까." 윈터본이 미소를 지으며 응답했다.
"하지만 그 말씀을 믿지는 않았어요."
"거참 고맙군요." 젊은이는 웃었다.
"절 찾아오시지 그러셨어요."
"어제 막 도착했습니다."
"믿을 수 없어요!"
윈터본은 억울하다는 듯이 미소를 지으며 어머니에게로 고개를 돌렸다. 그러나 부인은 그의 시선을 피한 채, 의자에 앉아서 아들만 바라보았다.
"우리집은 여기보다 훨씬 커요. 벽은 온통 황금빛이죠." 랜돌프가 말했다.
밀러 부인이 의자에 앉은 채 민망스러운 듯이 속삭였다.
"널 데리고 오면 실례되는 말을 할 거라고 그랬지!"
"실례라니!" 랜돌프는 외쳤다. "아저씨, 그런 말 해도 괜찮죠?" 그는 윈터본의 무릎을 탁 치며 장난스럽게 덧붙였다. "여기보다 어마어마하게 넓다니까요!"
데이지가 여주인과 이야기꽃을 피우고 있었으므로, 윈터본은 어머니에게 몇 마디 건네는 것이 예의라고 판단했다.
"브베에서 헤어진 뒤로 잘 지내셨습니까?"
밀러 부인이 이번에는 똑바로 그를, 그의 턱 언저리를 바라보며 대답했다.
"별로 그렇지 못했답니다."
"엄마는 소화 불량에 걸렸어요. 나도 그래요. 아빠도 그렇고요. 그런데 내가 제일 심했어요!" 랜돌프가 말했다.
이 폭로에 밀러 부인은 당황하기는커녕 오히려 마음을 놓는 것 같았다.
"저는 간 때문에 고생하고 있답니다. 아마도 이곳 날씨 때문인 것 같아요. 스키넥터디보다 상쾌하지 않거든요. 특히 겨울에는요. 우리집이 스키넥터디라는 걸 알고 계신지는 모르겠지만, 제가 늘 데이지에게 하는 말이지만, 데이비스 박사만한 의사는 보지 못했어요. 앞으로도 못 볼 거고요. 정말로 스키넥터디에서는 그분이 최고랍니다. 모두가 존경하지요. 아주 바쁜 분이지만, 저를 위해서라면 어떤 일도 마다하지 않으셨어요. 저처럼 심한 소화 불량은 처음 보지만, 어떻게든 고쳐 주겠다고 하셨답니다. 그런데 새로운 치료를 시도하려던 차에 저희가 이쪽으로 와 버린 거지요. 남편이 데이지도 한번쯤 유럽을 구경해야 한다고 그랬거든요. 전 따라오긴 했지만, 데이비스 박사님의 치료를 못 받게 된 게 아쉬워서 남편한테 한소리 했답니다. 스키넥터디에서는 그분이 단연 최고예요. 게다가 그 땅에는 병이 많죠. 전 병 때문에 잠도 못 자요."

윈터본은 데이비스 박사의 환자를 상대로 병에 관한 잡담을 나누었다. 그동안 데이지는 여주인과 계속 수다를 떨었다. 그는 밀러 부인에게 로마가 마음에 드느냐고 물었다.

"글쎄요, 실망했다고 말할 수밖에 없네요. 그동안 로마에 관해 아주 많은 이야기를 들어왔거든요. 아마 너무 많은 이야기를 들은 모양이에요. 하지만 어쩔 수 없죠. 너무 많은 걸 들어서 뭔가 색다른 곳이라고 기대했었나 봐요."

"조금만 기다려 보세요. 아마도 로마가 좋아지실 겁니다."

"난 날이 갈수록 여기가 점점 싫어져요!" 랜돌프가 소리쳤다.

"넌 어린 시절의 한니발 같구나." 윈터본이 말했다.

"그럴 리 없어요!" 랜돌프가 적당히 어림짐작으로 대꾸했다.

"넌 착한 애라고는 할 수 없어." 어머니는 이렇게 말하고, 다시 말을 이었다. "하지만 그동안 구경하고 다닌 명소 중에는 로마보다 훨씬 좋은 곳이 몇 군데나 있었는걸요."

윈터본이 그곳이 어디냐고 묻자, 그녀가 대답했다.

"취리히가 그렇죠. 그곳은 매우 아름다워요. 그곳 얘기는 로마의 반만큼도 듣지 못했는데 말이죠."

"우리가 구경한 가운데 가장 멋졌던 곳은 시티 오브 리치먼드예요!" 랜돌프가 말했다.

"배를 말하는 거랍니다." 어머니가 설명했다. "우린 그 배를 타고 대양을 건너왔답니다. 랜돌프는 시티 오브 리치먼드 호에서 아주 즐거워했지요."

"내가 본 것 중에서 최고였어요." 아이가 되풀이해서 말했다. "단지 방향이 잘못 돼서 탈이지만."

"그래, 조만간 방향을 틀어서 미국행으로 바꿔야지." 밀러 부인은 빙긋 웃었다.

 윈터본이 적어도 따님만큼은 로마를 마음에 들어 하는 것 같다고 말하자, 데이지는 완전히 로마에 빠졌다고 부인이 대답했다.

 "사교계 때문이랍니다. 이곳 사교계는 화려하니까요. 저 아이는 온갖 곳을 돌아다니고 있어요. 친구도 많이 사귀고 말이죠. 물론 나보다 훨씬 많이 돌아다녀요. 확실히 이곳 사람들은 매우 사교적이에요. 저 애를 금방 친구로 받아주었으니까 말이에요. 그래서 신사 친구도 아주 많이 생겼답니다. 정말이지 저 아이는 로마만큼 좋은 곳이 없대요. 당연한 말이지만, 젊은 여성으로서 많은 신사 친구를 사귀는 게 너무 즐겁지 않겠어요?"

 이런 이야기를 나누고 있는 사이 다시 윈터본에게 시선을 돌렸던 데이지가 이윽고 말했다.

 "지금 워커 부인에게 당신이 정말 나쁜 사람이라고 말씀드리던 참이에요!"

 "무슨 증거로 그런 말씀을 하시는 거죠?" 윈터본이 따져 물었다. 빨리 만나고 싶은 일념으로 볼로냐 피렌체에도 들르지 않고 곧장 로마로 찾아온 이 숭배자의 열성을 몰라주는 상대방의 태도에 참을 수 없는 서운한 감정이 느껴졌다. 그는 어느 냉소적인 동포가 미국 여자들—특히 예쁜 여자들에게는 이 금과옥조가 더욱 들어맞는데—은 세상에서 가장 무리한 요구를 많이 하는 주제에 고마워할 줄 모르는 것 또한 세계 제일이라고 말했던 것이 기억났다.

 "브베에서 그토록 야박하게 구셨잖아요. 제 부탁은 하나도 안 들어주시고, 제가 그렇게 애원했는데도 오래 계시지 않으셨죠."

 "아가씨, 제가 먼 길 마다 않고 로마까지 찾아온 것이 당신의 책망을 듣기 위해서였던가요?" 윈터본이 열을 올리며 외쳤다.

 "저 말씀하시는 본새 좀 보세요!" 데이지가 여주인의 옷에 달린 리본 장식을 비틀면서 그녀에게 말했다. "저렇게 이상한 말 들어 보신 적 있으세요?"

 "이상한 말이라니요?" 워커 부인이 윈터본의 역성을 드는 듯한 어조로 나지막이 물었다.

 "글쎄요." 데이지가 워커 부인의 리본을 만지작거리며 말했다. "부인, 말씀드리고 싶은 게 있어요."

 "엄마-아!" 랜돌프가 말꼬리를 귀에 거슬리게 발음하며 끼어들었다. "그만 가야 해요. 에우제니오가 난리 칠 거예요!"

"난 에우제니오가 무섭지 않아." 데이지가 턱을 치켜세우며 말했다. 그리고 말을 이었다.

"부인, 댁에서 여시는 파티에 참석하겠어요."

"그 말을 들으니 기쁘네요."

"멋진 드레스도 장만해 놓았어요."

"물론 멋지겠죠."

"그런데 한 가지 부탁이 있어요. 친구를 데리고 와도 될까요?"

"당신 친구라면 어떤 분이라도 기꺼이 뵙고 싶군요." 워커 부인이 미소 지으며 밀러 부인을 돌아보았다.

"아뇨, 전 잘 몰라요." 데이지의 어머니가 수줍게 웃으며 그녀다운 투로 대답했다. "전 딸아이 친구들하고는 대화를 해 본 적도 없답니다."

"그 사람은 제 절친한 친구예요, 조바넬리 씨라고." 데이지가 말했다. 그녀의 그 맑고 가느다란 목소리에는 한 치의 떨림도 없었으며, 해맑고 조그만 얼굴에도 어두운 구석이라고는 찾아볼 수 없었다.

워커 부인은 잠시 말이 없다가, 윈터본을 재빨리 힐끗 쳐다보고 말했다.

"그 조바넬리라는 분을 만나게 돼서 기쁘군요."

"그는 이탈리아 사람이에요." 데이지는 빠져들 만큼 침착한 태도로 말을 이었다. "제 절친한 친구죠. 세상에서 제일가는 미남이고요—물론 윈터본 씨를 제외하고 말이죠! 그는 이탈리아인 친구는 많아서 이젠 미국인 친구를 사귀고 싶대요. 미국인을 매우 존경하거든요. 아주 똑똑하고 상냥한 사람이에요."

이 뛰어난 인물을 워커 부인의 파티에 초대하기로 결정되자 밀러 부인은 떠날 준비를 시작했다.

"저희는 그만 돌아갈게요." 밀러 부인이 말했다.

"어머니는 호텔로 돌아가세요. 저는 산책을 좀 할까 해요." 데이지가 말했다.

"조바넬리 씨하고 산책하러 간대요." 랜돌프가 냉큼 폭로했다.

"핀초(로마에 있는 일곱 언덕 중 하나로 공원이 있다)에 가볼까 해요." 데이지가 웃으면서 말했다.

"아가씨 혼자서 말인가요? 이 시간에?" 워커 부인이 물었다.

오후도 거의 저물어, 한가롭게 주위를 구경하며 걷는 보행자와 마차가 번잡하게 거리를 오가는 시각이었다.

"위험할 텐데." 워커 부인이 말했다.

"내 생각도 마찬가지다." 밀러 부인이 맞장구쳤다. "틀림없이 열병에 걸리고 말 거야. 데이비스 박사님이 하신 말씀 잊었니?"

"외출하기 전에 약을 먹여요." 랜돌프가 말했다.

일행은 자리에서 일어났다. 데이지는 여전히 아름다운 치열을 드러내며 몸을 구부려 여주인에게 입맞춤했다.

"부인, 정말 자상하시네요. 하지만 혼자만 가려는 게 아니랍니다. 친구를 만나기로 했어요."

"그 친구가 네 열병을 막아줄 수는 없어." 밀러 부인이 말했다.

"조바넬리 씨말인가요?" 여주인이 물었다.

줄곧 아가씨를 지켜보던 윈터본은 이 질문에 그만 정신이 번쩍 들었다. 생글생글 웃으며 모자 리본의 주름을 펴던 그녀가 윈터본을 흘끗 쳐다보았다. 그러고는 그를 힐끔거리며 미소를 띤 채 조금도 망설이는 기색 없이 대답했다.

"조바넬리 씨예요. 잘생긴 조바넬리 씨요."

"아가씨." 워커 부인이 데이지의 손을 잡고 애원하듯이 말했다. "이런 시간에 핀초에 멋있는 이탈리아 사람을 만나러 가는 건 좀 그렇네요."

"그 사람은 영어를 할 줄 알아요." 밀러 부인이 말했다.

"오, 이런!" 데이지가 소리쳤다. "저는 창피한 짓을 할 생각은 눈곱만큼도 없어요. 이렇게 하면 이 문제를 쉽게 해결할 수 있죠." 그녀는 줄곧 윈터본을 흘긋흘긋 쳐다보았다. "여기에서 핀초까지는 겨우 100야드밖에 안 돼요. 윈터본 씨가 자신이 말씀하시는 것만큼 예의바른 분이시라면, 저와 동행해 주겠다고 제안하시겠죠."

윈터본이 즉시 친절함을 드러내며 동행을 자처하자, 아가씨도 흔쾌히 승낙했다. 두 사람은 어머니를 지나쳐 아래층으로 먼저 내려갔다. 현관 앞에는 밀러 부인의 마차가 대기하고 있었는데, 브베에서 만난 그 화려한 옷차림의 여행 안내인이 마차 안에 타고 있었다.

"잘 가요, 에우제니오! 난 산책 좀 할 거예요!" 데이지가 소리쳤다.

사실 그레고리아나 거리에서 핀초 언덕 저편 끝에 있는 아름다운 공원까지는 아주 가까웠다. 그러나 그날따라 날씨가 아주 화창해서, 거리는 마차와 보행자와 산책 나온 수많은 사람들로 붐비고 있어 이 젊은 미국인 남녀는 좀처럼 앞으로 나아가지를 못했다. 지금 자신이 놓인 묘한 처지를 잊은 것은 아니지만, 윈터본은 이 일이 매우 유쾌했다. 한가롭게 주위를 구경하며 천천히 걸어가던 로마 시민들이 자기 팔에 매달려 그들 사이를 뚫고 지나가는 눈부시게 아름다운 외국 아가씨에게 관심 어린 시선을 집중했기 때문이다. 젊은 몸으로 동행도 없이, 호기심 왕성한 군중 속으로 나가려고 했던 데이지의 의중이 궁금했다. 보아하니 이 아가씨는 자신을 조바넬리 씨 손에 넘겨주는 것만이 그의 임무라고 생각하는 것 같았다. 그러나 윈터본은 당혹감과 만족감을 동시에 느끼며, 절대로 그러지 않으리라고 결심했다.

"왜 저를 찾아오지 않으셨죠? 이 점은 변명할 여지가 없을 거예요." 데이지가 말했다.

"아까도 말씀드렸다시피 이제 막 기차에서 내린 참이었습니다."

"그렇다면 기차가 멈춘 뒤에도 한참 동안이나 내리지 않으셨던 모양이군요!" 그녀는 버릇대로 작게 웃으며 소리쳤다. "잠이라도 들었었나 보죠? 그런데도 용케 워커 부인을 방문할 시간은 있었군요."

"워커 부인과 알게 된 것은……" 윈터본은 변명하려 했다.

"당신이 그분을 어디서 알게 됐는지 알아요. 제네바에서였죠? 부인이 말씀해 주셨어요. 저하고는 브베에서 알게 됐죠. 그렇다면 뭐가 다르죠? 그러니까 당연히 저를 만나러 와 주셨어야 해요."

그녀는 그 이상 아무 질문도 하지 않고, 자신의 근황에 관해 재잘거리기 시작했다.

"우린 아주 멋진 방을 얻었어요. 에우제니오의 말로는 로마에서 가장 좋은 방이래요. 우린 겨우내 머무를 거예요. 열병에 걸려 죽지만 않는다면요. 하지만 틀림없이 열병 같은 건 걸리지 않고 머무르게 될 것 같아요. 이곳은 생각했던 것보다 훨씬 멋져요. 전 이곳이 무척 따분한 곳일 줄 알았어요. 분명히 끔찍하게 비좁을 거라고요. 그리고 그림 같은 걸 설명하는 저 따분한 노인네 같은 사람한테 끌려다니며 구경이나 해야 하는 줄 알았어요. 그런데 그런 구경은 첫 한 주일 정도로 끝났죠. 지금은 마음껏 즐기는 중이에요. 아주 많은 사람을 알게 되었답니다. 모두 좋은 사람들이에요. 이곳 사교계에는 최고들만 모였어요. 영국인, 독일인, 이탈리아인까지 모든 나라 사람이 다 있어요. 전 영국인이 가장 좋아요. 영국인의 대화 방식이 마음에 들거든요. 하지만 미국인 중에서도 호의적인 사람이 몇몇 있죠. 전 이렇게 환대받기는 처음이에요. 날마다 이런저런 모임이 있죠. 무도회는 그렇게 많지 않지만요. 하지만 전 춤이 전부라고는 생각하지 않아요. 전 대화를 좋아해요. 워커 부인의 파티에서는 분명히 많은 이야기를 나눌 수 있을 거예요. 그 집 방들은 무척 좁으니까요."

핀초 공원 입구를 지나자 밀러 양은 조바넬리 씨가 어디쯤 있을지 궁금해하기 시작했다.

"전망이 트인 저 앞쪽으로 가 보는 게 좋겠어요." 그녀가 말했다.

"분명히 말씀드리지만, 전 그 남자를 찾는 건 돕지 않을 겁니다."

"그럼 저 혼자 찾겠어요."

"설마 절 버려두고 가시려는 건 아니겠죠!" 윈터본이 외쳤다.

그녀는 다시 풋 하고 웃음을 터뜨렸다.

"길을 잃을까봐 걱정되세요? 아니면 마차에 치일까봐? 앗, 조바넬리 씨예요. 저기, 나무에 기대어 계시네요. 마차를 타고 지나가는 여자들을 바라보고 있군요. 저렇게 초연한 자태를 보신 적이 있으세요?"

조금 떨어진 곳에 아담한 남자가 지팡이를 쥐고 팔짱을 낀 채 서 있었다. 잘생긴 얼굴에 모자를 멋지게 비스듬히 쓰고, 외알 안경을 꼈으며, 단춧구멍에는 꽃다발을 꽂아 장식했다. 윈터본은 잠시 그를 바라본 뒤 말했다.

"저 남자에게 말을 걸 작정이십니까?"

"말을 걸 작정이냐고요? 설마 제가 손짓으로 의사소통할 거로 생각하시는 건 아니죠?"

"그렇다면 분명히 말씀드리는데 전 당신 곁을 떠날 마음이 없습니다."

데이지는 걸음을 멈추고 그를 가만히 쳐다보았다. 그 얼굴에 당혹스러운 기색이라고는 전혀 없었다. 사랑스러운 두 눈과 기쁨이 감도는 미소 속에 보조개를 보이고 있을 뿐이었다.

'이런, 정말 냉정한 여자로군!' 윈터본은 그렇게 생각했다.

"그 말투 싫어요. 너무 위압적이란 말이에요."

"제 말투가 거슬리셨다면 사과드립니다. 다만 제 진심을 말씀드리고 싶었을 따름입니다."

아가씨는 아까보다 진지한 표정으로 그를 쳐다보았는데, 그 눈은 더욱 아름다웠다.

"전 남자분이 저에게 명령하거나 제가 하는 일에 이래라저래라 간섭하도록 허락한 적이 없어요."

"그건 당신이 잘못 생각하는 겁니다. 때로는 남자 말에 귀를 기울여야 합니다. 올바른 신사의 말이라면 말이죠."

데이지가 다시 웃음을 터뜨렸다.

"그야 저도 올바른 신사분의 말씀이라면 잘 듣는답니다!" 그녀가 소리쳤다. "조바넬리 씨가 올바른 신사인지 아닌지 가르쳐 주세요."

가슴에 꽃다발을 단 남자가 그제야 두 사람을 발견하고서, 비굴하리만큼 빠른 걸음으로 아가씨에게 다가왔다. 그리고 아가씨에게는 물론이요 윈터본에게도 인사했다. 환한 미소와 영리해 보이는 눈매를 지닌 남자였다. 윈터본은 별로 인상이 나쁜 친구는 아니라고 생각했다. 그러나 데이지에게는 이렇게 말했다.

"올바른 신사가 아니군요."

데이지는 분명 사람을 소개하는 데 천부적인 자질이 있었다. 그녀는 두 남자 친구의 이름을 각자 상대방에게 말해 주고는, 두 사람을 양쪽에 한 명씩 거느린 채 여기저기를 한가로이 거닐었다. 조바넬리는 매우 재치 있는 영어를 구사해 가며―윈터본은 그가 수많은 미국인 상속녀를 상대하며 영어를 익혔다는 사실을 나중에 알게 되었다―아주 정중한 태도로 그녀에게 해도 그만 안 해도 그만인 헛소리를 수없이 늘어놓았다. 미국인 젊은이는 아무 말도 하지 않은 채, 몹시 실망스러울수록 겉으로는 오히려 싹싹하게 구는 속을 알 수 없는 이탈리아인의 재능에 대해 곱씹어 생각했다. 물론 조바넬리는 더 친밀한 만남을 기대했지, 이렇게 제3자가 끼리라고는 예상도 하지 못했을 것이다. 그런데도 그런 속내를 조금도 내비치지 않은 채 평정을 가장하는 것을 보면 뭔가 깊은 꿍꿍이가 있는 것이 분명했다. 윈터본은 이 사나이의 꿍꿍이속을 알아차렸다고 생각했다.

'이자는 신사가 아니야. 교묘하게 신사인 체하고 있을 뿐이지. 음악 선생이나 삼류 문인, 아니면 삼류 화가 정도가 고작일 테지. 어쨌든 얼굴 하나는 더럽게 잘생겼군!' 미국인 젊은이는 혼잣말을 했다. 조바넬리는 확실히 상당한 미남이었다. 그러나 윈터본은 아름다운 동포 아가씨가 진짜 신사와 가짜 신사도 구분하지 못한다는 사실이 섭섭하고 노여웠다. 조바넬리는 재잘재잘 떠들고 농담도 하면서 매우 다정하게 굴었다. 한낱 가짜에 불과할지라도 솜씨만큼은 인정하지 않을 수 없었다. '그렇다 하더라도 교양 있는 아가씨라면 이쯤은 당연히 구분할 수 있을 텐데!' 윈터본은 그렇게 생각했다. 그러자 과연 이 아가씨가 교양이 있는지 어떤지 하는 의문이 다시 고개를 쳐들었다. 교양 있는 아가씨라면—미국인 말괄량이라는 사실을 감안하더라도—천한 출신으로 보이는 외국인과 밀회 같은 걸 즐길 수 있을까? 물론 오늘은 대낮에, 그것도 로마에서 가장 번잡한 곳에서 이루어진 밀회이긴 하지만, 이런 조건을 선택한 것 자체가 비뚤어진 증거라고 볼 수 있지 않을까?

이상하게 들릴는지 모르겠지만, 윈터본은 이 아가씨가 애인과 만나는 자리임에도 자신의 존재를 그다지 신경 쓰는 기색을 보이지 않자 애가 달았다. 그러면서도 자신의 존재를 성가시게 여겨주길 바라는 자신에게 화가 치밀었다. 이 아가씨를 품행이 단정한 나무랄 데 없는 아가씨로 보기는 어렵다. 그런 아가씨들에게 필수적인 얌전함이 이 여자에게는 부족했다. 그러므로 이 아가씨를 낭만주의 작가들이 '자유분방한 열정'이라고 부르는 감정에 따라 행동하는 여자로 치부해 버린다면, 문제는 아주 간단해질 것이었다. 자신을 따돌리고 싶어 하는 기색을 보인다면 이 여자를 더욱 가볍게 생각할 수 있을 것이고, 그렇게 된다면 이 여자의 품성도 훨씬 파악하기 쉬울 것이었다. 그러나 데이지는 지금도 대담함과 천진난만함이 뒤섞인 불가사의한 태도로 일관하고 있었다.

데이지는 예의 바른 두 신사의 호위를 받으면서, 또 윈터본이 보기에는 조바넬리 씨의 자질구레한 농담에 아이처럼 들뜬 말투로 맞장구를 쳐가면서 15분 정도 주변을 거닐었다. 그때, 열을 지어 공원 안을 돌던 수많은 마차 중 한 대가 그 열에서 빠져나와 산책로 옆에 멈춰 섰다. 그와 동시에 윈터본은 조금 전에 작별 인사를 하고 헤어졌던 친구 워커 부인이 그 마차에서 자신을 향해 손짓하는 것을 발견했다. 그는 밀러 양 곁을 떠나 재빨리 이 부인의 부름에 응했다. 워커 부인은 흥분했기 때문인지 얼굴이 붉게 상기되어 있었다.

"정말 끔찍한 일이군요." 그녀가 말했다. "저 아가씨는 이런 짓을 해서는 안 돼요. 두 남자와 함께 이런 곳을 거닐어서는 안 된 말이에요. 벌써 많은 사람이 봤잖아요."

윈터본은 눈썹을 치켜세웠다.

"이런 일로 지나치게 소란을 떨면 가엾지 않습니까."

"저 아가씨가 신세를 망치게 되는 게 가여운 일이죠!"

"아주 천진한 아가씨입니다."

"그 아가씨는 완전히 정신이 나갔어!" 워커 부인이 소리쳤다. "저 아가씨의 어머니처럼 멍청한 사람을 본 적이 있나요? 방금 당신들이 모두 떠나고 그 생각을 하는데 도저히 가만히 있을 수가 없더군요. 저 아가씨를 구하려는 노력조차 하지 않는다면 너무 가여울 것 같아서 말이에요. 그래서 마차를 부르고 모자를 쓰고 곧장 달려온 거예요. 그런데 다행히 하늘이 도우셔서 당신들을 발견했죠!"

"저희를 어떻게 하실 생각인데요?" 윈터본이 미소 지으며 물었다.

"저 아가씨를 이 마차에 태우고 이 근방을 30분 정도 돌아서 저 아가씨가 헤픈 여자가 아니라는 사실을 사람들에게 보여준 다음, 안전하게 집으로 데려다 줘야죠."

"썩 좋은 생각은 아닌 것 같군요. 하지만 한번 시도해 보실 수는 있겠죠."

워커 부인은 자신의 생각을 실행에 옮기기로 했다. 젊은이는 마차 위의 말동무에게 미소 지으며 고개만 까딱하고는, 동행과 함께 저만치 걸어가는 밀러 양의 뒤를 쫓아갔다. 데이지는 워커 부인이 자신에게 할 말이 있다는 소리를 듣자 조금도 싫어하는 낯빛 없이 조바넬리를 데리고 발걸음을 돌렸다. 그녀는 그를 워커 부인에게 소개할 기회가 생겨 기쁘다며 즉시 두 사람을 소개하고는, 워커 부인의 무릎 덮개처럼 예쁜 건 평생 처음 본다고 말했다.

"칭찬해 주니 기쁘군요." 부인이 상냥하게 미소 지으며 말했다. "마차로 올라와 이 담요를 덮어 보지 않겠어요?"

"고맙지만 사양할게요. 부인께서 그걸 덮고 달리시는 모습을 보는 편이 훨씬 멋있을 것 같아요."

"그러지 말고 올라와서 나랑 함께 달려 봐요."

"그것도 멋지긴 하지만, 지금처럼 걷는 것도 매우 즐거운 걸요!" 데이지는 자신의 양옆을 호위하는 신사들을 빛나는 눈으로 힐끔 쳐다보았다.

"물론 즐겁겠죠. 하지만 이곳 풍속은 그렇지 않아요, 아가씨." 워커 부인이 두 손을 간절하게 모아 쥐고서, 사륜마차 밖으로 상체를 내밀고서 말했다.

"어머, 그럼 이런 풍속을 만들면 되죠! 전 산책하지 않으면 숨이 막힐 것 같은걸요."

"이봐요, 산책을 하려거든 어머니와 해야죠!" 제네바에서 온 부인이 더는 참지 못하고 소리를 질렀다.

"어머니하고 산책하라고요!" 아가씨도 소리쳤다. 윈터본은 이 아가씨가 워커 부인에게 간섭받고 있다는 사실을 드디어 알아챘다고 생각했다. "우리 어머니는 여태껏 열 발자국도 걸은 적이 없어요. 그리고 잘 아시겠지만……." 그녀는 웃으며 덧붙였다. "전 이제 어린애가 아니에요."

"어린애가 아니라면 더 분별 있게 처신해야죠. 밀러 양, 당신은 이미 남의 입에 오르내릴 나이랍니다."

데이지는 미소를 잃지 않은 채 워커 부인을 빤히 올려다보았다.

"남의 입에 오르내리다니요? 그게 무슨 뜻이죠?"

"얘기해 줄 테니 어서 마차에 올라타요."

데이지는 아까보다 재빨리 양쪽의 신사들을 번갈아 쳐다보았다. 조바넬리는 부드러운 미소를 띤 채, 손에 낀 장갑을 문지르면서 이쪽저쪽으로 고개 숙여 인사하고 있었다. 윈터본은 이보다 불쾌한 광경은 없을 거라고 생각했다.

"전 부인의 말씀이 무슨 뜻인지 알고 싶지 않아요." 곧 데이지가 말했다. "들었다가는 기분이 상할 것 같으니까요."

윈터본은 워커 부인이 무릎 덮개를 덮고 서 가 주기를 바랐다. 그러나 부인은—나중에 해 준 이야기인데—데이지의 말대답을 그냥 넘길 수가 없었다.

"분별없는 여자라는 소리를 듣는 편이 낫다는 건가요?"

"어머나, 세상에!" 데이지가 소리쳤다. 그러고는 또다시 조바넬리와 윈터본을 번갈아 쳐다보았다. 그녀의 뺨에는 엷은 홍조가 어렸는데, 그 모습이 이루 말할 수 없이 어여뻤다.

"윈터본 씨도 제가 나쁜 소문을 듣지 않도록 마차에 타야 한다고 생각하시나요?" 그녀가 미소를 지으며 머리를 뒤로 확 젖히더니, 젊은이를 머리 위부터 발끝까지 재빨리 훑어보면서 천천히 물었다.

윈터본은 얼굴을 붉혔다. 그는 그 순간 몹시 당황스러웠다. 그녀가 이런 식으로 자신의 평판을 운운하는 것이 매우 이상하게 느껴졌기 때문이다. 그러나 그로서는 어쨌거나 부인에게 실례가 되지 않도록 대답하는 수밖에 없었다. 그 대답이란 바로 진실을 말하는 것이었다. 그리고 윈터본이 생각하는 진실이란—앞서 필자가 두어 번 언급한 내용으로 독자 여러분도 그의 기분을 짐작하실 것이다—데이지 밀러가 워커 부인의 충고를 따라야 한다는 것이었다. 그는 더없이 아름다운 그녀를 바라보면서 아주 부드럽게 대답했다.

"마차에 타야 한다고 생각합니다."

데이지는 깔깔 웃었다.

"이렇게 딱딱한 말은 처음 들어 봐요! 부인, 지금 제 행동이 부적절하게 보인다면, 저는 구제불능 말괄량이가 맞을 거예요. 그러니 절 그냥 내버려 두세요. 그럼 안녕히 가세요. 멋진 마차 나들이 하시길!" 이렇게 말하고 그녀는 자기가 이겼다고 자랑이라도 하는 듯 더할 나위 없이 예의바르게 인사를 마친 조바넬리를 데리고 그 자리를 떠났다.

워커 부인은 그 뒷모습을 눈으로 쫓았다. 눈에는 눈물이 고여 있었다.

"이리 올라오세요." 부인이 자기 옆자리를 가리키며 윈터본에게 말했다. 젊은이가 자기는 밀러 양을 따라가 봐야 할 것 같다고 대답하자, 워커 부인은 거절한다면 다시는 말을 섞지 않겠노라고 단언했다. 그녀는 분명 진심이었다. 윈터본은 데이지와 그 동행을 쫓아가 아가씨에게 작별의 악수를 청하며, 워커 부인이 마차에 올라타라고 고집을 피운다고 말했다. 그는 그녀가 뭔가 자유분방한 대꾸—워커 부인이 그토록 친절하게 막으려 했음에도 오히려 더욱 '분별없는' 말을 내뱉었던 것처럼 그런 한마디가 나오기를 기대했다. 그러나 그녀는 그에게는 거의 눈길도 주지 않은 채 덤덤하게 악수했다. 한편 조바넬리는 의기양양하게 모자를 흔들어 작별인사 했다.

결국, 윈터본은 기분이 썩 좋지 않은 채로 워커 부인의 마차에 올라탔다.

"지혜로운 방법은 아니었습니다." 그가 솔직히 말했다. 그러는 사이에 그들이 탄 마차는 마차 행렬 속으로 다시 섞여 들어갔다.

"이런 때는 지혜롭고 아니고를 떠나 어디까지나 진지하게 행동해야 한다고 생각해요." 워커 부인이 대답했다.

"진지한 것도 좋지만, 결국 상대방을 화나게 해서 사이가 멀어지고 말았을 뿐이지 않습니까."

"차라리 잘된 거죠. 저렇게까지 자신의 평판을 손상할 작정이라면, 그 사실을 빨리 알수록 좋으니까요. 그러면 나도 거기에 맞게 대할 수 있잖아요."

"악의로 그러는 건 아닐 겁니다."

"저도 한 달 전까지는 그렇게 생각했어요. 하지만 계속 도가 지나치더군요."

"대체 뭘 어떻게 하고 다녔습니까?"

"여기서는 절대 하지 않는 짓은 죄다 했죠. 아무 남자하고나 어울려 시시덕거리지를 않나, 정체불명의 이탈리아 남자들과 구석진 자리에 앉아 있질 않나. 밤새 같은 파트너와 춤을 추기도 하고, 밤 11시에 방문객을 맞아들이기도 하고요. 게다가 그 어머니란 사람은 손님이 오면 오히려 자리를 피해 준답니다."

"대신 남동생이 한밤중까지 깨어 있지요." 윈터본이 웃으면서 말했다.

"그런 걸 보고 듣고 자라서 퍽도 훌륭해지겠군요. 그 호텔에서는 모두 그녀에 관해 수군거리고, 남자가 그녀를 찾아오면 호텔의 모든 하인들 사이에 묘한 미소가 번진다는군요."

"저런 괘씸한 놈들이 있나!" 윈터본은 화를 냈다. 그리고 잠시 뒤 이렇게 말했다. "가엾게도 그 아가씨의 결점은 교양이 없다는 것뿐입니다."

"천성이 상스러운 아이예요." 워커 부인이 단언했다. "오늘 아침만 해도 그래요. 당신, 브베에서 그 아가씨와 얼마나 오래 알고 지냈죠?"

"이삼일입니다."

"그런데도 당신이 서둘러 떠난 걸 자기 멋대로 해석하다니! 어이가 없군요!"

윈터본이 한동안 침묵을 지키다가 이윽고 입을 열었다.

"워커 부인, 아무래도 부인과 저는 제네바에서 너무 오래 살았나 봅니다." 그러고는 대체 무엇 때문에 자신을 마차에 태웠느냐고 물었다.

"밀러 양과 더는 어울리지 말라고 말하려고요. 그 여자와 시시덕거리지 말고 그녀가 남들 눈에 띌 기회를 더는 만들지 말라고요. 그 여자를 혼자 내버려 두라고 부탁하고 싶었답니다."

"그럴 수는 없을 것 같네요. 전 그녀를 매우 좋아하거든요."

"그렇다면 더욱더 그녀가 추문에 휩싸일 행동을 하게끔 도와줘서는 안 되죠."

"제가 그녀와 교제한다고 해서 추문에 휩싸일 행동은 절대로 하지 않습니다."

"그녀의 태도로 봐서는 분명히 그렇게 될 거예요. 어쨌든 나는 마음에 걸렸던 것들을 다 말했어요." 워커 부인이 계속해서 말했다. "그 아가씨에게 다시 가고 싶다면, 내려드리죠. 오, 여기가 마침 좋은 지점이군요."

마차는 핀초 공원이 로마 성벽 위로 솟아 아름다운 빌라 보르게세(로마의 명가 보르게세 가문의 별장. 훌륭한 미술 작품이 많이 소장되어 있다)가 올려다보이는 지점을 가로지르고 있었다. 주변은 커다란 흙벽으로 둘러싸여 있고, 흙벽 가까이에는 벤치가 몇 개 놓여 있었다. 조금 떨어진 벤치에 한 쌍의 남녀가 앉아 있었다. 워커 부인이 그쪽을 보고는 머리를 절레절레 흔들었다. 그와 동시에 두 사람이 일어나더니 흙벽 쪽으로 걸어갔다. 윈터본은 마부에게 서라고 말하고, 마차에서 내렸다. 부인은 잠시 말없이 그를 바라보다가, 모자를 벗어들고 작별인사 하는 그를 곁눈질로 보고는 위엄 있는 모습으로 마차를 몰고 가 버렸다. 윈터본은 눈을 데이지와 동행인 신사에게 고정한 채 그 자리에 서 있었다. 두 사람은 이야기에 열중하느라 아무도 눈에 들어오지 않는 모양이었다. 그들은 야트막한 공원 담장 앞에 이르자 잠시 걸음을 멈추고 꼭대기를 평평하게 깎은, 빌라 보르게세의 울창한 소나무 숲을 바라보았다. 잠시 뒤 조바넬리가 아주 익숙한 동작으로 폭 넓은 담장 돌출부에 걸터앉았다. 저편 하늘에서 옆으로 길게 뻗은 두 줄기 구름 사이로 저녁 해가 눈부신 햇살을 던졌다. 데이지의 동행이 그녀의 손에서 양산을 받아들어 펼쳤다. 그녀가 남자 쪽으로 몸을 조금 붙이자, 남자가 양산을 씌워 주고 그대로 양산대를 여자 어깨에 기댔다. 두 사람의 머리가 윈터본의 시야에서 사라졌다. 젊은이는 잠시 머뭇거리다가 걷기 시작했다. 하지만 그가 향한 곳은 양산을 받쳐 든 남녀가 있는 곳이 아니라 큰어머님인 코스텔로 부인의 집이었다.

다음 날, 밀러 부인을 만나러 호텔을 찾은 그는 하인들이 적어도 자기를 보고 히죽거리지는 않았다고 스스로 위안했다. 호텔에는 그 어머니도 딸도 없었다. 그 다음 날에도 찾아갔으나 불행하게도 또 만날 수 없었다. 사흘째 저녁에 워커 부인 집에서 파티가 열렸다. 며칠 전 겸연쩍은 작별을 했는데도, 윈터본은 얼굴을 내밀었다. 미국 여성이 으레 그렇듯, 워커 부인은 외국에 거주하는 동안 (그들의 표현에 따르자면) 소위 '유럽 사교계를 연구하는' 일을 가장 중요하게 여기는 사람 가운데 하나였다. 따라서 오늘도 연구 자료로 삼기 위해 각기 성질이 다른 다양한 인간 표본을 모아 놓았다. 윈터본이 도착했을 때 데이지 밀러는 아직 보이지 않았다. 그런데 잠시 뒤, 그녀의 어머니가 몹시 민망하고 우울한 표정으로 혼자 들어왔다. 맨살까지 들여다보일 정도로 듬성듬성한 관자놀이 주변의 머리카락이 전보다도 더 곱슬곱슬해 보였다. 그녀가 워커 부인에게 다가가는 것을 보고, 윈터본도 그 곁으로 다가갔다.

"보시다시피 저 혼자 왔어요." 가여운 밀러 부인이 말했다. "정말 당황스럽군요. 어찌할 바를 모르겠어요. 파티에 혼자 오는 건 난생처음이에요. 더구나 유럽에선 말이죠. 랜돌프나 에우제니오, 아니면 아무라도 데리고 오고 싶었지만 데이지가 저를 내쫓듯이 혼자 보내지 뭐겠어요. 난 혼자 돌아다니는 데 익숙하지도 않은데 말이죠."

"그럼 따님은 파티에 참석할 의향이 없군요?" 워커 부인이 단정하듯이 물었다.

"아니에요, 옷을 다 차려입긴 했어요." 밀러 부인은 달관까지는 아니더라도, 냉철한 역사가를 연상케 하는 어조로 말했다. 그녀는 딸의 행적을 이야기할 때면 늘 그랬다.

"그 애는 일부러 저녁 식사 전에 옷을 다 차려입었어요. 그런데 친구가 찾아왔지 뭐예요—딸애가 여기에 데려오고 싶어 했던 그 신사 친구요. 그러자 둘이서 피아노를 치기 시작하는데, 영 멈출 기미가 없는 거예요. 조바넬리 씨는 노래 솜씨가 대단하더군요. 아무튼, 곧 오겠지요." 밀러 부인은 낙관적으로 말을 맺었다.

"그렇게까지 준비해서 와 주신다면 황송할 따름이죠." 워커 부인이 말했다.

"글쎄 말입니다. 저도 세 시간씩이나 기다릴 작정이었으면 식사 전부터 옷을 차려입을 필요도 없지 않았냐고 말했죠." 데이지의 어머니가 대답했다. "조바넬리 씨와 그렇게 앉아 있을 거면 뭐 하러 그렇게 옷을 차려 입었는지 모르겠어요."

"정말 끔찍하지 않나요?" 워커 부인이 윈터본에게 고개를 돌리고서 말했다. "일부러 남의 입에 오르내릴 짓을 하는 거라고요. 나한테 주제넘은 잔소리를 들은 분풀이로 말이죠. 그 아가씨가 오면 난 말도 걸지 않겠어요."

데이지는 11시가 넘어서 왔다. 그러나 그녀는 이런 때에도 상대방이 말을 걸어올 때까지 기다리는 여자가 아니었다. 그녀는 꽃다발을 안고 조바넬리를 거느린 채 미소 띤 얼굴로 재잘거리면서 아름답고 눈부신 모습으로 옷자락을 사락사락 끌며 방으로 들어왔다. 모든 사람이 이야기를 멈추고 그녀를 돌아보았다. 그녀는 곧장 워커 부인에게 다가갔다.

"부인께서 제가 안 올 거로 생각하실까봐, 부인께 미리 말씀드리라고 어머니를 먼저 오시게 했지요. 여기 오기 전에 조바넬리 씨에게 노래연습을 좀 하게 해드리고 싶었거든요. 이분은 노래를 아주 잘 부르세요. 꼭 노래를 청해 주세요. 이분이 바로 조바넬리 씨랍니다. 일전에 소개해 드렸죠? 목소리가 아주 매력적이랍니다. 게다가 아주 훌륭한 노래를 많이 아시죠. 제가 일부러 그 곡들을 연습하게 했죠. 호텔에서는 아주 즐거운 시간이었어요." 데이지는 어깨 주위의 옷자락을 툭툭 치면서 여주인과 방 안을 번갈아 바라보며 아주 아름답고 낭랑한 목소리고 모두에게 들리도록 말했다.

"제가 아는 분은 아무도 안 계신가요?" 그녀가 물었다.

"여기 있는 사람들 모두 아가씨를 잘 아는 것 같은데요." 워커 부인이 복선 깔린 의미심장한 말을 던지고는, 조바넬리에게 건성으로 인사했다. 그러나 이 남자는 지극히 정중한 태도를 보였다. 미소 지으며 허리를 숙이고, 하얀 이를 드러내고, 콧수염을 꼬고, 눈알을 뒤룩뒤룩 굴리는 등 저녁 파티에 참석한 잘생긴 이탈리아 신사라면 으레 하는 역할을 철저하게 수행했다. 또 아주 좋은 목소리로 노래를 대여섯 곡쯤 불렀다. 노래가 끝난 뒤에 워커 부인은 도대체 누가 노래를 청했는지 모르겠다고 뒤에 털어놓았지만, 그에게 노래를 주문한 사람이 데이지가 아니었던 것은 분명했다. 그의 노래에 감탄했다고 먼저 공언한 장본인임에도 정작 그녀는 피아노에서 조금 떨어진 곳에 앉아 노래가 이어지는 내내 큰 소리로 떠들고 있었던 것이다.

"여긴 방이 좁아 재미가 없어요. 춤을 출 수가 없잖아요." 그녀가 5분 전에 막 만난 사람 같은 투로 윈터본에게 말을 걸었다.

"전 전혀 개의치 않습니다. 어차피 추지 않으니까요."

"당연히 그러시겠죠. 뻣뻣하신 분이니까. 워커 부인과의 마차 드라이브는 즐거우셨나요?"

"아뇨, 즐겁지 않았습니다. 그보다 당신과 산책하고 싶었으니까요."

"우린 각자 짝을 지어 헤어졌어요. 셋이 함께 있는 것보다 그 편이 훨씬 나았고요. 그건 그렇고, 꼴사납다는 이유로 불쌍한 조바넬리 씨를 내버려두고 저더러 마차에 타라고 했던 워커 부인의 말처럼 냉정하고 무례한 말을 들어본 적이 있으세요? 정말이지 사람이란 어쩜 그렇게 저마다 생각이 다른지! 그거야말로 매정한 짓 아닌가요? 그분은 열흘 전부터 산책을 하자고 졸라댔다고요."

"그 사람은 애당초 그런 얘기를 꺼내지 말았어야 합니다. 이 나라 아가씨에게라면 함께 길거리를 산책하자는 제의는 절대로 하지 않았을 겁니다."

"길거리라고요?" 데이지가 그 예쁜 눈을 부릅뜨고서 외쳤다. "그럼 어디를 산책하자고 할 것 같은데요? 그리고 핀초는 길거리가 아니잖아요? 게다가 저는 다행스럽게도 이 나라 여자가 아니라고요. 제가 보기에 이 나라의 젊은 여자들은 숨 막히는 인생을 살고 있어요. 그런데 왜 제가 그들을 위해서 제 습관을 고쳐야 하는지 모르겠군요."

"죄송합니다만, 당신의 그 습관이란 게 말괄량이 아가씨와 꼭 닮아서 말이지요." 윈터본이 진지하게 말했다.

"네, 알아요." 그녀가 특유의 미소를 띠고 다시 그를 사랑스럽게 노려보며 외쳤다. "전 정말이지 못 말리는 말괄량이예요! 멋진 아가씨치고 말괄량이 기질이 없는 사람이 있나요? 하지만 이렇게 말하면 당신은 제가 멋진 아가씨가 아니라고 말씀하실 테죠!"

"당신은 아주 멋진 아가씨입니다. 하지만 노닥거리고 싶으면 저를 상대로 그러십시오. 저하고만 말입니다."

"어머, 고마워라! 정말 고마운 말씀이군요. 하지만 저는 당신과 노닥거릴 마음이 전혀 없답니다. 말씀드렸듯이 당신은 너무 뻣뻣하니까요."

"당신은 그 말을 너무 자주 하는군요. 그 말은 귀에 못이 박이도록 들었습니다."

데이지는 즐거운 듯 웃음을 터뜨렸다.

"당신을 화나게 할 수 있다면 얼마든지 같은 말을 하겠어요."

"그러지 마세요. 전 화가 나면 더 뻣뻣해지니까요. 그리고 저하고 놀아 주지 않으셔도 좋지만, 적어도 피아노를 치는 저 친구와 시시덕거리는 짓만은 하지 마십시오. 이곳 사람들은 그런 행동을 이해하지 못하니까요."

"전 그것만큼은 이해할 줄 알았는데요!" 데이지가 소리쳤다.

"젊은 미혼 여성이 그러는 건 이해하지 못하죠."

"오히려 나이든 기혼 여성보다 젊은 미혼 여성에게 훨씬 어울리는 행동 아닌가요?" 데이지가 분명하게 말했다.

"이곳 사람들을 상대할 때에는 이곳의 풍습을 따라야 합니다. 남녀가 시시덕거리는 것은 순전히 미국 풍습이죠. 여기에는 존재하지 않습니다. 그러니까 어머니도 동반하지 않은 채 조바넬리 씨하고 단둘이서만 사람들 앞에 나타나면……."

"세상에! 가엾은 어머니하고 라니!" 데이지가 그의 말을 가로막았다.

"당신은 가벼운 마음일는지 몰라도 조바넬리 씨는 그렇지 않아요. 다른 의도가 있다 그 말입니다."

"적어도 그분은 설교는 하지 않아요." 데이지가 쾌활하게 말했다. "그리고 더 알고 싶으시다면 말씀드리겠지만, 우리는 서로 시시덕거리는 게 아니에요. 아주 좋은 사이니까요. 아주 가까운 친구란 말이죠."

"아, 그렇군요." 윈터본이 맞받았다. "서로 사랑한다면 이야기는 달라지겠죠."

이제까지는 그녀가 자신의 솔직한 발언을 덤덤히 들어주었기 때문에 윈터본은 이 갑작스러운 말에 그녀의 기분이 상하리라고는 전혀 예상도 하지 못했다. 하지만 데이지는 얼굴을 확 붉히며 자리에서 벌떡 일어섰다. 그는 바람둥이 미국인 아가씨야말로 정말 알 수 없는 존재라고 마음속으로 소리쳤다.

"조바넬리 씨는" 그녀가 그를 흘끗 보며 말했다. "적어도 그런 불쾌한 말은 절대 하지 않아요."

윈터본은 어리둥절해서 눈만 휘둥그레 뜨고 있었다. 이때 노래를 다 부른 조바넬리가 피아노를 떠나 데이지에게 다가왔다.

"다른 방으로 가서 차를 좀 드시지 않겠습니까?" 그는 평소대로 과장된 미소를 지으며 그녀 앞에 허리를 숙이고 차를 권했다.

데이지는 윈터본 쪽으로 고개를 돌렸다. 그런데 그녀는 다시 생글생글 웃기 시작하는 게 아닌가! 윈터본은 더욱더 어리둥절했다. 이 뜬금없는 미소의 의미는, 그녀가 본능적으로 상대방의 무례함을 용서하는 상냥한 마음의 소유자라는 증거로 해석하려면 못 할 것도 없지만 도무지 이해가 가지 않았던 것이다.

"윈터본 씨는 저에게 차 마시자는 말 같은 건 할 생각도 없으시죠." 그녀는 사람을 안달 나게 하는 사랑스러운 투로 말했다.

"대신 저는 충고를 해드렸습니다." 윈터본이 받아쳤다.

"저는 그런 것보다 연한 차가 좋아요!" 데이지는 이렇게 소리치더니, 화사한 조바넬리와 함께 사라져 버렸다.

그때부터 파티가 끝날 때까지 그녀는 그 남자와 함께 옆 방 구석 창가 자리에 앉아 있었다. 피아노가 유쾌한 곡을 연주해도 두 젊은이는 조금도 신경 쓰지 않았다. 데이지가 워커 부인에게 작별인사를 하러 오자, 부인은 이 아가씨가 처음 도착했을 때 자신이 내보인 나약한 모습이 부끄러워서 이번에는 강한 모습을 보였다. 밀러 양에게서 완전히 등을 돌리고서, 그녀가 어떤 표정으로 떠나가는지 본체만체 한 것이다. 윈터본은 문 가까이에 서서 모든 광경을 지켜보았다. 데이지는 하얗게 질린 얼굴로 어머니를 바라보았다. 그러나 밀러 부인은 사교계의 관례가 깨진 것을 짐짓 눈치채지 못한 척했다. 오히려 자신이 누구보다도 예절을 잘 지키는 사람임을 과시하고자 하는 엉뚱한 충동을 느낀 것 같았다.

"이만 가볼게요, 워커 부인. 참 멋진 저녁이었어요. 저 애를 혼자 파티에 오게는 했지만, 돌아갈 때는 혼자 돌아가게 하고 싶지 않군요."

데이지는 문 가까이에 몰려 있는 사람들을 바라보면서 창백하고 침통한 표정으로 밖으로 나갔다. 윈터본은 그녀가 처음 얼마간은 충격과 당혹감에 화조차 나지 않는 상태였음을 알았다. 그는 그대로 큰 동정심을 느꼈다.

"너무 잔인하셨어요." 그가 워커 부인에게 말했다.

"그 여자를 두 번 다시 이 방에 들이지 않겠어요." 여주인이 그의 말에 대꾸했다.

워커 부인의 응접실에서 데이지를 만날 수 없게 되자 윈터본은 최대한 기회를 만들어서 밀러 부인의 호텔로 걸음을 옮겼다. 그러나 그 숙녀들은 숙소에 있는 경우가 거의 드물었고, 어쩌다 있어도 그 자리에는 충실한 조바넬리가 늘 함께였다. 이 잘생기고 자그마한 로마인은 데이지와 단둘이서 응접실에 있는 때가 많았다. 그러나 밀러 부인은 당사자들의 분별력에 맡기는 것이 감시의 비결이라고 생각하는 듯했다. 윈터본은 그럴 때 자기가 얼굴을 내밀어도 데이지가 조금도 당황하거나 귀찮아하는 기색을 보이지 않자, 처음에는 어안이 벙벙했다. 그러나 곧 더는 놀랄 필요가 없으며, 그런 뜻밖의 행동이 그녀에게는 오히려 자연스럽다고 생각하기 시작했다. 그녀는 조바넬리와의 오붓한 시간을 방해받아도 전혀 불쾌해하지 않고, 한 남자에게 이야기할 때처럼 두 남자 상대로도 발랄하게 재잘거렸다. 그리고 그 말투에는 평소와 같은 대담함과 천진함이 묘하게 뒤섞여 있었다. 윈터본은 그녀가 조바넬리에게 진심으로 관심이 있다면, 두 사람의 신성한 만남을 방해받지 않도록 좀 더 마음 쓰지 않는 것이 참으로 이상하다고 생각했다. 그러나 동시에 그 천진하다고도 할 수 있는 무신경함과 끝없어 보이는 쾌활함에 그녀가 더욱 좋아졌다. 딱히 이유를 꼬집어 말할 수는 없지만, 그녀는 질투를 모르는 여자처럼 보였다. 독자 여러분이 비웃으실 것을 각오하고 말하자면, 윈터본은 지금껏 흥미가 끌린 여성들을 사정에 따라서는 두렵게—말 그대로 두렵게 여겨야 한다고 생각하곤 했지만, 데이지 밀러라면 절대로 두려워하지 않아도 될 것 같은 유쾌한 느낌이 들었다. 물론 이런 감정이 데이지 밀러에게는 명예롭지만은 않다는 점을 덧붙여 두겠다. 결국, 그녀는 아주 가벼운 여자일 거라는 것이 그의 확신, 아니 오히려 한편으로는 불안했다.

어쨌든 그녀는 분명히 조바넬리에게 지대한 관심이 있어 보였다. 그가 말할 때면 그의 얼굴을 주시하고, 끊임없이 그에게 이래라저래라 하고, 놀리고 짓궂은 말을 했다. 데이지는 워커 부인의 작은 파티에서 윈터본에게 불쾌한 말을 들었던 사실마저 까맣게 잊은 듯했다.

어느 일요일 오후 큰어머님과 함께 산 피에트로 성당에 간 윈터본은, 어김없이 조바넬리를 거느리고 이 대성당을 거니는 데이지를 발견했다. 그는 즉시 코스텔로 부인에게 그 아가씨와 동행인 신사를 가리켜 보였다. 큰어머님이 안경을 눈에 대고서 그들을 잠시 관찰한 다음에 말했다.

"아하, 그래서 네가 요즘 침울했구나?"
"전 제가 침울했는지조차 몰랐는걸요."
"완전히 넋이 빠져 있잖니. 뭔가 생각에 사로잡힌 게지."
"제가 무슨 생각에 잠겨 있다고 그러세요?"
"저 아가씨 생각. 베이커 양이던가, 챈들러 양이던가(Miller가 '빵앗간 주인'을 뜻하는 데서 일부러 이름을 잊은 체하며 Baker(빵집 주인)과 Chandler(잡화상)을 들먹여 조롱하는 것), 이름이 뭐였더라? 그래, 밀러 양이었지. 저 아가씨와 저 멋들어진 난쟁이와의 수상쩍은 관계에 대한 생각."

"수상쩍은 관계라고요? 저렇게 대놓고 다니는데도요?"

"멍청한 거지. 잘하는 짓은 아니잖니."

"아닙니다." 윈터본은 큰어머님이 방금 언급했던 침울한 표정으로 대답했다. "저는 수상쩍은 관계라는 말을 들을 만한 사건 따위는 없으리라고 믿어요."

"나는 여러 사람이 얘기하는 걸 들었어. 저 여자가 저 남자한테 완전히 넋이 나갔다고들 하더라."

"두 사람이 아주 가까운 사이인 건 확실합니다."

코스텔로 부인이 다시 안경을 눈에 대고 젊은 남녀를 유심히 살펴보았다.

"정말 잘생겼구나. 이제야 이유를 알겠네. 저 여자는 저 사내를 세상에서 가장 세련되고 훌륭한 남자라고 생각하는 거야. 저런 남자는 처음 만난 모양이지. 그 여행 안내인보다도 훨씬 멋있으니까. 아마 저 남자를 소개해 준 사람은 바로 그 안내인일 게다. 결혼까지 성공한다면 안내인은 엄청난 소개료를 받게 되겠지."

"그녀는 결혼할 생각은 없을 겁니다. 저 남자도 결혼할 수 있을 거라고는 생각하지 않을 거예요."

"저 아가씨가 아무 생각이 없는 건 분명해. 황금같은 시기에 매일 매 순간을 아무 생각 없이 살고 있으니. 이보다 천박한 게 또 있겠니? 그리고……." 코스텔로 부인이 덧붙였다. "저 아가씨가 조만간 약혼해버렸다고 말할지도 모르지. 두고 봐라."

"아무리 조바넬리라 하더라도 거기까지는 기대하지 않을 거예요."

"조바넬리가 누구냐?"

"저 조그만 이탈리아 남자 말입니다. 좀 캐묻고 다닌 덕분에 뭘 좀 알아냈지요. 출신은 확실한 것 같더군요. 대단하진 않지만, 좋은 가문에서 자란 변호사라나 봐요. 하지만 소위 말하는 일류 사교계에는 얼굴을 내밀지 않죠. 안내인이 저자를 소개했을 가능성도 전혀 없지는 않을 것 같습니다. 분명히 저 남자는 밀러 양에게 빠져 있어요. 그녀가 저자를 세상에서 가장 훌륭한 신사로 생각하는 게 사실이라면, 그로서도 저 아가씨처럼 멋지고 부유하고 화려한 아가씨를 만나기는 처음이겠죠. 게다가 저 남자에게는 밀러 양이 더없이 아름답고 흥미로운 여성으로 보일 겁니다. 하지만 결혼을 기대하리라고는 도저히 생각되지 않아요. 그런 일은 꿈도 못 꿀 행운이라고 여길 게 분명하니까요. 무엇보다 내세울 거라고는 잘생긴 얼굴 하나밖에 없는데, 여자에게는 저 신비로운 달러의 나라에다가 재력가인 밀러 씨가 있지 않습니까. 조바넬리는 자기에게 내세울 만한 직위가 없다는 걸 잘 압니다. 백작이나 후작쯤 되었더라면 얼마나 좋았을까 생각하고 있겠지요. 그녀의 가족이 자기 같은 하찮은 신분을 친구로 여겨주는 행운에 놀라워하고 있을 겁니다."

"그게 다 자기가 잘생긴 덕분이거나 밀러 양이 자기 멋대로 행동하는 여자라서 그렇다고 생각할걸!" 코스텔로 부인이 말했다.

"데이지와 그 어머니는 글쎄 뭐랄까요, 아직 교양 있는 수준까지는 올라가지 못했어요. 그러니까 공작이나 후작을 붙잡겠다는 생각이 들기 시작하는 단계 말이죠. 그건 틀림없습니다. 그 사람들의 머리로는 그런 생각을 도저히 할 수 없을 겁니다."

"과연 그럴까? 하지만 저 변호사 양반은 그게 사실이라고 생각하지 않을걸." 코스텔로 부인이 말했다.

윈터본은 데이지의 '수상쩍은 관계'가 몰고 온 소문들에 관한 충분한 증거를 그날 산 피에트로 성당에서 얻었다. 코스텔로 부인이 거대한 벽기둥 주춧돌 옆에 마련된 조그만 이동식 의자에 앉아 있을 때, 로마에 사는 미국인 10여 명이 다가와 부인과 이야기를 나눴다. 때마침 저녁 예배가 진행되던 중이어서, 가까이 있는 교회에서 화려한 찬송가와 파이프오르간 반주가 들려왔다. 그동안 코스텔로 부인과 그 친구들 사이에는 (밀러 양에게는 안 된 일이지만) 그녀의 '도에 넘치는' 행동거지에 관해 쉴 새 없이 이야기가 오갔다. 윈터본에게는 썩 듣기 좋은 이야기가 아니었다. 그런데 성당 밖의 커다란 계단으로 나오자, 자기보다 먼저 성당을 나온 데이지가 연인과 함께 뚜껑 없는 마차에 올라, 볼거리 많은 로마 시내로 떠나는 모습이 보이는 것이 아닌가. 이리되자 그도 또한 확실히 눈꼴사납다고 인정하지 않을 수 없었다. 그리고 그는 데이지가 진심으로 딱하게 여겨졌다―그것은 그녀가 완전히 이성을 잃었다고 믿기 때문이 아니었다. 그토록 아름답고 연약한 천진난만함이 무질서의 범주로 분리되어 천박한 자리로 내던져지는 이야기를 듣기가 괴로웠기 때문이다. 그 뒤로 그는 밀러 부인에게 넌지시 귀띔을 해 주기로 마음먹었다. 어느 날 코르소 거리에서 한 친구를 만났다. 그처럼 관광을 나온 그 친구는 도리아 궁전의 아름다운 화랑을 구경하고 막 나온 참이었다. 그 친구는 궁전 내 한 전시실에 걸려 있는, 벨라스케스가 그린 교황 이노센트 10세의 훌륭한 초상화에 관해 잠시 이야기하더니 불쑥 다른 말을 꺼냈다.

"이건 다른 이야기지만, 바로 그 방에서 그 그림과는 다른 종류의 그림을 한 장 감상하는 행운을 누렸다네—지난주에 자네가 알려 준 그 예쁜 미국인 아가씨 말일세."

윈터본이 캐묻자 친구는 그 예쁜 미국인 아가씨가 전보다 예뻐진 모습으로, 그 훌륭한 교황 그림이 걸린 방 한구석에 동행과 함께 조용히 앉아 있더라고 얘기해 주었다.

"그녀와 동행한 사람이 누구였지?" 윈터본이 물었다.

"단춧구멍에 꽃다발을 꽂은 조그만 이탈리아 남자였다네. 그 아가씨는 반할 만큼 예쁘더군. 하지만 일전에 자네한테 듣기로는 분명 상류층 아가씨라고 그랬던 것 같은데."

"당연히 그렇지!" 윈터본이 대답했다. 그는 정보를 제공한 친구가 데이지와 그 동행을 본 것이 불과 5분 전임을 확인하고 서둘러 삯마차를 잡아타고 밀러 부인을 찾아갔다. 부인은 집에 있었는데, 유감스럽게도 데이지는 집에 없다고 말했다.

"조바넬리 씨와 함께 어딘가로 나가 버렸어요." 밀러 부인이 말했다. "요즘 딸애는 조바넬리 씨와 붙어 다닌답니다."

"두 사람이 아주 가까운 사이라는 건 저도 잘 알고 있습니다."

"정말이지 서로가 없으면 살 수 없는 사람들처럼 보인다니까요! 아무튼, 그 사람은 훌륭한 신사예요. 난 계속 데이지에게 약혼을 했는지 확인하고 있어요!"

"그런데 따님은 뭐라고 그럽니까?"

"약혼 같은 건 하지 않았대요. 하지만 마치 약속이라도 한 것 같다니까요!" 이 편견 없는 어머니가 다시 말을 이었다. "꼭 약혼한 사이처럼 행동하잖아요. 전 조바넬리 씨에게 약속을 받아냈어요. 데이지가 끝내 고백하지 않는다면 대신 말해 주기로요. 저도 남편한테 알려야죠, 안 그래요?"

윈터본은 물론 그렇다고 대답했다. 하지만 데이지 어머니의 정신 상태가 자식에 대한 부모의 감시가 시작된 이래 유례가 없을 정도로 놀라운 것이어서, 이 어머니에게 귀띔하려던 자신의 생각이 아주 헛되게 느껴져 그만두기로 했다.

　그 이후에도 데이지는 집에 거의 없었다. 윈터본이 두 사람이 공통으로 아는 지인의 집에서 그녀를 만나는 일도 없어졌다. 그가 판단하기로, 깐깐한 이 사람들이 데이지의 행동이 도를 넘어섰다고 단정해 버렸기 때문에 데이지를 더 이상 초대하지 않았던 것이다. 이리하여 우리는 데이지 밀러 양이 미국인 아가씨인 것은 맞지만, 이 아가씨의 태도는 미국인 아가씨의 전형이 아니며 동포의 눈에도 비상식적으로 보인다는 위대한 진리를 관찰력 예리한 유럽 사람들에게 주장하고 싶어 하는 꼴이 되었다. 윈터본은 그녀가 자신이 어디를 가도 푸대접받는 것을 어떻게 생각할지 궁금했고, 어쩌면 그녀가 그런 분위기를 눈치조차 채지 못하고 있으리라는 생각에 조바심을 냈다. 그녀는 너무나도 가볍고 유치하고, 너무나도 교양 없고 분별력이 없으며, 너무나도 편협하여 자신이 사람들에게 배척당하고 있다는 사실을 생각은커녕 알아차리지조차 못하는 여자라고 혼자 중얼거렸다. 그러나 동시에 그 우아하고도 무책임한 작은 몸 안에 자신의 인상을 반항적이고 정열적이고 완벽하게 포착하는 의식이 숨어 있으리라고 생각하기도 했다. 데이지의 반항적인 태도가 자신의 순수성을 의식하는 데서 오는 것인지, 본디 분별없는 여자라서 그런 것인지에 대해 자문해 보았다. 윈터본은 데이지의 '순수함'을 계속 믿는 것이 점차 비현실적인 충성처럼 느껴지기 시작했다. 한 가지 짚고 넘어가야 할 점이 있는데, 앞서도 잠시 언급했듯이 그는 그녀에 관해 억지 논리나 펼치는 처지로 전락한 자신의 모습에 화가 났다. 그녀의 도를 넘은 행동들이 어디까지가 여성 일반 및 미국인 아가씨 특유의 성향이며, 어디까지가 개인적인 성향인지에 대해 직관적인 확신을 할 수가 없어 짜증이 났다. 어느 쪽 관점에서 보더라도, 그는 그녀를 분명하게 파악할 수가 없었다. 그리고 이제는 너무 늦었다. 데이지가 조바넬리에게 몸도 마음도 빼앗기고 말았으니.

　그녀의 어머니와 짧은 이야기를 나누고 난 며칠 뒤, 그는 '로마 황제의 궁전'이라 불리는 꽃이 만발한 아름다운 곳에서 우연히 데이지와 마주쳤다. 로마의 초봄은 꽃들이 내뿜는 향기로 가득한 공기와, 팔라티노 언덕의 험준한 등성이는 새순을 피운 초목으로 뒤덮여 있었다. 데이지는 이끼 낀 대리석 위에 기념비문이 새겨진 포석을 깐 거대한 폐허 같은 언덕 위를 한가로이 거닐고 있었다. 그에게는 로마가 이때처럼 아름다워 보인 적이 없었다. 그는 부드럽고도 촉촉한 냄새를 한껏 들이마셨다. 이른 봄의 신선함과 이곳의 고색창연한 공기가 신비롭게 뒤섞여 힘차게 되살아나는 것을 느끼며, 저 멀리 로마를 둘러싼 곡선과 색채의 매혹적인 조화에 잠시 빠져들었다. 그러면서 데이지가 이때만큼 아름다워 보인 적이 없었다고 생각했다. 그녀를 만날 때마다 느끼는 것이기는 했지만. 그녀 옆에 있는 조바넬리조차도 전에 없이 눈부신 모습이었다.

"어머!" 데이지가 말했다. "쓸쓸하시죠?"

"쓸쓸하냐고요?"

"언제나 혼자 돌아다니시잖아요. 함께 산책할 사람이 없으신가봐요?"

"당신의 동행처럼 운 좋은 사람이 아니라서요." 윈터본이 대답했다.

늘 윈터본을 지극히 정중하게 대하는 조바넬리는 이때도 공손한 태도로 그의 말에 귀 기울이고, 농담을 들으면 예의상 웃어 주었다. 윈터본이 자신보다 신분이 나은 사람이라고 믿는다는 사실을 입증하려는 듯이 보였다. 그의 태도에는 질투심 많은 구혼자 같은 구석이 조금도 없었으며, 대단히 재치가 넘쳤다. 자신이 다소 비굴하게 구는 것을 남들이 당연하게 생각해도 상관없다는 태도였다. 윈터본은 조바넬리와 자기 사이에 암묵적 합의가 있다면—즉, 조바넬리가 자신은 데이지가 얼마나 비범한 존재인지 잘 알기 때문에 결혼해서 재산을 차지하겠다는 당치 않은 바람은 꿈도 꾸지 않노라고 지성인답게 털어놓는다면, 어떤 정신적인 위안을 얻을 수 있지 않을까 생각할 때가 있었다. 이때 조바넬리가 동행 곁을 훌쩍 떠나 아몬드 나무의 꽃가지를 하나 꺾더니 조심스럽게 단춧구멍에 꽂았다.

"당신이 왜 그런 말씀을 하시는지 알아요." 데이지가 조바넬리에게 시선을 주며 그를 턱 끝으로 가리켰다. "제가 저분과 너무 많이 돌아다닌다고 생각하시기 때문이죠?"

"누구나 그렇게 생각한답니다. 신경 쓰지 않으실지 모르겠지만." 윈터본이 말했다.

"물론 신경 쓰이죠!" 데이지가 진지하게 소리쳤다. "하지만 그런 말을 믿지는 않아요. 그들은 단지 겉으로만 충격받은 척하는 거예요. 사실은 제가 뭘 하든 털끝만큼도 관심이 없어요. 게다가 전 그렇게까지 많이 나돌아다니지도 않아요."

"그들은 확실히 관심이 있습니다. 태도로 보여주고 있죠—무례한 태도로요."

데이지가 잠시 그를 쳐다보았다.

"무례한 태도라니요?"

"아무것도 눈치채지 못했단 말입니까?"

"당신 태도는 눈치채고 있었어요. 하지만 당신은 양산처럼 뻣뻣한 분이라는 건 처음 봤을 때부터 알아챘는걸요."

"제가 다른 몇몇 사람만큼 뻣뻣하지는 않다는 사실을 조만간 알게 되실 겁니다." 윈터본이 웃으면서 말했다.

"어떻게 알게 된다는 거죠?"

"그 사람들을 만나보면 되죠."

"그들이 저에게 어떻게 한다는 거예요?"

"냉정하게 등을 돌릴 겁니다. 무슨 얘기인지 아시겠습니까?"

진지한 표정으로 그를 쳐다보던 데이지의 얼굴이 서서히 붉어졌다.

"일전에 워커 부인이 보여 주었던 그런 태도 말씀인가요?"

"맞습니다." 윈터본이 대답했다.

그녀가 시선을 돌려 조바넬리를 바라보았다. 그는 아몬드 꽃으로 가슴께를 장식하고 있었다. 그녀가 다시 윈터본을 되돌아보며 말했다.

"당신이 그들이 그렇게 심하게 굴지 못하도록 막아 주시면 좋잖아요."

"제가 뭘 어떻게 할 수 있겠습니까?"

"뭔가 한 말씀 해 주시면 될 것 같은데요."

"저도 말하긴 했습니다." 그는 잠시 입을 다물었다. "어머님께서는 당신이 틀림없이 약혼한 줄로 아시더군요."

"네, 어머닌 그렇게 믿으시죠." 데이지가 아주 간단하게 말했다.

윈터본은 웃음이 나기 시작했다.

"동생분도 그렇게 믿습니까?"

"동생은 아무것도 믿지 않을 거예요."

랜돌프의 회의주의에 윈터본은 더욱 유쾌해져서 큰 소리로 웃었다. 그러다가 이윽고 조바넬리가 그들에게 돌아오고 있는 것을 알아차렸다. 데이지도 그것을 알아채고 다시 그에게 말을 걸었다.

"당신이 먼저 말씀을 꺼내셨으니 고백하는데, 저 약혼했어요……."

윈터본은 웃음을 멈추고 그녀를 빤히 바라보았다.

"믿지 않으시는 거죠?" 그녀가 대꾸를 재촉했다.

그는 잠시 침묵을 지키다가 말했다.

"아니요. 믿습니다!"

"오, 아니요. 믿을 리 없죠." 그녀가 대꾸했다. "사실은—저, 약혼 같은 거 안 했어요."

아가씨와 그녀의 안내인은 궁전 출입문 쪽으로 돌아가던 길이었다. 조금 전에 들어온 윈터본은 곧 그들과 헤어졌다. 일주일 뒤, 그는 카엘리우스 언덕에 있는 어느 귀족의 아름다운 별장으로 식사를 하러 갔다. 그리고 그곳에 도착하자 삯마차를 돌려보냈다. 아름다운 밤이었기에, 돌아갈 때는 콘스탄티누스 대제의 개선문 아래로 해서 폴로 로마노(로마 시대의 광장 이름)의 희미하게 불을 밝힌 기념건축물 옆을 지나 귀로의 즐거움을 만끽할 셈이었던 것이다. 하늘에는 하현달이 걸려 있었다. 흐린 달빛이 얇은 구름으로 덮여 온통 뿌옇게 보였다. 별장에서 돌아오는 길—11시였다—그늘진 콜로세움 외벽에 이르렀을 때, 낭만적인 회화미를 사랑하는 그는 창백한 달빛에 잠긴 콜로세움의 내부를 한번 볼만한 가치가 있으리라는 생각이 문득 들었다. 그는 발걸음을 돌려, 텅 빈 아치 중 하나로 걸어 들어갔다. 근처에 무개마차—로마 시내에서 운행하는 작은 삯마차가 서 있는 것이 보였다. 그는 콜로세움 안으로 들어가, 이 거대한 건축물의 동굴과 같은 어둠을 지나 탁 트인 고요한 투기장으로 나왔다. 이곳이 이토록 인상 깊게 보이기는 처음이었다. 거대한 원형의 절반은 짙게 그늘지고, 다른 한쪽은 뿌연 어둠 속에서 잠들어 있었다. 그는 그곳에 우두커니 서서, 바이런의 〈맨프레드〉에 나오는 유명한 시 구절을 나직이 읊조리기 시작했다. 그러나 암송을 다 마치기도 전에, 콜로세움에서의 야간 명상을 시인들은 권장할지 모르지만 의사들은 반대하는 일이라는 것이 기억났다. 과연 그곳에 역사적인 분위기는 있었지만, 과학적으로 볼 때 그것은 악성 독기에 지나지 않았다. 윈터본은 한 번만 더 전체를 넓게 둘러본 다음 서둘러 돌아갈 생각으로 투기장 한가운데로 걸음을 옮겼다. 중앙에 있는 대형 십자가는 어둠에 싸여 있어서, 가까이 다가가서야 뚜렷이 알아볼 수가 있었다. 그때, 십자가의 받침대를 이루는 낮은 계단에 사람 그림자 두 개가 보였다. 한 사람은 여자로 앉아 있었고, 함께 있는 사람은 그 앞에 서 있었다.

곧 여자 목소리가 훈훈한 밤 공기를 타고 또렷이 들려왔다.

"어머, 저 남자가 저 옛날 사자나 호랑이가 그리스도교 순교자들을 노려보듯이 우릴 보고 있어요!" 귀에 들려온 그 소리는 데이지 밀러 양의 친숙한 목소리였다.

"부디 저 남자가 지독히 굶주리지 않았기만을 바라야겠군요." 재치 넘치는 조바넬리가 받아쳤다. "저를 먼저 잡아먹으라고 하지요. 당신은 디저트로 해주면 좋겠네요!"

윈터본은 일종의 혐오감을 느끼고 걸음을 멈췄다. 그리고 반드시 덧붙여 둘 것은, 비로소 일종의 안도감을 느꼈다는 사실이다. 지금껏 종잡을 수 없었던 데이지의 행동에 갑자기 빛이 비쳐들어 마침내 수수께끼가 쉽게 풀렸기 때문이다. 즉, 이 여자는 신사가 애써 존경심을 보일 필요가 없는 아가씨인 것이다. 그는 우두커니 선 채로 그녀를, 그리고 그녀의 동행을 바라보고 있었다. 자신은 두 사람의 모습이 어렴풋하게만 보이지만, 그들은 자신의 모습을 좀더 분명하게 볼 수 있다는 사실은 미처 생각하지 못했다. 그는 이제껏 데이지 밀러 양을 옳게 판단할 수 있는 방법을 찾으려고 그토록 고심했던 자기 자신에게 화가 치밀었다. 그는 다시 걸음을 옮겨 그들 쪽으로 가려다가 멈추었다. 그녀에게 부당한 평가를 내리기가 두렵기 때문이 아니었다. 여태껏 보인 신중한 비평 태도와는 전혀 다른 태도를 이제 막 보일 수 있게 된 기쁨에 지나치게 흥분한 것처럼 보일까봐 염려스러웠기 때문이었다. 발길을 입구 쪽으로 돌렸다. 바로 그때 데이지가 다시 외치는 소리가 들렸다.

"어머, 윈터본 씨였군요! 절 알아봤는데도 모른 척하시네요."

이 얼마나 영리한 바람둥이인가! 상처 입은 순진한 사람인 척하다니, 얼마나 교활한가! 그래, 모른 척할 이유가 어디 있겠는가! 윈터본은 다시 발길을 돌려, 대형 십자가 쪽으로 다가갔다. 데이지는 일어나 있었다. 조바넬리가 모자를 벗어 인사했다. 이제 윈터본은 연약한 아가씨가 이런 말라리아 소굴 한가운데를 거닐며 밤을 보내는 것이 위생적인 견지에서 얼마나 상식에 벗어난 짓인가 하는 생각만 들었다. 이 여자가 아무리 교활한 바람둥이래도, 악성 열병에 걸려 죽어도 좋은 것은 아니지 않은가.

"언제부터 이곳에 계셨습니까?" 그가 퉁명스럽게 물었다.

데이지는 그 아름다운 자태를 달빛에 더욱 아름답게 드러내며 잠시 그를 쳐다보다가 이윽고 부드럽게 말했다.

"저녁 내내 있었어요. 이렇게 아름다운 경치는 처음 봐요."

"실례지만," 윈터본이 말했다. "설마 로마의 열병까지 아름답다고 생각하시지는 않겠죠. 여기서 이러다가 모두들 열병에 걸리는 겁니다." 그는 조바넬리를 돌아보며 덧붙였다. "여기 로마인인 당신이 이렇게 위험하고 무분별한 짓에 동조하다니 놀랍군요."

"아, 저는 별로 걱정하지 않으셔도 됩니다." 잘생긴 로마인이 말했다.

"나도 걱정하지 않습니다—당신에 대해서는! 지금 이 아가씨를 두고 하는 말입니다."

조바넬리는 잘생긴 눈썹을 치켜세우고 눈부시게 새하얀 이를 드러내 보였다. 그러나 윈터본의 비난을 순순히 받아들였다.

"전 아가씨에게 무분별하게 굴지 말라고 경고했습니다. 그런데 아가씨가 분별력을 보인 적이 있던가요?"

"전 여태까지 병에 걸린 적이 없어요. 앞으로도 걸리지 않을 거라고요!" 아가씨가 딱 잘라 말했다. "전 튼튼해 보이진 않지만, 건강한 편이에요. 달밤의 콜로세움을 꼭 보고 싶었단 말이에요. 이걸 보지 않고 고국으로 돌아가기는 아쉽잖아요? 우린 아주 즐거웠어요. 그렇죠, 조바넬리 씨? 그리고 병에 걸릴 것 같으면 에우제니오한테 약을 받으면 되잖아요. 그 사람은 신통한 약을 갖고 있다고요."

"그렇다면 충고 드리는데, 최대한 빨리 집으로 돌아가셔서 그 약을 드십시오." 윈터본이 말했다.

"정말 현명한 말씀입니다." 조바넬리가 칭찬했다. "제가 먼저 가서 마차를 대기시키죠." 그러고는 황급히 사라졌다.

데이지는 윈터본과 함께 그 뒤를 따라갔다. 윈터본은 데이지에게 몇 차례나 시선을 던졌지만, 그녀는 조금도 당황하지 않은 듯했다. 그는 아무 말도 하지 않았다. 그러나 데이지는 쉴새없이 그곳의 아름다움에 관해 재잘거렸다.

"아아, 드디어 저도 달밤의 콜로세움을 봤어요!" 그녀가 외쳤다. "정말 좋은 구경 했어요."

하지만 그녀는 상대방이 침묵을 지키고 있음을 알아차리고서, 왜 아무 말도 하지 않느냐고 물었다. 그는 거기에는 대답하지 않고 그저 웃음을 터뜨렸다. 그들은 어두운 아치 통로 중 하나를 지나왔다. 저 앞에 조바넬리가 마차를 대기시켜 놓고 기다리고 있었다. 문득 데이지가 걸음을 멈추더니 미국인 청년을 쳐다보았다.

"제가 약혼했다는 말을 믿으셨어요?" 그녀가 물었다.

"그동안 제가 어떻게 생각했든지 아무래도 좋지 않습니까?" 윈터본이 여전히 웃으며 대답했다.

"그럼 지금은 어떻게 생각하세요?"

"당신이 약혼을 했든 안했든 저와는 아무 상관도 없다고 생각합니다."

그는 아가씨의 예쁜 두 눈이 아치 통로의 어둠을 뚫고 자신을 응시하고 있음을 느꼈다. 그녀는 분명 무슨 말인가 하려고 했다. 그러나 조바넬리가 그녀를 재촉했다.

"자, 어서 타세요, 어서." 그가 말했다. "자정 전까지만 도착하면 괜찮을 겁니다."

데이지가 마차에 올라 자리를 잡았다. 운 좋은 이탈리아인이 그녀 옆에 앉았다.

"에우제니오한테 잊지 말고 약을 받아 드십시오!" 윈터본이 모자를 살짝 들어 올리며 말했다.

"난 상관없어요." 데이지가 이상하게 작은 목소리로 말했다. "로마의 열병에 걸리든지 말든지!" 이때 마부가 말 등에 채찍을 갈겼다. 마차는 고대 포장도로가 군데군데 남아 있는 길을 덜컹거리며 사라져 갔다.

윈터본을 위해 한마디 하자면, 그는 밀러 양이 한밤중에 남자와 함께 콜로세움에 있는 장면을 목격한 사실을 아무에게도 말하지 않았다. 그럼에도 며칠이 지나자, 그녀가 웬 남자와 함께 그곳에 있었다는 사실이 작은 미국인 사회에 널리 퍼졌으며, 그에 걸맞는 빈축을 샀다. 물론 윈터본은 호텔 종업원들이 눈치챈 것이라고 생각했다. 데이지가 돌아온 뒤에 호텔 문지기와 마부가 숙덕공론을 펼친 것이 분명했다. 한편, 윈터본은 미국인 말괄량이 아가씨가 천박한 하인들 입에 오르내리는 존재가 되었다는 사실이 이제는 그다지 유감스럽게 느껴지지 않음을 깨달았다. 그런데 그로부터 하루 이틀 뒤, 호텔 종업원들이 심상치 않은 소문을 전달했다. 미국인 말괄량이 아가씨가 중병에 걸렸다는 것이었다. 이 소문을 들은 윈터본은 자세한 내용을 알고자 호텔로 갔다. 앞서 와 있던 자비심 많은 친구 두세 명이 밀러 부인의 응접실에서 랜돌프와 대화를 나누고 있었다.

"밤늦게 돌아다녔기 때문이에요." 랜돌프가 말했다. "그래서 병이 난 거라고요. 그렇게 밤마다 싸돌아다니더라니. 그러지 말았어야 해요―그렇게 캄캄한데 말이죠. 이곳은 밤이 되면 달이 뜨지 않는 한 아무것도 안 보여요. 미국에서는 늘 달이 뜨는데!"

밀러 부인은 보이지 않았다. 적어도 이번만큼은 딸 곁에 있어주는 것이었다. 데이지는 위독한 게 분명했다.

윈터본은 그녀의 병세를 물으러 자주 찾아갔다. 한 번은 밀러 부인과 만났다. 부인은 크게 걱정하면서도 매우 차분해 보였다. 그녀가 대단히 유능하고 현명한 간호사 노릇을 하는 것 같아 그는 적잖이 놀랐다. 부인은 데이비스 박사에 관해 많은 이야기를 했다. 윈터본은 부인이 보기만큼 형편없는 바보는 아니라는 생각에 내심 존경심을 표했다.

"일전에 데이지가 당신에 관해 이야기한 적이 있어요." 부인이 말했다. "대개는 자기가 무슨 말을 하는지 자기도 모르지만, 그때는 알았던 것 같았어요. 저더러 말을 전해 달라더군요. 바로 당신에게요. 자기는 그 잘생긴 이탈리아인과 절대로 약혼하지 않았다고 말이에요. 그 말을 듣고 난 정말 기뻤어요. 조바넬리 씨는 그 아이가 앓아누운 뒤로는 이 근처에 얼씬도 안 한답니다. 난 그 사람이 매우 훌륭한 신사라고 생각했어요. 하지만 이런 태도를 신사답다고는 할 순 없죠! 어느 부인의 말로는, 딸아이를 한밤중에 데리고 다닌 일로 내가 화를 내고 있을까봐 겁을 먹었다더군요. 물론 화가 나긴 해요. 하지만 그 사람도 내가 고상한 숙녀라는 걸 알 텐데 말이죠. 난 그 사람을 욕하는 품위 없는 짓은 하지 않아요. 어쨌든 그 애는 약혼하지 않았대요. 어째서 굳이 당신에게 알리고 싶어 하는지는 모르겠지만, 무려 세 번이나 당부하더군요. '윈터본 씨에게 꼭 전해 주세요'라고요. 그리고 스위스에서 고성에 갔던 때를 기억하느냐고 물어봐 달라고 했어요. 하지만 나는 그런 말을 전해 주기는 싫다고 말했죠. 아무튼, 그 아이가 약혼하지 않았다니, 그 사실만으로도 정말 기뻐요."

하지만 윈터본이 언젠가 말했듯이, 그 문제는 아무래도 좋았다. 그로부터 일주일 뒤, 가엾게도 데이지는 세상을 떠났다. 악성 열병 때문이었다. 시체는 신교도들이 묻히는 작은 공동묘지에 묻혔다. 제정 로마 시대 때 지어진 성벽 한 귀퉁이로, 봄꽃이 흐드러지게 핀 측백나무 아래였다. 윈터본은 많은 조문객들과 함께 무덤 옆에 섰다. 이 아가씨의 행적이 낳은 추문을 고려해 본다면, 조문객은 예상보다 훨씬 많았다. 그와 가까운 곳에 조바넬리가 서 있었는데, 윈터본이 떠나려고 하자 그가 다가왔다. 창백한 얼굴을 한 그는, 오늘은 단춧구멍에 꽃을 꽂지 않았다. 그는 뭔가 하고 싶은 말이 있는 듯했다. 마침내 그가 말했다. "그녀는 제가 만난 아가씨 가운데 가장 아름답고 가장 상냥했습니다." 그러고는 곧 덧붙였다. "가장 순진한 아가씨이기도 했습니다."

윈터본은 그를 빤히 바라보다가 그의 말을 되풀이했다.

"가장 순진했다고요?"

"정말 순진했죠!"

윈터본은 기분이 상했고 공연히 화가 치밀었다.

"도대체 무슨 생각으로 그 위험한 곳에 데려간 거요?"

예의 바른 조바넬리 씨는 전혀 흔들림없이 매우 차분한 모습이었다. 그는 잠시 땅을 내려다보더니 다시 입을 열었다.

"제 걱정은 할 필요가 없었고, 그녀가 꼭 가고 싶어 했으니까요."

"그건 이유가 될 수 없어요!" 윈터본이 단호하게 말했다.

교활한 로마인은 다시 눈길을 떨어뜨렸다.

"그녀가 살았다 하더라도 전 아무것도 얻지 못했을 겁니다. 그녀는 절대로 저와 결혼하지 않았을 테니까요. 확신합니다."

"당신과는 결혼하지 않았을 거라고요?"

"한때는 저도 희망을 가졌죠. 하지만 지금은 절대로 그런 일은 없었으리라 확신합니다."

윈터본은 그의 말에 귀 기울이며, 4월의 데이지 꽃들로 둘러싸인 봉분을 응시했다. 그가 다시 발길을 돌렸을 때, 조바넬리 씨는 이미 가볍고도 느린 걸음으로 떠난 뒤였다.

윈터본은 그 뒤 곧 로마를 떠났다. 그리고 그해 여름 브베에서 다시 코스텔로 부인을 만났다. 큰어머님은 브베를 좋아했던 것이다. 그 사이 윈터본은 데이지 밀러와 그 불가사의한 행동에 관해 종종 생각해 보았다. 그리고 어느 날, 큰어머님에게 그녀에 관한 이야기를 꺼내며 자신이 그녀를 오해했던 것이 마음에 걸린다고 말했다.

"나는 잘 모르겠구나." 코스텔로 부인이 말했다. "네가 오해한 것이 그 여자한테 무슨 상관이란 말이냐?"

"그 아가씨가 죽기 전에 저에게 전갈을 남겼는데, 당시에는 그 의미를 이해하지 못했죠. 하지만 나중에는 이해했습니다. 그녀는 누군가가 자기를 존중해 주면 그 사실을 충분히 알아챘던 겁니다."

"즉, 그 여자가 누군가의 애정에 보답했을 거란 말을 돌려 말한 거냐?" 코스텔로 부인이 물었다.

윈터본은 이 물음에는 대답하지 않았지만, 뒤이어 말했다.

"큰어머님께서 지난여름에 하신 말씀이 옳았어요. 전 실수를 저지르게끔 되어 있었던가 봐요. 외국에서 너무 오래 산 탓이겠지요."

그러면서도 그는 제네바로 돌아가 그곳에서 눌러 살았다. 그리고 그곳에서는 그가 제네바에서 눌러 사는 이유가 '연구'에 몰두하기 때문이라는 것과 대단히 영리한 외국인 숙녀에게 지대한 관심이 있기 때문이라는 두 가지 상반된 이야기가 여전히 전해져 온다.

The Turn of the Screw
나사의 회전

난롯가에 둘러앉은 우리는 숨을 죽인 채 그 이야기에 귀를 기울였다. 소름 끼친다는 노골적인 감탄사 말고는 아무 말도 없었다. 크리스마스이브에 어느 오래된 저택에서 일어난 괴이한 이야기 속으로 빠져들며 모두들 어깨를 부르르 떨었다. 내가 기억하기로 그때 누군가 침묵을 깨고 말했다. "어린아이 눈앞에 유령이 나타났다는 괴담은 처음 들어 봐."

그 유령이야기는 그때 우리가 모여 있던 집처럼 낡은 집에서 일어난 사건이었다. 어느 날, 어머니와 함께 잠을 자던 소년에게 무시무시한 유령이 나타나 공포에 질린 소년이 어머니를 흔들어 깨웠다. 겁먹은 아이를 달래서 다시 재우려 애를 쓰던 어머니는 그 소름끼치는 광경을 직접 목격하게 되었다고 한다.

그런데 '어린아이 앞에 유령이 나타났다는 괴담은 처음 들어 봤다'는 누군가의 얘기에 뜻밖에도 더글러스가 흥미로운 이야기를 했다. "어린아이에게 유령이 나타났다면 무슨 이유가 있겠지?" 모두들 한 가지씩 무서운 이야기를 했는데 더글러스는 그다지 재미있지 않은지 귀담아듣지 않는 눈치였다. 그가 틀림없이 재미있는 얘기를 할 거라 짐작한 우리는 얌전히 기다렸다. 그런데 우리는 이틀 밤을 더 기다리고 나서야 그 이야기를 들을 수 있었다. 그날 밤 우리가 슬슬 흩어져서 저마다의 침실로 가려던 순간, 더글러스가 불쑥 말을 꺼냈다.

"저는 흥미 있었습니다. 그리핀이 말한 괴담, 유령이 어린아이에게 보였다는 이야기가 마음을 끈다는 거죠. 하지만 아이에게 유령이 나타난 일은 제가 알기로는 처음이 아닙니다. 만약 아이가 등장하기 때문에 그 이야기가 흥미 있는 것이라면, 아이가 두 명 나오면 더 재미있겠죠?"

"물론 두 배로 흥미 있겠죠! 아, 어서 그 이야기를 듣고 싶군요." 누군가 익살스럽게 말을 보탰다.

더글러스는 양손을 주머니에 넣은 채 벽난로를 등지고 서서 그를 바라보았다.

내 옆에 앉은 사람이 말했다. "분명히 엄청나게 특별한 이야기일 테지요!" 그러자 더글러스는 느긋하게 씨익 웃고는 우리를 둘러보았다.

"글쎄요, 이건 정말 뭐라 표현할 수 없는 이야기입니다. 제가 아는 어떤 이야기도 이걸 따라잡지는 못해요."

"그보다 무서운 게 없다는 뜻입니까?" 내가 물었다.

그는 그렇게 단순한 게 아니라고 말하려는 듯이 보였다. 어떻게 설명해야 좋을지 모르는 것 같았다. 그가 손으로 눈가를 비비고 약간 주저하는 표정으로 눈썹을 찡그렸다.

"그러니까…… 무섭다 못해서 소름끼치는…… 지독하게 소름끼치는 얘기입니다!"

"어머, 재밌겠다!" 어떤 부인이 소리쳤다.

더글러스는 그 부인은 거들떠보지 않고 나를 가만히 바라보았다. 그러나 나를 보는 게 아니라 자신의 이야기를 눈앞에 떠올리는 듯이 보였다.

"처음부터 끝까지 기분 나쁜 흉측함과 공포와 고통으로 뒤덮인 이야깁니다."

"그래요? 그럼 어서 이야기를 시작하시지요." 내가 말했다.

그는 난롯가로 몸을 돌려 장작을 하나 밀어넣고 잠시 그것을 바라보았다. 그러고는 다시 우리 쪽으로 몸을 돌렸다.

"지금은 시작할 수 없습니다. 런던으로 사람을 보내야 합니다."

모두의 입에서 일제히 불평하는 소리가 나왔다. 그중에는 비난의 소리도 섞여 있었다. 그러나 그는 뭔가에 홀린 듯한 표정으로 설명했다.

"그 이야기는 글로 쓰여 있습니다. 그래서 서랍 안에 넣고 자물쇠를 채워놨지요. 벌써 몇 년 동안 꺼낸 적이 없습니다. 내가 집사에게 편지를 쓰고 열쇠를 동봉해서 보내면 그가 그 꾸러미를 보내 줄 겁니다."

그는 특히 나를 향해 그렇게 말하는 것처럼 보였다. 자기가 망설이지 않도록 격려해 달라고 부탁하는 듯했다. 그는 겨울이 몇 번이나 지나면서 형성된 두꺼운 얼음을 그때 처음으로 깨뜨린 것이었고, 오랫동안 침묵을 지킬 만한 자기 나름의 이유가 있었던 것이다. 다른 사람들은 이야기가 미뤄져서 화를 냈지만 나는 오히려 그 망설임에 매력을 느꼈다. 나는 더글러스에게 내일 첫 우편으로 편지를 보내서 우리에게 되도록 빨리 이야기를 들려 달라고 부탁했다. 그런 다음 나는 그 괴이한 사건을 그가 직접 겪었는지 물어보았다. 이 말에 그는 바로 대답했다.

"아니, 다행히도 제가 겪은 게 아닙니다!"

"그런데 당신이 그 기록을 가지고 있다고요? 당신이 적었습니까?"

"아뇨, 난 오로지 인상만 간직하고 있습니다. 바로 여기." 그는 자신의 가슴을 가볍게 두드렸다. "절대로 잊을 수 없는 인상이죠."

"그렇다면 당신이 갖고 있다는 원고는?"

"오래되고 빛바랜 잉크로, 더할 나위 없이 아름다운 필체로 쓰여 있는 글입니다." 그가 머뭇거리고는 다시 말했다. "어떤 여성이 쓴 원고입니다. 그녀는 이미 20년 전에 죽었지요. 죽기 전에 문제되는 그 원고를 제게 보냈습니다."

사람들은 모두 귀 기울여 듣고 있었다. 물론 개중에는 짓궂은 웃음을 짓거나 더글러스와 여자와의 관계를 섣불리 추측하는 사람도 있었다. 그러나 그는 그런 추측을 태연히 받아넘겼다. 그렇다고 부끄러워하거나 화를 내지도 않았다.

"그녀는 대단히 매력적인 사람으로 저보다 열 살이 많았습니다. 제 누이의 가정교사였지요. 그녀만큼 아름다운 사람을 본 적이 없습니다. 마음씨 곱고 지혜롭고 게다가 매력적인 여성이었지요. 하여튼 아주 오래전 일입니다. 30년이 지난 이야기예요. 저는 그때 옥스퍼드 대학에 다니고 있었어요. 2학년 여름방학이 되어 집에 내려갔을 때 그녀를 처음 만났습니다. 그해에는 다른 곳으로 집에 오래 머물렀지요. 정말 아름다운 추억을 만든 해였습니다. 그녀가 한가한 시간이면 우리는 정원을 거닐며 이야기를 했습니다. 그녀의 이야기를 듣고 있으면 항상 고개가 끄덕여지곤 했죠. 그녀가 매우 슬기롭고 착한 사람이라고 생각했습니다. 아니, 정말 그래요. 웃지 마세요. 저는 그녀를 무척 좋아했고, 그녀 역시 저를 좋아했어요. 그걸 생각하면 지금도 가슴이 마구 뜁니다. 그녀가 저를 좋아하지 않았더라면 저에게 그 이야기를 하지 않았을 겁니다. 그녀의 비밀 이야기를 들은 건 제가 처음입니다. 그런 건 그녀가 고백하지 않아도 이야기를 듣다보면 마음으로 느낄 수 있었죠. 여러분들도 이야기를 듣고 나면 어째서 그녀가 아무에게도 얘기하지 않았는지 금세 이해할 수 있을 겁니다."

"그것이 너무나 무서운 일이라서요?"

내가 묻자 더글러스는 나를 계속 응시하면서 대답했다.

"당신도 곧 느끼실 겁니다. 당신이라면."

나도 그를 빤히 보았다.

"알겠습니다. 그녀는 사랑에 빠져 있었군요."

그가 갑자기 웃음을 터뜨렸다.

"당신은 정말 예리하군요. 맞아요. 그녀는 사랑에 빠져 있었습니다. 말하자면, 그때 그녀는 누군가를 사랑했던 겁니다. 그게 저절로 드러났지요. 그 사실을 드러내지 않고는 이야기를 할 수 없었던 거예요. 제가 그녀의 마음을 알아챘고 그녀 또한 제가 눈치챘음을 알았습니다. 하지만 우리는 둘 다 말하지 않았어요. 그 시간도 장소도 다 기억합니다. 잔디밭 구석의 커다란 나무 그늘과 그 길고 뜨겁던 여름날 오후. 몸서리를 칠 만한 상황은 아니었지요. 하지만, 아―!"

그는 난롯가에서 물러나 자기 의자에 털썩 주저앉았다.

"목요일 오전이면 그 꾸러미를 받겠지요?"

내가 물었다.

"아마 첫 번째 배달 시간에 받을 겁니다. 하지만 저녁에 만나죠. 여러분들 모두 이 자리에 다시 모여 주실 겁니까?" 그가 우리를 둘러보며 물었다.

"모두 이대로 머물죠."

내 옆에 앉은 사람이 말했다.

"그래요, 그렇게 하는 게 좋겠어요!"

출발 날짜가 정해져 있었던 한 부인이 소리쳤다. 그러자 너도나도 그냥 남아 있겠다고 말했다. 그런데 그 웅성거림 속에서 궁금증을 참지 못한 그리핀 부인이 물었다.

"그녀가 사랑한 사람은 누구였어요?"

"그 이야기 속에 나오겠지요." 내가 대신 대답했다.

"아, 그 이야기를 들을 때까지 어떻게 기다린담!"

"이야기 속에서는 그녀가 사랑한 사람이 드러나지 않습니다. 제 말은, 현실적으로 드러나지 않는다는 말이에요."

더글러스가 말했다.
"어머나! 현실로 나타나지 않는 걸 어떻게 알아채죠?"
"저기, 그냥 당신이 말해 주면 안 되나요, 더글러스?"
누군가 물었다.
더글러스가 벌떡 일어서며 대답했다.
"그러지요. 내일 말입니다. 이제 전 실례하겠습니다. 안녕히 주무십시오."
그는 재빨리 촛대를 들더니 궁금해하는 우리를 남겨 두고 성큼성큼 나가 버렸다. 이윽고 계단을 오르는 그의 발소리가 들렸다. 그러자 그리핀 부인이 말했다.
"글쎄, 그녀가 누구를 사랑했는지는 몰라도, 더글러스가 누구를 사랑했는지는 확실히 알겠네요."
"그녀는 열 살이나 더 많았다고 했잖소."
그녀의 남편이 말했다.
"아니, 그러니까 있을 법한 얘기죠— 그 나이 때에는! 그나저나 그렇게 오랫동안 침묵을 지키다니 참 굉장한 일이군요."
"40년이나 말이지!"
그리핀이 거들었다.
"그게 마침내 폭발한 거죠." 나도 한마디 했다. "덕분에 목요일 밤은 굉장히 특별한 밤이 될 것 같군요."
모두들 내 말에 맞장구쳤다. 우리는 그것을 생각하느라 다른 것들은 안중에도 없었다. 무슨 연재물의 한 토막처럼 불완전하기 짝이 없는 이야기가 끝나자 우리는 악수를 하고 촛불을 하나씩 들고 저마다의 침실로 갔다.
다음 날 우리는 열쇠가 든 편지 한 통이 첫 번째 우편으로 런던에 있는 그의 아파트에 보내졌다는 것을 알았다. 이 사실이 알려졌는데도, 아니 정확히 말하면 그것을 알기 때문에 우리는 설레는 마음으로 기대하고 있는 저녁 시간이 될 때까지 그를 그대로 두었다. 저녁을 먹고나자 그가 이야기를 터놓게 된 가장 큰 이유를 우리에게 들려주었다. 우리는 전날 밤처럼 또다시 홀의 난롯가에 모여 앉았다. 우리가 그의 이야기를 제대로 이해하려면 먼저 짤막한 도입부를 알고 있어야 한다고 그가 말했다.
내가 지금부터 소개할 이 이야기는 훨씬 시간이 흐른 뒤에 내가 직접 원본에서 베낀 이야기를 토대로 한 것임을 여기서 분명하게 밝혀 둔다. 가엾은 더글러스는 죽기 전에—죽음의 문턱에 다다랐을 때—그 여성이 쓴 수기를 나에게 맡겼었다. 당시 그 원고는 사흘째 되던 날 그에게 배달되었고, 나흘째 되던 날 밤 우리에게 읽어주었다. 그런데 예상 밖으로 더글러스의 이야기를 들은 사람은 몇 명에 지나지 않았다. 그가 원고를 기다리던 며칠 동안 이미 떠날 계획이 있었던 서너 명의 부인들이 투덜거리며 마지못해 그곳을 떠났다. 하지만 그 덕분에 마지막까지 남은 몇 사람들은 오붓하게 둘러앉아 섬뜩한 그의 이야기를 들을 수 있었다.

  더글러스는 그 수기를 사건이 어느 정도 진행된 시점에서 쓰이기 시작했다고 했다.

  그의 연상의 여자친구는 가난한 시골 목사의 막내딸이었다. 그녀는 스무 살 때 처음으로 가정교사 자리를 얻으려고 홀로 런던으로 올라왔다. 모집광고를 낸 사람과 이미 간단한 서신을 교환한 다음이었다. 그녀가 면접을 보기 위해 찾아간 집은 할리거리에 있는 으리으리한 저택이었다. 주인과 몇 마디 말을 주고받다가 그가 젊은 독신 신사라는 사실을 단박에 눈치챘다. 신사는 매우 정중하고 품위 있는 훌륭한 사람이었다. 그렇게 멋진 인물은 가난한 시골 태생의 소녀에게는 꿈속에서나 만날 수 있을 만한 사람이었다.

  그녀는 신사의 집에서 일하는 것이 즐거웠고 점점 주인의 매력에 빠져들었다. 게다가 그의 세심한 마음씀씀이와 정중한 예의는 순진한 그녀의 마음을 사로잡기에 부족함이 없었다. 그는 그녀가 잘못을 저지를 때면, "아, 괜찮아요. 다음엔 잘할 수 있을 거예요." 그렇게 용기를 주었다. 또 무엇인가를 부탁할 때도 깍듯이 예의를 지켰다. "이 셔츠 내일 아침에 입을 옷인데 그때까지 준비해주세요. 부탁합니다." 그녀는 그의 정중한 태도가 마음에 들었다.

  그녀에게 그는 부유하고, 준수한 용모를 갖추고 풍류를 즐기면서 상류층의 삶을 추구하면서도, 예의바르고 화려한 사람으로 보였다. 그의 런던 거주지는 여행에서 수집한 물건들과 사냥에서 얻은 기념품들이 넘쳐 나는 큰 저택이었다. 하지만 어느 날 그녀는 웨섹스에 있는 그의 본가인 오래된 시골 저택으로 가게 되었다.

  그는 어린 조카 남매의 부모가 인도에서 죽자 그 아이들의 후견인이 되었다. 그 아이들은 군인이었던 남동생이 2년 전 세상을 떠나면서 남기고 간 남매였다. 그러나 그는 아이를 길러 본 경험이 없어서 양육에 필요한 참을성이 없는 독신남자였다. 마른하늘에 날벼락처럼 매우 바쁜 그에게 아이들을 몹시 무거운 짐이었다. 아이들을 돌보는 일은 그저 커다란 걱정거리였고, 아이들에게 해주는 일마다 실수의 연속이었지만, 그는 그 남매를 무척 동정하여 할 수 있는 일이라면 무엇이든 다 했다. 그는 아이들에게는 시골 생활이 정서적으로 낫다고 생각했다. 그래서 조카들은 집사 직책을 맡긴 성실하고 마음씨 고운, 자기 어머니의 하녀였던 그로스 부인과 함께 시골집이 있는 블라이로 보냈다. 아이가 없는 그로스 부인은 다행스럽게도 아이들을 무척 좋아했다. 그곳에는 그로스 부인을 도와 집안일을 하는 사람들이 많이 있지만, 아이들 교육은 모두 새로운 가정교사가 맡기로 했다. 또한 방학이 되면 그녀는 현재 학교에 가 있는 어린 소년도 돌보아야 할 것이다. 학교에 보내기에는 아직 어린 나이지만 어쩔 수 없이 입학시켜 놨는데, 이제 곧 방학이 시작될 테니 조만간 소년이 돌아올 것이다. 아이들, 마일스라는 이름을 가진 소년과 그 애의 누이동생 플로라를 돌보던 젊은 여성이 있었다. 그런데 불행히도 그 여성은 죽었다. 더할 나위 없이 훌륭한 사람이었던 그녀는 죽을 때까지 아이들을 위해서 무척 헌신적으로 봉사했다. 그녀가 세상을 떠나자 저택 사람들은 몹시 당황했다. 결국 달리 뾰족한 수가 없어서 어린 마일스를 학교에 보내야 했다. 그리고 플로라는 그로스 부인이 돌보았다. 저택에는 그로스 부인 말고도 요리사, 하녀, 젖 짜는 여자, 늙은 마부와 조랑말, 나이 든 정원사가 있는데 모두 아주 훌륭하고 점잖았다.

여기까지 더글러스가 이야기했을 때 누군가 불쑥 끼어들어 질문했다.

"그런데 이전 가정교사는 왜 죽었나요? 훌륭한 사람이었다면서요?"

그가 대답했다.

"그 얘기도 곧 나올 겁니다. 미리 말하면 재미없잖아요."

"아, 미안합니다. 난 또 당신이 바로 그런 예비지식을 가르쳐 주시려는 줄 알았죠."

"그 가정교사의 일을 이어받는 입장이라면." 내가 말을 꺼냈다. "그 사람이 왜 죽었는데 으레 알고 싶었을 텐데요. 혹시 그 직책에—"

"목숨이 위태로울 만한 위험이 따르지 않느냐고요?"

더글러스가 내 조심스런 추측을 분명히 말로 표현했다.

"그래요. 그녀도 그걸 알고 싶어했고, 또 알게 되었습니다. 그녀가 무엇을 알아냈는지 내일 읽어 드릴 겁니다. 어쨌든 그녀는 자신의 앞날을 다소 암울하게 느꼈지요. 그녀는 젊고 경험이 없는 데다 불안했습니다. 그런데 의무는 과중하고 의지할 사람은 없는 무척 쓸쓸한 생활이 코앞에 닥쳐온 겁니다. 그녀는 망설였지요. 오만 가지 생각이 들었어요. 이틀 동안 주인을 두 번이나 만나고 그의 간절한 부탁을 받고 심사숙고했습니다. 하지만 주인이 제시한 월급은 그녀가 기대했던 것보다 훨씬 많아 쉽게 뿌리칠 수가 없었지요. 결국 두 번째 면담에서 그녀는 스스로 어려운 일을 떠맡기로 했습니다. 가정교사가 된 거지요."

여기까지 이야기하고 더글러스는 말을 멈추었다. 그러나 나와 눈이 마주치자 다시 말을 이었다.

"그 멋있는 젊은 신사의 매력과 유혹에 끌려 그녀가 순종한 거죠."

더글러스는 말없이 일어서서 전날 밤에 그랬던 것처럼 벽난로로 가 장작개비로 불을 붙였다. 그리고 벽난로를 응시한 채 잠시 서 있었다.

그가 돌아서며 말했다.

"나는 그녀가 그를 겨우 두 번 만나고 그런 결정을 했다는 걸 강조하고 싶어요."

"바로 그 점이 그녀의 아름다운 열정을 드러내는 것이니까요."

"그 점이 진짜 아름답지요. 가정교사 후보자들이 또 있기는 했지만 그들은 힘들다는 핑계로 마음을 바꿨죠. 그 시절에는 많은 사람들이 꺼려하던 작업이었으니까요. 그런데 그녀는 그가 자기의 딱한 사정을 솔직하게 말하고 부탁하니까 들어준 거예요. 물론 아이를 돌보는 일에 열정이 있으니까 가능했겠죠. 하지만 주인이 제시한 이상한 조건을 한 번 더 고민하지 않은 게 그녀의 실수였습니다."

"그게 뭐죠?"

"아이들을 돌보다가 힘들거나 어려운 일이 있을 때 그를 성가시게 해서는 안 된다는 것이었습니다. 그것도 절대로 안 된다고 못을 박았어요. 아무리 일이 어려워도 호소하거나 불평해도 안 되고, 편지를 쓸 수도 없었습니다. 모든 문제는 스스로 해결하고 돈은 그의 변호사에게서 받으라는 거예요. 모든 일을 혼자서 처리해야 한다는 조건이었습니다. 그녀는 그렇게 하기로 약속했지요. 그러자 그는 무거운 짐을 내려놓게 되어 너무 기쁜 나머지 잠시 그녀의 손을 잡고 그녀의 호의에 고마워했답니다. 그런데 순진한 그녀는 그때 이미 충분한 보상을 받은 기분이었다고 내게 말하더군요."

"그녀가 받은 보상이 그게 전부였나요?"

어떤 부인이 물었다.

"그런 셈이죠. 그녀는 그 뒤 그를 다시 보지 못했습니다."

"아!"

그 부인이 실망스러운 표정을 지었다. 이내 더글러스는 또다시 우리를 남겨 두고 나가 버렸다. 결국 다음 날 저녁이 될 때까지 그 문제에 관한 중요한 언급이라고는 그 말 한마디가 전부였다.

다음 날 저녁, 그는 난롯가 구석에 있는 가장 좋은 의자에 앉아서 빛바랜 붉은 표지에 금테가 둘린 낡고 얇은 구식 앨범을 펼쳤다. 그것을 모두 읽는 데에는 하룻밤 이상이 걸렸다. 그런데 첫째 날에 질문을 했던 부인이 또 질문을 던졌다.

"이야기 제목은 뭔가요?"

"제목은 없습니다."

"아, 저한테 떠오르는 제목이 있어요."

내가 말했다. 그러나 더글러스는 내 말에는 아랑곳하지 않고, 글쓴이의 아름다운 필체를 고스란히 귀로 옮겨 놓으려는 듯이 낭랑한 소리로 또박또박 원고를 읽기 시작했다.

1

나는 똑똑히 기억한다. 모든 것의 시작은 흥분과 실망의 연속으로, 심장박동이 가라앉는가 싶더니 다시 세차게 고동치는 것이 꼭 오르락내리락하는 시소와도 같았다. 런던에서 그의 요청을 받아들이고 혹시 잘못을 저지른 건 아닌가 하는 두려운 마음으로 이틀을 무척 언짢은 상태로 보냈다. 그러나 이미 계약을 끝냈기 때문에 어쩔 수 없이 그곳으로 가야 했다.

다음날 나는 흔들리는 마차를 타고 긴 시간을 달려서 블라이로 갔다. 그곳 정거장에는 그의 저택에서 보낸 마차가 있었다. 아마 지시를 받고 나를 데리러 온 모양이었다. 말 한 마리가 끄는 널찍한 마차는 유월 오후 해가 저물어 가는 무렵 나를 기다리며 서 있었다. 마차는 내가 일하게 될 그 집을 향해 힘차게 달렸다. 날씨는 구름 한 점 없이 화창하고 공기는 더없이 깨끗했다. 시골길을 달리는 동안 나는 달콤한 여름 풍경에 흠뻑 취하여 그때까지 내 마음을 억누르고 있던 많은 근심들을 모조리 날려보냈다. 마차가 모퉁이를 돌아 저택 현관으로 이르는 가로수길에 접어드는 순간, 나는 나쁘고 무서운 생각만 한 걸 깨닫고 부끄러운 마음이 들었다. 이곳 사람들의 따뜻한 배려와 집을 둘러싼 아름다운 풍경은 내가 얼마나 쓸데없는 걱정을 했었는지를 말해주었다.

무척이나 음울한 것을 예상하면서 두려워하고 있었기에 나는 눈앞에 나타난 광경에 기분 좋은 놀라움을 느꼈다. 넓고 깨끗한 현관, 활짝 열려 있는 창문과 산뜻한 커튼, 밖을 내다보고 있던 하녀들의 미소, 잘 다듬은 잔디밭과 화사한 꽃들, 자갈 위로 마차 바퀴가 구르는 상쾌한 소리, 잔디밭 끝에서 이어진 무성한 숲, 그 너머로 황금빛 하늘을 빙빙 돌며 까악거리던 까마귀들을 기억한다.

그 날의 풍경은 아직도 내 기억 속에서 아름답게 남아 있다. 이곳은 내가 살던 초라한 집에 비하면 궁궐 같았다. 내가 현관에 다다르자 얌전한 모습의 부인 한 분이 어린 소녀의 손을 잡고 나왔다. 그녀는 마치 내가 그 저택의 안주인이거나 귀한 손님이라도 되는 양 허리를 굽혀 공손히 인사를 했다. 이곳에 오기 전 할리 거리에 있는 저택에서 주인에게 설명을 들었을 때에는 이 시골집이 다소 협소한 곳일 줄 알았기에, 그것을 떠올리자 그가 더욱더 겸손하고 신사다운 사람으로 여겨졌다. 왠지 내가 앞으로 누리게 될 생활은 그가 약속한 바를 능가하는 멋진 나날일 것 같았다.

다음 날까지 아무 일도 일어나지 않았다. 나는 그날 현관에서 만난 어린 여자아이에게 소개되고 우쭐해지기까지 했다. 소녀는 첫눈에 내 마음을 사로잡았다. 그 애는 내가 가르칠 남매 가운데 동생이고 이름은 플로라였다. 나는 그 아이와 함께 지내게 되었다는 것만으로도 뛸 듯이 기뻤다. 그렇게 예쁘고 사랑스러운 아이는 처음이었다. 나는 아이를 볼 때마다 그렇게 예쁜 아이를 그동안 내게 자랑하지 않은 주인의 마음이 궁금했다.

그날 밤 나는 잠들지 못하고 자주 몸을 뒤척였다. 새로운 환경이 마음에 들고 행복해서 나를 기쁘게 환영하던 사람들과 풍경들을 밤새도록 곰곰이 되새겨 보던 기억이 난다. 내가 쓰는 방은 그 집에서 가장 큰 방이었다. 방에는 크고 멋진 침대와 주름이 풍성하고 무늬가 있는 휘장, 머리 위부터 발끝까지 내 모습을 한꺼번에 비춰볼 수 있는 긴 거울 등 내게 필요한 모든 것이 있었다. 갑자기 주어진 화려한 것들에 놀란 나는 눈이 휘둥그레졌다. 나는 내가 가르칠 예쁜 플로라만으로도 행복한 상태였다. 또한 내가 가장 걱정하던, 그로스 부인은 어떤 사람일까에 대한 궁금증이 풀려서 내 마음은 더없이 기쁘고 만족했다.

나는 그로스 부인의 좋은 첫인상을 믿기로 했다. 하지만 그녀의 지나치게 친절하고 정중한 태도에 나는 반가움과 함께 야릇한 두려움을 느꼈다. 깊이 생각해보면, 소박하고 건강해 보이는 그녀는 내가 온 게 기쁘고 반가워 어쩔 줄 몰라 하는 표정이었다. 그런데 차츰 시간이 지나면서 내 눈에 그녀가 자꾸 기쁨을 감추려 애쓰는 것처럼 보였다. 그녀가 표정을 자연스럽게 드러내지 않고 자제하려는 데 나는 불안감을 느꼈다. 뭔가 숨기는 게 있다는 생각에 마음 한구석이 꺼림칙했다.

그러나 플로라의 예쁘고 행복한 모습을 떠올리자 마음이 다시 편안해졌다. 이런저런 생각에 휩싸여 꼬박 밤을 새운 나는 새벽녘에 침대에서 일어나 방안을 서성거렸다. 창을 넘어온 어슴푸레한 빛을 따라 방안 구석구석을 샅샅이 훑어보기도 했다. 그러다가 창문을 열고 희뿌옇게 밝아오는 여름날의 새벽 풍경을 바라보며 가까이에서 들리는 것들에 귀를 기울였다. 어둠이 희미해지며 새가 지저귀는 소리가 들렸다. 그런데 새소리라고 하기에는 이상한 소리가 집 밖이 아닌 안에서 들린 것 같은 느낌이 들었다. 그런데 조금 지나자 어디선가 어린아이의 울음소리가 들려왔다. 그리고 바로 내 방 앞 복도에서 누군가 사뿐거리고 걸어가는 듯한 발소리도 들렸다. 하지만 이런 환청은 마음에 둘만큼 문제되는 것은 아니었다. 그보다는 차라리 플로라를 잘 돌보고 가르쳐서 소녀가 유익하고 행복하게 살도록 해주는 일에 마음 쓰기로 했다.

그날부터 내 임무에 따라 플로라를 돌보는 일이 주어졌다. 나는 그로스 부인과 상의해서 그동안 그녀의 방에서 자던 플로라를 내가 데리고 자기로 했다. 플로라의 작고 귀여운 하얀 침대가 내 침대 옆으로 옮겨졌다. 하지만 아직 새 환경에 익숙하지 않은 나와 수줍음이 많고 내성적인 아이를 위해서 그날 밤은 마지막으로 그로스 부인이 아이와 함께 자기로 했다. 그런데 수줍음이 많음에도 불구하고 플로라는 갑자기 변한 자신의 환경을 불평 한마디 없이 솔직하고 용감하게, 마치 라파엘로(Raffaello Sanzio)의 성화 속에 나오는 아기처럼 깊고 고요한 태도로 받아들였다. 그래서 나는 소녀가 곧 나를 좋아할 거라고 믿게 되었다.

내가 그로스 부인을 좋아하게 된 이유 가운데 하나이기도 하지만, 저녁때가 되면 나는 그녀가 행복해하는 표정을 볼 수 있었다. 내가 플로라와 함께 네 개의 촛불이 켜진 식탁의 높은 의자에 턱받이를 두르고 앉아 저녁을 먹을 때면, 플로라는 또랑또랑한 눈으로 빵과 우유 사이로 나를 바라봤다. 아이의 귀엽고 사랑스러운 모습을 보며 그로스 부인과 나는 우리만이 알아들을 수 있는 말로 서로의 마음을 전하고는 했다.

"그런데 남자 아이도 플로라와 닮았나요? 그 애도 이렇게 무척 남다른가요?"

우리는 둘 다 어린아이를 너무 칭찬해서 우쭐하게 만들어서는 안 된다는 생각을 하고 있었다.

"아, 그럼요. 남다르지요! 선생님께서 우리 아가씨를 그렇게 생각하신다면!"

부인은 접시를 손에 들고 서서 플로라에게 미소를 보냈다. 소녀는 티 없이 맑은 눈빛으로 우리를 번갈아 가며 바라보았다.

"네, 그렇다면요?"

"선생님은 그 어린 신사에게 홀딱 반할 거예요."

"글쎄요, 실은 두렵긴 하지만 그러려고 여기에 온 것 같은데요. 아마 쉽게 반하고 말 거예요. 하긴 런던에서도 누군가에게 푹 빠졌던 적이 있거든요!"

내 말뜻을 알아챈 그로스 부인의 얼굴빛이 변했다.

"할리거리에서요?"

"네, 할리거리에서요."

"아 선생님, 선생님이 첫 번째는 아닐 거예요. 그리고 마지막도 아닐 테고요."

"아, 내가 유일한 사람일 거라는 자부심은 없어요." 나는 웃음을 터뜨렸다. "어떻든 내 다른 학생은 내일 온다면서요?"

"내일이 아니라 금요일이에요, 선생님. 선생님이 오셨을 때처럼 도련님도 차장의 보호를 받으며 역마차를 타고 중간까지 올 거예요. 그러면 우리 저택에서 똑같은 마차를 보내 맞이할 거고요."

나는 곧 내 생각을 말했다. 역마차가 도착할 때 내가 어린 누이와 함께 그 아이를 마중하러 가는 것이 이치에도 맞을 뿐더러 더욱 즐겁고 다정한 일일 거라고. 그 말에 그로스 부인은 진심으로 동의했다. 그 긍정적인 태도는 앞으로 어떤 문제에서든 우리 의견이 완벽하게 일치할 거라는 일종의 맹세— 그것도 고맙게도 거짓 하나 없는 진실한 맹세! —처럼 보였다. 아, 부인은 내가 온 것을 너무나 기뻐했다!

그 다음 날 내 감정은 도착한 날 맛봤던 기쁨의 반작용이라고 할 수는 없으리라. 기껏해야 그것은 아마 내가 새로운 환경을 둘러보고 가만히 올려다보고 이해하면서 그 규모를 보다 충실히 가늠함으로써 빚어진 가벼운 중압감에 지나지 않으리라. 사실 새로운 환경은 아무것도 준비되지 않은 상태에서는 내 예상을 뛰어넘을 만큼 무척 크고 중요한 일이어서, 나는 스스로 자랑스러우면서도 겁에 질려 있었다. 이런 상태이다 보니 수업은 조금 지연될 수밖에 없었다. 나의 첫 번째 임무는 가능한 한 부드러운 태도로 아이의 마음을 사로잡아 서로 친구가 되는 것이라고 생각했기에 나는 그날 하루 종일 플로라와 함께 밖에서 놀았다. 그리고 플로라를 행복하게 해주려고 꼭 네가 저택을 안내해 줬으면 좋겠다고 말하자, 그 애는 무척 만족스러운 표정을 지었다. 그 애는 신이 나서 유쾌하고 천진한 이야기를 들려주면서 나를 데리고 방마다 돌아다니며 온갖 것들을 보여 주었고 '비밀'이라고 속삭이며 비밀을 가르쳐 주었다. 그 결과 우리는 30분도 지나지 않아 친한 친구가 되었다. 짧은 시간 동안 집을 돌아보면서 나는 이 어린 소녀의 자신감과 용기에 반해 버렸다. 소녀는 텅 빈 방들, 어둑한 복도들, 깜짝 놀라 저도 모르게 발걸음을 멈추게 되는 꼬불꼬불한 계단, 그리고 현기증이 날 만큼 높다란 오래된 사각 탑 꼭대기로 나를 안내했다. 그날 아침 노랫소리처럼 낭랑한 목소리는 질문 받은 내용보다도 더 많은 것을 가르쳐 주려는 소녀의 들뜬 마음을 담아 울려 퍼졌고, 그 애는 나를 열심히 이끌었다.

나는 블라이 저택을 떠난 뒤 그곳을 다시 찾지 못했는데, 이제 좀더 나이를 먹고 더 식견도 넓어진 눈으로 보면 그 저택이 예전만큼 훌륭해 보이지는 않을 것이다. 그러나 금발에 푸른 옷을 입은 귀여운 안내인이 내 앞에서 춤을 추며 귀퉁이를 돌아가고 수많은 복도를 콩콩대며 달려갈 때, 나는 장밋빛 요정이 살고 있는 낭만적인 성을 구경하는 기분이었다. 저 젊은이나 어린아이들의 가슴을 설레게 하는 이야기책과 동화책에서 쏙 빠져나온 듯한 요정의 성 말이다. 혹시 내가 정말로 이야기책을 읽다가 잠깐 졸면서 꿈을 꾸었던 것일까? 아니, 그것은 크고 추하고 오래된 건물을 반쯤은 다시 짓고 반쯤은 그대로 사용하는 건물의 특징을 몇 가지 보유하고 있는 낡고도 편한 저택이었다. 그 안에 사는 사람들은 넓은 바다를 표류하는 거대한 배에 탄 승객들처럼 여겨졌다. 그런데 기묘하게도 거기서 키를 잡고 있는 사람은 바로 나였다!

2

이틀 뒤 그로스 부인이 어린 신사라고 부르는 소년을 마중하러 플로라와 함께 외출했을 때 이런 느낌은 더욱 심해졌다. 이틀째 저녁에 일어난 사건으로 몹시 당황했기 때문에 더욱 그러했다. 이미 말했던 대로 첫째 날은 대체로 편안하고 활기찬 마음으로 지냈다. 그러나 그날 저녁에는 심한 불안감에 휩싸였다. 그날 저녁 늦게 도착한 우편물 중에 나한테 온 편지가 한 통 있었다. 내 고용주의 필체로, 단지 몇 줄밖에 적혀 있지 않은 그 편지에는 그에게 온 편지가 아직 개봉되지도 않은 채 동봉되어 있었다.

"이 편지는 교장이 보낸 것입니다. 그 교장은 끔찍하게 지루한 사람이지요. 이 편지를 읽고 일을 잘 처리하세요. 다만 명심할 것은 나에게 절대로 보고하지 말라는 겁니다. 단 한마디도 안 됩니다. 그럼 이만!"

나는 그 봉인을 뜯는 데 엄청난 노력을 들여야 했다. 정말 엄청난 노력이었다. 도저히 봉인을 뜯을 용기가 나지 않았던 것이다. 결국 나는 그것을 그대로 내 방으로 가지고 올라왔고, 잠자리에 들기 바로 전에 열어 보았다. 하지만 그 편지는 역시 다음 날 아침까지 그냥 두는 편이 나았을 것이다. 덕분에 그날 밤 나는 또 잠을 이루지 못했다. 다음 날 나는 누구에게도 조언을 구하지 못하고 홀로 끙끙 앓았다. 결국에는 그 걱정거리에 짓눌릴 지경이어서 최소한 그로스 부인에게라도 속사정을 털어놓기로 결심했다.

"무슨 말이에요? 도련님이 학교에서 쫓겨나다니요."

그 순간 나를 바라보는 부인의 묘한 눈빛을 나는 놓치지 않았다. 부인이 당황하여 재빨리 다시 태연한 표정을 지으려고 애쓰는 게 눈에 보일 지경이었다.

"하지만 학생들은 모두—"

"집으로 돌아가지 않느냐고요? 그렇죠, 하지만 방학 동안만이지요. 마일스는 결코 다시는 학교에 돌아갈 수 없을 거예요."

부인은 내가 물끄러미 지켜보는 걸 알아채더니 얼굴이 붉어졌다.

"학교에서 도련님을 받아들이지 않을 거라고요?"

"단호히 거절했어요."

그때까지 내 시선을 피하던 부인은 그 말에 퍼뜩 눈을 치켜떴다. 그 눈에는 눈물이 가득 고여 있었다.

"도련님이 무슨 일을 했는데요?"

나는 잠시 주저했다. 부인에게 편지를 건네주는 편이 제일 좋겠다고 판단했다. 하지만 부인은 편지를 받지 않고 손을 등 뒤로 숨기더니 서글프게 고개를 저었다.

"이런 일은 저에게 맞지 않아요, 선생님."

나의 조언자는 글을 읽을 수 없었던 것이다! 나는 내 실수에 움찔했다. 그래도 될 수 있는 대로 실수를 무마하려고 다시 편지를 펼쳐 부인에게 읽어주려 했다. 하지만 막상 읽으려니 또다시 주저하는 마음이 앞서 결국 편지를 다시 접어 주머니에 넣었다.

"도련님이 정말로 나쁜 애인가요?"

부인의 눈에는 아직도 눈물이 고여 있었다.

"학교 선생님들이 그렇게 말씀하시나요?"

"그분들은 구체적인 이유는 말하지 않았어요. 그저 유감스럽지만 마일스를 계속 받아주는 것이 불가능하다고 했을 뿐이에요. 그 말이 뜻하는 의미는 오직 한 가지뿐이죠."

그로스 부인은 감정이 북받치는 얼굴로 묵묵히 귀를 기울였다. 그 의미가 무엇인지 묻고 싶은 것을 꾹 참고 있는 듯했다. 나는 부인이 옆에 있는 것만으로도 다소 힘이 나는 것 같았다. 그래서 상황을 좀 정리하기 위해 계속해서 말했다.

"그 애가 다른 애들에게 피해가 된다는 거예요."

그러자 보통 사람들이 흔히 그러듯 갑자기 노여움을 내비치며 그로스 부인이 발끈했다.

"마일스 도련님이! 피해가 된다고요?"

이 말에는 절대적인 믿음이 넘쳐흐르고 있었다. 나는 비록 아직 그 아이를 보지는 못했지만 어느 정도 두려움을 느끼고 있었으므로 "그건 말도 안 되는 얘기다" 하고 멋대로 비약적인 결론을 내렸다. 그리고 그로스 부인과 더욱더 의견을 일치시키려고 즉시 냉소적으로 말했다.

"가엾게도 어리고 순진한 자기 친구들에게 피해를 끼친다는 말이지요!"

"너무 잔인한 말씀이에요!" 그로스 부인이 떨리는 소리로 외쳤다. "어쩜 그렇게 심한 말을! 도련님은 아직 열 살도 되지 않았다고요."

"그래요, 그래. 도저히 믿을 수 없는 일이지요."

내가 딱 잘라 말하자 부인이 고마워 어쩔 줄 몰라 했다.

"먼저 도련님을 만나 보세요, 선생님. 그러고 나서 그 말을 믿으세요!"

나는 새삼스레 빨리 그 애를 보고 싶었다. 호기심이 점점 커져 고통스러울 지경이었다. 내가 자기 말을 믿는다는 걸 눈치챈 그로스 부인은 한층 더 확신에 찬 말을 했다.

"도련님이 정말로 그랬다고 믿을 정도라면 차라리 아가씨도 그럴 거라고 믿는 편이 낫겠어요. 어유, 말도 안 돼." 부인은 얼른 덧붙여 말했다. "아가씨를 보세요!"

나는 그녀의 시선이 간 쪽을 돌아보았다. 불과 10분 전에 교실에서 백지 한 장과 연필 한 자루를 플로라에게 쥐여 주고 O자를 예쁘게 베껴보라고 시켰는데 그 애가 열린 문간에 서 있었다. 플로라는 지겨운 공부 따위에는 관심이 없다는 듯 무심한 모습이었다. 하지만 나는 내가 좋아서 뒤를 졸졸 따라온 천진난만한 어린 플로라의 마음을 읽을 수 있었다. 나는 내 학생을 와락 끌어안고 속죄의 키스를 퍼부었다. 그로스 부인에게 내가 할 수 있는 대답이 그것밖엔 없었다.

나는 그날 남은 시간 동안 그로스 부인에게 다시 접근할 기회를 엿보았다. 특히 저녁이 가까워지면서 부인은 왠지 나를 피하고 싶어하는 눈치였다. 지금도 기억이 생생한데, 그때 나는 계단에서 마침내 부인을 따라잡았다. 우리는 함께 계단을 내려갔다. 아래층에 이르자 나는 부인의 팔을 붙잡으며 이렇게 말했다.

"그러니까, 낮에 당신이 한 말은 그 애가 나쁜 짓을 하는 걸 한 번도 본 적이 없다는 거죠?"

부인은 고개를 뒤로 젖혔다. 확실히 부인은 매우 분명하게 어떤 입장을 택한 듯했다.

"한 번도 본 적이 없다고는 말하지 않았는데요!"

나는 다시 혼란스러워졌다.

"그렇다면 본 적이 있었다고요?"

"네, 그래요, 선생님."

나는 심사숙고하면서 이 말을 받아들였다.

"당신 말은 그러니까, 한 번도 나쁜 짓을 안 했다는 소년은 역시―"

"나한테는 아니라고요!"

나는 부인의 팔을 더욱 꼭 잡았다.

"당신은 아이들이 버릇없이 구는 것을 좋아하는군요?" 그러고 나서 부인이 대답하기도 전에 급하게 말했다. "나도 그래요! 하지만 풍기 문란 문제를 일으키는 것까지 좋아하는 것은―"

"풍기 문란?"

내가 쓴 거창한 단어에 부인은 어리둥절했다. 그래서 나는 설명을 덧붙였다.

"남을 타락시키는 거 말예요."

내가 말하는 의미를 알자 부인은 눈이 휘둥그레졌다. 그러나 곧 기묘한 웃음을 터뜨렸다.

"도련님이 선생님을 타락시킬까 두려우신 건가요?"

부인이 대담한 유머 감각을 발휘하여 농담조로 질문을 던지자, 나도 그만 부인처럼 좀 바보스러운 웃음을 터뜨렸다. 그리하여 나의 불안감은 어정쩡하게 가라앉아 버렸다.

그러나 다음 날 마차를 탈 시간이 다가오자 또 그 장소에서 나는 부인을 붙잡고 다른 질문을 불쑥 꺼냈다.

"전에 여기 있었던 여자 분은 어떤 사람이었죠?"

"지난번 가정교사요? 그분도 젊고 예뻤어요. 거의 선생님만큼이나 젊고 예뻤지요."

"아, 그렇다면 그 젊음과 아름다움이 그녀에게 도움이 되었겠군요! 그분은 젊고 예쁜 가정교사를 좋아하시나 봐요!" 내가 무심코 그렇게 주절거렸던 것이 생각난다.

"아, 맞아요. 하여튼 그분은 늘 그런 사람을 좋아했지요." 부인은 내 말에 동의했다. 그러나 이 말을 입 밖에 내자마자 얼른 다시 정신을 차렸다. "내 말은—우리 주인님이 그렇다는 거예요."

나는 깜짝 놀랐다.

"네? 그럼 처음에는 누구에 대해 말한 거예요?"

부인은 무표정하게 보였지만 얼굴은 붉어졌다.

"물론 그분에 대해서지요."

"주인님이요?"

"그 밖에 누가 있겠어요?"

하기야 그 밖에 다른 사람은 분명히 없었다. 나는 부인이 실수로 엉뚱한 대답을 했다고 생각하고 다시 물었다.

"그 가정교사가 마일스에 대해서 뭐든 얘기한 건 없나요?"

"잘못한 것을 말씀하시는 건가요? 글쎄요, 저에게 별다른 말은 하지 않았어요."

나는 잠시 주저했지만 큰맘 먹고 물었다.

"그 사람은 주의 깊고—꼼꼼한 편이었나요?"

그로스 부인은 양심적으로 대답하려고 노력하는 듯이 보였다.

"네, 어떤 점에서는요."

"하지만 전반적으로는 아니었고요?"

"저, 선생님, 그분은 죽었어요. 저는 죽은 사람을 험담하고 싶지 않아요."

"당신 마음은 잘 알겠어요." 서둘러 말하고 보니 내 질문이 고인을 욕되게 하는 것은 아니었다. 그래서 다시 물었다.

"그 가정교사는 여기서 죽었어요?"

"아뇨. 여기를 떠난 뒤죠."

그로스 부인의 이 간결한 대답을 듣는 순간 어쩐지 애매모호하다는 느낌이 들었다. 하지만 그게 무엇 때문인지는 알 수 없었다.

"여기를 떠나고 나서 죽었다는 거죠?"

그로스 부인은 똑바로 창밖을 내다보았다. 하지만 나는 괜한 지레짐작에 불과할지라도 혹시나 병에 걸렸을 때, 블라이에 고용된 젊은 여자는 대체 어떻게 되는지 알 권리가 있다고 느꼈다.

"그녀가 병이 들어서 집에 갔다는 말인가요?"

"그 선생님이 이 집에서 병에 걸린 것은 아니에요. 적어도 겉으로 보기에는 그랬지요. 연말이 되자 그분은 휴가차 집에 간다고 이곳을 떠났어요. 그야 여기서 오랫동안 일하셨으니 그런 휴가를 누릴 권리는 충분히 있었지요. 당시 여기엔 젊은 여자 하나가 보모로 머물러 있었어요. 착하고 똑똑한 그 처녀가 선생님이 없는 사이에 아이들을 돌봐 주었지요. 하지만 시간이 흘러도 그 선생님은 돌아오지 않았어요. 이제나저제나 그분이 오기를 기다리고 있었는데, 그때 뜻밖에도 주인님에게서 선생님이 돌아가셨다는 이야기를 들었지요."

그녀의 대답에 내가 되물었다.

"그런데 왜 죽었대요?"

"주인님이 가르쳐 주지 않으셨어요! 오, 선생님, 이제 우리 그만해요. 저는 일을 하러 가야 해요."

그로스 부인이 말했다.

3

부인은 나에게 등을 돌리고 떠나가 버렸다. 하지만 다행스럽게도 그때 나는 딴 생각을 하고 있어서 부인의 이런 매정한 태도는 우리 사이에 방해가 되지 않았다. 어린 마일스를 집으로 데려오고 나서 나는 몽롱한 정신적 흥분 상태에 빠져 전보다도 더 친밀한 느낌으로 그로스 부인과 얼굴을 마주했다. 부인과 마주친 순간 나는 하마터면 큰 소리로 이렇게 외칠 뻔했다. "세상에, 이렇게 훌륭한 아이가 학교에서 쫓겨나다니, 정말 어처구니없는 일이에요!"

나는 마일스보다 조금 늦게 정거장에 도착했었다. 소년은 이미 역마차에서 내려 근처 여관 문 앞에 서서 우수에 찬 얼굴로 나를 기다리고 있었다. 나는 그 모습을 본 순간, 갑자기 내 몸이 신선한 빛, 마치 맑고 깨끗한 공기에 싸이는 듯한 느낌을 받았다. 그 느낌은 내가 플로라를 처음 보았을 때와 같았다. 아이는 믿을 수 없을 정도로 아름다웠다. 그로스 부인이 확신했듯이 소년을 보자마자 내 마음속에 머물던 아이에 대한 나쁜 감정은 아이를 사랑하고픈 내 열정만 남기고 순식간에 다 날아가 버렸다. 그때 그곳에서 내 마음에 강하게 새겨진 것은 마치 사랑밖에 모르고 살아가는 것처럼 비길 데 없이 사랑스러운 모습—내가 다른 아이들에게서는 찾아볼 수 없는 성스러운 모습이었다. 이토록 사랑스럽고 순수한 아이에게 오명을 씌우다니, 그야말로 어불성설이 아닌가. 소년과 함께 블라이로 돌아오는 길에 나는 내 방 서랍 속에 넣고 자물쇠를 채워 놓은 그 끔찍한 편지를 생각하며 그저 얼떨떨한 기분을 느꼈다. 그로스 부인과 은밀히 이야기를 나눌 수 있게 되었을 때 내가 참 기이한 일이라고 말하자 부인이 즉시 내 말을 이해하고 대답했다.

"그 잔인한 비난 말인가요?"

"그건 잠시도 용납될 수 없는 비난이에요. 저 아이를 한번 보세요!"

그 아이의 매력을 인정한 나의 말에 부인은 미소를 지었다.

"아, 그럼요. 제가 장담컨대 바로 그렇다니까요! 저기 선생님, 그럼 뭐라고 말하실 건가요?"

부인은 즉시 한마디 덧붙였다.

"그 편지에 대한 답장 말예요?" 나는 마음을 이미 굳힌 상태였다. "아무 말도 하지 않겠어요."

"그러면 도련님의 백부님께는요?"

나는 차갑게 말했다.

"아무 말도 안 할 거예요."

"그러면 도련님에게는요?"

나는 기분이 좋았다.

"아무 말도 안 할래요."

부인은 앞치마로 입가를 훔쳤다.

"그렇다면 저는 선생님과 한편이 되겠어요. 우리 같이 잘해 봐요. 그 비난이 사실이 아니라는 것을 밝히자고요."

"네, 같이 잘해 봐요!"

나는 부인의 말을 따라하고 맹세의 뜻으로 손을 내밀었다.

부인은 잠시 내 손을 잡았다. 그리고 다른 손으로 앞치마를 다시 끌어당겨 입가를 훔쳤다.

"선생님, 혹시 제가 주제넘게 행동해도 된다면—"

"내게 키스하려고요? 물론이죠!"

나는 그 선량한 동료를 와락 끌어안았다. 자매처럼 포옹을 나눈 뒤 그녀와 나는 한층 더 분개했다.

어떻든 그 당시 상황은 이러했다. 의욕이 넘치는 날들이다 보니 그때를 되짚으면서 조금이라도 자세히 분석하려면 많은 노력이 필요하다. 되돌아보면 내가 그런 상황을 태연히 받아들였다는 것이 놀라울 뿐이다. 나는 내 동료와 더불어 그 난관을 헤쳐 나가기로 한 것이다. 분명 나는 어떤 마법에 걸려 있었으며, 그 힘든 일의 규모와 그 일에 결부된 극히 어려운 문제들도 다 가볍게 뛰어넘을 수 있었다. 나는 영혼을 사로잡는 애정과 연민의 거대한 파도에 밀려 높이 솟구쳤다. 무지와 혼란과 어쩌면 자만심 때문일까, 나는 이제 막 세상을 알기 시작한 소년을 잘 다룰 수 있다고 쉽게 생각했다. 방학이 끝나고 새 학기가 시작되면 내가 대체 어떻게 할 생각이었는지 지금은 기억조차 할 수 없다.

그 아름다운 여름에 나는 그 아이에게 이것저것 가르쳐야겠다는 생각을 막연히 하고 있었다. 그러나 지금 돌이켜보면 그 몇 주 동안 여러 가지를 배운 사람은 오히려 나였다. 협소하고 숨 막히는 내 삶에서는 도저히 얻을 수 없는 뭔가를 나는 배웠다—특히 처음에는 아주 확실하게. 나는 삶을 즐기고, 사람을 즐겁게 하고 내일에 대해 생각하지 않는 법을 배웠다. 공간과 공기와 자유, 여름날의 온갖 음악과 자연의 모든 신비도 이때 비로소 깨달았다. 또 나는 사색을 즐기기도 했다. 그것은 달콤한 기분이었다. 아, 하지만 그것은 덫이었다. 그것은 내 상상력과 예민함에, 어쩌면 내 허영심에, 하여튼 내 내면의 가장 민감한 부분에 우연찮게도 깊이 파고드는 덫이었다. 결국 알기 쉽게 설명하자면 그때 나는 완전히 경계를 풀고 있었다. 아이들은 거의 문제를 일으키지 않았다. 그 아이들은 놀라울 정도로 부드러운 성격을 지니고 있었다. 나는 험난한 미래가(미래는 모두 험난하기 마련이니까!) 그 아이들을 어떻게 대할지, 어떤 상처를 입힐지 가끔 걱정을 했는데, 이것조차 막연하고 두서없는 생각에 머물렀다. 아이들은 둘 다 더없이 건강하고 행복했다. 그런데도 나는 귀족 자제나 왕자님 공주님의 보호자라도 된 것처럼 하나부터 열까지 모든 일을 완벽하게 처리하고 그들을 모든 것으로부터 보호해야 한다고 생각했다. 내 공상 속에서 아이들의 미래는 오로지 끝없이 펼쳐져 있는 낭만적인 화원과 화려한 정원 형태로만 떠올랐다. 그런데 이 낙원에 갑자기 무엇인가 들어왔다. 하기야 그 때문에 이전의 멋진 고요함이—그 속에 무엇인가 모여들어 조용히 웅크리고 있는 정적의 순간에 한층 매력을 지니게 됐는지도 모른다. 실제로 변화가 생기자 그것은 마치 야수가 튀어나온 것 같았다.

처음 몇 주 동안은 하루하루가 더디게 지나갔다. 가끔 아주 좋은 날이면 나는 나만의 시간을 얻곤 했다. 그것은 내 학생들이 무사히 차를 마시고 잠자리에 들고 나서, 내가 끝으로 잠자리에 들기 전에 혼자서 짧은 휴식을 누리는 시간이었다. 비록 학생들과 함께 있는 시간도 무척 좋아하긴 했지만 이 혼자만의 시간이야말로 하루 중에서 내가 가장 좋아한 때였다. 특히 황혼이 깃들 때—아니 석양이 사라지지 않고 계속 남아서 서성거리는 가운데 고목에 남은 새들이 마지막으로 지저귀며 붉게 물든 하늘로 날아오를 때—정원을 한 바퀴 산책하면서 그곳의 장엄한 아름다움을 한껏 누릴 수 있었던 때를 가장 좋아했다. 그럴 때면 나는 마치 저택의 주인이라도 된 기분에 휩싸였다. 이러한 순간에 나 자신의 올바르고 평화로운 상태를 새삼 확인하는 것도 즐거운 일이었다. 또 분별력과 차분한 양식과 높은 교양을 발휘함으로써 내가 그 사람(그 사람의 절박한 요구에 응해서 나는 여기까지 달려온 거다)에게 즐거움을 주고 있다—혹시라도 그 사람이 이 사실을 알아준다면! —고 생각하는 것 또한 유쾌한 일이었다. 그때 내가 하고 있던 일은 그가 간절히 바라면서 나에게 직접 부탁한 일이었고, 결국 내가 그 일을 수행할 수 있었다는 사실은 예상보다 훨씬 더 큰 기쁨이었다. 요컨대 나는 스스로를 대단한 여성이라고 생각했고 이러한 사실이 더욱 공공연히 알려지리라고 믿으면서 꽤 우쭐거리며 기뻐했던 것이다. 하기야 곧 첫 번째 징후를 드러낸 그 놀라운 사건과 용감히 맞서려면 나도 대단한 여성일 필요가 있었지만.

그 일은 어느 날 오후 나만의 시간을 보내고 있는데 갑자기 일어났다. 아이들은 침실로 보내고 나는 밖으로 나와서 한가롭게 산책하고 있었다. 이제 와서는 거리낄 것도 없으니 솔직히 말하지만, 그렇게 산책하고 있을 때 갑자기 누군가를 소설 속에서처럼 만났으면 하고 소망했다. 그리고 나는 곧 길모퉁이에서 누군가 나타나 내 앞에 서서 미소를 짓고 나를 인정해 줄 것이라고 생각했다. 나는 그 이상은 바라지 않았다. 그저 그가 나를 알아주기만 하면 되었다. 그리고 그가 다 알고 있다는 것을 나는 그의 잘생긴 얼굴에 드리워진 부드러운 미소를 보고 느끼면 된다.

그런데 그 사람이 정말로 내 눈앞에 나타났다—그러니까 그의 얼굴이 말이다. 그를 처음 본 것은 긴 유월의 어느 날, 하루가 저물어 갈 무렵에 정원 숲을 빠져나와 저택을 바라보고 있을 때였다. 나는 그만 깜짝 놀라 걸음을 멈추었다. 그 순간 내 상상이 눈 깜짝할 사이에 현실이 되었다는 느낌에 사로잡혔다. 아마 무엇을 본다해도 그 정도로 큰 충격을 받지는 않았을 것이다. 글쎄, 놀랍게도 그가 그곳에 서 있었던 것이다! 그러나 그는 잔디밭 너머 높은 곳에, 첫날 아침에 어린 플로라가 나를 데리고 갔던 그 탑 꼭대기에 서 있었다.

그 탑은 서로 어울리지 않는 사각 건물 한 쌍 중 하나였다. 그 건물들은 왠지 어울리지 않게 들쑥날쑥 이상한 구조를 하고 있어서, 새것과 헌것처럼 조금 다르게 보였다. 저택 양쪽 끝에 접하고 있는 그 탑들은 건축학적인 가치는 별로 없겠지만, 전적으로 못 쓰는 건축물도 아니고 또한 지나치게 높지도 않다는 게 장점이었다. 그것은 이미 그리운 과거가 되어 버린 낭만주의 부흥기의 산물이라는 점에서 사실 고색창연한 맛이 있었다. 나는 그 탑들을 무척 좋아해서 그것에 대한 공상을 하기도 했다. 그 탑들의 장엄한 흉벽이 어스름 속에서 어렴풋이 모습을 드러낼 때에는 나뿐만 아니라 다른 사람들도 모두 감탄하곤 했다. 하지만 그처럼 높은 곳은 내가 그토록 애타게 그리던 그가 있을 만한 곳은 아니었다.

그런데 그 인물의 모습이 석양을 받아 뚜렷이 드러났을 때, 서로 다른 두 가지 격렬한 감정이 동시에 나를 덮쳤다. 첫 번째 놀람과 두 번째 놀람이 전혀 다른 충격을 주었던 것이다. 두 번째 놀람은 첫 번째 놀람이 내 착각이었음을 깨달으면서 느낀 충격이었다. 내가 본 남자는 내 섣부른 판단과는 달리 그분이 아니었다. 순간 나는 극심한 시각적 혼란에 빠졌다. 하지만 긴 세월이 지난 지금에 와서는 그때 내가 느낀 기분과 경악을 생생히 전달하기란 어려운 노릇이다. 어쨌든 사람을 사귀는 데 익숙지 않은 젊은 여성이 한적한 곳에서 낯선 남자를 만나면 두려운 것은 당연하리라. 그런데 몇 초 뒤에 확인한 바로는, 이쪽을 보고 있는 그 인물은 내 마음속에 있었던 사람이 아니었을 뿐 아니라 내가 아는 어느 누구도 아니었다. 나는 그런 사람을 할리거리에서 본 적이 없었고 다른 곳에서도 본 적이 없었다. 게다가 참으로 기이하게도 그 순간 그것이 나타났다는 사실 그 자체만으로도 주위는 순식간에 황량한 곳으로 바뀌어 버렸다. 나는 지금 전에 없이 심사숙고하게 진술하고 있으므로 적어도 나에게는 그 순간의 온갖 인상이 뚜렷이 되살아나고 있다. 마치 내가 내 눈에 비친 그 남자를 응시하는 동안, 주위의 모든 풍경이 죽음에 휩싸여 버린 듯이 여겨졌다. 여기서 지금 글을 쓰는 동안에도 나는 또다시 저녁 무렵의 온갖 소리들이 씻은 듯이 사라져 버린 그 순간의 강렬한 정적을 느낄 수 있다. 황금빛 하늘에서 까악거리던 까마귀의 울음소리가 멈췄다. 그 푸근한 시간은 잠시 모든 소리를 잃어버렸다. 하지만 자연계에서 다른 변화는 일어나지 않았다. 혹시 내가 기이할 정도로 예민하게 감지한 변화가 실은 변화가 아니라고 한다면. 하늘은 여전히 황금빛이었고 공기는 청명했으며, 흉벽 너머에서 나를 바라본 그 남자는 액자 속 그림처럼 선명했다. 그래서 나는 그 남자일지도 모를 사람들을 차례로 아주 민첩하게 떠올려 보았다. 그러나 그중 누구도 아니었다. 우리는 상당히 먼 거리를 사이에 두고 한동안 대면하고 있었다. 나는 그가 누구인가라는 강렬한 물음을 나 자신에게 계속해서 던져 보았다. 하지만 도무지 알 수가 없었다. 시간이 흐를수록 내 놀라움은 더욱 커지기만 했다.

어떤 사건을 나중에 생각해 볼 때 가장 중요한 문제는 그것이 얼마 동안이나 지속되었는가 하는 것이다. 그런데 이 사건은 당신이 어떻게 생각하든 간에, 내가 다음과 같은 생각들을 하면서 사건 해결에 전혀 도움이 안 되는 여러 가지 가능성을 떠올리는 동안 지속되었다. 무엇보다도 이 집 안에 내가 모르는 사람이 있나 본데, 대체 언제부터 있었던 걸까? 내가 맡은 임무로 볼 때 그런 것을 모를 수는 없었다. 또 그런 인물이 있어서도 안 되었다. 나는 왠지 화가 치밀었다.

어쨌든 이 방문객은—모자도 쓰지 않은 뻔뻔한 그 모습이 묘하게 자유분방해 보였던 것이 기억난다—그 높은 탑 꼭대기에서 나를 뚫어져라 바라보고 있었다. 그리고 그 자신의 존재로써 나에게 수없이 많은 의문을 던져 주면서 나로 하여금 저물어 가는 저녁 햇살을 받으며 물끄러미 그를 계속 응시하게 만들었다. 서로에게 소리쳐 말을 건네기에는 너무 멀리 떨어진 거리였다. 그러나 좀더 가까운 거리였다면 무슨 말이 튀어나와서 이 침묵의 눈싸움에 종지부를 찍었을 듯한 순간도 분명히 있었다. 그는 저택 본채에서 멀리 떨어진 한 모퉁이에 똑바로 서서 벽의 돌출된 부분에 양손을 얹고 있는 듯이 보였다. 나는 지금 이 종이 위에 써지는 글자들을 보듯이 선명하게 그 남자를 보았던 것이다.

그러고 나서 그는 마치 그 극적인 쇼의 효과를 높이려는 듯 천천히 자리를 옮겼다. 그러면서도 눈으로는 계속 나를 뚫어지게 바라보면서 반대편 구석으로 옮겨 갔다. 그래, 이렇게 자리를 옮기는 동안에도 그는 결코 나에게서 눈을 떼지 않았다. 그는 나를 응시한 채 손으로 벽의 돌출부 사이를 짚으며 지나갔다. 한쪽 구석에서 잠시 걸음을 멈추었던 그가 천천히 몸을 돌렸다. 몸을 돌리면서도 여전히 나를 응시하고 있었다. 그리고 마침내 그는 완전히 사라졌다. 내가 기억하는 것은 그것이 전부이다.

4

그때 나는 그곳을 바로 떠날 수 없었다. 몹시 충격을 받아 움직일 수 없었다. 블라이에 어떤 비밀이 있었던 것일까? 우돌포의 비밀(앤 래드클리프의 소설, 산속 고성에 유폐된 미소녀가 등장한다)일까? 아니면 소문날까 두려운 어떤 미친 친척을 비밀 장소에 가두어 놓은 것일까? 내가 얼마나 오랫동안 호기심과 두려움에 휩싸여 뒤숭숭한 마음으로 그 장소에 서 있었는지 모르겠다. 다만 집으로 돌아왔을 때는 어둠이 짙게 깔린 밤이었다. 심한 흥분 상태에 빠져 정원을 5킬로미터 정도쯤 마구 헤매고 다닌 것 같다. 그러나 그 뒤로 훨씬 심한 혼란이 일어나 나를 짓눌러버린 것에 비하면 이 날 겪은 일은 비 맞은 뒤에 느끼는 오싹한 한기에 불과했다.

모든 게 기이했지만 가장 기이한 부분은 내가 집으로 돌아와 홀로 들어섰을 때였다. 흰 패널로 둘러싸인 넓은 공간, 밝게 빛나는 램프 불빛, 죽 진열돼 있는 호화로운 초상화, 붉은 카펫, 그리고 나를 찾고 있었다는 듯한 그로스 부인의 얼굴 표정. 내가 나타나자 그녀는 휘둥그레진 눈으로 어디 있었느냐고 물었다. 그리고 나를 찾아서 다행이라고도 말했다. 나는 문득 내가 본 사람에 대해서 그녀가 알고 있는 게 없을 거란 생각이 들었다. 그리고 그런 확신이 들자 아무것도 그녀에게 털어놓을 수 없었다.

그런데 그날 내가 겪은 일을 그녀에게 얘기하지 않은 게 잘못이었다. 그 일을 숨김으로써 나는 더 깊은 공포의 도가니에 빠지게 되었다. 어쨌든 나는 늦게 돌아온 이유를 말해야 했다. 밤 경치가 너무 아름다워 이슬을 맞으며 돌아다니느라 시간이 가는 줄도 몰랐다고 핑계를 대고 얼른 내 방으로 들어갔다.

그리고 여러 날이 지나고 또 다른 사건이 일어났다. 그 기묘한 일 때문에 나는 매일매일 몇 시간씩—아니면 근무 시간을 억지로 쪼개서라도—방에 혼자 틀어박혀 생각에 잠겨 있었다. 참아 낼 수 없을 정도로 불안해진 상태는 아니었지만 그렇게 될까봐 몹시 두려웠다. 내가 골똘했던 문제는 내가 모르는 그 신비한 방문객이 누구냐 하는 것이었다. 만약 이 일이 집안의 복잡한 사정과 관계가 있다면 정식으로 물어보거나 자극적인 언급을 하지 않고도 어떤 식으로든 알 수 있을 거라고 생각했다. 그날의 공포로 나는 무척 예민해져서 사흘 동안 주의 깊게 집안을 살폈다. 혹시 하인들이 나를 속이려고 무슨 음모를 꾸몄거나 아니면 심심풀이 장난의 대상으로 택했을지도 모른다고 생각했었다. 하지만 내가 본 것에 대해 그 누구도 말을 꺼내지 않았다.

다만 한 가지 추측되는 일은 있었다. 누군가 허락 없이 이 집에 숨어들어 왔다는 생각이었다. 나는 짬이 날 때마다 수시로 방안에서 문을 잠그고 중얼거렸다. —누가 이 집에 몰래 숨어들어온 거야. 오래된 집들에 흥미를 느낀 어느 양심 없는 여행가가, 이 집에 몰래 들어와서 마음껏 구경하고 슬쩍 빠져나간 거야. 그 남자가 나를 뻔뻔하게 오래도록 쳐다본 것도 그 사람의 행실이 나쁜 걸 말해주는 거야. 어쨌든 다행이지 뭐야. 더 이상 나타나지 않을 테니까.— 나는 그렇게 결론을 내어버렸다. 주의 깊게 관찰한 결과 3일이 지나자, 나는 하인들이 무슨 음모를 꾸미거나 나를 어떤 장난의 대상으로 삼지 않았다고 확신할 수 있었다. 그것이 무엇이든지 간에, 내가 모르는 뭔가를 주위 사람들끼리만 알고 있는 듯한 기색은 전혀 없었다.

온당한 추론이라고 할 만한 가설은 단 한 가지밖에 없었다. 누군가 무례하게 제멋대로 이 집에 침입했다는 것이다. 나는 몇 번이나 내 방에 잠깐 들어가서 문을 잠그고 혼자 이렇게 중얼거렸다. 우리는 공동으로 가택 침입을 받은 것이다. 어떤 부도덕한 여행자가 오래된 저택에 흥미를 느끼고는 몰래 들어와 가장 전망이 좋은 곳에서 풍경을 구경하고는 또다시 몰래 빠져나간 것이다. 그가 나를 그토록 과감하고 거칠게 쳐다본 것도 그의 무례한 성격을 보여 주는 한 행동에 지나지 않는다. 어쨌든 다행스러운 점은 우리가 분명 그를 더 이상 보지 않을 거라는 사실이었다.

하지만 그 다행스런 사실보다 더 중요한 것은 바로 내가 맡은 매력적인 일이었다. 그 일에 비할 다른 중요한 일은 아무것도 없었다. 내게는 마일스와 플로라, 두 아이들과 함께 지내는 생활 말고는 즐거울 일이 없었다. 괴로울 때 그 생활에 몰입할 수 있다는 것이 나로선 더없이 행복했다. 어린 학생들의 매력은 마르지 않는 샘물같아서 나에게 지속적인 기쁨을 주었다. 처음에는 가정교사 일이 분명 우울하고 단조로울 거라고 예상했는데, 부질없는 감정이었다는 걸 알았다. 매일 행복한 그 일이 어떻게 매력적이지 않을 수 있죠? 그 아름다운 일은 놀이방의 낭만이자 교실의 시 그 자체였다. 물론 우리가 낭만적인 소설과 시만 공부했다는 뜻은 아니다. 나는 내 학생들이 불러일으킨 감흥을 그렇게밖에는 표현할 수 없다. 나는 아이들에게서 끝없이 새로운 매력을 발견했다—가정교사에게 그것은 놀라운 일이었다. 내 동료들이라면 다들 알 것이다! 한 가지 아쉬운 것이 있다면 마일스가 학교에서 한 행동은 여전히 두꺼운 장막에 가려 있었다. 하지만 나는 그 일을 알면서도 고통을 느끼지 않을 수 있었다. 어쩌면 마일스가 말 한마디 없이 스스로 그 문제를 해결했다고 말하는 편이 더 사실에 가까울 것이다. 아이는 학교 측의 비난과 처벌을 모두 터무니없는 것으로 만들어 놓았다. 이 아이는 무고하다는 결론이 마치 진홍빛 장미꽃처럼 내 마음속에 저절로 피어나기 시작했다. 조금은 무시무시하고 불결한 학교 환경에 비해서 아이는 너무나 훌륭하고 아름다웠기 때문에 그런 벌을 받은 것이었다. 다수—심지어 우둔하고 어리석은 교장도 거기 포함된다—의 편에서 그처럼 남다르게 탁월한 자질을 의식하게 되면 언제나 그 열등감이 복수심으로 표출되는 법이라고 나는 날카롭게 비판했다.

아이들은 둘 다 부드러운 성품을 갖고 있었다. 너무 부드럽다는 것이 사실 그들의 유일한 결함이었는데, 그렇다고 해서 마일스가 바보는 아니었다. 어쨌든 그런 성격이 아이들을 (뭐라고 말하면 좋을까?) 거의 비인격적인 존재로 만들었기에 결코 벌을 줄 수 없었다. 아이들은 이야기 속에 나오는 아기 천사들 같았다. 적어도 도덕적으로는 체벌을 가할 만한 이유가 없었다! 마일스는 마치 갓 태어난 유아처럼 느껴졌다. 이 아름다운 어린 소년은 매우 섬세하고 특히 행복한 모습이어서, 그 나이 또래의 다른 아이들보다도 내게는 신선한 아침을 열어주는 활력소 같았다.

　마일스는 고통이 무엇인지도 모르고 있었다. 이것이야말로 그가 벌을 받은 적이 없음을 설명하는 것이 아닐까. 만약 마일스가 사악한 아이였다면 그 흔적이 남아 있어서 내가 그것을 포착하고 찾아냈을 것이다. 그러나 나는 전혀 아무것도 발견하지 못했다. 아이는 순결한 천사였다. 마일스는 한 번도 학교 이야기를 하지 않았고 친구나 선생님에 대해서도 전혀 언급하지 않았다. 그리고 나도 그들에 대해서 너무나 혐오감을 느끼고 있었으므로 그 화제를 꺼낼 생각조차 하지 않았다. 물론 나는 그때 아이들의 매력이라는 마술에 걸려 있었는데, 그 당시에도 내가 그런 상태라는 것을 뻔히 알고 있었다는 게 놀라운 일이다. 하지만 나는 매혹된 상태에 스스로를 내맡겼다. 그것은 어떤 고통이든지 풀 수 있는 해독제였고, 그게 필요한 내 고통은 한두 가지가 아니었다. 그 당시 형편이 어려웠던 고향 집에서는 곤혹스런 편지들을 나한테 종종 보내고 있었다. 그러나 아이들과 함께 있다면 세상에 무슨 근심 걱정이 있겠는가? 나는 쉴 틈이 생기면 내 방에 가서 이런 질문을 스스로에게 던지곤 했다. 나는 아이들의 사랑스러움에 현혹되어 있었다.

　어느 일요일, 비가 몇 시간이나 계속 내려서 교회에 갈 수 없었다. 그래서 나는 그로스 부인과 상의해서, 날이 개이면 함께 저녁 예배에 참석하기로 했다. 다행히 비가 멈추어서 외출할 준비를 했다. 교회는 정원을 가로질러 마을로 이어지는 꽤 평탄한 길을 따라 20분 정도 걸어가면 되었다. 홀에서 그로스 부인을 만나려고 계단을 내려가던 순간 나는 식당에 장갑을 두고 온 것을 떠올렸다. 아이들에게는 일요일에만 예외적으로 허용되는, 마호가니와 놋쇠로 꾸며진 차갑고 깨끗한 신전 같은 '어른용' 식당에서 아이들과 함께 차를 마시면서 살짝 터진 장갑을 세 땀 꿰맸었다. 그걸 찾으러 가야 했다. 날은 하루 종일 잿빛으로 어둑어둑했지만, 오후의 빛이 아직 머물러 있어서 문턱을 넘자마자 꼭 닫힌 넓은 창문 옆 의자 위에 놓여 있는 장갑이 보였다. 그런데 그뿐만이 아니었다. 창문 너머에서 안쪽을 들여다보고 있는 어떤 사람의 존재도 동시에 눈에 들어왔다. 방 안으로 한 걸음만 들여놓아도 충분했다. 그 순간 모든 것을 알아챌 수 있었다. 그것은 내 눈에 똑똑히 보였다.

　똑바로 안을 들여다보고 있는 그 사람은 전에 내 앞에 나타났던 사람이었다. 이렇게 그는 다시 나타났다. 전보다 더욱 분명한 모습을 드러냈다고는 말할 수는 없지만, 더욱 가까운 곳에 나타난 것이었다. 그것은 우리의 관계가 한층 깊어졌음을 의미했다. 그와 마주친 순간 내 숨이 멎고 온몸이 굳어 버렸다. 분명히 그때 그 남자였다. 똑같은 남자가 전에도 그랬듯이 이번에도 창문에 가려 허리선까지만 보였다. 식당은 1층에 있었지만 창문은 그가 서 있는 테라스까지 아래로 이어져 있지는 않았다. 그의 얼굴은 유리창 가까이 붙어 있었다. 그런데 기이하게도 이렇게 전보다 더 잘 보이는 곳에 있는데도 그 인상이 처음 보았을 때의 인상만큼 강렬하지는 않았다. 그는 그저 몇 초 동안 그곳에 머물러 있었지만, 그 사람 역시 이쪽을 쳐다봤고 나를 알아보았다는 것을 확신할 수 있었다. 그러나 나는 그 남자를 몇 년 동안 보아 왔고 언제나 그를 알았던 것처럼 느껴졌다. 그런데 이번에는 전에 일어나지 않았던 일이 발생했다. 유리창을 넘고 방을 가로질러 내 얼굴을 바라본 그의 시선은 이전처럼 한없이 깊고 강렬했지만, 이번에는 잠시 나를 벗어나 몇 가지 다른 것들을 차례차례 응시하는 것이 내 눈에도 똑똑히 보였다. 그가 나를 만나러 거기에 온 게 아니라는 확신이 든 순간, 나는 또 한번 놀라고 말았다. 그는 누군가 다른 사람을 만나러 온 것이었다.

이 번득이는 자각—그것은 두려움 속에서 생겨난 자각이었다—은 나에게 엄청난 영향을 미쳤다. 그 자리에 서 있는 동안 나는 갑자기 의무감과 용기가 솟구치면서 몸이 부들부들 떨리기 시작했다. 용기라는 말을 쓴 것은 이미 내가 온갖 의혹을 떨쳐 버렸기 때문이었다. 나는 곧장 문밖으로 뛰어나가 현관문을 지나 순식간에 마찻길에 도달했다. 그대로 테라스를 따라 날듯이 뛰어가서 모퉁이를 돌자 모든 것이 시야에 들어왔다. 그러나 이제 그곳에는 더 이상 아무것도 없었다. 그 남자는 어디론가 사라져 버렸다. 나는 이 사실에 진정 안도감을 느끼며 멈추어 섰다. 거의 쓰러질 지경이었으나 주위를 샅샅이 살펴보면서 한동안 그가 다시 나타나기를 기다렸다. 그런데 그 한동안이 대체 얼마나 긴 시간이었을까? 지금에 와서는 그런 것들이 지속된 시간에 대해서 정확하게 말할 수 없다. 시간이라는 관념이 내 안에서 사라져 버렸음에 틀림없다. 어쨌든 그런 사건은 그때 내가 실제로 생각했던 것만큼 오래 지속되지는 않았을 것이다. 테라스와 그 주변, 잔디밭과 그 너머의 화원, 내 눈에 보이는 정원은 어디나 고요하고 텅 비어 있었다. 관목들과 큰 나무들이 있었지만 그가 그 나무 그늘에는 숨어 있지 않다고 분명히 확신했던 것을 기억한다. 그는 거기 있을지도 모르고 없을지도 몰랐다. 하지만 내 눈에 보이지 않았다면 그는 거기에 있지 않은 것이다. 나는 그렇게 결론짓고 지나왔던 길로 돌아가지 않고 충동적으로 창가로 다가갔다. 왠지 그 남자가 서 있었던 곳에 나도 한번 서 보고 싶다는 생각이 들었다. 그래서 나는 그 자리에 서서 얼굴을 창유리에 갖다 대고 그가 했듯이 방 안을 들여다보았다. 그 순간 그로스 부인이 식당으로 들어왔다. 그로스 부인은 나를 보았고, 내가 그랬듯이 부인도 별안간 멈추었다. 내가 받았던 충격을 부인도 똑같이 느낀 것 같았다. 부인의 얼굴이 하얗게 변했다. 내 모습도 저랬을까 하는 궁금한 마음마저 들었다.

부인은 눈을 크게 뜨고 이쪽을 잠시 쳐다보더니 내가 그랬듯이 재빨리 몸을 날렸다. 부인이 밖으로 나와 내가 있는 곳으로 달려올 것이라 생각하며 그 자리에 서서 부인을 기다렸다. 그녀를 기다리며 여러 가지 것들을 생각했다. 나는 그로스 부인이 왜 겁에 질렸었는지 그게 가장 궁금했다.

5

아, 그로스 부인이 헐레벌떡 저택 모퉁이를 돌아, 내 앞에 나타났다.

"아니, 선생님, 대체 무슨 일이에요?"

부인은 상기된 얼굴로 숨을 헐떡이고 있었다.

나는 부인이 코앞에 올 때까지 아무 말도 하지 않았다.

"내가요?" 분명히 나는 이상한 얼굴을 하고 있었을 것이다. "무슨 일 있어 보여요?"

"얼굴이 백지장처럼 창백해요. 끔찍해 보여요."

나는 깊이 생각했다. 나쁜 마음으로 그런 것은 아닌데 일이 이렇게 된 이상 어쩔 수 없었다. 놀란 그로스 부인을 안심시켜야 했다. 혹시 내가 잠깐 망설였다 해도, 그것은 무엇을 감추려고 했던 것이 아니었다. 나는 손을 부인에게 내밀었고 부인은 내 손을 잡았다. 나는 부인을 가까이에서 느끼고 싶어서 조금 세게 끌어안았다. 부인이 놀라고 수줍어해서 나는 왠지 기운이 나는 것 같았다.

"그로스 부인, 교회에 가자고 오셨겠지만 나는 못 가겠어요."

"무슨 일이라도 있었나요?"
"네, 이제 당신도 알아야만 해요. 아까 내가 무척 이상하게 보였나요?"
"이 창문 안을 들여다 볼 때요? 진짜 끔찍하게 무서웠어요!"
"그래요? 실은 말이죠, 내가 정말 무서운 일을 겪었거든요."
그로스 부인은 말없이 나를 바라보았다. 그녀의 눈빛은 그게 무엇인지 모르지만, 그녀가 알아야 할 일이라면 기꺼이 그렇게 하겠다는 표정이었다. 아, 부인도 이제는 이 일에 뛰어들게 된 것이다!
"실은 아까 당신이 식당에서 본 것과 똑같은 광경을 나도 한 발 앞서서 봤어요. 그런데 내가 본 것은 그보다 훨씬 무서웠어요!"
부인은 손을 꼭 잡았다.
"그게 뭐였지요?"
"이상한 남자였어요. 그 남자가 집 안을 들여다보고 있었어요."
"어떤 이상한 남자요?"
"잘 모르겠어요."
그로스 부인은 주위를 둘러보았다. 그러나 아무도 발견할 수 없었다.
"그렇다면 그 사람은 어디로 갔지요?"
"그건 더더욱 모르겠어요."
"그 사람을 전에도 본 적이 있나요?"
"네, 딱 한 번 보았어요. 오래된 탑에서요."
부인은 눈이 휘둥그레진 채 나를 더욱 뚫어지게 바라볼 뿐이었다.
"그 사람이 낯선 사람이라고요?"
"아, 그럼요!"
"하지만 저에게 이야기하지 않았잖아요."
"네, 여러 가지 이유가 있었어요. 하지만 이번에는 당신도 뭔가 짐작 가는 것이 있는 듯해서—"
그로스 부인은 눈을 동그랗게 뜨고 이러한 내 추측에 아주 솔직하게 반응했다.
"아, 나는 전혀 짐작도 할 수 없어요! 선생님조차 상상할 수 없다면, 내가 어떻게 할 수 있겠어요?"
"나는 전혀 모르겠어요."

"그 남자를 탑에서 말고는 본 적이 없다고요?"
"그리고 조금 전에 바로 이 자리에서 보았지요."
그로스 부인은 다시 주위를 둘러보았다.
"그 사람이 탑에서 무엇을 하고 있었나요?"
"그저 그 위에 서서 나를 내려다보고 있었어요."
부인은 잠시 생각했다. "그 사람, 신사였나요?"
나는 생각할 필요를 느끼지 못했기에 즉시 대답했다. "아니요."
"아니라고요?" 부인은 점점 놀라워하며 나를 바라보았다.
"그렇다면 평소에 이 집에 드나드는 사람이 아니에요? 마을사람이 아니에요?"
"아니었어요. 당신에게 말은 하지 않았지만, 내가 확인해 봤다고요."
부인은 저도 모르게 안도의 한숨을 쉬었다. 내 말을 듣고 묘하게 안심한 모양이었다. 그러나 그 효과는 곧 사라졌다.
"그런데 그 사람이 신사가 아니라면—"
"뭐냐고요? 글쎄요, 무척 소름끼치는 사람이었어요."
"소름이 끼친다고요?"
"그 사람은—아아, 맙소사. 그 사람이 어떤 인간인지, 대체 정체가 뭔지 내가 어떻게 알겠어요!"
그로스 부인은 다시 한 번 주위를 두리번거렸다. 잠시 어스름이 깔리는 먼 곳을 가만히 응시하다가 다시 정신을 차리고는 나에게 시선을 돌리며 갑자기 다른 말을 꺼냈다.
"교회에 갈 시간이에요."
"나는 지금 교회에 갈 만한 상태가 아니에요!"
"그래도 교회에 가는 게 선생님에게 도움이 되지 않을까요?"
"하지만 그 둘한테는 도움이 되지 않을 거예요!" 나는 집을 바라보며 고개를 끄덕였다.
"아이들 말씀이세요?"
"아이들을 이대로 내버려 두고 갈 수는 없어요."
"선생님, 두려우신가요?"
나는 과감하게 딱 잘라 말했다.

"그 남자가 두려워요."

그 순간 처음으로 보다 예리한 의식의 섬광이 멀리서나마 희미하게 부인의 커다란 얼굴에 비쳐 드는 듯이 보였다. 어쩐지 내가 부인에게 제시하지도 않았고 나에게도 아직 불확실하기 짝이 없었던 어떤 생각이 뒤늦게나마 그 얼굴에 떠오르는 것이 느껴졌다. 그때 반사적으로 나는 부인에게서 뭔가를 얻어 낼 수 있겠다고 생각했다. 그리고 그와 관련이 있는지 어쨌는지, 부인은 곧 더 많은 것을 알고 싶어했다.

"그게 언제였지요? 탑 위에 나타난 것이?"

"이달 중순이었어요. 지금 이 시간이었고요."

"거의 어두워졌을 때군요."

그로스 부인이 말했다.

"아, 아니, 그렇게 어둡지는 않았어요. 내가 지금 당신을 보고 있듯이 그 사람을 분명히 봤어요."

"그렇다면 그 남자는 어떻게 들어왔을까요?"

"그리고 어떻게 나갔을까요?" 나는 웃었다. "아쉽게도 그 남자에게 물어볼 기회가 없었어요! 아시다시피 오늘은 들어올 수가 없었나 봐요."

"그 사람이 들여다보기만 했다고요?"

"제발 그렇게만 했으면 좋겠어요!"

부인은 내 손을 놓고 몸을 약간 돌렸다. 나는 잠시 기다리다가 불쑥 말을 꺼냈다.

"교회에 다녀오세요. 나는 지켜봐야겠어요."

부인은 몸을 돌려 다시 나를 찬찬히 바라보았다.

"아이들 때문에 두려우신가요?"

우리는 서로를 한참 쳐다보았다.

"당신은 그렇지 않으세요?"

부인은 대답하지 않고 창가로 가까이 가서는 잠시 얼굴을 유리창에 대고 있었다.

"안이 잘 보이죠? 그도 다 봤을 거예요. 안 그래요?" 나는 그동안 계속해서 말했다.

부인은 움직이지 않았다. 그저 입만 달싹였다. "그 사람이 여기 얼마나 오래 있었지요?"

"내가 밖으로 나올 때까지 있었어요. 그 사람을 만나 보려고 뛰쳐나왔거든요."

그로스 부인은 마침내 내 쪽으로 몸을 돌렸다. 부인의 얼굴에는 복잡한 표정이 담겨 있었다.

"나라면 나올 용기는 없었을 거예요."

"나도 그랬을 거예요!" 나는 다시 소리 내어 웃었다. "하지만 그래야 했어요. 나에게는 의무가 있으니까요."

"저에게도 마찬가지로 의무가 있어요." 부인은 이렇게 답하고는 잠시 뜸을 들이다가 덧붙여 말했다. "그 사람은 누구를 닮았나요?"

"아까부터 곰곰이 생각해 봤지만, 어느 누구와도 닮지 않았어요."

"어느 누구와도." 부인은 내 말을 따라 했다.

"그는 모자도 쓰지 않았어요."

그녀는 머릿속에 떠오르는 이미지가 있는지 몹시 당황하는 듯했다. 그래서 나는 재빨리 조금씩 설명을 덧붙였다.

"붉은 머리칼이었어요. 짙은 붉은색에 짧은 곱슬머리였지요. 얼굴이 길고 창백했는데, 이목구비가 뚜렷하고 잘생긴 편이었어요. 머리칼처럼 붉은 콧수염은 다소 기묘하게 생겼고요. 눈썹은 좀 어두운 색인데 눈에 띄게 활모양으로 굽었고 잘 움직일 것처럼 보였어요. 눈은 날카롭고 매섭고 또 무척 기묘했는데……. 아, 지금 생각해 보니 분명 눈이 약간 작았고 시선은 고정되어 있었지요. 입은 컸고 입술이 얇았고, 조그만 콧수염을 제외하면 꽤 말끔하게 면도를 한 상태였죠. 뭐랄까, 꼭 배우 같은 느낌이었어요."

"배우 같다고요!"

놀라서 소리치는 그로스 부인의 모습은 마치 배우가 연기를 하는 듯했다.

"나는 배우를 만난 적은 없지만 아마 그렇게 생겼을 거라고 생각해요. 그 사람은 키가 크고 민첩하고 바른 자세를 하고 있었어요." 나는 말을 이었다. "하지만 결코, 결코! 예의바른 신사처럼 보이지는 않았어요."

내가 말을 계속하는 동안 그로스 부인의 얼굴은 점점 창백해졌다. 휘둥그레진 눈으로 입을 벌리고 있던 부인이 말했다.

"신사요?" 부인은 망연자실한 상태로 숨을 몰아쉬었다. "그 인간이 신사라고요?"

"부인, 그 사람을 아세요?"

부인은 자신을 억제하려고 애를 썼다. "그런데 그 사람이 잘생겼나요?"

나는 기회를 놓치지 않고 대답했다. "네, 놀라울 정도로요!"

"그러면 옷은 어떻게 입었나요?"

"다른 사람 옷을 빌려 입었어요. 세련되기는 하지만 그 사람 옷은 아닌 듯했어요."

그 순간 부인은 숨을 헐떡이며 단정하듯이 내뱉었다.

"주인님 옷이에요!"

나는 그 말을 낚아채듯 말했다.

"정말로 그 사람을 아시는군요?"

부인은 아주 잠깐 머뭇거렸지만 이내 큰 소리로 외쳤다. "퀸트!"

"퀸트?"

"피터 퀸트예요. 주인님이 여기 오셨을 때 주인님의 하인, 시종으로 따라왔었지요."

"그래요? 주인님이 언제 여기 오셨는데요?"

부인은 아직도 숨을 헐떡거렸지만 내 의문을 풀어 주려고 어떻게든 기억들을 긁어모아 더듬더듬 이야기를 이어 나갔다.

"그 사람은 절대 모자를 쓰지 않았어요. 하지만 옷은—분명히 주인님 옷을 훔쳐 입었어요. 주인님 조끼가 몇 벌 없어졌지요! 주인님과 그 사람은 여기 머물렀어요. 작년에요. 그러고 나서 주인님은 가셨고, 퀸트는 홀로 남았어요."

나는 대충 상황을 파악했지만 뭔가 석연치 않은 점이 있었다. "홀로?"

"홀로 우리랑 같이 남았다는 말이에요." 그러고는 한층 심각한 목소리로 쥐어짜듯이 덧붙였다. "그는 애들 돌보는 책임을 맡고 있었어요."

"그런데 그 사람이 어떻게 되었지요?"

부인은 그대로 오랫동안 침묵을 지켰다. 나는 점점 더 어리둥절해졌다. 그때 부인이 마침내 말했다.

"그 사람도 가 버렸어요."

"어디로?"

이 말에 부인의 표정은 아주 희한하게 변했다.
"어디로 갔는지 하느님만이 아시겠죠! 그 사람은 죽었어요."
"죽었어요?" 나는 거의 비명을 지르다시피 했다.
부인은 허리를 꼿꼿이 펴고 바닥을 단단히 디디고 섰다―이루 말할 수 없이 기괴한 사실을 밝히기 위해.
"그래요. 퀸트 씨는 죽었어요."

6

유령의 무시무시한 모습이 나한테는 유난히 잘 보인다는 것이 밝혀졌다. 그리고 그러한 나의 성향을 내 동료는 놀라움과 동정 어린 눈으로 바라보았다. 우리를 계속 따라다닐 소름끼치는 이 현실 앞에서 우리가 가능한 한 힘을 합치려면, 그 특별한 대화 말고도 다른 것들이 필요했다. 그날 저녁 충격적인 진실이 밝혀지고 나자 우리 두 사람은 예배에 참석할 수 없었다. 우리는 교실에서 울면서 기도를 올렸고 서로 협력하기로 약속했다. 그리고 마지막에는 우리 서로 용감하게 싸우자고 굳게 맹세했다.

서로에게 모든 것을 털어놓은 결과, 그로스 부인은 여태껏 아무것도 본 적이 없었으며 유령의 그림자도 보지 못했다. 알고 보니 그 집에서 가정교사인 나를 제외한 어느 누구도 유령을 본 적이 없었다. 어쨌든 그로스 부인은 나의 정신 상태를 의심하지 않았다. 부인은 내 말을 그대로 믿었고 또한 나를 존중해주었다. 그때 내게 베풀었던 그로스 부인의 따뜻한 마음은 지금까지도 내 가슴속에 달콤하게 남아 있다.

부인은 유령을 직접 보지는 못했지만 나만큼이나 무거운 짐을 짊어지게 되었다. 나는 학생들을 지키기 위해서라면 그 무엇과도 맞서 싸울 수 있었다. 그러나 나와 뜻을 같이 할 그로스 부인의 마음을 알기 위해서는 조금 시간이 필요했다. 그녀도 나도 서로에게 까다롭고 이상한 존재였다. 하지만 다행히 우리를 엮어주는 한 가지 공통점을 발견했다. 그것은 우리가 두려움으로 가득찬 내면의 방에서 빠져나오는 일이었다. 나는 바람을 쐬려고 뜰에 나갔다가 우연히 그로스 부인과 만났다. 그날 밤 우리는 그동안 내가 보았던 것들에 대해 많은 얘기를 했다.

"선생님 생각에는 그가 다른 사람을 찾고 있었다는 거지요. 선생님이 아닌 다른 누군가를요?"

"그 사람은 어린 마일스를 찾고 있었어요." 나는 그 사실을 무서울 정도로 뚜렷하게 인식했다. "그가 찾던 것은 바로 마일스예요."

"하지만 그걸 어떻게 아세요?"

"나는 알아요, 알아요, 잘 안다고요!" 나는 점점 흥분했다. "그리고 당신도 아시잖아요!"

부인은 부정은 하지 않았다. 나는 더 이상 말하지 않았다. 잠시 뒤 부인이 다시 그 문제에 대해 이야기했다. "만약 그 남자가 마일스와 마주치면 어떻게 하지요?"

"어린 마일스요? 그가 원하는 것이 바로 그거예요!"

부인은 다시 무척이나 겁을 먹은 듯이 보였다.

"도련님이요?"

"하느님 맙소사! 그 남자는 말이에요. 그는 아이들 앞에 나타나고 싶은 거예요."

정말 끔찍한 생각이었지만, 어쨌든 나는 그것을 저지할 수 있을 거라고 마음속으로 외치고 있었다. 또 실제로 나는 그것을 막았다. 내가 이미 그 유령을 봤으므로 반드시 다시 볼 수 있으리라고 나는 확신했다. 그리고 내가 나 자신을 용감하게 희생시켜 모든 것을 받아들이고 극복한다면, 그 희생의 대가로 이 집 사람들, 특히 아이들을 내가 안전하게 보호할 수 있을 거라 생각했다.

그날 밤 내가 그로스 부인에게 마지막으로 했던 말을 기억한다.

"그런데 아이들이 아직 한 번도 그런 얘기를 하지 않은 게 참 이상하네요."

내가 생각에 잠겨 말을 멈추자 부인은 나를 뚫어지게 바라보았다.

"그 사람이 여기 있었던 것과 아이들이 그와 함께 보낸 시간에 대해서요?"

"네, 아이들이 그 사람과 함께 보냈던 시간이나 그 사람 이름, 아니면 그 사람에 대한 어떤 얘기든 전혀 들은 게 없거든요."

"아, 아가씨는 어려서 기억하지 못할 거예요. 들은 적도 없을 테고 알지도 못할 거예요."

"그 사람은 무슨 일로 죽었을까?" 나는 골똘히 생각했다. "아마 그렇겠지요. 하지만 마일스는 기억할 거예요. 마일스는 알겠죠."
 "아, 도련님에게는 물어보지 마세요!" 그로스 부인이 갑자기 소리쳤다.
 이번에는 내가 부인을 뚫어지게 쳐다보았다.
 "걱정하지 마세요." 나는 계속 생각하면서 말했다. "하지만 조금 이상해요."
 "도련님이 그에 대해서 말을 하지 않았다는 것이 말예요?"
 "단 한 번도 사소한 암시조차 하지 않았어요. 그런데 당신은 그들이 무척 친한 사이였다고 말했잖아요."
 "아니, 도련님은 그렇지 않았어요!" 그로스 부인은 힘주어 단언했다. "단지 퀸트가 혼자 그렇게 생각한 거지요. 내 말은, 그 사람이 도련님을 데리고 놀―그러니까 도련님 버릇을 망가뜨렸다는 거예요." 부인은 잠시 말을 멈추었다가 덧붙였다. "퀸트는 무절제하고 너무 자유분방했어요."
 이 말을 듣자 그의 얼굴―정말 보기 싫은 얼굴!―이 눈앞에 떠오르며 갑자기 구역질나는 혐오감이 치밀어 올랐다.
 "내 학생에게 너무 자유분방하게 대했다고요?"
 "그는 누구에게나 그랬어요!"
 그때 나는 이 말의 의미를 깊이 생각하지 않았다. 그저 집안의 여러 사람들, 지금도 이 저택에 있는 예닐곱 명의 하녀들과 하인들에게 그가 얼마쯤 그런 태도를 보였을 거라고만 생각했다. 그러나 어쨌든 이 유서 깊은 집안에 하인들을 괴롭히는 불길한 전설이 존재했던 적은 없었다는 다행스런 사실로 말미암아 우리의 불안감은 상당히 수그러들었다. 이 집안은 평판이 나빴던 적도, 오명을 쓴 적도 없었다. 겉으로 보기에 그로스 부인은 분명 나에게 매달려서 조용히 떨고만 있었다. 나는 모든 것들 가운데 마지막으로 부인까지도 시험해 보았다. 자정이 되어 침실로 가려고 교실 문을 막 나서려던 부인에게 내가 물었다.
 "그렇다면 당신 말은―이건 매우 중요한 건데, 그 퀸트란 사람은 누가 봐도 악당이었다는 거죠?"
 "아, 그런 것은 아니에요. 나는 그가 악당이라는 것을 알고 있었지만 주인님은 그렇지 않았어요."
 "그런데 당신은 주인님에게 아무런 말도 하지 않았고요."
 "주인님은 그런 얘기를 좋아하지 않으셨어요. 누구든 불평하는 것을 아주 싫어하셨지요. 그런 문제는 아예 상대조차 하지 않고 물리치셨어요. 그리고 그분이 보기에 괜찮다 싶으면—"
"더 이상 신경 쓰고 싶어하지 않았다는 말이지요?"
이것은 내가 그에게서 받은 인상과 잘 맞아떨어졌다. 그는 골치 아픈 것을 좋아하는 사람이 아니었고 주변 사람들에 대해서도 그다지 까다롭지는 않은 듯했다. 하지만 나는 멈추지 않고 부인에게 더욱 압력을 넣었다.
"나라면 말했을 거예요!"
내 말의 의미를 깨달은 부인이 말했다.
"그래요. 제가 잘못한 거예요. 하지만 전 두려웠어요."
"무엇이 두려웠지요?"
"그 사람이 무슨 짓을 할지 몰랐어요. 퀸트는 아주 영리하고 교활했어요."
나는 이 말을 매우 진지하게 받아들였지만 겉으로는 드러내지 않았다.
"단지 그것만이 두려웠나요? 그의 영향력은 어땠나요?"
"그의 영향력이라고요?"
부인은 고통스러운 얼굴로 내가 한 말을 반복하고는 가만히 기다렸다. 나는 잠깐 머뭇거리다가 마침내 말했다.
"순진하고 귀중한 아이들에게 미친 영향력 말이에요. 아이들은 둘 다 당신이 맡고 있었잖아요."
"아뇨, 제가 아니었어요!" 부인은 비통한 목소리로 솔직하게 대답했다. "주인님은 그 사람을 믿었어요. 그리고 그의 건강이 나쁜 것을 알고 공기가 좋은 이곳에서 지내게 하셨어요. 그래서 그는 무엇이든 자기 마음대로 할 수 있었지요. 그래요." 부인은 마침내 그 사실을 인정했다. "심지어 아이들에 대해서도 그랬어요."
"네? 아이들한테—그 사람이?" 나는 신음이 나오는 것을 간신히 억눌렀다. "그런데도 당신은 그걸 참을 수 있었단 말이지요!"
"아뇨, 참을 수 없었어요. 지금도 참을 수 없어요."
그러더니 그 불쌍한 여자는 울음을 터뜨렸다.
다음 날부터 나는 아이들 앞에서 그 남자에 대해 말하지 않으려고 주의했다. 하지만 일주일간 그로스 부인과 나는 틈만 나면 그 일에 대해 서로 이야기했다.

그 일요일 밤, 그로스 부인과 나는 많은 이야기를 나누었다. 하지만 나는 그로스 부인이 뭔가 나에게 숨기고 있다는 생각에 사로잡혀 잠이 오지 않았다. 그러나 아침이 되자, 나는 부인이 솔직하지 않아서가 아니라 도처에 깔려 있는 두려움 때문에 차마 말하지 못했던 것을 알게 되었다. 돌이켜 생각해 보면, 그날 아침 해가 높이 떴을 때쯤에는 이미 많은 것을 알 수 있었다. 즉 내 눈앞에 있는 갖가지 사실들을 바탕으로 추측하여, 그 다음에 일어난 훨씬 잔혹한 사건을 통해 비로소 알게 된 것까지 거의 파악하고 있었던 셈이다. 특히 그 불길한 남자의 살아 있는 모습—사람은 죽어서도 한동안 살아 있는 모습을 유지하는가 보다! —그 남자가 블라이 저택에 머물렀던 여러 달이 나에게는 가장 중대한 의미를 지닌 것처럼 느껴졌다. 그 여러 달을 모두 합쳐 보니 상당히 긴 시간이었다.

이 사악한 시간이 끝난 것은 바로 어느 겨울날 새벽이었다. 마을에서 길가에 죽은 채로 누워 있는 피터 퀸트를 아침 일찍 일 가던 어떤 노동자가 발견했다. 그의 죽음은 머리에 난 상처 때문이었다. 퀸트는 어두운 밤 술집을 나와 길을 잘못 들었고 얼음이 덮인 가파른 비탈길에서 미끄러지면서 사고를 당한 것이다. 하지만 실제로는 부검이 끝나고 사건이 마무리된 다음부터 이런저런 소문이 끝도 없이 퍼졌다. 그의 삶에는 다양한 문제들—기이한 사건들과 위험들, 은밀한 난잡함, 공공연한 악행들—이 산더미처럼 많았다. 혹시 그것들을 조사했다면 그가 왜 죽었는지 훨씬 명확히 밝힐 수 있었을 것이다.

대체 어떻게 표현해야 그때의 내 마음을 가장 올바르게 전달할 수 있을지 잘 모르겠다. 하지만 그때 나는 내가 맡은 훌륭하고도 어려운 임무, 많은 여성들이 실패했을 이 일을 내가 해냈다고 스스로를 자랑스럽게 여겼다. 다행히 나는 내 임무를 뚜렷하고 강하게 의식하고 있었다.

내가 이곳에 온 이유는 부모 없이 이 세상에 외롭게 남겨진 가장 사랑스러운 아이들을 보호하고 지키기 위해서라고 생각했다. 그렇게 마음먹자 아이들의 무력함이 깊이 느껴지면서 가슴이 아릿한 강한 애정이 솟구쳤다. 이 저택에 살고 있는 우리들은 모두 외부와 단절된 채 같은 위험에 처해 있었다. 아이들에게는 나 말고는 아무도 없었고, 나에게는 오로지 아이들이 있었다. 나는 아이들의 방패막이가 되어야 했다. 유령과 마주치지 않도록 아이들 앞을 가리고 서 있어야 했다. 나는 숨을 죽이고 긴장한 채 아이들을 몰래 관찰하기 시작했다. 그처럼 억눌린 흥분 상태가 오래 지속되었더라면 아마도 광기로 변했을 것이다. 지금 돌이켜 보건대 그 상태가 전혀 다른 것으로 바뀌었다는 사실이 나를 구한 셈이다. 그것은 불안한 긴장 상태로 지속되지 않고 중간에 끔찍한 현실로 대치되었다.

어느 날 오후 나는 플로라만 데리고 정원으로 나갔다. 마일스는 붉은 쿠션이 있는 창가의 깊숙한 의자에 앉아 책을 읽고 싶어했다. 때로 지나치게 안절부절 못하는 아이가 조용히 책을 읽겠다고 말해 나는 기뻐하며 마일스를 칭찬하고 서둘러 밖으로 나갔다. 마일스와 달리 누이동생 플로라는 곧잘 밖으로 나가자고 졸랐다. 태양은 아직 높이 떠 있었고 바람 한 점 없었다. 나는 플로라를 데리고 30분가량 뜨거운 햇살을 피해 그늘 밑으로 이리저리 돌아다녔다. 함께 걷는 동안 플로라는 마일스처럼 잠시 나를 혼자 두었다가도 어느새 옆으로 다가와 바싹 달라붙고는 했다. 아이들의 이런 모습은 꽤나 매력적이어서 나를 편안하고 행복하게 했다. 마치 내가 없으면 안 되는 것처럼 굴면서도 때로는 나 없이도 마냥 즐겁게 노는 신비함이 있었다. 나는 오히려 아이들이 만들어 놓은 세계에 들어가 함께 즐기면 되었다. 내가 오로지 할 일이란 아이들의 곁을 지키고 느긋하게 시간을 보내면서 행복하고 감사한 마음으로 있으면 되었다.

그날 오후 내가 무슨 생각에 빠져 있었는지 잘 기억이 나지 않는다. 다만 플로라가 혼자서 신나게 놀고 있었고, 나는 깊은 사색에 잠겨 말없이 걷고 있었다. 우리는 호숫가에 있었는데, 그곳은 얼마 전 지리공부를 시작하며 알게 된 아조프해(흑해 북쪽에 있는 내해)였다.

그런데 갑자기 이상한 느낌이 들어 나는 호수 건너편을 바라봤다. 그곳에서 누군가가 우리를 바라보고 있었다. 그런데 더욱 이상한 건 문득문득 내 머릿속을 스치는 예민한 깨달음이었다. 그때 나는 뭔가 작은 일거리를 가지고 호수가 내려다보이는 돌로 된 의자에 앉아 있었다. 솔직히 말하면 앉아 있는 일밖에는 달리 할 것이 없었다. 그런데 문득 나는 앞을 바라보지 않고도 조금 떨어진 곳에 누군가 있다는 확신이 들었다. 주위에는 오래된 나무들과 울창한 관목 숲이 만든 크고 시원한 그늘, 뜨겁고 고요한 한낮의 화창한 햇살이 내리쬐고 있었다. 어디에도 의심이 갈 만한 곳은 없었다. 하지만 눈을 들어 바라보면 호수 건너편, 내 시선이 닿는 곳에 분명히 뭔가 있다는 느낌이 강하게 나를 사로잡았다. 나는 눈앞에 벌어질 일을 어떻게 받아들일 것인지 결정하기 전에는 내 시선을 옮기지 않으려고 안간힘을 썼다. 눈을 들면 낯선 사람이 보일 것이다. 나는 재빨리 그 낯선 사람이 될 만한 가능한 인물들을 떠올려보았다. 가령, 근방에 사는 사람들이거나 심부름꾼, 아니면 우체부, 또는 배달부일 수도 있었다. 그러나 아무리 생각해 봐도 내 느낌은 확실했다. 물론 내 눈으로 확인하지는 않았지만 내 앞에 나타날 그 형체는 내가 방금 떠올려본 인물들은 아닌 게 분명했다.

내가 좀 더 용기를 냈더라면 그 유령의 정체를 확인할 수 있었다. 이런저런 생각을 하다가 10야드쯤 떨어진 곳에 있던 어린 플로라에게로 시선이 쏠렸다. 그 순간 혹시 플로라도 그 유령의 정체를 본 것은 아닐까하는 두려운 생각이 들어 심장이 멎은 듯했다. 나는 숨을 죽이고 아이를 지켜보았다. 그러나 아이는 울지도 소리를 지르지도 않았다. 그런데 이상한 것은, 아이의 주변에서 들리던 어떤 소리들이 잠깐 동안 멈추어버린 일이었다. 그리고 다음 순간, 역시 아주 잠깐 동안 아이가 호수를 등진 채 놀고 있었다.

플로라는 작은 구멍이 난 납작한 나뭇조각을 들고 있었다. 아이는 그 구멍에 다른 나뭇조각을 끼우고 있었는데, 돛대가 달린 배를 만들고 있는 것 같았다. 아이는 돛대가 될 나뭇조각을 구멍에 끼우는 일에 열중한 나머지 다른 것은 볼 여유가 없어보였다. 그런 생각이 들자 나는 내가 하려던 일을 해야겠다고 생각했다. 그리고 내가 바라보려고 했던 곳으로 눈을 돌렸다.

7

그 일이 있은 뒤 나는 서둘러 그로스 부인을 만났다. 그때까지 내가 얼마나 미칠 듯한 기분이었는지 모른다. 하지만 내가 부인의 품에 뛰어들어 거의 울다시피 내지른 소리는 지금도 귓가에 남아 있다.

"애들이 알아요―너무 끔찍한 일이에요. 애들이 다 안다고요!"

"네? 대체 뭘요?"

나를 안고 있던 그로스 부인은 도무지 믿지 못하겠다는 표정이었다.

"우리가 아는 것 모두요. 그리고 그 외에 무엇을 더 아는지는 하늘만이 알겠지요!"

그러자 부인은 나를 밀어냈다. 나는 조금 전에 겪은 일을 두서없이 부인에게 설명했다. 그때는 내가 너무 흥분한 나머지 이렇게 자세히 말할 수 없었다.

"두 시간 전에, 정원에서." 나는 혀가 꼬여서 제대로 말을 할 수 없었다. "프……플로라가 보았어요!"

그로스 부인은 한 대 얻어맞은 듯한 표정이었다. "아가씨가 그렇게 말했나요?" 부인은 숨을 몰아쉬었다.

"아니요, 한마디도. 그게 무서워요. 플로라는 자신만의 비밀로 한 거예요! 겨우 여덟 살 먹은 그 아이가!"

그 엄청난 사실에 질겁한 나머지 나는 계속 두서없이 지껄였다. 물론 그로스 부인은 입을 더 크게 벌리고 헐떡일 뿐이었다.

"그걸 어떻게 아셨어요?"

"내가 거기 있었어요. 내가 봤어요. 그 애는 다 알고 있어요."

"그 남자가 있다는 것을 알았다는 말인가요?"

"아뇨, 남자가 아니라—여자예요."

나는 이 말을 하는 내 얼굴이 무시무시하게 바뀌고 있음이 느껴졌다. 내 표정이 그로스 부인의 얼굴에 그대로 나타났기 때문이다.

"이번에는 다른 사람이었어요. 하지만 의심의 여지 없이 저번에 본 유령만큼 무시무시하고 사악한 인물이었어요. 검은 옷을 입고 있는 창백하고 끔찍한 표정을 한 여자가 호수 건너편에 서 있었어요. 나는 플로라와 함께 거기 있었어요. 한낮인데도 무척 조용했죠. 그런데 그 자리에 그 여자가 나타난 거예요."

"어떻게 나타났어요? 어디에서 왔죠?"

"그들이 오는 곳에서 왔겠지요! 그 여자는 그저 홀연히 나타나 거기 서 있었어요. 하지만 그리 가깝지는 않았어요."

"더 가까이 오지는 않았나요?"

"아, 그때 느낌으로 말하면, 그 여자는 당신처럼 가까이 있었던 것 같아요!"

내 친구는 묘한 충격으로 펄쩍 뛰어 한 걸음 뒤로 물러섰다.

"선생님이 한 번도 보지 못한 여자였나요?"

"그래요. 하지만 플로라는 알고 있는 사람이었어요. 당신도요." 그러고는 내가 이 문제를 얼마나 곰곰이 생각했었는지를 한마디로 드러냈다. "그 여자는 내 전임자였어요. 이미 죽고 없다는 사람이요."

"제슬 선생님이요?"

"네, 제슬 양이요. 내 말을 믿지 못하겠어요?"

내가 추궁하자 부인은 당황하여 주위를 이리저리 살폈다.

"어떻게 그 여자인지 확신할 수 있나요?"

이 말은 순간 내 신경을 건드렸다. 갑자기 짜증이 확 치밀었다.

"그렇다면 플로라에게 물어보세요. 그 애라면 분명히 알 테니까요!"

그러나 이 말을 하자마자 다시 이렇게 말했다.

"아니, 제발, 묻지 마세요! 그 애는 틀림없이 모른다고 대답할 거예요. 거짓말을 할 거라고요!"

그로스 부인은 어리둥절한 상태이기는 했지만 본능적으로 반문했다.

"아니, 선생님. 왜 그렇게 확신하시는 거예요?"

"그야 그게 확실하니까요. 플로라는 내게 알리고 싶지 않을 거예요.

"그렇다면 그건 선생님을 걱정하기 때문이겠지요."

"아니, 아니에요. 더 깊은 이유가 있어요! 그 심연을 들여다보면 볼수록 점점 더 많은 것을 보게 돼요. 더 많이 보면 볼수록 더욱더 두려워져요. 대체 앞으로 내가 또 무엇을 보게 될지, 또 어떤 무시무시한 일을 겪게 될지 모르겠다고요!"

그로스 부인은 내 말을 이해하려고 애쓰면서 말했다.

"그 여자를 다시 볼까 봐 두렵다는 말인가요?"

"아, 아뇨. 다시 보더라도 상관없어요. 그건 아무것도 아니에요. 이제는 말이지요!" 그러고 나서 나는 설명을 덧붙였다. "오히려 내가 보지 못할까 봐 두려운 거예요."

그러나 내 동료는 그저 창백한 얼굴로 나를 볼 뿐이었다.

"무슨 말인지 모르겠어요."

"아니, 그러니까 플로라가 그 여자를 계속 만날지도 모른다는 거지요. 분명히 그 애는 그렇게 할 거예요. 내가 알지 못하는 사이에 말이죠."

그 광경을 상상했는지 그로스 부인은 잠시 풀이 죽었다. 하지만 이내 우리가 한 치라도 물러선다면 결국에는 완전히 굴복하게 되리라는 것을 깨달은 듯했다.

"저런, 저런! 우리가 정신을 똑바로 차려야겠네요. 그런데 결국, 아가씨가 유령을 만나도 개의치 않는다면!" 부인은 소름끼치는 농담마저 덧붙였다. "어쩌면 유령을 좋아하는지도 모르겠군요."

"유령을 좋아한다고요? 그 조그만 꼬마가?"

"그건 바로 플로라 아가씨가 순진한 아이라는 증거가 아닐까요?"

잠시 마음이 동했을 정도로 부인의 말은 그럴듯하게 들렸다.

"아, 우리는 그런 가능성에 매달려야 해요. 그런 의견을 고수해야지요! 플로라의 태도는 당신의 의견을 입증하는 것이 아니더라도 분명 뭔가를 입증하고 있어요—그것이 무엇인지는 하느님만 아시겠지요! 그 여자는 더할 나위 없이 끔찍한 인물이었으니까."

이 말에 그로스 부인은 잠시 땅을 바라보다가 마침내 고개를 들고 말했다.

"선생님이 어떻게 아셨는지 말해 주세요."

"그렇다면 당신 역시 그게 그 여자라고 인정하는 건가요?" 나는 큰 소리로 외쳤다.

"어떻게 아셨는지 말해 주세요." 내 친구는 그저 같은 말을 되풀이할 뿐이었다.

"어떻게 아느냐고요? 그 여자를 봤으니까 알죠! 그 여자의 눈빛을 보고 알았어요!"

"그 여자가 선생님을 바라봤나요? 아주 사악한 눈으로?"

"맙소사, 아니에요. 그랬으면 차라리 다행이게요. 그 여자는 나에게 눈길 한 번 주지 않았어요. 그저 플로라만 뚫어지게 바라보았죠."

그로스 부인은 사태를 이해하려고 애썼다.

"아가씨를 뚫어지게 보았다고요?"

"그래요. 아주 무서운 눈으로!"

그로스 부인은 눈을 크게 뜨고 내 눈을 빤히 바라봤다. 마치 내 눈이 그 유령의 눈을 닮기라도 한 듯이.

"증오에 찬 눈빛이었나요?"

"아뇨, 전혀 아녜요. 그보다 훨씬 더 나쁜 눈빛이었어요."

"증오보다도 더 나쁘다고요?"

나사의 회전 121

부인은 도통 영문을 알 수 없는지 당황한 듯이 보였다.

"설명할 수 없지만, 어떤 결의를 담은 눈빛이었어요. 어떤 맹렬한 의도가 담겨 있었다고요."

내 말에 부인은 창백하게 질렸다.

"의도라고요?"

"애를 완전히 손아귀에 넣겠다는 거죠."

그로스 부인은 여전히 눈으로는 내 눈을 쳐다보면서 몸을 부르르 떨더니 창가로 걸어갔다. 부인이 거기 서서 밖을 바라보는 동안 나는 결론을 지었다.

"그걸 플로라도 알고 있는 거예요."

잠시 뒤에 부인은 몸을 돌렸다.

"그 여자가 검은 옷을 입고 있었다고 하셨죠?"

"상복을 입고 있었어요. 꼴사나울 만큼 초라한 차림새였죠. 하지만, 그래요, 굉장한 미인이었어요."

마침내 나는 한 획 한 획 그어서 내가 확신한 것을 전부 그려 냈다는 생각이 들었다. 부인이 내 말을 곰곰 생각하는 기색이 역력했던 것이다.

"아, 아름다운 여자였지요, 대단히 아름다웠어요." 나는 덧붙여 말했다. "놀라울 정도로 아름다웠지요. 하지만 파렴치해 보였어요."

부인은 천천히 내게로 돌아왔다.

"제슬 양은―정말로 파렴치했어요."

부인은 이렇게 말하면서 다시 한 번 두 손으로 내 손을 잡았다. 이러한 사실을 밝힘으로써 더 큰 두려움을 갖게 될 나를 지켜 주려는 듯, 부인은 손에 힘을 주었다. 그리고 마침내 말했다.

"그들은 둘 다 파렴치했어요."

이렇게 해서 우리는 다시 같은 시각에서 문제를 바라보게 되었다. 그 문제를 정면으로 받아들임으로써 오히려 큰 도움이 되었다.

"지금까지 당신이 나에게 말하지 않았던 이유는 당신이 무척 신중하고 예의 바른 사람이기 때문이라는 것을 잘 알아요. 하지만 이제는 내게 모든 것을 알려 주어야 해요."

부인은 이 말에 동의하는 듯했지만 여전히 침묵을 지키고 있었다. 그래서 나는 계속 말을 이어 갔다.

"이제, 말해 주세요. 그 여자는 왜 죽었나요? 퀸트랑 그 여자 사이에 분명히 무슨 일인가 있었지요?"

"온갖 일이 있었지요."

"서로 다른 처지에 있었는데도요?"

"그래요, 신분도 처지도 달랐어요." 그로스 부인은 유감스럽다는 듯이 털어놓았다. "그녀는 상류층 여자였다고요."

나는 그 말을 곰곰이 생각해 보고 과연 그렇다고 판단했다.

"그래요—상류층 여자지요."

"그런데 그 남자는 비참할 정도로 낮은 신분이었어요." 그로스 부인이 말했다.

나는 이 친구 앞에서 하인의 위상을 지나치게 깎아내려서는 안 된다고 생각했다. 하지만 내 전임자에 대한 그로스 부인의 평가를 막을 이유는 없었다. 나는 그저 그런 이야기를 들을 때 퀸트의 흉한 모습, 잘생겼지만 건방지고 버릇없고 타락한 모습만 상상해 보면 되었다. 그런 생각 끝에 내가 말했다.

"그 남자는 비열한 사람이었어요."

그로스 부인은 잠시 생각에 잠겼다가 입을 열었다.

"저는 그런 남자는 처음 봤어요. 그는 항상 내키는 대로 행동했어요."

"그녀에게요?"

"모두에게요."

그 순간 그로스 부인은 마치 눈앞에 제슬 양이 다시 나타난 듯한 표정을 지었다. 어떻든 내가 아까 호숫가에서 제슬 양을 보았을 때처럼 그로스 부인의 눈에도 그렇게 생생하게 비쳤을 거라 생각했다. 나는 단호하게 말했다.

"그건 틀림없이 그녀 자신도 원했던 일이었겠지요!"

그로스 부인의 얼굴에 정말 그렇다는 표정이 드러났다. 하지만 부인의 입은 이렇게 말했다.

"불쌍한 여자! 제슬 양은 그에 대한 대가를 치렀어요."

"그렇다면 그녀가 어쩌다 죽었는지 아시는 거군요?" 내가 물었다.

"아뇨. 전 아무것도 몰라요. 알고 싶지도 않았어요. 모르는 게 좋았고요. 제슬 양이 이 끔찍한 생활에서 벗어났다는 것에 대해서 저는 하늘에 감사했지요!"

"하지만 역시 당신은 뭔가 알고 계신 거죠."

"제슬 양이 이곳을 떠난 진짜 이유요? 그거라면 당연히 더 이상 여기에 머무를 수 없어서죠. 가정교사의 처지에서 상상해 보세요, 아무리 생각해 보아도 끔찍하다는 생각밖에는 안 들죠."

"그래도 내 생각만큼 끔찍하지는 않을 거예요."

내가 대답했다. 그때 나는 틀림없이 비참한 표정이었을 것이다. 실제로 나 자신은 그것을 분명하게 의식하고 있었다. 그러자 그로스 부인이 다정한 태도로 위로의 말을 건넸다. 그녀가 진심어린 동정으로 나를 다독이자 그동안 가슴에 쌓여만 가던 두려움이 단숨에 무너져 내렸다. 울음이 터져나왔다. 부인이 어머니처럼 푸근한 가슴에 나를 안아 주자 저절로 하소연이 쏟아져 나왔다.

"나는 못해요!" 나는 절망에 빠져 흐느끼며 떠듬떠듬 말했다. "아이들을 지키지도 구하지도 못한다고요! 내가 상상했던 것보다 훨씬 더 깊어요. 애들은 이미 구할 수 없어요!"

8

내가 그로스 부인에게 한 말은 사실이었다. 그 사건은 깊이 파고들 엄두조차 나지 않을 정도로 심각하고 무시무시한 온갖 가능성을 가지고 있었다. 그래서 우리가 그 의문의 사건에 관해 다시 이야기하려고 만났을 때, 우리는 지나친 환상에 휘말리지 않도록 조심하기로 했다. 절대로 냉정을 잃어버려선 안 되었다.

그날 밤, 늦게 온 집안이 잠들었을 때 우리는 내 방에서 다시 이야기를 나누었다. 부인은 내가 보았던 것이 다 사실이라고 말했다. 하지만 나는 나대로 내 말이 틀림없다는 것을 그녀에게 확인시키기 위해 몇 가지 근거를 대고 그녀의 생각을 물었다. 만약 내 얘기가 '꾸며 낸 이야기'라면, 나는 사람들의 모습을 자세히 묘사할 수 없었을 테고, 또한 그녀가 내 설명을 듣고 즉시 그들의 이름을 떠올리지 못했을 거라 말했다. 그런데 그녀는 어처구니없게도 이 문제를 덮어버리고 싶어 했다. 그녀의 마음을 눈치 챈 나는, 나도 이 문제에서 하루빨리 벗어날 방법을 밤낮으로 찾고 있다고 했다. 한편, 이런 일이 자주 일어날 것이라고 예상하고 있었던 나는 그녀에게도 넌지시 알리며 이 위험한 환경에 내가 곧 익숙하게 될 거라 말했다. 어쨌거나 내가 위험에 드러나는 일, 그 자체가 내게는 또 하나의 고통이 생긴 셈이었다. 하지만 그런 복잡한 마음도 밤이 깊어지면서 희미해졌다.

나는 처음으로 이성을 잃고 엉엉 울고 나서 그로스 부인과 헤어져 학생들에게로 돌아갔다. 내 우울한 마음을 달랠 가장 좋은 방법은 아이들의 매력에 빠지는 것이라고 생각했다. 나는 언제나 아이들의 매력을 적극적으로 끌어낼 수 있었다. 그리고 그 기대는 아직 한 번도 무너진 적이 없었다. 다시 말하면 나는 그저 플로라와 좀더 친밀한 사이가 되고 싶어서 그 아이 품 안으로 뛰어들었다. 나는 그 아이가 의식적으로 그 민감한 작은 손으로 곧장 내 고통을 어루만지는 것을 느꼈다. 그것은 내게 사치스러운 기쁨이었다! 플로라는 살짝 고개를 기울여 사랑스러운 표정으로 골똘히 나를 쳐다보더니 대뜸 물었다. "울었어요?"

나는 눈물 자국이 남아 있지 않을 거라고 생각했지만 아이의 눈에는 환하게 드러난 모양이었다. 어떻든 플로라의 동정을 받게 되어 오히려 그 흔적이 남아 있던 게 반갑기조차 했다. 아이의 깊고 푸른 눈동자를 들여다보면서 그 눈의 사랑스러움이 미숙한 교활함을 숨기기 위한 속임수라고 비꼬아 말하는 것은 죄악이라고 생각했다. 그럴 바에야 차라리 판단하기를 포기하고 되도록 심적 동요를 떨쳐 버리는 게 나을 터였다. 그저 원한다고 해서 마음대로 되는 것은 아니지만, 그날 밤 늦은 시각에 그로스 부인에게 나는 여러 번 되풀이해서 말했다. 아이들 목소리를 듣고, 그 애들을 품에 안아 향기로운 얼굴에 뺨을 비비기만 하면 그들의 무력함과 아름다움이 내 가슴을 온통 채우게 된다고.

그런데도 이 일을 확실히 매듭짓기 위해서, 그날 오후 호숫가에서 나로 하여금 기적적으로 침착한 태도를 취하도록 만들었던 플로라의 그 교묘하고 태연한 모습을 다시금 일일이 돌이켜 보아야 했던 것은 유감스러운 일이었다. 그 순간의 확실성 자체를 다시 검토하고, 그때 나를 경악하게 만들었던 플로라와 그 여자의 불가해한 영적 교감이 그들에겐 이미 익숙한 일이라는 것을 내가 어떻게 알아차렸는지를 반추해야 하는 것도 불쾌했다. 그리고 내가 다시 한 번 떨리는 목소리로 그로스 부인에게 이유를 설명해야 했던 것도 슬펐다. 지금 내가 그로스 부인을 보고 있듯이 그때 플로라도 그 여자를 똑똑히 봤다는 것을 내가 믿어야 하는 이유와, 플로라가 똑똑히 유령을 봤으면서도 아무것도 못 본 척 천연덕스러운 표정을 지으며 내 눈치를 살피던 것, 내 관심을 다른 데로 돌리려고 뛰어다니고 노래하고 종알거리던 모습을 다시 떠올려야 했던 것도 무척 우울한 일이었다.

하지만 만일 내가 이 사건을 처음부터 끝까지 되짚어보지 않았다면, 두세 가지의 진실들을 놓쳤을 것이다. 내가 겪은 모든 일을 그로스 부인에게 솔직히 털어놓은 것, 그리고 그녀로 하여금 진실을 말하게 한 것 등이다. 예컨대 나는 최소한 내 속마음을 플로라에게 들키지 않았고—그것은 대단히 다행스러운 일이었는데—그렇지 않았다면 내 친구에게 단호히 주장할 수 없었을 것이다. 또한 절박한 필요에 의해서나 필사적인 마음으로—뭐라고 하면 좋을지 모르겠지만—내 동료를 상당히 궁지에 몰아넣음으로써 정보를 끌어내야겠다는 생각이 들지도 않았을 것이다. 부인은 나에게 추궁을 받으며 조금씩 많은 사실을 이야기해 주었다. 비록 그 이면에 숨어 있는 풀리지 않은 의혹은 아직도 때때로 박쥐 날개처럼 내 이마를 스쳤지만, 이 순간 온 집안은 잠들어 있었고, 우리는 닥쳐오는 위험을 경계하면서 정신을 집중하여 밤을 새우고 있었다. 나는 이 기회에 장막을 홱 잡아당겨서 그 속에 숨은 것을 알아내는 게 중요하다고 느꼈다.

"나는 이렇게 무서운 일은 믿을 수 없어요." 내가 이렇게 말했던 것을 기억한다. "정말로, 우리가 절대 믿지 않는다는 점을 분명히 못 박아 두기로 해요. 하지만 만약 믿는다면, 당신에게 딱 하나 물어볼 것이 있어요. 상황이 이러하니 조금이라도 숨기지 말고 다 말해 주세요. 아셨죠? 조금도 숨기면 안 돼요! 전부 말해 주세요. 저기, 마일스가 돌아오기 전에 그 애 학교에서 온 퇴학 통지서 때문에 우리가 고민했던 거 기억하시죠? 그때 내가 추궁하자 당신은 그 애가 정말 단 한 번도 '나쁜' 짓을 하지 않았다고는 말 못한다고 했어요. 그렇죠? 그때 당신은 속으로 무슨 생각을 하고 있었나요? 지난 몇 주일 동안 내가 직접 그 애와 함께 지내면서 주의 깊게 지켜봤지만 그 애는 말 그대로 단 한 번도 나쁜 짓을 하지 않았어요. 그 애는 늘 변함없이 침착하고 유쾌하고 사랑스럽고 선량한 멋진 아이예요. 그러니까 실제로 어떤 믿지 못할 일을 본 적이 없었다면 당신은 분명히 그 애가 한 번도 나쁜 짓을 하지 않았다고 단언했을 거예요. 대체 어떤 일이었나요?"

거침없는 질문이었지만 서로 솔직해지기로 한 이상 그게 문제가 되지는 않았다. 어쨌든 어스름한 새벽이 되어 헤어지기 전에 나는 답을 얻을 수 있었다. 그로스 부인의 이야기는 나에게 큰 도움이 되었다.

몇 달 동안 퀸트와 마일스는 언제나 함께 지냈다. 그런데 그 관계가 옳지 않다고 생각한 그로스 부인은 용기를 내어 두 사람이 너무 가깝게 지내는 것은 도리에 어긋나 보인다고 충고했다. 그런데 놀랍게도 제슬 양은 예의없이 불쾌한 태도로 남의 일에 참견하지 말고 당신 일이나 잘 하라고 그로스 부인에게 말했다. 그래서 그녀는 할 수 없이 마일스에게 자신의 신분을 잊어버리지 않아야 된다고 말했다.

나는 다시 부인을 다그쳐 좀더 자세한 애기를 들었다.

"퀸트가 그저 비천한 시종일 뿐이라고 마일스에게 말했나요?"

"네, 분명 선생님도 그렇게 말씀하셨을 거예요! 그런데 그때 도련님의 대답 또한 나쁜 것 중에 하나였어요."

"그럼 다른 나쁜 짓은 무엇이죠?" 나는 잠시 기다렸다. "그 애가 당신 말을 퀸트에게 옮겼나요?"

"아니, 아니에요. 도련님은 고자질은 몹시 싫어하셨어요!" 이 상황에서도 부인은 마일스의 좋은 점을 강조하려고 애썼다. "어떻든 나는 도련님이 고자질 따위는 하지 않았다고 확신해요. 하지만 도련님은 솔직하지 않았어요."

"그게 무엇이죠?"

"제슬 양은 그저 어린 아가씨의 가정교사이고, 퀸트가 도련님의 가정교사—그것도 대단한 가정교사인 듯 그들 둘이서 어울렸던 것을 부인했어요. 도련님이 퀸트하고 밖으로 나가서 몇 시간이고 그와 함께 보냈다는 사실을 말이죠."

"마일스가 그 일을 적당히 얼버무려 넘겼군요. 그런 짓은 하지 않았다고 말했나요?" 부인이 분명히 긍정했으므로 나는 즉시 덧붙였다. "알겠어요. 그 애가 거짓말을 했군요."

"오!"

그로스 부인은 중얼거렸다. 그런 건 별로 중요한 문제가 아니라고 말하고 싶었던 모양이다. 실제로 부인은 마일스를 변호하려고 몇 마디 덧붙였다.

"글쎄, 어떻든 제슬 양은 개의치 않았어요. 제슬 양은 도련님의 행동을 가로막지 않았지요."

나는 잠시 생각하다가 질문을 했다.

"마일스가 자신의 입장을 정당화하려고 당신에게 그 말을 하던가요?"

이 말에 부인은 다시 고개를 숙였다.

"아뇨, 그런 말은 한 번도 하지 않았어요."

"퀸트와 관련해서 제슬 양을 언급한 적은 없고요?"

부인은 내가 무엇을 염두에 두고 있는지 알아차리자 얼굴이 새빨개졌다.

"도련님은 아무런 내색도 하지 않았어요. 그냥 아니라고만 했어요." 부인은 한 번 더 되풀이했다. "도련님은 아니라고 했어요."

맙소사! 내가 지금 부인을 얼마나 몰아세우고 있는지!

"그래서 당신은 그 파렴치한 두 인간들 사이에 어떤 일이 있는지 그 애가 알고 있다는 것을 눈치챘군요?"

"나는 몰라요, 난 몰라요!" 불쌍한 그로스 부인이 괴로운 듯 외쳤다.

"당신은 알고 있어요. 다만 나처럼 대범하지 않을 뿐이에요. 소심하고 겸손하고 신중한 성격이라서, 과거에 내 도움도 없이 혼자서 말없이 고민하고 허둥거려야 했을 때 무엇보다도 당신을 괴롭혔던 생각들까지도 지금 자꾸 숨기려는 거예요. 하지만 나는 꼭 그것을 알아야겠어요! 당신은 왠지 마일스가 그들의 관계를 가리고 숨긴다는 인상을 받았을 거예요."

"아아, 도련님이 막을 수는 없었어요―"

"당신이 진실을 알아내는 것을 말이지요? 물론이죠! 하지만, 세상에! 그렇다면―" 나는 골똘히 생각했다. "그것은 그들이 마일스를 그 지경으로 만들어 놓는 데 성공했다는 것을 보여 주는 거지요!"

"아, 하지만, 지금 도련님을 보세요! 정말 훌륭하잖아요!" 그로스 부인이 애처롭게 항변했다.

"그래서 그때 당신이 기묘한 표정을 지었던 거군요." 나는 계속 몰아붙였다. "내가 학교에서 온 편지에 대해 얘기했을 때!"

"내 얼굴이 선생님 표정처럼 기묘하게 보였을지 모르겠어요!" 부인은 꾸밈없이 대꾸했다. "선생님도 생각 좀 해 보세요. 그때 도련님이 그렇게 나빴다면, 어떻게 지금은 천사 같은 걸까요?"

"맞아요, 정말 천사 같지요. 그런데 그 아이가 학교에서 악마 같았다면!

어떻게, 어떻게 그런 일이 생긴 걸까요? 대체 왜?" 나는 고통스럽게 말했다. "그 질문을 다시 한 번 해 주세요. 하지만 며칠간 답할 수 없을 거예요. 그저, 다시 한 번 그 질문을 해 달라고요!" 내가 울부짖다시피 크게 소리치자, 내 동료는 눈을 크게 뜨고 나를 바라보았다. "미안해요, 나 당분간 그 문제를 도저히 못 건드릴 것 같아요."

그러고 나서 나는 다시 마일스 이야기를 꺼냈다.

"당신이 아까 그랬잖아요. 퀸트는 비천한 시종일 뿐이라고 마일스에게 충고했다고. 그때 그 애가 당신도 마찬가지라고 말대답을 했을 것 같은데요. 맞나요?" 부인이 말없이 인정하는 태도를 보여서 내가 계속 말했다. "그리고 당신은 그 아이를 용서했고요?"

"선생님이라도 그러지 않으셨겠어요?"

"아, 그야 나도 그랬겠지요."

정적이 감도는 가운데 이 부분에서 우리는 함께 기묘한 즐거움을 느꼈다. 잠시 후 나는 다시 말을 꺼냈다.

"어쨌든 마일스가 그 남자와 있는 동안은—"

"플로라 아가씨는 그 여자와 함께 있었어요. 그렇게 하는 것이 그들 모두에게 적합했던 거지요!"

그것은 나에게도 역시 적합하다고 느껴졌다. 다만 너무나 완벽했다. 즉 그것은 내가 계속 부정하려고 애썼던 끔찍한 생각에 딱 들어맞았던 것이다. 하지만 지금까지 잘 참아왔으므로 더 이상은 말하지 않겠다. 다만 그로스 부인에게 마지막으로 한 말을 언급하는 데 그치겠다.

"난 사실 마일스의 소년다운 모습을 당신이 말해줄 줄 알았어요. 하지만 마일스가 거짓말을 하고 남에게 무례하게 굴었다니, 예상했던 것보다 훨씬 더 매력적이지 못하군요." 나는 생각에 잠겼다. "어쨌든 이전보다 더 열심히 아이들을 지켜봐야겠다는 생각이 들어요."

그로스 부인의 얼굴을 마주한 순간 그녀가 얼마나 무조건적으로 마일스를 용서했는지가 드러나자 나는 저절로 얼굴이 붉어졌다. 깊이 생각해보면 부인은 소년의 잘못에 대해 이야기하면서도 부디 그 아이를 예쁘게 봐 달라고 나에게 부탁하는 것 같았다. 이 사실은 부인이 교실 문을 나서며 나와 헤어질 때 더욱 확실히 드러났다.

"선생님, 설마 도련님을 야단치시지는 않겠지요."

"그 애가 그 사람들과의 관계를 나에게 숨기는 거요? 걱정 마세요. 증거가 있을 때까지는 아무도 비난하지 않을 거예요."

그러고 나서 부인이 다른 복도를 지나 자기 방으로 돌아가려고 문을 닫기 전에 나는 마지막으로 한마디 했다.

"나는 그저 기다릴 거예요."

9

나는 계속 기다렸다. 하루하루가 지나면서 혼란스러운 마음이 조금씩 누그러들었다. 사실 새로운 사건 없이 내 학생들을 늘 보면서 며칠을 지내자, 우울한 상상과 불쾌한 기억들조차 싹 닦아 낸 듯이 말끔하게 사라진 것 같았다. 내가 아이들의 순수하고 특별한 매력을 내 힘으로 더욱 강하게 끌어낼 수 있다고 믿으면서 거기에 열중했다는 이야기는 앞에서도 했지만, 이제 나는 그 샘에서 솟아나는 위안의 샘물을 그야말로 애타게 갈구하고 있었다. 물론 끊임없이 솟아오르는 옳지 못한 생각들을 억누르려는 나의 몸부림은 이루 말할 수 없이 처절했다. 이 싸움에서 내가 자주 승리를 거두지 못했더라면 분명히 내 신경을 갉아먹는 긴장감은 훨씬 더 심해졌을 것이다. 나는 속으로 늘 불안해하면서 신경을 곤두세우고 있었다. 내가 어린 학생들에 대해 온갖 괴상한 생각을 하고 있다는 것을 아이들이 혹시 눈치채지는 않았을까? 괴상한 생각을 하면 할수록 아이들은 나에게 점점 더 매력적인 존재가 되었는데, 그렇다 한들 과연 그들에게 끝까지 안 들킬 수 있을까? 아이들이 나에게 흥미로운 존재가 됐다는 사실을 알게 될까 봐 나는 두려움에 몸을 떨었다. 나는 명상에 잠겨 종종 최악의 사태를 가정했다. 아이들의 순수한 마음을 조금이라도 더럽히는 것이 있다면—설령 단순한 운명의 장난일 뿐 아이들에게는 죄가 없더라도—, 그들은 더더욱 위험에 처하고 말 것이다.

가끔 나는 억누를 수 없는 충동으로 아이들을 내 가슴에 꼭 끌어안곤 했다. 그리고 그럴 때마다 당황하여 속으로 자문했다. '아이들이 이걸 어떻게 생각할까? 이상하다고 느끼지는 않을까?' 나는 얼마나 내 속을 들켰을지 고민하며 우울한 생각에 쉽게 빠져들었다. 하지만 아이들이 있어서 여전히 평화로운 시간을 누릴 수 있었다. 비록 진실이 아닐지도 모른다는 의혹이 희미하게 있었지만 말이다. 내가 이따금 아이들에게 이전보다 더 뜨거운 애정을 돌발적으로 드러냄으로써 의심을 샀을지도 모른다는 생각이 들었던 것과 마찬가지로, 아이들이 나한테 더 많은 애정표현을 하는 것은 그저 반복된 습관에 지나지 않을까 의심하곤 했다.

그 당시 아이들은 지나칠 정도로 나를 좋아했다. 하지만 그것은 사랑을 받아본 사람만이 사랑을 줄 수 있는 것처럼, 아이들은 내게서 배운 사랑의 표현을 꾸밈없이 나에게 되돌려 주었다. 아이들은 자신들을 돌봐 주는 가련한 가정교사를 위해서 그 어느 때보다도 많은 것을 해 주고 싶어했다. 그들은 더욱 열심히 공부했고 그것이 당연히 가정교사를 가장 기쁘게 해 주었지만, 그 외에도 여러 가지 방식으로 나를 위로하고 즐겁게 해 주며 놀라게 했다. 예를 들면, 흉내를 내면서 기억할 만한 문구를 읽어 주기, 재미있는 이야기를 들려주기, 역사적 인물의 제스처 게임하기, 동물 흉내 내기, 그리고 유명한 시를 몰래 외워서 나에게 들려주기. 그때 수업 시간에 내가 왜 그렇게 끊임없이 비평을 하고 사사로운 수정을 했었는지, 지금 생각해보면 지나친 행동이었다. 처음부터 아이들은 뭐든지 쉽게 해내는 재능의 싹을 드러냈는데, 그 능력은 놀라울 정도로 화려하게 꽃피었다. 내가 과제를 주면 그들은 마치 그것을 사랑하듯이 받아들였으며, 전혀 애쓸 것 없이 그저 천부적인 재능을 살짝 발휘하여 기억력의 작은 기적을 만들어 냈다. 아이들은 내 앞에 갑자기 호랑이로, 로마인으로 나타났을 뿐만 아니라 문학자나 천문학자, 항해자로 나타나기도 했다.

그것이 너무나 비범하고 특출한 일이어서 그랬는지, 그때 나는 마일스를 다른 학교에 보내는 문제에 대해 이상할 정도로 무관심했다. 지금 와서 생각해보면 이렇게밖에는 설명할 길이 없다. 마일스의 영리함에 감탄하고 만족했던 나는 마일스를 저열한 가정교사나 어떤 능력없는 여자가 망가뜨릴 수 없다고 생각했다. 한편, 만약 내가 좀더 적극적으로 마일스의 진로를 생각했더라면, 어린 지성이 어떤 무서운 힘의 지배를 받고 있다고 알아챘을지도 모른다.

그리고 이토록 총명한 아이라면 학교 문제 따위는 나중에 생각해도 된다고 쉽게 판단했던 것만큼, 이렇게 훌륭한 소년을 퇴학시키다니 정말 이상한 노릇이라는 생각도 당연히 쉽게 들었다. 나는 항상 아이들과 함께 지내면서 거의 언제나 아이들에게서 떨어져 있지 않으려고 주의했고, 다행히 걱정하던 위험한 일은 일어나지 않았다. 우리는 음악과 사랑과 성취와 아이들이 벌이는 연극무대에서 아름답고 즐거운 분위기에 취해서 살았다. 아이들은 둘 다 더없이 예리한 음악적 감각을 가지고 있었는데, 특히 마일스는 음률을 듣고 외우는 데 놀라운 재주가 있었다. 교실의 피아노에서 소리가 나면 내 마음속의 온갖 기괴한 환상들은 전부 사라져 버렸다. 그리고 그 소리가 뚝 그치면 아이들은 구석에서 서로 킥킥대며 수군거렸다. 그리고 둘 중 한 명이 신이 나서 밖으로 나갔다가 전혀 새로운 모습으로 등장하곤 했다.

나에게도 오빠가 있었으므로 어린 소녀가 어린 소년을 우상처럼 무조건 따르듯 하는 것도 그리 놀랍게 여겨지지는 않았다. 그보다 훨씬 놀라운 사실은 자기보다 어리고 모든 게 부족한 여동생을 그토록 자상하고 사려 깊게 돌볼 수 있는 소년이 이 세상에 존재한다는 것이었다. 아이들은 놀라울 정도로 사이가 좋았다.

그런데 가끔은 이상한 일도 있었다. 아이들 사이에 무슨 가벼운 오해라도 생겼는지 한 명만 나와 함께 남고 다른 한 명은 살짝 모습을 감추는 것이었다. 하지만 사실 그때는 내가 기분이 안 좋아서 그렇게 느꼈는지도 모른다. 만약 아이들이 나를 속이려고 그런 장난을 쳤다해도, 나쁜 마음으로 한 게 아니라는 걸 알 수 있었다. 그런데 그렇게 한동안 평화로운 나날이 이어지다가, 전혀 다른 면에서 그 야비함이 느닷없이 드러났다.

아무래도 내 마음속에 망설임이 있는 모양이었다. 하지만 용기를 내서 블라이 저택에서 일어난 끔찍한 사건 때문에 내가 겪었던 고통을 새로이 되살리면서 다시 한 번 그 소름끼치는 경험의 마지막까지 가야 했다.

갑자기 무시무시한 시간이 들이닥쳤다. 돌이켜 보건대 그 시간 이후 할 수 있는 것은 오로지 고통을 겪는 일뿐이었다. 그러나 그 고통에서 가장 빨리 벗어날 수 있는 길은 계속 앞으로 나아가는 것이었다.

어느 날 밤 나는 갑자기 몰려온 오싹한 두려움에 휩싸였다. 내가 이곳에 도착했던 날에 느꼈던 것과 비슷한 무게의 무서움이었다. 그동안 내가 이집에서 마음이 평화로웠다면 이미 내 기억 속에서 사라져버리고 말았을지도 모를 만큼 가벼운 것이었다. 그날 밤, 잠자리에 들 시간이었지만, 나는 촛불을 두 개 켜 놓고 앉아서 책을 읽고 있었다.

블라이 집 서재는 낡은 책들로 가득 차 있었다. 서가에는 시대에 걸맞지 않거나 작품성이 떨어져 이미 세상에서 모습을 감춘 지난 세기의 소설들도 있었다. 하지만 그 작품들은 오히려 내 젊음의 내밀한 호기심을 자극하기에 충분했다. 그날 내가 들고 있던 책은 필딩의 《아멜리아》이었다. 지금 생각해 보아도 그때 내 정신은 꽤나 맑았다. 그런데 무척 늦은 시각이라고 생각했지만, 나는 책을 읽는 일에 몰두해 시계를 보지 않았다. 그때 플로라는 작은 침대 머리맡에 우아하게 드리워진 하얀 커튼 너머에서 여전히 잠에 푹 빠져 있었던 것 같다. 내가 필딩의 소설에 흠뻑 빠져 있을 때였다. 문득 책장을 넘기다가 고개를 들어 방문을 바라보게 되었다. 이곳에 왔던 첫 날밤처럼 뭔가가 집 안에서 움직이고 있다는 느낌이 어렴풋이 들었다. 나는 가만히 귀를 기울였다. 열린 창문으로 들어온 부드러운 바람이 반쯤 내린 블라인드를 흔드는 것을 바라보았다. 잠시 후 나는 책을 내려놓고 일어서서 촛불을 하나 들고 곧장 방을 나섰다. 누군가 나를 봤더라면 신중하기 짝이 없는 내 태도에 틀림없이 감탄했을 것이다. 어쨌든 나는 촛불 빛이 그다지 위력을 발휘하지 못하는 컴컴한 복도에 서서 소리 없이 문을 닫아걸었다.

  무엇이 내 마음을 그렇게 결정짓게 하고 또 무엇이 나를 그곳으로 이끌었는지 지금도 알 수 없지만, 나는 촛불을 높이 들고 긴 복도를 따라 똑바로 걸어갔다. 중간에 크게 굽이진 계단에서 주위를 내려다보고 있는 높은 창문과 마주하였다. 이 순간 갑자기 세 가지 사실을 깨닫게 되었다. 그것들은 실제로는 동시에 일어났지만 연속되는 세 줄기 빛과도 같았다. 첫째로 내가 든 촛불이 마지막으로 한 번 높게 타오르더니 꺼져 버렸다. 둘째로 커튼이 젖혀진 창문으로 점점 밝아오는 이른 새벽 하늘이 보여 더 이상 촛불이 필요 없다는 것을 알았다. 그리고 곧 누군가 계단 위에 있는 것을 보았다. 그렇게 퀸트와 세 번째로 만나고 그 충격으로 내가 순식간에 뻣뻣이 굳어버릴 때까지는 거의 몇 초도 안 걸렸다. 그 유령은 창문 가까이에 있었다. 그는 나를 보자마자 갑자기 우뚝 멈추어 서더니 예전에 탑과 정원에서 그랬던 것처럼 뚫어지게 나를 바라보았다. 내가 그를 알고 있는 것처럼 그도 나를 알고 있었다. 차갑고 희미한 여명 속에서, 높다란 창문과 발아래 있는 반들반들한 참나무 계단에 희미한 빛이 감도는 가운데, 우리는 똑같이 강렬한 시선으로 서로를 바라보았다. 이제 그는 온전히 살아 있는 혐오스럽고도 위험한 존재였다. 그러나 이것은 그다지 놀라운 일은 아니었다. 가장 놀라운 일은 따로 있었다. 바로 그때 나에게서 모든 두려움이 사라졌으며 내 내면의 모든 것이 그와 맞서 겨뤘던 것이다.

그 특별한 순간이 지난 뒤 나는 무척 많은 고통을 겪었지만 다행히도 공포심은 없었다. 내가 그를 두려워하지 않는다는 것을 퀸트도 눈치챘고, 어느 순간에 나도 느끼게 되었다. 1분만 그를 견뎌낸다면 적어도 당분간은 그를 다시 보는 일이 없을 거라는 확신이 생겼다. 1분 동안 견딘 그 유령과의 대면은 마치 살아 있는 사람들의 대결처럼 섬뜩했다. 마치 깊은 밤 홀로 남은 집에 불쑥 들어온 낯선 사람을 맞닥뜨린 것처럼 심장이 멎을 만큼 위험하고 섬뜩한 시간이었다. 그 기이한 만남에 단 한 가지 소름끼치는 것은 그렇게 가까운 거리에서 서로를 오랫동안 응시하면서도 우리는 부자연스럽게 불길한 침묵을 지켰다는 사실이다. 그런 장소, 그런 시간에 내가 살인자와 마주쳤더라면 최소한 비명이라도 질렀을 것이다. 또 그런 상황에서 우리 둘 사이에는 예측 못할 일이 일어났을 것이며, 만약 아무 일도 일어나지 않았다면 적어도 둘 중의 한 명은 움직였을 것이다. 그러나 유령과 말없이 대결하던 그 순간은 지루하게 길기만 했다. 조금만 더 지속되었더라면 내가 살아 있는 것인지 스스로를 의심하게 될 정도였다.

그 다음에는 대체 무슨 일이 일어났었는지 나도 잘 설명할 수가 없다. 다만 그 죽음 같은 침묵 자체가—사실 어떤 면에서는 그것이 내 강인함을 입증하는 것이었다—유령의 세계로 변했고, 그 속으로 상대가 사라지는 것을 보았다고 말할 수밖에. 그 침묵의 세계에서 퀸트는 생전에 비천한 시종으로서 주인의 명령에 따라 몸을 돌렸을 때와 같이, 바로 그 순간 내 눈앞에서 몸을 돌렸다. 그리고 어떤 꼽추보다도 추악하고 끔찍한 등을 내게 보이며 곧바로 계단을 내려가서 다음 모퉁이를 뒤덮고 있는 어둠 속으로 사라져 버렸다.

10

나는 잠시 침착하게 계단 꼭대기에 그대로 서 있었다. 그러나 이윽고 그 침입자가 정말로 가 버렸다는 것을 알고 내 방으로 돌아왔다. 그런데 안으로 들어서자마자 내가 켜 놓고 간 촛불 빛으로 제일 먼저 볼 수 있었던 것은 플로라의 작은 침대가 비어 있다는 사실이었다. 이것을 보자 나는—방금 전에는 그토록 용감하게 유령과 대치했으면서도—엄청난 공포에 휩싸여서 숨이 막혔다. 나는 그 애가 누워 있었던 곳으로 급히 다가갔다. 작은 비단 이불과 요가 어지럽게 흐트러져 있는 침대를 하얀 커튼이 살짝 덮고 있었다. 그러나 다음 순간, 창문의 블라인드가 흔들리더니 어린 소녀가 장밋빛 얼굴을 블라인드 아래로 드러냈다. 그 모습에 나는 이루 말할 수 없는 안도감을 느꼈다. 아이는 깜찍하고 사랑스러운 헐렁한 잠옷을 걸치고 발그스름하고 여린 맨발에 금빛으로 반짝이는 고수머리를 드러내며 서 있었다. 아이의 표정은 무척 심각하게 보였다. 아이가 곧 나를 나무라며 말을 걸었다.

"장난꾸러기 선생님, 도대체 어디 갔다 오셨어요?"

아이의 비난 섞인 질문을 들은 나는 평소와는 다른 그 아이의 행동에 대한 해명을 요구하기는커녕 어떤 변명을 늘어놓을까 재빨리 생각을 모았다. 플로라는 자신의 행동에 대해서 귀엽게 설명했다. 자다가 내가 없어진 걸 알고 나를 찾으러 나갔다고 했다. 플로라 때문에 놀란 내가 어지러워서 의자에 주저앉자 아이가 내게로 쪼르르 달려왔다. 아이는 내 무릎 위로 몸을 굽히고는, 잠에서 덜 깬 얼굴로 촛불 빛을 가득 받으며 나에게 안아 달라고 했다. 나는 그 순진무구한 소녀에게서 뿜어져 나오는 순수한 아름다움에 짧고 행복한 신음소리를 내며 눈을 잠깐 감았던 것을 기억한다.

"플로라, 창밖에서 나를 찾고 있었니? 내가 뜰에서 걷고 있을지도 모른다고 생각한 거야?" 내가 말했다.

"그게요, 누군가 걷고 있다고 생각했어요." 소녀는 얼굴색이 전혀 변하지 않은 채 웃으면서 말했다.

아, 나도 모르게 눈을 크게 뜨고 그 애 얼굴을 뚫어져라 바라봤다!

"그래서 정말로 누가 있었니?"

"아니요오오!"

어린애답게 앞뒤가 맞지 않는 말로 아이가 귀엽게 대답했다.

그 순간 나는 불안정한 감정 상태에서 아이가 거짓말하고 있다고 확신했다. 나는 다시 한 번 눈을 감았다. 이 문제를 처리할 수 있는 서너 가지 방법이 동시에 떠올랐다. 그 가운데 한 가지가 나를 강렬하게 유혹했다. 나는 그것에 저항하기 위해서 발작적으로 소녀를 꽉 잡았다. 그러자 놀랍게도 플로라는 소리치거나 놀라지 않았다.

아, 그냥 이 자리에서 아이에게 다 털어놓고 끝장을 내는 것이 어떨까?

환한 아이의 예쁜 얼굴을 똑바로 쳐다보면서 힐문하는 것이? '플로라, 너 봤지? 봤잖아! 너도 분명히 그걸 알 테고, 또 내가 그걸 눈치채고 있다는 것까지 잘 알고 있잖아. 안 그래? 자, 그러니 나에게 솔직히 고백하는 편이 낫지 않을까? 그러면 우리는 한마음으로 그것과 더불어 살면서 이 기이한 운명에서 우리가 어디에 있는지, 그리고 그것이 무엇을 의미하는지를 배우게 될 거야.'

그러나 유감스럽게도 이 간청은 머릿속에만 떠올랐을 뿐 입 밖으로 나오지는 않았다. 내가 그 순간 그 말을 했더라면, 나중에 그런 일을 하느라 수고를 하지 않아도 되었으련만. 그러나 나는 모든 생각을 접고 벌떡 일어나서 아이의 침대를 바라보며 한심할 정도로 어정쩡한 말을 꺼냈다.

"침대 주위에 커튼은 왜 둘러놓았니? 네가 여전히 거기 있다고 생각하도록 만들고 싶었어?"

플로라는 초롱초롱한 눈을 빛내며 잠시 생각하더니 청순하고 아름다운 미소를 지으며 말했다.

"그건요, 선생님을 놀라게 하고 싶지 않아서 그랬어요!"

"하지만 넌 내가 밖으로 나갔다고 생각했잖니?"

플로라는 골치 아픈 문제는 딱 질색이라는 듯이 눈을 돌려 촛불을 바라보았다. 마치 마르셋 부인이 누구이며 9 곱하기 9가 몇이냐는 질문을 받은 것처럼 말이다. 아이는 무심한 태도로 입을 열었다.

"아, 하지만 선생님이 곧 돌아오실 줄 알았어요. 또 실제로도 돌아오셨잖아요."

아이의 대답은 아주 적절했다. 잠시 뒤에 아이는 잠자리에 들었다. 그때 나는 내가 돌아오는 것이 당연한 일이며 그 점을 내가 인식하고 있다는 것을 증명이라도 하듯 한참 동안 그 애 옆에 앉아 손을 잡고 있어야만 했다.

나는 매일 밤 늦은 시간까지 일어나 앉아 있었다. 그리고 같은 방에 있는 플로라가 틀림없이 자고 있는 때를 골라서 몰래 밖으로 빠져나가서는 소리 없이 복도를 돌아보았고, 때로는 심지어 지난번에 퀸트를 만났던 곳까지 가보았다. 하지만 거기서 그를 다시 만나지는 못했다. 집 안에서도 그는 나타나지 않았다. 하지만 그 대신 계단 위에서 뜻하지 않았던 다른 사건을 겪을 뻔했던 적이 있었다. 한번은 계단 꼭대기에서 아래를 내려다보다가 어떤 여자가 등을 내 쪽으로 돌린 채 아래쪽 층계에 앉아 있는 것을 보았다. 그녀는 등을 구부리고 비탄에 잠긴 듯이 두 손으로 머리를 감싸고 있었다. 하지만 내가 그 자리에 멈춰 서자마자 그녀는 나를 돌아보지도 않고 사라져 버렸다. 그런데도 그녀가 얼마나 무시무시한 얼굴을 하고 있었을지 나는 짐작할 수 있었다. 만약 내가 위쪽이 아니라 아래쪽에서 그 얼굴을 올려다봤더라면, 과연 최근에 퀸트와 마주쳤을 때처럼 용감하게 계단을 올라갈 수 있었을지 의심스럽다.

어쨌든 내 담력을 시험할 기회는 그 뒤로도 자주 있었다. 내가 그 남자와 마지막으로 만난 지 열하루째 되던 날 밤이었다. 나는 그동안 날짜를 모두 세어 두고 있었다. 밤의 어둠 속에서 나는 뜻밖의 일을 겪게 되었다. 그것은 전혀 예상치 못한 것이어서 그 충격은 이루 말할 수 없이 컸다. 그날은 내가 계속해서 밤을 지새우는 데 지쳐서, 긴장만 풀지 않는다면 예전과 같은 시간에 잠자리에 들어도 괜찮겠다고 처음으로 느꼈던 밤이었다. 나는 바로 잠이 들었고, 문득 잠에서 깼을 때는 새벽 1시쯤이었다. 잠결에 누군가 나를 흔들어서 벌떡 일어나 앉았다. 내가 잠들기 전에 켜 두었던 촛불이 꺼져 있어 흠칫 놀랐지만, 문득 플로라가 껐을 거라는 생각이 들었다. 그런데 그 순간, 얼핏 어떤 의심이 들어 벌떡 일어나 캄캄한 어둠 속에서 곧장 플로라의 침대로 갔다. 역시 침대는 비어 있었다. 창문 쪽을 흘끔 바라본 나는 모든 것을 짐작할 수 있었다.

플로라는 또다시 일어난 것이다. 이번에는 촛불마저 끈 어둠 속에서 무엇을 살펴보려는지 아니면 어떤 부름에 응한 것인지, 또다시 블라인드 뒤로 비집고 들어가서 깜깜한 바깥을 내다보고 있었다. 지난번에는 그 애가 유령을 보지 못한 것이 확실했지만, 이번에는 달랐다. 내가 서둘러 불을 켜고 슬리퍼를 신고 숄을 걸치는 동안 아이는 전혀 눈치를 못 채고 가만히 있었다. 아이는 블라인드 뒤에 숨어서 열린 창 너머로 어둠이 짙게 깔린 밖을 뚫어지게 바라보았다. 고요하게 밝은 달이 아이를 돕고 있었다. 재빨리 어떤 생각 하나가 내 머릿속을 꿰뚫고 지나갔다. 플로라는 우리가 호숫가에서 만났던 그 유령과 마주보며 대화를 나누고 있는 것이다. 나는 서둘러 다른 창문으로 가서 아이가 무엇을 보고 있는지 확인하기로 마음먹었다.

나는 아이 몰래 살금살금 문으로 다가갔다. 그리고 방에서 나와 살며시 문을 닫고 귀를 기울여 안을 살폈다. 그렇게 복도에 서서 나는 아이 오빠의 방문을 바라보았다. 열 걸음가량 떨어져 있었다. 그 방문을 바라보고 있는 동안 알 수 없는 유혹이 솟구쳤다. 곧장 저 문으로 들어가서 창문으로 돌진하면 어떻게 될까? 영문을 몰라 어리둥절한 소년에게 내가 알고 있는 모든 것을 밝힌다면 어떻게 될까?

이런 생각에 빠진 채 나는 복도를 가로질러 그 문 앞에 섰다. 그러나 왠지 방에 들어가기가 망설여졌다. 정신을 집중하여 귀를 기울였다. 안에서 어떤 불길한 일이 벌어지고 있을 것만 같았다. 마일스의 침대 또한 비어 있고 그 아이 역시 몰래 창밖을 지켜보고 있지는 않을까? 깊은 정적이 감도는 가운데 1분이 흘렀고 그 시간이 지나자 내 충동은 약해졌다. 마일스의 방에서는 아무 소리도 들리지 않았다. 그 아이는 정말 아무것도 모를 수도 있었다. 그렇다면 내가 괜히 그런 짓을 했다가는 오히려 끔찍한 사태가 일어나지 않을까. 이런 생각에 나는 몸을 돌렸다. 마당에 누군가를 찾아 헤매는 인물이 있었고, 그 방문객은 플로라에게 몰두하고 있었다. 그것은 소년에게 관심을 둔 방문객이 아니었다. 나는 또 다른 이유로 다시 망설였지만 몇 초 동안만 그러했을 뿐이다. 그러고 나서 나는 어디로 갈지 선택했다. 블라이에는 비어 있는 방들이 여러 개 있었다. 문제는 적당한 방을 고르는 것이었다. 내가 고른 방은 전에 오래된 탑이라고 불렀던 그 튼튼한 건물 한쪽 모퉁이에 있는 것으로, 아래층에 있지만 정원보다는 훨씬 높은 방이었다. 위풍당당한 침실로 꾸며진 크고 네모난 방이었다. 그로스 부인이 나무랄 데 없이 관리해 왔지만 지나치게 크기 때문에 벌써 몇 년 동안이나 아무도 그 방을 침실로 사용하지 않고 있었다. 가끔 나는 그 호화스러운 침실에 들어가보고는 했다. 그래서 내부 구조를 잘 알고 있었다. 사용하지 않은 방이어서 으스스하고 음침한 분위기는 여전했다. 하지만 나는 곧 용기를 내어 앞으로 다가가 조심스럽게 덧문의 빗장을 벗겼다. 그러고는 소리 없이 블라인드를 걷고 얼굴을 유리창에 댔다. 창밖은 방 안보다 훨씬 밝았고 내가 방향을 제대로 잡았기 때문에 밖이 아주 잘 보였다. 곧 다른 것들도 뚜렷하게 눈에 들어왔다. 달빛이 어둠을 이상하리만치 환하게 비추면서 잔디밭에 서 있는 사람의 모습을 그대로 드러내 주었다. 그 사람은 멀리 떨어져 있어서 작게 보였는데 꼼짝도 않고 서서 뭔가에 홀린 듯이 내가 모습을 드러낸 곳을 올려다보고 있었다.

사실, 똑바로 나를 보았다기보다는 분명 나보다 위에 있는 무엇인가를 바라보고 있었다. 탑 위에 누군가 있는 것이 분명했다. 그러나 잔디밭에 있는 인물은 내가 상상했던 사람이 아니었다. 잔디밭에 서 있는 사람이 누군지 알아챘을 때 나는 어지러움을 느꼈다. 그건 바로 가엾은 마일스였다.

11

다음 날 늦은 오후까지 그로스 부인을 만나볼 기회가 없었다. 눈을 떼지 않고 철저하게 아이들을 감시하느라 시간을 내기가 어려웠다. 게다가 집안에서 일어나고 있는 미심쩍은 일들을 아이들이나 하인들에게 들키지 않으려고 조심하다보니 더욱 그랬다. 이런 이유 때문에 나는 부인의 평온한 얼굴에서 큰 안도감을 느낄 수 있었다. 맑고 깨끗한 부인의 얼굴을 바라보면, 부인이 내 비밀을 함부로 남에게 옮기지 않을 거라고 믿을 수 있었다. 그로스 부인은 나를 믿어주었다. 그녀가 나를 믿지 않았다면 나는 도저히 그 일을 감당하지 못했을 것이다. 그런데 부인의 감성은 마치 가뭄에 말라버린 잔디밭같아 도대체 상상이란 싹을 피워내지를 못했다. 하지만 그 점이 오히려 그녀에게는 행운이었다. 그녀는 아이들의 사랑스럽고 총명하고 행복한 모습만을 보았다. 또한 그녀는 사랑스러운 아이들을 보며 항상 신에게 감사했다. 어쨌든 그녀는, 아이들에게 더 이상 힘든 일이 덮치지 않기를 바랐고, 또 언젠가는 아이들이 스스로 어려운 일을 해결할 수 있을 거라고 믿었다. 내 쪽에서 보면 그것은 오히려 반가운 일이었다. 나는 그 무서운 일을 더는 떠올리지 않아도 되었고, 내 얼굴에서 사람들이 어떤 두려움이나 고통을 찾아낼 수 없을 거라고 안심할 수 있었다. 그런데 그 혼돈 속에서 부인의 얼굴 표정까지 신경을 써야 했다면 무척 힘들었을 것이다.

어쨌든 그날, 부인은 내 부탁에 따라 테라스로 나왔다. 테라스에 비치는 오후의 햇살이 기분 좋게 느껴지는 계절이었다. 아이들은 근처에서 놀고 있어서 우리가 언제라도 부르면 달려올 수 있었다. 두 아이가 잔디밭을 이리저리 뛰어다니다가 털썩 풀밭에 주저앉았다. 마일스가 플로라의 어깨에 다정하게 팔을 두르고 책을 읽었다. 그런 두 아이의 모습을 그로스 부인은 아주 평온한 표정으로 지켜보았다. 잠시 뒤 부인이 진지한 얼굴로 나를 바라봤다. 부인의 표정은 마치, 저렇게 눈부시게 아름다운 아이들에게서 도대체 무엇을 보았느냐고 묻는 것 같았다. 마침내 나는 이제까지 내가 보고 겪은 무시무시한 이야기를 하나도 빠짐없이 그녀에게 들려주었다. 부인은 나를 존중해서 끝까지 내가 하는 이야기들을 귀담아 들었다. 게다가 내가 느낀 고통까지도 함께 느끼는 것 같았다. 나는 부인이 내 이야기를 진지하게 믿는 것을 마음으로 느낄 수 있었다.

 내가 전날 밤의 사건을 이야기하면서 마일스가 한 말을 되풀이 했을 때에도 부인은 같은 태도로 귀를 기울여주었다. 그날 밤 나는 잔디밭에 서 있는 마일스를 발견하고 곧바로 아래층으로 내려갔다. 나는 집안사람들이 놀랄까봐 창가에서 소리쳐 아이를 부르지 않았다.

 그때 달빛이 비치는 테라스에 내가 모습을 드러내자 마일스가 헐레벌떡 내게로 달려왔다. 나는 아무 말 없이 아이의 손을 잡아끌고 어두운 곳을 지나 전에 퀸트가 굶주린 듯이 아이를 찾아 떠돌던 계단으로 올라갔다. 내가 몸을 떨며 귀를 기울이던 복도를 지나 마침내 적막한 아이의 방에 이르렀다. 그동안 우리는 아무 말도 하지 않았다. 나는 아이가 그 작은 머릿속으로 그럴듯한 변명을 생각해 내느라 얼마나 애쓰고 있을지 궁금했다. 너무 궁금해서 몸이 근지러울 지경이었다! 분명 마일스는 모든 상상력을 쥐어짜서 핑계를 꾸며 내느라 고생하고 있을 터였다. 나는 그 아이가 그럴싸한 변명거리를 찾지 못해 당황해하는 것을 보면서 야릇한 승리감을 맛보았다. 그것은 좀처럼 드러나지 않았던 아이의 꼬리를 마침내 붙잡아서 그 정체를 밝히게 된 중요한 순간이었다! 아이는 더 이상 순진한 척할 수 없을 것이다. 아이가 이 궁지에서 빠져나올 수 있을까? 스스로에게 질문하자 내 가슴은 짜릿한 기쁨으로 마구 뛰었다. 그런데 또 한편으로는, 그럼 대체 '나는' 어떻게 빠져나올 수 있을지에 대한 무언의 질문이 튀어나와 갑자기 내 가슴을 뒤엎어버렸다. 지금 돌이켜 봐도 그때의 내 심장 소리가 귓가에 들릴 만큼 전에 없이 엄청난 위험에 마침내 완전히 직면하게 된 것이다.

 그 공포를 나는 지금도 잊지 못한다. 우리가 마일스의 작은 침실로 들어갔을 때 침대에는 잠을 잔 흔적이 전혀 없었다. 활짝 열린 창문으로 선명한 달빛이 비쳐서 불을 켤 필요도 없었다. 그런데 바로 그때, 아아, 어찌 잊으랴! 갑자기 내가 꼼짝없이 당하고 말 것을 마일스가 틀림없이 알고 있을 거라고 생각한 순간, 나는 힘없이 침대에 쓰러지고 말았다. '아이들을 가르치는 가정교사가 미신이나 공포를 조장하는 것은 범죄 행위'라고 보는 오랜 전통에 내가 얽매여 있는 한, 이 소년은 그 타고난 영리함을 이용해 얼마든지 곤란한 처지를 뒤집을 수 있었다. 그리고 내 예상대로 마일스는 나를 멋지게 해치워서 도망칠 수도 없는 궁지로 몰아넣어 버렸다. 만약에 내가 아주 희미한 증거를 문제 삼아 미신에 관해서 이야기한다면 나를 용서할 사람이 누가 있으며, 내가 교수형을 받지 않아도 된다고 할 사람이 누가 있겠는가?

아니, 아니다. 어둠 속에서 우리가 잠깐 예리하게 충돌하는 동안 그 아이가 나에게 크나큰 찬탄을 불러일으켰다는 것을 그로스 부인에게 설명하려고 해 봤자 소용없고, 마찬가지로 여기서 그 이야기를 하려 해도 쓸데없는 일이 될 것이다. 물론 나는 아주 친절하고 자비로웠다. 침대에 기대어 마음의 준비를 하고 넘치는 애정을 담아서 아이의 작은 어깨에 다정하게 손을 올려놓았다.

나는 이렇게밖에는 달리 할 말이 없었다.

"마일스, 선생님한테 얘기해 보렴. 모든 진실을 말이야. 왜 밖으로 나갔지? 거기서 무엇을 하고 있었니?"

나는 아직도 아이의 경이로운 미소와 옅은 어둠 속에서 빛나던 아름다운 눈, 그리고 하얗게 드러나던 작은 치아를 또렷하게 떠올릴 수 있다.

"제가 이유를 말하면, 선생님은 이해해 주실까요?"

이 말을 듣자 심장이 거칠게 뛰었다. 아이가 정말로 나에게 이유를 말하려는 것일까? 그 말이 목구멍까지 올라왔지만 입에 올릴 수 없었다. 나는 무의식중에 짐짓 점잔 빼듯이 근엄한 어조로 모호하게 고개를 계속 끄덕이는 것으로만 답을 했다. 내가 고개를 끄덕이는 동안 아이는 부드러운 표정을 지은 채 동화 속 왕자처럼 거기 서 있었다. 아이의 밝은 모습을 본 나는 곧 안정을 되찾을 수 있었다. 그리고 아이가 내게 말하려는 이유가 어쩌면 그렇게 대단한 게 아닐지도 모른다는 생각을 했다.

"실은 말이죠." 아이가 드디어 말했다. "바로 선생님이 이렇게 하도록 하기 위해서였어요."

"이렇게 하다니?"

"한번 기분전환 삼아 저를 나쁜 애로 생각하시라고요!"

아이가 그 말을 꺼냈을 때의 그 사랑스러움과 명랑한 표정을 나는 영원히 잊지 못할 것이다. 게다가 아이는 몸을 숙여 나에게 입을 맞추었다. 그것으로 모든 것이 끝나 버렸다. 나는 잠시 두 팔로 아이를 끌어안은 채 울지 않으려고 애써야 했다. 아이는 내가 한 치도 더 파고들 수 없는 완벽한 변명거리를 제시한 것이었다. 잠시 후 그 변명을 순순히 인정하는 의미에서 나는 방을 둘러보며 겨우 이렇게 말할 수 있었다.

"그렇다면 아직 잘 준비를 하지 않은 거니?"

아이는 어둠 속에서 아름답게 빛났다.

"아직요. 계속 책을 읽고 있었어요."

"그럼 언제 아래로 내려갔지?"

"한밤중에요. 제가 나쁜 아이일 때는 정말 나쁘거든요!"

"그래, 그렇구나. 정말 못된 장난이야. 하지만 네가 밖에 나간 줄 내가 알게 될 거라고 어떻게 확신할 수 있었지?"

"아, 플로라하고 미리 약속해 두었어요." 아이의 대답은 맑은 방울 소리처럼 거침없이 울려 퍼졌다. "플로라가 일어나서 밖을 내다보기로 되어 있었거든요."

"맞아, 그 애가 그렇게 했지."

결국 덫에 걸린 사람은 바로 나였다!

"그래서 플로라가 선생님을 깨운 거예요. 그 애가 무얼 쳐다보고 있는지 알려고 선생님도 그쪽을 바라보시다가, 마침내 저를 발견하셨잖아요."

"그래, 차가운 밤바람을 맞아 독감에 걸리기 일보직전인 너를 발견했지!" 나는 맞장구를 쳤다.

아이는 자기가 한 장난이 멋지게 성공하자 신이 났는지 꽃처럼 화사하게 웃으며 말했다.

"이 방법이 아니라면 어떻게 제가 그처럼 나쁜 애가 될 수 있겠어요?"

이 말에 우리는 다시 한 번 서로를 꼭 껴안았다. 이렇게 그 사건과 우리의 대화는, 아이가 장난을 쳤음에도 그 애의 지혜와 유머를 내가 고스란히 인정하는 것으로 끝이 났다.

12

아침이 되어 밝은 햇살 아래에서 다시 생각해 보니, 그날 밤 내가 받은 각별한 인상은 그로스 부인에게 제대로 전달할 수 있는 것이 아니었다. 비록 우리가 헤어질 때 그 애가 했던 또 다른 말을 덧붙인다고 하더라도 말이다.

"사실 모든 것은 마일스가 마지막에 말한 몇 마디 말로 다 설명이 돼요. 정말로 그 몇 마디로 문제가 해결된다고요. 글쎄, 그 아이는 자기가 얼마나 착한지를 내게 보여 주려고 이렇게 내뱉었어요. '선생님, 전 정말 뭐든지 잘 하죠?' 그래요, 그 말 그대로예요. 그 애는 자기가 아무리 엄청난 짓이라도 다 해낼 수 있다는 것을 잘 알고 있는 거지요. 그 애가 학교에서 선생님과 애들에게 느끼게 한 것도 바로 그거예요." 내가 부인에게 말했다.

"저런, 선생님도 달라졌네요!" 내 친구가 큰 소리로 말했다.

"난 달라진 게 아니라, 그저 이해했을 뿐이에요. 분명 그 네 명은 계속 만나고 있어요. 당신도 어젯밤이나 다른 날 밤에 어느 아이하고라도 같이 있었다면 분명히 알게 되었을 거예요. 그 애들을 더 오래 지켜보고 기다릴수록 나는 더욱더 확실히 느끼게 되었어요. 특별한 증거가 따로 발견되지 않는다 해도, 두 애가 계획적으로 입을 다물고 있는 점이 그걸 입증하고 있어요. 그 애들은 단 한 번도, 말실수로라도 옛 가정교사들 중 누구도 언급한 적이 없어요. 마일스가 학교에서 쫓겨난 것을 언급하지 않는 것과 마찬가지지요. 아, 그래요, 우리는 여기 앉아서 아이들을 지켜보고, 아이들은 저기에서 마음껏 우리에게 순수한 모습을 과시하고 있어요. 하지만 저렇게 동화 속에 파묻혀 있는 척할 때에도 저 애들은 죽은 그들의 환영에 깊이 빠져 있는 거예요. 마일스는 플로라에게 책을 읽어 주고 있는 게 아니에요. 아이들은 죽은 그들에 대한 이야기를 하고 있는 거지요. 끔찍한 일에 대해 말하고 있는 거라고요! 그래요, 내가 무조건 내 말이 맞다고 우기는 건 나도 알아요. 내가 이런 상황에서 미치지 않았다는 것이 놀라운 일이기는 하죠. 혹시 내가 본 것들을 당신도 봤더라면 아마 정신이 나갔을 거예요. 하지만 이 상황에서 내 의식은 오히려 더 명료해져서 또 다른 것들도 파악할 수 있게 되었어요." 나는 이렇게 선언했다.

내 명료한 의식이란 틀림없이 그로스 부인한테는 무시무시하게 보였을 것이다. 하지만 그 의식의 희생양인 매력적인 아이들이 서로 다정하게 붙어 이리저리 오가면서 내 친구에게 무언가 의지할 만한 것을 주고 있는 모양이었다. 부인이 내 열렬한 주장에도 전혀 동요되지 않고 계속해서 아이들을 응시하고 있을 때, 얼마나 절실하게 그 생각에 매달리고 있는지를 나는 느꼈다.

"그래서 어떤 것들을 파악하게 되셨어요?"

"이제까지 나를 즐겁게 해 주고 애들한테 홀딱 반하게끔 매혹했고, 또 그러면서도 근본적으로는 나를 어리둥절하게 만들고 고통스럽게 했던 수많은 일들의 의미를 알게 됐지요. 지금은 정말 이상할 정도로 잘 알게 됐어요. 저 애들은 이 세상 사람 같지 않게 아름답고, 부자연스러울 정도로 너무 착하잖아요? 그런데 그건, 하나의 속임수예요." 나는 계속해서 말했다. "그건 계략이고 사기라고요!"

"저 어리고 귀여운 아이들이 그렇다고요?"

"그저 사랑스러운 애들인데도 그렇냐고요? 그래요, 미친 생각인 것 같지만!"

일단 그렇게 딱 잘라 말하고 나니 그 사건을 거슬러 올라가서 샅샅이 추적하여 사건 전체를 총괄하기가 쉬워졌다.

"애들이 착했던 것이 아니에요. 그저 마음이 딴 데 가 있는 거죠. 이제까지 아이들과 함께 지내기 편했던 것은 저 애들이 자기들 나름의 생활을 이끌어 가고 있었기 때문이에요. 저 애들은 내 것이 아니에요. 우리들의 것도 아니고요. 그 애들은 그 남자와 그 여자의 소유물이에요!"

"퀸트와 그 여자의?"

"네, 퀸트와 그 여자의 소유예요. 애들은 그 두 사람이랑 같이 있고 싶은 거예요."

아아, 이 말을 듣자 불쌍한 그로스 부인은 어찌나 눈을 커다랗게 뜨고 아이들을 뚫어져라 살펴보았던지!

"하지만 대체 왜?"

"그 끔찍한 시절에 그들이 아이들에게 불어넣어 준 온갖 사악한 짓들이 좋아서 그렇겠지요. 그리고 아이들 그 나쁜 행실에서 헤어나지 못하게끔 악마의 짓거리를 계속하려고 그자들이 돌아온 거예요."

"세상에!"

그로스 부인이 숨죽여 외쳤다. 그녀의 외마디 비명은 그동안 일어났을 법한 모든 사악한 일들을, 내 말 그대로 믿어 의심치 않는다는 뜻이었다. 퀸트와 제슬, 그 두 악당들은 확실히 타락의 구렁텅이에 빠져 온갖 악행을 저질렀을 거라고 믿었다. 이런 내 짐작을 부인이 자신의 체험을 근거로 순순히 인정해 주면 되었다. 잠시 뒤 어떤 기억이 떠올랐는지 부인이 소리쳤다.
"그들은 분명히 파렴치한 악당들이었어요! 하지만 이제 와서 그들이 무슨 일을 할 수 있겠어요?"
"무슨 일을 하겠냐고요?"
반사적으로 내가 큰 소리를 내는 바람에 마일스와 플로라가 조금 떨어진 곳에서 걷고 있다가 잠깐 걸음을 멈추고 우리를 바라보았다.
"지금도 충분히 하고 있지 않아요?"
나는 나지막한 목소리로 물었다. 아이들은 저 멀리서 미소를 짓고 고개를 끄덕이며 손을 들어 우리에게 키스를 보내고는 순진한 척 산책하는 일로 다시 돌아갔다. 잠시 멈추었던 우리의 대화를 내가 다시 이었다.
"그 악당들은 당장이라도 아이들을 파멸시킬 수 있어요!"
이 말에 내 친구는 무슨 뜻이냐고 묻는 표정으로 고개를 돌려서 나를 보았다. 나는 좀더 명료하게 대답해야 했다.
"유령들은 아직 어떻게 해야 할지 모르고 있어요. 하지만 몹시 노력하고 있지요. 사실 이제까지 그들은 건너편에서만, 말하자면 저 멀리서만 나타났어요. 그러니까 특이한 곳과 높은 곳, 탑 꼭대기와 지붕, 창문 밖, 호수 건너편 기슭 같은 곳에서 모습을 드러냈지요. 하지만 그들과 아이들, 양쪽 모두 그 거리를 좁히고 장애를 넘으려는 교활한 음모를 끊임없이 꾸미고 있어요. 그들의 성공에는 단지 시간이 필요할 뿐이에요. 그들은 오로지 온갖 위험한 장소로 애들을 계속 유인하기만 하면 되니까요."
"아이들을 위험한 곳으로요?"
"네, 그 과정에서 없애려는 거지요!"
그로스 부인은 천천히 일어났다. 나는 얼른 한마디를 덧붙였다.
"물론 우리가 미리 막을 수 없다면 말이에요!"
부인은 가만히 앉아 있는 내 앞에 서서 여러모로 궁리하고 있음이 역력히 보였다. 이윽고 부인이 입을 열었다.
"그것을 막으려면 아이들 백부님에게 부탁하는 수밖에 없겠어요. 그분이 아이들을 데리고 가셔야 해요."
"하지만 누가 그분에게 그렇게 하시라고 말씀드릴 수 있겠어요?"
부인은 아까부터 먼 곳을 바라보고 있다가 갑자기 나에게 멍청한 얼굴을 들이댔다.

"선생님이 하셔야죠."

"그분한테 당신네 집이 악에 물들었고 어린 조카들도 미쳤다고 편지를 쓰라고요?"

"하지만 선생님, 아이들이 정말로 정상이 아니면요?"

"그리고 나도 미쳤다고 말하는 건가요? 주인님께 아무런 걱정도 끼치지 않는 것이 가장 큰 임무인 가정교사가 그런 소식을 보낸다면 그야말로 미친 짓이겠죠."

그로스 부인은 다시 아이들을 쳐다보면서 골똘히 생각했다.

"그래요, 주인님은 무슨 문제로든 걱정하는 것을 몹시 싫어하시지요. 그래서—"

"그 악마들이 주인님을 그렇게도 오랫동안 속일 수 있었다는 거지요? 물론 그랬겠지요. 그분의 무관심은 끔찍할 정도였으니까. 어떻든 나는 악마가 아니니까 그분을 속이고 싶지 않아요. 그럴 순 없어요."

내 동료는 잠시 뒤 잠자코 다시 앉아서 느닷없이 내 팔을 꽉 잡았다.

"어떻든 주인님이 선생님을 찾아오시도록 해 보세요."

나는 놀라서 눈이 휘둥그레졌다.

"주인님을? 나를?" 나는 부인이 어떤 일을 할지 갑자기 불안했다.

"주인님이 여기 꼭 오셔야 해요. 우리를 도와주셔야 한다고요."

나는 급히 일어섰다. 틀림없이 지금까지 누구에게도 보인 적 없는 기묘한 얼굴을 하고 있었을 것이다.

"주인님께 이곳을 방문해 달라고 내가 요청하는 것을 상상이나 할 수 있으세요?"

아니, 기묘한 표정의 내 얼굴을 응시하고 있는 부인의 모습을 보니 도저히 그런 상상은 할 수 없는 모양이었다. 하지만 그 대신 부인은—여자 마음은 여자가 안다더니—그때 문득 내 마음속에 떠오른 광경을 그대로 꿰뚫어 보고 말았다……. 그것은 바로 내가 홀로 일터에 내던져지는 상황을 기꺼이 감수하겠다는 계약을 멋대로 어기고서 무시당한 내 매력으로 주인의 관심을 끌려고 일부러 계략을 꾸몄는데, 그가 그것을 가볍게 비웃고 경멸하는 광경이었다. 아, 내가 계약 조건을 준수하면서 그에게 훌륭히 봉사하는 데에 얼마나 큰 자부심을 느끼고 있는지 부인은 몰랐다. 사실 아무도 모르고 있었다. 하지만 그럼에도 부인은 내 경고의 중대한 의미를 간파했다.

"그로스 부인, 만약 부인이 갑자기 터무니없는 착각으로 나 대신 주인님께 호소한다면—"

내 진지한 태도에 부인은 정말로 겁에 질렸다.

"그렇다면 어떻게 되는 거죠, 선생님?"

"나는 즉시 그분과 당신을 떠날 거예요."

13

나는 아이들과 그냥 같이 있는 것은 괜찮았다. 하지만 아이들에게 말을 거는 것은 감당할 수 없을 정도로 힘들어졌다. 그들과 한 지붕 아래 살아가는 동안 나에게는 도저히 극복하기 힘든 갖가지 어려움이 생겨났다. 이런 상태가 한 달간 지속되었고 사태가 점점 더 악화되면서 여러 가지 특이한 징후가 나타났다. 무엇보다 학생들의 냉소적인 의식이 점점 더 날카로워지는 게 눈에 띄었다. 그때도 지금과 마찬가지로 확신하고 있었지만, 그것은 단순히 내 꺼림칙한 상상력 탓은 아니었다. 그때 아이들은 내가 처한 곤경을 충분히 의식하고 있었고, 이러한 묘한 관계가 어떤 의미로는 오랫동안 우리 주위에 이상한 분위기를 만들어 놓았다고 나는 감히 단언할 수 있다. 하지만 그렇다고 아이들이 나를 놀렸다든가 천박한 짓을 했다는 의미는 아니다. 그 애들이 처한 위험은 그런 것이 아니었으니까. 그게 아니라, 이름을 말할 수도 없고 문제 삼을 수도 없는 그 악마 같은 존재들이 나와 아이들 사이에 다른 무엇보다도 더 크게 자리 잡았고, 어지간히 강력한 암묵적인 합의가 없었더라면 애들이 그토록 천연덕스럽게 시치미를 뗄 수는 없었을 거라는 뜻이다.

마치 우리의 생활은 발견하면 바로 멈춰 서야 하는 어떤 표지를 수시로 발견하거나, 느닷없이 막다른 골목에 부딪쳐 서둘러 되돌아가거나, 또 열면 안 되는 문을 실수로 열었다가 얼른 탁 닫고는 그 소리에 깜짝 놀라 서로 얼굴을 마주보는 듯한 그런 순간의 연속이었다—문을 탁 닫는 소리는 언제나 예상보다 훨씬 크게 울려 퍼지니까. 그러나 결국 모든 길은 로마로 통하는 법이다. 우리가 어떤 분야를 공부하든, 또는 어떤 주제를 이야기하든 거의 언제나 금단의 숲 가장자리를 스치듯 빙글빙글 맴도는 느낌이 들어 화들짝 놀라곤 했다. 여기서 금단의 숲이란 대체로 죽은 자들이 다시 지상으로 돌아올 수 있는가 하는 문제였고, 또 무엇보다도 어린아이들에게 죽은 그 가정교사들에 관한 기억을 떠올리게 하는 모든 것들이었다. 가끔 아이들은 눈에 띄지 않게 살짝 서로를 팔꿈치로 찌르며 귓속말을 했다.

"선생님이 이번에는 그렇게 해야겠다고 생각하셔. 하지만 절대 하시지 않을걸!"

그렇게 한다는 것은, 내가 어떤 식으로든 큰맘 먹고 죽은 가정교사의 얘기를 하는 일이었다.

아이들은 내 삶에 일어난 여러 가지 사건들을 재미있게 여겨 끝없이 물어봤고, 나는 되풀이해서 아이들에게 내 이야기를 들려주었다. 그렇게 해서 아이들은 지금껏 나에게 일어난 모든 사건을 알게 되었다. 즉 내 사소한 모험담이나 형제자매들에게 일어난 일들, 집에서 기르던 고양이와 개, 그뿐 아니라 내 아버지의 별난 성격과 우리집에 있는 가구들, 우리 동네 부인들의 이야기까지 다 알았던 것이다. 한 사건에 다른 사건들을 붙여 나가다 보면 이야깃거리가 떨어질 날이 없었다. 빨리빨리 이야기를 진행하다가 적당한 때 뒤로 돌아가 했던 얘기를 또 할 줄만 안다면 말이다. 아이들은 그들 나름의 교묘한 재주로 이야기를 꾸며 내는 내 능력과 기억의 줄을 잡아당겨 조종했다. 나중에 그 일을 돌이켜 보면 절로 의심이 든다. 그때야말로 그들이 은근히 나를 심하게 감시했던 순간이 아니었을까. 어떻든 내 생애, 내 과거, 내 친구들에 대해서 이야기할 때만 우리는 조금이라도 편안함을 느낄 수 있었다. 아이들은 이러한 상태에서 때로 갑자기, 아주 엉뚱하게 귀여운 말을 해서 내 기억을 들추어내곤 했다. 그러면 나는 또—별 상관도 없는데—우리 동네 저명인사인 고슬링 할머니의 재치 있는 말을 반복해서 들려주거나, 목사관의 영리한 조랑말에 대해 이미 말한 적 있는 이야기들을 다시 한 번 들려주었다.

이러한 상황 속에서 또 다른 일들에 겹쳐 내가 어떤 어려움에 처해 있는지 두드러지게 드러났다. 유령과 또다시 맞닥뜨리지 않고 하루하루가 지나갔다는 사실은 적어도 표면적으로나마 내 불안정한 감정을 안정시키는 데 도움이 되었을 터였다. 그 두 번째 밤에 층계에서 잠깐 봤던 여자의 모습을 그 뒤로 나는 어디서도 다시 마주치지 않았다. 생각해보면 내가 퀸트나 제슬의 유령을 마주칠 만한 곳이 꽤 많았는데도 말이다.

여름이 가고 블라이에 가을이 찾아왔다. 모든 것을 샅샅이 드러내 보일 것만 같던 한여름의 투명한 빛은 기운을 잃고 잿빛 하늘을 낮게 드리웠다. 꽃들은 시들고 땅에는 낙엽이 어지러이 굴러다녔다. 블라이 저택은 공연이 끝난 뒤 사람들의 흔적만 남은 텅 빈 극장처럼 보였다. 문득 나는 이상한 느낌을 받았다. 나를 휩싸고 있는 음울하고 고요한 분위기가 마치 유월 어느 저녁나절, 내가 처음으로 퀸트를 만났던 때와 같았다. 그날, 창문을 통해 퀸트를 본 나는 급히 뛰어나가 덤불이 우거진 곳을 헤매며 그를 찾아다녔었다. 기억속의 그날로 다시 돌아간 것 같은 이상한 느낌이 들었다. 문득 퀸트를 다시 만나게 될지도 모른다는 두려움이 몰려왔다. 그러나 유령은 나타나지 않았다. 아이들도 아무 일이 없는 듯하여 나는 비로소 안정을 찾을 수 있었다. 하지만 감수성이 예민해질대로 예민해진 젊은 여자가 그런 소름끼치는 분위기를 맞닥뜨리고도 아무렇지도 않게 마음의 안정을 찾았다고 말할 수 있는지 스스로 의문스럽기는 했다.

내가 호숫가에서 플로라와 함께 끔찍한 일을 겪은 뒤로 힘을 얻기보다는 점점 잃어간다고 그로스 부인에게 말하자, 그녀가 당혹스런 표정을 지었다. 나는 내 생각을 솔직하게 털어놓았다. 아이들이 실제로 유령을 보았든 못 보았든 그것은 중요하지 않고, 나는 나 자신을 위험에 내놓고서라도 아이들을 지키고 싶다고 말했다. 나는 무슨 일이 있어도 꼭 진실을 밝힐 거라 덧붙였다. 사실 그때 내가 가장 두려워하고 있었던 것은 다름 아닌 나 자신이었다. 아이들이 이미 보고 있고 겪고 있는 일을 나 자신만 모르고 있다가 늦게 눈을 떴다는 점이었다. 하지만 다시 생각해보면, 오히려 아무것도 볼 수 없었던 때를 신에게 감사해야 하는지도 모른다. 하지만 신에게 감사하기에는 내가 겪는 고통이 너무 끔찍하고 아팠다. 내가 만약 학생들의 비밀을 눈치채지 못했다면, 나는 아마 온 마음을 다해 신에게 감사했을 것이다.

나를 사로잡은 이 강박관념의 기이한 변화 과정을 지금에 와서 어떻게 정확히 되짚을 수 있을까? 내가 아이들과 함께 있는 동안 유령들은 자주 우리들 앞에 나타났다. 비록 내 눈에는 보이지 않았지만, 나는 아이들이 그 유령들을 보고 무척 반가워하는 것을 느꼈다. 그럴 때마다 직접 나서면 상태가 악화될지도 모른다고 생각한 나는 마음을 가다듬고 그들을 지켜봤다. 그러지 않았더라면, 나는 흥분해서 크게 소리쳤을 것이 틀림없다.

"그자들이 여기 있어. 그자들이 왔다고, 이 어린 거짓말쟁이들아! 너희들도 이제는 그걸 부인할 수 없겠지."

이러고 싶은 충동을 간신히 억누르는 내 앞에서, 그 발칙한 꼬마들은 더욱 친밀하고 애정 어린 태도로 그들을 부인했다. 그러나 수정처럼 투명하게 들여다보이는 그 애정과 친밀함의 깊은 심연에서는 시냇물에 떠다니는 물고기의 번뜩임처럼 우월감 섞인 비웃음이 언뜻언뜻 엿보였다. 사실 그때 느낀 충격은 내가 인식하고 있었던 것 이상으로 더욱 깊이 내 속을 파고들었다. 그 어느 날 밤 내가 별빛 아래에서 퀸트나 제슬 양을 찾으려고 밖을 내다봤다가 뜻밖에도 마일스를 발견했을 때였다. 아이의 편안한 잠을 지켜 주려고 애쓰던 내 마음과는 달리, 마일스는 사랑스러운 시선으로 내 위의 흉벽에 있는 무시무시한 퀸트의 유령을 올려다보고 있었다. 그리고 희롱과도 같은 시선으로 나를 쳐다봤다. 아이는 나를 끊임없이 놀라게 만들었다. 너무 놀라고 겁에 질려 신경이 날카로운 상태에서 나는 어떤 결론에 도달했다. 하지만 그 결론이 나를 괴롭힐 때도 있었는데, 그럴 때면 나는 조용히 방에 틀어박혀 내가 왜 그런 결정을 내렸었는지 곰곰이 되짚어보고는 했고 가끔씩 소리 내어 중얼거리기도 했는데, 이상하게도 야릇한 안도감과 함께 절망감이 찾아오기도 했다.

나는 방에서 미친 듯이 서성거리고 침대에 몸을 내던지면서 여러 각도에서 문제에 접근했지만, 그 끔찍한 이름들을 언급하는 순간에는 언제나 좌절해야만 했다. 그 이름들이 내 입술에서 제대로 발음되지도 못하고 사라질 때마다 나는 속으로 생각했다. 만약에 내가 그 이름들을 입에 올림으로써 다른 교실에서는 절대로 볼 수 없는 섬세하고 미묘한 우리 학생들의 교실 분위기를 망가뜨린다면, 그것야말로 그 끔찍한 이름의 주인들이 꾀하고 있는 불측한 짓을 오히려 돕는 꼴이 되지 않겠는가!

"그 애들은 예의 바르게 침묵을 지키고 있는데, 신뢰를 받고 있는 너는 경박하게 떠들어 댄단 말이지!"

그렇게 나 자신을 나무라는 순간, 수치심으로 얼굴이 붉어지는 게 느껴져 두 손으로 얼굴을 감싸고는 했다. 이렇게 혼자서 성찰의 시간을 보내고 나면 전보다 더 말이 많아졌다. 나는 아이들 앞에서 수다스럽게 지껄여 대다가 마침내는 쓸쓸하고도 한없이 깊은 정적의 순간을 맞았다. 그 순간을 달리 뭐라고 불러야 할지 모르겠다. 그 기이하고 아찔한 정적, 우리가 그 안에서 고양되거나 둥둥 떠다니는 그런 정적은 (적절한 말을 찾을 수가 없다!) 말하자면 우리가 무엇엔가 열중하여 일으키고 있었던 크고 작은 소음이나 신이 나서 떠드는 소리, 낭랑한 암송과 요란한 피아노 소리와는 무관한, 온 생명의 정지 상태와도 같은 정적이었다. 그리고 바로 그때 우리 말고 다른 자들, 다른 세상에 속한 자들이 그곳에 있었다. 비록 그들은 천사가 아니었지만 프랑스어 표현처럼 살짝 '날개를 스치듯' 그곳을 지나갔다. 그들이 머무는 동안 무슨 사악한 소식이나 생생한 이미지를 어린 희생자들에게 전달될지도 모른다는 두려움으로 나는 몸을 떨었다.

도저히 떨쳐버릴 수 없었던 것은 내가 무엇을 보았든 마일스와 플로라는 그 이상의 것, 과거 그들의 끔찍한 교제에서 비롯된 무시무시하고 상상할 수 없는 것들을 보고 있으리라는 섬뜩한 생각이었다. 그런 일들은 얼마간 표면적인 오싹함을 남기고 사라졌다. 그리고 우리는 우리가 느꼈던 오싹함을 일부러 요란스럽게 부정했다. 그런 일을 자주 겪으면서 우리 셋은 버릇처럼 매번 동일한 행동으로 거의 자동적으로 사건을 마무리 지을 수 있었다. 이 똑똑한 아이들은 언제나 당황스러울 정도로 격렬하고 습관적인 키스를 나에게 했고, 몇 번이나 우리를 위험에서 무사히 빠져나올 수 있도록 해준 그 소중한 질문을 던졌다.

"선생님, 그분이 언제 오실까요? 우리가 그분에게 편지를 써야 하지 않을까요?"

이 질문만큼 어색함을 몰아내는 데 효과적인 것이 없다는 사실을 우리는 경험적으로 알게 되었다. 물론 '그분'은 할리거리에 사는 아이들의 백부였다. 우리는 그분이 언제라도 이곳에 와서 우리들과 함께 어울릴 거라고 수도 없이 생각하며 시간을 보냈다. 이제까지의 그의 행동을 보면 별 가망이 없는 추측이었지만, 우리가 기대할 만한 그런 추측이라도 없었더라면 우리는 겉으로 볼 때 아무런 문제 없이 잘 지내는 체하는 그 절묘한 수법을 제대로 쓸 수 없었을 것이다. 그는 아이들에게 전혀 편지를 쓰지 않았다. 그것은 이기주의로 보일 수도 있었지만, 한편으로는 그가 나를 신뢰하고 있다는 걸 나타내는 칭찬의 한 부분이었다. 한 남성이 한 여성에게 최고의 경의를 표하는 방법은, 바로 남성 자신의 즐거움이라는 한 가지 신성한 법칙을 더욱 신나게 누리는 것으로 귀결되는 경향이 있기 때문이다. 나는 그에게 편지를 쓰는 것은 그저 재미있는 작문 연습일 뿐이라고 아이들을 이해시켰다. 그러면서 그에게 어려움을 호소하지 않기로 했던 약속의 정신을 충분히 이행했다고 여겼다. 너무 아름다워서 부칠 수 없었던 그 편지들은 내가 고이 간직해 두었다. 지금까지도 나는 그것들을 모두 가지고 있다.

그런데 내가 정해 놓는 규칙 때문에, 학생들은 백부님은 언제 오시냐고 끈질기게 물어봤다. 그럴 때마다 나는 한층 냉소적이고 신랄한 괴롭힘을 받는 기분을 느껴야 했다. 아이들은 그것이 나에게 그 무엇보다도 난처하기 짝이 없는 일이라는 것을 알고 있는 듯했다. 내 엄청난 긴장감과 그 애들의 의기양양한 태도에도 불구하고 내가 아이들에게 한 번도 화를 내지 않았다는 사실을 지금 돌이켜 보면 그다지 신기한 일은 아닌 듯싶다. 생각해 보면 아이들은 정말로 사랑스러운 존재였고 그래서 나는 아이들을 미워하지 않았다! 하지만 만약 구원의 순간이 좀더 늦게 찾아왔더라면, 분노가 폭발하여 마침내 본심을 드러내지 않았을까? 아니, 그건 아무래도 상관없다. 결국 구원의 순간이 도래했으므로. 그것은 그저 팽팽히 당긴 줄이 마침내 끊어지거나 질식할 것 같은 날씨에 드디어 폭풍우가 몰아치면서 상황이 끝나는 것과 비슷했지만, 어쨌든 일종의 구원이기는 했다. 적어도 그것은 변화였고, 그 변화는 느닷없이 찾아왔다.

14

어느 일요일 아침 교회로 가는 길이었다. 나는 어린 마일스와 나란히 걸었고, 플로라는 우리 앞에서 그로스 부인과 나란히 걷고 있었다. 그날은 오랜만에 날씨가 상쾌하고 청명했다. 전날 밤에 살짝 내린 서리와 맑고 차가운 가을 공기 속에서 교회 종소리가 명랑하게 울려 퍼졌다. 그때 우연히 이어지는 생각들의 기묘한 연상으로 인해서 나는 그 순간 내 어린 학생들의 고분고분하고 얌전한 태도에 특히 고마움을 느꼈다. 아이들은 언제나 자기들과 함께 있으려는 내 완고한 고집에 대해서 왜 한 번도 화를 내지 않았을까? 이런저런 생각들을 하면서 나는 소년을 거의 내 손아귀에 넣었다고 믿었다. 마치 내 솔에 소년을 핀으로 꽂아 놓기라도 한 것처럼. 또 그로스 부인과 플로라를 내 앞에 배치한 것도 내가 어떤 반역의 위험에 대비하고 있는 듯이 보일지도 모르겠다고 생각했다. 나는 언제 일어날지 모르는 기습과 탈출에 감시의 눈초리를 보내는 간수와도 같았다. 하지만 알고 보니 아이들의 탄복할 만한 순종은 가장 심연에 깔린 기괴한 사실들을 그저 특별히 치장하고 꾸민 결과물에 지나지 않았다.

이날 마일스는 백부님의 양복사가 만들어 준 일요일 정장을 입고 있었다. 솜씨 좋은 그 양복사는 마일스의 어리고도 당당한 풍채를 돋보이게 하는 훌륭한 조끼를 만들어 냈다. 덕분에 정장을 차려입은 마일스에게서는 독립적인 늠름한 위엄과 남자다움과 타고난 고귀함이 뚜렷이 드러났다. 아마 이 아이가 갑자기 떨치고 일어나 자유를 얻으려고 한다면 나는 반대한다는 말을 할 수 없었을 것이다. 이 무슨 기이한 우연의 일치인지, 그때 나는 그런 혁명이 일어날 경우 어떻게 대처해야 할지 생각하고 있었다. 그 아이의 말로 인해서 내 끔찍한 연극의 마지막 장면이 시작되어 최후의 파국을 향해 똑바로 달려가게 되었다는 것을 이제는 알고 있기에 나는 그것을 혁명이라고 부른다.

아이는 사랑스럽게 말을 걸었다.

"있죠, 선생님, 대체 언제쯤이면 제가 학교로 돌아가게 될까요?"

여기에 옮겨 놓고 보면 그 말은 그다지 대수롭지 않게 들린다. 더구나 그 아이의 목소리는 다정하고 일상적인 높은 음조였으니 말이다. 그 애는 누구에게나 그랬지만 특히 이 귀찮은 가정교사에게는 마치 장미꽃이라도 던져 주듯이 물음을 던졌던 것이다. 그 말투에는 언제나 강한 인상을 주어 사람을 '멈칫하게' 만드는 그 무엇이 있었다. 어쨌든 나는 너무나 놀라서 마치 정원의 나무 한 그루가 도로에 쓰러져 길을 막고 있기라도 하듯 갑자기 걸음을 멈추었다. 그 순간 우리 사이에는 뭔가 새로운 일이 일어났다. 내가 그것을 알아차렸다는 것을 아이는 잘 알고 있었다. 그 애는 평소의 솔직하고 귀여운 태도를 전혀 잃어버리지 않은 채 내가 그것을 알아차리도록 만든 것이다. 내가 처음에 대답할 말을 찾지 못했을 때부터 이미 그 아이는 자신이 유리한 입장에 있다는 것을 알아챈 것이다. 나도 그것을 느낄 수 있었다. 내가 대답할 말을 찾는 데 한참 시간이 걸리자 아이는 잠시 뒤에 뭔가 의미심장하면서도 모호한 미소를 계속 지으며 천천히 말했다.

"아시잖아요, 사랑하는 선생님. 남자아이가 언제나 숙녀와 함께 지내는 것은—!"

마일스의 '사랑하는 선생님'이라는 말은 그 애가 나를 부를 때의 입버릇이었다. 애정이 담긴 그 친숙한 호칭보다 내가 아이들에게 불어넣고 싶어했던 섬세한 다정함을 더 잘 표현할 수 있는 말은 없었을 것이다. 그 말은 애정과 존경심이 담긴 편안한 호칭이었다.

그러나, 아, 그 순간 나는 얼마나 할 말을 찾느라 고심했던지! 그때 내 기분은……. 나는 시간을 벌기 위해서 억지로 웃음을 지으려고 했다. 나를 쳐다보는 아이의 아름다운 얼굴에 추하고 괴이한 내 표정이 고스란히 비쳐 보이는 듯했다.

"그리고 언제나 같은 숙녀하고 있다는 말이지?" 내가 대답했다.

아이는 주춤하지도, 눈을 깜빡이지도 않았다. 사실 우리는 이미 연극을 마치고 모든 사실을 드러내 놓은 것이나 다름없었다.

"아, 물론 그 여성은 명랑하고 '완벽한' 숙녀예요. 하지만 결국 저는 남자애라고요. 아시겠어요? 말하자면—저는 성장하고 있다고요."

나는 그대로 한동안 아주 친절하게 잠시 말을 끌었다.

"그래, 너는 성장하고 있지."

아, 하지만 얼마나 끔찍한 기분이었던지! 마일스가 어떻게 내 기분을 알고 그걸로 장난을 칠 수 있었을까 하고 생각하면 지금도 가슴이 찢어질 것만 같다.

"있죠, 선생님도 제가 아주 착한 애가 아니었다고는 말할 수 없으시잖아요."

나는 마일스의 어깨에 손을 얹었다. 이러는 것보다는 계속 걸어가는 편이 훨씬 나았겠지만 아직은 걸음을 뗄 수가 없었다.

"그래, 절대로 그렇게는 말할 수 없지, 마일스."

"그 하룻밤만 빼고 말이에요!"

"그 하룻밤?" 나는 도저히 그 아이처럼 상대의 얼굴을 똑바로 바라볼 수 없었다.

"왜, 전에 제가 그랬잖아요. 밤중에 아래로 내려가서 밖으로 나갔던 때 말이에요."

"아, 그래. 그런데 네가 왜 그런 일을 했는지 생각이 나지 않는구나."

"잊어버리셨어요?" 마일스는 어린애들이 귀엽게 투정을 부리듯이 야단스럽게 놀라면서 말했다. "제가 어떤 일이든 할 수 있다는 걸 선생님에게 보여주려고 그랬던 건데!"

"아, 그래. 넌 정말로 할 수 있었지."

"네, 그리고 언제든 다시 할 수 있어요."

문득 정신을 똑바로 차리면 이 상황을 헤쳐 나갈 수도 있겠다는 생각이 들었다.

"물론 그렇겠지. 하지만 너는 그렇게 하지 않을 거야."

"네, 물론 그런 일은 다시 하지 않을 거예요. 그건 쓸데없는 일이었어요."

"그렇고말고." 내가 말했다. "하여튼 이제 그만 가자."

아이는 자신의 손을 내 팔에 끼고 다시 나와 함께 걷기 시작했다.

"선생님, 저는 언제 돌아가게 되나요?"

나는 막중한 책임을 느끼는 것처럼 그 말을 이리저리 생각해 보면서 진지하게 물었다.

"너는 학교에서 아주 행복하게 지냈니?"

아이는 잠시 생각하더니 대답했다.

"저는 어디에서든 행복해요."

"그렇다면, 네가 여기서도 행복하다면—!" 나는 떨리는 목소리로 말했다.

"하지만 그게 전부는 아니잖아요! 물론 선생님은 전부 다 아시겠죠—"

"아니, 그러는 너야말로 그에 못지않게 뭐든지 다 알고 있잖니?" 마일스가 말을 멈춘 사이에 나는 큰맘 먹고 물었다.

"아뇨, 제가 알고 싶은 것의 절반도 몰라요!" 마일스는 정직하게 털어놓았다. "하지만 그건 별로 큰 문제가 아니에요."

"그럼 뭐가 큰 문제인데?"

"저는 인생을 좀더 알고 싶어요."

"그래, 알겠다."

우리는 교회가 보이는 곳까지 왔다. 교회로 들어가는 많은 사람들 틈에서 블라이 식구들 대여섯 명이 입구 근처에 모여서 우리를 먼저 안으로 들여보내려고 기다리고 있었다. 나는 좀더 빨리 걸었다. 우리 둘 사이의 심각한 문제가 훨씬 더 커지기 전에 얼른 교회로 들어가고 싶었다. 한 시간이 넘도록 아이가 입을 다물고 있기를 간절히 바랐고, 어두운 교회 안에서 방석 위에 무릎을 꿇고 영적인 도움을 받을 수 있기를 원했다. 그때 나는 정말로 어떤 경기를 하고 있는 듯했다. 아이가 나를 무너뜨려 몰아넣으려고 하는 어떤 혼란스런 상태와 맞붙어서. 하지만 우리가 교회 안뜰에 들어서기도 전에 마일스는 불쑥 이렇게 말했다.

"저는 저와 비슷한 친구들이랑 사귀고 싶어요!"

이 말을 듣고 그 아이가 경기에서 이겼음을 깨달았다. 순간적으로 당황한 나머지 나는 앞으로 튀어 나갔다.

"너와 같은 사람들은 많지 않아, 마일스!" 나는 웃었다. "아마도 귀여운 플로라 말고는!"

"선생님은 진심으로 저를 여자애하고 비교하시는 건가요?"

이 말에 나는 기묘하게도 몹시 의기소침해졌다.

"그렇다면 너는 우리 귀여운 플로라를 사랑하지 않니?"

"제가 플로라를 사랑하지 않는다면—선생님을 사랑하지 않는다면, 제가 그렇지 않다면—!"

마일스는 멀리뛰기를 하기 위해서 뒤로 물러나듯이 같은 말을 되풀이했지만 결국은 자기 생각을 다 표현하지 않았다. 교회 입구에 들어선 뒤 아이가 내 팔을 꽉 잡아당겨서 어쩔 수 없이 우리는 또다시 걸음을 멈췄다. 그로스 부인과 플로라는 이미 교회로 들어갔고 다른 신자들도 잇달아 들어간 뒤였다. 우리는 잠시 동안 빽빽하게 늘어선 오래된 교회 묘비들 사이에 둘만 남아 있었다. 교회 문으로 이어지는 길가에 놓인 직사각형 탁자 모양의 나지막한 묘비 옆에 문득 멈추어 선 내가 말했다.

"그래, 네가 사랑하지 않는다면?"

내가 질문을 던지고 대답을 기다리는 동안 아이는 잠시 묘비들을 둘러보았다.

"선생님은 아시잖아요!"

아이는 그 한마디를 내뱉고는 꼼짝도 하지 않다가 이내 또 다른 말을 꺼냈다. 그 순간 나는 마치 갑자기 쉬고 싶어지기라도 한 것처럼 넓적한 묘비 위에 털썩 주저앉고 말았다.

"선생님이 무엇을 생각하시는지 우리 백부님께서 알고 계신가요?"

나는 무기력하게 묘비 위에 앉아 오래도록 가만히 있었다.

"내가 무엇을 생각하는지 네가 어떻게 알고 있지?"

"물론 저는 모르지요. 선생님은 한 번도 제게 말씀하지 않으셨으니까요. 다만 제 말은 백부님께서 알고 계시느냐는 거예요."

"무엇을 알고 계시냐는 말이니, 마일스?"

"음, 제 생활에 대해서요."

내 주인을 조금이나마 희생시키지 않고선 이 질문에 대답할 수 없음을 나는 재빨리 간파했다. 하지만 블라이에 사는 우리 모두는 이미 상당한 희생을 치르고 있었으므로 그쯤이야 사소한 희생이라는 생각이 들었다.

"네 백부님께서는 그 문제에 그다지 신경을 쓰시지 않는 것 같아."

"그렇다면 백부님께서 신경을 쓰시도록 만들면 어떨까요?"

"어떤 방법으로?"

"백부님을 여기에 오시게 해서요."

"하지만 누가 그분을 여기로 부르지?"

"제가 할 거예요!"

소년은 너무도 밝고 강하게 대답하더니, 결의가 담긴 표정으로 다시 한 번 나를 빤히 바라보고는 혼자서 교회 안으로 성큼성큼 걸어 들어갔다.

15

내가 마일스를 따라 들어가지 않은 그 순간부터 사실상 모든 일이 결정되었다. 나는 비참하게도 심하게 동요되어 버렸고, 심지어 그 사실을 알면서도 좀처럼 냉정을 되찾을 수 없었다. 마일스가 교회로 들어간 뒤에 나는 그저 묘비 위에 앉아서 내 어린 친구가 말한 내용의 진정한 의미를 이해하려고 애썼다. 그 의미를 전부 다 파악했을 때쯤 나는 예배에 참석하지 못한 것에 대해서, 내 학생들과 다른 교인들에게 내가 지각하는 모습을 보일 수는 없어서 그랬다는 핑계거리를 마련해 두었다. 하지만 그보다 더 중요한 문제가 있었다. 마일스가 내 마음을 읽어버린 것이다. 내가 무척 두려워하는 것을 그 애는 알고 있었고 또 그 점을 이용하면 더 자유롭게 나를 조종할 수 있을 거라고 여기는 게 분명했다. 내가 두려워하는 것은 아이가 학교에서 퇴학당한 원인을 알아내고 그 문제를 처리해야 하는 일이었다. 사실 그것은 바로 그 이면에 쌓여 있는 무시무시한 사건들과 관련된 문제였다. 물론 그 아이의 백부가 여기로 와서 나와 함께 이런 문제들을 처리하는 것이 가장 바람직한 해결책이었다. 하지만 나는 그 꼴사납고 고통스러운 상황을 직면할 용기가 없었으므로, 그저 질질 끌려가면서 하루하루를 간신히 살아갔다. 나로서는 대단히 당황스러운 일이었지만, 소년은 나보다 훨씬 정당한 입장이었고 나에게 공공연히 이렇게 말할 수 있는 처지였다.

"선생님, 왜 제가 학교를 다니지 못하게 되었는지 그 이상한 상태를 우리 백부님과 함께 얼른 해결해 주세요. 제가 지금처럼 남자애에게 전혀 안 어울리는 부자연스러운 생활을 선생님과 함께 계속하리라고 기대하지 마시고요."

부자연스러움을 이야기하자면 사실 내가 맡아 기르고 있는 이 특이한 소년이 이제껏 숨기고 있다가 느닷없이 드러낸 자의식과 계획이야말로 참으로 뜻밖이고 부자연스러웠다. 실제로 나는 바로 그 점에 압도되어 교회에 들어가지 못했던 것이기 때문이다. 나는 주춤주춤 교회 주위를 서성이면서 생각에 잠겼다. 마일스와의 관계에서 나는 이미 돌이킬 수 없을 만큼 심한 타격을 입었다. 그러므로 임시로 사태를 수습할 수도 없었고, 신자석에 비집고 들어가 소년 옆에 앉는 것도 무척이나 괴로운 일이었다. 아이는 전보다 더 강하게 자기 팔을 내 팔에 끼고 옆에 앉아서 한 시간 동안 끈질기게 그 애가 한 말을 내가 혼자 말없이 되새기도록 만들 것이기 때문이다.

나는 처음으로 그 애에게서 달아나고 싶었다. 동쪽의 높다란 창문 아래에 서서 안에서 들려오는 예배 소리에 귀를 기울이다가, 문득 그냥 이대로 달아나버릴까 하는 충동에 사로잡혔다. 그렇게만 할 수 있다면 이 고통스런 나날도 순식간에 끝나 버릴 것이다. 이제 기회가 주어졌다. 나를 막을 사람은 아무도 없었다. 모든 일을 포기하면 쉽게 등을 돌려 물러날 수 있으리라. 그저 몇 가지 물건을 챙기러 잠깐 집에 들렀다가 떠나면 되었다. 하인들이 대부분 예배에 참석하고 있어서 사실상 집은 비어 있다시피 했다. 내가 필사적으로 달아난다 해도 사실 아무도 나를 비난할 수 없을 것이다. 하지만 저녁때까지만이라면 달아난다는 것이 무슨 의미가 있겠는가? 두 시간이 지나면 저녁시간이 될 것이고, 그때가 되면 내 어린 학생들은 내가 그들과 함께 예배에 참석하지 않은 것에 대해 순진하게 놀란 척하면서 이유를 물어볼 것이 분명했다. 아, 안 봐도 뻔한 일이었다……

"대체 무슨 일이에요, 선생님? 도대체 왜 우리를 교회 문 앞에 버리고 가서 그렇게 걱정하도록 만드셨어요? 선생님 걱정을 하느라 예배에 정신을 집중할 수가 없었단 말이에요."

나는 그런 질문에는 도저히 맞설 수 없었다. 그런 질문을 하는 아이들의 거짓이 담긴 천진난만하고 예쁜 눈을 쳐다볼 수 없었다. 하지만 내가 맞닥뜨려야 할 것이 바로 그것이었다. 앞으로 벌어질 일들이 눈앞에 선명하게 떠오르자 나는 마침내 움직이기 시작했다.

하여간 그 순간만 놓고 보자면, 나는 달아난 것이었다. 곧장 묘비가 늘어선 교회 뜰을 나와서 골똘히 생각에 잠긴 채 길을 따라 걸어 공원을 지났다. 집에 도착했을 무렵 내 마음속에는 달아나리라는 생각이 확고하게 굳어졌다. 현관에도 집 안에도 일요일의 고요한 정적이 깔려 있고 아무도 보이지 않자 나는 절호의 기회라는 생각에 약간 흥분했다. 이대로 서둘러 떠난다면, 한마디 말도 없이 요란을 떨지 않고 떠날 수 있으리라. 하지만 그러려면 어지간히 서둘러야 할 것이다. 또 무엇을 타고 갈 것인지가 큰 문제였다. 여러 가지 어려움과 장애가 떠올라 머리가 아픈 나는 홀의 계단 아래쪽에 털썩 주저앉았다. 그 순간, 지난 캄캄한 밤에, 온갖 불길한 일들로 풀이 죽은 내가 끔찍한 여자 유령을 보았던 곳이라는 생각이 갑자기 떠올라 혐오감이 들었다. 나는 반사적으로 벌떡 일어나 계단을 뛰어올라갔다. 당황하고 혼란스런 마음으로 내가 가져가야 할 물건들이 있는 교실로 향했다. 그러나 교실 문을 연 순간, 눈이 번쩍 뜨였다. 나는 눈앞에 있는 것을 보고 휘청거리며 뒤로 물러났다.

이럴 수가, 어떤 여자가 청명한 정오의 햇살을 받으며 내 책상에 앉아 있는 게 아닌가! 전에 그 사람을 본 적이 없었더라면 나는, 집을 지키려고 남은 하녀가 아무도 없는 기회를 이용하여 내 책상에 앉아서 애인에게 편지를 쓰고 있다고 착각했을 것이다. 두 팔을 책상에 올리고 손으로 머리를 떠받친 여자는 무척 지치고 힘든 표정이었다. 그러나 이상하게 내가 들어왔는데도 그녀는 전혀 움직이지 않았다. 다음 순간, 그 여자가 자기 소개라도 하듯이 자세를 바꿔서 모습을 드러내자마자 그녀의 정체가 갑자기 섬광처럼 번쩍하고 빛났다. 그녀가 나를 보고 일어선 것은 아니었다. 내 사악한 전임자는 어둡고 우울하고 무관심한 모습으로 내게서 열 걸음쯤 떨어진 곳에 서 있었다. 그녀는 치욕적이고 비참하고 혐오스런 존재로서 내 앞에 온전히 모습을 드러냈다. 그러나 내가 뚫어지게 응시하는 동안 그 끔찍한 이미지는 사라져 버렸다. 까만 옷을 입고 초췌하지만 얼굴이 아름다운 그녀는 오랫동안 나를 바라보았고, 내가 그녀의 책상에 앉을 권리가 있는 것만큼이나 그녀도 내 책상에 앉을 권리가 있다고 말하는 것처럼 보였다. 이런 순간이 지나는 동안 나야말로 한낱 침입자에 지나지 않는다는 기이하고도 오싹한 느낌이 들었다. 나는 이런 감정에 필사적으로 저항하면서 그녀를 향하여 나도 모르게 소리를 질렀다.
"이 끔찍하고 불행한 여자야!"
그 고함 소리는 열린 문을 통해 긴 복도와 텅 빈 집 안에 울려 퍼졌다. 그 여자는 내 말을 들은 듯이 나를 바라보았고 나는 정신을 가다듬고 있었다. 다음 순간 방에는 아무것도 없었다. 방 안을 환하게 비추는 햇살과 계속 여기 남아야겠다는 나의 굳은 결심 외에는.

16

나는 아이들이 돌아오면 틀림없이 법석을 떨면서 항의할 거라고 예상했다. 그런데 내가 예배에 참석하지 않았는데도 아이들은 아무 말도 하지 않았다. 나는 그 이유를 알 수 없어서 순간 당황했다. 아이들은 물론 그로스 부인 역시 말이 없어 나는 부인의 표정을 살폈다. 아이들이 어떤 식으로든 부인을 포섭해서 침묵하도록 만들었을 거라는 의혹이 들어서였다. 어떻게든 단둘이 있게 되면 단번에 그녀의 침묵을 깨뜨릴 심산이었다.
차를 마실 시간이 되어 기회가 찾아왔다. 나는 석양이 물드는 방에서 그 방 주인인 그로스 부인과 5분간 함께 있을 수 있었다. 어스름한 빛이 감돌고 갓 구운 빵 냄새가 풍기는 가운데 구석구석 깨끗하게 청소되고 반짝반짝 광택이 나는 방에서 그로스 부인은, 우울하고도 평온한 표정으로 난롯가에 앉아 있었다. 지금도 그 부인의 모습이 눈앞에 선명히 떠오른다. 그 모습은 그야말로 부인을 잘 드러내고 있었다. 마치 〈정돈〉이라는 제목이 붙은 한 폭의 커다랗고 깨끗한 그림 같은 모습이었다. 서랍이란 서랍은 전부 다 닫혀 있고 모든 것이 단정하게 정돈되어 있는 어둑한 방 안에서, 난로 불빛을 받으며 등받이가 곧은 의자에 앉아 있던 그로스 부인의 모습……
"아, 그래요. 아이들이 제게 아무 말도 하지 말라고 부탁했어요. 그래서 그러겠다고 약속했죠. 아이들과 함께 있는 자리에서는 당연히 아이들을 즐겁게 해 줘야 하잖아요. 그런데 선생님, 대체 무슨 일이 있었나요?"

"나는 그저 산책 삼아 교회까지 같이 갔던 거예요. 그리고 나서 친구를 만나려고 돌아왔어요."

부인은 깜짝 놀란 표정을 지었다.

"친구라고요? 선생님한테?"

"아, 그래요. 나한테 친구가 두 명 있거든요!" 나는 웃었다. "그런데 아이들이 그 이유를 말하던가요?"

"선생님이 우리를 두고 간 것에 대해서 아무 말도 하지 말라는 이유요? 네, 선생님이 그렇게 하는 것을 더 좋아하실 거라고 하더군요. 선생님, 그 편이 더 좋으세요?"

내 표정을 보고 부인은 슬픈 빛을 띠었다.

"아뇨, 좋아하지 않아요!" 그러나 잠시 뒤 나는 얼른 덧붙여 말했다. "그런데 아이들이 내가 왜 그것을 좋아하는지는 말했나요?"

"아뇨, 마일스 도련님이 그저 이렇게 말했어요. '우리는 선생님이 좋아하시는 일만 해야 돼!'"

"정말로 그 애가 그렇게 해 주면 좋겠군요! 플로라는 뭐라고 말했나요?"

"플로라 아가씨는 아주 상냥했어요. '아, 물론, 맞아, 맞아!' 이렇게 말했지요. 나도 똑같이 말했고요."

나는 잠시 생각했다.

"당신도 아주 상냥했겠지요. 당신과 아이들이 무슨 말을 나눴는지 나도 직접 들은 것처럼 훤히 알겠어요. 그런데 어쩌죠? 마일스와 나는 이제 다 끝났어요."

"다 끝났다고요?" 그로스 부인이 놀란 표정으로 나를 쳐다보았다. "뭐가 끝났다는 말이지요, 선생님?"

"전부 다요. 하지만 그래도 상관없어요. 나는 마음을 정했어요. 그래서 집에 돌아온 거예요." 나는 말을 이었다. "그리고 제슬 양과 대화를 했지요."

그즈음 나는 유령들의 이름을 말할 때면 미리 그로스 부인에게 신호를 보냈다. 내가 부인에게 손을 뻗치면 부인은 용감하게 눈을 끔벅거리며 내 이야기를 들었다.

"대화라고요! 그럼 그 유령이 말을 했다는 뜻인가요?"

"그런 셈이죠. 내가 돌아왔을 때 제슬 양은 교실에 있었어요."

"그녀가 뭐라고 말하던가요?"

그 선량한 부인이 깜짝 놀라서 솔직하게 던진 질문은 지금도 생생하게 들리는 듯하다.

"온갖 고통을 당하고 있다고—!"

솔직히 말하자면 그때 부인은 이 말을 자기 나름으로 받아들여 멋대로 지옥도를 머릿속에 그려 내더니 혼자서 지레 놀라 입을 딱 벌리고 바라보았다.

"그러니까, 저기, 지옥에 떨어진 영혼이 받는 고통을요?" 부인은 말을 더듬었다.

"네. 죽어서 지옥에 떨어진 자, 저주받은 자의 고통이죠. 바로 그 때문에 그 고통을 애들에게 나눠 주려고—"

내가 생각해 봐도 끔찍하고 두려워 입을 다물었다. 하지만 상상력이 부족한 내 친구는 오히려 나를 도와 내 말을 계속 이어 갔다.

"애들에게 나눠 주려고—?"

"그래서 제슬 양은 플로라를 원하는 거예요."

내 말을 듣고 부인이 비틀거렸다. 만약 내가 미리 준비하지 않았더라면 그녀는 분명 무너져 버렸을 것이다.

내가 재빨리 부인을 흔들리지 않게 꽉 붙잡고 있었던 것이다.

"하지만 아까도 말했듯이 그건 문제가 되지 않아요."

"선생님이 이미 결심을 했기 때문에요? 하지만 무엇을 결심하신 거지요?"

"모든 것을요."

"'모든 것'이라니, 그게 뭔데요?"

"아이들의 백부님을 부르는 거예요."

"오, 선생님, 제발 그렇게 해주세요!" 내 친구는 큰 소리로 부르짖었다.

"네, 그렇게 할 거예요, 하고말고요! 나도 그 수밖에 없다는 것을 이제 알았거든요. 아까 나랑 마일스 사이는 완전히 끝났다고 당신에게 말했잖아요? 내 말은, 만약에 내가 그렇게 하기를 두려워한다고 마일스가 생각한다면, 그리고 그 점이 자기에게 유리하다고 생각한다면, 그 애의 착각이었음을 알게 되리라는 거예요. 그래요, 백부님이 여기 오시면 즉시 나는, 필요하다면 그 아이도 있는 자리에서 다 사실대로 보고할 거예요. 만약 마일스를 학교에 다시 보내는 문제에 관해서 내가 아무 일도 하지 않았다는 비난을 받는다면—"

"그렇다면, 선생님?" 내 동료는 이야기를 재촉했다.

"굉장한 이유가 있다는 걸 그분도 알게 되겠지요."

이제는 너무 많은 이유들이 있었으므로 불쌍한 그로스 부인이 내 말을 분명히 이해하지 못했다 해도 무리는 아니었다.

"그게—어떤 이유죠?"

"마일스가 다니던 학교에서 보낸 편지요. 당연히 그게 이유지요."

"그걸 주인님에게 보여 드리겠다고요?"

"그때 당장 그렇게 했어야 했어요."

"오, 안 돼요!" 그로스 부인은 단호하게 거부 의사를 밝혔다.

"그래도 소용없어요. 나는 학교에서 쫓겨난 아이 문제를 해결하는 일은 떠맡을 수 없다고 그분에게 확실히 밝히겠어요." 나는 냉정하게 말을 이었다.

"아니, 하지만 무엇 때문에 도련님이 퇴학을 당했는지 우리는 전혀 모르잖아요!" 그로스 부인이 큰 소리로 말했다.

"못된 짓을 해서 그렇겠지요. 달리 무슨 이유가 있겠어요? 그렇게 똑똑하고 아름답고 완벽한 아이인데. 생각해 보세요. 그 애가 바보인가요? 지저분한가요? 허약하기라도 한가요? 성격이 나쁜가요? 아뇨, 어느모로 보나 마일스는 아주 훌륭한 아이잖아요. 그러니 이유는 그것뿐이에요. 그거 하나면 모든 것이 확실해져요. 하지만 따지고 보면 그건 아이들 백부님 잘못이에요. 그렇게 사악한 사람들을 애들 곁에 남겨 두었으니."

"사실 주인님은 그 사람들의 정체를 전혀 알지 못하셨어요. 잘못이 있다면 그건 전부 다 제 잘못이지요." 부인의 얼굴이 하얗게 질렸다.

"당신이 고통을 받는 일은 없을 거예요." 내가 대답했다.

"아이들도 고통을 받아서는 안 돼요!" 부인이 필사적으로 응수했다.

나는 잠시 가만히 있었다. 우리는 서로를 바라보았다.

"그렇다면 그분에게 뭐라고 말할까요?"

"선생님은 아무 말도 하실 필요 없어요. 제가 이야기할게요."

나는 이 말을 곰곰이 생각해 보았다. "당신이 그분한테 편지를 보내겠다는 말인가요?" 그때 문득 부인이 글을 쓸 줄 모른다는 것을 기억하고 나는 재빨리 말머리를 돌렸다. "어떻게 연락을 하는데요?"

"제가 집사에게 말하고 그가 편지를 쓰면 되지요."

"그 사람에게 우리 비밀 이야기를 쓰도록 한다고요?"

내 질문에는 의도치 않았던 신랄함이 담겨 있었기에 부인은 괜스레 풀이 죽었다. 부인의 눈에 다시 눈물이 고였다.

"오, 선생님, 선생님이 쓰세요!"

"그러면—오늘 밤에 쓰겠어요." 마침내 나는 대답했다. 우리는 이 말을 끝으로 헤어졌다.

17

밤이 되자 나는 편지를 쓰기 시작했다. 날씨는 다시 나빠져 바람이 거칠게 불어 대고 있었다. 옆에 플로라가 조용히 잠들어 있는 내 방에서, 불빛 아래에 종이를 한 장 놓고 앉아서 오랫동안 몰아치는 빗줄기 소리와 바람 소리를 들었다. 이윽고 나는 촛불을 들고 밖으로 나가, 복도를 가로질러 마일스의 방문 앞에 다다랐다. 나는 가만히 귀를 기울여 보았다. 끝없는 망상에 시달리면서, 혹시 그 아이가 깨어 있으면 어떤 기척이라도 날까 하고 홀린 듯이 서 있었다. 곧 뜻밖의 낭랑한 아이의 목소리가 들렸다.

"거기 계시죠, 선생님? 들어오세요."

어둠 속에서 쾌활한 목소리가 울려 퍼졌다!

아이는 침대에 아주 편안하게 누워 있었지만 얼굴에 졸음기라고는 전혀 없어 보였다.

"선생님, 왜 안 주무시고 일어나셨어요?"

아이는 상냥하고 친절하게 물었다. 그 질문을 받자 불현듯 그로스 부인이 떠올랐다. 그녀가 여기 있었더라면, 두 사람의 관계가 다 끝났다더니 대체 어찌 된 일이냐고 물었을 터였다.

나는 촛불을 들고 아이 앞에 서서 그를 굽어보았다.

"내가 문 밖에 있는지 어떻게 알았니?"

"물론 발소리를 듣고 알았죠. 선생님이 아무 소리도 내지 않으신 줄 아세요? 기병대 행진 소리 같았다고요!" 아이는 귀엽게 웃었다.

"그럼 넌 자지 않았니?"

"그다지 잠이 오지 않았어요! 누워서 생각을 하고 있었어요."

나는 일부러 촛불을 조금 떨어진 곳에 두었다. 아이가 다정하게 손을 내밀었기에 침대 모서리에 앉았다.

"무슨 생각을 하고 있었지?"

"선생님 생각이 아니라면 무슨 생각을 하겠어요?"

"오, 네가 나를 그렇게 생각해 주다니 기쁘기는 하지만 그렇게까지 하지 않았으면 좋겠어! 그보다도 네가 잠을 자면 더 좋겠구나."

"또 우리들의 묘한 문제에 대해서도 생각하고 있었어요."

내 손을 붙잡은 그 애의 여린 손이 문득 차갑게 느껴졌다.

"뭐가 묘한 문제일까, 마일스?"

"선생님이 저를 가르치는 방식도 그렇고, 그 밖에 다른 것들도요!"

잠시 내 숨이 멈췄다. 가물거리는 희미한 촛불 빛으로도 베개를 베고 누워 미소를 지으며 나를 올려다보는 아이의 얼굴을 충분히 볼 수 있었다.

"그 밖에 다른 것들이란 무슨 뜻이지?"

"아이, 선생님도 다 아시잖아요!"

여전히 아이의 손을 잡고 그 애의 눈을 계속 바라보면서, 나는 잠시 말문이 막혀 그대로 입을 다물고 있었다. 내 침묵이 그의 비난을 시인하는 태도로 여겨질 것이고, 이 현실 세계에서 지금 이 순간 우리의 관계만큼 현실과 동떨어진 어처구니없는 관계는 달리 없으리라고 생각했다.

"물론 너는 학교로 돌아가야겠지." 이윽고 내가 말했다. "그 문제 때문에 네가 괴롭다면 말이야. 하지만 예전의 학교는 아니고, 더 좋은 다른 학교를 찾아야지. 그런데 얘야, 네가 이 문제에 대해서 나한테 말하지도 않았고 애초에 학교 얘기를 한 번도 한 적이 없잖아. 그런데 네가 학교 문제로 괴로워하는 줄을 내가 어떻게 알 수 있었겠니?"

맑은 얼굴로 내 말에 귀를 기울이는 아이의 얼굴이 매끄러운 곡선을 그리며 어둠 속에서 하얗게 떠올랐다. 그때 그 모습은 소아 병동에 있는 어린 환자가 무엇인가를 간절하게 바라는 얼굴처럼 내 가슴을 때리는 호소력을 띠고 있었다. 그 느낌이 사실처럼 다가와서 나는 내가 할 수 있는 일이면 모두다 해주고 싶은 심정이었다. 정말이지 간호사든 수녀든 뭐든지 되고 싶을 정도였다. 어쩌면 현재 상황에서도 내가 그에게 도움이 될지도 모를 일이었다.
"네가 학교에 대해서 지금까지 한마디도 하지 않았다는 걸 알고 있니? 전에 다닌 학교에 대해서 말이야. 어떤 식으로건 한 번도 말한 적이 없었지?"
마일스는 의아하게 생각하는 눈치였지만 여전히 사랑스러운 미소를 지었다. 그러나 아이는 분명 시간을 끌면서 자신을 이끌어 줄 사람이 나타나기를 기다리고 있었다.
"그랬었나요?"
아이를 이끌어 줄 사람은 내가 아니었다. 내가 만났던 그 남자였다! 대답하는 아이의 목소리와 표정에 깔린 그 무엇이 내 마음을 내가 이제껏 겪어 보지 못한 고통 속으로 몰아넣었다. 어린 아이가 사악한 주문에 걸려 그것을 벗어나지 못하고 애쓰는 것을 보니 말할 수 없이 애처로웠다.
"그래, 전혀 말하지 않았어. 여기에 와서 한 번도. 학교 선생님들이라든가, 친구들이라든가, 학교에서 일어났던 아주 사소한 일조차 한 번도 언급한 적이 없었지. 정말이야, 맹세코 단 한 번도 없었어. 마일스. 그러니 내가 아무것도 모를 거라고 너도 짐작하고 있을 거야. 우리가 처음 만난 날부터 오늘 아침 네가 그런 식으로 불쑥 얘기를 꺼낼 때까지, 너는 지나간 네 생활에 대해 한 번도 말하지 않았어. 그래서 나는 네가 과거보다도 현재 생활에 푹 빠져서 행복하게 지내는 줄 알았단다."
나는 마일스가 내적으로는 조숙하다고(그 사악한 존재가 미친 영향을 나는 그렇게 표현했다) 굳게 믿고 있었다. 그래서 마일스가 내면의 고통을 언뜻 드러내도 그 애를 제 나이보다 훨씬 성숙한 어른처럼 대했다. ─놀랍게도 나는 그 애를 지적으로 나와 거의 동등한 사람으로 취급하고 있었다.
"나는 네가 지금 이대로 계속 있고 싶어한다고 생각했단다."
이 말에 아이가 아주 조금 얼굴을 붉히는 듯이 보였다. 어떻든 마일스는 약간 피로한 회복기 환자처럼 힘없이 고개를 가로저었다.
"그렇지 않아요. 그렇지 않아요. 저는 여기에서 나가고 싶어요."
"블라이에 싫증이 났니?"
"아뇨. 저는 블라이를 무척 좋아해요."
"그럼?"
"남자아이가 무엇을 바라는지 선생님은 아시잖아요!"

나는 그 애만큼 잘 아는 것은 아니라고 느꼈다. 그래서 일시적으로 피난처를 찾았다.
"네 백부님께 가고 싶은 거니?"
"아아, 선생님! 그 문제를 확실히 해결하지 못하고 얼렁뚱땅 넘어가시려고요?"
나는 잠시 입을 다물었다. 이번에는 내가 얼굴이 붉어졌다.
"애야, 사실 나는 확실히 해결하고 싶지 않아."
"아니, 선생님은 하고 싶어도 못하시는 거예요. 할 수 없어요, 할 수 없다고요!"
마일스는 침대에 누운 채 아름다운 눈으로 나를 빤히 올려다보았다.
"백부님께서 여기로 내려오셔야 해요. 오셔서 선생님과 함께 그 문제를 완전히 처리하셔야 해요."
"그렇게 한다면, 그분은 틀림없이 너를 멀리 보내실 거야." 나는 약간 힘주어 말했다.
"제가 바라는 것이 바로 그거라는 걸 선생님은 모르세요? 선생님은 백부님께 말씀하셔야 할 거예요. 지금까지 선생님이 어떻게 그 문제를 완전히 무시하고 방치했는지, 백부님께 아주 대단히 많은 이야기를 하셔야 할 거예요!"
마일스가 의기양양하게 말했기에 순간 나는 아이에게 좀더 강경하게 맞설 수 있었다.
"그렇다면 너는 백부님께 얼마나 많은 이야기를 해야 할까? 백부님이 네게 물어보실 것들이 있을 텐데!"
마일스는 이 말을 곰곰 생각해 보았다.
"그럴지도 모르죠. 하지만 그게 무엇일까요?"
"네가 나에게 전혀 말하지 않은 것들이지. 너를 어떻게 해야 할지 결정하시기 위해서 말이야. 백부님께서 너를 전에 다니던 학교로 돌려보낼 수는 없을 테니—"
"저도 그 학교로 다시 돌아가고 싶지 않아요!" 마일스가 갑자기 끼어들었다. "저는 새로운 무대를 원한다고요."
마일스는 감탄할 만큼 차분한 어조로 나무랄 데 없이 명랑하게 말했다. 그러나 바로 그 어조가 내 가슴을 푹 찔렀다. 아마 이 아이는 석 달이 지나면 똑같이 허세를 떨면서 더욱 큰 불명예를 안고 돌아올 것이다. 그토록 부자연스러운 이 불쌍한 아이의 비극이 크나큰 고통과 슬픔을 자아냈다. 그런 생각에 사로잡힌 나는 도저히 견딜 수 없는 심한 고통에 압도되어 그만 자제력을 잃어버렸다. 나는 저도 모르게 아이에게 몸을 굽히고 연민에 젖어 다정하게 아이를 끌어안았다.

"귀엽고 순진한 마일스, 귀여운 마일스!"

나는 아이의 얼굴에 키스했다. 마일스는 내 키스를 그저 눈감아주듯 너그럽게 받아들였다.

"왜 그러세요, 선생님?"

"나에게 말하고 싶은 것은 아무것도 없니? 정말 없니?"

마일스는 약간 고개를 돌려 벽을 향하고는 병든 아이들이 종종 그러듯이 한 손을 높이 들어 바라보았다.

"말했잖아요. 오늘 아침 선생님에게 말했어요."

아, 그 애가 얼마나 가여웠던지!

"그저 내가 너를 따라다니며 괴롭히지 않기를 바란다고?"

그러자 아이는 선생님이 이제야 자기를 이해했다는 듯 시선을 돌려 나를 바라보고 한층 부드럽게 대답했다.

"저를 그냥 내버려 두세요."

그 말에는 신기하게도 어떤 위엄이 서려 있었다. 그래서 나는 무의식중에 감았던 팔을 풀었지만 천천히 일어서서 그대로 아이 옆에 서 있었다. 그 아이를 괴롭힐 생각은 물론 털끝만큼도 없었다. 하지만 이 말을 듣고 내가 얌전히 아이 곁을 떠난다면 그건 바로 그 아이를 저버리는 것이고, 더 정확하게 말하자면 그 아이를 잃는 것이라고 느꼈다. 나는 입을 열었다.

"네 백부님께 보낼 편지를 쓰기 시작했단다."

"그러면 얼른 다 써 버리세요!"

나는 잠시 묵묵히 기다렸다.

"전에 무슨 일이 있었지?"

아이는 나를 다시 빤히 올려다보았다.

"전이라뇨?"

"네가 학교에서 돌아오기 전에. 그리고 네가 학교로 떠나기 전에."

아이는 잠시 말이 없었지만 여전히 내 눈을 뚫어져라 바라보았다.

"무슨 일이 있었냐고요?"

마일스가 이 말을 입 밖에 내놓자 나는 처음으로 약간이나마 서로의 마음이 통하는 느낌을 받았다. 그래서 나도 모르게 침대 옆에 무릎을 꿇고 다시 한 번 그 아이를 소유할 수 있는 기회를 붙잡으려 했다.

"귀여운 마일스, 귀여운 마일스야. 내가 너를 얼마나 돕고 싶어하는지 네가 알면 좋으련만! 내가 바라는 것은 오직 그뿐이야. 그 외에는 아무것도 필요 없단다. 네게 고통을 주거나 해를 끼치느니 차라리 내가 죽는 편이 낫겠어. 네 머리카락 한 올이라도 다치게 하느니 내가 죽는 편이 낫지. 귀여운 마일스야." 너무 지나친 말이기는 했지만 나는 마침내 솔직하게 털어놓고야 말았다. "내가 너를 구할 수 있도록 도와주렴!"

그러나 이 말을 하자마자 내가 너무 지나쳤음을 깨달았다. 즉시 내 간절한 호소에 대한 응답이 나타났다. 갑자기 엄청난 돌풍과 얼어붙을 듯이 차가운 공기가 휘몰아쳤고, 거센 바람에 창문이 마구 덜컹거리면서 방이 무너질 만큼 뒤흔들렸다. 소년은 크고 높은 소리로 비명을 질렀다. 그러나 그것은 방이 뒤흔들리는 소리에 파묻혀서 바로 옆에 있었던 나조차도 그저 기쁨의 환성인지 공포의 외침인지 뚜렷하게 분간할 수 없었다. 벌떡 일어선 나는 방 안이 온통 캄캄하다는 것을 알아차렸다. 우리는 잠시 가만히 있었고 그동안 나는 주위를 돌아보았다. 내려진 커튼은 미동조차 하지 않았고 창문은 꼭 닫혀 있었다.

"아니, 촛불이 꺼졌네!" 그제야 나는 소리를 질렀다.

"제가 불어서 껐어요, 선생님." 마일스가 말했다.

18

다음 날 수업이 끝난 뒤 그로스 부인은 기회를 봐서 조용히 나에게 말을 걸었다.

"선생님, 편지는 쓰셨어요?"

"네, 썼어요."

나는 편지를 봉하고 주소를 쓰기는 했지만 아직 그 편지가 내 주머니에 있다는 말은 덧붙이지 않았다. 심부름꾼이 우체국이 있는 읍으로 떠나기 전에 편지를 건네면 되었다. 한편 내 학생들은 그날 아침처럼 훌륭하게 모범적으로 행동한 적이 없었다. 두 사람 다 최근의 사소한 마찰을 무마하려고 마음먹은 것 같았다. 아이들은 빈약한 내 지식의 범주를 훌쩍 뛰어넘어 눈이 부시도록 멋진 솜씨로 수학 문제를 풀었고, 전보다 더욱 명랑한 기분으로 지리학과 역사에 대해서 재치 있는 익살을 떨었다. 특히 마일스는 자신이 얼마나 쉽게 나를 능가할 수 있는지를 보여 주고 싶어하는 기색이 역력했다.

내가 기억하기로 이 아이는 사실 어떤 말로도 표현할 수 없을 정도로 아름답고도 불행한 삶을 살고 있었다. 그것은 어쩌다 아이가 드러내는 여러 가지 욕구에 항상 그애만의 독특한 개성으로 배어 나왔다. 아무것도 모르는 사람의 눈에는 솔직함과 자유로움 그 자체로 보이는 이 천진난만한 아이는 그와 동시에 책략도 잘 꾸미는 특이한 꼬마 신사였다. 그래서 경험이 풍부한 나조차도 내가 처음 가졌던 견해로만 바라보지 않기 위해 끝없이 경계해야 했다. 그렇게 훌륭한 어린 신사가 대체 무슨 잘못을 했기에 퇴학을 당하게 되었을까 하는 수수께끼를 계속 들이다 놨다 해야만 했다. 모든 사악한 악마들이 아이에게 온갖 악덕을 가르쳐 줬다 해도, 과연 그 씨앗이 정말로 그애 안에서 자라고 꽃피울 수 있었을까하는 의문이 들어 나는 그 증거를 찾아내려고 뼈저린 고통을 겪어야 했다.

어떻든 그 끔찍한 날 점심을 먹은 뒤, 마일스가 나를 찾아와서 선생님을 위해 30분간 피아노 연주를 해 드려도 좋겠냐고 물었다. 사실 그때처럼 그 어린 신사의 진면모가 드러난 적은 없었다. 이스라엘 왕 사울에게 하프를 연주해 준 다윗도 이처럼 섬세하게 사태를 파악하는 재주를 발휘할 수는 없었을 것이다. 아이는 진정 뛰어난 재치와 품위 있는 아량을 매혹적으로 과시했으며, 직접 이렇게 말한 것과 다름없었다.

"우리가 재미있게 읽었던 이야기에 나오는 진정한 기사들은 자기가 좀 유리해졌다고 해서 교만하게 굴지는 않잖아요, 그렇죠? 선생님이 지금 어떤 기분인지 잘 알아요. 선생님도 실은 아무에게도 방해 받지 않고 혼자 있는 걸 좋아하시니, 저에 대해서도 괜히 걱정하거나 감시하지 않을 테고, 저를 가까이에 두지도 않고 마음대로하게 내버려 둘 작정이시겠죠. 자, 그래서 제가 이렇게 왔어요. 하지만 가지 않을 거예요! 아직 시간은 많으니까요. 저는 선생님과 함께 있는 것이 정말로 즐거워요. 다만 제가 원칙을 위해 싸웠을 뿐이라는 것을 선생님도 알아주셨으면 좋겠어요."

내가 이런 호소에 등을 돌렸는지 아니면 그의 손을 잡고 함께 교실로 다시 갔는지는 상상에 맡기겠다. 마일스는 낡은 피아노 앞에 앉아서 그 어느 때보다 훌륭하게 연주했다. 하지만 그 아이가 축구공을 차면서 노는 편이 더 낫겠다고 생각하는 사람들이 있다면, 나도 그 의견에 전적으로 동의한다고 말하지 않을 수 없으리라. 나는 아이의 연주에 푹 빠져서 시간 가는 줄을 몰랐다. 그러다가 갑자기 퍼뜩 정신이 들었다. 일하다 말고 앉은 자리에서 그만 잠이 들고 말았다는 이상한 느낌에 나는 깜짝 놀라 일어섰다. 점심 식사 뒤였고 교실의 따뜻한 난롯가에 앉아 있었지만, 실제로는 잠이 든 것이 아니었다. 다만 더 심각한 일을 저질렀다―나는 잊고 있었다. 플로라는 어디 있는 거야? 내가 묻자 아이는 잠시 연주를 계속한 다음 "글쎄요, 선생님, 제가 어떻게 알겠어요?"라고 대답할 뿐이었다. 그러고는 유쾌하게 웃음을 터뜨리더니 곧 목소리로 반주를 넣는 것처럼 아무렇게나 엉터리 노래를 길게 이어 갔다.

나는 곧장 내 방으로 갔지만 플로라는 보이지 않았다. 아래층으로 내려가기 전에 다른 방을 몇 군데 들여다보았다. 어디에서도 플로라를 찾을 수 없었다. 틀림없이 그로스 부인과 함께 있을 거라고 생각한 나는 마음을 가라앉히고 부인에게로 갔다. 플로라가 어디 있느냐는 내 물음에 부인은 얼빠지고 겁에 질린 채 모른다고 대답했다. 부인은 내가 아이들을 둘 다 데리고 있을 거라고 믿고 있었다. 하기야 그럴 만도 했다. 내가 특별한 이유 없이 어린 소녀를 내 시야에서 벗어나도록 놔둔 것은 이번이 처음이었다. 그래, 지금 플로라는 아마 하녀들과 함께 있을 거야. 우리가 당장 해야 할 일은 놀란 표정을 보이지 않고 아이를 찾는 것이었다. 우리는 즉시 움직였다. 샅샅이 찾아보았지만 아이의 흔적은 어디에도 없었다. 그녀와 나는 서로 놀란 표정으로 바라만 볼 뿐 아무 말도 하지 못했다. 불안과 공포와 두려움이 순식간에 내 가슴을 덮쳤다. 내가 이제까지 그녀에게 주었던 고통을 이자까지 붙여서 한꺼번에 되받고 있는 거라고 생각했다.

"플로라는 2층에 있을 거예요." 부인이 곧 말했다. "선생님이 아직 열어보지 않은 방에."

"아뇨, 그 애는 멀리 있을 거예요." 나는 이미 결론을 내렸다. "밖으로 나갔어요."

그로스 부인이 나를 쳐다보았다.

"모자도 쓰지 않고요?"

당연하다는 듯한 표정으로 내가 말했다.

"그 여자도 언제나 모자를 쓰지 않잖아요?"

"아니, 그럼 그 여자가 아가씨와 함께 있다고요?"

"그래요, 둘이 함께 있어요! 그들을 찾아야 해요." 나는 확신에 찬 목소리로 말했다.

나는 동료의 팔에 손을 얹었다. 그런데 부인은 심상찮은 이 사태에 대한 설명을 듣자 망연자실하여 잠시 내 손길에 반응하지 않았다. 오히려 그 자리에 꼼짝도 않고 서서 불안한 목소리로 말했다.

"그런데 마일스 도련님은 어디 있죠?"

"아, 마일스는 퀸트하고 있어요. 교실에 있지요."

"맙소사, 선생님!"

나 스스로도 의식하고 있었지만, 내 견해와 더불어 내 어조가 이렇게 침착하고 확고한 적은 없었다.

"속임수를 쓴 거예요." 나는 계속 말했다. "애들이 자기들 계획을 멋지게 성공시킨 거지요. 마일스는 말이죠, 플로라가 밖으로 나가는 동안 나를 조용히 붙들어 놓으려고 그야말로 신기에 가까운 방법을 썼어요."

"'신기에 가까운' 방법?" 그로스 부인이 어리둥절해서 내 말을 따라 했다.

"아, 그럼 '악마 같은' 방법이라고 하죠!" 나는 거의 유쾌한 어조로 대답했다. "마일스는 자기가 빠져나갈 길까지도 마련해 놓았어요. 그렇지만 됐어요, 어서 가요!"

부인은 '신기' 운운하던 대목에서부터 이미 무기력해져서 어두운 표정을 짓고 있었다.

"도련님을 두고 간다고요?"

"오랫동안 퀸트와 단둘이 있도록 말이지요? 그래요, 이제 나는 그런 것은 신경 쓰지 않아요."

이런 순간에 부인은 언제나 내 손을 잡는 것으로 마무리했는데 이번에도 그런 식으로 잠시 나를 만류할 수 있었다. 그러나 갑자기 내가 마일스를 완전히 포기한 듯이 말하자 부인은 잠시 숨을 몰아쉬더니 간절한 어조로 말을 내뱉었다.

"선생님이 쓴 편지 때문에?"

나는 대답 삼아 재빨리 주머니를 더듬어 편지를 찾아 꺼내 들었다. 그리고 그로스 부인이 잡고 있던 손을 풀고는 홀에 있는 탁자로 걸어가서 편지를 그 위에 내려놓았다.

"여기 놔두면 루크가 가지고 가겠지요."

내가 부인 곁으로 다가서면서 말했다. 이어 현관문을 열고 층계로 내려섰다. 내 친구는 아직도 머뭇거리고 있었다. 전날 밤과 이른 아침에 불었던 폭풍우는 지나갔지만 오후 날씨는 축축하고 잿빛으로 우중충했다. 부인이 아직 문간에 서 있는 동안 나는 마찻길로 내려섰다.

"선생님, 모자도 외투도 없이 그냥 가세요?"

"플로라도 그냥 나갔는데 내가 신경 쓸 일이 뭐가 있겠어요? 옷을 차려입느라 시간을 끌 수는 없어요. 당신은 그렇게 해야겠다면 나 혼자 가겠어요. 그 동안 당신은 위층을 살펴보세요."

"도련님하고 퀸트랑 함께 있으라고요?"

오, 그렇게 말한 가엾은 부인은 즉시 나를 따라나섰다!

19

우리는 곧장 호수로 갔다. 블라이에서는 그곳을 호수라고 불렀고, 나도 호수란 이름이 잘 어울린다고 생각했다. 여행을 해보지 못한 내 눈에 비친 크기만큼 실제로 널따란 수면은 아닐지도 모른다. 어쨌든 몇 번인가 학생들과 함께 배를 타고 노를 저었던 넓게 출렁이던 호수는 나에게 깊은 인상을 남겼다. 보트를 타는 곳은 집에서 반 마일이나 떨어져 있었으므로 설마 거기까지 갔으랴 싶기도 했지만, 나는 플로라가 있는 곳이 어디든 집에서 가까운 곳은 아닐 거라고 확신했다. 지금껏 플로라는 어떤 사소한 모험을 하기 위해서 나 몰래 빠져나간 적은 없었다. 어쨌든 나는 지난번 호숫가에서 유령을 본 뒤로는 아이가 가장 즐겨 가는 곳이 어디인지 눈여겨보았었다. 내가 앞장서자 우리가 어디로 가는지 알아차린 부인이 갑자기 걸음을 멈추고 내게 물었다.

"호수 쪽으로 가는 건가요, 선생님? 아가씨가 호수 '안'에 있다고 생각하세요?"

"그럴지도 모르지요. 하지만 어디라도 물이 그리 깊지는 않을 거예요. 아무튼 내가 당신에게 말했던 유령을 보았던 그 장소에 플로라가 있을 가능성이 가장 커요."

"아가씨가 보고도 보지 못한 척했을 때 말이죠?"

"맞아요. 정말 놀라울 정도로 침착했죠! 그 애가 혼자서 다시 그곳에 가고 싶어할 거라고 항상 생각해 왔어요. 그런데 마침 마일스가 그 애를 도와준 거죠."

그로스 부인은 여전히 멈춘 채로 꼼짝도 하지 않았다.

"선생님, 도련님과 아가씨가 정말로 그 악마 같은 자들과 대화한다고 생각하세요?"

나는 이 말에 자신 있게 대답할 수 있었다!

"애들은 우리가 들으면 질겁할 만큼 소름끼치는 이야기들을 자기네끼리 하고 있어요."

"그럼 혹시 아가씨가 거기 있다면—?"

"있다면?"

"그렇다면 제슬 양도 있을까요?"

"물론이지요. 당신도 만날 수 있어요."

"아니, 사양하겠어요!"

내 동료가 이 말을 큰 소리로 외치며 꼼짝 않고 서 있었기 때문에 나는 어쩔 수 없이 혼자서 호숫가로 갔다. 하지만 내가 그곳에 도달했을 때 부인은 내 뒤에 바짝 따라붙어 있었다. 내게 어떤 일이 닥치더라도 (부인은 그 점을 염려하고 있었는데) 나와 함께 있는 편이 가장 위험이 덜하다고 생각한 모양이었다. 마침내 호수 전체가 거의 드러나 보이는 곳에 도착했다. 그곳에서도 아이의 모습이 보이지 않자 부인은 신음하면서 안도의 한숨을 내쉬었다. 내가 언젠가 플로라를 관찰하면서 깜짝 놀랐었던 호수 이쪽에 있는 둑에도 아이의 흔적은 보이지 않았다. 또 가장자리를 제외하고 약 20야드가량 되는 지면을 덮고 있는 울창한 관목 숲이 물가로 이어져 내려온 반대쪽 둑에서도 아이는 보이지 않았다. 이 타원형 호수는 양쪽 끝이 보이지 않는 그 길이에 비해서 폭이 좁은 편이라 언뜻 보면 조그만 강으로 여겨질 정도였다. 우리는 아무것도 없는 넓은 수면을 바라보았다. 그로스 부인의 표정은 뭔가 하고 싶은 말이 있는 것 같았다. 나는 그게 무엇인지 곧 눈치 채고 부정하듯 고개를 가로저으며 말했다.

"아니, 아니에요. 잠깐만! 플로라는 보트를 타고 갔어요."

그로스 부인은 눈을 크게 뜨고 아무것도 없는 정박장과 호수를 살펴보았다.

"그렇다면 보트가 어디 있지요?"

"그게 바로 가장 강력한 증거예요. 플로라는 보트를 타고 호수를 건너가 그곳 어디에 배를 숨겨 놓은 거지요."

"어린 아이가 혼자서요?"

"그 애는 혼자가 아니에요. 그리고 이런 경우 플로라는 아이가 아니고요. 나이 든 노련한 여자나 마찬가지라고요."

나는 눈길이 닿는 데까지 물가를 찬찬히 살펴보았고 그동안 그로스 부인은 내가 말한 그 괴이한 사건 속으로 이번에도 순순히 빠져들었다. 나는 건너편 둑 가까이에 우묵하게 들어간 곳을 가리키며, 보트가 그곳에 숨겨져 있을 거라고 말했다. 움푹 파인 그곳은 튀어나온 둑과 물가 가까이에서 자라는 수풀에 가려 이쪽에서는 잘 보이지 않았다.

"하지만 보트가 거기 있다면, 대체 플로라는 어디 있는 거죠?" 내 동료가 걱정스레 물었다.

"바로 그걸 우리가 알아내야죠." 나는 이렇게 말하면서 다시 걸음을 뗐다.

"여기를 빙 둘러 건너편까지 간다고요?"

"물론이죠. 비록 멀긴 하지만 그렇게 해야지요. 그래도 우리 걸음으로 10분 정도면 도착할 거예요. 하지만 어린애한테는 너무 먼 거리죠. 플로라는 걷지 않고 여기서 저기까지 곧장 건너갔어요."

"어머나!"

그로스 부인은 다시 소리를 질렀다. 부인에게는 연속적인 내 추리 과정이 언제나 너무 어렵게 느껴지는 모양이었다. 지금도 부인은 그 추리에 질질 끌려서 나를 따라오고 있었다. 몹시 울퉁불퉁하고 덤불로 뒤덮인 구불구불한 길을 따라서 목적지의 반쯤 되는 거리까지 갔을 때, 나는 부인이 숨을 돌리도록 잠시 걸음을 멈추었다. 그리고 부인에게 그녀가 내게 정말로 큰 도움이 되고 있다고 말했다. 우리는 다시 기운을 내서 출발했고 몇 분 더 지나자 내가 예상했던 지점까지 다다랐다. 배는 눈에 띄지 않는 곳에 의도적으로 숨겨져 있었다. 그것은 바로 물가까지 이어져 내려와 배에서 내릴 때 붙잡는 울타리 말뚝에 매여 있었다. 안전하게 끌어올려 놓은 두 개의 짧고 두꺼운 노를 바라보면서 나는 어린 여자애가 한 것치고는 참으로 놀라운 일이라고 생각했다. 그즈음 나는 기이하고 놀라운 일들을 많이 겪어 그만한 일로 새삼 놀랄 필요는 없었다. 우리는 울타리 문을 지나 이윽고 넓게 트인 곳으로 나왔다.

"앗, 저기 있어요!" 우리는 동시에 외쳤다.

플로라는 우리 앞에 펼쳐진 풀밭에 서서 마치 자신의 여흥이 이제 막 끝났다는 듯 미소를 짓고 있었다. 하지만 그런 다음 몸을 곧장 굽히더니 마치 자기가 바로 그 일을 하러 왔다는 듯 크고 시들어 빠진 고사리 줄기를 하나 뽑았다. 나는 아이가 방금 물가에 우거진 관목 숲에서 나온 게 틀림없다고 직감했다. 플로라는 한 걸음도 움직이지 않고 우리가 다가오기를 기다렸다. 나는 유례없이 엄숙한 기분을 느끼며 아이에게 가까이 다가갔다. 플로라는 계속해서 얼굴 가득히 미소를 지었고, 마침내 우리는 마주 섰다. 그 대면은 시종일관 극히 불길한 침묵 속에서 이루어졌다.

이런 위험한 대립 관계를 가장 먼저 깨뜨린 사람은 그로스 부인이었다. 부인은 털썩 무릎을 꿇고 부드럽고 나긋나긋한 아이의 몸을 한참 동안 자신의 가슴에 끌어안았다. 그로스 부인과 플로라의 뜨거운 포옹이 지속되는 동안 나는 그저 그들을 바라만 보고 있었다. 부인의 어깨 너머로 나를 흘끗 쳐다보는 플로라의 얼굴이 보여 나는 유심히 아이를 바라보았다. 두 사람은 진지하게 서로를 계속 끌어안고 있었다. 그렇게 착 달라붙어 미동도 하지 않았다. 그것을 보자 그로스 부인과 아이가 맺는 애정으로 가득 찬 단순한 관계가 갑자기 부러워지면서 나는 마음속 깊이 고통을 느껴야 했다. 그렇게 시간이 흐르는 동안 여전히 우리들 사이에서는 아무 말도 오가지 않았다. 다만 플로라의 손에서 그 보기 흉한 고사리 줄기가 미끄러져 땅에 떨어졌을 뿐이었다. 그 침묵 속에서 플로라와 나는 이제 평계가 통하지 않는다고 서로에게 말한 것이나 다름없었다.

그로스 부인이 마침내 아이의 손을 잡고 일어섰고, 그 둘은 내 앞에 나란히 섰다. 아이가 내게 던진 노골적인 눈빛에는 우리가 방금 전에 말없이 나눈 내면의 특이한 교감이 더욱 두드러지게 드러나 있었다. 그 눈은 '죽어도 말하지 않겠다'고 말하고 있었다.

플로라는 의아하다는 얼굴로 거침없이 나를 찬찬히 훑어보다가 먼저 입을 열었다.

"어? 선생님, 모자는 어디 두셨어요?"

"네 모자가 있는 곳에 있지." 나는 즉시 대답했다.

플로라는 벌써 명랑한 태도로 되돌아왔고, 이 대답으로 충분하다고 여기는 것 같았다.

"마일스는 어디 있어요?" 아이는 계속 말했다.

이렇게 말하는 소녀의 앙증맞은 용기는 나에게 치명타를 입혔다. 그 애가 내뱉은 세 마디 말은 칼집에서 꺼낸 칼의 번쩍이는 일격처럼, 내가 오랫동안 높이 치켜들고 있던 내용물이 철철 넘치는 잔을 단번에 퍽 쳐서 엎질러 버리고 말았다. 내가 무슨 말을 하기도 전에 그 잔에서 홍수처럼 내용물이 쏟아져 나오는 게 느껴졌다.

"네가 말한다면 나도 말해 줄게."

나도 모르게 이 말이 나왔고, 떨리는 가운데 말을 멈추었다.

"무엇을요?"

그로스 부인은 긴장하여 나를 뚫어지게 바라보았지만 이미 너무 늦었다. 나는 당당하게 그 말을 입 밖에 냈다.

"우리 귀염둥이, 제슬 양은 어디 있지?"

20

교회 묘지에서 마일스와 대치했을 때처럼 모든 것이 한꺼번에 우리를 덮쳤다. 우리들 사이에서 그 이름이 한 번도 거론되지 않았다는 사실을 나는 무척 중요하게 여겼다. 하지만 그 이름을 듣자마자 아이의 얼굴에서 환한 빛이 싹 사라지는 것을 보자 나는 새삼스레 내가 엄청난 짓을 저질렀음을 깨달았다. 마치 창문을 와장창 깨뜨려 버린 기분이었다. 그때 갑자기 그로스 부인이 내 잔인한 공격을 막기라도 하려는 듯이 비명을 질러 내 말을 가로막았다. 그것은 겁에 질린 동물, 아니 오히려 상처 입은 동물이 내지르는 비명 같았다. 그런데 몇 초 뒤에 나 역시 소리를 질렀다. 나는 숨 막히는 소리를 내며 동료의 팔을 붙잡았다.
"앗! 그 여자가 저기 있어요, 저기 있어요!"
제슬 양은 이전과 마찬가지로 반대편 강둑에 서 있었다. 이상하게도 그때 내가 느낀 첫 번째 감정은 드디어 증거를 포착했다는 짜릿한 기쁨이었던 것으로 기억한다. 그 여자가 거기 있으므로 내 말이 사실임이 입증된 셈이었다. 그 여자가 거기 있으니 나는 잔인하지도, 미치지도 않은 것이었다. 그 여자는 겁에 질린 불쌍한 그로스 부인이 볼 수 있도록 거기 있었다. 그러나 무엇보다도 플로라를 위해서. 그 여자는 분명히 창백하고 탐욕스러운 유령이었다. 하지만 말귀를 못 알아듣지는 않을 것이다. 그런 생각에 내가 의식적으로 그 여자에게 말없이 영문 모를 감사의 뜻을 보낸 그 순간처럼 기괴한 시간은 다시 없으리라. 그녀는 그로스 부인과 내가 조금 전에 떠나온 그 자리에 꼿꼿이 서 있었다. 그녀가 길게 뻗은 욕망의 손길에는 한 치의 악의도 모자람도 없었다. 이처럼 선명한 그녀의 모습을 발견하고서 내가 느낀 기쁨은 몇 초 동안 지속되었다. 그동안 그로스 부인은 어리둥절하여 눈을 끔벅거리며 내가 가리킨 방향을 바라보았다. 나는 그 반응이야말로 부인도 마침내 그것을 보았다는 확실한 증거라고 믿으면서 시선을 얼른 아이에게로 돌렸다. 그런데 그 순간 플로라가 보인 반응은 무척 놀라웠다.
아이가 조금이나마 흥분한 표정을 지었더라면 나는 훨씬 덜 놀랐을 것이다. 하지만 예상했던 대로 아이의 얼굴에는 당황한 기색이 조금도 보이지 않았다. 오히려 특이한 표정의 얼굴을 본 순간, 나는 심한 혐오감을 느꼈다. 어린 소녀는 작고 발그스레한 얼굴을 찡그리지도 않고 내가 알려 준 그 유령이 있는 쪽을 바라보려고도 하지 않았으며, 차고 매서운 표정으로 나를 비난하듯이 바라보았다. 그 표정은 마치 새로 붓질을 한 듯이, 소녀를 순식간에 무서운 인물로 그려냈다. 사실 아이가 유령을 보았다는 확신은 그 어느 때보다도 컸지만 나는 왠지 기가 죽었고, 나를 변호하려는 다급한 마음에서 강하게 유령을 증거로 내세웠다.
"그 여자가 저기 있잖아, 이 불쌍한 아가. 저기, 저기, 저기. 말해 봐, 지금 나를 보는 것처럼 그 여자도 똑똑히 보이지!"
좀전에 나는 그로스 부인에게 플로라가 이런 때에는 어린애가 아니라 나이 든 노련한 여자 같다고 말했었다. 실제로 이때 소녀가 보인 태도는 내 표현이 지나치지 않았다는 걸 말해 주었다. 플로라는 내 말을 듣고서도 한 치도 물러서지 않고 아무것도 인정하지 않았다. 게다가 아이의 표정은 몹시 무서워서 마치 나를 심하게 꾸짖는 것만 같았다. 내게 대드는 플로라의 태도에 크게 놀라고 실망했지만, 그보다 더 큰 문제는 그로스 부인의 변심이었다. 부인은 모든 진실을 밀어내고 벌겋게 상기된 얼굴로 화가 잔뜩 나서 나에게 소리쳤다.

"세상에, 정말 무서워요! 선생님, 대체 무엇이 보인다는 말이세요?"

나는 그저 당황하여 부인의 팔을 붙잡고 있을 뿐이었다. 아아, 부인이 말하는 동안에도 선명하게 모습을 드러내고 있던 유령은 희미해지지도, 겁먹지도 않은 채 그대로 서 있었다. 그렇게 그 여자는 1분가량, 내가 내 동료를 유령과 마주 보게 하고 손가락으로 가리키는 동안에도 계속 그대로 서 있었다.

"나는 이렇게 뚜렷이 보이는데 당신은 저 여자가 보이지 않는다는 말이에요? 지금도 그래요? 안 보여요? 이래도? 저 여자가 타오르는 불길처럼 거들먹거리고 있잖아요. 잘 보세요, 부인. 보시라고요!"

그로스 부인은 내가 가리키는 쪽을 바라보았다. 부인은 무서운 광경을 보지 못했다는 안도감과 나에 대한 동정심이 뒤섞인, 부정과 반발과 연민이 담긴 묘한 신음 소리를 냈다. 그러면서도 자신이 믿을 수 있었다면 나를 지지했을 거라 말하는 듯한 우정 어린 연민의 눈빛을 나에게 전달했다. 하지만 부인은 내 편이 되지 않았고, 그녀를 믿었던 나는 땅이 꺼지는 듯한 두려움과 아픔을 맛보았다. 그녀는 이미 아이와 손을 잡고 있었다. 그리고 내 끔찍한 패배를 몹시 기뻐하면서 갑자기 아이를 위로했다.

"그 여자는 저기 없어요, 아가씨. 저기에는 아무도 없어요. 아무것도 보이지 않죠, 아가씨! 아아, 불쌍한 제슬 선생님은—불쌍한 제슬 선생님은 이미 죽어서 땅에 묻혔는데 어떻게 저기에 나타날 수 있겠어요? 그래요, 우리는 안다고요. 그렇죠?" 부인은 횡설수설하며 아이에게 호소했다. "전부 다 착각이고 괜한 걱정에다 농담거리예요. 자, 우리 빨리 집으로 돌아가요!"

그러자 플로라는 신기하게도 재빨리 얌전을 빼며 예의 바른 태도로 부인의 옆에 섰다. 그로스 부인과 플로라가 부둥켜안았다. 마치 상처 받은 사람들끼리 결합하는 것처럼 나에게 등을 보이면서. 플로라는 여전히 질책이 담긴 표정으로 나를 계속 쏘아보았다. 그순간 아름답고 순수하던 아이의 모습은 자취를 감추어 버리고 말았다. 나는 아이의 아름다운 모습을 더 이상 보지 못하는 나를 부디 용서해달라고 신에게 기도했다. 아이는 정말 무서울 정도로 매몰차고 천박하며 추악한 소녀로 변해 버렸다.

"선생님이 무슨 말을 하는지 모르겠어요. 제 눈에는 아무도 보이지 않아요. 아무것도 보이지 않는다고요. 한 번도 본 적이 없어요. 선생님은 정말 잔인해요. 너무 싫어요!"

아이는 전에는 한 번도 보이지 않던 예의 없고 뻔뻔스러운 태도로 까칠하게 말하고는 그로스 부인의 치맛자락에 얼굴을 파묻었다. 그리고 미친 듯이 소리 높여 울부짖었다.

"나를 데리고 가요. 나를 데리고 가 줘요. 저 여자에게서 멀리 떨어진 곳으로 데리고 가 줘요!"

"나에게서?" 내 입에서 조용한 비명이 새어나왔다.

"그래요, 선생님 말이에요. 바로 선생님이요!" 아이가 소리쳤다.

그로스 부인조차 놀라 나를 보았다. 나는 건너편 강둑에 있는 존재를 다시 한 번 바라볼 뿐이었다. 유령은 미동도 하지 않고 그 거리를 넘어 우리의 목소리를 포착하려는 듯 꼼짝 않고 가만히 서 있었다. 내게 도움이 아니라 재앙을 주려고 일부러 모습을 드러낸 게 틀림없었다. 플로라의 언행은 내 가슴을 바닥까지 후벼 팠다. 나는 느닷없이 겪게 된 절망스러운 순간을 부정하느라 아이의 앞에서 마구 고개를 가로저었다.

"지금까지는 나 자신을 의심하기도 했지만 이제 그 모든 의심들이 사라졌어. 나는 비참한 진실과 대립하면서 살아왔는데, 그것은 이제 나를 꼼짝 못하게 둘러싸고 있다. 그래, 물론 나는 너를 잃었어. 그걸 어떻게든 막아 보려고 지금까지 개입해 왔지만, 너는 결국 그 여자가 시키는 대로—이렇게 말하며 나는 다시 호수 건너 지옥의 방관자를 바라보았다—내 개입에 대처할 쉽고 완벽한 방법을 찾아내 버렸구나. 나는 최선을 다했지만 끝내 너를 잃어버렸어. 그럼 안녕."

나는 그로스 부인에게 명령하듯 거의 발작적으로 소리쳤다.

"가요. 가세요!"

부인은 그 말에 쫓겨서 매우 당황하고 괴로워하면서도 말없이 어린 소녀를 데리고 최대한 빨리 우리가 왔던 길로 돌아가 버렸다. 유령은 보지 못할 망정 부인은 어떤 끔찍한 일이 벌어졌으며 무시무시한 파멸이 우리에게 닥쳐왔음을 분명히 인식했던 것이다.

나는 혼자서 그곳에 남아 잠시 생각에 잠겨 있었지만, 무슨 일이 일어났었는지는 기억나지 않았다. 15분쯤 지나자 축축한 습기와 살을 도려내는 듯한 찬 기운이 느껴져 정신을 차리고 보니 내가 땅 위에 엎어져 극심한 슬픔에 몸을 맡기고 있었다. 머리를 들었을 때는 이미 날이 거의 저물어 있었다. 아마 오랫동안 거기 엎드려서 소리치고 흐느껴 울었을 것이다. 나는 일어서서 어스름한 땅거미가 내리는 가운데 귀신이 출몰하는 텅 빈 물가를 바라보았다. 그리고 지치고 힘겨운 발걸음을 옮겨 홀로 외롭게 집으로 향했다. 울타리 문에 이르러 보니 놀랍게도 보트는 사라지고 보이지 않았다. 그래서 나는 플로라의 기막힌 임기응변 능력에 새삼 혀를 내둘렀다.

그날 밤 암묵적인 합의에 의해, 또 이상한 표현일지는 몰라도 굳이 말하자면 가장 행복한 합의에 의해서 플로라는 그로스 부인과 함께 같은 방에서 잤다. 내가 돌아왔을 때에는 그들 가운데 어느 누구도 보이지 않았다. 그 대신 좋은 일인지 나쁜 일인지 모르지만 일종의 보상인 것처럼, 마일스의 모습은 자주 보였다. 정말이지 지난 그 어느 때보다도 더 많이 마일스를 본 것 같았다—나로선 이렇게밖에 표현할 길이 없다.

내가 블라이에서 보낸 이래로, 그날 밤보다 불길한 징조가 깃든 적은 없었다. 내 발치에는 섬뜩한 놀라움의 심연이 입을 쩍 벌리고 있었다. 하지만 그럼에도 불구하고 퇴락해 가는 현실 속에서 신기하게도 달콤한 슬픔이 내 가슴에 조용히 퍼져 나갔다. 집에 도착했을 때 나는 마일스를 찾아보려고도 하지 않았다. 그저 곧장 내 방으로 가서 옷을 갈아입고 플로라와의 결별을 확인하는 물적 증거를 한눈에 파악했을 뿐이었다. 아이의 소지품들은 이미 모두 옮겨지고 난 다음이었다. 평소와 다름없이 교실 난롯가로 하녀가 차를 가져다주었을 때에도 나는 마일스에 대해서는 전혀 묻지 않았다. 마일스는 지금 자유를 만끽하고 있을 것이다—앞으로도 실컷 자유를 누릴 수 있으리라! 그렇다, 그 애는 정말로 자유를 누렸다. 8시쯤에 교실로 들어와 말없이 내 옆에 앉은 것도 그 자유의 일부였던 것이다. 차를 치우고 나서 나는 촛불을 끄고 의자를 난롯가로 끌어당겼다. 얼어 죽을 듯이 지독한 추위를 느꼈고 다시는 몸이 따뜻해질 수 없을 것 같았다. 마일스가 나타났을 때 나는 불빛을 받으며 생각에 잠겨 앉아 있었다. 마일스는 문간에서 잠시 걸음을 멈추고 나를 바라보더니 난롯가 옆 의자에 몸을 파묻었다. 우리는 아무 말 없이 그렇게 앉아 있었다. 하지만 나는 느꼈다. 그 아이가 나와 함께 있고 싶어한다고.

21

이튿날 아침, 날이 채 밝기도 전에 그로스 부인이 방 안으로 들어와 나는 문득 잠에서 깼다. 부인은 침대 곁으로 다가와 플로라가 열이 심한 게 병이 난 것 같다고 했다. 아이는 극도로 불안한 상태로 밤을 보냈고 밤새 두려움에 사로잡혀 흥분을 가라앉히지 못했는데, 그 두려움의 대상은 예전의 가정교사가 아니라 현재의 가정교사였다. 플로라는 제슬 양이 다시 나타날지도 몰라 두려운 것이 아니라 내가 나타나는 것에 대해서 격렬하게 뚜렷한 공포와 반감을 드러냈다.

물어보고 싶은 것들이 산더미처럼 많았던 나는 침대에서 벌떡 일어났다. 그로스 부인은 또다시 나에게 대항하려고 마음 단단히 먹은 모양이었다. 하지만 나는 유령을 정말로 봤기 때문에 봤다고 진실을 말했다. 과연 그 아이도 솔직하게 진실을 말한 것일까?

"플로라가 아무것도 본 게 없다고 계속 우기고 있나요?"

부인은 괴로운 표정을 지었다.

"선생님, 그건 제가 아가씨에게 추궁할 수 없는 문제지요! 꼭 추궁할 필요도 별로 없는 것 같고요. 그것 때문에 아가씨는 순식간에 나이를 먹어 버렸어요."

"아, 그래요. 플로라가 지금 어떤 상태인지는 안 봐도 확실히 알겠어요. 그 아이는 자기의 정직성을 의심받고 품위가 떨어져서 화를 내고 있는 거예요. '제슬 양을 봤다고? 흥, 별 이상한 여잘 다 보겠네!' 하고 말이죠. 어제 그 애는 나한테 보이지 말았어야 할 모습을 보였어요. 아마 누구도 그보다 더 멋진 연기를 선보일 수는 없을 거예요. 하지만 어쨌든 나도 엄청난 실수를 했어요! 그 애가 다시는 나에게 말을 걸지 않겠지요."

모든 것이 무섭고 이해할 수 없는 일들인지 그로스 부인은 잠시 입을 다물고 있었다. 하지만 그녀도 내 말이 옳다고 생각했는지 말을 거들었다.

"저도 아가씨가 정말 그럴 거라고 생각해요. 어제는 정말 이상했어요!"

"그 모습이 그 애의 진짜 모습이에요."

나는 상황을 요약해서 말했다. 그로스 부인의 얼굴에서 플로라의 태도와 그 밖의 것들을 짐작할 수 있었다!

"아가씨는 선생님이 방에 들어올 것인지를 제게 3분마다 물어요."

"알겠어요." 나 역시 그 정도는 짐작하고 있었다. "그 애가 제슬 양에 대해서 다른 말은 없었나요?"

"그 일에 대해 한마디도 하지 않았어요, 선생님. 그리고 물론 선생님도 아시겠지만, 아가씨는 그때 호숫가에 아무도 없었다고 했어요. 저도 그 말을 믿었고요." 그로스 부인이 덧붙였다.

"그렇겠지요! 그리고 당신은 지금도 그 애 말을 믿고 있고요."

"저는 아가씨 말에 맞서지 않아요. 제가 달리 할 수 있는 일이 뭐가 있겠어요?"

"맞아요! 당신이 상대하는 사람은 세상에서 가장 영리한 어린애니까요. 그자들이—옛날 가정교사들이 그 애들을 자연이 빚어 놓은 것보다 더욱 영리하게 만들었지요. 천성이 똑똑한 그 애들은 정말로 가지고 놀기에 좋은 재료이니까요! 이제 플로라에게 불평거리가 생겼으니 그 애는 끝까지 그것을 들먹이면서 결국 목적을 이룰 거예요."

"그래요, 선생님. 그런데 목적이 뭔가요?"

"그야 백부님에게 나와의 문제를 처리해 달라고 하려는 거죠. 그 애는 분명히 백부님께 나를 가장 저질스런 인간으로 꾸며 말할 거예요!"

그로스 부인의 얼굴에 그 광경을 떠올리는 듯한 표정이 생생하게 나타나자 나는 어지럼증을 느꼈다. 부인은 그 순간 백부님과 어린 조카딸이 이야기를 나누는 장면을 눈앞에 그려 본 모양이었다.

"하지만 애들 백부님은 선생님한테 호의를 품고 계시잖아요!"

"그래요? 그렇다면 정말 우습군요—이제 와서 생각해 보면—" 나는 웃음을 터뜨렸다. "그분은 저에 대한 호의를 입증해 주신 거군요. 어쨌든 지금은 그게 문제가 아니에요. 중요한 건 플로라가 나를 쫓아내려고 하는 거지요."

내 친구는 솔직하게 동의했다.

"아가씨는 다시는 선생님을 보려고도 하지 않을 거예요."

"지금 나더러 빨리 떠나라고 재촉하는 건가요?" 나는 물었다. 하지만 부인에게 대답할 시간을 주지 않고 말문을 막았다. "나에게 더 좋은 생각이 있어요. 심사숙고한 결과예요. 내가 여기를 떠나는 것이 아마 타당하게 보일 테고, 실제로 일요일에는 떠나야겠다고 결심했어요. 하지만 마음이 바뀌었어요. 가야 할 사람은 당신이에요. 당신이 플로라를 데리고 떠나세요."

그로스 부인은 이 말을 듣더니 고개를 갸웃하며 생각에 잠겼다.

"아니, 도대체 어디로요?"

"여기서 멀리 떨어진 곳, 그 유령들에게서 멀리 떨어진 곳으로요. 무엇보다도 나에게서 멀리 떨어진 곳으로, 그 아이의 백부님 댁으로 곧장 가세요."

"그저 선생님에 대해 말을 하러요?"

"아니, 그게 전부가 아니에요! 또 다른 의미가 있어요. 그렇게 함으로써 나를 구제해 줄 존재와 내가 이곳에 함께 남아 있게 해 주세요."

부인은 아직 어리둥절했다.

"선생님을 구제해 주는 것이 무엇인데요?"

"우선은 당신이 나를 믿어 주는 거예요. 다음으로 마일스가 믿어 주는 것이고요."

부인이 나를 뚫어지게 보았다.

"하지만 선생님, 도련님은—"

"기회만 있으면 나한테 덤벼들 생각이 아니냐고요? 글쎄요, 아마 그러지는 않을 거라고 생각해요. 어떻든 그렇게 하고 싶어요. 될 수 있는 대로 빨리 플로라를 데리고 떠나세요. 나를 마일스와 단둘이 있게 내버려 두고요."

나는 아직도 내 속에 남아 있는 용기에 스스로도 놀랐다. 그런데 내가 무엇을 해야 하는지 알려 주었음에도 부인은 여전히 망설여 나는 당황했다.

"참, 이거 하나는 꼭 주의하셔야 해요." 나는 다짐하듯 말했다. "플로라가 떠나기 전에 마일스를 만나면 절대 안 돼요. 단 3초 동안이라도요."

그런데 갑자기, 애들이 이미 만난 건 아닐까 의심이 생겼다. 내가 근심스러운 얼굴로 부인에게 물었다.

"애들이 벌써 서로 만났나요?"

이 말에 부인은 얼굴을 붉혔다.

"아, 선생님, 저도 그 정도로 바보는 아니에요! 서너 번 아가씨 곁을 떠나긴 했지만 언제나 하녀 한 명을 붙여 놨고, 지금은 아가씨 혼자 있지만 안전하게 문을 잠가 두었어요. 하지만, 하지만!"

"하지만 뭐죠?"

"저기, 선생님은 도련님을 믿을 수 있으세요?"

"나는 당신 외에는 아무도 믿지 못해요. 하지만 어젯밤부터 새로운 희망이 생겼어요. 마일스가 나에게 무슨 말을 하고 싶어하는 것 같아요. 네, 분명히 그런 것 같았어요—그 불쌍하고 예쁜 아이가 말이죠! 그 애는 나하고 얘기하고 싶은 거예요. 어젯밤에 난롯가에서 그 애는 당장이라도 말을 꺼낼 듯한 태도로 나와 함께 말없이 두 시간을 앉아 있었어요."

그로스 부인은 창문을 통해서 부옇게 밝아 오는 하늘을 바라보았다.

"그래서 도련님이 입을 열었나요?"

"아뇨, 계속 기다렸지만 그 애는 아무 말도 하지 않았어요. 그냥 말없이 계속 침묵을 지켰죠. 누이동생이 사라진 사건에 대해 묻지도 않았고, 또 지금 그 애 상태가 어떤지 물어보지도 않았어요. 우리는 마지막으로 잘 자라는 키스를 나누고 그대로 헤어졌어요." 나는 말을 이었다. "하지만 애들 백부님이 플로라를 만나더라도, 마일스는 당장 만나게 하고 싶지 않아요. 우선 마일스한테 좀더 시간을 주고 싶어요. 특히 지금처럼 사태가 악화된 상황에서는."

그로스 부인은 이 제안에 찬성하지 않는 눈치였다.

"시간을 준다니, 그게 무슨 뜻이죠?"

"글쎄, 하루나 이틀 정도 기다리면—이번에는 정말로 입을 열 거예요. 그러면 마일스가 내 편이 되는 거죠. 그 점이 중요하다는 것을 당신도 아시겠지요. 만약 마일스가 끝내 아무 말도 하지 않는다면 나는 실패하게 되는 거죠. 어쨌든 최악의 경우라도 당신은 런던에 도착해서 당신이 할 수 있는 일을 하면서 나를 도와줄 수 있을 거예요." 내가 자세히 상황을 설명했지만, 부인은 여전히 이해하지 못하고 어리둥절해했다. "당신이 정말 가기 싫다면 어쩔 수 없지만요." 내가 마지막으로 할 수 있는 말은 그것뿐이었다.

마침내 결심을 했는지 부인의 얼굴에 밝고 단호한 빛이 감돌았다. 부인은 맹세의 의미로 손을 내밀었다.

"가겠어요. 가겠어요. 오늘 아침에 갈 거예요."

나는 아주 공정하게 처신하고자 했다.

"혹시라도 당신이 조금 더 여기에 머물면서 기다리고 싶다면, 그동안 플로라 앞에 절대로 나타나지 않겠다고 약속하겠어요."
"아뇨, 아뇨. 여기가 문제예요. 플로라 아가씨는 이곳을 떠나야 해요."
부인은 잠시 우울한 눈길로 나를 응시하고는 나머지 이야기를 털어놓았다.
"선생님 생각이 옳아요. 저 자신도, 선생님—"
"네?"
"전 여기에 있을 수 없어요."
이렇게 말하면서 나를 바라보는 부인의 표정에서 나는 어떤 가능성을 포착하여 얼른 매달렸다.
"당신 말은, 어제 이후로 당신도 보았다는 뜻인가요?"
부인은 엄숙하게 고개를 저었다.
"아니요. 전 들었어요!"
"들었다고요?"
"아가씨에게서 끔찍한 말을! 그게 정말이지, 맙소사!" 부인은 비극적인 안도감이 섞인 한숨을 쉬었다. "맹세코 거짓말이 아니에요. 선생님, 아가씨가 엄청난 말을 해요!"
그러나 부인은 차마 말을 더 잇지 못했다. 그러더니 갑자기 울음을 터뜨리며 소파에 몸을 던지고 언젠가 그랬듯이 이번에도 주체할 수 없는 슬픔에 젖어 흐느꼈다. 그리고 나는 나대로 전혀 다른 충동에 휩싸여 솔직한 감정을 발산했다.
"오, 하느님, 감사합니다!"
부인은 이 말에 벌떡 일어나 한숨을 쉬며 눈물을 닦았다.
"감사하다고요?"
"이것으로 내가 옳다는 것이 증명됐으니까요!"
"정말 그래요, 선생님!"
이보다 더 든든한 말은 없었다. 기회가 왔다고 생각했지만, 그래도 나는 조금 망설였다.
"플로라가 그 정도로 끔찍한 말을 했나요?"
내 동료는 어떻게 표현해야 할지 모르겠다는 듯이 말했다.
"정말, 정말 충격적인 말을 했어요."
"나에 관해서요?"

"네, 선생님에 관해서요. 선생님이 아셔야 하니까 하는 말이지만, 어린 숙녀가 쓰기에는 이해할 수 없을 정도로 너무 지나친 말들이었어요. 도대체 아가씨가 어디서 그런 말들을 배웠는지 생각할 수도 없어요."

"플로라가 나를 욕하면서 내뱉은 소름끼치는 말이요? 나는 그 애가 어디서 배웠는지 알 것 같아요!"

나는 웃으면서 한마디 했는데, 그것은 틀림없이 의미심장한 웃음이었다. 그 웃음소리를 듣자 내 동료는 더욱 심각해졌다.

"그래요, 아마 저도 실제로는 알고 있을 거예요. 전에 그런 말을 들은 적이 있으니까요! 하지만 저는 그것을 견딜 수 없어요." 그 불쌍한 여자는 말하면서 내 화장대 위에 놓인 시계를 흘끗 보았다. "이제 돌아가야겠어요."

그러나 나는 부인을 붙잡았다.

"잠깐만요, 만약 당신이 그걸 참을 수 없다면—!"

"어떻게 아가씨와 함께 지낼 수 있느냐고요? 바로 그걸 위해서 아가씨를 데리고 떠나야지요. 여기서 먼 곳으로, 그들에게서 멀리—"

"그러면 플로라가 달라질 테니까? 그 애가 악마에게서 벗어나 자유로워질 테니까?" 나는 기쁜 마음으로 부인의 손을 꼭 붙잡았다. "그렇다면, 어제 그런 일이 있었는데도 당신은 믿는다는 말이지요?"

"그런 일?" 부인의 표정으로 볼 때 이 단순한 말에는 더 이상 자세한 설명이 필요 없었다. 부인은 처음으로 나에게 전폭적인 신뢰를 보여 주었다.

"나는 선생님을 믿어요."

그것은 정말 기쁜 일이었다. 우리는 역시 같은 편이었다. 이 점에 대해서 계속 확신할 수만 있다면 다른 어떤 일이 일어나더라도 별로 두렵지 않았다. 재앙에 직면하여 나를 지지해 주는 것은 역시 전과 다름없는 확고한 신뢰이기 때문이다. 내 친구가 나의 정직성을 보증해 주기만 한다면, 그 밖의 모든 일은 내가 책임을 질 것이다. 그런데 부인과 헤어지려는 찰나, 나는 약간 당혹스러운 일을 당했다. 내가 말했다.

"아 참, 갑자기 생각이 났는데요. 기억해야 할 것이 하나 있어요. 놀라운 소식을 전하는 내 편지가 당신보다 먼저 런던에 도착할 거예요."

"선생님의 편지는 도착하지 않을 거예요. 그 편지는 가지도 않았어요."

그 순간 나는 부인이 여태까지 쉽게 말하지 않고 에둘러 댄 이유를 알았다. 그리고 그 일로 어지간히 고민을 했을 거라는 생각도 들었다.
"네? 그렇다면 편지는 어떻게 되었어요?"
"하느님만 아시겠지요! 마일스 도련님이—"
"그 애가 편지를 가로챘다는 뜻인가요?"
나는 숨을 헐떡였다. 부인은 잠시 주저했다가 말했다.
"어제 플로라 아가씨와 함께 집에 돌아왔을 때 그 편지가 선생님이 두었던 곳에 없다는 사실을 알았어요. 그래서 저녁때 루크에게 물었는데, 그 사람은 편지를 본 적도, 만진 적도 없다고 하더군요."
나는 누가 편지를 가져갔을까 재빨리 추측해 보았다. 그로스 부인이 갑자기 의기양양한 표정으로 크게 말했다.
"자, 선생님도 이제 아시겠지요!"
"네, 마일스가 그 편지를 가져갔다면 아마 그것을 읽고 없애 버렸을 거예요."
"그 밖에 다른 것은 모르세요?"
나는 슬픈 미소를 지으며 잠시 부인을 바라보았다.
"지금은 당신 눈이 내 눈보다 더 활짝 뜨인 것 같군요."
실은 정말로 그랬다. 하지만 부인은 역시 얼굴을 붉히며 말했다.
"도련님이 학교에서 무슨 일을 저질러서 쫓겨났는지 이제 알겠어요." 부인은 익살맞게 고개를 끄덕이며 환멸감을 드러냈다. "도련님은 도둑질을 한 거예요!"
나는 그 말을 심사숙고하며 보다 공정하게 판단하려고 했다.
"글쎄요, 그럴 수도 있겠군요. 어쩌면."
부인은 내 침착한 반응을 예상치 못했는지 깜짝 놀란 표정을 지었다.
"도련님은 편지를 훔친 거예요!"
알고 보면 별로 대수로울 것도 없는 내 침착함의 이유를 부인은 이해하지 못했다. 그래서 나는 그 이유를 과시하듯 드러냈다.
"그렇다면 전에는 지금보다 더 나은 결과를 얻었길 바라야겠네요! 내가 어제 탁자에 올려놓았던 편지에서는 얻은 것이 거의 없었을 테니까요." 나는 계속 말했다. "그 편지에는 그저 면담을 하고 싶다는 노골적인 요청만 쓰여 있었어요. 그래서 그 애는 그런 하찮은 것을 위해 그 정도로 지나치게 행동한 것에 대해 부끄러움을 느낀 거죠. 어젯밤에는 바로 그 사실을 고백하려고 나를 찾아왔던 거예요."

그 순간 나는 상황을 정확히 파악하고 모든 것을 알고 있는 듯했다.

"떠나세요, 우리를 두고 가세요. 단둘이 있게 해 주세요." 나는 벌써 문간으로 가서 부인을 보낼 채비를 하고 있었다. "마일스에서 그 말을 듣고 말겠어요. 그 애는 내가 바라는 대로 고백을 할 거예요. 만약 마일스가 고백한다면, 그 애는 구원을 받는 거예요. 그리고 그 애가 구원을 받는다면—"

"그렇다면 선생님도 구원을 받는 건가요?"

사랑하는 부인은 이 말을 하며 나에게 입을 맞추었고, 나는 그녀의 작별인사를 받았다.

"도련님이 아니더라도 제가 선생님을 구해 줄게요!"

부인은 방을 나가면서 눈물을 흘렸다.

22

하지만 그로스 부인이 집을 떠나자 나는 외로워지기 시작했고 심각한 위기가 닥쳤다. 나는 마일스와 단둘이 있으면 어떻게 될지 여러 가지 가능성을 점치며 기대했지만, 적어도 하나의 수단을 얻게 되리라는 것은 곧바로 알아챘다. 그런데 사실 내가 블라이에 온 뒤로, 그로스 부인과 플로라를 실은 마차가 이미 대문 밖으로 나가 버렸다는 사실을 알았을 때처럼 심한 불안감에 시달린 적은 없었다. 이제 나는 정말로 폭풍우에 직면하게 되었다고 생각했다. 그리고 그날 하루 종일 나의 나약함과 싸우면서 내가 지나치게 성급했다고 후회를 했다. 이렇게까지 꼼짝달싹할 수 없는 지경에 빠진 것은 생전 처음이기 때문이었다. 더욱이 다른 사람들의 얼굴에도 처음으로 그 위기가 혼란스럽게 반영된 것을 보니 더 그러했다.

갑작스럽게 일어난 사건 때문에 사람들은 당연히 모두 어안이 벙벙해졌다. 뭐라고 이유를 늘어놓더라도 그로스 부인의 갑작스런 행동에는 설명되지 않은 부분이 너무 많았다. 하녀들과 일꾼들은 모두 넋이 나가 버렸다. 그 점이 너무 신경 쓰여서 나는 이 상황을 거꾸로 이용할 수밖에 없겠다고 생각했다. 간단히 말해서 필사적으로 키를 꽉 움켜잡음으로써 완전한 침몰을 겨우겨우 피했던 것이다. 그날 아침 나는 어떻게든 힘을 내서 버텨 보려고 아주 오만하고 대단히 쌀쌀맞은 태도를 취했다. 나는 여러 가지 임무를 기꺼이 떠맡았으며 나 혼자 남겨졌어도 흔들리지 않고 강인한 태도를 유지할 수 있음을 모두에게 보여 주었다. 이런 태도로 한두 시간 동안 집 안을 샅샅이 돌아다녔는데, 틀림없이 어떤 공격이 있더라도 맞설 준비가 되어 있는 듯이 보였을 것이다. 이렇게 해서 나는 오직 마일스를 염두에 두고 쓰라린 마음을 애써 감추며 시위하듯 돌아다녔다.

그런데 저녁 시간이 될 때까지 이 행위에 가장 관심이 없었던 사람은 바로 마일스였다. 내가 집 안을 돌아다니는 동안에도 그 애 모습은 전혀 보이지 않았다. 이렇게 되고 보니 내가 그토록 열심히 돌아다닌 것은, 마일스가 전날 플로라를 위해 나를 붙잡아 놓으려고 피아노를 연주하면서 나를 기만하고 우롱한 결과 우리 관계가 악화돼 버렸다는 것을 모든 사람들에게 공공연히 알린 셈이 되었다. 물론 무슨 변고가 있었다는 것은 플로라가 병석에 누워 있다가 떠난 것만 봐도 누구나 알 수 있었지만, 우리들이 시간에 맞춰 수업하던 습관을 지키지 않음으로써 변화 자체가 더욱 명확히 드러나게 되었다. 내가 아래층으로 내려오는 길에 마일스의 방문을 열어보니 그 애는 이미 자리에 없었다. 아래층에서 나는 마일스가 하녀 두 명의 시중을 받으며 그로스 부인과 누이동생과 함께 아침을 먹었다는 말을 들었다. 그러고 나서 아이는 산책하러 나갔다고 했다.

돌연 달라진 내 임무에 대한 마일스의 솔직한 생각을 이보다 더 잘 드러낼 수는 없을 거라고 나는 생각했다. 이제 그 아이가 무엇을 나의 임무로 여길지는 아직 정확히 밝혀지지 않았지만, 어쨌든 이로써 한 가지 가식을 떨쳐 버릴 수 있었던 것은 특히 나에게 묘한 안도감을 주었다. 이렇게 많은 일들이 표면화된 이상, 내가 그 애에게 뭔가 더 가르칠 것이 있다는 허구를 계속 유지하는 것은 정말로 터무니없는 바보짓이라 해도 과언은 아닐 것이다. 사실 마일스는 내 체면을 살려 주려고 나보다도 훨씬 더 세심하게 신경 써서 일을 처리했던 것이다. 이제 나로서는 그저 간절히 바랄 수밖에 없었다. 그 아이가 이처럼 은밀하고 교묘한 솜씨를 멋지게 발휘해서, 그의 엄청난 실력과 맞붙는 고통으로부터 나를 해방시켜 주기를.

어쨌든 마일스는 이제 자유를 누리고 있었다. 나는 다시는 그애의 자유를 간섭하지 않을 것이다. 전날 밤 아이가 교실로 찾아왔을 때에도, 바로 그 전까지 무엇을 하고 있었느냐고 추궁하기는커녕 아예 암시조차 내비치지 않음으로써 나는 내 의도를 충분히 드러냈다. 그 순간부터 나는 다른 생각들도 열심히 하고 있었다. 하지만 아이가 마침내 돌아와서 그 순수하고 아름다운 모습을 보이자, 나는 미리 해 놨던 생각을 그에게 적용하는 것이 얼마나 어려운 일이며 내게 얼마나 많은 문제가 쌓여 있는지 통감하고 말았다. 겉으로 보기에 지금까지 일어난 일들은 아직 그 아이에게는 어떤 오점이나 그늘도 드리우지 않은 듯했다.

내가 조성한 고귀한 위엄을 온 집안에 과시하기 위해서, 나는 흔히 아래층이라 불리는 식당에서 마일스와 함께 식사를 할 수 있도록 준비해 달라고 했다. 나는 장중하고 화려한 그 방에서 아이를 기다렸다. 그러고 보면 이 방 창밖에서 나는 처음으로 겁에 질렸던 어느 일요일에 사건의 진실이라고 하기에는 너무나도 부족한 어떤 암시를 그로스 부인에게서 얻었었다. 이제 여기서 나는 이전에도 여러 차례 느꼈던 바를 새삼스레 느꼈다. 지금부터 내가 펼치려는 이 위험한 곡예의 성패는 오직 자신의 굳은 의지를 끝까지 관철하느냐 마느냐, 즉 내가 맞서야 할 상대가 참으로 부자연스럽고 어린애답지 않은 어린애라는 사실을 완전히 외면하고 철저히 무시할 수 있는 강한 의지를 끝까지 유지하느냐 마느냐에 달려 있는 것이었다. 나는 다만 '자연'의 이치를 믿고 중시해야 한다. 지금 내게 주어진 이 무시무시한 시련은 물론 부자연스럽고 불쾌한 방향으로 나아가고 있지만, 그것도 결국은 사람이 마음먹기에 따라서 제자리를 찾을 것이다. 그러나 인간으로서 어떻게 그런 사건에 대해 한마디도 하지 않을 수 있겠는가? 그런데 혹시 그 문제를 언급한다면 나는 또다시 새로운 오리무중의 세계로 빠져들게 되지나 않을까?

하지만 시간이 흐르자 이 어려운 문제에 대한 하나의 해답이 떠올랐다. 그리고 내 눈앞에서 어린 마일스가 생생한 모습을 드러내자 나는 점점 더 자신이 생겼다. 사실 그 아이는 전에 수업 시간에도 종종 그랬듯이 이번에도 나를 편안하게 만들어 줄 어떤 교묘한 방법을 찾아낸 것 같았다. 갑자기 내 머릿속에 번뜩 떠오른 사실이 하나 있었는데, 그것이 그럴듯한 답을 가져다주지 않을까? 하는 생각이었다. 요컨대, 두 번 다시 없을 소중한 기회가 찾아왔는데, 그토록 재주 많은 아이라면 완벽한 아이의 지성이 훌륭한 도움을 줄 수 있을 텐데 왜 스스로 돕지 않는지 이상하다는 생각이 들었다. 자신을 구하지도 못한다면 그애의 지성이 무슨 소용이 있겠는가? 내가 아이의 마음을 서툴게나마 떠볼 수 있지 않을까?

그런데 내가 생각했던대로 아이는 정말로 나에게 그 방법을 제시한 듯했다. 양고기 구이가 식탁에 오르자 나는 하녀들의 시중을 물리쳤다. 마일스는 앉기 전에 호주머니에 손을 넣은 채 잠시 서서 고깃덩어리를 바라보았다. 그것에 관하여 우스갯소리라도 하려는 것처럼 보였다. 그러나 실제로 아이가 꺼낸 말은 이러했다.

"선생님, 그 애가 정말 심하게 아픈가요?"

"플로라? 그렇게 나쁘지는 않으니까 분명히 다시 좋아질 거야. 런던에 있으면 곧 건강해지겠지. 블라이가 그 애에게 맞지 않았어. 자, 어서 이리 와서 양고기를 먹으렴."

마일스는 얼른 내 말에 따랐다. 조용히 접시를 들고 자기 자리로 가서 앉더니 다시 말을 이었다.

"블라이가 그렇게 갑자기 그 애에게 맞지 않게 되었나요?"

"네가 생각하는 만큼 그렇게 갑작스러운 것은 아니었어. 그런 일이 일어나고 있는 줄 알고 있었으니까."

"그러면 왜 이전에 플로라를 딴 데 보내지 않으셨어요?"

"언제 말이니?"

"그 애가 여행할 수 없을 정도로 아프기 이전에요."

나는 즉시 대답했다.

"플로라가 여행할 수 없을 정도로 아픈 것은 아니야. 여기 더 오래 머문다면 그렇게 될지도 모르지만. 바로 지금이 고비였어. 하지만 이젠 떠났으니까, 여행을 하면 나아질 거야." 아, 나는 멋지게 끝까지 말했다!

"그래요, 알겠어요."

마일스도 멋지게 해냈다. 아이는 아주 훌륭하고 매혹적인 '식사 예절'로 식사를 시작했다. 처음 왔을 때부터 그의 식사 예절은 흠잡을 데가 하나도 없었다. 그 애가 무엇 때문에 학교에서 쫓겨났든지 간에, 절대로 추접스럽게 먹기 때문은 아니었다. 언제나 그렇듯이 오늘도 마일스의 태도는 비난할 만한 점이 없었지만, 어쩐지 평소보다 더 의식적인 것처럼 보였다. 마치 도움을 받지 않고 해내기는 어려운 일조차 혼자서 멋지게 해낼 수 있다는 듯이. 아이는 평화롭게 침묵을 지키며 자신의 상황을 가늠하고 있었다.

우리의 식사는 빨리 끝났다. 나는 그저 먹는 시늉만 하고서 음식을 곧 치우도록 했다. 식탁을 치우는 동안 마일스는 다시 주머니에 손을 넣고 내게 등을 돌린 채 서 있었다. 아이는 일전에 망령이 나타나서 나를 놀라게 했던 그 커다란 창문 앞에 서서 밖을 바라보았다. 하녀가 방 안에 있는 동안 우리는 침묵을 지켰다. 그 고요함으로 인해서 마치 신혼여행 중인 젊은 부부가 여관에서 종업원이 옆에 있는 동안 부끄러워서 입을 다물고 있는 것 같다는 엉뚱한 생각이 들었다. 이윽고 하녀가 우리를 두고 나가자 비로소 아이는 몸을 돌렸다.
"자, 이제 우리만 남았네요."

23

"아, 그런 셈이지." 나는 창백해진 얼굴로 미소를 지었으리라고 짐작한다. "하지만 전적으로 그런 것은 아니야. 우리끼리만 있는 것을 좋아해서도 안 되고!" 나는 계속해서 말했다.
"그렇지요. 저도 그래선 안 된다고 생각해요. 물론 우리 곁에는 언제나 다른 사람들이 있지만요."
"우리 곁에는 언제나 다른 사람들이 있다고? 그래, 정말 다른 사람들이 있지." 나는 동의했다.
"하지만 다른 사람들이 우리랑 함께 있어도, 그들이 대단히 중요한 것은 아니에요. 그렇죠?" 아이는 여전히 손을 주머니에 넣은 채 내 앞에 섰다.
나는 태연한 척하려고 애썼지만 얼굴이 하얗게 질리는 것을 느꼈다.
"그건 네가 '대단히'라고 여기는 게 무엇이냐에 달려 있지!"
"그래요, 모든 것이 거기에 달려 있죠!"
마일스는 아주 순순히 동의했다. 하지만 이 말을 하자마자 다시 몸을 돌려 창문을 바라보았고, 곧 멍하니 생각에 잠겨 위태로운 발걸음으로 창가로 다가갔다. 아이는 이마를 유리창에 대고 잠시 가만히 서서 시들어 가는 관목들과 11월의 단조로운 풍경을 바라보았다. 나는 평소처럼 '일'을 핑계로 소파에 가서 앉았다. 그리고 아이들이 나로선 범접할 수 없는 금단의 문 너머에 있는 어떤 존재에 마음을 빼앗기고 있음을 괴로워하며 늘 그랬듯이, 이번에도 나는 편안한 자세로 뜨개질을 하면서 최악의 사태에 대비했다. 그런데 곧

혹스러워하는 소년의 뒷모습을 보자 갑자기 이상한 생각이 들었다. 그것은 놀랍게도 내가 더 이상 그 금단의 문 밖으로 쫓겨나 있지 않다는 인상을 준 것이다. 이 추측은 몇 분 만에 강한 확신으로 바뀌었고, 문득 나는 비약적인 직감으로 알아차렸다. 쫓겨난 사람은 내가 아니라 바로 마일스였다!

마일스가 들여다보고 있는 거대한 창의 네모난 창틀과 유리창은 그의 실패를 상징하는 것 같았다. 하여튼 내 눈에 비친 마일스는 그 안에 갇혀 있거나 밖으로 내쫓긴 듯이 보였다. 아이는 감탄스러운 태도를 유지하고 있었지만 편안한 상태는 아니었다. 나는 이 사실을 깨닫자 가슴속에 희망이 고동치는 것을 느꼈다. 유령이 출몰하는 유리창 너머에서 아이는 보이지 않는 어떤 것을 찾고 있지나 않을까? 아이는 자신의 능력이 상실된 것을 처음으로 알게 된 것일까? 그렇다. 정말 처음으로, 생전 처음 겪는 실패였을 것이다. 나는 그것을 상서로운 징조로 여겼다. 아이는 겉으로 드러내지 않으려고 조심했지만 실은 마음이 몹시 불안해 보였다. 오늘도 하루 종일 불안한 상태였고, 평소의 훌륭하고 얌전한 태도로 식탁에 앉아 있을 때에도 그 불안함을 용케 억누르기 위해서 그 놀라운 재주를 모두 발휘해야 했던 것이다. 마일스가 마침내 몸을 돌려 나를 마주했을 때, 아이의 재주는 거의 바닥이 난 듯이 보였다.

"있죠, 다행히 블라이가 제게는 아주 잘 맞는 것 같아요!"

"지난 24시간 동안 그 이전의 어느 때보다 훨씬 더 많이 블라이를 둘러본 것 같구나. 혼자서 즐겁게 지냈기를 바란다." 나는 용감하게 말했다.

"네, 즐거웠어요. 정말 멀리까지 돌아다녀 봤거든요. 이 근처를 빙 돌아서—몇 마일 떨어진 곳까지 가 봤어요. 이렇게 자유로웠던 적은 없었어요."

아이는 진정 자연스럽고 거침없는 태도로 말했다. 나는 그저 아이와 보조를 맞추기 위해 노력할 따름이었다.

"그래, 그래서 블라이가 좋니?"

아이는 거기 서서 미소를 짓다가 드디어 "선생님은요?"라고 짧게 물었다. 지금껏 들은 적이 없을 정도로 나와 자기 자신을 뚜렷이 구별하는 말투였다. 하지만 내가 그 말에 대답할 겨를도 없이 아이는 그 버릇없는 말을 무마해야 할 필요가 있다고 생각한 듯 말을 계속했다.

"블라이에 대한 선생님의 태도는 정말 훌륭하다고 생각해요. 물론 이제 우리 단둘만 남았지만 대체로 혼자 지내게 될 쪽은 선생님이니까요." 아이는 한마디 덧붙였다. "하지만 선생님이 특별히 신경 쓰시지 않았으면 해요!"

"너한테 신경 쓰지 말라고?" 나는 물었다. "애야, 어떻게 내가 신경 쓰지 않을 수 있겠니? 널 가르치는 선생으로서의 내 권리는 모두 포기했지만—넌 나를 능가하는 곳에 있으니까—적어도 나는 너와 함께 있는 것을 무척 즐겁게 여긴단다. 그렇지 않으면 무엇 때문에 내가 계속 머물러 있겠니?"

마일스는 나를 똑바로 바라보았다. 이제 조금 더 심각해진 그 얼굴은 지금까지보다 더 아름답게 여겨졌다.

"단지 그것 때문에 선생님이 계속 머물러 계신다고요?"

"물론이지. 나는 네 친구로서 여기에 있는 거야. 너에게 무척 관심도 있고, 그래서 널 위해 뭔가를 해 줄 기회가 올 때까지는 이곳을 떠나지 않을 거야. 그렇다고 해서 놀랄 필요는 없단다." 내 목소리가 너무 떨려서 그것을 도저히 숨길 수 없었다. "폭풍우가 치던 날 밤 내가 네 침대에 앉았을 때, 너를 위해서라면 뭐든지 하겠다고 말했던 것을 기억하니?"

"아, 네!"

그 아이도 이제는 불안해하는 기색이 눈에 띄게 역력했고 목소리를 애써 가다듬는 눈치였다. 그러나 아이는 나보다 훨씬 더 훌륭하게 그 일을 해냈고, 그 심각한 와중에도 큰 소리로 웃으며 우리가 나누는 이야기가 유쾌한 농담인 척할 수 있었다.

"하지만 생각해 보니까 그것은 그저 선생님을 위해서 나한테 뭔가를 하도록 만들려는 말이었어요!"

"그래, 얼마쯤은 네게 무언가를 하도록 하려는 것이었지." 나는 인정했다. "하지만 알다시피 너는 해 주지 않았어."

"아, 그래요." 아이는 매우 열성적으로 활기차게 말했다. "선생님은 내가 뭔가 이야기해 주기를 바라셨지요."

"바로 그거야. 자, 터놓고 이야기해 봐. 네가 무슨 생각을 하는지 말이야."

"그러면, 선생님이 여기에 계속 머물러 계신 건 그것을 듣고 싶어서?"

아이는 씩씩하고 명랑하게 말했지만 그 속에 품고 있는 희미한 분노의 떨림을 포착할 수 있었다. 하지만 그렇게 미약하기 짝이 없는 굴복의 기미가 내게 어떤 영향을 미쳤는지는 여기에 적지 않겠다. 내가 갈망했던 것이 마침

나사의 회전 195

내 도래하자 나는 그저 한없이 놀랄 수밖에 없었다.

"응, 그래. 나도 속 시원히 털어놓을게. 네 말처럼 바로 그것 때문이었단다."

마일스는 아주 오래도록 침묵을 지켰다. 진실을 듣기 위해 이곳에 남았다는 내 행위의 동기와 가설에 반발하는 것일까. 그러나 그 애가 마침내 한 말은 이러했다.

"지금, 여기서?"

"이보다 더 나은 장소나 시간은 있을 수 없겠지."

아이는 불안하게 주위를 둘러보았다. 나는 문득 아이에게서 절박한 공포가 다가오고 있음을 드러내는 징후를 보았고, 전에 없이 기묘한 인상을 받았다. 아이가 갑자기 나를 두려워하는 듯했던 것이다. 어쩌면 나를 두려워하도록 만드는 것이 오히려 좋을 거라는 생각이 들기도 했다. 하지만 그에게 엄격한 태도를 취하려고 애써 봐야 소용이 없을 거라고 느꼈으므로, 다음 순간 터무니없을 정도로 부드러운 목소리로 말을 했다.

"그렇게도 이곳을 떠나고 싶니?"

"네, 정말 그래요!"

아이는 용기를 내어 내게 미소를 지었다. 그 애처로운 허세는 아이가 실제로 고통스럽게 얼굴을 붉힘으로써 더욱 두드러졌다. 아이는 모자를 집어들고 빙빙 돌리며 서 있었다. 그 모습을 보자 나는 목적지를 코앞에 두고서 내가 하는 일이 잘못된 것은 아닐까 하고 공포를 느꼈다. 어떤 방법으로든 폭력적인 행위를 하는 것은 아름다운 친교의 가능성을 내게 보여 주었던 무력한 어린아이에게 조악함과 죄의식이라는 개념을 강요하는 것이 아닌가? 이토록 아름답고 섬세한 존재를 전혀 어울리지도 않는 곤란한 상황으로 내모는 것은 비열한 일이 아니겠는가?

그때는 미처 몰랐던 우리 상황이 지금 내 눈에는 속속들이 뚜렷이 보이는 것 같다. 불쌍한 우리들 눈이 다가올 고통을 미리 예지하여 이상할 정도로 빛나고 있었던 것이 손에 잡힐 듯이 보인다. 감히 맞붙지 못하고 서로 노려보기만 하는 두 전사들처럼 우리는 거리를 유지한 채 두려워하고 망설이면서 빙글빙글 주위를 맴돌고 있었다. 그런데 사실 우리는 서로에게 상처를 줄까 봐 두려워했던 것이다! 그래서 우리는 서로 다치지 않고 좀더 오랫동안 유보 상태를 유지할 수 있었다.

"선생님께 모든 것을 말씀드릴게요." 마일스가 말했다. "선생님이 원하는 것은 무엇이든 다 말할 생각이에요. 선생님은 나와 함께 여기에 계실 거고 우리는 둘 다 괜찮으니까요. 정말로 선생님께 말할 거예요. 정말이에요. 하지만 지금은 안 돼요."

"왜 지금은 안 된다는 말이지?"

내가 다그치자 아이는 몸을 돌려 아무 말 없이 다시 창가로 갔다. 우리 둘 사이에 깊은 침묵이 흘렀다. 바늘 떨어지는 소리조차 들릴 정도로 몹시 고요한 시간이 흐르고 나서, 마침내 아이는 다시 내 앞으로 오더니 중요한 존재가 밖에 와서 기다리는 듯한 태도로 말했다.

"나는 루크를 만나야 해요."

아이가 그렇게 옹색한 거짓말을 하도록 몰아간 적은 그때가 처음이었기에 나는 심한 부끄러움을 느꼈다. 하지만 아이의 거짓말은 끔찍하기는 해도 나의 진실을 만들어 냈다. 나는 생각에 잠겨 내 계획의 고리를 몇 개 만들었다.

"그래, 그렇다면 루크에게 가렴. 나는 네가 약속을 지키기를 기다릴 거야. 다만 그 보답으로 가기 전에 아주 작은 부탁 하나만 들어주렴."

아이는 이미 충분히 성공을 거두었으므로 사소한 것은 흥정할 수 있다고 느끼는 듯이 보였다.

"아주 작은 거라고요?"

"그래, 아주 작은 부분에 불과한 문제야. 그러니까 내게 말해 다오." 나는 내 계획에 몰두하면서 대수롭지 않게 말했다. "어제 오후에 홀의 탁자에 놔둔 내 편지를 네가 가져갔니?"

24

내 질문을 마일스가 어떻게 받아들였는지 나는 알 수 없었다. 내 주의력이 엄청나게 분산됐다고밖에 설명할 수 없는 일이 일어났기 때문이다. 처음에 머리를 쾅 때리는 충격을 받고서 나는 벌떡 일어나 정신없이 마일스를 붙잡아 꼭 끌어안았다. 그와 동시에 비틀거리며 가까이 있는 가구에 기대려다가 넘어지는 순간에도 본능적으로 아이의 등을 창문 쪽으로 향하게 했다. 전에 내가 이곳에서 상대해야 했던 그 유령이 우리에게 위압적인 모습을 드러냈던 것이다. 피터 퀸트는 감옥 앞에 선 보초처럼 눈앞에 나타났다. 다음 순간 그가 바깥에서 창문으로 다가오는 것이 보였고, 창문에 딱 붙어서 방 안을 노려보며 저주받은 그 창백한 얼굴을 다시 한 번 방에 들이대고 있다는 것을 알았다. 그 순간 나는 결단을 내렸다. 사실 이렇게만 말해서는 그것을 보았을 때 내 내면에서 벌어진 일을 충분히 표현할 수 없으리라. 하지만 어쨌든 어떤 여성도 그처럼 몹시 큰 충격을 받은 상태에서 그렇게 짧은 순간에 이성을 되찾고 단호한 태도로 대응하기는 어려웠을 거라고 믿는다.

나는 눈앞에 나타난 망령에 대해 엄청난 공포를 느끼면서도, 지금 내가 똑똑히 보면서 대적하고 있는 상대에게서 눈을 돌리지 않는 한편, 이 존재를 소년이 의식하지 못하도록 해야 한다는 것을 알아차렸다. 나는 내 의지대로 대단히 탁월하게 그 일을 해낼 수 있다는 느낌이 들었다. 그것은 그 순간의 영감이었다고 말할 수밖에 없으리라. 마치 그것은 인간의 영혼을 놓고 악마와 싸우는 것 같았다. 이런 상황을 제대로 인식했을 때쯤, 떨리는 내 손을 꽉 붙잡고 있는 그 인간 영혼의 사랑스러운 어린 이마에 아름다운 이슬처럼 땀방울이 맺혀 있는 것을 보았다. 내 얼굴 가까이 있는 그 얼굴은 유리창에 바싹 붙어 있는 유령의 얼굴만큼이나 하얗게 질려 있었다. 이내 그 얼굴에서 나지막하지도 희미하지도 않지만 아주 먼 곳에서 울리는 듯한 어떤 소리가 흘러나왔다. 나는 그것을 향기로운 바람처럼 가슴 깊이 들이마셨다.

"네, 제가 그걸 가져갔어요."

나는 기쁨의 탄성을 내지르며 아이를 꼭 끌어안았다. 그리고 그 아이를 내 품에 안고 그 작은 몸에서 갑자기 열이 오르며 작은 심장의 맥박이 엄청나게 고동치는 것을 느끼면서, 나는 창가에 있는 유령에게 시선을 고정시키고 그것이 움직이며 자세를 바꾸는 것을 보았다. 나는 아까 그 유령을 보초에 비유했지만, 그 순간 그것이 천천히 방향을 바꾸면서 움직이는 모습은 꼭 사냥감을 놓쳐 좌절한 짐승이 배회하는 것 같았다. 문득 내 마음속에 용기가 불끈 치솟았다. 나는 그것이 너무 발산되지 않도록, 그야말로 활활 타오르는 내 불꽃을 가려야 했다. 그런데 그 악마 같은 얼굴은 다시 창가에서 눈을 번뜩이며 이쪽을 노려보았다. 그 악당은 아이를 감시하며 기회를 기다리려는 듯 그 자리에 선 채 꼼짝도 않고 뚫어지게 바라보고 있었다. 그러나 이제는 저 무뢰한에게 도전할 수 있다는 자신감과 더불어, 아이가 유령이 나타난 줄 전혀 모르고 있다는 분명한 확신이 들었기 때문에 나는 물러서지 않고 입을 뗐다.

"왜 그것을 가져갔지?"

"선생님이 저에 대해서 뭐라고 썼는지 보려고요."

"편지를 뜯어 보았니?"

"네."

나는 마일스와 다시 약간 거리를 두고 아이 얼굴을 보았다. 이미 조롱의 빛은 완전히 사라지고 오로지 불안감에 찌든 얼굴이었다. 놀라운 것은 악령과의 싸움에서 마침내 내가 승리함으로써 그자에 대한 마일스의 감각이 닫히고 의사소통이 막혀 버렸다는 사실이었다. 마일스는 자기 앞에 뭔가 존재하고 있다는 것을 알았지만 그게 무엇인지는 몰랐다. 더욱이 내가 그것의 존재와 더불어 그 실체까지 알고 있다는 사실은 더더군다나 알 수 없었다. 나는 다시 창가를 보았다. 하늘은 이제 푸르고 맑아졌으며, 내가 승리한 덕분에 사악한 귀신은 퇴각했다. 지금까지 나를 괴롭히던 극심한 고통도 더 이상 문제가 아니었다. 이제 그곳에는 아무것도 없었다. 역시 내가 옳았으며, 틀림없이 모든 것을 내 손아귀에 움켜쥘 수 있으리라는 생각이 들었다.

"그래, 거기에는 아무것도 안 쓰여 있었지?"

내가 의기양양하게 물어보자 아이는 아주 슬픈 듯이 생각에 잠겨 고개를 가로저었다. "네, 아무것도요."

"아무것도, 아무것도 없었지!" 나는 너무 기뻐서 큰 소리로 외쳤다.

"전혀, 아무것도 없었어요." 아이는 슬픈 듯이 되풀이했다.

나는 아이 이마에 입을 맞추었다. 이마는 땀에 젖어 있었다.

"그래서 그 편지를 어떻게 했지?"

"불에 태워 버렸어요."

"태웠다고?" 지금이 유일한 기회였다. "학교에서도 이런 일을 했니?"

아, 이 한마디로 인해 얼마나 끔찍한 문답이 시작됐던가!

"학교에서요?"

"그래. 혹시 학교에서도 편지나 다른 것들을 가로챘니?"

"다른 것들이요?"

아이는 이제 먼 과거의 일을 생각하는 듯이 보였다. 그는 끙끙대면서 힘겹게 기억을 더듬은 끝에 겨우 생각해 냈다. 어쨌든 아이가 생각해 낸 것은 분명했다.

"내가 훔쳤냐고요?"

나는 너무 부끄러워서 머리끝까지 빨개졌다. 동시에 속으로 이렇게 생각했다. 혹시 이런 질문을 훌륭한 신사에게 던졌을 때, 사회적 신망이 땅에 떨어지든 말든 아랑곳하지 않고 그가 태연하게 바로 그렇다고 대답하는 꼴을 보더라도 지금 같은 이런 이상한 기분을 느끼지는 않을 거라고.

"네가 학교에 돌아가지 못하는 것은 바로 그 일 때문이니?"

그는 약간 서글픔이 배어 있는 놀라움을 살짝 내비칠 뿐이었다.

"선생님, 제가 돌아가지 못한다는 것을 알고 계셨어요?"

"선생님은 뭐든지 다 알고 있단다."

아이는 이 말에 아주 이상한 표정으로 한참 동안 나를 바라보았다.

"뭐든지 다?"

"그래, 뭐든지 다 알고 있어. 그래서 묻는데, 네가 그렇게 했니?"

나는 그 말을 다시 입에 담을 수 없었다. 그러나 마일스는 아주 간단히 말했다.

"아뇨, 훔치지 않았어요."

내 얼굴은 아이를 전적으로 믿는다는 것을 틀림없이 보여 주었을 것이다. 하지만 내 손은—순수한 애정을 담고 있기는 했지만—혹시 정말로 아무 일도 없었다면 대체 무엇 때문에 내가 몇 달 동안 고통을 받았는지 물어보는 듯 아이를 붙잡고 흔들었다.

"그렇다면 너는 무슨 일을 했니?"

아이는 멍하니 괴로운 듯이 천장 쪽을 둘러보았고 아주 힘겹게 두세 차례 숨을 들이쉬었다. 바다 밑바닥에 서서 저 위에 희미하게 비치는 초록색 빛을 올려다보고 있는 것처럼.

"저는—나쁜 말을 했어요."

"그것뿐이니?"

"학교에서는 그것으로도 충분하다고 생각했어요!"

"너를 쫓아내기에 충분하다고?"

정녕 '쫓겨난' 사람치고 이 작은 아이처럼 아무런 내색도 하지 않는 사람은 어디에도 없으리라! 아이는 내 질문을 곰곰이 씹어 보는 듯했지만 아주 초연하고 무기력한 태도였다.

"그런 말을 하지 않았어야 했어요."

"그런데 누구에게 그런 말을 했지?"

아이는 기억하려고 애썼지만 그 노력은 수포로 돌아갔다. 기억이 사라진 것이었다.

"모르겠어요!"

패배감을 느끼며 아이는 나에게 처량한 미소를 짓다시피 했다. 실제로 그는 이미 완전히 패배했으므로 나도 이쯤 하고 물러섰어야 했다. 그러나 나는 벅찬 감정에 도취되어 있었고, 승리감으로 눈이 멀었다. 바로 그때에도 아이를 그렇게 가까이 오게 했던 그 힘이 오히려 그를 나에게서 멀어지게 만들고 있었건만……

"모두에게 그런 말을 했니?" 나는 물었다.

"아니요, 그냥—" 아이는 말하다 말고 지친 듯이 고개를 약간 저었다. "아이들 이름은 기억이 나지 않아요."

"아이들이 그렇게 많았어?"

"아니, 두세 명뿐이었어요. 내가 좋아한 친구들이었죠."

좋아한 친구들이었다고? 나는 사태를 분명히 알기는커녕 오히려 더 모르게 되어 버렸다. 그러다가 문득 이 아이는 어쩌면 죄가 없을지도 모른다는 놀라운 의구심이 깊은 동정심에서 솟아올랐다. 순간 나는 깊은 혼란 속에 빠져들었다. 만약 아이가 청렴결백하다면, 그렇다면 도대체 나는 뭐란 말인가? 이 짤막한 물음이 머릿속을 스치자 나는 망연자실하여 아이를 놓아버렸다. 아이는 깊은 한숨을 쉬면서 나에게서 몸을 돌려 창문을 정면으로 마주했다. 하지만 이제 그곳에는 아이가 보지 못하도록 막아야 할 것이 없었기에 그냥 내버려 두었다.

"그런데 그 친구들이 네가 한 말을 남에게 전했니?"

나는 잠시 후에 말을 이었다. 나에게서 약간 떨어진 곳에 서 있던 아이는 이제는 분노를 느끼지 않았지만, 원치 않는 구속을 받고 있다는 태도로 다시 거칠게 숨을 내쉬고 있었다. 전에 그랬던 것처럼 다시 한 번 아이는 어둑어둑한 하늘을 멍하니 올려다보았다. 지금까지 자신을 지탱해 온 것들 중에서 이루 말할 수 없는 고뇌 외에는 아무것도 남지 않은 듯이 보였다. 그럼에도 아이는 대답했다.

"그래요. 틀림없이 그 말들을 되풀이했을 거예요. 자기들이 좋아하는 사람들 앞에서요." 아이는 덧붙였다.

내가 기대했던 대답에는 미치지 못했지만 그 말을 되새겨 보았다.

"그리고 그 말들이 돌고 돌아서—?"

"선생님들 귀에 들어갔냐고요? 네, 그래요!" 아이의 대답은 아주 간단했다. "하지만 설마 그 사람들이 그런 말을 할 줄은 몰랐어요."

"선생님들이? 그렇지 않아. 그분들은 전혀 말하지 않았어. 그래서 내가 너에게 묻고 있는 거야."

아이는 열에 들뜬 작고 아름다운 얼굴을 다시 나에게로 돌렸다.

"그래요, 내 잘못이에요."

"잘못이라니?"

"때로 내 생각을 솔직히 말했던 게 말이에요. 그렇다고 집에 편지를 보내다니."

그렇게 말을 잘하는 아이가 이런 단순한 얘기를 하면서도 앞뒤가 맞지 않는 말을 하고 있는 이 상황에서 느껴지는 묘하게 애틋하고 슬픈 느낌을 뭐라고 표현해야 할지 모르겠다. 다만 내가 다음 순간 따뜻하지만 거칠게 "쓸데없는 소리!"라고 내뱉었다는 것만 알았다. 그러나 그 다음엔 무척 엄한 목소리로 말했다.

"네가 한 말이 뭐였지?"

이 엄격함은 오로지 마일스를 심판하고 퇴학시킨 사람들을 겨냥한 것이었다. 하지만 그 말을 듣고 아이는 다시 도망치듯이 내게서 몸을 돌렸다. 그와 동시에 나는 단숨에 벌떡 일어나 무의식중에 비명을 지르며 곧장 그 애에게 달려갔다. 마치 아이의 고백을 망쳐 버리고 아이의 대답을 막으려는 듯, 우리에게 무시무시한 불행을 가져다준 장본인이 또다시 그 저주받은 흰 얼굴을 유리창에 대고 있었던 것이다.

내 승리가 물거품으로 돌아가고 다시 전투가 시작되었다는 사실에 나는 구역질이 나고 머리가 빙빙 돌았다. 내가 벌떡 일어나 아이에게 정신없이 달려든 그 급작스러운 행동은 그저 내가 감추려던 사실—악마가 거기 있다는 것—을 내보였을 뿐이었다. 뛰어가는 와중에 나는 아이가 본능적으로 뭔가 짐작하듯 악마를 맞이하려는 것을 보았다. 그러나 지금도 아이는 그저 짐작만 할 따름이며 실제로는 텅 빈 창문밖에 못 보고 있다는 사실을 알아차리고는, 지금 극도로 낭패를 보고 있는 그 아이를 단숨에 악마의 손아귀에서 해방시켜 주어야겠다는 충동이 내 내면에서 불타올랐다.

"더 이상은 안 돼, 더 이상 안 돼. 안 돼!"

나는 아이를 꽉 끌어안고 창가에 있는 그 망령에게 소리쳤다.

"그 여자가 여기 있어요?"

마일스는 시야가 차단돼 있는데도 불구하고 내가 누구를 향해 소리치는지 감지하면서 숨을 헐떡였다. 아이가 기이하게도 '그 여자'라고 말한 것에 깜짝 놀라서 나는 무의식적으로 숨가쁘게 "그 여자?" 하고 되물었다. 그러자 아이는 갑작스럽게 화를 내며 미친 듯이 소리를 질렀다.

"제슬 선생님, 제슬 선생님 말이에요!"

나는 아이가 생각하는 바를 알아차리고 얼떨떨한 기분을 느꼈다. 이것도 우리가 플로라를 저택에서 떠나게 한 것과 다름없기에 나는 그가 상상하는 것보다 훨씬 더 엄청난 일이 벌어지고 있음을 아이에게 알려 주고 싶어졌다.

"제슬 양이 아니야! 하지만 창가에 있어. 바로 우리 앞에 말이야. 저기에—저 끔찍한 겁쟁이가. 너도 이걸로 끝이야!"

이 말에 요망한 마귀는 순간적으로 사냥감을 놓친 개가 냄새를 맡고 추적하려는 것처럼 고개를 이리저리 돌렸다. 그리고 나서 공기와 빛을 찾아 미친 듯이 머리를 흔들어 댔다. 지금 내 눈앞에는 독기처럼 방 안을 꽉 채우면서 주위를 압도하는 거대한 망령이 서 있건만, 마일스의 눈에는 아무것도 보이지 않았으므로 그는 당황하여 헛되이 주변을 노려보다가 분노로 하얗게 질려 나한테 달려들었다.

"그 남자예요?"

나는 모든 증거를 확보하려고 단단히 결심하고 있었으므로 냉정한 태도로 용감하게 아이에게 도전했다.

"'그 남자'가 누구인데?"

"피터 퀸트 말이야, 이 악마야!" 경련을 일으키는 얼굴에 애원하는 빛을 가득 띤 채 마일스는 다시 한 번 온 방 안을 둘러봤다. "어디라고?"

아이가 결국 패배를 시인하고 입에 올린 그 이름과, 나의 헌신적 보살핌에 대한 아이의 찬사는 아직도 내 귀에 생생하다.
　"이제 그 사람은 아무래도 상관없지 않니, 애야? 앞으로 그 사람이 조금이라도 중요할까? 너를 가진 것은 나야." 나는 그 짐승에게 들으란 듯이 거친 말을 퍼부었다. "그리고 그자는 영원히 너를 잃어버렸어!" 그런 다음 내 업적을 과시하기 위해서 나는 마일스에게 말했다. "저기, 저기야!"
　마일스는 이미 몸을 휙 돌려 눈을 번뜩이며 그곳을 다시 사납게 노려보고 있었으나, 고요한 오후 풍경 외에는 아무것도 보지 못했다. 나는 몹시 의기양양했지만 아이는 시력을 잃어버린 타격으로 인해서 심연으로 떨어지는 짐승처럼 비명을 내질렀다. 나는 얼른 아이를 끌어안아 정신을 차리게 하려고 했다. 그것은 나락으로 추락하고 있는 마일스를 붙잡는 것이나 다름없었다. 나는 아이를 붙잡았다. 그래, 나는 그 아이를 꼭 붙잡아 품에 안았다. 얼마나 뜨거운 열정으로 아이를 안고 있었는지 모른다! 그러나 1분이 지나자 내가 끌어안고 있는 것이 진정 무엇인지를 깨닫게 되었다. 고요한 오후 시간에 우리는 단둘이 남아 있었고, 악령의 손아귀에서 벗어난 그의 작은 심장은 이미 멈춘 다음이었다.

The Jolly Corner
번화한 거리 모퉁이집

1

"많은 사람들이 나에게 어떻게 '생각'하느냐며 온갖 것을 묻곤 하지요." 스펜서 브라이든이 미스 스태버튼에게 말했다. '그러면 내가 할 수 있는 한 대답해주지요—질문을 회피하거나 얼버무리고, 마침내는 어리석기 짝이 없는 말을 지껄이지만 실제로 그 사람들에게 그런 건 중요하지가 않지요." 스펜서는 말을 이어나갔다. "왜냐하면 입은 옷을 모두 발가벗겨지는 식으로 그런 대단한 문제에 그렇게 어리석은 대답을 요구당하여 내가 '생각'하는 바를 말하게 된다면 아무리 멋지게 대답한다 해도 아무래도 내 개인적인 것일 수밖에 없으니까요."

그는 두 달 동안 기회만 생기면 그녀와 이야기하며 시간을 보내고 있었다. 그리고 이러한 상황을 알아차려감에 따라 자신의 그러한 기분과 그렇게 시간 보내는 일을, 아니 그렇듯 위안과 구원을 바라는 것 자체가 무엇보다도 놀라웠다. 이렇게 나이 들어 고국에 돌아왔으므로 매우 놀라운 사태가 여러 가지로 이어지고 있긴 했지만.

아니, 모든 게 놀라웠다—이토록 오랜 동안 미국을 완전히 잊고 살아왔으므로, 놀라움을 강렬하게 느끼려 애쓰고 있는 듯한 게 당연한 일인지도 모르지만. 그 일을 위해 그는 30년 넘는 세월을—정확히 33년을—바쳐왔다. 그리하여 이제 모든 것이 닥쳐와 대대적으로 그를 놀라게 하는 것 같았다.

뉴욕을 떠날 때 23살이었는데 지금은 56살이 되었다. 귀국한 뒤로 이따금 그런 기분이 문득 들어서 실제로 헤아려 본 것이다. 계산하고 보니 실제 자신의 나이보다 훨씬 오래 산 느낌이 들었다. 앨리스 스태버튼에게도 넌지시 말했듯, 좋은 일인지 나쁜 일인지 알 수 없지만 이토록 크나큰 변화가, 이토록 갖가지 새롭고도 기이한 것이, 무엇보다도 특히 이 거대한 더미가 어디를 바라보나 곧바로 눈에 뛰어들어오게 되었다는 것은 넉넉히 1세기는 걸려야 되는 일이며, 그보다도 더 오래 조국을 떠나 있고 그보다도 더 오래 조국을 잊고 지냈어야만 가능했던 일이리라고 몇 번이나 자신에게 들려주었다.

그러나 귀국한 이래 늘 절실하게 느낀 것은, 예상을 훨씬 뛰어넘는다는 사실이었다. 그는 자신이 매우 자유분방하며 다양한 지적 변화를 수용할 수 있다고 여겼었다. 하지만 실제로는 아무것도 예상하지 못했던 것과 다름없었다. 딱 마주치게 되리라고 여겼던 것은 만나지 못하고, 상상도 못했던 것에 맞닥뜨렸다. 조화의 기준과 가치관이 완전히 뒤바뀐 것이다. 예상하고 있었던 불결한 것, 머나면 청춘시절에 불결하다고 여겼던 것―사춘기에 들어서자 곧바로 불결함에 매우 민감해졌었다―들이 이제는 차라리 매력적으로 느껴졌다. 그런데 뜻밖에도 자신이 보러온 '멋진 것', 현대적이고 거대하고 유명한 것, 다시 말하면 해마다 바다를 건너오는 몇 천 명의 순진한 관광객처럼 꼭 보고 싶다고 여겼던 것은 참으로 환멸스러웠다. 그것은 불쾌감을, 아니, 특히 반발심을 불러일으키려고 파놓은 함정 같았다. 그리하여 가만히 있을 수 없게 되어 돌아다니면 그 함정의 용수철을 밟아 튀어오르게 하는 격이 되었다.

전체적으로는 흥미롭다고 해도 좋았다. 그러면서도 그토록 낭패스러웠던 것은 어떤 미묘한 사실 때문이었다. 생각해 보면 분명 그런 기괴한 것을 보러 온 건 아니었다. 궁극적으로, 아니, 표면적으로도 그가 귀국한 것은 그런 일과는 전혀 관계없었다. 그는―좀 과장되게 표현한다면―이 3분의 1세기 동안 4천 마일 안으로 다가온 적이 없었던 자신의 '재산'을 보러 온 것이었다. 아니 옛날식 말투로 좀더 고상하게 표현한다면, 변화한 거리 모퉁이에 있는 집을 한 번 더 보고 싶다는 충동 때문이었다. 그 집에서 그가 태어났으며, 가족들이 생활하다 죽었고, 또한 엄격한 학교에 다니던 소년시절에 방학을 보냈으며, 고독한 청춘시절에 몇몇 사교계 스타들을 맞아들였다. 그뒤 오랜 동안 찾아간 일이 없었는데, 두 형이 잇따라 세상을 떠나고 예전의 여러 문제가 마무리되어 이제 그의 소유가 되었다. 이 집만큼 '훌륭'하지는 않지만, 그는 집을 한 채 더 가지고 있었고―변화한 거리 모퉁이집은 몇 번이나 대대적으로 증축되어 가족들의 성소가 되었다. 이 두 채의 집이 그의 주된 자산으로 거기에서 나오는 집세가 요즈음 그의 수입이었으며, (처음부터 훌륭하게 지어진 집이어서) 실망스러울 만큼 적지는 않았다. 가파르게 오르는 뉴욕의 집세 덕분에 지금까지처럼 유럽에서 사는 게 가능했다. 더욱이 길게 늘어선 집들 가운데 하나의 번지일 뿐이었던 다른 한 채의 임대기한이 1년 전에 끝나 현대적인 개축이 단번에 가능해져서 더욱 형편이 좋아졌다.

이 두 채의 집이 사실상 그의 전재산이었다. 그런데 귀국하고 나서 이 두 재산의 차이를 전보다 더욱 절실히 깨달았다. 건물이 빼곡이 들어선 거리 서쪽으로 두 구역 떨어진 거리에 있는 그 집은 고층 아파트로 이미 개축 중이었다. 얼마 전 이 집을 개축하자는 제안이 들어왔을 때 그는 그 일에 동의했다—그리하여 개축이 진행되기 시작한 지금, 아무 경험이 없는데도 아는 체하면서 얼마쯤의 권위를 가지고 간섭할 수 있다는 사실이 적잖이 놀라웠다. 그는 이제까지 그런 문제에는 관심조차 없었고 전혀 다른 일을 하며 살아왔으므로, 자신의 마음속에서 뜻밖에도 사업수완과 건축가적 감각이 활발하게 꿈틀거리는 것을 어떻게 이해해야 좋을지 알 수 없었다. 오늘날 그의 주변 사람들에게서는 흔하게 찾아볼 수 있는 그런 능력이 그 동안 그의 내부 어디선가 잠들어 있었던 것이다—어쩌면 그렇게 잠자고 있었던 게 좋은 일이었는지도 모른다. 이렇듯 아름다운 가을 햇볕 아래—이 끔찍한 도시에서 이런 가을날씨는 진정 축복이었다—누구의 방해를 받는 일 없이 마음속으로 은밀한 흥분을 느끼며 '공사장' 둘레를 어슬렁거렸다. 그런 건 저속하고 천한 일이라는 말 따위에는 전혀 상관하지 않고 사다리를 오르고, 작업발판 위를 걸어다니고, 재료를 만지작거리며 아는 체하고, 마침내는 묻고 설명을 요구하며 숫자까지 들먹여댔다.

그 일은 재미있었다. 매료되었다고 해도 좋았다. 앨리스 스태버튼도 마찬가지로, 아니, 그보다도 훨씬 더 흥미를 보였다. 그만큼 매료되어 있다고는 말할 수 없지만. 그 일로 큰돈을 벌게 된 그와는 달리 그녀는 생활이 유복해질 일은 없기 때문이었다. 그녀의 삶은 더이상 나아질 기미가 전혀 보이지 않았다. 인생의 가을을 맞이한 지금 한평생 뉴욕을 한 발자국도 벗어나본 적 없이 어빙 플레이스에 자리한 조그만 집의 소유주이며 거주자로 검소하게 살아가는 이외에는 달리 방도가 없었다. 그 언저리가 무섭도록 팽창하여 시 전체가 마치 자로 잰 뒤 가로 세로로 줄을 긋고 숫자를 적어넣은 장부의 한 페이지처럼 되어버린 도시에서 그가 이 집으로 가는 길을 잘 알게 되었을 때—아니, 그곳으로 가는 것을 즐거워하게 되었을 때—부와 권력과 성공이 한 면 가득 울퉁불퉁 마구 튀어나오고 전체가 광대한 황야 같은 도시 한복판에,

여러 가지 조도(調度)와 음영이, 온갖 미묘한 것이, 완벽한 훈련을 받은 소프라노 소리 같은 날카로운 울림을 지니면서 동시에 검소함을 정원의 향기처럼 떠돌게 하고 있는 조그맣고 조용한 장소를 발견했다는 기쁨에 매혹되었다.

그의 오랜 친구인 그녀는 갖가지 추억의 먼지를 털어내기도 하고, 램프 심지를 자르기도 하고, 은그릇을 닦기도 하며 하녀와 둘이 살고 있었다. 급변하는 현대의 혼잡함 속에 자리하여 되도록 초연하게 살아왔다. 그러나 '정신적' 도전을 받게 되면 당당히 나가 싸웠다. 그녀가 과장되게, 그러나 얼마쯤 부끄럽게 굳건히 지니고 있는 정신은 결국 좋은 시대의 정신, 그들 두 사람에게 공통된, 먼 옛날의, 대변동이 일어나기 전 시대와 질서의 정신이었다. 필요할 때는 전차도 탔는데, 전차는 배가 침몰할 때 공황에 빠진 선객이 보트로 밀려오듯 사람들이 밀려드는 무시무시한 것이었다. 그녀는 압박을 받으면서도 사회의 변동과 시련을 모두 헤쳐나갔다.

그러면서도 고달픈 생활 탓으로 노숙해 보이는 아름다운 젊은 부인인지, 아니면 온화하고 초연한 태도 때문에 젊어보이는 아름답고 피부가 매끈한 노부인인지 분간할 수 없는 호리호리하고 신비로운 우아한 용모 때문에 비교적 이런저런 추억이며 역사를 함께 이야기 나눌 수 있는 상대로서, 문득 발견한 책갈피 속 빛바랜 마른 꽃처럼—무엇보다도 그 희귀함 때문에—그녀는 소중했다. 비록 향기는 나지 않았지만, 그녀는 그의 노력에 충분히 보답했다.

그들에게는 공유하는 지식이 있었다. '우리들만의'이라고 그녀가 곧잘 강조한 그 지식은 앞선 시대를 알고 있는 체험에 의한 것이었다. 그의 경우는 한 남자로서의 그리고 자유로운 방랑자로서의 체험, 쾌락과 불의라는 그녀로서는 알 수 없는 미지의 인생인 '유럽'에서의 체험으로, 그래도 전혀 이해할 수 없는 것이 아니라 그다움이 나타나 있는 귀중한 체험, 더욱이 그녀가 굳건히 계속 지녀온 경건한 정신을 어딘가에서 공유하고 있는 그런 체험이었다.

그러던 어느 날, '아파트' 공사 진척상황을 보러 그녀와 함께 간 적이 있었다. 그는 그녀의 손을 잡고 이 발판에서 저 발판으로 건네주며 설계도를 설명하고 또 그녀 앞에서 건축회사 현장책임자와 짧지만 격렬한 토론을 벌이기도 했다. 약정된 조건 안의 세부사항을 회사가 지키지 않았다고 하며 책임자와 당당히 논쟁한 것이었다. 너무도 명석하게 자신의 주장을 펼쳤으므로 그녀는 그의 말을 들으며 기뻐서 볼이 발그레 물들었고, 나중에—조금 놀리는 투로—너무 오래도록 자신의 참된 재능을 살리지 못하고 있는 게 아니냐고 말했을 정도였다. 미국에 줄곧 있었더라면 아주 높은 고층 건물을 발명했을 거라고. 또 미국에 있었더라면 재능을 살려 무언가 멋지고 새로운 건축양식을 고안해 그 일로 큰 부자가 되지 않았을까? 이 말은 요즈음 들어 모르는 척 들리지 않는 시늉을 해온 마음속 깊은 곳의 기묘한 감정의 선율을 건드려 은방울 같은 은밀한 소리를 내며 그로부터 몇 주일이 지나도록 마음에 계속 그 울림이 남았다.

사실 귀국하여 두 주일 지난 무렵부터 그 제멋대로의 기묘한 공상이 그의 마음속에서 떠오르기 시작했다. 아니, 갑작스럽게 습격해 왔다. 그것은—그녀의 그 말을 어떻게 받아들였는지, 아니, 그 말을 듣고 적잖이 흥분해 얼굴을 붉힌 것도 그 공상 때문이었는데—빈 집의 어두컴컴한 복도를 돌아 낯선 사람과, 뜻밖의 거주자와 딱 마주칠 때와 같은 그런 느낌이었다. 이 기묘한 연상은 마음에 남아 그 뒤에도 종종 그의 마음속을 오갔다. 그리하여 얼마 뒤 그것은 더욱 손질되어 좀더 선명한 비유로 바뀌었다. 안에 아무도 없을 터인 덧문을 내린 빈 방의 문을 열어보니—움찔하면서도 겉으로 나타나지 않기를 열심히 바랐는데—무언가가 부동의 자세로 방 한복판에 똑바로 서서 어두컴컴한 맞은편에서 그를 바라보고 있었던 듯이.

건축중인 아파트에 함께 갔던 그날 뒤, 이번에는 또 다른 한 채인, 예로부터 언제나 훨씬 '훌륭'했던 집으로 그녀를 데려갔다. 그것은 서쪽으로 갈수록 전체가 황폐해져 지저분해져 버린 거리의 옛 모습을 비교적 많이 보존하고 있는 큰길과 동쪽에서 교차하는 모퉁이, 글자 그대로 '번화한 거리' 모퉁이에 있었다. 미스 스태버튼의 말을 빌면, 큰길은 아직도 옛품위를 지니고 있었다. 예전에 살던 사람들은 거의 세상을 떠났고, 옛이름을 아는 이도 없어졌다. 그러나 곳곳에 무언가 옛날을 생각나게 하는 것이 미아가 된 듯— 아니, 한밤중에 밖을 나돌아 다니는 것을 보고 친절하게 집에 무사히 닿을 때까지 지켜보거나 함께 가주어야 할 것 같은 마음이 드는 나이 지긋한 노인처럼—남아 있었다.

두 사람은 함께 들어갔다. 그의 설명에 따르면, 여러 가지 이유로 집을 비워 두고 싶어 낮에 한 시간쯤 와서 창문을 열고 먼지를 털어내며 청소하는 간단한 계약을 가까운 데 사는 부인과 맺고 있을 뿐 관리인은 없었다. 그래서 그는 자신이 열쇠를 가지고 드나들었다. 스펜서 브라이든에게는 그 집을 비워두는 분명한 까닭이 있었다. 그리고 그것을 그는 점점 더 확실하게 의식하고 있었다. 그곳에 올 때마다 비워두기를 잘했다고 여기게 되었다—그 이유는 앨리스 스태버튼에게 이야기하지 않았으며, 그리고 자신이 얼마나 바보스러울 만큼 자주 그곳에 오는지도 말하지 않았다. 이때는 넓고 텅 빈 방을 차례로 둘러보며 집 안에 정말로 아무것도 없다는 것을, 도둑이 눈독들일 만한 건 구석에 세워져 있는 멀둔 부인의 청소용 빗자루뿐임을 그녀에게 보여주었을 따름이었다.

마침 그때 멀둔 부인이 와 있었다. 멀둔 부인은 앞장서서 방에서 방으로 안내하며 덧문을 여닫기도 하고 유리문을 올려 열기도 하며—그녀의 말에 따르면, 볼 만한 건 아무것도 없다는 것을 보여주기 위해—요란스럽게 두 방문객의 시중을 들었다. 사실 크고 으스스한 조개껍데기 같은 집에는 볼 만한 것이 없었다. 그럼에도 공간 구획이나 방 배치 등 모든 일이 천천히 이루어진 시대의 건축양식으로, 나이든 선량한 종업원이나 한평생 일해온 하인이 추천장이며 퇴직연금을 간청하는 듯이 건물주에게 무언가 열심히 호소하는 것 같았다. 하지만 낮의 집안내는 기꺼이 하겠지만, 아무리 부탁해도 거절할 수밖에 없는 일이 단 하나 있으니, 그것은 무슨 일이 있어도 어두워진 뒤 여기로 오고자 하신다면 '부디' 다른 사람에게 부탁해 달라고 멀둔 부인이 말했다. 볼 만한 게 아무것도 없는 것이 사실인데도 무언가를 보게 될지 모른다는 불안을 억누를 수 없다면서 "온전한 여자라면 누구나 악마가 나올 시간에 이 꼭대기층까지 천천히 걸어돌아다니는 일 따윈 싫어 할 게 틀림없어요!" 하고 그녀는 솔직하게 미스 스태버튼에게 말했다. 가스도 전기도 모두 끊어져 있었다. 어슴푸레한 촛불을 들고 넓고 컴컴한 방—더욱이 수많은 방—을 지나가는 무시무시한 모습을 떠올리는 듯했다. 미스 스태버튼은 그녀의 솔직한 시선에 미소 지은 얼굴로 마주 바라보며 자신도 그러한 모험은 사절한다고 대답했다.

스펜서 브라이든은 입을 다문 채였다—그 순간에는. 실은 그 '악마가 나올 시간'에 자기 옛집이 어떠했는지가 지금 그에게는 중대한 문제였다. 그는 조금 전부터 '천천히 거닐기' 시작하고 있었다. 그리고 그 일을 위해 사온 초를 왜 식당 맨 안쪽의 오래된 훌륭한 '붙박이' 찬장서랍 깊숙이 감춰두었는지 그 이유도 자각하고 있었다. 이윽고 그는 두 사람 쪽을 향하여 소리내어 웃어보이며—멋지게 화제를 바꾸었다. 첫째는 자신의 웃음소리가 곧바로 기묘한 메아리가 되어 혼자서 이곳을 거닐 때 들린 듯 안 들린 듯 들려온 소리죽인 인간의 목소리 같은 메아리—그로서는 어떻게 설명할 방법이 없었다—가 되어 되돌아온 것 같은 느낌이 들었고, 둘째로는 미스 스태버튼이 무엇인가 알고 있는 것처럼 그에게 이곳을 왜 그리 배회하는지 물어올 듯한 기분이 들었기 때문이었다. 그는 대답할 준비가 전혀 되어있지 않았으며, 멀둔 부인이 두 사람을 남겨 놓고 다른 방으로 갈 즈음 그는 질문 받는 것을 어떻게든 피하고 싶었다.

다행히도 이 소중한 순간에 이야깃거리는 많이 있었다. 생각나는 대로 마음껏 당당하게 그는 지껄여댔다. 그러므로 이야기한 내용이 명쾌했을 터인데, 미스 스태버튼이 동경하는 눈길로 방 안을 둘러보며 문득 말했다.

"하지만 건축회사가 이곳을 완전히 부숴버리려 한다는 건 아니겠지요?"

그는 새삼 분노를 느끼며 곧바로 대답했다.

"물론 그들은 그렇게 하고 싶어하오. 나는 날마다 인간의 품격 있는 감정 같은 건 알지 못하는 무리의 독특한 집요함에 '쫓기고' 있지요. 이곳은 이대로 이루 말할 수 없이 흥미롭고 안락한 건물이라고 생각하오. 세상에는 천박한 임대료 따위와는 다른 종류의 가치가 있소. 그리고 간단히 말해서, 그러니까—!"

그때 미스 스태버튼이 그 말을 받았다.

"그러니까 이제부터는 고층으로 재건축된 아파트에서 많은 수입이 생길 터이므로 불로소득으로 사치스럽게 살며 여기서 잠시 감상에 젖어들겠다는 거로군요!"

그 웃음지은 얼굴에는 그 말과 마찬가지로 독특하고 은근한 비꼼이 담겨 있었다. 그녀가 이야기하는 말의 절반쯤에는 늘 그러한 게 포함되어 있었는데, 그것은 상상력이 풍부한 나쁜 듯이 없는 비꼼으로—'사교계'를 어슬렁거리는 사람 대부분이 머리가 좋다는 평판을 얻기 위해 에둘러 남을 비꼬아 말하는 것 같은, 모두들에게 상상력이 없기 때문인 값싼 냉소는 아니었다.

잠시 말없이 있다가 그는 대답했다.

"뭐, 그런 거지요. 그렇게 말해도 좋소."

그리고 그는 마음이 놓였다. 그녀는 상상력이 풍부했으므로 그 참뜻을 이해할 거라고 확신했다. 하지만 다른 아파트에서의 수입이 전혀 없다 할지라도 이 집은 이대로 남겨두겠다고 그는 말했다. 그리고 동시에 또한, 아직 나란히 함께 방 안을 거닐면서, 자신이 이미 그녀를 혼란시키려 하고 있는 것을, 그녀를 현혹시키려 하고 있음을 느꼈다.

그는 이 집 전체가 얼마나 소중한지를, 눈앞의 단순해 보이는 벽, 방의 형태 그 자체, 바닥에 울리는 발소리, 마호가니 문에 달린 낡은 은도금 손잡이의 죽은 사람 손을 떠올리게 하는 듯한 감촉, 그러한 것들 하나하나가 얼마나 소중한지를 이야기했다. 이러한 것들은 결국 지난 70년 동안의 과거를 상징하는 것이며, 여기서 생애를 마친 할아버지 세대와 오래 전에 소멸한 내 청춘의 잔해를 포함하여 거의 3대에 걸친 연대기가 이 공기 속에 미세먼지가 되어 떠돌고 있다고 이야기했다.

그녀는 말 한 마디도 놓치지 않으려는 듯이 귀 기울여 듣고 있었다. 그녀는 다정다감한 여성이었으며 수다스럽지 않았다. 따라서 쓸데없는 말도 하지 않았으니, 그녀는 그렇게 하지 않고서도 그의 말에 동의하고, 찬성하며, 무엇보다 그가 이야기를 할 수 있게끔 기운을 북돋워주었다. 그가 말을 마쳤을 즈음에야 그녀는 이렇게 말하는 것으로 이야기를 진척시켰다.

"그러면 어떻게 할 생각인가요? 여기에 머물러 살고 싶다는 거로군요?"

이 말에 그는 멈칫했다. 적어도 그녀가 말하는 의미로는 생각해 본 적이 없었기 때문이었다.

"이 집 때문에 내가 여기 머물 결심을 할지도 모른다는 말이오?"

"뭐, 이만한 집이 있다면—" 그러나 참으로 재치 있게 끝까지 말하지는 않았다. 실로 그녀는 쓸데없는 말을 하지 않는 좋은 본보기였다. 뉴욕에 살면서 '싫어한다'는 말 같은 건 누구에게도—조금이라도 분별이 있다면—해서는 안되었기 때문이다.

"어쩌면 나는 여기에 살았어야 했을지도 모르오—젊을 때 그럴 기회가 있었기에 여기서 한평생 지내왔을지도 모르지요. 그랬다면 모든 게 달라졌겠지요—아마 더 재미있었을지도 모르지만 그건 다른 문제요. 그리고 내가 괴팍

하다 싶을 정도로 '거래'를 거부하는 데는 아무런 이유가 없소. 조금이라도 이유가 있다면 반대 결과가 되어 있으리라는 건 알겠지요? 이유는 당연히 돈문제니까요. 이 나라에서는 돈 말고는 이유가 될 게 없소. 그러므로 아무튼 이유 따윈 없게 되는데—비록 그 이유가 유령 같은 것일지라도 말이오."

그들은 돌아가려고 현관 홀 쪽으로 와 있었다. 그런데 서 있는 곳에서 열려진 문을 통하여 창문과 창문 사이가 고풍스럽고 넓고 크며 네모난 큰 홀이 바라보였다. 그녀는 그 안을 바라보고 있었는데, 이윽고 시선을 거두며 한순간 그의 눈을 쳐다보았다.

"비록 유령같은 것일지라도, 라고 말씀하셨나요?"

그는 자신의 얼굴이 창백해지는 것을 뚜렷이 느꼈다. 그러나 두 사람이 어떤 징조를 느낀 것은 거기까지였다. 다음 순간 그는 쏘아보는 듯한, 빙그레 웃는 듯한 무어라 말할 수 없는 얼굴로 대답하고 있었다.

"아, 유령 말이오? 물론 여기에는 유령이 우글거리오. 없다면 부끄러울 정도지요. 멀둔 부인이 말한 대로요. 그러므로 그녀에게는 안을 살짝 들여다보는 일은 부탁하지 않기로 하고 있소."

미스 스태버튼의 시선이 다시 허공을 헤매었다. 말이 되어 나오지는 않았지만, 여러 가지 일들이 마음을 오가고 있는 게 틀림없었다. 어쩌면 그 순간 안쪽의 그 훌륭한 큰 홀에서 어떤 괴물이 어렴풋이 모습을 드러내는 상상을 하고 있었는지도 모른다. 데스마스크 같은 아름답고 단순한 얼굴이었는데, 그 얼굴에 '움직임 없는' 석고 데스마스크 같은 표정이 흘끗 스쳐지나가는 것과도 같은 어떤 효과가 나타났다. 그러나 무슨 생각을 하고 있었던 것인지 뜻밖에 평범한 말을 하다가 마는 듯 내뱉었을 따름이었다.

"그렇군요, 여기에 가구가 들어오고 사람이 살게 된다면—!"

가구를 들여놓으면 당신도 이 집에 살고 싶은 마음이 들겠지요, 라고 말하려 한 듯했다. 그러나 그 말을 뒤에 남겨두는 것처럼 현관으로 곧장 걸어갔다. 다음 순간 그는 현관문을 열고 그녀와 나란히 층계에 서 있었다. 그런 다음 문을 닫고 열쇠를 주머니에 넣으면서 거리 양옆을 둘러보았다. 두 사람의 눈앞에 있는 것은 큰길이라는 엄연한 현실이었다. 이집트의 무덤 속에서 나오면 태양이 내리쬐던 때의 일이 생각났다. 그러나 도로까지 내려가기 전에 그는 그녀의 말에 준비했던 대답을 생각해내어 입에 올렸다.

"내 생각에는 그 집에 사람이 살고 있소. 내가 보기에는 가구도 들어차 있지요."

그녀는 생각에 잠긴 듯 막연하게 한숨지으며 말했다.

"어머나, 그렇군요—!"

친척들은 물론이거니와 그의 부모와 아끼던 누이가 그곳에서 생애를 마쳤다. 그것은 그 집 안에 스머든 결코 지워버릴 수 없는 삶이었다.

그 일이 있은 며칠 뒤, 그녀와 다시 한 시간쯤 함께 지내게 되었을 때 뉴욕에서는—만나는 사람들로부터 겉치렛말로 질문받는 게—참을 수 없다고 그는 말했다. 듣기 좋게 들려줄 대답은 아직 찾지 못했다. 게다가 '마음 속 생각'—뉴욕의 어떤 게 좋고 나쁜지 등을 생각하는 것—이라면, 그의 생각은 한 가지뿐이었다. 그것은 오로지 허황된 이기주의의 발현으로, 이러한 말투가 그녀에게 거슬린다면, 병적인 고정관념이라고 해도 좋다. 그러나 아무튼 그는 결국은 하나의 문제 그러니까 뉴욕을 버릴 수 없었다면 자신이 어떤 인간이 되었을 것인지, 어떤 인생을 더듬어 '어떤 결과가 되어 있을 것'인지 하는 문제로 귀착되는 것을 발견했다. 이 바보스러운 공상—사물을 너무 이기적으로 생각하는 습관의 증거이기도 하다—이 자신 속에서 강렬하게 불타오르는 것을 한 차례 의식하자 이미 다른 흥미는, 미국의 어떤 다른 매력도 그의 마음을 끌지 못했다.

"뉴욕에 살았다면 나는 어떻게 되어 있을까, 어떤 인간이 되어 있을까, 하고 완전히 바보스러운 일만 오로지 생각하게 되오. 생각하면 알아낼 수 있기라도 한 듯이. 많은 사람들이 어떻게 되었는지 알고 있소. 만나보았으니까요. 그러므로 나도 상당한 인물이 되었으리라고 생각하면 마침내 분노가 치밀 만큼 마음이 아프오. 다만 내가 어떤 인간이 되었을지는 상상할 수가 없소. 그것이 마음에 걸려 채워지지 않는 호기심 때문에 화가 나고 괴롭지요. 그것은 마치 이런저런 이유로 보지 않는 게 최선이라고 여겨 중요한 편지를 태워버린 뒤 느끼는 회한과도 비슷하오. 태워버리지 않았더라면 좋았을 거라고 여기는 거요—편지에 뭐라고 쓰여 있는지 영원히 알 수 없게 되었으니까요. 물론 당신은 사소한 일이라고 말하겠지만—!"

"사소한 일이라고는 말하지 않아요." 미스 스태버튼은 진지한 얼굴로 그의 말을 가로막았다.

그녀는 난롯가에 앉아 있었다. 그 앞을 서성이며 골똘히 생각에 잠기기도 하고, 맨틀피스 위에 놓인 앙증맞은 골동품을 외눈안경을 통해 발작적으로 대충 살펴보기도 하던 그는 그 말을 듣고 한순간 그녀를 지켜보았다. 하지만 그는 웃음지으며 "사소한 일이라고 해도 괜찮소"라고 말했다. "아무튼 그 말은 지금의 내 기분을 비유한 것에 지나지 않소. 젊은 날의 비뚤어진 인생 행로를—더욱이 아버지의 저주를 받다시피 한 행로를—더듬지 않았다면, 그날부터 지금까지 의문도 고통도 느끼는 일 없이 '바다 건너편에서' 줄곧 애쓰며 살아왔다면, 무엇보다도 그곳 생활을 그토록 사랑하지 않았다면, 그 바닥을 알 수 없는 자만에 찬 편견으로 살아오지 않았다면, 그렇소, 그런 삶과 조금이라도 다르게 살아왔다면, 틀림없이 내 생활도 '겉모습'도 얼마쯤 달라져 있겠지요. 나는 이곳에 줄곧 머물러 살았어야만 했소—할 수만 있다면. 23살의 나이는 너무 젊어서 제대로 판단할 수가 없었지요. 조금만 기다렸더라면 가능했을 터이지만. 그리고 내가 여기에 머물러 살았더라면 인생에 단련되어 민감한 인간이 되었을지도 모르오. 그렇다 해서 그러한 인간을 동경한다는 건 아니지만 그들에게는 분명 매력이 있소. 그들의 금전욕은 천박하지만 미국 생활에서 길러진 매력이기도 하오. 하지만 그것과 이것은 다른 문제요. 다만 나는 내 본성이 충분히 변화될 수 있었을 텐데 그 기회를 놓쳐버렸다고 말하는 것이오. 조그맣고 단단한 봉오리 속에 활짝 필 꽃이 숨겨져 있듯이 그 무렵에는 나의 내부 깊숙한 어딘가에 아주 낯선 '분신(分身)'이 숨어 있었을지도 모른다는 생각이, 그리하여 내가 그런 인생을 선택했기 때문에, 아니, 그런 기후의 나라로 옮겨가 살았기 때문에 '분신'이 영원히 시들어버렸다는 생각이 드는 거요."

"그래서 당신은 그게 어떤 꽃으로 피어났을지 궁금한 거군요?" 미스 스태버튼은 대답했다. "정말은 나도 그 생각을 하고 있었어요. 요 몇 주 동안 내내 그 생각을 하고 있었지요. 틀림없이 아름다운 꽃이 피었으리라고 믿어요." 그녀는 말을 이었다. "아주 화려하고 꽃송이가 큰 깜짝 놀랄 만한 꽃이 피었을 테지요?"

"무엇보다도 깜짝 놀랄 만한 꽃이 피었을 거요." 그녀의 방문객은 되풀이해서 말했다. "그렇지, 생각건대 아주 불쾌하고 소름끼칠 듯한 꽃이."

"정말로 그렇게 믿고 있는 건 아니지요?" 하고 그녀는 되물었다. "그렇게 믿지 않는다면, 어떤 인간이 되었을지 생각하는 일을 그만두겠지요? 당신은 알고 싶다고 여기며, 그렇게 생각하는 것만으로도 충분한 거예요. 당신이 느끼고 있는 것은—그리고 내가 당신에 대해 느끼고 있는 것은—당신은 유력한 사람이 되었으리라는 거예요."

"그렇다면 당신은 나를 좋아했겠소?" 그는 물었다.

그녀는 서슴없이 대답했다. "내가 어찌 당신을 좋아하지 않을 수 있겠어요?"

"알겠소, 당신은 나를 좋아했을 거요. 억만장자라면 더 좋아했을 거요!"

"내가 어찌 당신을 좋아하지 않을 수 있겠어요?" 그녀는 다만 같은 말을 되풀이했을 따름이었다.

그는 여전히 그녀 앞에 서 있었다—그녀의 말을 듣고 움직임을 멈췄다. 그는 받아들였다. 아니 받아들이지 않을 수 없었다. 움직임을 멈춘 것이 그 증거였다. "나는 적어도 자신이 지금 어떤 인간인지는 알고 있소." 그는 담담하게 말을 이었다. "나의 숨겨진 뒷면도 잘 알고 있소. 모범적인 인간은 아니오—그리 점잖지 못한 사람으로 여겨지고 있는 것도 아오. 나는 낯선 길을 걷고, 다른 종교의 신도 숭배해 왔소. 30여 년 동안 자기 본위의 경박하고 부끄러운 생활을 해왔을 거라고 여기고들 있을 게 틀림없소. 그것을 잘 알고 있소. 그런 생활을 한 끝에 이렇듯 당신이 보고 있는 이런 인간이 된 거요."

그녀는 잠시 가만히 있더니 그에게 미소지어 보였다. "나는 당신이 보고 있는 이런 인간이 되었어요."

"아, 당신은 도무지 변함없는 사람이구려. 어디에 살든 어떻게 살든 지금의 당신 모습 그대로 되도록 태어난 사람이오. 당신은 정말 완벽하고 어떤 시련에도 끄떡없소. 그러니 알겠지요, 미국을 버리고 떠나지 않았다면 내가 지금까지 기다리지 않았으리라는 것도?" 그는 기묘한 가슴의 통증을 느끼며 갑자기 말을 멈추었다.

"중요한 것은" 잠시 뒤 그녀는 말했다. "그런데도 아무것도 달라진 게 없다는 거예요. 당신은 결국 돌아왔어요. 그리고 이렇듯 이야기하고 있고—" 그러나 그녀도 마찬가지로 더듬거렸다.

그녀가 말을 더듬거린 건 무엇을 뜻하는 것일까, 하고 그는 생각했다. "당신은 믿고 있군요—확실하게—내가 이곳에 머물러 있었더라도 지금의 나와 같으리라고?"

"아니요! 그렇게 생각하지는 않아요!" 그녀는 그렇게 말하고는 의자에서 일어나 그에게로 다가왔다. "하지만 상관없다고 말하는 거예요." 그녀는 미소 지었다.

"내가 정말 괜찮다는 거요?"

그녀는 잠시 머리를 갸웃했다. "만일 내가 그렇다고 말한다면 믿겠어요? 그것으로 당신의 의문이 풀리겠어요?" 그녀는 그런 이야기를 회피하고 싶어하는 그의 기분을, 어리석게도 일단 생각한 일은 쉽게 포기하지 않는 그의 기분을 그의 얼굴에서 읽어낸 듯했다. "아, 당신에게는 아무래도 좋다는 거군요. 당신에게 중요한 일은 달리 있어요. 자신의 일에만 관심이 있지요."

스펜서 브라이든은 고개를 끄덕였다—그것은 그가 이미 공언하고 있던 말이었다. 하지만 그는 중대한 점을 잊지 않고 수정했다. "그는 내가 아니오. 나 자신과는 전혀 다른 사람이오. 그러나 만나고 싶소." 그는 덧붙여 말했다. "반드시 만날 수 있을 거요. 만나게 될 거요."

순간 두 사람의 눈이 마주쳤다. 그 눈의 표정에서 그녀는 그의 이상한 감각을 꿰뚫어보고 있는 것 같았다. 그러나 두 사람 모두 그것을 눈으로 알리고 있을 따름이었다. 그녀가 충격받는 일 없이, 부정하거나 쉽사리 비웃는 일도 없이 이해해 주는 데 그는 큰 감동을 받았다. 그리고 그녀를 자신의 숨 막히는 가슴에 숨통을 터주는 공기와 같다고 느꼈다. 그런데 그녀가 뜻밖의 말을 했다. "저, 나는 그를 본 적이 있어요."

"당신이—?"

"꿈에서 그를 보았어요."

"꿈에서—!" 그는 실망했다.

"두 번이나, 지금 당신을 보고 있는 것처럼 그를 보았어요."

"같은 꿈을 꾸었다는 거요?"

"두 번이나, 같은 꿈을!" 그녀는 되풀이했다.

그는 이 말에 만족했을 뿐만 아니라 그럭저럭 이야깃거리는 되었다. "내 꿈을 그토록 여러 번 꾸었소?"

"오, 당신이 아닌 그였어요!" 그녀는 미소지었다.

그의 눈은 다시 그녀를 탐색했다. "그러면 당신은 그에 대한 모든 것을 알 겠구려." 그녀는 더 이상 아무 말도 하지 않았다. "그놈은 어떻게 생겼소?"

그녀는 머뭇거렸다. 더욱이 그의 말투가 아주 격렬했으므로 그녀 나름대로 까닭이 있어 피하는 것 같았다. "나중에 말씀드릴게요!"

2

그날 이후로 이렇듯 자신의 망상에 몸을 내맡기는 일이, 점점 자신의 특권 같은 일을 이렇듯 행사하는 것이 그에게는 거의 미덕처럼, 자신의 매력처럼, 이치를 뛰어넘는 비밀스러운 환희처럼 여겨져왔다. 그로부터 몇 주일 동안 그 일을 위해 살았다고 해도 좋았다—아무튼 멀둔 부인이 돌아간 뒤부터 자신의 생활이 진실로 시작된다고 느꼈다. 넓은 집 안을 지붕밑방에서부터 지하실까지 둘러보고서 자신이 혼자인 것을 확인하고 난 뒤에야 비로소 자신이 완전히 자신의 것이라는 기분이 되어 자유롭게 활동을 시작했다.

때로는 하루에 두 번이나 왔다. 가장 좋아하는 시간은 땅거미가 지는 짧은 가을날의 해질녘이었다. 그때가 가장 희망에 찬 시간이었다. 그 시간이 되면 가장 편안한 마음으로 돌아다니고, 기다리고, 빈둥거리고, 귀를 곤두세우고, 어둠침침한 이 거대한 건물의 고동소리에 세심한 주의를, 지금까지 한 적 없었던 세심한 주의를 기울일 수 있었다. 아직 불을 켜지 않아도 되는 시간이 좋았다. 땅거미질 무렵이 조금만 더 길었으면 좋겠다고 날마다 바랐다. 좀더 늦어지면—자정보다 상당히 이른 시간에는 꽤 오래 동안 돌아다닐 수 있었다—어른거리는 불빛 아래 언저리를 둘러보았다. 촛불을 높이 쳐들어 멀리까지 비치게 하면서 비교적 둘러보기 좋은 장소를, 방들과 비상통로를 이어주는 복도를 되도록 살펴보려고 했다. 그가 초대하려는 그의 분신이 모습을 나타내기에 가장 좋은 길게 쭉 뻗은 장소, 아니, 그의 말을 빌리면 '무대'였다. 누구의 의견도 아닌 그 자신이 해낸 완벽한 '연출'이었다. 앨리스 스태버튼조차도, 사려깊은 그녀조차도 거기까지는 상상할 수 없었을 게 틀림없다.

그 집에 드나들 때 이제까지는 다행스럽게도, 주인다운 차분하고 당당한 태도로 한밤중 11시 30분에 안으로 들어가는 모습이 큰길을 순찰 도는 뚱뚱한 '경관' 눈에 띄었지만, 새벽 2시에 나가는 건 보지 못했을 거라고 그는 믿었다. 상쾌한 11월 밤마다 그는 걸어서 밤이 깊어지기 전에 그곳에 도착했다. 밖에서 저녁식사를 하고 나서 클럽이나 호텔로 가는 척하며 쉽사리 빠져나올 수가 있었다. 밖에서 식사하지 않을 때는 클럽을 나설 때 호텔로 돌아가는 척하고, 또 호텔에서 저녁을 지낼 때는 클럽으로 가는 시늉을 하면 되었다. 모든 일이 순조로웠다—모든 게 그에게 협력하고 도와주었다. 당연히 드높아져 오는 긴장 속에서조차 의식 전체를 얼버무려 부드럽게 해주는 무언가가, 의식 전체를 부드럽게 해서 단순화시키는 무언가가 있었다. 그는 여기저기를 다니며 느긋하고 즐거운 기분으로 예전에 알던 사람들을 만나 이야기를 건네며 되도록 그들의 마음에 들도록 행동했다. 미스 스태버튼에게도 말했듯 색다른 사람들 속에서 모범이 될 만한 생활을 해오지는 못했는데도 대부분의 사람들은 그에게 분명하게 호감을 보였다. 그는 사회적으로 그리 훌륭하지는 못한 이류쯤 되었다—더욱이 그라는 인간의 실체를 전혀 모르는 사람들 속에서 반갑게 인사하거나 한 잔 권하는 말은 모두 겉치레에 지나지 않았다. 그것에 답하는 그의 몸짓은 그림자연극에서처럼 무의미하게 과장된 거대한 그림자와도 같았다. 낮 동안은 의식 속에서, 죽 늘어선 무감각하고 무의식적인 얼굴들 맞은편에서 그를 기다리는 또 하나의 현실생활에 억지로 자신을 가두어두고 있는 셈이었다. 그리고 커다란 현관문이 소리내어 닫히면 곧 지휘자의 지휘봉에 따라 음악이 서서히 장중하게 시작되듯 그의 마음을 유인하여 번화한 거리 모퉁이집에서의 그만을 위한 생활이 시작되었다.

현관의 오래된 대리석 바닥에 그가 들고 다니는 쇠지팡이 끝부분이 닿으면 강철이 돌을 두드리는 소리가 언제나 기묘하게 마음에 울렸다. 흰색과 검은색의 큰 네모난 대리석을 깐 바닥을 보면 어릴 때 꽤나 감탄했던 기억이 떠올랐다. 이제 와서 생각해 보면 바로 그 바닥이 어린 시절 그에게 스타일에 대한 감각을 키워주었다. 그 소리는 먼 어딘가에—그 집 안 어딘가에, 과거의 어딘가에, 다행인지 불행인지 떠나지 않았더라면 그의 활약무대가 되었을지도 모르는 신비로운 다른 세계에—걸려 있는 종소리의 희미한 메아리 같았다. 그 때문에 그는 늘 같은 행동을 했다. 소리나지 않도록 지팡이를 방구석에 세워두었다—집 전체가 젖은 손가락으로 가장자리를 문지르면 절묘한 음색을 내는, 값이 비싸고 가운데가 오목한 크리스털로 만든 큰 유리그릇이 아닐까 하고 새삼스럽게 생각했던 것이다. 그 '유리그릇 속에는 이른바 이 신비로운 다른 세계가 숨겨져 있었다. 가장자리를 따라 손가락을 미끄러뜨리면 울리기 시작하는 미묘한 낮은 음색은, 그곳에서 들려오는 좌절해 버린 옛날의 가능성이 뱉어내는 한숨, 아니, 귀기울이면 희미하게 들려오는 고통스러운 비명이었다. 그러므로 소리나지 않게 들어가는 것은 자신의 그 옛 가능성을 일깨워 유령으로 돌아다니게 하고 싶어서였다. 상대는 부끄러워했다. 절망적일 만큼 부끄러워했다. 그러나 나쁜 뜻을 품고 있는 것 같지는 않았다. 적어도 지금까지의 느낌으로는 나쁜 뜻은 없는 듯했다. 상대는 그가 바라던 대로의 모습으로는, 발소리를 죽여 야회용 구두 앞굽으로 걸으며 방에서 방으로, 층계에서 층계로 찾아돌아다닐 때 상상하고 있었던 대로의 모습으로는 나타나지 않았다.

그것은 본질적으로는 몽상이었다—이 집 밖에서 다른 일을 하고 있을 때는 아무리 생각해도 어리석은 짓 같았다. 그러나 집 안으로 들어와 자리잡고 있으면 너무도 그럴싸하게 여겨졌다. 자신이 어떻게 할 작정이며, 무엇을 원하는지 잘 알고 있었다. 현금으로 바꾸기 위해 내미는 수표의 숫자처럼 확실했다. 자신의 분신이 '걸어다녔다'—는 것이 그가 품고 있는 이미지였다. 그리고 그가 그렇듯 기묘하게 시간을 보내는 것은 숨어서 기다리다가 자신의 분신과 대결하고 싶다는 욕망 때문이었다. 그는 천천히 주의깊게, 그러나 한순간도 멈추지 않고 걸어 돌아다녔다. 그 자신이 바로 그러했던 것이다—멀쑥한 부인이 '천천히 걸어 돌아다닌다'는 표현을 사용한 것은 바로 사실 그대로였다. 그리고 그가 잠자리에 들지 않고 걸어 돌아다니며 만나려 하고 있는 유령도, 한순간도 멈추지 않고 걸어 돌아다니고 있는 듯했다. 그러나 그는 자신의 분신 또한 자신만큼 조심스럽고 교활할 것이며, 분신이 있을 것이라고 확신했다. 사실 그는 분신을 일찌감치 감지했으며, 그 분신이 그에게 들으라는 듯이 기척을 내며 추적을 피하고 있다는 느낌이 밤마다 더 커져가다 보니 마침내 그 분신을 찾는 것이 인생에서 어떤 것과도 비길 수 없는 준엄한 일이 되었다. 겉으로 드러나 보이는 것만으로 사물을 판단하는 사람들이라면 감각에 탐닉하여 인생을 허비한다고 여길 게 틀림없음을 알고 있었지만, 지금처럼 이 긴장과 같은 멋진 즐거움을 맛본 적이 없었고, 숲 속의 어떤 동물보다도 예민한, 그것에 쫓기면 어떤 동물보다도 무서운 상대를 살며시 뒤쫓고 있다는 인내와 배짱이 동시에 필요한 스포츠도 처음이었다. 사냥 용어가 머릿속에서 춤추어 왠지 사냥에 비유하고 싶어져 실제 사냥 장면과 연관짓기도 했다. 때로는 유추력(類推力)이 자극을 받아서 사냥하러 갔던 때의 일들이나, 젊었을 때 황야며 산이며 사막에 갔던 때 기억의 단편이 되살아났다—그리하여 그 자신이 과민해지는 순간조차 있었다. 때로는—하나뿐인 촛불을 벽난로나 벽감(壁龕)에 두고—바위며 나무 그림자가 있는 유리한 지점을 찾듯이 물체의 그림자나 어둠 속으로 물러나 문 뒤쪽이며 창 안쪽으로 몸을 숨겼다. 그리고는 숨을 죽이고 큰 사냥감을 노리는 사냥만이 줄 수 있는 순간의 희열에, 최고의 긴장감에 도취되었다.

두려움은 없었다(벵골에서 호랑이 사냥을 하거나 로키 산맥에서 거대한 곰과 가까이 대치했던 사람들이 스스로 자신에게 물어보았다고 고백하고 있듯이, 스스로 자신에게 물어보았지만). 그리고 그것도 실은—적어도 진실을 속일 필요가 없기 때문이었는데—지금은 자신이 공포를 주고 있는 쪽이다, 자신이 느끼는 긴장보다 훨씬 강렬한 긴장을 상대에게 느끼게 하고 있다는 마음 속 기묘한 인상 때문이었다. 그가 숨어들어와 잠자지 않고 걸어 돌아다니기 때문에 상대가 공황을 느끼고 있는 것 같은 징후는 그에게 어느덧 분명한 일, 당연한 일이 되어 있었다. 그렇게 생각하고 난 뒤면 자신은 어쩌면 인류가 일찍이 경험한 적 없는 관계에 빠져 있는 것은 아닌가, 인류가 처음 겪는 의식에 취해 있는 건 아닌가 하고 불안한 마음으로 반성하지 않을 수 없었다. 유령을 무서워하는 사람은 꽤 많지만, 생각을 바꾸어 유령을 무시무시한 공포로 몰아넣은 사람은 누가 있었던가? 한 걸음 앞서 생각할 수만 있었다면 사태의 장엄함을 느꼈을지도 모르지만, 자신의 특권을 그런 측면에서 바라본 일은 없었다. 이제 몇 번이나 되풀이하여 습관이 된 탓으로 스스로도 놀랄 만큼 깊은 어둠 속이며 구석진 어둠 속을 꿰뚫어보는 능력을, 희미한 빛의 장난을, 예사로운 빛의 상태며 공기의 우연한 움직임이며 원근의 착각 등으로 어둠에 묻혀 있는 듯 보이는 무서울 것 같은 사물을 꿰뚫어보고 별스럽지 않게 무시해버리는 능력을 갖게 되었다. 어슴푸레한 촛불은 아래층에 둔 채 방에서 방으로 드나들 수 있었다. 상대가 자기 뒤에 숨어 있는 것을 느낄 때는 시선을 빙 돌려 보고 싶은 곳을 희미하니 밝게 하여 들여다볼 수도 있었다. 이러한 능력을 지니게 되자 자신이 커다란 도둑고양이가 되어 있는 듯한 기분이 들었다. 그러한 순간에는 노랗게 번뜩이는 큰 눈으로 자신이 노려보고 있는 것 같고, 그런 눈에 맞닥뜨려 뒷걸음질치게 되면 '분신'이 어떤 기분이 들까 생각하기도 했다.

그러나 그는 덧문을 열어두는 것을 좋아했다. 멀둔 부인이 닫아둔 덧문을 모두 열었다가 그녀가 알아차리지 못하도록 돌아갈 때 다시 닫았다. 유리창 너머로 단단한 은 같은 느낌의 가을별이 보이는 것이, 아니 그에 못지않게 아래쪽 가로등이, 커튼이 없어 차단되지 않는 하얀 전등빛이 올라오는 게 좋았다—비교적 높은 층에 이르면 그러했다. 그것은 사람이 사는 현실사회의 빛이었으며, 자신이 살아온 세계의 빛이었다. 더욱이 거기에서 그는 멀어지려 하고 있는데도 그 세계는 냉담하면서도 개인적 감정 없이 언제나 그의 행동을 도와주고 있는 것 같았으며 불안을 덜 느끼도록 해 주었다. 물론 그런 느낌이 드는 것은 주로 넓은 전면에 이어진 옆쪽 방에서였다. 집 중앙부의 어둠이나 뒤쪽 방에 들어가면 그런 느낌이 갑작스레 엷어졌다. 분명 돌아다니는 도중 곳곳에서는 멀리까지 꿰뚫어 보였지만, 집 뒤쪽으로 오면 언제나 그곳이 상대가 숨어 있는 밀림으로 여겨졌다. 뒤쪽은 다른 쪽보다 더 많은 여러 개 방으로 나뉘어져 있었다. 자세히 말하면 그곳은 대규모로 '증축'된 부분으로 조그만 하인들 방이 죽 늘어서 구석과 모퉁이와 벽장과 복도가 많으며, 넓은 뒤쪽 층계에서 작은 층계가 몇 개나 갈라져 나와 있었다. 그는 곧잘 그 큰 층계에 기대어 엄숙한 표정으로 아래쪽을 내려다보았다—누군가가 옆에서 보고 있다면 어떤 멍청이가 진지하게 숨바꼭질하는 것으로 생각했겠지만 말이다. 사실 집 밖이었으면 그는 비웃음거리가 되었을 것이나 창문으로 훤히 들여다보임에도 집 안에서 계속 숨바꼭질을 하는 것은 뉴욕의 냉소적인 빛을 반박하는 증거였다.

앞서도 말했듯 상대는 무섭게 화내고 있다고 여겼으므로, 당연히 자신에게 이것은 큰 시련이 될 것으로 각오하고 있었다. 그 증거로 처음부터 그는, 그래도 괜찮다, 나는 모든 감각을 '연마할' 수 있으니까 라고 자신에게 들려주었다. 자신의 감각을 연마하는 일은 불가능한 게 아니라고 그는 생각했다—사실을 말하면 그럴 작정으로 날마다 이렇게 시간을 보내고 있었다. 이를테면 연습으로 연마하여 완벽의 경지에까지 이르려 하고 있었다. 그 결과 멋지게 성공하여 과거에는 곧바로 생각해내지 못했던 인상들, 그러니까 일반

가설의 증거들을 요즘에는 인식하게 되었다. 최근 층계 위 방에서 자주 경험하고 있는 일이 그러했다. 절대로 잘못 본 게 아닌 그 일은 어떤 시기, 즉 일종의 외교적 술책으로 방문을 사흘 중단한 뒤 재개했을 때부터 갑작스럽게 시작되었는데—무언가가 주의깊게 거리를 두고 끊임없이 자신의 뒤를 쫓고 있는 기척을 알아차렸던 것이다. 마침내는 자신이 자신감도 확신도 없이 그냥 추적하는 시늉만 하고 있었을 뿐으로 여겨질 정도였다. 화가 치밀었다. 완전히 한 방 먹은 기분이었다. 그것은 그가 예상했던 상황과는 전혀 달랐다. 그가 놓인 처지를 확실하게 말하면, 그에게는 보이지 않고 상대에게만 보이는 것이다. 남은 방법은 갑자기 몸을 홱 돌려 재빠르게 왔던 길을 되돌아나가는 수밖에 없었다. 무언가가 빠르게 움직인 뒤의 공기 소용돌이를 자신의 눈으로 포착하려는 듯이 발꿈치를 돌려 주위를 둘러보았다. 이러한 사태를 자유분방한 눈으로 바라보면 크리스마스 소극(笑劇)에서 신출귀몰하는 할리퀸(영국 무언극에 나오는 어릿광대. 팬털룬의 하인)에게 팬털룬이 두들겨맞고 속아넘어가는 광경을 떠올리지 않을 수 없었다. 그러나 아무리 두들겨 맞는다 해도 사태는 달라지지 않는다. 그러므로 이 연상을 관철시키려면 점점 더 진지해지는 수밖에 없었다. 앞서도 말했듯 이 집 안에 일방적인 휴전상태를 조성하기 위해 사흘 동안 찾아오지 않았었는데, 사흘이든 이틀이든 결국 변함은 없었다.

그는 그날 밤—사흘째 다음날 밤—돌아왔는데, 현관 홀에 서서 층계를 올려다보니 지금까지는 느끼지 못했던 깊은 확신이 마음속에서 끓어올랐다. "상대는 저 층계 맨 위에 서서 기다리고 있다—예전처럼 달아나려 하지 않고, 자기 장소를 지키려 하고 있는 거야. 이런 일은 처음이다—그에게 무슨 일이 일어난 것일까?" 한 손으로 난간을 잡고 한쪽 발을 층계에 내딛으며 브라이든은 생각했다. 그리고 그 자세를 취한 채 그 말로 주위 공기가 전에 없이 서늘해지는 것을 느꼈다. 소름이 끼쳤다. 갑자기 공기가 무엇을 품고 있는지 알 듯한 기분이 들었다. "전보다 더 압박을 느꼈기 때문인가? —그렇다. 사태를 인식한 것이다. 내가 이 집에 '살려고' 돌아온 것을 알았다. 이익이 침해된 분노와 공포가 반반인 상태로 도저히 참을 수 없게 되어 폭발한 거야. 궁지에 몰려 '정색하고' 나선 거지. 그런 게 틀림없어. 그는 이제 쫓기고 쫓겨서 날카롭게 간 송곳니를 드러낸 동물이다." 이런 격렬한 확신이—어떻게 표현하면 좋을지 알 수 없는 힘에 떠밀려—끓어올랐다. 다음 순간,

그 확신 때문에 진땀이 났다. 공포 탓으로 생각하고 싶지는 않았으며, 동시에 곧바로 행동으로 나설 기분도 들지 않았다. 그런데도 이상한 전율이 느껴졌다. 그것은 불의의 습격으로 당황하여 느껴진 전율이 틀림없었다. 동시에 더할 수 없이 기묘하고도 즐거우며 또한 자랑스러운 생각이 들었다.

"달아나거나 숨으며 내내 만나기를 피해 왔는데, 이번에는 마침내 화가 나 맞서 싸우려는 거야."—이 강렬한 인상은 이른바 공포심과, 박수치며 환영하고 싶다는 마음이 하나로 녹아든 것이었다. 그러나 불가사의하게도 감각적 사실로서는 환영하는 마음이 더 강했다. 자신이 쫓고 있는 게 자신의 분신이라면 그 실체를 알 수 없는 상대는 결국 자기 자신이기 때문이었다. 자기 자신이 쫓기는 동물처럼—아직 모습은 보이지 않지만 바로 가까이에—벌레도 밟으면 꿈틀한다는 속담대로 털을 곤두세우고 기다리고 있다. 브라이든은 그 순간 아마도 제정신으로는 경험할 수 없을 만큼 복잡한 감정을 맛보았다. 자기 자신과 그토록 가까운 존재가 언제나 자신만만하게 끝까지 모습을 나타내려 하지 않는 것이 굴욕이었을 것이다. 그러므로 이 위험한 사태에 빠지는 게 오히려 상황 전체를 구원한 셈이 되었다. 그러나 또한 마찬가지로 미묘하고도 희한한 심리의 작용으로 자신이 이제부터 겪게 될 공포를 이미 예측하기 시작하고 있었다. 자신의 분신이 적극적으로 공포를 불러일으키려 하는 것을 환호하면서, 동시에 자신이 그 공포를 순순히 겪어야만 하는 것을 두려워했다.

이윽고 공포에 대한 불안이 더욱 커진 게 틀림없다. 이 모험을 통하여 경험한 아마도 가장 기묘한 순간은, 아니 나중에 돌이켜보니 이 기간을 통하여 가장 잊히지 않는, 어쩌면 가장 재미있었던 순간은 모든 의식을 집중해 싸웠던 그때부터의 몇 순간이었다. 급한 비탈길에서 미끄러져 내려오는 사람처럼 무언가를 잡아야만 한다는 마음으로 어떻게든 무언가를 향하여 움직이고, 행동하고, 돌격해야만 한다—차라리 자신이 두려워하지 않는 것을 증명해야만 한다—는 충동에 내몰리고 있었다. 그러므로 그 순간 그는 달려들어야만 하는 상황에 내몰리고 있었던 셈이었다. 넓은 방 안에 무언가 붙잡을 게 있었다면, 아마도 제정신일 때는 깜짝 놀랄 경우 의자 등받이를 곧잘 움켜잡듯이 그 무엇을 붙잡았을 게 틀림없다. 아무튼 흠칫하는 순간—그것을 의식하고 있었다—이 집 안을 걸어 돌아다니게 된 뒤로 아직 한 번도 한 적

없는 일을 했다. 마치 허둥지둥 낭패했을 때의 본능처럼, 눈으로 확인하는 게 무서운 듯이 눈을 감고 한참 동안 가만히 있었던 것이다. 눈을 뜨니 방 안이 이상하게 밝아져 있는 것 같았다. 날이 밝아온 줄 여겨질 정도였다. 그런데 어찌된 일인지 그가 멈춰선 곳에서 꼼짝도 할 수 없었다. 아니 꼼짝할 수 없는 것이 다행이었다—무언가에 올라탄 듯한 기분이 들었다. 그리고 잠시 뒤 사태를 파악하게 되었다—너무나 무서운 나머지 달아나려 하고 있었던 것이다. 그는 그것을 굳건하게 떨쳐버리며 참아냈다. 그러지 않았다면 층계 쪽으로 달아나려고 하고 있었던 게 틀림없다. 그렇다, 눈을 감은 채 똑바로 재빠르게—길은 잘 알고 있다—1층까지 곤두박질쳤을 게 틀림없었다.

하지만 어떻든 그는 참고 견디어 그대로 서 있었다—여전히 꼭대기층의 복잡한 여러 개 방들에 둘러싸여, 그리고 시간이 되면 그 방들을, 아니 온 집 안의 방을 지나며 걸어 돌아다니려고, 시간이 되면—그렇다, 시간이 되면—걸어돌아다닐 작정이었다. 그는 밤마다 거의 같은 시간에 돌아다니기 시작하고 있었다. 시계를 꺼냈다—시계바늘이 보일 정도로 밝았다. 조금 뒤면 1시15분이 될 터였다. 이렇듯 이른 시간에 물러난 일은 한 번도 없었다. 호텔로 돌아가는 것은 대개—걸어서 15분 걸리므로—2시였다. 15분만 더 기다리자—그때까지는 꼼짝도 하지 말자. 시계를 손에 들고 들여다보며 이대로 가만히 기다리면, 이토록 의식적으로 온갖 노력을 다하며 기다리면 멋들어진 증거가 드러날 거라고 자신에게 들려주었다. 그렇다, 자신에게 용기가 있다는 증거가 드러나게 될 것이다—무엇보다도 지금 꼼짝도 하지 않고 있는 게 용기가 있다는 최대의 증거일지도 모른다. 지금 그의 기분은 처음부터 허둥거리는 태도를 보이지 않았으므로 아직 자신의 위엄을—대단한 위엄은 아닐지라도—여전히 지니며 고고하게 유지하고 있었다. 이것은 위대했던 중세 기사 이야기 시대에나 거의 어울릴 듯한 모습으로 그의 눈 앞에 구체적인 모습을 띠고서 나타났다. 그 생각은 처음에는 흘끗 떠올랐으나 다음 순간에는 보다 빛이 났다. 중세 기사 이야기의 어느 시대가 그의 정신상태나 흔히 하는 말대로 '객관적으로' 놀라운 이런 상황과 어울리겠는가? 유일한 차이점이라면—영웅 시대였다면—그는 양피지 두루마리에 나오는 대로 당당하게 머리를 들고 다른 손에는 칼을 뽑아들고서 아래층으로 내려갔을 것이다. 그러면 정말로 이때쯤 옆방 벽난로 위에 놓인 촛불에 그의 칼이 모습을 드러냈을 것이며, 그 도구를 손에 넣기 위해 곧장 필요한 만큼 몇 발자국을 걸어갔을 것이다. 방과 방 사이의 문이 열려 있고, 두 번째에서 세 번째 방으로 통하는 문도 열려 있었다. 이 세 개의 방은 모두 같은 복도 쪽으로 통하고 있는 게 생각났다. 그런데 그 안쪽에 네 번째 방이 있고, 세 번째 방을 지나야만 그곳으로 갈 수 있었다. 걸음을 내딛어 다시 자신의 발소리를 들으니 마음이 꽤 편안해졌다. 그런 마음을 깨닫고도 벽난로 선반에서 촛불을 집어들고는 벽난로 주변에서 다시 한 번 서성댔다. 하지만 다시 걸음을 내딛어 어디로 갈지 머뭇거리며 주위를 한 바퀴 새삼스레 둘러보았을 때 소스라치게 놀랐다. 처음에는 막연히 불안했었으나 다음 순간 문득 생각났을 때의 그 고통이 뒤따르는, 잊기 바로 직전에 생각날 때의 그 강한 충격이 엄습하는 놀라움이 덮쳐왔다. 그는 가장 안쪽의 문을 보았다. 직접 그 방과 마주 보이는 곳은 아니지만 보다 가까운 곳에 있는 문턱에서 그쪽을 보았다. 그러므로 그곳에서 왼쪽으로 조금만 움직이면 입구도 출구도 달리 없는 맨 안쪽 네 번째 방으로 들어갈 터였다. 그런데 아마도 15분 전쯤에 왔을 때는 열려 있던 문이—분명하게 확신하고 있었다—닫혀 있었다. 그는 눈을 크게 뜨고 이 놀라운 사실을 지켜보았다—망연히 그 자리에 멈춰서서 이 사실의 의미를 파악하려 숨죽이고 있었다. 문은 틀림없이 그 뒤에 닫혔던 것이다—그 전에 왔을 때는 분명 열려 있었는데!

그 동안에 무슨 일이 일어났다는 사실을 그는 주저없이 받아들였다. 그 방문만이 닫혀 있었다면 앞서 왔을 때—그날 저녁 처음으로 모든 방을 하나하나 둘러보았을 때—알아차렸을 터였다. 그러나 아까 너무도 이상하리만큼 흥분해 있었으므로 앞서 돌아다닐 때 어떠했었는지 잊어버렸는지도 모른다. 그래서 앞서 그 방에 들어갔다 나올 때 무의식적으로 문을 닫았는지도 모르다고 생각하기로 했다. 하지만 난처하게도 그런 일은 결코 하지 않았다. 그런 짓을 하는 것은, 말하자면, 그의 원칙에 어긋나는 것이었기 때문이다. 그의 원칙은 언제나 훤히 드러나 보이게 해두는 것이었다. 그는 충분히 의식하며 처음부터 온 집안이 훤히 들여다보이도록 마음 쓰고 있었다. 훤히 들여다보이는 맨 안쪽에 놀라서 허둥거리는 야릇한 모습의 '먹잇감'(너무 반어적이어서 이제는 이 말을 쓰지 않는다!)을 보는 것이야말로 그가 공상해 왔던 꿈, 더욱이 늘 아름답다고까지 여겨왔던 꿈이었다. 그는 쉰 번이나 깜짝 놀랐다가 한숨을 돌리거나, 쉰 번이나 잠시 환영에 맹목적으로 사로잡혀 "나왔다!" 하고 소리지르며 혼자 헐떡댔다. 그 집은, 이런 이유로, 이런 일이 생기기에 딱 알맞았다. 그는 많은 문을 달았던 특정 시기의 고유한 건축 양식—아예 문을 거의 달지 않는 현대 건축양식과는 정반대되는 극단적인 양식—이 놀라웠다. 그래서 먼 곳을 바라볼 때, 그가 말하는 것처럼 팔걸이 옆에서 집중적으로 점점 작아지는 먼 곳을 바라볼 때, 유령과 마주치게 될 것이라는 망상이 들게 하기에 충분했다.

그런 생각을 하면서 그는 오로지 바라보고 있었다—그렇게 생각하니 눈에 보이는 모든 게 불길했다. 실수로도 문을 닫았을 리는 없었다. 닫지 않았다면, 그런 일은 생각할 수 없다면, 다른 누군가가 문을 닫은 게 확실했다. 다른 누군가? —그러자 바로 조금 전부터 그 누군가의 숨소리가 귀에 들려오는 것을 뚜렷이 느낄 수 있었다. 대체 언제부터 다가와 이 단순하고도 논리적이며 완벽하게 인간적인 행동을 하고 있었던 것일까? 분명 논리적인 행동이었다. 인간적이라고 말해도 좋을 만큼 논리적인 행동이었다. 그런데 브라이든은 조용히 숨을 헐떡이고 눈을 둥그렇게 뜨고 바라보면서 스스로에게 너는 뭐라고 말하고 있는 것인가, 하고 물었다. 아, 마침내 드디어 두 사람이, 자신의 서로 다른 그림자가 마주보고 있다. 그러자 위험이라는 문제가 믿을 수 없을 만큼 큰 일로 떠올랐다. 그와 동시에 용기를 내야만 한다는 문제도 지금까지와는 다른 형태로 모습을 나타냈다—멍한 표정의 문이 "얼마나 용기 있는지 보여봐"라고 도전하는 듯했기 때문이었다. 그런 도전의 말을 내뱉으면서 문은 지그시 그를 쏘아보고 있었다. 그도 지그시 되쏘아보았다. 그는 둘 가운데 하나를 선택해야만 했다. 문을 열고 들어갈 것인가, 그대로 물러날 것인가. 아, 이러한 의식을 지녔다는 건 생각하고 있다는 증거다—생각하고 있다는 건 시간이 흘러가는 가운데 브라이든이 그 자리에 가만히 서서 아무 행동도 하지 않았다는 것이다. 아무 행동도 하지 않았다는 건—비참하고도 고통스러운 일이지만—지금까지 아직 행동하지 않았다는 것이다. 그것은 또한 사태를 다른 눈으로, 새롭고 냉정한 눈으로 바라보고 있다는 것이었다. 얼마나 오래 서 있었던 것일까? 얼마나 오래 생각에 잠겨 있었던 것일까? 이제는 헤아려 알 수도 없었다. 몸의 떨림이—격렬하게 떨었기 때문인지—바뀌었기 때문에 지금으로서는 그것을 헤아릴 길이 없었다.

거기에 갇혀 궁지에 몰려 있었지만 도전적인 태도는 여전했다. 뭔가 일이 벌어진 게 분명하게 입증될 수 있는데다, 문이 엄중한 경고가 적힌 알림판처럼 경고를 하고 있었다—긴장이 높아지면서 마침내 상황 자체가 바뀌어 버렸다. 그리고 그것이 어떻게 바뀌었는지 브라이든은 가까스로 자신의 생각을 정리했다.

상황 전체는 지금까지와는 달리 이제 하나의 권고로 바뀌어 있었다. 사려분별의 미덕을 그에게 끊임없이 호소하고 있는 것 같았다. 조금씩 분명하게 그것을 알 수 있었다—서두를 필요는 없을 듯했다. 여전히 꼼짝도 하지 않고 그는 문턱에 서 있었다. 아직 앞으로 나아갈 수도 뒤로 물러설 수도 없었다. 그런데 참으로 기묘한 것은, 이제 열 걸음만 나아가 걸쇠에 손을 대고 필요한 경우 어깨나 무릎으로 문을 밀기만 하면 줄곧 원해 왔던 일이 이루어져 호기심이 채워지고 마음이 가라앉을 때에 이르러—집념이 갑자기 사라져 버린 것이었다. 신기하고도 절묘하며 희귀한 일이었다. 사려분별—그는 그 말에 달려들었다. 그러나 실제로는 용기를 불러일으킬 필요가 없으면 상처 입을 염려도 없어서가 아니라, 더욱 중요한 것은 상대의 권고를 살리게 된 때문인 셈이어서 달려들었던 것이었다. '달려들었다'고 했지만, 그뒤—얼마쯤 지나서였는지—그가 몸을 움직여 똑바로 문 쪽으로 걸어갔던 일과 그것은 서로 모순되지 않는다. 그는 문을 만지려고 하지 않았다—그럴 마음만 있으면 만질 수도 있었지만, 다만 그곳에 가만히 서서 기다리며, 자신에게 만질 마음이 없는 것을 증명해 보였을 따름이었다. 이렇게 분신이 숨어 있는 얇은 문 바로 앞에, 쥐 죽은 듯한 정적 속에서 지그시 노려보며 손도 뻗지 않고 다시 한참동안 서 있었다. 마치 무슨 소리가 들리는 듯 귀를 기울였다. 그러나 그 자세는 그 자신의 마음속에서의 대화 때문이었다. "그래, 네가 원하지 않는다면—좋다. 너를 그냥 내버려두겠다. 네가 오로지 내 자비를 구걸하는 것처럼 여겨지니까. 우리가 만난다면—그 까닭은 알 수 없지만—우리로서는 어쩔 수 없는 숭고한 이유로 우리 둘 다 크나큰 고통을 받게 되리라고 네가 말하고 있는 것을 알았기 때문이다. 그렇다면 그 이유를 존중해주겠다. 너를 꼭 만나고 싶었지만, 더욱이 지금까지 인간에게 허용되지 않았던 특권을 이 순간 이 손 안에 쥐고 있는 셈이지만, 나는 물러나련다. 여기서 단념하겠다—명예를 걸고 두 번 다시 이런 일을 하지 않기로 약속하마. 그러니 안심하고 쉬거라, 영원히—그리고 나도 마음 편히 쉬게 해다오."
 이 마지막 시위는 브라이든에게 진지하고 계획된 것이며 의도된 것이라는 깊은 뜻을 지닌 것이었으며, 그는 마땅히 그렇다고 느꼈다. 그는 시위를 끝내고 발길을 돌렸다. 그때에야 비로소 자기가 얼마나 흥분하고 있는지 알았다. 촛불을 손에 들고 있었는데, 깨닫고 보니 촛불이 거의 다 타버렸다. 아무리 살그머니 걸으려 해도 발소리가 뚜렷이 울렸다. 그리고 순식간에 집의 맞은편에 와 있음을 깨달았다. 그곳에서 그는 지금까지 이런 시간에 해본 적이 없는 행동을 했다—밖이 내려다보이는 창문을 반쯤 열어 바깥공기를 들어오게 한 것이다. 마법이 깨어질 것을 우려하여 이제까지 결코 한 적이 없었던 일이었다. 그러나 이제 마법은 깨어져 버렸다. 마법은 이제 아무래도 좋았다—그가 한 양보와 굴복으로 깨어져 버려서 이미 이 집으로 돌아올 리 없을 터였다. 인적 없는 거리—거대한 등불이 켜져 있는 텅 빈 공간 때문에 더더욱 눈에 띄게 된 그 거리의 다른 세상은 부르면 들릴 만한, 손을 대면 만져질 듯 가까운 곳에 있었다. 그는 다시금 거리로 나서고자 거리보다 높은 곳에 자리 잡고 서 있었다. 무언가 마음의 위안이 될 평범한 사실이라도 찾는 듯이, 야비한 인간의 목소리라도 들려오지 않는지, 거리청소부나 밤도둑이라도 지나가지 않는지, 아니면 어떤 비천한 자라도 좋으니 누구든 이 한밤중에 걸어돌아다니고 있지 않는지 찾는 듯 가만히 내다보고 있었다. 그러한 생활의 증거가 탐났다. 지금 같으면 늘 피해 다니던 경관이 느릿느릿 걸어오더라도 친구로 대환영하리라. 순찰도는 경관이 보인다면 어떤 구실이든 만들어 4층 창에서 불러세워 친해지고 싶다는 충동을 느꼈다.
 그러나 너무 어리석어 보이지 않고 급히 둘러대는 것도 아닌 구실은, 그의 명예를 지키고 신문에도 이름이 오르내리지 않을 것 같은 핑계는 아무리 생각해도 떠오르지 않았다. 그러자—자신의 분신에게 했던 맹세의 결과—사려분별을 지키려는 마음으로 가득했기 때문에 일의 중대성이 갑자기 의식되었다. 그리하여 어떤 반동에서인지, 정말 아이러니컬하게도 그는 평형감각을 잃어버렸다. 눈앞에 사다리라도 걸쳐져 있었다면, 또는 밤새도록 방치된 페인트장이나 지붕수선공이 사용하는 눈이 핑 돌 듯한 수직사다리라도 있었다면 창문을 타넘어 팔다리를 길게 뻗고 페인트장이처럼 아래로 내려갔을 것이었다. 호텔에 곧잘 비치되어 있는 매듭 있는 밧줄이나 캔버스 천 시트 같은 기분 나쁜 피난용구라도 있었다면 그것을 증거로—다시 말해 자신이 지금 느끼는 약해진 마음의 증거로 사용했을 것이다. 그러나 상황이 상황이니만큼 그러한 기분도 오래 계속되지 않았다. 정신을 차렸을 때는—얼마나 지난 뒤였는지 알 수 없지만—아무리 시간이 지나도 바깥세계에 반응이 일어나지 않는 데 불안해져 그는 까닭을 알 수 없는 고뇌에 다시 사로잡혔다. 믿을 수 없을 만큼 오랜 동안 기분 나쁘게 조용해진 넓은 거리에 무언가가 움직이기를 오로지 기다리고 있었던 것 같았다. 도시의 생활 그 자체가 마법에 걸려 있었다—낯익은, 추하게 생긴 건물이 죽 늘어선 거리 전체를 너무도 부자연스럽게 공허와 침묵이 지배하고 있었다. 새벽의 어슴푸레함 속에 떠오르기 시작하는 납빛의 단단한 표정을 한 이 거리의 집들이 지금까지 늘 그의 영혼의 호소에 너무도 무심했다고 그는 생각했다. 잠든 동안 침묵하며 복잡하게 늘어선 도심의 광대하고 공허한 건물들이 불길하게 느껴졌다. 브라이든은 이 광대한 거리 전체가 자신을 거부하고 있다고 생각했다. 여명이 바로 그곳까지 다가와—거의 믿을 수 없는 일이었다—오늘이 어떤 하룻밤이었는지 드디어 확정지을 참이었으므로 더욱 사무쳤다.

  다시 한 번 시계를 보았다. 시간감각이 완전히 이상해져 있었다(한 시간이 1분 같았다—여느 때는 긴장하면 1분이 한 시간처럼 느껴졌는데). 거리에는 희미한 새벽빛이 비쳐들고 있을 뿐, 그 야릇한 공기 속에 아직 모든 것이 갇혀 있었다. 열린 창문으로 소리가 되어 나오지 못한 그의 호소만이 단 하나 생명의 증거였다. 그나마 더 깊은 절망을 원하는 듯 도중에 멈춰졌다. 그러나 완전히 의기소침하면서도—충동적으로—적어도 현재 그의 척도에 비추어 말하면—이상한 결심, 자신 말고도 누군가가 있다는 확신으로 소름이 끼쳤던 지점으로 다시 되돌아갈 결심을 했다. 그러기 위해서는 기분 나쁠 만큼의 노력이 필요했다. 그러나 그는 돌아가야만 했다. 순간 그 사실이 모든 것을 억눌렀다. 그러려면 온 집안을 다시 지나가야만 한다. 그리고 아까 닫혀 있었던 문이 열려 있다면 어떻게 할까? 아까 닫혀져 있던 것은 사실상 그에 대한 자비심에서였다. 층계를 내려가 이 집에서 나가 두 번 다시 그 신성함을 모독하지 말라고 상대가 제공해준 기회였던 것이다. 그는 그렇게 생각했다. 또 그렇게 생각하는 게 조리에 맞고 이해할 수도 있었다. 그러나 이제부터 어떻게 되어갈지는 지금까지의 그의 행동을 보고, 아니 그가 행동하지 않았던 것을 보고 상대가 어느 정도 관용을 베푸는지에 달려 있다. '분신'은 어떤 모습으로든 자신을 드러내어 그가 오기를 기다리고 있다―그 모습이 분명하게 보인다고 여겨졌던 건 모든 것이 뚜렷이 보이기 바로 직전까지 이른 곳에서 멈춰섰을 때였다. 오로지 그 일만 결심하고 있었음에도, 다시 정확히 말하면 공포에 짓눌려 멈춰서 버렸던 것이다. 보는 것은 너무도 위험했다. 공포가 너무도 확실했다. 그 순간 뚜렷이 모습을 드러낼 듯 여겨졌던 것이다.

그는 알 수 있었다―그때까지는 아무것도 몰랐다고 해도 좋을 만큼 분명하게―문이 열려 있는 걸 본다면 자신이 아주 비참한 지경이 되리라는 것을. 그것은 자신의 수치심―자신의 수치심은 바로 자신의 비참함이 될 터이므로―만을 체현(體現)하고 있는 존재가 다시 자유롭게 온 집안을 제멋대로 돌아다니고 있다는 사실을 의미했다. 그가 두려워하는 건 그럴 때 자신이 어떻게 행동할 것인지 분명하게 알 듯한 기분이 들어서였다. 열려져 있는 창가로 곧바로 달려가 긴 의자며 늘어진 밧줄 등이 있든 없든 자제력을 잃고 광기에 사로잡혀 길바닥으로 뛰어내릴 게 틀림없다. 그 모습이 눈에 훤히 보이는 것 같은 기분이 들었다. 그 위험은 적어도 피할 수 있다. 그것을 피하려면 한 걸음 직전에서 확인을 포기하는 일이었다. 그런데도 아직 온 집안을 걸어 지나가야만 한다. 그것은 여전히 엄연한 사실이었다. 다만 그때서야 알 수 있게 된 건 아직 확인하지 않았기 때문에 다시 시작할 수 있다는 것이었다. 그는 멈춰섰던 곳에서 살그머니 뒷걸음질쳐―그러지 않으면 안전하지 못할 듯한 기분이 문득 들어서였다―눈을 감은 채 큰 층계 쪽으로 달려가 문이 열려진 방들이며 소리가 울리는 복도를 뒤로 하고 층계 입구까지 왔다. 어둡기는 해도, 크고 멋진 층계에 잠시 쉬어가는 층계참이 세 개 만들어져 있는 게 보였다. 본능적으로 조용히 걸으려 했으나 발소리가 바닥에 거칠게 울렸다. 그것을 알아차린 건 조금 지나서였는데, 그것이 왠지 구원처럼 여겨졌다. 목소리는 낼 수 없었으리라. 입을 연다면 자신의 목소리에 겁먹을 게 틀림없었다. 게다가 '어둠 속에서 휘파람을 부는(글자 그대로든 비유적이든)' 것 같은 눈에 띄는 행동은 천박스러워 할 수 없었다. 하지만 그래도 자신의 발소리가 들리는 것은 기뻤다. 첫 번째 층계참에 닿았을 때―그리서두르지 않고 천천히 걷고 있었는데―안도의 한숨이 나왔다.

집은 엄청나게 넓어보였다. 그 넓이의 규모가 어마어마했다. 그는 방들을 빠짐없이 둘러보았다. 덧문을 닫고 문을 열어둔 어두컴컴한 방은 넓은 동굴 입구처럼 보였다. 깊은 우물 바닥에서 올려다보는 것 같은 느낌이 드는, 천장에 나 있는 높은 채광창으로 새어드는 빛만이 그가 나아가는 길을 희미하게 비춰주었는데, 빛이 이상한 빛깔을 띠어 마치 물 속에 있는 듯한 느낌이었다. 이 집은 정말 크고 화려한 건물이라는 생각에 그는 그에 어울리는 행동을 해야 할 것 같았다. 그에 어울리는 행동이란 기꺼이 이 집을 희생물로 바치는 것이라는 생각이 들었다. 이제는 건축업자가, 또는 철거인부가 언제 들어와도 좋다는 마음이 되었다—언제든 들이닥쳐도 좋았다. 두 번째 층계를 오르자 다른 세계로 들어섰다. 또 하나의 층계를 남긴 세 번째 층계의 중간쯤 오자, 1층 창문이며 반쯤 걷힌 가리개며 깜박거리는 가로등 불빛이며 유리 달린 넓은 현관의 영향이 뚜렷이 인식되었다. 그곳은 그들 자신의 빛으로 훤하게 빛나고 있는 바다의 밑바닥이었다. 순간 멈춰서서 난간 너머로 바닥을 지그시 바라보니—소년시절의 그리운 네모난 대리석 바닥이 보여왔다. 그 무렵에는 이제 확실히—보통 경우라면 사용했을지 모르는 말로 말해서—기분이 좋아져 있었다. 그러므로 멈춰서서 한숨을 돌릴 수가 있었다. 게다가 그 그리운 하양과 검정 대리석을 보고 있으니 안도감이 커졌다. 그러나 무엇보다도 강하게 느낀 것은—이제 괜찮다는 기분이 두 손을 잡아끌듯 몸을 앞으로 앞으로 끌어가—그 마지막 순간에 결연히 바라보면 무언가 보일 것이며 모든 문제가 해결될 거라는 기분이었다. 멀리서 보니 고맙게도 닫혀 있던 그 문이 지금도 닫혀져 있었다—그는 곧바로 현관문까지 걸어가기만 하면 된다.

그는 조금 더 내려왔다. 그리고 마지막 층계 앞의 층계참을 지났다. 거기에서 다시 한순간 멈춰섰는데, 그것은 오로지 이제 틀림없이 구원받았다는 기쁨을 맛보기 위해서였다. 그 때문에 그는 눈을 감았다—그리고 다시 눈을 떠 똑바로 이어져 있는 나머지 층계를 바라보았다. 그때까지도 아직은 괜찮다는 기분은 계속되었으며, 얼마쯤은 지나치게 느껴질 정도였다. 현관의 옆창과 부채꼴 틈새 장식으로 현관 홀에 어슴푸레한 빛이 비쳐들고 있었기 때문이었다. 그러나 다음 순간 현관문과 양쪽으로 여닫게 되어 있는 안쪽 문이 활짝 열려 있는 것을 깨달았다. 다시금 의심이 치솟았다. 그리고 무슨 경고

와도 같았던 꼭대기층의 그 문 앞에서와 마찬가지로 눈이 튀어나올 것 같은 느낌이었다. 그 문이 열려 있었다면 이 문은 닫혀 있었던 게 아닐까? 이제부터 믿을 수 없는 신비로움에 맞닥뜨리게 되는 것일까? 그런 의문이 옆구리를 찌른 비수처럼 날카롭게 찔러왔다. 그러나 대답은 희미한 어둠 속으로 달아난 듯 돌아오지 않았다. 이제 그 어둠에 현관문 위쪽에서 희미하게 아치 모양으로 흘러드는 새벽빛이, 반원형 가장자리를 지그시 바라보고 있노라면 춤추는 듯—나풀나풀 움직여 커졌다 작아졌다 하면서—차가운 은빛 후광을 만들어내기 시작했다.

그곳에 무언가가 숨어 있는 것 같았다. 어슴푸레함 속에 잠겨 보이지 않지만, 모습은 등 뒤의 불투명한 것, 그렇다, 탈출의 마지막 장벽인—열쇠는 주머니에 들어 있다—페인트 칠한 문에 비슷한 무언가. 가만히 바라보아도 그 희미한 모습은 보이지 않았다. 마치 자신의 정체를 숨기려 하는, 아니 꿰뚫어보려면 보라고 도전하고 있는 것 같은 느낌이었다. 그는 한순간 망설였으나 이윽고 발을 내딛었다. 마침내 저곳에, 만나서 만지고 붙잡아 살펴보아야만 하는 자가, 이 세상의 존재가 아닌 무시무시한 자가 기다리고 있다. 그리하여 그자와 대결하면 해방되거나 아니면 죽음을 맞을 뿐이라는 결의로. 짙은 어둠이 두텁게 장막을 내려 벽감 속 소상(塑像)이나 또는 보물을 지키는 검은 투구를 쓴 경비병처럼 가만히 버티고 서서 움직이지 않는 상대를 숨겨주고 있다. 나중에야 분명히 알게 되었지만, 나중에야 생각해내고 이해했지만, 층계를 내려가는 도중에 이미 그것이 바로 그 상대임을 브라이든은 믿고 있었다. 회색으로 희미하게 빛나는 커다란 테두리 중앙의 그림자가 작아지는 게 뚜렷이 보였다. 다음 순간 상대가 모습을 드러내려고 하는 것이 느껴졌다. 그것은 벌써 며칠 동안이나 그가 호기심을 불태우며 보려고 애써왔던 모습이었다. 희미하게 떠올라왔다. 어렴풋이 모습이 보였다. 무엇인가였다! 누군가였다! 놀랍게도 인간의 모습을 한 무엇인가였다! 움직이고 있지는 않지만 의식을 지니고 있는, 유령인지 사람인지, 자기만한 키와 몸집의 존재가 그를 얼마나 경악하게 할 수 있는지 시험하려는 듯이 그곳에 기다리고 있었다. 그렇게 생각할 수밖에 없었다. 가까이 다가옴에도 얼굴이 보이지 않는 것은 두 손으로 가리고 있기 때문임을 뚜렷이 알게 되었는데, 상대는 도전적으로 얼굴을 내밀고 있기는커녕 어둠에 잠겨 달아나려고 탄원하듯 숨어 있었다. 브라이든은 앞으로 나서서 상대를 자세히 보았다. 차츰 밝아져오는 가운데 상대의 모든 것을—뿌리내린 듯 움직이지 않는 자세를, 있는 그대로의 선명한 모습 전체를, 고개 숙인 반백의 머리를, 얼굴을 가린 하얀 두 손을, 괴상하게도 현실적인 야회복을, 매달려 있는 안경을, 번쩍거리는 뒤집혀진 비단 옷깃을, 하얀 리넨 셔츠를, 금시곗줄을, 번쩍번쩍 빛나는 구두를—보았다. 현대 거장들이 그린 인물화 가운데에도 이토록 강렬한 인간을 그린 작품은 없을 것 같았다. 또한 이토록 완벽한 예술성을 갖추고 액자 속에서 튀어나온 인간도 없을 것 같았다. 그를 만들어낸 빛과 그림자에는 참으로 신기(神技)라고도 불릴 만한 '처리'가 되어져 있었다. 그러나 순식간에 우리의 친구는 엄청난 감정의 격변을 경험했다—상대의 이해할 수 없는 책략을 이해한 순간, 이른바 그 의미를 파악할 수준으로까지 그의 감정이 급격하게 변했던 것이다. 적어도 그의 책략은 그 정도의 의미밖에는 없는 것 같았다. 전혀 예상하지 못했던 분신의 그 고통스러운 모습을 보았을 때, 훌륭한 일을 하는 인생의 승리자로서 인생을 매우 즐기고 있음을 과시하는 모습을 예상했었는데 승리를 뽐내는 얼굴은커녕 얼굴도 들지도 못하는 것을 보자 아연할 수밖에 없었다. 큼직한 손을 쫙 펴서 얼굴을 가리고 있는 것은 그 때문이 아닐까? —한쪽 손의 손가락 두 개를 사고로 잃은 듯 뿌리에서부터 없는 게 처음부터 눈에 들어왔었으나, 손가락을 쫙 펴서 솜씨 있게 가려서인지 얼굴이 잘 감춰져 보이지 않았다.

그러나 '감춰질' 것인가? —브라이든은 숨을 삼켰다. 그의 대담한 태도와 지그시 움직이지 않는 응시가 갑자기 상대의 움직임을 유도한 것 같았다. 그러나 그 움직임은 더 불길한 흉조였던 듯 그는 대담한 의도를 노골적으로 드러내는 것처럼 머리를 쳐들었다. 지켜보는 브라이든의 눈앞에서 이윽고 손이 움직여 벌어지기 시작했다. 그 순간 결단을 내린 듯 얼굴에서 손을 떼고 얼굴을 드러내 앞으로 내밀었다. 그 얼굴을 본 순간 브라이든은 공포로 목이 메어 소리가 되어 나오지 못하는 듯 헐떡였다. 정체를 드러낸 남자는 자신의 분신이라기에는 너무도 추한 모습이었다. 눈은 맹렬하게 항의하듯 노려보고 있다. 그 얼굴이, 이 얼굴이 스펜서 브라이든이란 말인가? —그는 그 얼굴을 지그시 지켜보았으나, 놀라움과 불신의 마음으로 곧 외면했다. 장엄한 감정의 절정에서 의식이 아래로 뚝 떨어져내렸다. 본 적도 상상도 할 수 없었던 무시무시한, 자신을 닮은 데라고는 전혀 없는 얼굴이었다! 이러한 상대를 찾아 돌아다니고 있었다니 '속았다'고 속으로 신음했다. 눈앞의 존재는 분명 어떤 존재였다. 자신이 느끼고 있는 것은 분명 어떤 공포였다. 그러나 이러한 존재를 상봉하려고 며칠 밤이나 시간을 낭비했다니 너무도 아이러니하고, 만나게 된 것 또한 하나의 아이러니였다. 이런 인간이라면 그와 전혀 닮은 데가 없고, 이런 인간의 분신이라면 괴물이 틀림없다. 상대가 가까이 다가옴에 따라 점점 더 그렇게 생각되었다—얼굴이 완전히 낯설었다. 그 얼굴이 소년시절에 보았던 확대된 기괴한 환등사진의 얼굴처럼 다가왔다. 아무튼 누구든 간에 사악하고 혐오스러우며 뻔뻔하고 천박한 낯선 남자가 공격적으로 다가와 그는 저도 모르게 두세 걸음 물러섰다. 다음 순간 드디어 눈앞까지 다가와 그 충격으로 어지러워졌으며, 자기보다 거대한 존재의 뜨거운 입김과 격정에 휘말린 듯, 앞으로 나서면 움츠러들게 될 분노에 부닥친 듯 뒷걸음질치는 동시에 눈앞이 캄캄해지고 다리에서 힘이 빠지는 것을 느꼈다. 정신이 아득해지며 기절할 것만 같았다. 마침내 그는 정신을 잃었다.

3

그의 의식이 확실하게—얼마나 지났을까?—돌아온 것은 바로 옆에서 멀둔 부인의 목소리가 들렸기 때문이었다. 무척 가까운 데서 들렸으므로 아래에서 그녀를 올려다보는 동안, 그녀가 무릎을 꿇고 있는 모양이라고 생각했다. 그도 완전히 바닥에 드러누워 있는 게 아니라 반쯤 안아 일으켜져 있었다—그렇다, 부드럽게 안겨져 있는 것을, 특히 머리가 매우 폭신하고 향긋한 베개에 얹혀 있는 것을 깨달았다. 그는 의아하게 여기며 여러 가지로 생각했다. 그런데 머리가 반쯤밖에 움직여지지 않았다. 그리고 다른 얼굴이 나타나 좀더 가까이에서 그를 들여다보았다. 그리하여 가까스로 머리 아래의 더할 나위 없이 폭신한 쿠션은 앨리스 스태버튼의 무릎이며, 그 때문에 그녀는 층계 어귀에 앉아 있고 키가 큰 그는 하반신을 그토록 그리워하던 하양과 검정 대리석 바닥에 뻗고 누워 있는 것을 깨달았다. 바닥은, 청년시절의 대리석 바닥은 차가웠었는데, 의식이 뚜렷이 돌아와도 그 자신은 어찌된 까닭인지 춥지 않았다—이제까지 경험한 적 없는 멋진 시간이 조금씩 물러가고, 그 자신은 아무것도 하려 하지 않고 다만 감사하는 마음으로 가득하여 말없이 심원한 기분인 채 뒤에 남겨져, 그러나 풍부한 지력(知力)이 그의 역할을 하려고 조용히 기다리고 있는 상태였다. 멋진 시간이 그 장소의 공기에 녹아들어 늦은 가을 오후의 금빛 햇살이 되어 있는 것이라고 말해도 좋을 정도였다. 그렇다, 돌아왔다―아직 아무도 가본 적 없는 아주 먼 곳에서 돌아왔다. 그러나 그런 기분과 동시에 이런 멋진 곳으로 돌아오게 되었다는 사실도 신기한 느낌이 들었다. 그 이상한 여행을 한 것은 모두 이곳에 이르기 위해서였다고 생각했다. 천천히 그러나 뚜렷이 의식이 돌아옴과 동시에 자신이 놓여진 상태가 확실해져 온 것이다. 그는 기적적으로 데려져 돌아온 것이다―긴 회색 여정의 가장 먼 곳에서 안아 일으켜져 부축받으며 조심스럽게 옮겨져서. 그런데도 여전히 누운 채로 있을 수 있었다. 게다가 의식이 돌아온 것은 그들이 그를 조심스럽게 옮겨오다가 멈추었기 때문이다.

의식이, 지각(知覺)이 돌아왔다―그렇다, 그로써 한층 더 지금 자신이 얼마나 멋진 상태에 있는지를 알았다. 지금의 그는 막대한 유산이 굴러들어온 소식을 들은 뒤 잠들어 꿈 속에서 그것을 탕진하고 빈털터리가 되었는데, 잠에서 깨어나 모든 게 꿈이었음을 알고 이제는 그 소식이 현실이 되기를 누워서 기다리기만 하면 되는 사람이었다. 그것은 자신의 인내력에 몸을 내맡기는 일―참고 기다리기만 하면 되는 일이었다. 그러나 그 뒤에도 다시 이따금 쉬엄쉬엄 안아올려져 옮겨진 게 틀림없었다. 그렇지 않다면 어째서 이렇듯 그 층계 어귀―어둡고 긴 터널 맞은편 끝―가 아닌 천장 높은 응접실 창가 긴의자에 오후의 강한 햇살을 받으며 누워 있는 것일까? 긴의자 위에는 회색 모피를 안에 댄 보드라운 모직 망토가 소파처럼 펼쳐져 있었다. 낯익은 망토였다. 진실의 증거라도 찾으려는 것처럼 그는 그것을 애틋하게 만지작거렸다. 멀둔 부인의 얼굴은 보이지 않았다. 그러나 또 하나의, 두 번째로 보았던 얼굴은 지금도 그에게 무릎베개를 해주며 그를 들여다보고 있었다. 모든 사태가 이해되었다. 알면 알수록 만족스러운 기분이었다. 먹을 것과 마실 것을 충분히 섭취한 뒤처럼 마음이 평화로웠다.

그를 발견한 것은 이 두 여성이었다. 멀둔 부인이 언제나처럼 같은 시간에 현관문을 열려고 왔는데, 그녀가 도착했을 때 미스 스태버튼은 여전히 집 가까이 서성거리고 있었다. 멀둔 부인이 올 시간을 넉넉히 계산하고 왔는데 아무리 벨을 눌러도 응답이 없으므로 불안해 하며 돌아가려 하고 있었다. 그런데 다행히도 막 돌아가려고 할 때 멀둔 부인이 나타나 두 사람은 안으로 들어갔다. 그러자 현관 안에 그가 쓰러져 있었다—굴러떨어진 것 같았으나 신기하게도 다치거나 멍든 데도 없이 다만 깊은 혼수상태에 빠져 있었다. 그러나 그는 점차로 의식을 되찾으면서 앨리스 스태버튼과 말을 주고받을 수 없었던 오랜 시간 동안 그녀는 그가 죽었다고 생각했던 것을 인정할 수밖에 없었다.

"죽어 있었던 게 틀림없소." 그녀에게 안기며 그는 말했다. "그렇소—죽어 있었을 거요. 당신이 글자 그대로 나를 되살려준 거요. 다만,"이라 하더니 그녀를 올려다보며 물었다. "다만 꼭 가르쳐주오. 도대체 어떻게 된 일이오?"

그녀가 얼굴을 가까이 가져와 그에게 키스하는 데는 1초도 걸리지 않았다. 그리고 그 행위 속 무언가가, 자애와 미덕의 차가운 입술을 갖다대며 그의 머리를 안아주는 행위 속 무언가가 완벽한 대답이었다.

"그러니 이제 제가 당신을 지켜드릴게요." 그녀가 말했다.

"오, 지켜주오!" 그가 말했다. 그녀의 얼굴은 아직 조금 위쪽에 있었는데, 그 말을 듣고는 다시 내려와 그의 볼에 갖다대고, 이제 두 번 다시 떨어지지 않으려는 듯이 볼을 꼭 눌렀다. 그것은 이른바 두 사람의 사이를 서로 인증하기 위한 증표였다. 그는 말없이 오래도록 더없는 행복감으로 그 증표의 감촉을 즐겼다. 잠시 뒤 그는 이야기를 되돌렸다. "그런데 어떻게 알았소?"

"걱정이 되었어요. 당신이 오기로 되어 있었잖아요, 기억하나요?—그런데 아무 연락이 없어서요."

"그렇지. 기억하오—오늘 1시에 방문하기로 약속했었지." 그것은 그들의 '이전' 생활과 인간관계 이야기였다—아주 가까우면서도 아주 먼 이야기였다. "그때는 아직 저 기묘한 어둠 속에 있었소—그렇지, 저 어둠 속은 어디였던 걸까? 저 어둠은 무엇이었던 걸까? 나는 꽤 오랜 동안 그 속을 헤매고 있었던 게 틀림없지요?" 자신이 얼마나 오래, 얼마나 깊게 혼수상태에 빠져 있었던 것인지 전혀 알 수 없었다.

"어젯밤부터였어요?" 행여나 경솔하게 들릴까 조금은 저어하는 마음으로 물었다.

"오늘 아침부터였던 게 틀림없소. 추운 새벽 어스름 동틀 녘부터였소. 아, 나는 어디에 다녀온 것일까?" 그는 희미한 신음소리를 냈다. "정말로 어디에 갔다 온 것이지?" 그녀가 세차게 끌어안는 것이 느껴졌다. 그래서 조금 흐느껴 울어도 괜찮을 것 같은 기분이 들었다. "정말 길고, 어두컴컴한 하루였어!"

그녀는 다정함이 넘치는 모습으로 잠시 기다렸다가 떨리는 목소리로 물었다. "추운 새벽 어스름 동틀 녘부터였다고요?"

그러나 그의 흥미는 이미 이 일 전체의 경과를 확실하게 밝혀두는 데로 옮아가 있었다. "내가 나타나지 않아서 곧바로 달려온 거요?"

그녀는 망설임 없이 대답했다. "먼저 당신이 묵고 있는 호텔로 갔어요—그런데 외출하셨더군요. 어제 저녁식사를 밖에서 하셨다지요. 그뒤 호텔로 돌아오지 않은 것 같았어요. 호텔에서는 클럽에 계신 줄 알고 있더군요."

"그래서 이 일인 줄 알았다는 거요—?"

"이 일이라고요?" 그녀는 곧바로 물었다.

"그러니까—이번 일 말이오."

"적어도 여기 와 있을 줄은 알았어요. 당신이 여기에 자주 오는 것을 전부터 줄곧 알고 있었지요." 그녀는 대답했다.

"알고 있었소?"

"그, 저, 이 집에 있을 게 틀림없다고 믿었어요. 한 달 전 당신과 이야기했었지요. 그 뒤로 당신은 아무 말 안했지만—이 집에 있을 게 틀림없다고 여겼어요. 그러리라는 걸 나는 알고 있었어요."

"내가 계속 그러리라는 걸 알고 있었다는 거요?"

"네, 그를 만나게 되리라고."

"아, 그러나 만나지 못했소." 브라이든은 길게 신음소리를 내며 부르짖듯 말했다. "누군가—소름끼치는 놈이 있기는 했소. 나는 그놈 뒤를 바싹 뒤쫓았소. 그러나 그놈은 내가 아니었소."

그 말을 듣고 그녀의 얼굴이 다시 가까이 다가왔다. 그리고 가만히 그의 눈을 들여다보았다. "그래요—그 사람은 당신이 아니에요." 그녀의 얼굴은 여전히 그의 바로 위에 있었는데, 그 미소 뒤에 감춰져 있는 의미를 그는 이해할 수 있을 것 같았다. "그래요, 고맙게도," 그녀는 되풀이했다. "그 사람은 당신이 아니에요. 말할 나위도 없잖아요? 당신일 리가 없어요."

"하지만 나였을 수도 있었던 일이오." 그는 조용한 목소리로 말했다. 그리고 지난 몇 주일 동안 응시했었듯이 눈앞을 지그시 지켜보았다. "나는 나 자신을 알고 있었던 거요."

"당신이 그럴 리 없어요." 그녀는 위로하듯 말했다. 그리고 이야기를 되돌려 자신이 한 일을 더 자세히 설명하려는 듯이 말을 이었다. "하지만 단순히 그 일뿐만은 아니었어요. 당신이 호텔에 없었으므로 나는 이 집으로 와서, 당신과 함께 갔던 날 멀둔 부인을 만났던 시간까지 기다렸어요. 그리고 그녀가 왔지요. 앞서도 이야기했듯, 달리 부탁할 사람이 없어 층계 언저리를 서성거리고 있던 때에. 운 나쁘게도 멀둔 부인이 때맞춰 오지 않았다면 온갖 방법을 동원하여 그녀를 찾아냈을 거예요. 하지만 그뿐만의 일은 아니었어요"라고 앨리스 스태버튼은 다시 미묘한 의미가 담겨 있는 듯이 말했다. ― "그 일뿐만이 아니었단 말이에요."

그는 누운 채 시선을 그녀에게로 옮겼다. "그러면 다른 무엇이 있다는 거요?"

그녀는 자신이 불러일으킨 의문에 대답했다. "추운 새벽 어스름 동틀녘이었다고 말했었지요? 그런데 오늘 추운 새벽 동틀녘에 나도 당신을 만났었어요."

"나를 만났다고―?"

"그를 만났고, 분명히 같은 시간이었어요." 앨리스 스태버튼이 말했다.

그는 그 의미를 이해하면서도 한순간 그대로 드러누운 채 있었다―사려깊음을 보여주고 싶었다는 듯이. "같은 시간에?"

"네, 전에도 말했던 그 사람이 꿈에 다시 나타났어요. 내게로 돌아온 거예요. 그때 나는 알았어요, 그것이 신호라고, 그가 당신에게 나타난 증거라고."

그 말을 듣고 브라이든은 몸을 일으키려고 했다. 그녀를 좀더 자세히 보고 싶었다. 그 움직임을 알아차리고 그녀는 그를 도와 일으켜주었다. 그는 몸을 일으켜 그녀와 나란히 창문 아래 긴의자에 앉았다. 오른손으로 그녀의 왼손을 꼭 쥐고 있었다. "그는 내게 오지 않았소."

"하지만 당신은 제정신으로 돌아왔잖아요?" 그녀는 아름다운 미소를 떠올렸다.

"아, 이제 완전하게 확실히 제정신으로 돌아왔소―사랑스러운 당신 덕분에. 하지만 끔찍한 얼굴을 한 그놈은―그놈은 완전히 다른 사람이오. 내가 어떤 인간이 되었을지는 알 수 없을지라도, 결코 그놈은 아니었소." 브라이든은 딱 잘라 말했다.

그녀는 아주 확신에 찬 또렷한 목소리로 말했다. "그것은 요컨대 당신이 그만큼 다른 사람이 되었을 수도 있었다는 뜻 아닌가요?"

그는 얼굴을 조금 찌푸렸다. "당신에게마저 달라진 그런 사람으로?"

그녀의 표정은 이 세상 사람으로 여겨지지 않을 만큼 아름다웠다. "당신이 얼마나 다른 사람이 되었을지 알고 싶다는 거로군요? 그러니까 오늘 새벽에 당신은 내 앞에 나타났던 거예요"라고 그녀는 말했다.

"그 사나이처럼?"

"완전히 낯선 사람이었어요!"

"그러면 그 사람이 나라는 건 어떻게 알았소?"

"몇 주 전에도 당신에게 이야기했듯, 당신이 어떤 사람이 되었을까, 아니, 어떤 사람으로는 될 수 없었을까 끊임없이 생각하고 있었어요—당신을 어떻게 생각하고 있는지 당신에게 알려주기 위해. 그런데 그렇듯 곰곰이 생각하고 있던 바로 그때 내 앞에 모습을 나타냈으니 당신이 틀림없겠지요? —내 바람을 이루어주려고. 게다가 나는 알 수 있었어요. 아니, 믿고 있었지요. 그날 하신 이야기를 듣고 이 문제에 아주 진지해 보였기에 당신 자신도 그를 만나게 될 게 틀림없다고. 그래서 오늘 새벽 그가 내 앞에 다시 나타났을 때, 이것은 당신이 나를 원하는 것이다, 아니, 처음부터 나를 원하고 있었다는 걸 분명하게 알 수 있었어요. 그는 나에게 그렇게 말하고 있는 것 같았어요. 그러므로" 그녀는 기묘한 미소를 떠올렸다. "내가 그를 좋아하게 된 것도 당연하겠지요?"

그 말에 스펜서 브라이든이 일어섰다. "그런 끔찍한 사나이를 '좋아한다'고—?"

"좋아할 수도 있었다는 거예요. 게다가 나는 끔찍하다고는 생각지 않았어요. 나는 받아들였지요." 그녀가 말했다.

"'받아들였다'—?" 브라이든은 야릇한 소리를 냈다.

"처음에는 그가 전혀 다른 사람이었기 때문에 그 흥미로움 때문에—받아들였어요. 그리하여 거부하지 않고 그를 알아감에 따라—당신과 완전히 다른 그와 마주하자 당신도 결국은 그리 잔인하게 거부하지는 않았지요—아무튼 차츰 그가 무서워지지 않게 된 게 분명해요. 그리고 그를 가엾게 여긴 일도 그로서는 기뻤을 게 틀림없어요."

그녀는 그와 나란히 서서 여전히 그의 한 손을 잡고 팔로 그의 몸을 부축하고 있었다. 그녀의 그런 태도에서 그녀의 마음을 어렴풋이 알았지만, 분개하듯 원망하듯 그는 말했다. "그를 '가엾게' 여겼소?"

"그는 불행했어요. 고통을 겪으며 살아온 거지요." 그녀는 말했다.

"그러면 나는 불행하지 않았소? 나는—나를 좀 바라봐 주오!—고통을 겪으며 살아오지 않았다고 말하는 거요?"

"어머나, 나는 그 사람이 좋다고 말하는 게 아니에요." 그녀는 잠시 생각하고 나서 말했다. "하지만 그의 얼굴은 험악했어요, 몹시 지쳐 보였지요—그 사람에게 온갖 일들이 일어났던 거예요. 그는 당신처럼 근사한 외눈안경을 쓴 멋쟁이는 아니었어요."

"그건 그렇소."—이 말은 그의 마음에 파고들었다. "내가 도시의 중심지에 살고 있었다면 이런 안경을 쓰고 다닐 수 없었겠지요. 사람들의 웃음거리가 되었을 테니까."

"그 사람의 커다란 볼록렌즈 코안경—나는 보았어요. 어떤 종류의 것인지 알 수 있었지요—그 코안경을 쓴 것은 그 사람의 시력이 약해졌기 때문이에요. 게다가 그 사람의 오른손은 가엾게도—"

"아!" 하고 브라이든은—그의 정체가 분명해졌기 때문인지, 아니면 손가락 없는 손을 떠올려서였는지—머뭇거렸다. 그러나 다음 순간 확고한 목소리로 덧붙여 말했다. "그가 한 해에 1백만 달러를 번다 해도 그에게는 당신이 없소."

"게다가 그 사람은—그래요, 그 사람은—당신이 아니에요." 그녀는 중얼거렸다.

그 말을 듣고 그는 그녀를 가슴에 꼭 끌어안았다.

The Romance of Certain Old Clothes
어느 헌 옷가지에 얽힌 로맨스

18세기 중반 무렵 매사추세츠지방에 자식을 셋 둔 한 교양 있는 미망인이 살았다. 그녀의 이름은 미시즈 베로니카 윙레이브이다. 나는 편의상 그녀를 윙레이브 부인으로 부르겠다. 그것은 그녀의 본래 이름처럼 어딘가 모르게 꽤 덕망 있는 느낌이 드는 이름이기 때문이다. 그녀는 결혼한 지 6년째 되는 해에 그만 남편을 잃고 줄곧 자식들을 돌보는 일에만 열중해 왔었다. 그녀의 자식들은 이러한 어머니의 따뜻한 보살핌에 보답하고 그녀의 애절한 소망을 충족시켜 주기라도 하려는 듯 바르고 곱게 성장하였다. 첫아이는 아들이었는데, 그녀는 남편의 이름을 따서 그를 버나드라 이름지었다. 나머지 두 자식들은 딸로서 각기 삼 년의 터울을 두고 태어났다. 출중한 외모는 이 가문의 내력인지라, 이 젊은이들 역시 그러한 내력을 시들게 하지는 않으려는 듯 보였다. 그 아들은 그처럼 빼어난 용모를 지닌데다가, 혈색이 좋은 얼굴과 운동선수 같은 체격을 갖추고 있어 (지금도 마찬가지이긴 하지만) 그 당시에는 순수 영국인 혈통의 징표, 즉 솔직 담백하고 다정다감한 젊은이로서 으뜸가는 아들이자 오빠, 그리고 의리 있는 친구로서의 면모를 유감없이 발휘하고 있었다. 하지만 그는 그다지 총명한 편은 아니었다. 애석하게도 그 가문의 이지력은 주로 그의 누이들에게 유전되어 있었다.

　윙레이브 씨는 작은 응접실에서의 연극을 후원하는 것조차 상당한 용기가 필요했던 사회에서, 그것도 그러한 집념 자체가 지금보다도 월등한 통찰력을 내포하고 있었을 당시에 이미 셰익스피어의 열렬한 애독자였다. 그래서 그는 자기가 가장 애독하는 연극 작품들로부터 자기 딸들의 이름을 지어줌으로써 대시인에 대한 그의 열광을 기록으로 남기고 싶어했다. 그는 큰딸에게는 로잘린이라는 매력적인 이름을, 그리고 작은딸에게는 보다 의미심장한 퍼디타라는 이름을 붙여주었는데, 이는 태어난 지 몇 주되지 않아 세상을 떠난 죽은 딸아이를 기념하기 위해서였다. 버나드 윙레이브가 열여섯 되던 해 그의 어머니는 용기 있는 결단을 내려 남편의 마지막 청원을 실행에 옮길 채비를 했다. 웡레이브 씨는 적당한 때가 되면 자기 아들을 영국으로 보내어 자신이 연구하던 옥스퍼드 대학에서 교육을 끝마치게 해달라는 간곡한 소원에 의한 것이었다. 웡레이브 부인은 두 딸을 합친 것보다 세 배만큼이나 아들을 애지중지하였지만 무엇보다도 그녀 남편의 소망에 더 큰 가치를 두고 있었다. 그녀는 눈물을 머금고 아들에게 트렁크와 그가 필요한 간단한 여행용품을 준비시켜 바다를 건너게 하였다. 버나드는 자기 아버지가 다니던 대학에 입학하여 월등한 성적을 얻지는 못했지만 별다른 불명예 없이 상당히 만족스럽게 영국에서 오 년을 보냈다. 대학을 마치자마자 그는 프랑스로 여행을 떠났다. 그후 스물네 살 되던 해, 보잘것없고 따분한 거주지였던 자신의 고향인 뉴잉글랜드(당시 뉴잉글랜드는 매우 협소했다)로 돌아갈 채비를 갖추고 고국행 배에 몸을 실었다. 한편 고국에서는 많은 변화가 있었다. 그는 자기 가족이 풍족하다는 사실과 더불어, 누이들이 젊은 영국 여인의 소양과 우아함을 지닌, 매우 매혹적인 젊은 처녀로 성장해 있는 모습을 발견하게 되었다. 버나드는 자신의 누이들이 영국에서 가장 품위 있는 처녀들과도 충분히 견줄 만하다는 사실을 그의 어머니에게 은밀히 확신시켜 주었고, 그 결과 웡레이브 부인은 자신의 딸들에 대해 큰 자부심을 갖게 되었다. 버나드가 누이들을 좋게 평가했듯이 그와 대학동창인 아더 로이드 씨 또한 그녀들을 매우 훌륭하게 생각하고 있었다. 아더 로이드 씨는 명망 있는 가문 출신의 젊은이로 선량한 성품을 지닌 것과 더불어 상당한 유산의 소유자였다. 그는 이 유산을 미국에서 무역업에 투자할 준비를 하고 있었다. 그와 버나드는 절친한 친구사이였던 터라, 그들은 함께 대서양을 건너오게 되었고, 버나드는 그 참에 아더를 그의 어머니 집에 데리고 와 인사를 시켰다. 아더 로이드 씨는 어디서도 좋은 이미지를 주었듯이 이 집 식구들에게도 좋은 인상을 남겼다. 이즈음에 두 자매는 발랄한 젊음이 한껏 피어오르고 있었으며, 저마다 가장 잘 어울리는 모습으로 자신들의 매력을 마음껏 발산하고 있었다. 하지만 그들은 외모나 성격에 있어서 한결같이 서로 달랐다. 언니인 로잘린은—현재 스물두 살이 되었는데—키가 크고 하얀 피부에, 잔잔한 회색 눈동자와 황갈색 머리카락을 지니고 있었다. 이는 다소 거무스름한 피부를 지니긴 했지만 가냘픈 형체에 가장 부드럽고 멋진 감성으로 가득 차 있다고 상상되는

(개인적인 판단이긴 하지만 셰익스피어의 희극에 나오는 로잘린과 어렴풋이 닮은 데가 있었다. 윤택하고 깨끗한 피부와 아름다운 팔, 장대한 키, 그리고 느린 말씨를 지닌 로잘린 윙레이브 양은 모험가다운 면모는 없었다. 그녀는 남자의 재킷이나 바지를 결코 입으려 하지 않았다. 그도 그럴 것이 매우 여성스러운 미모를 지녔기 때문에 그녀가 원치 않은 것도 어찌 보면 당연한 듯 싶다.

퍼디타 역시 그녀의 외양이나 성향에 어울리고 그녀의 이름에 담겨 있는 감미로운 우수를 당연히 택했을는지 모를 일이다. 그녀는 뚜렷하게 거무스름한 피부에다 작은 키, 경쾌한 발걸음, 그리고 열정과 생기로 가득 찬 암갈색 눈동자를 지닌 여자였다. 어린 시절부터 그녀는 늘 미소와 쾌활함을 잃지 않는 존재였다. 그래서 잘생긴 그녀의 언니가 예사롭게 그렇게 하듯 상대방의 말에 대한 대답을 기다리게 만드는(다소 차갑고 예리한 눈빛으로 상대를 응시하면서) 것과는 딴판으로, 그녀는 상대방이 채 말을 끝내기도 전에 상대의 제안에 이어지는 어절에 의해 암시되는 여섯 개 정도의 답을 제시해 주곤 했었다.

이 젊은 처녀들은 그들의 오빠를 다시금 보게 되어 매우 기뻐했다. 그러나 그들 오빠 친구의 선의에 대해서는 쓸데없는 말을 삼가야 됨을 알았다. 그 지역의 미남들로서 그들의 친구이거나 이웃사촌인 젊은 청년들 가운데에는 뛰어난 친구들도 많이 있었고 헌신적인 시골 멋쟁이도 여럿 있었으며, 또 누구에게나 매력을 풍기고 정복하는 데 있어 명성을 누리는 이들도 두셋 있었다. 그러나 순진한 이들 젊은 지역 남자들의 세련되지 못한 기교와 여성들에 대해 다소 요란스러운 듯한 행동들은 아더 로이드 씨의 출중한 외모와 멋들어진 옷차림, 그리고 예의바른 친절에다 완벽한 기품, 더 나아가 그의 박식함에 의해 완전히 무색해지고 말았다. 실제로 그는 그리 일품은 아니었다. 단지 그는 정직하고 단호하며 총명한 젊은이로서 영국 금화와 그의 건강, 그리고 마음 편한 소망들, 아울러 아직 투자되지 않은 애정이라는 약간의 밑천이 있을 따름이었다. 하지만 뭐니 뭐니 해도 그는 신사였다. 그는 잘생긴 얼굴을 지닌 데다 공부와 여행도 많이 했으며 불어를 잘 구사하고 게다가 플루트를 연주하며 상당히 멋들어지게 큰 소리로 시를 읊조리곤 했다. 윙레이브 자매가 그들의 남자친구를 선택함에 있어서 까다로워지게 된 데에는 여러 가지 이유가 있었다. 여성의 상상력은 정중한 사회의 다양하고 사소한 관습들과 신비스러움들에 특히 잘 적응하게 마련이다. 로이드 씨는 보잘것없는 뉴잉글랜드 처녀들에게 유럽의 대도시에 사는 상류계급 사람들의 삶의 방식이나 풍습에 관해 자신이 마음먹고 있었던 것보다 훨씬 더 많이 들려주었다. 그와 버나드의 곁에 앉아서 그들이 보았던 멋진 사람들과 멋진 일들에 관해 그들이 풀어대는 이야기를 듣는 것은 즐거운 일이었다. 그들은 차를 마신 뒤 징두리 벽판에 붙어 있는 응접실에서 모두들 난롯가에 둘러앉곤 했으며, 그럴 때면 이 두 젊은 청년은 으레 양탄자를 가로질러 이런저런, 그리고 여타 다른 모험담을 서로에게 상기시켜 주곤 했다. 로잘린과 퍼디타는 종종 그것이 어떠한 모험이었고, 어디에서 일어났으며, 거기에는 누가 왔었고, 또 그 여인네들은 무슨 옷을 입고 있었는지 정확히 알기 위해 귀를 쫑긋 세우곤 했었다. 그러나 그 당시의 요조숙녀는 대화 도중에 끼어들거나 지나치게 많은 질문을 하지 않았다. 그러나 보잘것없는 처녀들은 그들 모친의 다소 열의 없거나, 혹은 더욱 진중한 호기심을 가지고 떨리는 가슴으로 앉아 있곤 하였다.

두 자매가 모두 정말로 멋진 처녀들이란 사실을 아더 로이드는 이내 알아차렸다. 그러나 그가 그녀들의 균형 잡힌 매력에 관해 스스로를 만족시키는 데는 다소 시간이 걸렸다. 그는 자기가 그녀들 중 한 사람과 결혼할 운명이라는 강렬한 육감—일종의 불길한 예감이라 일컫기에는 전적으로 너무나 기분 좋은 그런 종류의 감정—을 지니고 있었다. 하지만 그는 자기가 어느 쪽을 더 선호하는지 결정을 내릴 수가 없었다. 더구나 그러한 자신의 소망을 달성하기 위해서는 로이드가 제비뽑기를 하든, 사랑에 빠져버리든 어느 하나를 선택해야 했다. 젊은 나이의 청년이라는 점을 감안하면, 어느 한쪽을 골라야 하는 것은 필요불가결한 일이었다. 그는 문제를 쉽게 받아들이기로 작정하고 자신의 마음이 내키는 대로 내버려두기로 마음을 먹었다. 그러자 그의 발걸음이 한결 경쾌해졌다. 윙레이브 부인은 그의 그러한 의중에 위엄 있는 무관심을 나타냈다. 그러나 그것은 자기 딸들의 체면에 대해 무신경한 처사라든가, 아니면 로이드로 하여금 태도를 분명하게 표현하도록 하는 무서운 민활함과는 거리가 먼 것이었다. 하지만 로이드로서는 자산가라고 하는 그의 특성 때문에 고국 섬나라의 품위 있는 귀부인들에게서도 이런 태도를 너무나 자주 직면했던 터였다. 버나드의 입장에서 그가 요구했던 바는 자신의 친구가 자기 누이동생들을 친동생처럼 대해주어야 한다는 것이 전부였다. 그리고 아름다운 두 자매들 입장에 대해 말하자면, 그들이 저마다 아무리 로이드 씨의 관심을 독점하고자 은밀히 바랐을지는 몰라도, 겉으로는 매우 품위 있고 겸손하며 매우 만족스러워하는 품행을 준수했다. 그러나 서로서로에 대해서 그들은 약간 공격적인 자세를 취하고 있었다. 이들 사이에서 질투의 씨앗이 싹이 트고 열매를 맺기까지는 하루 이상이 걸릴 정도로 그들은 멋진 자매로서의 우의를 간직하고 있었다. 그런데 이 젊은 처녀들은 그 씨앗이 바로 로이드 씨가 그 집에 들어온 당일에 뿌려졌다고 느꼈던 것이다. 그래서 그녀들은 각각 만일 자신이 무시를 당한다 하더라도 그 슬픔을 말없이 감내할 것이며, 둘 가운데 어느 누구도 더 잘난 체해서는 안 된다고 마음먹었다. 그것은 그들이 엄청난 사랑을 품고 있는 만큼 그에 못지않은 커다란 자존심 또한 지니고 있었기 때문이었다. 그럼에도 불구하고 그녀들의 진심은 자신에게 그 영광이 찾아와주기를 남몰래 기도했다. 그래서 그들은 상당한 인내와 자제력, 그리고 위선을 필요로 했다. 그 당시에는 요조숙녀라면 결코 먼저 말을 걸 수가 없었고, 실제로 상대방이 건네 온 말에나 겨우 답변할 수 있었던 것이 고작이었다. 그런 나머지, 양탄자에 눈을 내리 깐 채로 조용히 의자에 앉아서 신비의 손수건이 떨어지게 될 지점을 응시하고 있는 태도만이 격에 맞는 모습이었다. 가련한 아더 로이드는 징두리 벽판이 붙여진 자그마한 응접실에서 윙레이브 부인과 그녀의 아들, 그리고 장차 그의 처형 내지 처제가 될 사람이 보는 앞에서 그의 구혼을 시도해야만 할 형편이었다. 하지만 젊음과 사랑이란 너무나 교묘한 것이어서 백 개나 되는 자그마한 신호나 표식들이 이리저리 오갈 수도 있으며, 따라서 세 쌍의 눈 가운데에서 어느 하나도 그것들이 오가는 모습을 알아채지 못할 수도 있는 법이다. 이 두 처녀들은 한방에서 그것도 같은 침대를 쓰고 있던 터여서, 오랜 시간 동안 그녀들은 서로를 직접 감시할 수가 있었다. 그러나 자신이 감시를 당하고 있다는 사실을 느끼고 있었음에도, 개인적인 자질구레한 일에서나, 혹은 그들이 공동으로 맡아 하고 있는 잡다한 집안일들을 수행함에 있어서 눈곱만큼의 불편도 주지 않았다. 더구나 서로가 물끄러미 쳐다보면서도 누구 하나 겁먹고 물러서거나 당황하는 기색을 보이지도 않았다. 그들의 일상적 습관에 있어서 유일하게 생긴 뚜렷한 변화는 그들이 서로에게 건네는 말수가 훨

쓴 적어졌다는 사실뿐이었다. 로이드 씨에 관해서는 입 밖에 내지도 못했고 그 밖에 다른 일에 관해서 이야기하는 것도 우스운 꼴이 되고 말았다. 다만 무언의 합의하에 그들은 가장 멋들어진 옷들을 있는 대로 다 차려입고 또 의심할 여지 없는 정숙함을 시인하는 리본이나 머리 매듭, 그리고 주름 장식의 방식으로 교태스러운 치렛감들을 고안해 내기 시작했다. 그들은 이러한 미묘한 문제들에 관해서도 똑같은 묵시적인 방식으로 작으나마 서로에게 진실로 대해주자고 약속하였다. "이게 더 낫지 않아?" 로잘린이 한 뭉치의 리본을 그녀의 가슴에 대고 거울로부터 돌아서며 동생에게 묻곤 하였다. 그러면 퍼디타는 하던 일을 멈추고 진중하게 올려다보며 그 장식을 점검하곤 했다. "내 생각엔 거기에 고리를 하나 더 매는 것이 나을 듯싶은데" 하면서 퍼디타는 마음속으로 매우 엄중하게, '내 체면을 생각해서라도 말이야'라는 의미를 담은 시선으로 언니를 쏘아보며 말하곤 했다. 그래서 그들은 끊임없이 웨이크필드 교구 목사 댁의 숙녀들처럼 그들의 페티코트를 꿰매고 손질하며, 그들의 모슬린을 다림질하고 또 세정제라든가 연고, 화장품들을 고안해 내고 있었다. 그리고 서너 달가량이 지나고 한겨울이 되었다. 아직까지는 퍼디타가 자기보다 자랑할 게 더 이상 없는 한 그녀와의 경쟁으로부터 두려워할 게 별로 없다고 로잘린은 믿고 있었다. 그러나 이즈음 매력 있는 퍼디타는 그녀만이 지니고 있는 비밀이 자기 언니의 것보다도 열 배나 값진 것으로 성장했다고 느꼈다. 어느 날 오후 윙레이브 양은 화장대 거울 앞에 앉아서 그녀의 긴 머리를 빗어내리고 있었다. 그러나 날이 너무 어두워서 잘 보이지가 않았다. 그래서 거울 틀 위의 초꽂이에 꽂힌 두 개의 초에 불을 붙이고, 커튼을 내리기 위해 창가로 다가갔다. 때는 어두운 섣달 어느 날 저녁이었다. 창 밖의 풍경은 을씨년스럽고 황량하였으며, 하늘에는 눈구름이 무겁게 걸려 있었다. 그녀의 창문에서 내다보이는 기다란 정원 끝에는 샛길로 나가는 자그마한 쪽문이 있는 벽이 있었다. 몰려오는 어둠 속에서 밖은 겨우 희미하게 보일 뿐이었지만, 그 문은 살짝 열려 있었고 앞뒤로 느리게 움직이고 있었는데, 이는 마치 누군가 밖으로 나 있는 샛길에서 그 문을 흔들고 있는 것만 같았다. 그렇다면 그것은 하녀일 것임에 틀림없었다. 그러나 그녀가 커튼을 막 내리려고 할 무렵, 로잘린은 그녀의 동생이 정원 안으로 발을 들여놓고 집을 향해 허겁지겁 통로를 따라 들어오는 것을 보았다. 그 순간 그녀는 눈으로 내려다볼 수 있는 틈새만을 남긴 채 커튼을 모두 내렸다. 정원 길을 올라오면서 퍼디타는 손 안에 있는 뭔가를 가까이 눈에 대고 물끄러미 쳐다보았다. 집에 다다르자 그녀는 잠시 멈추어 서더니 그 물건을 열심히 쳐다보고는 그것을 그녀의 입술에 갖다대었다. 가엾은 로잘린은 천천히 의자로 돌아와 거울 앞에 앉았다. 만일 그녀가 무심코 거울을 바라보았더라면 그녀의 잘생긴 얼굴이 질투로 서글프게 일그러져 있는 모습을 보았을지 모른다. 잠시 뒤 그녀의 동생이 차가운 바깥바람에 뺨이 빨갛게 언 모습으로 방에 들어왔다. 퍼디타가 움찔하며 "아, 난 언니가 엄마와 함께 있는 줄 알았는데"라며 먼저 말을 건넸다. '부인네들은 티파티에 가기로 되어 있었는데, 그런 행사가 있을 경우에는 젊은 처녀들 가운데 하나가 어머니의 몸치장을 도와주는 것이 예사였기 때문이다. 퍼디타는 들어오지 않고 문밖에서 망설이고 있었다. "들어와, 들어오라고." 로잘린이 말했다. "아직 한 시간 이상 남았으니까 내 머리를 좀 매만져주었으면 좋겠어." 그녀는 자기 동생이 자리를 피하고 싶어하는 걸 알았지만, 그녀의 모든 움직임을 거울을 통해 볼 수 있다는 생각을 했다. "아니, 그냥 내 머리 손질 좀 도와 달라고." 그녀가 말했다. "그럼 내가 엄마한테 가볼 테니까." 퍼디타는 썩 마음에 내키지 않는 듯 들어와서 브러시를 집어들었다. 그녀는 거울 속으로 자기 언니의 시선이 자기의 두 손에 곧바로 고정되어 있음을 보았다. 그녀가 겨우 세 번 정도 빗질을 했을 때였다. 로잘린이 그녀의 오른쪽 손으로 문득 퍼디타의 왼손을 찰싹 때리며 의자에서 벌떡 일어났다. "그거 누구 반지니?" 그녀는 동생을 환한 불빛 아래로 이끌며 격렬하게 소리쳤다.

젊은 처녀의 세 번째 손가락에 작은 사파이어로 장식된 자그마한 금반지가 반짝였다. 퍼디타는 마음속으로 더 이상 비밀을 간직할 필요가 없다고 느꼈으나, 그녀의 공언에 넉살 좋은 표정을 띠어야 한다고 생각하고, "이건 내 거야"라며 자랑스럽게 말했다. "누가 준 건데?" 로잘린이 소리쳤다.

순간 퍼디타는 머뭇거리며 말했다. "로이드 씨가."

"로이드 씨가 갑자기 관대해지신 모양이군."

"아, 그렇지 않아." 그녀는 활기차게 소리쳤다. "갑자기 그런 게 아니라고. 벌써 한 달 전에 나에게 주었는걸."

"그렇다면 너는 한 달 동안이나 그걸 달라고 졸라대었단 말이니?"

동생의 작은 반지를 바라보며 로잘린이 말했다. 그것은 비록 그 지방에 있는 보석상이 제공해 줄 수 있는 최상의 것이기는 했지만, 실제로 특별하게 우아하지는 않았다. "나 같으면 두 달도 채 안돼서 그것을 받지는 않았을 거야."

"문제는 반지가 아니야." 퍼디타가 말했다.

"실은 그게 무얼 의미하느냐 하는 것이지."

"그건 바로 네가 정숙한 처녀가 못 된다는 뜻이야." 로잘린이 소리쳤다. "그런 너의 행실에 대해서 엄마가 알고나 계시니, 버나드도 알고?"

"엄마는 언니가 방금 말한 나의 '품행'을 용인하신 셈이야. 로이드가 나의 손을 잡으려 하자 엄마는 내 손을 내밀어 주셨거든. 언니, 언니는 로이드 씨로 하여금 언니에게 마음을 쏟게나 했을까?" 로잘린은 격렬한 시샘과 설움으로 가득 차 한참동안 동생을 바라보았다. 그리고 속눈썹을 내리깐 창백한 얼굴을 돌려버렸다. 퍼디타는 그것이 그리 아름답지는 못한 광경이었다고 생각했지만 어디까지나 그것은 언니의 잘못이었다. 그러나 손위 처녀는 재빨리 자존심을 되찾아 다시금 "너는 내가 가장 소망하는 걸 갖고 있구나." 그녀는 점잖지 못한 어투로 말했다. "그래, 너 혼자 온갖 행복 다 누리고 오래오래 살려무나." 퍼디타는 쓴 웃음을 지어보였다. "그런 말투로 얘기하지 마." 그녀가 대꾸했다. "차라리 난 언니가 날 노골적으로 저주하는 게 속 시원하겠어. 이봐, 언니." 그녀가 덧붙였다. "어차피 그분이 우리 두 사람 모두와 결혼할 수는 없는 일이잖아." "너나 실컷 재미 보렴." 로잘린은 다시 의자에 앉으며 기계적으로 반복했다. "그리고 오래오래 살고 애들도 많이 낳으시지." 이런 말의 느낌 속에는 퍼디타의 취향과는 전혀 맞지 않는 그 무엇이 있었다. "최소한 나에게 일 년만 여유를 주겠어?" 그녀는 말했다. "일년이 지나면 귀여운 사내아이를 낳을 수 있을 테니까 말이야. 아니면 최소한 귀여운 딸아이라도 낳을 수 있겠지. 브러시나 다시 건네 줘. 머리를 매만져 줄 테니까." "고맙구나." 로잘린이 말했다. "너는 엄마한테나 가보는 게 좋겠다. 약혼자가 있는 젊은 숙녀님께서 별볼일 없는 처녀의 시중이나 들어서야 되겠니." "글쎄." 퍼디타가 매우 기분이 좋아서 말했다. "나야 시중 들어 줄 아더 씨가 있잖아. 나보다는 언니가 더 내 도움이 필요할걸."

로잘린은 퍼디타에게 나가라는 몸짓을 했다. 동생이 방을 나가자 초라해진 로잘린은 화장대 앞에 무릎을 꿇고 팔에 머리를 묻고는 하염없이 흐느껴

울었다. 얼마간 그렇게 슬픔을 발산하고 난 그녀는 한결 기분이 좋아졌다. 동생이 다시 방으로 들어오자, 로잘린은 말없이 옷을 입는 동생을 도와주었다. 그녀는 자기의 레이스 치장용품 가운데 예쁜 것을 골라서 미안해서 사양하는 동생에게 강제로 주면서, 애인의 수준에 걸맞게 보일 수 있도록 최선을 다해야 한다고 말했다. 그녀들은 침묵 속에서 서로의 의무를 이행하면서 사과하고 화해했다. 로잘린은 결코 어떠한 다른 변명도 하지 않았다.

로이드가 윙레이브 부인의 가족들에 의해 허락받은 구혼자로 받아들여지고 나자 이제 결혼식 날을 정할 일만이 남아 있었다. 결혼식 날짜는 돌아오는 사월로 정해졌고, 그 사이에 정성으로 결혼식 준비가 이행되었다. 로이드 쪽에서는 사업상의 정리, 그리고 영국에 있었을 당시 그가 소속해 있던 커다란 무역상사와의 교신으로 분주한 나날을 보냈다. 따라서 그는 그가 조심스러워 이렇다 할 결정을 내리지 못하고 있던 기간 동안만큼도 윙레이브 부인 댁에 자주 방문하지 못했고, 그래서 초라해진 로잘린도 젊은 연인들이 서로 열애하는 광경에 대해 애초 그녀가 지녔었던 두려움보다는 덜 고통스러웠다. 미래의 그의 처형을 접촉함에 있어 로이드는 완벽하도록 깨끗한 양심을 유지했다. 그들 두 사람 사이에 발설된 불순한 감정은 조금도 없었으며, 따라서 그는 그녀가 그의 우애적인 관심 이상의 그 어떤 것을 턱없이 탐내고 있다고는 추호도 의심하지 않았다. 그는 마음이 매우 홀가분하였다. 그도 그럴 것이 그의 삶이 가정적으로나 재정적으로 모두 전망이 밝았기 때문이었다. 사회적으로도 평화로웠고, 게다가 그의 결혼의 행복이 비극적으로 급선회하지 않을까 우려하는 것은 부조리하고도 불경스러운 일이었던 것이다. 그러는 사이 윙레이브 부인 집에서는 비단천이 살랑살랑 스치는 소리와, 바늘이 날 듯이 움직이는 소리들이 그 어느 때보다도 더 요란스럽게 들렸다. 윙레이브 부인은 그녀의 돈으로 장만할 수 있는 한, 혹은 그 고장에서 구할 수 있는 가장 우아한 혼수품을 그녀의 딸이 집으로부터 실어 나가야 한다고 마음속으로 별러왔던 터였다. 그 고장의 모든 현명한 부인들이 총동원되어 그들의 합치된 취향이 퍼디타의 의상에 모아지고 있었다. 이러는 사이 로잘린의 처지는 분명 부러워할 만한 처지가 못 되었다. 이 가엾은 처녀는 옷에 지나친 애착과 더불어 세상에서 가장 멋진 취향을 지니고 있었는데, 이러한 사실을 그녀의 동생은 너무나 잘 알고 있었다. 로잘린은 키도 후리후리한데다 풍만하고 품위가 있어 부잣집 아내의 몸단장에나 어울리는 빳빳한 천으로 된 옷에 다량의 무거운 레이스를 걸치고 다닐 몸매였다. 그러나 그녀는 모친과 동생, 그리고 앞서 말한 부인네들이 엄청난 분량의 자재에 압도되어 그들이 해야 할 일에 대해 걱정하고 놀라는 동안에도 그녀는 아름다운 팔로 팔짱을 끼고 고개를 돌린 채 멀찌감치 앉아 있을 뿐이었다. 어느 날에는 신랑이 몸소 보낸 하늘색과 은색으로 수 놓인 비단 한 필이 들어왔는데, 그 당시에는 남편감으로 간택된 사람이 신부의 혼수를 기부해야 한다는 사실이 그리 언짢게 생각되지 않을 때였다. 퍼디타는 휘황찬란한 그 옷감에 충분히 어울릴 수 있는 도안과 장식을 상상하느라 어찌할 바를 몰랐다. "언니, 파란색은 나보다 언니가 좋아하는 색인데"라며 그녀는 호소하는 눈빛으로 말을 건넸다. "그게 언니한테 온 게 아니라 안됐어. 그걸 가지고 어떻게 해야 할지 언니는 잘 알 텐데 말이야."

로잘린은 자리에서 벌떡 일어나 의자 뒤에 늘어뜨려져 놓여 있는 눈부신 옷감을 바라보았다. 그러고 나서 그녀는 그 옷감을 손으로 집어들고—퍼디타가 바라볼 수 있도록 애정 어린 몸짓으로—그것을 바라다보았다. 그러고는 그것을 가지고 거울을 향해 돌아섰다. 그녀는 그 옷감이 발끝까지 흘러내리게 한 뒤, 다른 쪽 끝을 그녀의 어깨에 걸치며 그녀의 흰 팔이 팔꿈치까지 드러나도록 한 채 허리 주위로 끌어안았다. 그녀는 머리를 뒤로 젖힌 채 그녀의 모습을 바라보고는 치렁치렁한 적갈색 머리카락을 화려한 비단천 위로 떨어뜨리는 것이었다. 순간 눈부신 그림이 연출되었다. 주위에 서 있던 여인네들이 작은 소리로 "아" 하며 찬사를 연발했다. "참말로 그렇군." 로잘린은 나지막이 말했다. "역시 푸른색은 내가 어울려." 그러나 퍼디타는 로잘린의 비단을 걸친 모습에서 어떤 모양의 옷을 만들어야 할지 답을 얻었다. 아닌 게 아니라, 언니가 옷감에 대해 탐욕스러운 애착을 지니고 있다는 사실을 알고 퍼디타가 막 이야기를 꺼내려는 참에 그녀는 얌전히 처신했다. 그녀의 입술에서 단 한마디의 질투도 흘러나오지 않은 채 멋들어진 비단과 새틴, 그리고 모슬린, 레이스가 그녀의 솜씨 있는 손끝을 스쳐갔다. 그녀의 노고 덕택에 결혼식 날이 다가왔을 때, 퍼디타는 그시절 뉴잉글랜드 목사의 신성한 축복을 신청했었던 그 어느 팔팔한 젊은 신부보다도 허영에 찬 삶을 받아들일 채비가 되어 있었다. 젊은 부부는 외곽으로 나가 로이드의 절친한 친구로서 상당한 지위에 있는 한 영국 신사의 전원 주택에서 그들의 첫 신혼생활을 보낼 계획으로 되어 있었다. 그는 미혼이었다.

 그래서 그는 일주일 동안 그의 애정을 나눌 수 있도록 배려해 주었다. 교회에서 예식이 끝난 후—이 예식은 한 영국인 신부에 의해 치러졌는데—젊은 로이드 부인은 결혼 예복을 승마복으로 갈아입기 위해 자기 모친의 집으로 서둘러 돌아갔다. 로잘린은 그들이 서로 다정한 자매로 지냈던 작고 오래된 방 안에서 퍼디타가 변화된 모습을 연출할 수 있도록 도와주었다. 퍼디타는 로잘린을 뒤따라오게 내버려둔 채로 곧 어머니에게 작별인사를 하러 급히 달려갔다. 작별인사는 짤막했다. 말들이 문간에 준비되어 있었고 아더는 곧 출발하고 싶어 안절부절못했기 때문이었다. 그런데 로잘린은 뒤따라오지 않았다. 그래서 퍼디타는 그녀의 방으로 급히 되돌아가 불쑥 문을 열어젖혔다. 로잘린은 예전과 다름없이 거울 앞에 있었으나, 그녀의 자세를 목격한 퍼디타는 깜짝 놀라 꼼짝없이 서 있었다. 그녀는 퍼디타가 벗어 놓은 면사포와 화관을 몸소 차려입었는데, 그녀의 목에는 젊은 신부가 남편에게 결혼예물로 받은 진주목걸이도 걸쳐 있었다. 이 물건들은 신부가 나중에 돌아와 치우려던 것들로 당분간 한쪽에 놓아둔 것이다. 이러한 부자연스러운 복장을 한 로잘린은 거울 앞에 서서 거울 깊숙이 기다란 시선을 빠뜨리며 아무도 흉내낼 수 없는 오만한 광경을 상상해 내고 있었다. 퍼디타는 오싹 소름이 돋았다. 그것은 예전의 그들의 경쟁을 다시금 소생시키는 섬뜩한 모습이었다. 그녀는 그 면사포와 꽃을 끌어내리려는 듯이 언니 곁으로 한 발자국 다가섰다. 그러나 거울 속에서 그녀의 시선을 목격하고 그만 걸음을 멈추고 말았다. "잘 있어, 로잘린." 그녀가 말했다. 너는 적어도 내가 집 밖에 나갈 때까지는 기다릴 수 있었을 텐데." 그녀는 황급히 방을 빠져나갔다.

 로이드 씨는 보스턴에 집을 한 채 구입해 두었었는데, 이 집은 당시의 취향으로는 놀라울 정도로 우아하고 안락한 집이었다. 그는 곧 이곳에서 그의 젊은 부인과 살았다. 이렇게 해서 그는 그의 장모의 거처로부터 이십 마일의 거리를 두고 떨어져 살게 되었다. 도로와 교통수단이 원시적이기 이를 데 없던 시절이라 이십 마일이란 거리는 지금의 백 마일이나 다를 바 없었다. 그래서 윙레이브 부인은 자신의 딸이 결혼한 뒤 첫 열두 달 동안은 그녀를 거의 만날 수가 없었다. 딸이 곁에 없음으로 해서 그녀는 적잖게 고통을 당했다. 그런데 그녀의 심적 고통은 로잘린이 생기 없고 기운 없는 상태에 빠져 들어 쉽게 나아질 수가 없었다. 젊은 처녀의 낙담에 관한 진짜 이유에 대해 독자가 수상히 여기는 데는 그리 오랜 시간이 걸리지 않을 것이다. 윙레이브 부인과 그녀의 말벗들은 로잘린의 불만을 순전히 그녀의 신상 문제로만 파악하고, 그녀를 치료할 방법을 생각해냈다. 그녀의 어머니는 자기를 대신하여 뉴욕에 살고 있는 친가쪽의 몇몇 친척들을 방문할 것을 제안하였다. 그들은 뉴잉글랜드에 사는 사촌들을 거의 볼 수가 없다고 오래 전부터 불평했기 때문이었다. 로잘린은 수행원과 함께 친척을 방문하고 그들과 여러 달 동안 함께 지냈다. 그 사이에 법률공부를 시작했던 그녀의 오빠인 버나드는 부인을 맞을 결심을 하고 있었다. 로잘린은 오빠의 결혼식에 참여하기 위해 집으로 돌아왔는데, 그녀의 얼굴에는 순진하고도 꽃다운 혈색이 돌았고 입술에는 자신만만한 미소마저 머금고 있어 겉으로 보기에는 그녀의 심적 고통이 치유된 것처럼 보였다. 아더 로이드는 자기 처남의 결혼식을 보기 위해 보스턴에서 왔는데 부인을 대동하지는 않았다. 부인은 머지않아 곧 해산할 예정이었기 때문이었다. 딱히 그 이유를 모르겠지만, 그녀는 퍼디타가 내내 집에 머물러 있었다는 이야기를 듣고 무척 반가워했다. 아더는 행복해 보였으나 결혼 전보다는 훨씬 진지하고 엄숙했다. 그녀는 그가 '흥미 있어' 보인다고 생각했다. 왜냐하면 비록 현대적 의미에서의 그 말이 그때에는 창안되지 않았어도 우리는 그 개념이 그러했다고 확신할 수 있기 때문이다. 사실인즉, 그는 단순히 자기 부인의 상태에 대해 정신이 팔려 있었다. 그럼에도 불구하고 그는 결코 로잘린의 미모와 화려함, 그리고 그녀가 초라하고 자그마한 신부를 얼마나 무색하게 만들고 있는지를 놓치지 않고 관찰했다. 퍼디타가 옷을 사는 데 즐겨 쓰던 용돈이 이제는 그녀의 언니에게도 건네졌다. 로잘린은 그 돈을 최대한 유용하기로 하였다. 결혼식이 끝난 어느 날 아침, 아더는 그와 동행했던 하인의 말에 여성용 안장을 몰래 놓게 하고 로잘린과 승마를 즐기기 위해 밖으로 나섰다. 날씨가 매섭고 밝게 갠 1월 아침이었다. 땅은 다 드러나 보였고 단단했다. 말들의 건강 상태도 좋아보였다. 로잘린은 말할 것도 없었다. 그녀는 모자와 깃털장식, 그리고 모피로 치장된 암청색 승마복을 입은 모습이 퍽 매력적이었다. 그들은 오전 내내 승마를 즐기다 그만 길을 잃고 말았다. 하는 수 없이 그들은 한 농가에 말을 멈추게 하고 저녁을 먹었다. 그리고 초겨울 땅거미가 지고 나서야 그들은 집에 도착했다. 윙레이브 부인이 시무룩한 얼굴로 그들을 맞았다. 로이드 부인으로부터 정오에 소식이 왔는데, 그녀가 막 진통이 시작되어 남편이 급히 돌아와주기를 원한다고 했다. 아더는 자신이 여러 시간을 허비했기에 부지런히 말을 타고 달려갔더라면 지금쯤 이미 부인 곁에 있을지도 모른다고 마음속으로 단언하고 있었다. 그는 겨우 저녁 한술을 뜨기 위해 머무는 데 동의하였을 뿐, 이내 심부름꾼의 말에 올라타 전속력으로 출발하였다.

아더는 한밤중에야 집에 도착하였다. 퍼디타가 귀여운 딸아이를 분만한 뒤였다. "아, 어째서 당신이 내 곁에 없었지요. 그가 그녀의 침대 곁에 다가가자 그녀가 말했다.
"심부름꾼이 당도했을 때 나는 집 밖에 있었소. 로잘린과 함께 있었소."
로이드는 솔직하게 말했다. 로이드 부인은 작은 신음소리를 내며 돌아누웠다. 일주일이 지나는 동안 퍼디타는 빠르게 회복되어갔다. 그러나 어느 날 조금 많은 양의 식사를 한 그녀는 어찌된 일인지 병세가 급속히 악화되었다. 로이드는 그만 절망에 빠지고 말았다. 병이 도지면 치명적이라고 알고 있었다. 로이드 부인은 다가오는 자신의 종말을 예감하고 이제 자신은 죽음을 감수하고 있다고 공언하였다. 급작스런 변화가 일어난 뒤 사흘이 지난 저녁 무렵이었다. 그녀는 자신이 그날 밤을 넘기지 못할 것이라는 느낌을 남편에게 전했다. 그녀는 하인들을 물러가게 하고, 전날 도착한 그녀의 어머니한테도 나가 있으라고 간청했다. 그녀는 침상에서 어린아이를 가슴에 안은 채 남편의 손을 붙잡았다. 야간등이 침대에 달린 무거운 커튼 뒤에 가려졌으나, 방 안은 벽난로에서 타들어가는 통나무의 거대한 불꽃으로 인하여 환하게 밝혀져 있었다.
"저런 불꽃 옆에서 죽어가는 게 이상하게 보여." 젊은 부인은 힘 없이 애써 미소를 지으며 말했다. "내 핏줄 속에 저 불꽃 같은 힘이 조금이라도 있었으면! 하지만 내게 주어진 건 이미 꺼져 가는 불꽃 같은 운명이군." 그녀는 시선을 어린아이에게 떨구었다. 그러고 나서 다시 눈을 들어 한참동안 예리한 시선으로 남편을 바라보았다. 그녀의 가슴속에 머무르고 있는 마지막 감정은 불신이었다. 그녀는 자신이 진통을 겪고 있던 시간에 남편이 로잘린과 함께 있었던 일로 심한 마음의 상처를 받아 회복하지 못하고 있었다. 그녀는 남편을 사랑했던 만큼 그를 신뢰하고 있었다. 그러나 이제 그녀가 영원히 떠나게 된 지금, 그녀는 언니에 대해 으스스한 공포감을 느꼈다. 그녀는 마음속으로 로잘린이 자신의 행복한 운명에 대한 질투를 결코 멈추지 않았다고 생각했다. 결국은 무사히 행복하게 지냈던 일 년간의 세월조차도 자신의 결혼예복을 입고 미소 짓던 로잘린의 영상을 지워버리지는 못했던 것이다. 이제 아더가 혼자 남게 되는 마당에 로잘린이 무슨 일인들 못하겠는가? 그녀는 아름다운 데다가 또한 애교가 있었다. 그러니 그녀가 그 어떠한 술책을 마다할 것이며, 젊은 남자의 우울한 가슴에 그 어떤 인상인들 남기려 하지 않을 것인가? 로이드 부인은 말없이 그녀의 남편을 바라다 보았다. 그의 지조를 의심한다는 일은 결국은 어렵게만 보였다. 그의 멋진 두 눈은 눈물로 가득했고, 그의 얼굴은 흐느낌으로 경련이 일고 있었으며, 게다가 잡고 있는 그의 손은 따뜻하고 연정적이었다. 그는 얼마나 기품이 있는지 모르며, 또한 얼마나 유순하며, 얼마나 신실하고 헌신적으로 보였던가. '안 돼.' 퍼디타는 마음속으로 생각했다. '그분은 로잘린 같은 인물의 상대가 아니야. 그분은 결코 날 잊지 않을 거야. 로잘린도 진정으로 그이를 사랑하고 있지는 않아. 그녀는 단지 허영과 멋진 옷가지, 그리고 보석 따위나 맘에 들어 하거든.' 그녀는 남편의 관대함 덕분에 온통 반지로 뒤덮여 있는 그녀의 흰 손, 그리고 그녀의 잠옷 가장자리를 수놓고 있는 레이스 주름 위에 시선을 떨구었다. 너는 내 남편보다는 내가 차고 있는 이 반지들과 내가 입고 있는 레이스들을 탐내고 있는 거야.'

바로 이 순간, 퍼디타는 언니의 탐욕에 대한 생각이 미치자 그녀와 의지할 데 없는 모습의 귀여운 딸 사이에 마치 어두운 그림자가 던져지고 있는 것 같았다. "아더." 그녀가 입을 열었다. "당신은 내 반지를 모두 빼서야 해요. 난 반지를 낀 채 묻히지 않을 테니까요. 언젠가는 훗날 내 딸이 그것들—내 반지며, 레이스, 그리고 비단 옷들—을 입을 수 있도록 해 주세요. 나는 오늘 그것들을 몽땅 가져오라 해서 나에게 보여달라고 했었어요. 정말로 멋진 의상이에요. 이 지방에서는 그런 옷을 찾아 볼 수가 없거든요. 이제 그 옷들을 다 처분하고 난 마당에 조금도 보탬 없이 난 그렇게 말할 수 있어요. 내

딸이 자라서 성숙한 여성이 되면 그것은 그녀에게 위대한 유산이 될 거예요. 거기에는 두 배의 값을 주고도 살 수 없는 물건들이 있어요. 만일 그것들을 잃어버리게 된다면, 그와 같은 것들을 다시는 결코 보지 못하게 될 거예요. 그러니 잘 두도록 하세요. 로잘린에게는 수십 개의 물건을 남겨주었어요. 어머니에게 그것들을 낱낱이 일러드렸고요. 언니에게는 저 푸르고 은빛 나는 옷을 주었어요. 그 옷이 그녀에게 잘 어울렸기 때문이었죠. 나는 단 한 번밖에 입어보지 않았어요. 그것을 입고 보니까 마치 내가 병자인 것처럼 보였거든요. 하지만 나머지 것들은 이 귀엽고 순진한 아이를 위해서 성스럽게 보관해야만 해요. 이 아이가 나와 같은 피부색을 지니게 된 것은 분명 하나님의 섭리라고 생각돼요. 그러니 내 아기는 이 가운들을 입을 수 있을 거예요. 그 아이는 자기 엄마의 눈빛을 지녔으니까요. 유행이 이십 년마다 되돌아온다는 걸 당신도 알고 있겠죠. 그러면 그녀가 고스란히 내 가운들을 입을 수 있을 거예요. 그것들은 그 아이가 자라서 그 옷들이 몸에 맞을 때까지 얌전히 기다리게끔 거기에 놓여 있는 거예요—장미와 장미 잎사귀들에 싸여 달콤한 향기가 감도는 어둠 속에서 변색되지 않는 채로 말이죠. 그녀는 검은색 머리카락을 지닐 테고, 나의 담홍색 새틴을 입게 될 거예요. 약속하시는 거죠, 아더?"

"약속하라니, 뭘 말이오, 여보."

"당신의 가엾고 보잘것없는 부인의 오래된 가운들을 보관하겠노라고 나에게 약속하세요."

"당신은 내가 그것들을 팔아버릴까 걱정이 돼서 그러오?"

"그건 아녜요. 하지만 그것들이 뿔뿔이 흩어질까 봐 겁이 나서 그래요. 어머니가 그것들을 알맞게 싸놓으실 테니까 당신은 이중으로 자물쇠를 걸어 보관하시면 돼요. 다락방에 있는 쇠테가 둘러진 커다란 서랍장 아시죠? 거기에는 한도 끝도 없이 집어넣을 수 있다고요. 어머니와 가정부가 그 일을 하시도록 하고 당신은 그 열쇠를 보관하세요. 그리고 우리 아이 말고는 절대로 누구한테도 그것을 주어서는 안돼요, 약속하시는 거죠?"

"아, 이제야 알았소, 약속하겠소." 로이드는 자기 부인이 매우 심하게 이런 생각에 빠져 있는 것을 알고 몹시 당황했다.

"맹세하시겠어요?" 퍼디타가 거듭 물었다.

"그렇소. 맹세하오."

"그럼 당신을 믿어요—당신을 믿겠다고요." 가엾은 부인은 만일에 그가 그녀의 막연한 불안감을 의심하기라도 했다면, 그는 확신이나 다름없는 일 말의 애원을 읽어낼 수 있었을는지도 모른다는 눈초리로 남편의 눈을 바라다보며 말했다. 로이드는 차분하고도 남자답게 부인과의 사별을 참아냈다. 그런데 부인이 세상을 떠난 지 한 달 뒤, 무역업무를 처리하는 일로 그는 영국에 갈 기회가 생겼다. 그는 그 기회를 자신의 슬픔에 대한 완충장치로서 받아들였다. 그가 거의 일 년간 영국에 있는 동안 그의 귀여운 딸은 할머니의 보살핌을 받았다. 그는 귀국하자마자 그의 집을 다시금 활짝 열어놓고, 부인이 살아 있을 당시와 똑같은 상태로 유지했다. 이윽고 그가 곧 재혼할 것이라는 예측이 생겨났고, 실제로 수십 명의 젊은 여인들이 있었는데, 그가 귀국한 뒤 육 개월 동안 그런 예측이 실현되지 않은 것은 결코 그녀들의 책임이 아니었다. 이 기간 동안 그는 여전히 자신의 귀여운 딸을 윙레이브 부인의 손에 맡겨두었다. 어린 나이에 거처를 옮길 경우 아기의 건강이 위험하게 된다는 윙레이브 부인의 설득 때문이었다. 그러나 마침내 그의 마음이 귀여운 피조물의 존재를 그리워하게 되고, 또 그 아이는 도시에서 양육되어야 한다고 결심하기에 이르렀다. 그는 그의 마차와 가정부를 보내어 그 아이를 집으로 데려오도록 했다. 윙레이브 부인은 그 아이를 데려가는 도중에 혹시 아이에게 무슨 일이 일어나지 않을까 두려워했다. 그러자 로잘린이 자기가 아기를 데리고 가겠다고 했다. 이렇게 해서 그녀는 귀여운 질녀와 함께 도시로 올라갔다. 로이드는 그녀의 친절에 압도되기도 하고 고맙기도 해서 그의 집 문간에서 그녀를 맞이해 주었다. 로잘린은 다음 날 돌아오지 않고 그 주 내내 그 집에서 머물렀다. 그리고 그녀가 다시 나타났을 때에는 그녀의 옷을 가지러 왔을 뿐이었다. 아더는 그녀가 그녀의 집으로 돌아간다는 말을 들으려 하지 않았고, 아이 역시도 그러했다. 그 아이는 로잘린이 떠나기만 하면 자지러지게 울면서 슬퍼했다. 그리고 그 아이의 슬픔을 보다 못해 아더는 제 정신을 잃어버리고 아이가 곧 죽게 되리라고 단언하기조차 했다. 결국 그들은 아이가 자라서 낯을 익힐 때까지 함께 머물기로 했다.

그들의 소망이 성취되기까지는 꼬박 두 달이 걸렸다. 그제야 비로소 로잘린은 아더의 집을 떠날 수 있었다. 윙레이브 부인은 자기의 딸이 집을 비운 사실을 두고 초조해 하기도 하고 애를 태우기도 했다. 그도 그럴 것이 윙레이브 부인은 그런 모양이 어울리지도 않을 뿐더러 장안의 화젯거리가 될 것이 뻔했기 때문이었다. 그녀는 단지 로잘린이 아더의 집에 있는 동안에 가족들은 전례 없이 평화로운 기간을 즐길 수 있다는 이유 때문에 그런 사실을 감수해 왔었다. 버나드 윙레이브는 그의 부인을 집으로 데려와 살고 있었는데, 그의 부인과 시누이 사이에는 늘 심한 적대감이 도사리고 있었다. 로잘린이 천사는 아니었다 하더라도 일상생활 속에서 보면 그녀는 충분히 선량한 처녀였고, 그래서 설사 그녀가 버나드 부인과 다투는 경우에도 그녀를 흥분하게 만드는 자극이 전혀 없었던 것이 아니었다. 그러나 그녀는 그녀의 적대자뿐만 아니라 이런 끊임없는 언쟁을 지켜보는 두 사람의 구경꾼들마저 상당히 난처하게 만들 정도로 싸우곤 했었다. 그러므로 로잘린이 아더의 집에 머물러 있었던 일은 그것이 단지 집에서 그녀가 반감을 느끼는 대상과의 접촉을 그녀로부터 제거했다는 이유만으로도 매우 반가운 일이었다. 그것은 두 배나—아니 열 배 정도—즐거운 것이었다. 로이드 부인이 생전에 했던 추측은 사실과는 훨씬 못 미치는 것이어서 그녀 남편에 대한 로잘린의 연정만을 건드리는 정도에 불과했었다. 처음에 그것은 하나의 열정이었는데, 줄곧 일말의 열정—로이드 씨의 미묘한 감정 상태에 알맞게 완화된 채 그가 곧바로 영향력을 느낄 수 있을 정도의 번쩍이는 열기의 열정으로 줄곧 남아 있었다. 전에도 말했듯이 로이드는 그리 모범적인 남편감은 아니었다. 그는 천성적으로 지조를 지킬 인물이 아니었다. 처형과 함께 집에 며칠 머무르지 않아서 그는 그녀야말로 당시의 말로 하자면 지극히 악마처럼 멋진 여자라는 사실을 스스로 확인하기 시작했다. 그녀의 여동생이 그녀에게 전가시키고 싶어했던 그런 간사스러운 기교들을 로잘린이 정말로 행사했는지에 대해서는 물어볼 필요가 없다. 단지 그녀는 최고로 돋보이게 하는 수단을 찾아낸다고 말할 수 있을 뿐이다. 그녀는 아침이면 으레 식당에 있는 커다란 벽난로 앞에 앉아서 귀여운 질녀로 하여금 발치에 놓인 카펫 위에서나 아니면 그녀의 옷자락 위에서 장난하게 놔둔 채, 그리고 털실로 만든 공을 갖고 놀게 한 채, 주단에 수를 놓고 있었다. 만일 로이드가 이런 매력적인 그림이 주는 짙은 암시에 무감각한 채로 있었다면 그는 매우 어리석은 친구였을 것이다.

그는 그의 귀여운 딸을 무척이나 사랑했기 때문에 결코 지루해 하지 않고 그녀를 팔에 안고 다니기도 하거니와, 그녀를 갑자기 위로 쳐들어 올렸다가 내리기도 하며 그녀가 기뻐서 까악 소리 지르게 만들기도 했다. 그러나 너무 자주 그 어린 것이 받아들일 준비도 채 갖추기 전에 위험을 무릅쓰고 지나친 행동을 보임으로써, 그 아이는 자기의 불안감을 큰 소리로 외쳐대곤 했다. 그럴 때면 로잘린은 으레 그녀의 바느질감을 떨어뜨리고 젊은 처녀의 심각한 미소를 머금은 채 그녀의 아름다운 손을 내밀곤 했는데, 그녀의 처녀다운 상상 속에는 온통 어머니가 아이들을 치유하는 모든 기교들이 드러나 보였던 것이다. 로이드가 어린아이를 넘겨줄라치면 그들의 시선이 서로 마주치고 때로는 서로의 손이 맞닿기도 했으며, 그럴 때마다 로잘린은 아이의 가슴을 가로질러 접혀 있는 하얀 목도리로 눈물을 닦아주며 울음을 그치게 하곤 했다. 그녀의 품위는 완벽했고, 그녀가 로이드의 환대를 받아들이는 예의는 더할 나위 없이 얌전하였다. 아마도 그녀의 겸손함 속에는 엄격한 그 무엇이 있었다고 말할 수 있을 것이다. 로이드는 그녀가 집안에 있으면서도 좀처럼 접근할 수 없는 사실에 대해 약이 올라 있었다. 기나긴 겨울 저녁이 막 내려앉을 무렵, 저녁식사를 마치고 반시간이 지나면 그녀는 으레 촛불을 켜놓고 그 젊은 남자에게 허리를 굽혀 공손하고 깍듯한 인사하고 곧장 침대로 달려가곤 했다. 만일 이러한 모습들이 그녀의 술책이었다고 한다면, 로잘린은 대단한 책략가인 셈이었다. 그 효과는 너무도 온화하고 점진적이었으며, 또한 그것들은 너무도 멋지게 가려진 채로 점차 강하게 젊은 홀아비의 상상을 자극하도록 계산된 것들이었다. 그래서 독자가 보았다시피 몇 주일이 채 지나기도 전에 로잘린은 자신이 받을 답례금이 그녀의 지출액을 충당할 수 있으리라고 확신하기 시작했다. 도의적으로 이러한 사실이 확실해지자, 그녀는 트렁크를 챙겨서 그녀의 모친 집으로 돌아갔다. 그녀는 사흘 동안을 기다렸다. 그러다가 나흘째 되던 날, 드디어 로이드 씨는 정중한, 그러나 열렬한 구혼자로서 그 모습을 드러내고야 말았다. 로잘린은 매우 부끄러워하며 얌전하게 그의 청혼을 받아들였다. 로이드 부인이 그녀의 남편을 용서했었어야 한다고 상상하기란 어려운 일이다. 하지만 만일에 그 어떤 것이 그녀의 분노를 제거할 수 있었다고 한다면, 그것은 이런 면담이 갖는 의례적인 절제였을 것이다. 로잘린은 그녀의 연인에게 단지 짤막한 유예기간만을 강요했을 뿐이었다. 그들은 그렇게 하는 게 적절하다 싶어 아주 은밀하게—거의 비밀리에—그 당시에 우스꽝스럽게 언급되었듯이 타계한 로이드 부인도 그 사실에 관해 얘기를 듣지 못하리라는 소망 하에 결혼하였다.

그 결혼은 어느 모로 보나 행복한 결혼이었고, 양쪽에서 공히 각자 원했던 바를 얻은 셈이었는데—로이드 입장에서는 '악마처럼 멋진 여자를 얻었고 로잘린 역시도 그러했다. 그러나 독자가 짐작했을 터이지만 로잘린의 욕망은 상당한 미스터리로 남아 있었다. 그들의 행복에는 실제로 두 가지의 오점이 있었지만, 시간이 지나면 지워질 것들이었다. 결혼하고 삼 년이 지나도록 로이드의 새 부인은 아기를 갖지 못했고, 아울러 그녀의 남편 쪽에서는 막대한 금전적 손실을 겪게 되었다. 로이드의 경제적 상황은 그들의 소비지출 면에서 물질적인 긴축을 강요했고, 그로 인해 로잘린은 어쩔 수 없이 동생 퍼디타에 못미치는 귀부인의 삶을 살아야 했다. 하지만 그녀는 시종일관 우아한 여인의 품위를 유지하기 위해 안간힘을 썼다. 그녀는 자신의 여동생이 지녔던 엄청난 의상들이 그녀의 딸을 위해서 가처분되어 있고, 그것들은 지저분한 다락방 속에 생색나지 않는 어둠 속에서 시들해진 모습으로 틀어박혀 있다는 사실을 오래 전부터 확인해 왔던 터였다. 이러한 영예스러운 옷들이 높은 의자에 앉아서 나무 스푼으로 우유에 적신 빵이나 먹고 있는 어린 딸아이의 명령만을 기다리고 있어야 한다는 사실은 생각만 해도 역겨운 일이었다. 그러나 로잘린은 모양새 좋게 수개월이 지나기까지 그 문제에 관해서는 한마디도 말을 꺼내지 않았다. 그러다가 마침내 그녀는 매우 조심스럽게 그 일에 관해 남편에게 운을 떼었다. 그렇게나 많은 화려한 옷들을 잃어버린다는 것은 유감천만한 일이 아닌가—그도 그럴 것이 옷의 색상도 바랠 뿐더러, 나방들이 그것을 먹어 치울 테고, 또 유행도 바뀌게 될 텐데 그렇게 되면 결국 그것들을 잃어버리게 될 터였다. 로이드는 그녀의 물음에 무뚝뚝하고 단호하게 반대했고, 그녀의 시도는 별 소득이 없이 끝났다. 하지만 육개월이 지나자, 그들의 요구에 맞게 새로 필요한 것들이 생기기 시작했다. 로잘린은 또다시 동생의 유물에 마음이 쏠렸다. 그녀는 다락에 올라가 그것들이 들어 있는 옷장을 바라보았다. 세 개의 커다란 맹꽁이자물쇠들과 쇠테 속에는 음울한 저항감이 감돌고 있었는데, 오히려 그것들은 그녀의 욕망을 재촉할 뿐이었다. 매수할 수 없는 그것의 부동성 속에는 뭔가 사람의 속을 애

태우게 만드는 분위기가 서려 있었다. 그것은 마치 한 가문의 비밀을 두고 입을 굳게 다물고 있는 무서운 백발의 늙은 하인과도 같았다. 뿐만 아니라 외관상 상당한 양의 내용물이 들어 있는 것으로 보였고, 또한 로잘린이 그녀의 자그마한 슬리퍼의 앞부리로 그 측면을 차보았을 때에도 안에 물건이 빽빽이 차 있는 듯한 소리가 났다. 이 때문에 그녀의 얼굴은 당혹스러운 갈망으로 더욱 달아올랐다. "말도 안 돼." 그녀가 소리쳤다. "그건 타당치가 않아, 고약한 일이라고." 그녀는 남편에게 다시 한 번 달려들기로 마음먹었다. 다음 날, 저녁을 먹고 마침 로이드가 술도 한잔 곁들인 터라 그녀는 용감하게 그 문제를 꺼내기 시작했다. 그러나 남편은 매우 단호하게 그녀의 말을 가로막았다. "로잘린, 마지막 경고야." 그가 말했다. "그건 불가능한 일이야. 만일 당신이 그 문제를 다시 거론한다면 나는 심히 불쾌할 거요." "좋아요." 로잘린이 말했다. "당신이 나에 대해 갖고 있는 평가치를 알게 되어 기쁘군요. 세상에 이럴 수가!" 그녀가 소리쳤다. "행복하군요! 허튼 약속 따위에 희생당한다고 생각하니 즐거운 일이지 뭐예요." 그녀의 눈가에는 실망과 노여움에 겨운 눈물이 가득 맺혔다. 로이드는 부인이 흐느껴 우는 모습에 일종의 공포감을 느끼고 그것에 대해 해명하려고 애를 썼다—아니 자신을 굽혀 해명하였다고 말할 수 있을 것이다. "그건 한낱 허튼 약속이 아니오, 여보. 그건 굳은 약속이란 말이오." 그가 말했다. "맹세란 말이오." "맹세? 맹세에 관한 문제란 말씀이시군요? 누구에 대한 맹세인가요?" "퍼디타에 대한 맹세요." 젊은이는 잠시 시선을 치켜올렸다가 이내 떨어뜨리며 말했다. "퍼디타라—아, 퍼디타란 말씀이시군요." 이 말이 떨어지기가 무섭게 로잘린의 눈에서는 눈물이 쏟아지기 시작했다.

그녀의 가슴은 걷잡을 수 없는 흐느낌, 여동생의 약혼 사실을 알게 되었던 날 밤 그녀가 지나칠 정도로 격렬하게 북받쳐 울던 때와 같은 흐느낌으로 들먹거렸다. 울고 나자 기분이 좀 나아져서 그녀는 자신의 질투심이 사라져버렸으면 하고 바랐다. 그런데 그것도 잠시, 별안간 질투심이 다시 치솟아 올랐다.

"퍼디타가 내 미래를 없애버리기라도 했단 말인가요?" 그녀가 소리쳤다. "무슨 권리로 그애가 당신을 꽉 붙잡고 이렇게도 비열하고 잔혹하게 만드는 거죠? 아, 말하자면 내가 고귀한 자리를 차지하고 멋진 모습으로 있는 거로군요. 그걸 잊었군요. 막말로, 퍼디타가 남겨놓은 것들에 대해 내가 감사해야 하는 꼴이군요! 그런데 그 애가 도대체 뭘 남겨준 거죠? 난 여태껏 모르고 있었다고요. 그게 얼마나 보잘것없는 것인지. 아무것도 없잖아요. 아무것도. 정말 아무것도!"

그녀의 항변은 별다른 설득력을 지니지는 못했으나, 그 열정만큼은 대단한 것이었다. 로이드는 부인의 허리에 팔을 두르고 키스를 하려 했지만 그녀는 당당하게 경멸적으로 그를 뿌리치고 말았다. 가엾은 사람같으니! 그는 '악마같이 멋진 여자'를 탐했었고, 그래서 그런 여자를 얻었는데 그녀의 경멸은 참을 수 없을 정도로 대단하였다. 그는 귀가 윙윙거려 정신이 산만해진 채 우물쭈물하면서 그 자리를 피하고 말았다. 그의 앞에는 비밀서랍장이 놓여 있었는데, 그 속에는 삼중 자물쇠의 열쇠가 들어 있는 작은 주머니가 있었다. 그는 비밀 서랍장 앞으로 성큼성큼 다가가서 서랍을 열고 열쇠 다발을 꺼냈다. 열쇠는 그가 봉인했던 모습 그대로였다. 그 문장에는 테네오—'내가 성실하게 지키고 있다'—라고 되어 있었다. 그는 그것을 다시 갖다놓으려 하다가 문득 부끄러운 마음이 들었다. 그래서 그의 부인 옆에 있는 책상 테이블에다 그것을 내던지고 말았다.

"계속 갖고 계세요!" 그녀가 소리쳤다. "나는 그걸 원치 않아요. 싫어요!"

"나는 이제 그것에서 손을 떼었소." 그녀의 남편이 소리쳤다. "하나님, 저를 용서하십시오."

로이드 부인은 화가 나서 어깨를 한 번 움츠려 보이고는 당당하게 그 방을 빠져나갔고, 그는 또 다른 문을 통해 물러나고 말았다. 십 분이 지나 로이드 부인이 되돌아와 보니, 그 방 안에는 그녀의 어린 의붓딸과 보모가 들어와 있었다. 테이블에 있던 열쇠가 보이지 않자 그녀는 어린아이를 흘겨보았다. 그런데 어린아이가 열쇠다발을 손에 쥔 채 의자에 앉아 있었다. 아이는 이미 그녀의 자그마한 손으로 그 봉인을 뜯은 뒤였다. 로이드 부인은 재빨리 그 열쇠를 가로챘다.

여느 때와 같은 저녁시간에 아더 로이드는 그의 회계사무실에서 돌아왔다. 때는 유월이라 저녁식사가 어둡기 전에 차려졌다. 음식이 테이블에 차려져 있었건만 로이드 부인은 보이지 않았다. 로이드가 그녀를 부르러 보낸 하인은 그녀의 방에 아무도 없다는 사실을 확인하고 돌아왔다. 게다가 하녀들은 오후 내내 그녀가 보이지 않았다고 말했다. 그런데 그들은 실제로 그녀가 눈물을 흘리고 있는 모습을 목격했었고, 그래서 그녀가 문을 닫아버린 채 그녀의 방에 있는 줄만 알고 그녀를 방해하지 않았었다. 그녀의 남편은 집안 구석구석을 다니면서 그녀의 이름을 불렀으나 아무런 대답도 없었다. 마침내 그는 다락방으로 나 있는 통로를 따라가면 혹시 그녀를 찾을 수 있을지도 모른다는 생각이 문득 떠올랐다. 그런 생각이 들자 그는 이상야릇한 불안감에 휩싸이고 말았다. 그래서 그는 그의 추적에 증인을 남기고 싶지 않아 그의 하인들을 뒤에 남아 있으라고 명령했다. 그는 꼭대기 층에 이르는 계단 발치에 다다라, 계단 난간에 한 손을 얹은 채 부인의 이름을 불렀다. 그의 목소리는 떨리고 있었다. 그는 다시 한 번 좀더 큰 소리로, 그리고 보다 단호하게 아내를 불러보았다. 쥐죽은 듯 고요한 적막을 깨는 유일한 소리는 그의 목소리가 남긴 어렴풋한 메아리뿐이었고, 그것은 커다란 처마 밑에서 그의 물음을 되풀이하고 있었다. 그럼에도 불구하고 그는 이제 더 이상 어쩔 수 없음을 느끼고 그 계단을 올라가기 시작했다. 그 계단은 널따란 복도로 이어져 있었고, 그 복도에는 나무로 만든 옷장들이 줄지어 세워져 있었으며, 복도 끝에는 서쪽으로 나 있는 창문이 있어 하루의 마지막 햇볕이 새어 들고 있었다. 바로 그 창문 앞에는 커다란 옷장이 놓여 있었다. 그런데 그 옷장 앞에서 그의 부인이 무릎을 꿇고 앉아 있는 게 아닌가. 그는 놀라움과 공포감에 휩싸인 채로 그녀의 모습을 바라보았다. 순간 그는 할 말을 잃고 옷장과 부인 사이를 가로질렀다. 옷장의 뚜껑은 열려 있었고, 향수가 뿌려진 종이 사이로 그 속에 들어 있는 귀중품들과 보석들이 드러나 보였다. 로잘린은 무릎을 꿇은 자세에서 한 손은 그녀의 가슴을 누르고 있는 채로 뒤로 나자빠져 있었다. 그녀의 사지는 송장이 되어 뻣뻣하였고, 희미한 햇빛 속에 그녀의 얼굴에는 죽음보다 더 무시무시한 공포가 서려 있었다. 그녀의 입술은 애원과 두려움으로, 그리고 고뇌에 찬 모습으로 벌어져 있었으며, 그녀의 핏기 없는 이마와 뺨에는 복수심에 불탄 유령의 두 손아귀로부터 입은 열 개의 무시무시한 상처자국들이 빨갛게 불타오르고 있었다.

The Author of Beltrafio
앰비언트의 《벨트라피오》

제1장

그를 몹시 만나고 싶었으나, 나는 소개장을 지갑 속에 넣어둔 채 그대로 3주를 보냈었다. 나는 그를 만나는 일에 과민하고 소심해졌는데, 그것은 내가 나이도 어리고 세상물정에 어두운데다가 그가 낯선 방문객, 특히 나와 같이 다른 나라에서 온 사람들에게 시달렸으리라는 확신도 들었고, 또 그가 눈부신 재능 못지않게 성마른 일면도 있으리라는 의구심을 떨쳐버릴 수가 없었기 때문이다. 게다가, 나는 만남이 눈앞에 다가왔다는 것을 거의 믿을 수 없었기 때문에 만남이 정말 이루어진다면 그 기쁨은 너무나 클 것이다. 나는 그 기쁨을 미리 한번 음미해 보기를 원했는데, 그것이 내 주머니 속에 있는 것처럼 느껴보고 싶었고, 또 그것을 피상적이고 평범한 즐거움들과 섞어버리고 싶지가 않았다. 나의 순진한 머리로 벌이고 있는, 새로운 감흥을 주는 한 카드 게임에서 나는 《벨트라피오》의 저자에 대한 나의 방문을 비장의 수로써 간직하고 싶기도 하였다. 그때는 그 매혹적인 작품이 나온 지 3년이 되던 때였으며 나는 그때 이미 그 책을 다섯 번 이상 읽은 뒤였고, 지금은 더 성숙해진 안목으로 전에 못지않게 여전히 그것을 칭찬해 마지않는다. 3년이 되었다는 것은 독자들에게 내가 영국 땅을 최초의 방문한 (기간이 얼마이든 간에) 날짜를 알려주는 셈이 되는데, 왜냐하면 여러분들이 마크 앰비언트의 걸작이 불러일으킨 그 동요—나는 그것을 소동이라고까지 말한다—를 아직도 잊지 않고 있기 때문일 것이다. 그것은 복음으로 만들어진 것들 가운데 가장 완벽하게 표현된 예술이었으며, 일종의 심미적 함성이기도 하였다. 사람들은 그들 양복 소매의 재단이나 구레나룻의 모양을 다듬는 것조차도 '진리'에 되도록 가까이 가려고 애써 왔었으나, 그때까지의 연극 소설 중에서 그처럼 아름다운 솜씨나 가치 있는 주제를 보여주는 예는 일찍이 없었다. 그 분야에서 예술을 위한 예술의 관점에서 행해진 것은 아무것도 없었다. 예술을 위한 예술이란 스물다섯 살 되던 해의 나 자신의 견해이기도 하였다. 지금은 그 생각이 바뀌었는지의 여부에 대해서는 말하지 않겠는데—특히 분별 있는 독자라면 스스로 판단할 수 있을 것이기 때문이다. 내가 지금부터 이야기하려는 때부터 열두 달 전에 나는 이미 그를 만나러 영국에 갔었다. 그때는 앰비언트가 멀리 외지에 나가 있다는 소식을 들었는데—동양에서 상당히 오랫동안 여행하고 있었다. 그래서 내가 다시 런던을 방문하게 될 때까지 소개 편지를 가지고 있는 수밖에 달리 도리가 없었다. 한편 그의 부인은 영국을 떠나지 않고 그들의 유일한 혈육인 어린 아들과 함께 남편이 여러 달 동안을 그들이 써리에 가지고 있는 자그마한 저택에서 보내고 있다고 들었지만 그것도 내겐 별 소용없는 일이었다. 그들의 런던 집은 세낸 집이었다. 이런 사실과 함께 앰비언트 부인이 매혹적인 여성이라는 이야기를 들었지만, 내게 소개 편지를 써준 시인인 미국인 친구도 그리고 나도 그녀를 본 적은 없었다. 이유는, 그 저자와는 오직 편지만 주고받는 관계였기 때문이었다. 그녀가 비록 장미꽃같은 그분의 가까이에서 살아왔어도—벨트라피오를 쓴 사람은 아니어서 나는 그녀를 방문하러 써리로 내려가지 않았다.

　나는 대륙으로 건너가 그해 겨울을 이탈리아에서 보내고 이듬해 5월에 런던으로 돌아왔다. 이탈리아 방문은 내게 많은 것들에 대해 눈뜨게 해주었으나, 그것들은 마크 앰비언트의 작품 속의 몇몇 페이지들의 아름다움에는 미치지 못하는 것들이었다. 나는 그의 작품 모두를 여행가방 속에 넣어두고 있었으며—잘 알다시피 그것들은 많지 않은 숫자이나, 그는 그 가운데 더없이 아름다운 몇 작품으로써 《벨트라피오》의 친조가 되었다—나는 그것들을 저녁때 여관방에서 찬찬히 읽어보곤 하였다. 그처럼 인물들을 훌륭하게 그려내고, 그만큼 탁월한 문체로 글을 쓰는 사람이라면 그는 정말 대단한 사람이었다. 이것이 내가 이탈리아에서 보낸 겨울에 대해 언급하는 단 하나의 이유이다. 그는 전에 이탈리아에 여러 번 갔었으며, 소위 화가들이 말하는 그 고전적인 땅의 '정취'에도 죽 젖어보았던 사람이다. 그는 타스카니 지방의 오래된 구릉도 시들의 매력과 과거에는 인생 살아가는 소리들이 울려퍼졌을, 풀로 뒤덮인 쓸쓸한 곳들의 정경에 대해서도 이야기했다. 그는 위대한 예술가들을, 르네상스의 정신을, 그리고 모든 것들을 이해하고 있었다. 그의 초기 작품의 무대는 로마와 플로렌스였고, 나는 이 도시들을, 마크 앰비언트가 그처럼 확고히 두 발로 서도록 생생한 인물로 창조해 놓았던 그의 작품 속의 인물들과 벗하여 옮겨 다녔다. 이 과정에서 나는 그와 사귈 수 있다는 가능성에 대해 희망을 갖게 됐고 그것은 내가 전보다 훨씬 더 행복했던 이유이기도 하다.

사귈 가능성이라는 그 특권을 혼자 즐긴 후에 나는 마침내 그 미국인 시인의 소개장을 급히 그에게로 보냈다. 그는 이미 그 도시를 빠져 나가고 없었는데, 런던의 사교 시즌의 괴로움으로부터 몸을 피해 6월 초가 되자마자 떠나버리는 것이 그의 상례였다. 더구나 그 해는 그가 동양에서 느낀 인상들을 잘 짜넣게 될 새 작품에 몰두하고 있던 참이어서 조용한 분위기 이상으로 그가 바라는 것은 없다는 이야기를 들었던 참이었다. 그러나 그같은 사실도 내가 친구의 소개장을 동봉한 편지를 보내는 것을 막지는 못했으며—그때 내 나이는 물불 못 가릴 만큼 젊었다. 편지의 내용은 내가 앰비언트가 지정하는 날짜에 그를 찾아가서 한두 시간 만나는 것을 허락해 달라고 요청하는 거였다. 나는 나의 심정을 가능한 솔직하게 드러내었고, 그 결과 그 유명한 분에게서 친절하게 초대장을 받게 되었다. 그는 기꺼이 나와 만나겠다고 했다. 특히 그다음 토요일 오후에 와서 월요일 아침까지 머무를 수 있다면 더 좋겠다며 세심하게 일정까지 계획해주었다. 그는 우리가 만나면 써리 공원을 지나서까지 산책을 할 예정이라고 말하고, 산책하는 동안 미국에 있는 그의 친구에 관해 이야기해 달라고 했다. 또 그는 가장 좋은 열차 편을 가르쳐 주었는데, 그 토요일 오후에 내가 워털루 역에 정시에 도착했는지의 여부는 독자들께서도 충분히 짐작할 것이다. 심지어 그는 내가 내리게 될 작은 역으로 마중나오는 호의까지 보여주었다. 챙 넓은 중절모를 쓴 그의 잘생긴 얼굴을 보았을 때 내 가슴은 마구 뛰었다. 나는 그의 사진을 벽난로 선반에 오래 전부터 모셔 놓아 그의 얼굴을 잘 알고 있었는데, 바로 그 사진 속의 얼굴이 기차가 승강장에 도착할 때까지 객차 창문을 찬찬히 살펴보고 있었다. 내가 그를 알아본 만큼이나 그도 나를 알아보았으며, 심미적 성향을 가지고 있는 한 미국인 젊은이를 만나면, 열렬하게 대해야 할지 혹은 조심스럽고 겸손해야 할지 혼란스러울 때의 모습이 어떠한지 본능적으로 알고 있는 것처럼 보였다. 그는 내 손을 잡고 미소를 지으며, "아마도 내 생각에 바로 당신이 틀림없겠지만" 하고 말하고는 자신의 집까지 몇 분밖에 걸리지 않으니 걸어가도 괜찮겠느냐고 물어왔다. 나는 그가 내 가방을 운반할 때 자세하게 설명을 해준 것은 그의 특별한 친근감의 표시였다고 생각했다. 우리는 서로 매우 즐겁고 유쾌하게 역사를 빠져 나왔는데, 그가 내 어깨에 손을 얹었을 때는 거의 황홀한 기분이 들었음을 지금도 기억한다.

둘이 함께 길을 걸으며 나는 곁눈질로 그를 살펴보았다. 나는 이미 그가 유쾌한 사람이라는 것을 알았던 터였다. 그의 얼굴은 잘 알려져 있기 때문에 그것을 새삼 묘사할 필요는 없을 것이다. 그는 영국신사인 동시에 천재적인 사람처럼 보였고, 신사적 기질과 천재성의 결합이 환상적이라는 생각이 들었다. 그의 외모에는 약간의 보헤미안적인 요소가 있었는데, 그것으로 그가 예술가와 문인의 길드에 속한 사람임을 누구라도 쉽사리 추측해 볼 수 있었을 것이다. 그는 벨벳 천으로 된 재킷, 느슨한 셔츠칼라와 조금 여유있어 보이는 옷차림 등을 선호하고 있었다. 그의 이목구비는 반듯하기는 하나 전체적으로 균형이 잡히지는 않은 모습으로서 그의 초상화에도 그것이 잘 드러나고 있었다. 그러나 내가 본 그 어떤 초상화도 그의 표정을 정확하게 담아내지는 못했다. 그 표정 속에는 너무나 많은 것들이 들어 있었는데, 그것들은 드러난 혹은 드러나지 않은 표정 속에서 서로가 서로를 뒤틀고 있는 듯 보였다. 나는 진지한 표정에서 재빨리 들뜬 표정으로 바꾸는 사람은 보았으나, 마크 앰비언트는 한꺼번에 진지하고도 들뜬 표정을 지을 수 있는 사람이었다. 그의 약간 시들고 지친 듯한 얼굴에는 그 밖에도 이상하게 상반되고 모순된 요소들이 들어 있었다. 그는 젊고도 늙었으며 또 근심하는 듯하면서도 무관심하였다. 그는 분명 활기찬 과거를 보냈기에 그것은 호기심을 불러 일으키나, 또 그의 미래에 관해서도 더 많은 호기심이 생기지 않다고는 말할 수 없다. 그는 키가 크다고 할 수 있을 정도의 중키 이상이었으며, 옆에서 보면 다소 마르고 긴 모습이었다. 그의 태도는 더할 나위 없이 친근하고 솔직하였으나, 또 한편으로는 그가 수줍어한다는 것도 알 수 있었다. 《벨트라피오》가 출판될 무렵 그의 나이는 서른여덟이었다. 그는 미국에 있는 그의 친구에 관해서, 영국에서 내가 얼마나 머물지에 관해서, 런던 소식과 내가 그 곳에서 만났던 사람들에 관해서 물었다. 그리고 나는 그가 묻는 질문들 속에서 그의 천재성을 드러내 주는 무언가가 있는지 찾으려 했으며—그것을 찾았다고 생각했던 기억도 난다. 그의 목소리는 무척 듣기 좋았다.

그의 집에 도착했을 때, 내 생각에는 집에도 그의 천재성이 깃들어 있는 것 같았다. 카펫과 커튼, 그림과 장서들, 집 뒤편의 뜰에도 예술적 상상력이 깃들여 있었으며, 그 돌에는 오래 된 갈색 벽돌담이, 마치 라파엘 전파의 걸작품들 가운데 하나로부터 그대로 본떠 온 듯한 짙은 덩굴 식물들로 뒤덮여 있었다. 본떠 온 듯하다는 것은 바로 그 당시 영국에서 많은 것들이 내게 와 닿던 느낌과 꼭 같았는데, 그건 그것들이 원래 예술이나 문학 속에 존재하던 어떤 것들의 복제품 같아 보인다는 점이었다. 그림이나 시나 소설의 한 페이지가 어떤 것을 본뜬 것이 아니라 오히려 원본이었으며, 그리고 행복한 유명인들의 삶은 그러한 것들의 이미지에 맞추어 형성되어 있다는 것이다. 마크 앰비언트는 그의 집을 오두막집이라 불렀고, 나는 그 표현이 맞다는 생각이 들었는데, 왜냐하면 그것이 오두막집이 아니었다면 틀림없이 큰 저택이었을 것이고, 저택이란 적어도 영국에서는 그가 편하게 여길 장소가 아니라는 생각에서였다. 그러나 내 생각에 그것은 영예스럽게도 변형된 오두막이었으며, 약간 축소된 규모의 예술의 전당이었고—옛 영국식의 영지(領地)였다. 그 집은 모여 있는 거대한 너도밤나무 숲 아래에 보일듯 말듯 자리 잡았고, 늘어진 담쟁이 덩굴로부터 열리는 듯한 혹은 덩굴 속으로 열리는 듯한 삐걱거리는 작은 격자창과 박공들, 오래된 붉은색 타일들과, 또 그림물감으로 채색되었으며 그 속에 사는 사람들의 삶도 책의 몇 장(chapter) 또는 몇 권에 걸쳐 들어 있을 것 같은 집이었다. 또한 잔디밭은 무척 넓어 보였고 정원을 둘러싼 담장들은 잴 수 없는 높이를 가진 듯했으며, 전체적인 분위기는 즐거움을 담은 듯한 고요함 그리고 은밀함이었으므로 그 집의 겉모습과 잘 어울리는 것이었다. 집 안으로 들어서면서 마크 앰비언트는 "집사람이 어딘가에 있을 거요" 하고 말했다. "아마 곧 나타날 테지요. 저녁 때까지 한 시간 가량 남았는데, 아마 그녀는 정원에 있을 겁니다. 우선 제 집을 구경시켜 드리지요."

우리는 집 안을 지나서 뜰로 들어섰는데 그것은 뜰이라고 불러야 마땅할 정도로, 집 뒤쪽으로 뻗어 있었다. 그것은 3, 4에이커에 불과했으나, 그 집과 마찬가지로 매우 오래되고 구부려져 있었고 사람들이 오랫동안 거주했던 흔적으로 가득 차 있었다. 뜰의 높이가 서로 다른 것과 그것들을 이어주는 평평한 작은 계단들의 이끼 덮이고 갈라져 있는 표면의 우둘투둘한 기복 같은 것들이 그것이었다. 그 뜰의 경계는 드러나지 않게 잘 감추어져 짙은 초목에 묻혀 있었다. 그것은 내 기억으로는, 제일 끝부분이 일종의 커튼처럼 되어 있었는데, 말하자면 그 커튼의 접혀 있는 부분 같은 곳에서 우리는 곧 한 무리의 사람들을 발견하였다. "아, 저기 있었군. 그 애도 데리고 있군." 마크 앰비언트는 말하였다. 그는 마지막의 이 말을 여태까지 했던 것과는 약간 다른 말투로 이야기했다. 그 당시에는 그것이 다르다는 사실을 미처 깨닫지 못했으나, 그 말투는 귓가에 계속 맴돌아서 뒤에 가서 그것을 알아차리게 되었다.

"댁의 아들입니까?" 나는 그 질문이 별로 재치 있는 것이 못 되리라고 생각하며 물었다.

"네, 제 외동아들입니다. 언제나 제 어머니 치맛자락에 싸여 있지요. 집사람이 애를 너무 감싸서 기르는 것 같아요." 이렇게 말하던 그의 태도도 그 이후에야 기억이 되살아났다. 그 말은 화가 난 것 같지는 않았으나, 그 속에는 갑작스런 차가움과, 습관적인 굴복 같은 것이 들어 있었다. 우리는 몇 발자국 더 나아갔으며, 그는 갑자기 멈추어 서서 계속 손짓을 하며 그 애를 불렀다.

"돌시노, 아빠에게 와보렴." 멈추어 서서 아이를 기다리고 있는 그의 태도에는 그가 고의로 그렇게 하고 있다는 생각이 들게 하는 뭔가가 있었다. 앰비언트 부인은 자신의 팔을 그 애의 허리에 두르고 있었으며, 그 애는 그녀 무릎에 기대어 서 있었다. 그러나 그애가 아버지 목소리가 나는 쪽으로 쳐다 보았지만, 그녀는 그를 풀어놓을 기미를 보이지 않았다. 이웃 사람인 듯한 한 부인이 그녀 곁에 앉아 있었으며, 그들 앞에는 정원용 탁자가 있었고, 그 위에는 차도구가 놓여 있었다.

마크 앰비언트는 다시 한 번 불렀고 돌시노는 어머니로부터 벗어나려고 몸을 움직여보았으나 너무 단단히 안겨 있어서, 두세 번 소용없는 노력을 해본 뒤에는 갑자기 뒤돌아서서 그의 어머니의 무릎에 깊숙이 얼굴을 파묻어 버렸다. 그 장면에는 뭔가 어색한 점이 있었다. 나는 앰비언트 부인이 그녀 남편에게 그처럼 주의를 기울이지 않는다는 것이 이상스럽게 여겨졌다. 그러나 나는 내 생각을 밖으로 드러내지 않았으며, 그것을 드러내지 않으려고 정원에서 차를 마시는 것은 아주 멋진 일임에 틀림없다고 오히려 너스레를 떨었다. "집사람은 도무지 저 애를 놓아주려 하지 않아요"라고 마크 앰비언트는 한숨을 쉬며 말했다. 이어서 우리는 두 부인에게로 가까이 다가갔다. 그는 그의 부인에게 내 이름을 말했고, 나는 그가 부인에게 "여보"라고, 아주 상냥하게, 그 아이를 붙들고 있었던 것에 대한 노여움의 흔적 같은 것은 전혀 없이 말을 거는 것을 보았다. 그의 이 같은 재빠른 감정의 변화는 나 스스로에게 그가 혹시 바가지를 긁히고 있는 사람이 아닌가 의심하도록 만들었으나—그것은 아주 어이없는 추측이었기 때문에 나는 재빨리 머릿속에서 그것을 지워버렸다. 앰비언트 부인은 그의 부인으로서 기대될 만한 바로 그런 사람이었다. 그녀는 호리호리하고 아름다우며, 긴 목과 매력적인 눈, 그리고 매우 세련된 몸가짐을 하고 있었다. 그녀는 약간 쌀쌀맞고 수줍음도 탔지만 또한 아주 상냥하였으며, 좋은 가문 출신인 듯 외모가 번듯했는데, 나는 뒤에 그녀가 두세 개의 훌륭한 가문과 연고가 있다는 사실을 알았다. 나는 시적 상상력을 만족시켜 주리라고는 전혀 생각할 수 없는 여성들과 결혼한 시인들을 본 적이 있는데—그들 여성들은 우둔해 보이는 얼굴과 점착질의 마음씨를 가지고 있었으나 또한 훌륭한 아내들이기도 하였다. 그러나 마크 앰비언트의 결혼 생활에는 눈에 드러나는 불화는 없었다. 예민하고 조용하며, 흰 드레스를 입고 그 예쁜 어린이를 옆에 데리고 있는 앰비언트 부인은 《벨트라피오》처럼 뛰어난 작품의 저자를 남편으로 삼을 정도의 사람이었다. 그녀는 목 주위에 검은 벨벳 천의 리본을 달고 있었는데, 그 긴 끝부분은 서로 묶인 채 등 뒤로 늘어뜨려져 있었고, 그녀 앞쪽에는 어린 아들의 소형 초상화가 매달려 있었다. 그녀의 부드럽고 빛나는 머리카락은 그물망으로 묶여 있었다. 그녀는 내게 아주 유쾌한 듯한 인사를 했다. 돌시노는—나는 애정 어린 이 이름이 듣기 좋다는 생각이 들었는데—그녀가 일어서는 것을 이용해 그녀의 품에서 빠져나와 그의 아버지에게 다가갔으며, 그는 아무 말 없이 그 애를 붙들고는 높이 들어올려서 몇 번인가 입맞춤을 하는 것이었다.

  나는 겨우 일곱 살쯤 되어 보이는 그 애가 매우 아름답다는 것을 관찰할 수 있었다. 그 애의 얼굴은 마치 천사와 같았는데—두 눈과 머리카락, 시들지 않는 꽃송이 이상의 어떤 것들, 천진한 미소 등이었다. 그의 아름다움에는 사람을 감동시키면서도 걱정스럽게 만드는 무엇인가가 있었고, 그것은 이 세상에서 숨쉬기에는 너무나 아름답고 순결한 어떤 요소들로써 이루어져 있는 것 같았다. 내가 그에게 말을 걸자 그 애는 다가와 손을 내밀고는 내게 미소를 지어 보였는데, 나는 마치 그 애가 고아이거나, 요정이 바뀐 아이거나 혹은 어떤 사회적 치욕에 낙인찍힌 아이 같아서 갑자기 불쌍하다는 느낌이 들었다. 사실은 그와 같은 불행으로부터 이 아이만 벗어나 있기도 드물 것이었으나, 누구든 그 아이에게 입맞춤을 할 때면, 이 순진한 어린 것에게 왜 그와 같이 말해야 하는지 알 수는 없지만 여하튼 "불쌍한 어린 것" 하고 중얼거리지 않을 수 없었다. 나는 그 애가 이 세상을 살아가기에는 너무나 아름답다는 생각이 들었고 동시에 왜 그의 양친들이 그 점을 깨닫지 못했는가 하는 것, 그리고 그에 상응한 슬픔과 절망감에 빠져 있지 않은가 하는 것을 이상하게 생각했다. 나로서는 그의 덧없는 소망을 믿어 의심치 않았는데, 왜냐하면 그 아이에게 마치 사형 집행서와도 같은 아름다움이 있음을 이미 목격했기 때문이다.

앰비언트 부인과 함께 앉아 있던 그 부인은 쾌활하고 혈색 좋은 사람으로 벨벳 천과 나긋나긋한 깃털로 장식된 옷을 입고 있었으며, 내 생각으로는 아마도 교구 목사의 부인인 듯했는데 안주인이 미처 소개하지 않았다―그녀는 즉시 앰비언트 씨에게 국화에 관한 이야기를 하기 시작했다. 이것은 무난한 화제였으나 《벨트라피오》의 저자가 영국 국교회와 피상적이라 할지라도 그러한 친교관계를 맺고 있음을 알게 되어 나는 조금 놀랐다. 그의 저술들은 그가 교회로부터 초연함을 암시하고, 매우 불경스러운 인생관, 말하자면 매우 독자적인 인생관을 드러내며 전체적으로 보아 신앙심을 갖게 하는 것과는 관계가 멀기 때문에, 나는 그가 목사들이나 그들의 부인들에게는 혐오의 대상―그의 편에서는 그 혐오감에 대해 사람 좋은 그러나 재치 있는 조롱으로 응수하는 그러한 혐오감의 대상일 것이라 생각했었다. 이는 내가 그때까지 마크 앰비언트의 가정 내의 어떤 불가사의함뿐만 아니라 영국사람들과 또 그들의 예의를 지키는 뛰어난 능력에 대해 얼마나 모르고 있었는지를 입증해 주었다. 나는 그 후에 그가 그의 서재에서 담배연기 속에서 미소를 지으며 성직에 있는 그의 이웃들에 대해 재미있는 평을 하는 것을 본 적이 있다. 그러나 한편 국화에 관한 화제는 분위기를 잘 조화시켜 주었는데, 왜냐하면 그와 교구목사 부인 둘 다 국화를 좋아했기 때문이며, 나는 그들이 이 식물에 대해 갖고 있는 지식에 놀랐다. 그 부인의 방문은 아마도 오랜 시간이 지난 듯 곧 그녀는 일어서서 가봐야겠다고 말하며 앰비언트 부인에게 키스를 하였다.

마크는 돌시노의 손을 잡고 문을 향하여 그 부인과 함께 걷기 시작했다.

"애야, 나와 함께 있자." 앰비언트 부인이 그 애에게 말하였는데, 아이는 막 그의 아버지와 함께 걸어가려던 참이었다.

마크 앰비언트는 그 소리에 별 주의를 기울이지 않았으나 돌시노는 고개를 돌려 수줍게 애원하는 듯한 눈으로 그의 어머니를 쳐다보았다.

"아빠와 함께 가면 안 돼요?"

"엄마 옆에 있으라고 이미 말했으니 안 돼."

"제발 그렇게 말하지 말아요, 엄마." 그 애는 깨끗하고 낯선 듯한 목소리로 말했다.

"내가 너를 사랑해서 그렇게 말할 수밖에 없어. 이리로 와, 애야." 앰비언트 부인은 다시 자리에 앉아서 그녀의 길고 가느다란 손을 떼면서 말했다.

그녀의 남편은 등을 그녀에게로 향한 채 멈추었으나, 그 애를 놓지 않고 있었다. 그는 여전히 목사 부인과 이야기하는 중이었으나, 이 사람 좋은 부인은 그녀의 대화의 맥락을 잃어버린 것 같았다. 그녀를 쳐다보고, 그리고 다시 나를 쳐다보고는, 지어낸 듯한 명랑한 표정으로 가까스로 웃음을 보내왔다.

"아빠, 엄마가 아빠와 함께 가지 말라고 해요." 그 애가 말했다.

"그 애는 매우 지쳐 있어요—종일 뛰어다녔어요. 이제 잘 때까지 조용히 있어야지 그렇지 않으면 잠을 이루지 못할 거예요." 선언하는 듯한 말이 앰비언트 부인의 입에서 계속적으로 그리고 엄숙하게 쏟아져 나왔다.

그녀의 남편은 여전히 몸을 돌리지 않은 채로 그 애 위로 몸을 굽혀서 그 애를 말없이 쳐다보았다. 목사 부인은 상냥하나 분위기와는 어딘지 어울리지 않게 소리 내어 웃으며 귀여운 어린 것이라고 말하였다. "그 애더러 결정하라고 합시다." 마크 앰비언트는 말하였다. "애야, 아빠와 같이 가련, 아니면 엄마와 함께 있고 싶니?" "그 참 난처한 일이네요." 목사 부인은 더욱 들떠서 외쳤다. "아빠, 난 결정하지 못하겠어요." 그 애는 목소리를 낮추어 속마음을 터놓듯이 말했다. 그러더니 순간 그애는 "그러나 오늘 엄마와는 종일토록 같이 있었잖아요"라고 덧붙였다.

"아빠와는 거의 같이 못 있었지, 애야, 너 힘든 결정을 내렸구나."

마크 앰비언트는, 알아듣기 힘든 나의 동료 방문객의 말과 더불어 애를 데리고 걸어가 버렸다. 그의 부인은 다시 자리를 잡고 앉았으며, 땅을 향한 그녀의 고정된 눈은 잠시 동안이나마 너무나 큰 무언의 동요를 나타내었기 때문에 나는, 내가 어떤 말을 그녀에게 해주더라도 적절하지 못할 것이라는 생각이 들었다. 그러나 앰비언트 부인은 재빨리 자세를 가다듬고 내게 공손히 말하기를, 역에서부터 그곳까지 걸어온 것에 대해 크게 개의치 마시기 바란다고 하였다. 나는 전혀 아무렇지 않다고 대답하였고, 그녀는 계속해서 말하였다. "우리는 당신에게 보낼 수 있는 마차가 있었는데, 남편이 가도록 명령을 내리지 않으려 했답니다."

"덕분에 그분과 즐겁게 걸을 수 있었습니다." 나는 대꾸했다.

그녀는 잠시 조용해지더니 다시 말하였다. "제가 알기로는 미국인들은 많이 걷지 않는다던데요."

"그렇습니다. 우리는 걷지 않고 언제나 뛰지만요." 나는 웃으면서 말했다.

그녀는 나를 심각하게 쳐다보았는데, 나는 그녀의 아름다운 눈에서 어떤 차가움 같은 것을 느낄 수 있었다. "거리가 꽤 멀었을 텐데요."

"그렇긴 해도 우리는 걸어왔지요. 내가 여기 있는 것이 얼마나 큰 즐거움인지 이루 다 말씀드릴 수가 없군요." 이어서 나는 "저는 앰비언트 씨를 더없이 존경하지요" 하고 덧붙였다.

"그도 좋아하실 겁니다. 그이는 존경 받는 것을 좋아하니까요."

"그렇다면 그분은 틀림없이 행복하실 겁니다. 그분에겐 많은 숭배자들이 있지요."

"알아요, 저도 몇몇을 본 적이 있어요" 하고 앰비언트 부인은 말하더니, 나로부터 멀리 떨어진 곳을, 마치 그 순간 그녀 앞에 숭배자들이 있기나 한 것처럼 고개를 돌려 쳐다보았다. 그녀의 말투는 그자들이 전혀 쓸데 없다는 것을 나타내는 듯했고, 나는 즉시 그녀가 《벨트라피오》의 저자에게 전혀 호감을 갖고 있지 않다고 추측했다. 나는 그것이 이상하다고 생각했으나, 어떻든 나 자신의 열광에 들떠서 그것을 대수롭지 않게 여겼다. 그것은 오히려 나로 하여금 내 열광을 더 분명하게 나타내기를 원하게끔 만들었다.

"제게는, 아니 아시다시피 그분은 생존해 있는 최고의 작가입니다."

"저로서는 잘 알 수가 없지요. 물론 그이가 매우 유능한 분이기는 하죠." 앰비언트 부인은 약간 웃으면서 말했다.

"앰비언트 부인, 그분은 대단한 분이에요! 그분의 모든 책들 속에는, 그 책들을 이 세상의 최고의 것들과 나란하게 만드는 완벽한 몇몇 페이지들이 있답니다. 그렇기 때문에 제가 이처럼 허물 없이—그가 현재 살고 있는 그대로—그분을 뵐 수 있고, 그리고 예술가로서의 그분 못지않게 유쾌한 한 인간으로서의 그분을 발견한다는 것이 얼마나 사실 같아 보이지 않는지, 또 그것이 내게 얼마나 큰 특권인지 다 말씀드릴 수가 없군요." 나는 내가 조금 지나치게 지껄였다는 것을 알았으나, 나는 그렇게 지껄이지 않을 수 없었으며, 내가 그렇게 말한 것도 내가 느끼던 것에는 훨씬 못 미치는 것이었다. 나는 그와 같은 말을 앰비언트에게는 감히 할 수 있으리라고 확신할 수가 없었으며, 그리고 그것을 그의 부인에게 말해 버리니 후련한 면도 있었는데, 그 후련함은 부인으로서는 그녀가 좀 특이해 보인다는 사실에 영향을 받은 것은 아니었다. 그녀는 다시 심각한 표정으로 그리고 입술을 굳게 다문 채 내 말에 귀를 기울였는데, 마치 그녀의 남편이 물론 탁월한 인물이기는 하나, 동시에 그 모든 것에 대해 그녀는 이미 전에 이야기를 다 들은 것이어서 그다지 흥미를 기대할 수 없다는 듯한 태도였다. 더구나 그녀의 태도는 내가 아직 어리며, 사람들이란 으레 그 같은 일들은 곧 잊어버리게 된다는 것을 희미하게 암시하는 듯하였다. "분명히 말씀드리자면, 제게는 오늘 같은 날이 기념할 만한 날입니다" 하고 나는 덧붙였다.

그녀는 아무런 대꾸도 없었으며, 잠시 뒤에 주위를 둘러보면서 부드럽게, 그러나 불쑥 말하였다. "올해는 과일이 제대로 열릴지 걱정이네요."

나의 눈길은 이끼 끼고 얼룩덜룩한 반점이 있는 정원의 울타리 쪽으로 향하였는데, 그곳에서는 자두나무와 배나무들이 빛 바랜 벽돌들 위로 돋보이게끔 고정되어 있어서, 마치 팔을 여러 개 가진 사람이 십자가에 못 박혀 있는 모습이었다. "열매가 많이 열리지 않나요?"

"아니요. 나무들이 통 생기가 없어요. 너무 늦게 서리가 내렸지요." 또 잠시 대화가 끊겼다. 앰비언트 부인은 뜰 반대편 쪽에 시선을 고정시키고 있었는데, 마치 그녀 남편이 애를 데리고 돌아오는지를 살피는 듯했다. 나는 "앰비언트 씨께서 정원 가꾸기를 좋아하십니까?"라고 묻고 싶은 생각이 들었는데, 화제를 어쩔 수 없이 그에 관한 것으로 돌리지 않을 수 없다는 느낌이 들었기 때문이다. "그이는 자두를 매우 좋아하지만" 하고 그의 부인이 말했다.

"아, 그렇다면 수확이 걱정하시는 것보다 더 나아진다면 좋겠습니다. 정말 좋은 곳이군요." 나는 계속해서 말했다.

"이곳의 전체적인 특징은 그분께서 묘사하고 있는 어떤 장소와 같다는 점입니다. 이 집은 바로 그분이 기술한 것들 중의 하나와 같아 보입니다."

"좋은 곳입니다만, 이와 같은 곳은 수백 개도 더 될 겁니다."

"아니, 이곳은 그분과 같은 분위기를 가졌어요." 나는 웃으면서 말했으며, 앰비언트 부인이 그녀의 평범한 집에 대한 나의 평가 속에서 나의 경험이 제한되어 있다는 사실을 눈치 채는 것 같아서 더더욱 나의 논지를 고집해 보았다. 그러나 내가 지나친 주장을 했음이 분명하였다.

"그의 분위기라고요?" 그녀는 흘끗 나를 쳐다보고, 약간 얼굴빛이 밝아지며 반복하였다.

"분명 그분은 분위기가 있지요, 앰비언트 부인."

"아, 그래요 분명히 그렇지요. 그러나 저는 조금도 내가 그의 작품들 속에서 살고 있다고는 생각지 않아요. 나는 그와 같은 것은 전혀 좋아하지 않습니다."

그녀는, 나의 다소 날카로운 항의성 주장을 초점에서 벗어난 농담으로 바꾸어 버리는 효과를 주는 미소를 띠면서 말했다. "저는 문학에는 그다지 조예가 없어요. 그리고 예술적이지도 않고요." "저는 부인께서 어리석지도 또 편협하지도 않으리라 확신하지요." 나는 과감하게 대답해봤는데, 대답한 즉시 내가 친근한 동시에 좀 생색을 내듯이 굴었다는 느낌이 들었다. 다만 유일하게 위안이 되는 점은, 그같은 화제를 먼저 꺼낸 것이 내가 아니라 바로 그녀였다고 생각하는 정도였다. 그녀는 자신의 특이한 개성들을 논의의 대상으로 만들었다.

"글쎄요, 무엇이건 간에 저는 남편과 아주 다릅니다. 만약 당신이 그를 좋아하신다면, 당신은 저를 별로 좋아하시지 않을 겁니다. 더 이상 말하실 필요는 없습니다. 당신이 절 좋아하신다는 것은 전혀 필수적인 것이 아니니까."

"너무 그렇게 제 말을 꼬투리 잡지는 마세요" 하고 나는 외쳤다.

그녀는 마치 내 말을 듣지 않은 것 같아 보였으며, 그렇게 하는 것이 그녀로서는 최선이었을 것이다. 우리는 별말이 없이 얼마 동안 가만히 앉아 있었다. 앰비언트 부인은 조마조마해 하지 않고서도 말없이 앉아 있을 수 있는 그 부러운 영국인의 특질적인 면을 가지고 있었다. 그러나 마침내 그녀는 입을 열었다. 그녀는 시내에 사람들이 많이 있었는지 내게 물었다. 나는 그 점에 대해 만족스런 대답을 해주었고, 우리는 런던에 관해서, 또 한해의 이맘때 그 도시가 드러내는 상황들에 관해서 이야기하였다. 이야기 끝에 나는 또 어쩔 수 없이 마크 앰비언트에 관한 화제로 되돌아갔다.

"그분이 런던에 있고 싶어하지는 않으세요? 제 생각에 그분은 그의 일에 적합한 조용한 곳을 찾지 못한 것 같습니다. 아마 그의 저술들은 대부분 매우 고요한 곳에서 씌어졌다고 생각합니다. 그것들은 일종의 소동에 뒤이어 일어나는 큰 정적을 암시해 주는데—그렇게 생각하지 않으세요? 런던은 깊은 인상을 받기에는 더없이 훌륭한 곳이지만, 그 인상을 정리해 내는 데는 이곳과 같은 시골의 은신처가 틀림없이 훨씬 더 좋으리라고 나는 생각합니다. 부인께서도 그분이 런던에서 많은 인상들을 얻으리라고 생각하십니까?" 나는 이 심술궂은 질문들을 조목조목 해나갔는데, 그것은 단순히, 아마도 나를 매우 주제넘고 말 많은 젊은 친구라고 생각할 이 여주인께서 이야기할 시간을 주었기 때문이다. 왜냐하면 내가 말을 멈추었을 때—나는 말을 멈추었음을 분명히 드러내지도 않았는데—그녀는 눈길을 이리저리로 계속 돌렸으며, 그녀의 긴 아름다운 손가락으로 그녀 목에 걸린 메달을 만지작거렸기 때문이다. 그러나 내가 완전히 말을 멈추었을 때, 그녀가 뭔가 말해야만 하였고, 그녀가 말한 것은 남편이 인상을 받은 것에 대해서 자신은 전혀 아무런 생각도 들지 않는다는 것이었다. 이같은 말은 내게 순간적으로 그녀가 매우 까다롭다는 생각, 또 섬세하고 매우 특이하며 기품 있는 냉담한 기질이라는 생각이 들게 만들었다. 그러나 나는 조금 후에 그같은 생각을 잊어버렸거나 혹은 그 생각에 의해 더 이상의 공격적인 말을 하도록 자극받았음에 틀림없는데, 왜냐하면 내가 그녀에게, 앰비언트가 글을 쓰기에 좋은 기분인지의 여부와 언제쯤이면 그가 지금 작업하고 있는 책이 출판될 것인지를 물어봤다. 나는 그녀가 십중팔구 나를 정나미 떨어지는 사람으로 여겼으리라 생각한다.

그녀는 다음과 같이 말하면서 이상스런 가냘픈 미소를 지어 보였다.

"제 생각에 당신은 제가 남편에 대해서 지금 알고 있는 것보다 훨씬 더 많이 알고 있으리라 생각하실지 모르겠습니다만, 저는 그가 하는 일에 대해서는 조금도 모르고 있지요."

이윽고 그녀는 지금까지와는 약간 다른, 말하자면 조금 더 해명하는 듯한 말투로 덧붙였는데, 그것은 마치 그녀가 자신의 고백이 엄청남을 인식하고 있다고 말하는 것 같았다. "저는 그이가 쓰는 것은 읽지 않아요."

그녀는 그 말이 내게 끔찍하고 소름 끼치는 것이 아닌 것으로 들리도록 만드는 데 성공하지 못했다(그리고 그녀가 몹시 애를 썼더라도 성공하지 못했을 것이다). 나는 그녀를 뚫어지게 바라보았으며, 내 얼굴에 경련이 이는 것을 느꼈다.

"당신은 그의 재능을 숭배하지 않으세요? 당신은 《벨트라피오》를 숭배하지 않나요? 그녀는 잠시 머뭇거렸으며, 나는 대체 그녀가 어떻게 말할 것인가가 궁금했다. 그녀는—나는 알 수 있었는데—그녀 생각에 맨 먼저 떠오른 말을 이야기하지 않았고 얼마 전에 했던 말을 되풀이했다. "아, 물론 그는 매우 유능하지요." 이 말과 더불어 그녀는 일어섰는데, 그녀의 남편과 아이가 다시 나타났기 때문이었다.

제2장

앰비언트 부인은 내 곁을 떠나 그들을 맞으러 다가갔다. 그녀는 멈춰 서서 남편과 몇 마디 주고받았는데, 나는 그 말을 거의 알아듣지 못했으며 이어서 그녀는 그 애 손을 잡고서 집 쪽으로 걸어갔다. 잠시 뒤 그녀 남편은 나와 합세하였으며, 내가 보기에는 전혀 이쪽 사정을 의식하거나 어색해 하지도 않는 것 같았고, 내게 자기와 같이 집 안으로 들어가 내가 묵게 될 방을 같이 보자고 말하였다. 내가 그를 방문한 첫 순간들을 지금 회상해 보니, 내가 처음부터 그의 사정을 잘 이해하고 있는 듯이 행동하는 잘못을 범하지 않았던 것, 그리고 그에게서 그 이후에야 알게 된 사실들의 징후들을 알아채게 된 점들이 매우 중요하다는 것을 알겠다. 그에게서 어떤 징후를 보았다는 것은 그 이후에 일어난 일들을 잘 이해할 수 있게 하고 그리고 내가 지금 말하려고 하는 이때에 있어서만은 (바로 그 첫날 오후를 뜻한다) 마크 앰비언트가 내게 행복한 사람으로 생각되었던 것을 잊어버리게 만들었다. 이를 고려해서 생각해 볼 때, 나는 우리가 집으로 걸어 돌아갈 때에 그가 비록 그의 아들과 관련한 나의 말에 대한 그의 대답을 지금도 잘 기억하기는 하지만— 말이 없고 무표정했다는 생각이 든다.

"당신의 아이 좀 특별나더군요. 그런 아이는 처음 봅니다."

"저의 아이를 유별나다고 하십니까?"

"그앤 정말 아름답고 매혹적입니다. 그 애는 마치 작은 예술 작품과도 같아요." 그는 재빨리 몸을 돌려 즉시 내 손을 붙잡았다.

"아니 그 애를 그렇게 부르지 말아요. 그렇지 않으면 당신은 그 애를…… 그애를……."

그는 내가 놀라자 웃음을 지으며 그러나 주저하면서 말했다.

"당신은 그 애의 장래를 매우 어렵게 만들 거예요."

나는 내가 그 애의 자그마한 장래를 분별 없이 다루는 일은 결코 하지 않을 것이라고 단언하였는데—아이의 장래는 그처럼 미묘한 줄 끝에 매달려 있는 것만 같았다. 그 애의 장래를 함부로 다루지는 않지만 그것이 어떻게 되는지 지켜보는 것에는 큰 흥미를 가지고 있다고나 할까. "당신들 미국인들은 매우 예민해요." 앰비언트는 말했다. "당신들은 우리들보다 더 많은 것들에 주목하지요." "아니, 만약 당신께서 당신을 만나고 감동받지 않을 방문객을 원하신다면, 저를 이곳에 초대하지 말았어야 했지요." 그는 나의 방을 보여주었는데, 무명천으로 장식한 작은 내실로서 열려 있는 창문 밖은 온통 초록색이었는데, 방을 나서기 전 그는 엉뚱하게 한마디 하였다. "그 어린애는, 당신도 잘 알다시피, 그 애 문제를 잘 처리할 수 있기 이전에 우리 둘 사이에서 죽어버리게 되고 말 거요. 그리고 그는 이 말을 그의 잘생긴 근시의, 표정이 풍부한 눈으로 나의 눈을 똑바로 쳐다보며, 전혀 농담의 기미 없이, 마치 진짜로 그렇게 믿고 있다는 듯이 이야기하였다. 아이를 버릇없는 아이로 망치게 되어서 그렇다는 말입니까?"

"아니, 그 애를 놓고 둘이서 싸워서지요."

"애를 제게 맡기는 게 낫겠습니다" 하고 나는 말했다. "제가 불화의 씨앗을 없애보지요." 물론 나는 웃으며 말했으나 그는 매우 심각했다.

"그렇게 할 수만 있다면 그야말로 최고지요. 곧 그렇게 하도록 준비해 보겠습니다."

"저를 그렇게 믿어주셔서 정말 고맙습니다."

마크 앰비언트는 주머니에 손을 찌른 채 그곳에 서서 잠시 머뭇거렸다. 나는 순식간에 내가 마치 정신적인 면에서, 그에게 몇 발자국 더 가까이 다가선 것 같은 생각이 들었다. 마침 나를 쳐다보는 그는 지쳐 보였고 뭔가에 정신이 팔려 있는 듯했으며, 마치 누구든 그를 위해 할 수 있는 일이 있는 듯이 보였다. 나는 내 능력의 한계를 너무 잘 알고 있었으나, 다른 사람이 할 수 있는 것이 무엇이 될지 궁금했으며—마음속 깊숙한 곳에서는 내가 그를 위해 할 수 있는 유일한 것은 그를 좋아하는 것이라고 느끼고 있었다. 나는 그도 이러한 내 마음을 짐작하였고, 나의 마음에 대해서 고맙게 여기고 있었으리라 생각하는데, 왜냐하면 그는 곧 계속해서 말했기 때문이다. "저는 미국인이라는 이점을 가지고 있지 않습니다. 그러나 저 역시 조금 목격한 바가 있기 때문에 제 생각은……" 여기서 그는 웃음을 띠고 그의 손을 내 어깨에 얹었다.

"당신과 같은 국적이 아니더라도 지성이 결핍되지 않았다는 것입니다. 제가 당신을 알게 된 지 몇 분밖에 되지 않았어요, 그러나……." 그리고 여기서 그는 다시 머뭇거리더니 말했다.

"당신은 결국 너무 젊어요."

"그러나 제가 당신을 이해할 수 있다고 생각하셔도 될 겁니다" 하고 나는 말했다. 저녁식사 전에 내가 옷을 갈아입게 하려고 방에서 나가면서 그렇게 생각하겠다는 실질적인 약속을 하였다.

내가 객실로 내려갔을 때―정확히 시간에 맞추어―나는 안주인이나 바깥주인이 아직 나타나지 않았다는 것을 알았다. 그런데 한 여성이 소파에서 일어나기에 내가 다소 놀란 표정으로 쳐다보자 그녀가 내게 고개를 숙였다.

"아마 절 잘 모르시겠지요." 그녀가 신식 웃음을 띠며 말했다.

"저는 마크 앰비언트의 누이동생입니다."

나는 그녀와 악수를 하고 그녀에게 허리를 깊이 숙여 절을 하였다. 그녀의 웃음은 매우 신식이었는데―신식이란 말로 나는 그 웃음이, 객실에서 처음 만나는 사람 사이의 사교상의 불가해한 점들에 대한 해결책, 즉 사람들의 관계를 부드럽게 풀어 주는 수단인, 약간 상기된 목소리로 구성되어 있음을 의미한다. 그러나 그녀의 외모는―그것을 뭐라고 해야 마땅할까―중세적이었다. 그녀는 창백하고 말랐으며, 길고 여윈 얼굴에 슬픈 듯한 검은 눈과, 금빛 머리끈과 이상스런 사슬 줄로 동여맨 검은 머리카락을 갖고 있었다. 그녀는 색이 바랜 벨벳 천으로 된 옷을 입었는데, 그 옷은 목과 소매 부분에 이르기까지 옛 베니스 인들과 플로렌스 인들의 옷처럼 만든 것으로 그녀가 움직일 때면 몸에 들러붙었다. 그녀는 그림 속의 인물같았고 울적해 보였으며, 내가―내 무지의 소치로―사라져 버렸다고 생각한 유령의 이미지와 너무나 흡사해서 그녀가 내 눈앞에 서 있는 동안 나는 마치 유령을 만난 것만큼이나 깜짝 놀랐다. 이와 같은 내 생각은 좌석에 주저앉을 때의 그녀의 고풍스런 방식으로 무릎을 감싸 안고 있는 길고 가는, 그러나 흉하지는 않은 팔과, 그리고 또 앞으로 필연적으로 내게 지우게끔 되어 있는 어떤 부담의 조짐이라고 할 집중적인 응시로 나를 쳐다보는, 슬픔에 잠긴 듯한 두 눈과 관련이 있었다는 생각이 든다. 그녀는 특이하고, 내향적이며, 부자연스런 데가 있었으며, 따라서 나는 그녀의 진의와 비밀스러움을 절반도 이해하지 못했다. 그러나 나는 단 하나는 확신하였는데, 그것들이 그녀의 외모가 나타내는 것보다는 덜 특별난 것이라는 점이다. 앰비언트 양은 안절부절못하고 뭔가를 갈망하는 듯한 여성으로서 미켈란젤로 식 행동거지와 신비한 의상에 몰두해 있었다.

그러나 나는 그녀가, 그녀를 처음 알게 되었을 때 두 눈 속에서 내다보고 있는 듯하였으며, 또 알 수 없는 언행을 재촉하는 듯하던, 즉 말로 형용하기 어려운 사고의 심연 같은 것은 천성적이 아니라는 것을 분명하게 확신한다. 그 특징들은 잘못된 결론으로 이끄는 웅변과도 같았으며, 또한 멀리 떨어져 있는 것들의 흐릿함이나 좌절당한 동정의 분위기로 다가오는데, 그 동정은 그같은 특징을 소유한 자들의 정신을 이해할 수 있는 열쇠가 되는 것은 아니었다. 그리고 나는 한 젊은 여성이 양심의 가책으로 수척해질 만한 죄도 짓지 않았고, 또 온전한 정신으로는 마음속에 품어볼 수 없는 희망을 포기했던 적이 없음에도 불구하고 앰비언트 양과 같은 정도로 낙담하고 환멸에 차 있다는 것은 있을 수 없는 일이라고 생각했다. 그녀는 내 생각에 저속한 충동들에 대해 통상적으로 인정하는 마음을 가지고 있었으며, 다른 사람이 주목해 주기를 바랐고, 결혼하기를 원했으며, 자신이 독창적이라고 남이 생각해 주기를 바랐다.

마크 앰비언트의 누이에 대해 내가 이처럼 불손한 태도로 말한다면 어떤 대가를 치러야 할지 모르나, 나는 나의 작은 일화를 끝내기 전에 말하고자 하는 더욱더 불유쾌한 것들이 있으며, 더구나—고백컨대—나는 그 젊은 숙녀에게 일종의 원한이 있다. 그녀 얼굴의 그 이상한 생김새는 제쳐두고라도 그녀는 예술적 성장을 할 수 있을 만한 타고난 적성이 전혀 없었으며—참다운 이해력도 거의 없었다. 그러나 그녀의 가식적인 태도는 그녀 오빠의 명성에 편승해서 그럭저럭 지탱되었으며, 그를 전적으로 찬성하지 않는 사람이 많을수록 그에 비례해서 그들은 그의 누이를 오빠의 영향을 받아 만들어진 사람으로 쉽게 손가락질하였다. 그녀는 어떤 전조와도 같은 인물이었고, 세상 일반에 대해 그리고 그를 위해 거의 도움이 되지 못했다. 그는 독창적인 사람이었고, 그녀는 어쩔 수 없는 모조품이었다. 나는 그녀가 만들어낸 인상을 그가 거의 알지 못하였다고 생각한다—그녀가 바로 로세티 형제와 똑같은 한 팀을 구성하고 있다는 일반적인 사실 그 이상으로는 말이다. 그는 그녀에게 습관처럼 되어 있었으며, 그는 그녀를 딱하게 여기고 있었고—그녀가 결혼이라도 했으면 하고 바라지만 그녀가 그렇게 하지 않으리라는 것을 알고 있었다. 분명 나는 그녀를 너무 심각하게 생각하였는데, 왜냐하면 그녀는 내게 아무런 해도 끼친 바 없었기 때문이다—비록 내가 그녀를 오직 절반 정도밖에 설명할 수 없다는 것을 덧붙이지 않을 수 없지만 말이다. 그녀는 겉보기만큼 그렇게 신비스럽지 않았고, 특이하고 솔직하지 않으며, 대하기 거북하고 사람을 당혹하게 만드는 인물이었다. 내 이야기는 기껏해야 독자들에게 혼자 풀어봐야 할 수수께끼 같은 것은 거의 제공하지 않을 것이기 때문에, 나는 앰비언트 부인이 그녀의 시누이를 증오한다고 말하는 것을 늦춤으로써 독자의 호기심을 오히려 자극하도록 바랄 필요는 없을 것이다. 이 사실을 나는 안다. 그러나 나는 즉시 그 사실을 털어놓았다. 왜냐하면 만약 독자들이 그것을 곧 추측하게 될 것이라고 말하면 내가 독자들의 상상력을 동원하는 것에 지나치게 기대하는 것처럼 보이게 될 것이기 때문이다. 앰비언트 부인은 양식 있는 여성이었고, 그녀의 시누이에게 예의 바르게 행동하려고 노력하였으며, 그녀의 시누이는 일 년에 두 번 정도 한 달씩 그녀와 같이 지냈었다. 그러나 그 두 여성이 서로 매우 다르게 빚어졌다는 것, 그리고 통상적인 여성적 겉치레들이 그녀들 양쪽 편에게 보통의 노력보다 훨씬 그 이상을 요구할 것임에 틀림없다는 것을 발견하는 데는 별다른 통찰이 필요한 것이 아니었다. 앰비언트 부인은 부드러운 머릿결, 가는 입술을 가졌으며 언제나 신선한 느낌을 주는 여성으로서, 그녀의 시누이를 케케묵은 우스갯소리와도 같은 구겨지고 단정치 못한 방문객으로 간주했음이 틀림없다. 그녀 자신은 로세티(단테 가브리엘 로세티, 1828~1882. 영국의 화가, 시인. 단테의 시나 중세 로맨스, 그리스 신화 등에서 제재를 취하여 섬세한 여성상을 서정적으로 묘사함)가 그린 인물이 아니라, 게인즈버러(토머스 게인즈버러, 1727~1788. 18세기 영국 회화의 대표적인 초상화가 겸 풍경화가)나 로렌스(토머스 로렌스 경, 1769~1830. 그의 시대에 가장 보편적인 유행을 좇던 영국 초상화가)가 그린 인물 같은 사람이었으며, 외모도 차가운 숙녀다운 솔직성과 풀을 잘 먹인 모슬린 천으로 된 드레스 이상의 어떤 낭만적인 요소도 갖고 있지 못하였다.

내가 앰비언트 양과 몇 마디 주고받고 있을 때 바로 그와 같은 옷차림에 그와 같은 표정을 하고서 앰비언트 부인이 들어왔다. 곧이어 그녀 남편도 따라 들어왔으며, 다른 사람은 더 없었으므로 우리는 곧장 저녁식사를 하러 갔다. 그 식사에서 받았던 나의 인상을 나는 지금도 잊지 않고 있다. 그 일행들에게는 이상한 면모들이 있기는 하였으나, 그 요소들은 막연하고 겉으로 드러나지 않았으며, 내 즐거움을 방해하지도 않았다. 내가 들어 본 이야기 가운데 가장 재치 있고 재미있는 것은 물론 앰비언트가 하는 이야기 속에 있었다. 나는 그가 바다 건너에서 온 이 어린 순례자를 눈이 휘둥그레지도록 하기 위해 자신을 펼쳐 보였는지는 알 수 없으나, 그것은 그다지 별 문제가 되지 않는다. 왜냐하면 빼어난 사람으로 보이게 하는 것은 그에게는 손쉬운 일이었기 때문이다. 그는 작가로서보다는 대화자로서 더 뛰어났는데, 말하자면 몇몇 사람들이 주장해 왔듯이 그의 산문의 특이한 마무리 손질이 진정 그의 결점이 될 경우에 말이다. 그러나 그는 아주 친절했기 때문에 나는 그 친절성이 내가 예상했던 대로, 내가 그의 앞에 입을 벌린 채로 앉아 있는 것을 쳐다보고 있도록 만들었으리라고 틀림없이 믿는다. 그러나 두 여성은 그렇지 못하였다. 이들은 식사시간 동안 처음부터 끝까지 거의 말이 없었을 뿐 아니라, 재치와 지식을 과시하는 그같은 이야기에 전혀 감동받는 기미를 보이지도 않았다. 차분하고도 초연한 앰비언트 부인은 나의 눈과도 남편의 눈과도 마주치지 않았다. 그녀는 식사에 임하여 하인들을 지켜보거나, 드레스의 주름을 매만지거나, 어쩌다가 그녀의 시누이와 한두 마디 주고받을 뿐이었으며, 다음 코스의 식사가 준비되는 동안 찬 손을 천천히 매만지며 창 밖으로 막 내려앉기 시작하는 땅거미를 내다보았고—6월의 긴 하루 해는 우리가 촛불 없이도 식사를 할 수 있게 하였다. 앰비언트 양도 그녀의 오빠 이야기에는 별다른 주의를 기울이지 않는 것 같았으나, 반면에 그 이야기가 내게 미치는 효과를 지켜보는 데는 열심이었다. 그녀의 광택 없는 눈동자들이 계속해서 나의 안색을 살피고 있었으며, 그것들이 성가시다는 느낌을 막아주는 것은 오직 다른 시대에 속해 있는 듯한 그녀의 태도 때문이었다. 그녀는 시대를 가로질러서 나를 쳐다보는 것 같았으며, 그 세월의 간격이 쳐다보는 행위의 현실성을 감소시키고 있었다. 그것은 마치 그녀 오빠가 이야기를 잘하는 것은 틀림없으나, 그녀 자신도 많은 생각들을 가지고 있기 때문에 그녀가 그 이야기들을 귀담아 들을 필요는 없다는 것을 알고 있어서, 젊은 미국인이 고매한 심미적 열기에 지배 당할 때 어떻게 되는가를 자유로이 지켜보고 있는 것 같았다.

분명 그 열기는 심미적이었으나 내가 바라던 것보다는 덜하였는데, 왜냐하면 앰비언트로 하여금 자신에 관해서 이야기하게 만들려는 시도들이 성공하지 못했기 때문이다. 나는 그로 하여금 자기 짝 사이를 빠져나가 그의 동시대인 가운데 한 사람에 관해 이야기하는 특이한 유머와 역설적이게 묘사하는 능력을 끊임없이 드러내는 개성과 더불어 이야기했다. 그는 냉소주의라고 비난받을 것을 두려워하지 않아도 되는 관찰자에게 드러나는 그대로의 런던의 그 기벽들을 강요하는 기간에—4월에서 7월까지—관해 이야기할 것이 무척 많았다. 그는 많은 그의 동포들의 피상적인 도락과 그것을 얻기 위한 필사적인 수고에 관해, 꾸며낸 것을 진짜처럼 만들고 진짜를 꾸며낸 것처럼 만드는 솜씨를 과시하였는데, 그들 동포들 중에는 분명 그가 좋아하지 않는 적지 않은 유형들이 있었다. 런던은 그를 넌더리 나게 만들었으며, 그는 런던을 멋지게 웃음거리로 만들었다. 내가 기억하는 한 그는 자신의 작품에 대한 유일한 언급으로, 그가 언젠가는 런던 사교계에 대해 거대한 그로테스크 풍의 서사시를 쓰겠다고 했다. 앰비언트 양의 끊임없는 응시는 내게 다음과 같이 말하는 것 같았다. "우리가 얼마나 예술적인지 당신은 이해하겠어요? 솔직히 말해 이보다 더 예술적인 것이 가능할까요? 우리가 남다르다는 것을 분명 부정하지 못하실 겁니다." 나는 그녀가 사용하는 '우리'라는 복수 대명사에 짜증이 났는데, 왜냐하면 그녀가 그녀 오빠와 짝을 지을 아무런 권리도 없었기 때문이다. 물론 앰비언트 부인도 그 속에 포함시킬 수가 없었다. 그러나 바로 그 점 때문에 그들 모두가 특이한 사람들이었음에 분명하며, 모든 것을 생각할 때 나는 그들처럼 예술적인 사람들은 일찍이 본 적이 없었다. 마크 앰비언트의 대화는 지식과 취미에서 거의 전 영역에 걸친 것이었고, 이것이야말로 마침내 진정한 대화요 바로 탁월함과 교양과 경험이라는 생각이 들도록 만들었다.

  여자들이 자리를 뜬 뒤 그는 담배를 피우기 위해 그의 서재로 나를 데려갔고 이곳에서 나는 그가 자신에 관해 자유로이 잡담을 하도록 유도하였다. 나는 내가 그의 이야기를 들을 만한 가치가 있는 사람임을 입증하려고, 또 내가 얼마나 완벽하게 저녁식사 이전에 그가 내게 말해 준 것을 이해하였는지를 보여줌으로써 그에게 보답하려고 열심히 애썼다. 그는 말하기를 즐겼고, 자신의 생각을 변호하기를 (내가 그것들을 공격해서가 아니라) 즐겼고, 아마도 젊은 마음을 깜짝 놀라게 하고 그것의 찬탄과 지지를 느껴보기를—그것은 관대하게 보아 줄 수 있는 약점이었다—좋아했다. 고백하지만 나의 젊은 마음은 그가 한 말들에 적잖이 놀랐으며, 그는 나를 놀라게 하고 움찔하도록 했다. 그는 정통한 유파와 내가 얼마나 직접적인 접촉이 없었는가 하는 사실을 너그러이 보아넘기지 않을 수 없거나, 혹은 그 사실조차 알 수가 없었을지도 모른다. 그는 내가 단번에, 말하자면 그 유파의 가장 내밀한 비밀을 알도록 재촉하였다. 나의 놀라움은 다른 한편으로는 즐거움이기도 하였다. 놀라움은 바로 내가 가장 바라는 것들이었으며, 그것들의 유일한 흠은 너무 빨리 사라져버린다는 것이었다. 왜냐하면 내가 모든 일들에 있어 얼마 지나지 않아 마크 앰비언트의 견해를 곧 파악해 버렸기 때문이다. 그 견해는 인간의 모든 에너지의 발현이 가슴 설레는 장관이 되며, 자신의 삶의 경험을 문학적 표현 형식으로 변형시켜 내려는 욕구를 느끼고 있는 한 예술가의 견해였다. 표현 형식에 대한 열망이라는 이 문제—완성을 향한 시도요, 그것의 탐색은 그에게 있어서는 바로 성패의 탐색이라고 할—에 관해서 그는 가장 흥미롭고도 자극적인 것들을 이야기하였다. 그는 그것들을 자신의 삶이나 그가 알고 있는 다른 삶, 그리고 역사와 소설로부터, 또 무엇보다도 모든 시대를 넘어서 자신에게 가장 소중한 시대—이탈리아의 16세기—의 연대기 등으로부터 따온 무수한 실례들과 혼합하였다. 나는 그가 책 속에서 그의 생각의 오직 절반만을 말했으며, 말하지 않고 지니고 있는 것이—후에 내가 그것을 알고 나서 유감스럽게 생각했던 그 이유들 때문에—더욱 더 값진 것들이었다. 수많은 사람들에게 충격을 준 것이 그가 성공한 점이라고 할 것이나, 그의 페이지들 속에 허세의 기미라고는 조금도 없으며(그는 때로 부정하기도 하지만 나는 언제나 그것을 주장해 왔었다), 그리고 그 가련한 분은 철두철미한 예술가이자 완벽의 결여를 범죄로 간주하는 자로서 내심에는 자신에 대한 험담에 대해 극도의 두려움을 가지고 있었다. 그 경지에까지 이르렀기 때문에 그가 더 이상 나아가지 못할 것이라고 애석해 하는 사람이 있으나 나는 아무것도 애석해 하지 않는데(내가 좀 전에 언급했던 두세 개의 이유들은 제쳐두고서라도), 왜냐하면 그는 이미 완벽에 도달했기 때문이며, 그 이상 더 나아갈 수는 없기 때문이다. 그의 서재에서 보낸 시간들은—이 최초의 시간과 뒤이은 몇 시간—그다지 많지 않았는데 지금 회고해 보니 이따금씩 담배를 피웠고, 촛불 아래에서 값비싼 장서들로 호화롭던 그 오래 된 갈색 방의 분위기와 더불어 백열처럼 타오르는 듯했고, 또 부분적으로는 그의 목소리와 같은 색조로 타오르는 듯했다. 또한 그 목소리는 그의 명령에 따라 눈앞에 나타나던 여러 영상들이 가득 실린 채로 여전히 내 귀에 울리고 있는 듯하다. 우리가 다시 객실로 돌아갔을 때 그곳에는 앰비언트 양이 혼자 있었다. 그녀는 그녀의 올케가 15분 전쯤에 돌시노가 열이 있어 간호사에게 불려갔다고 말했다.

"열이라고! 도대체 그 애가 왜 열이 난다는 거야?" 하고 앰비언트는 물었다.

"오후까지만 해도 멀쩡했는데."

"베아트리체 말로는 오빠가 그 애를 너무 걸게 했다는군요. 그 애를 초주검이 되도록 만들었다고 해요."

"베아트리체가 즐거워하겠군. 승리할 기회가 왔으니까." 마크 앰비언트가 신랄하게 비웃으며 말했다.

"어린 애가 아픈 판인데 그럴 리야 있겠어요." 나는 앰비언트 부인을 변호하는 입장에서 과감하게 말했다.

"젊은이, 당신은 아직 결혼하지 않았지요? 당신은 마누라들의 속성을 아직 잘 몰라요" 하고 그는 외쳤다.

"아마 잘 모르겠지요. 그러나 저는 어머니의 속성은 잘 알고 있습니다."

"베아트리체는 어머니로서는 완벽하지요." 앰비언트 양이 무릎 위에서 양손을 깍지 끼며 땅이 꺼져라 한숨을 쉬었다.

"올라가서 애를 한번 봐야겠어." 마크 앰비언트가 말했다.

"애가 잠이 들었을까?"

"베아트리체가 그 애를 보지 못하게 할걸요, 마크." 그 젊은 여인은 그녀 오빠에게 이야기했으나, 시선은 내 쪽으로 향한 채였다.

"그렇게 하는 것이 어머니로서 완벽한 것인가?" 앰비언트는 물었다.

"그래요, 그녀의 견해로는."

"망할 놈의 견해라니."《벨트라피오》의 저자가 고함을 질렀다. 그가 방을 나가고 곧 계단을 올라가는 발소리가 들렸다. 나는 앰비언트 양과 함께 약 10분 정도 그 곳에 앉아 있으면서 자연스럽게 이야기를 하기 시작하였는데, 지금 생각하니 그 대화는 그녀의 올케의 견해가 대체 어떤 것인가를 내가 물음으로써 시작되었다.

"아, 그건 매우 유별난 것이지요." 그녀가 말했다.

"저나 우리 모두가 유별나답니다. 우리가 그렇다는 걸 발견 못했습니까? 우리는 많은 시간을 해외에서 살았지요. 미국에도 우리 같은 사람이 있습니까?"

"당신들 모두가 서로 같지는 않습니다, 분명히. 그래서 저는 당신이 묻는 것을 잘 이해할 수가 없습니다. 당신 오빠 같은 분은 다시없어요―그렇게까지 말할 수 있다고 봅니다."

"그의 부인과 같은 사람은 아마 미국에 많겠지요." 앰비언트 양은 웃으면서 말했다.

"앰비언트 부인의 견해가 어떠한지 이야기해 주시면 그 점에 대해 더 잘 대답해 드릴 수 있습니다."

"좋아요, 좋아. 그런데 그녀는 남편의 생각들을 좋아하지 않아요. 그 어린애 때문에 그것들을 좋아하지 않지요. 그녀는 그것들이 바람직하지 않다고 생각합니다."

나는, 마크 앰비언트의 비밀스러움에 대해 곰곰이 생각해 본 지 얼마 되지 않았던 때이므로, 특히 이와 같은 선언에 대해 올바르게 판단해야 할 입장에 있었다. 그러나 그 말의 영향으로 나는 (잠시 동안 그녀를 바라본 뒤) 웃음을 터뜨리게 되었는데, 위에 아픈 아이가 있다는 것을 기억하고는 즉시 웃음을 거두었다.

"그 애와 그의 생각들이 무슨 상관이 있어요?" 나는 물었다.

"분명 그 애는 아직 뭐가 뭔지 모를 거예요. 그 애가 아버지의 소설을 읽은 적이 있는가요?"

"그 애는 매우 조용하고 예민하여, 그 애 어머니는 그 애를 일찍부터 보호할수록 더 좋다고 생각한답니다."

앰비언트 양의 머리는 한쪽 편으로 약간 수그러졌으며, 그녀의 두 눈은 미래의 어떤 일들에 고정되어 있었다. 그러자 갑자기 그녀의 얼굴은 이상하게 변하였다. 그녀는 엄숙한 표정보다 더욱 즐거움이 결여된 미소―의식적이고 무성의한 미소를 보이며 말했다. "아이가 있을 때는 무엇을 쓴다는 것이 큰 책임이지요."

"어린애들은 대단한 비평가들입니다." 내가 대답했다.

"내겐 애가 없는 것이 다행이랍니다."

"그러면 당신도 글을 쓰세요? 그것도 제 오빠와 같은 스타일로요? 그 스타일을 좋아하세요? 그리고 미국에 있는 사람들은 그것을 제대로 알아줍니까? 저는 글을 쓰지는 않지만, 느낄 수는 있다고 생각합니다."

젊은 여성은 이러한 질문들과 다른 여러 소견들로써 내게 응대하였고, 마침내 우리는 그녀 오빠의 발소리를 홀에서 다시 들었으며, 곧 그는 다시 나타났다. 그는 상기되고 심각해 보였으며, 나는 그가 아들의 건강에 이상이 있음을 보았을 것이라 생각하였다. 그의 누이는 명백히 다른 생각을 가지고 있었다. 그녀는 마치 그가 수평선 위에서 불붙고 있는 배라도 되는 양 잠시 바라보더니,

"가엾은 마크!" 하고 중얼거렸다.

"그렇게 염려하지 않으셨으면 합니다만." 나는 말했다.

"염려하지 않지만, 실망했지요. 아내는 나를 들여보내려고 하지 않습니다. 문을 걸어잠가 버려서, 시끄럽게 소동을 일으킬 수도 없고."

그의 고백은 좀 우스꽝스러운 데가 있었다. 하지만 내가 그 친구를 너무 좋아해서 그런 일로 그의 품위가 떨어져 나를 실망시키는 일은 없었다.

"그녀는 문 뒤에서 애가 더 악화되면 알려주겠다고만 하는군요."

"그건 잘하는 일이네요." 앰비언트 양이 공허한 목소리로 말했다. 마크와 내 눈이 마주쳤다. 나는 그의 고민을 잘 모르고 있어서, 경멸이 아닌 연민의 눈으로 그를 바라봤는데, 그는 그런 내 마음을 읽었을 것이다. 그의 여동생이 침실용 촛대를 들고 일어서자 그가 우리도 하던 글공부를 마치러 서재로 가자고 했다. 그는 슬리퍼를 신고, 밝은 벨벳 재킷을 걸치고 고급스런 파이프에 불을 붙여 물었는데 여느 때보다 훨씬 말수가 적었다. 우리들의 대화는 꽤 오래 끊겼으나, 그것은 오히려 우리가 더욱 친근해졌다고 느끼도록 만들 뿐이었다. 또한 그것은, 나의 친구가 처한 개인적 상황을 내가 이해하는 것, 하지만 그 상황이 꼭 행복해야만 하는 건 아니라는 점을 내가 인지하는 데 도움을 주었다. 그의 얼굴에는 조용할 때면 희미한 근심의 표정이 스쳤다. 그것은 내게, 그에게 있어 삶이란, 다른 많은 재능 있는 사람들에 있어서 그랬던 것처럼 투쟁임을 알려주는 듯하였다. 마침내 내가 그의 곁에서 물려나려고 준비를 하는 바로 그때, 이루 말로 표현할 수 없으리만치 기쁘게도, 그는 내게 곧 출판되어 나오게 될 책의 교정쇄의 일부를 주었는데—그 책은

아직 완성되지 않은 것이었으나, 그는 그것을 한 장씩 한 장씩 '짜나가는' 즐거움, 세심한 작가들에게는 너무나 소중한 것인, 그 즐거움에 빠져 있던 터이며—그는 그의 상상력의 새로운 결실인 그 작품의 첫 부분, 즉 프랑스인들이 말하는 '첫 물'을 내가 방으로 가져가 한가한 시간에 읽어볼 수 있도록 배려해 주었다. 내가 막 그에게서 물러나려고 할 때 그의 서재문이 소리 없이 열리고 이어서 앰비언트 부인이 우리 앞에 서 있었다. 그녀는 촛불을 손에 쥔 채 잠시 이쪽을 쳐다보았다. 그녀는 남편이 아직 잠들지 않았으리라 생각하고, 돌시노의 상태가 나아진 것을 전해주러 왔노라고 말했다. 마크 앰비언트는 아무런 대꾸도 않았고, 단순히 그녀 곁을 도망치듯 지나 문간께로 향했는데, 마치 그녀가 길을 막을까 두려워하는 듯하였으며, 아이의 상태를 직접 확인하기 위해 이층으로 뛰어 올라갔다. 앰비언트 부인은 조금 어리둥절해 보였는데 나는 그녀가 남편을 뒤쫓아가리라 생각했었다. 그러나 그녀는 한숨을 내쉬며 그것을 포기하였고, 그러는 동안 그녀의 눈은 램프가 켜져 있는 방안을 살폈는데, 그 방에는 내가 들여다보고 있던 여러 가지 책들이 책장에서 뽑혀져 나와 여기저기 널렸고, 담배연기가 공중을 떠돌고 있었다. 나는 그녀에게 잘 주무시라고 인사를 했는데, 그때 별다른 의도는 없이 어떤 필연이랄까, 또는 그녀 남편의 업적에 관해 그녀와 이야기하도록 부당하게 스스로에게 강요하던 옹고집 같은 것에 의해, 나는 앰비언트가 내게 맡겨졌으며, 내 팔에 끼고 있던 그 소중한 교정쇄에 관해 언급을 하였다.

"이게 바로 그의 새 책의 첫 장이지요." 나는 계속 설명했다.

"이것을 제 방으로 가지고 가도록 허락받은 제 기쁨을 한번 생각해보셨으면 해서요."

그녀는 복도 탁자에 내가 사용할 촛대를 남겨두고 내 곁에서 떠나갔다. 그런데 우리가 헤어지기 전에 그녀는, 그녀에게 공감을 호소하는 게 적절치 못하다는 것을 단호히 알려줄 수 있는—왜냐하면 내가 그 집 주인과 너무 허물 없어지기 시작하는 것처럼 보였을 것이므로—좋은 기회라고 생각하고서, 내게 재빠르고 거리낌 없이, 그러나 예의 바르게 한마디 하였다.

"당신께서는 제가 전혀 가지고 있지 않은 생각을 진실처럼 이야기하시는군요. 저는 제 남편의 교정쇄에 대해 흥미를 갖고 있지 않아요. 나는 그의 저술들을 가장 불쾌한 것이라고 생각합니다."

제3장

  나는 다음날 아침, 식사 전에 들길을 거닐고 있는 앰비언트 양을 발견하고서 그녀와 좀 이상한 대화를 나누었다. 그곳은 지저귀는 새소리들 속에 신선하고 잘 손질되어 있는 것처럼 보였는데, 마치 한 시간 전에 하녀들이 쓰레받기와 깃털로 만든 빗자루를 들고 다니간 것 같았다. 나는 담뱃불 붙이기를 주저하다가 겨우 불을 붙였는데, 그녀가 유령처럼 기이하게 내 앞에 서 있다는 것을 갑자기 알아차리고는 매우 놀랐다. 아마도 그녀는 사진을 찍기 위해 포즈를 취하고 있었을지도 모르겠다. 그녀의 칙칙한 색깔의 옷은 그녀의 발 아래에 뱀처럼 구불구불하게 접혀 있었고, 그녀의 손은 아무렇게나 그녀 앞에 모아져 있었으며, 턱은 16세기 식 목주름 깃 위에 놓여 있었다. 그녀에게 아침 인사를 건네고 내가 했던 첫 말은 그녀의 조카에 대한 소식을 물은 것이었는데—그 애가 좀 나아졌나 궁금해서였다. 우리는 함께 관목숲 사이로 걸어갔으며, 그녀는 그녀 오빠의 가정 생활에 대해 많은 정보를 내게 제공해 주었다. 그래서 나는 그녀의 올케가 전날 밤 내게 그의 작품들을 비평했던 일을 고자질할 수 있는 기회를 얻었다.
  "올케가 여느 때는 그렇게 빨리 자신의 생각을 털어놓지는 않아요."
  앰비언트 양은 내가 앰비언트 부인의 뒷말을 하자 그렇게 말하였다.
  "딱하게도 그녀는 절 광신자로 생각하겠군요."
  "그래요, 그녀는 바로 그 점 때문에 당신을 좋아하지 않을 겁니다. 그러나 오빠와 저는 당신을 좋아하고 있으니 개의치 말아요. 베아트리체는 예술작품이 어떤 '목적'이 있어야만 한다고 생각하지요. 그러나 그녀는 매혹적인 여성이에요. 그렇게 생각하지 않으세요? 그녀는 세련된 귀부인의 전형입니다."
  "그녀는 매우 아름다워요." 내가 말했다. 그러는 동안 나는 마크 앰비언트가 분명 부인을 잘못 만난 것이 사실이기는 하지만, 그의 누이동생에게서도 불성실한 점이 눈에 띈다고 생각하였다. 그녀는 오빠와 올케가 한 가지 말고는 별 차이점이 없는데, 그것은 올케가 그의 저술을 부도덕하고 그 영향이 사악하다고 생각한다는 점이라고 하였다. 그녀가 그것들을 아이 때문에 두려워하는 것은 고정된 관념이었다. 나는 그것이—즉 한 여성이 그녀 남편의 정신을 부패의 근원으로 간주하는 것—예사로운 것이 아니라고 답하였다. 그리고 그녀는 나의 발언이 색다름에 적지 않게 놀란 것 같았다.

"그러나 결혼한 사람들 사이에 자주 있는 분쟁은 없었지요." 그녀가 말했다.

"제 생각에는 당신께서도 베아트리체가 뭐랄까, 한 여성이 버릇없이 굴 때 사람들이 갖다 붙이는 것 같은 그런 여자는 아니라고 판단하시리라 생각합니다. 그럴 사람은 아니지요. 그래도 그녀는 그녀의 관점에서 보아 그 아이에 대한 오빠의 영향에 대해 두려워합니다. 그 애 성격이나 기본 자질 형성에 있어서의 영향 말입니다. 그 애 아버지가 그 애에게 키스하거나 무릎에 안고라도 있을 때면 그녀는 마치 그것이 모르는 사이에 몸에 퍼져버리는 독이나 혹은 전염병, 혹은 그 애 살갗을 문질러 벗겨지게 할 어떤 것이기나 한 듯이 대하지요. 할 수만 있다면 그녀는 마크가 그 애를 만지는 것조차 못하게 할 거예요. 모든 사람들이 그 사실을 알고 있고 손님들도 모두 말 안 해도 알고 있어서 이제 당신에게 그것을 털어놓아도 별 지장이 없어요. 그것 참 정말 이상한 일 아니에요? 그렇게까지 된 것은 베아트리체가 너무 독실해서 지나치게 윤리적이거나 하는 데서 기인하지요. 물론 우리는 다음 사실을 잊지 말아야 합니다만." 그녀가 뜻밖에 말을 덧붙였다.

"마크의 생각들 중 일부는 뭐랄까 정말 다소 기이한 것은 사실이지만."

나는 앰비언트가 아침 식탁에 옵서버지를 펼쳐놓고 있는 집 안으로 들어가면서 모두들 어느 누구도 앰비언트 양만큼은 기이하지 않다는 생각이 들었다. 앰비언트 부인은 아침식사에 모습을 드러내지 않았는데, 지난 밤 돌시노를 돌보느라 피곤하기 때문이라는 것이었다. 그러나 그녀가 교회에는 가려고 한다고 그녀의 남편은 말하였다. 나는 뒤에 그녀가 실제로 교회에 갔다는 것을 알았다. 《벨트라피오》의 저자께서 그의 초대장 속에서 언급했던 산책으로 나를 인도해 간 것은 교회의 종소리가 멀리서 들려올 때였다. 나는 우리가 어딜 갔었는지 또 늘 무엇을 보았는지 하는 것은 말하지 않겠다. 우리는 복초지와 잡목림과 공원을 벗어나지 않았고, 풀을 뜯는 노새들이나 양들이 호흡하는 것과 똑같은 달콤한 대기를 호흡하였다. 양들의 부드러운 털들은, 영국적인 것들을 막 익히기 시작하는 그때 초기의 나에게는, 작고 조밀한 풍경이라는 전체 구조의 한 부분에 지나지 않는 것처럼 보였고, 그 풍경은 마치 큰 가위로 수확을 다 마쳐놓은 것처럼 보였다. 모든 것들이 마크 앰비언트 씨를 찾아온 방문객에겐 스스로를 드러내려는 표정으로 가득 차 있는 것 같았다. 모든 것들이란 우리 둘이 그날 마주한 모든 아름다운 풍경을 말한다. 잔디가 깔린 진입로와 그림으로 된 간판이 있고 이엉으로 지붕을 잇고 회칠을 한 여인숙 앞뜰에 자리한 말쑥하고 작은 장방형의 연못을 거닐 때, 그 모든 초록 색조 가운데에서 시선을 끌던 안짱다리를 한 큰 거위들, 그리고 저택의 박공이나 첨탑을 여기저기 배죽이 드러내고 서로 사이 좋게 서있는 것처럼 보이는 키 큰 숲의 꼭대기에 이르는 것들이었다. 나는 생울타리들을 칭찬하였고, 희미한 빛깔의 히스풀을 뽑아 봤으며, 또 들판을 가로지르는 실오라기 같은 작은 길들이 얼마나 아름답다고 생각하는지를 말하기 위해 멈추어 섰는데, 그 들판의 작은 길들은 미세한 나뭇결의 비스듬한 나이테들처럼 이어져 있었다. 앰비언트는 매우 사근사근하였고, 주변 경치에 대한 그의 문학적 향기가 넘치는 말들에 내가 기뻐한 만큼이나 그도 나의 말들을 즐거이 경청하였다. 우리는 울타리 계단에 앉아서 담배를 피우면서 청명한 영국의 날씨 속에서 여러 이야기들을 화제로 삼았다. 우리는 지름길을 택해 한두 개의 공원을 가로질렀는데 그 곳에는 고사리류들이 짙게 자라고 있었고, 앰비언트는 입구에서 만난 늙은 아주머니에게 고개를 숙여 알은 체를 하였다. 우리는 숲이 지나치게 무성한 곳은 우회하였고, 그 숲들은 우리가 지나갈 때마다 여기저기서 부스럭거리는 소리가 났으며, 마침내 우리는 히스가 무성한 언덕 위에 두 다리를 뻗고 앉았다. 그곳은 태양이 그렇게 뜨겁지는 않았지만 땅바닥도 그렇게 서늘하지는 않았으며, 발 아래로는 시골풍경이 짙푸른 안개 속에 펼쳐져 있었다. 물론 나는 앰비언트에게 그의 새 소설에 대해 내가 어떻게 생각하고 있는가를 이야기하였는데, 나는 그 전날 밤 침대에 들기 전에 그 첫 장을 샅샅이 읽어 놓은 터였다.

 우리가 두 발을 하늘로 향하게 하고 엎드려 있는 동안 내가 화제를 180도 바꾸어 다시 그의 작품에 관한 이야기로 되돌아가자 그는,
 "저는 이 작품을 저의 최고의 작품으로 만들 수 있다는 희망을 가지고 있

습니다" 하고 말했다.

"적어도 내 글을 좋아하지 않는 사람은—내 생각에 그러한 사람이 많이 있는데—아마 이 작품을 가장 싫어할 겁니다." 나는 그가 자신의 작품을 읽지 않는 사람에 관해 언급하는 것을 처음 들었는데—이들은 아마도 이 사람의 의식을 언제나 무겁게 억누르는 듯하다. 마크 앰비언트처럼 문학을 위해서 태어난 듯한 사람도 분명히 정상적인 과민함, 즉 성급함을 가지고 있었다. 예술적 자아는, 어떤 경우에는 터무니없이 과도하게 성장할 수도 있지만, 그의 기질의 경우에는, 분명하고 명확한 모습으로 똑바로 서 있음에 틀림없다. 그러므로 나는 그가 그를 비방하는 사람에 관해 생각해 보지 않는다거나 혹은 그를 칭찬하는 사람의 숫자(대중적인 인기가 있다고 잘못 생각하려야 할 수가 없는)에 관해 어떤 착각을 하고 있다고는 말하지 않겠다. 그러나 나는 적어도 그에게 적대적인 평판이, 내가 뒤에 알아차리게 될 기회가 있었지만, 그를 별로 속 타게 만들지는 않는다는 것, 또 그는 자신이 여러 사람에게 역겹게 거슬리게 되는 것을 당연하다고 생각하는 태도를 가지고 있다는 것, 또 그가 신문들에 관해서는—그런데 이들 신문들은 《벨트라피오》의 저자에 관해서는 언제나 우둔했다고 할 수 있는데—거의 화제로 삼지 않는다는 것 등등은 확실히 말할 수 있겠다. 물론 그는 그것들—신문들에 관해서는 밤낮으로 생각을 해봤을 것이다. 내가 말하고 싶은 단 한 가지는 그가 그 사실을 겉으로 드러내지 않는다는 것과 동시에 또 그가 신문을 경계하는 사람같이 보이지도 않았다는 점이다. 덧붙이자면, 그가 그때 쓰고 있던 것을 그의 최고의 작품으로 만들려는 희망은 오직 부분적으로만 달성되었다는 것이다. 그 뒤에 나온 것들의 부분적인 아름다움에도 불구하고 의심할 여지 없이 최고작이라는 지위는 《벨트라피오》에 속해 있다. 그는 실패하리라는 생각은 갖고 있지 않았다. 그는 자신의 생각을 사랑했고, 그 생각들은 사실 훌륭했으며, 모든 예술가에게 있어서 그렇듯이, 창작행위는 즐거움 못지 않은 만큼의 괴로움이겠지만, 나는 그가 그의 작품을 매일 조금씩 머릿속에 그려나가고 있다는 것을 알고 있었다.

"나는 이제까지보다 더욱 진실되기를 원하지요." 그가 손을 머리 뒤로 깍지 끼고서 등을 기대어 편히 앉으면서 말했다.

"나는 삶 그 자체의 느낌을 전하려고 합니다. 아니, 사람은 자신이 원하는 대로 이야기해도 좋지요. 나는 언제나 지나치게 각색을 하고, 부드럽게 하거나 모를 둥글게 하거나 끝을 접어 올렸지요. 실제의 삶과는 다르게 그것들을 바꾸어 놓았어요. 나는 낡아빠진 관습들의 노예였어요."

"노예라니요, 앰비언트 씨? 당신은 이 시대의 가장 자유로운 상상력의 소유자이십니다!"

"내가 했던 몇몇 일들이 더욱더 나를 부끄럽게 합니다. 예컨대 《나탈리나》에서의 그 두 여인의 화해 같은 것 말이에요. 그건 실제로 일어날 수가 없는 일이지요. 그같은 일은 수치스러워요. 그것을 생각할 때마다 낯이 뜨거워집니다! 이번의 새 작업은 정말 좋은 그릇이 되어야만 하고, 실재하는 것들을 가장 순수하게 증류시킨 것으로 그 그릇을 채워야 합니다. 아, 그릇을 만드는 것—그릇을 만들기 위한 쇠붙이의 망치질은 얼마나 성가신 일인지! 나는 그것을 매우 곱고 부드럽게 망치질 해야만 합니다. 하루에 한두 인치 이상 더 일을 할 수가 없지요. 그리고 한 방울의 증류액도 새나가지 않도록 아주 조심스레 작업해야 합니다. 삶이 실제로 행하고 있는 것들을 바라보노라면, 삶의 그 특이하고 날랜 재주를 언제 따라잡을지 항상 절망합니다.

삶, 그것은 넉살도 좋지요. 삶이 노리는 효과의 단지 50분의 1만이라도 우리가 노려볼 수 있다면. 우리가 그것을 믿게 되는 데만도 오랜 시간이 걸려요. 당신도 그걸 미처 모를 거요. 인생을 한 40년 정도는 지켜보아야 인생이 하고 있는 것의 반 정도라도 발견합니다. 그러므로 한 사람의 초기 작품들은 필연코 썩어빠진 잡동사니를 포함하기 마련이지요. 그리고 한편에는 좀더 진실되라고 자신에게 빈정거리는 태도와 더불어 그 사람이 목격하게 되는 것이 있고, 다른 한편에서는 그의 냉소적인 태도에 눈을 동그랗게 뜨는 일반인들이 있으니, 그 같은 상황에서 예술가는 자신을 어느 누구보다도 더 잘 이해하고 있는 우스꽝스러운 요소가 있어요. 물론 작가는 일반인들에게 신경을 써서는 안 되지요." 마크 앰비언트는 계속 이야기하였고, 그가 말하는 동안 나의 생각은 그의 별난 누이가 말했던 그의 숙녀 같은 부인을 떠올리고 있었다.

"당신 스스로 깊이 성찰하고 사람들이 그 속을 들여다볼 수 있는 유리를 잘 닦아 놓는 것—그것이 당신의 작품이 이룩하고 있는 것이지요." 그녀가 말했던 것을 나는 기억한다.

"오, 자신을 들여다보는 일—그것이 작품 제작의 괴로움이지요." 그는 이렇게 외치며 몸을 벌떡 일으켜 세웠다.

'자신을 되돌아보는 노력이 필요하다는 생각이 어떤 사람들에게는 통하지 않아요. 그들에게는 다행스럽지만요. 이봐요, 젊은 친구, 만약 당신이 나의 내면을 볼 수만 있다면 좋을 텐데. 인생은 예술을 위해서는 진정코 너무 짧아요. 우리는 자신의 성질을 완전히 파악할 수 있을 만큼의 시간도 갖지 못했어요. 단단하고 빛나게 말이오. 그래요, 단단하고 빛나게. 그 고약한 것이 때로는 채 단단해지기도 전에 빛을 발한단 말이오. 내가 그것을 주먹으로 두드려도, 그것은 제 소리를 내지 않아요. 내가 차선의 말을 골랐던 보기 흉한 무기력한 부분들이 있는데, 왜냐하면 아무리 해도 최선의 말이 생각나지 않았기 때문이지. 내가 때로 얼마나 멍청한 지 당신이 안다면 나라는 존재가 그저 미인의 이마 위에 있는 여드름 정도로나 생각될 거예요."

"그것 참 매우 안됐군요……. 매우 안됐어요." 나는 할 수 있는 한 진지하게 말했다.

"안됐다고요? 그건 내가 알고 있는 최고의 사회적 모욕이에요. 반드시 진심으로 말하건대 나는 항상 최선을 다해야만 합니다. 만약 내가 완벽한 언어를 쓰지 않으면 교수형에 처해진다는 것을 알았다면, 나는 어떻게든 최상의 말들을 골랐을 거요. 최상의 것을 고를 수 없는 사람들 가운데에는 그것을 알아채지 못하는 사람이 있는데, 그들이 펜을 꺾어야 우리가 이 쓰레기 같은 글의 홍수 속에 빠지지 않을 것이오."

나는 우리들 사이에 오갔던 모든 이야기를 반복하려고 시도하거나, 혹은 내가 마크 앰비언트와 같이 지냈던 모든 순간마다 왜 그가 점점 더 모든 사물을 예술가의 관점에서만 관찰하며, 모든 삶을 문학의 재료로써만 느낀다는 것을 드러내려고 했는지 설명하려고 하지도 않았다. 내게, 마크와 같은 태도를 취하는 것은 사물을 느낄 수 있는 좋지 않은 방법이라고 말할 사람도 있을 것이나, 나는 그 말을 옹호하는 데도 관심이 없다. 왜냐하면 마크 앰비언트의 생각처럼, 모든 현실과 삶이 상상적 접촉을 실제로 하고 있다면, 나로서는 그의 상상력을 부러워할 뿐이다. 아무튼 산책에서 돌아왔을 때 우리는 같은 느낌을 갖고 있었다. 집으로 향하기 전에 그는, 그의 부인이 적어도 한 번 이상은 그에게 돌시노가 《벨트라피오》를 읽기를 바라는지 물었다고 했다. 그는 그 순간에 그 말이 내게 전하였던 모든 의미를 의식하지 못하였을 것이며, 그가 무엇이라 대답했었는지 듣고 싶은 나의 극단적인 호기심도 의식하지 못하였으리라 생각한다. 그는 돌시노가 스무 살이 되면 그의 모든 작품을 읽기를 바란다고 말했다.

"그럼 당신의 작품들을 모두 서랍에 넣고 잠궈버릴까요?" 앰비언트 부인이 말했다.

"안되오. 우리는 단순히 그애에게 그것들이 어린애들을 위한 것이 아니라고만 말해 두면 되오. 만약 당신이 그 애를 바르게 키우기만 한다면 그걸 만지지 않을게요."

이 말에 앰비언트 부인은 그 애가 열다섯쯤의 나이가 되면 그렇게 말해 주는 것이 매우 어색하게 될 것이라고 대답했었고, 나는 앰비언트에게 그렇다면 젊은이들이 소설을 읽지 않아야 하는 것이 그녀의 일반적인 의견인지를 물었다. "좋은 것들이라도—결코 읽지 말아야 해요" 하고 그는 말했다. 하지만 나는 그와는 다른 견해를 가지고 있었던 것이 생각난다. 나는 만약 그 소설들이 충분히 좋기만 하다면 그것이 그들에게 나쁘다고는 확신할 수가 없다고 말했던 것이 기억난다. "그들에게 나쁘다고 말하는 게 아니에요" 하고 앰비언트는 말했다. "내 생각으로는 소설에 대해서 매우 나쁘다는 것이지요." 그의 부인의 태도에 대한 그 같은 우회적이고 뜻밖의 언급에 뒤이어 집으로 향하는 도중에 더 노골적인 이야기가 나왔다. "우리 둘 사이의 차이는 세상을 보는 두 개의 뚜렷한 방식 사이의 대립이라고 할 수 있는데, 그것들은 유사 이래 결코 서로 사이 좋게 지내거나 공통의 살림을 꾸리는 데 성공한 적이 없지요. 그것들은 갖은 종류의 이름을 가지고 있는데, 나의 처는 아마 당신에게 그것이 기독교도와 이교도 사이의 차이라 말할 거요. 내가 이교도일 수도 있으나 그러나 나는 그런 명칭을 좋아하지 않아요—그것은 너무 분파적인 것처럼 들려요. 그녀는 여하튼 나를 고대 그리스인과 비슷하다고 생각하지요. 그것은 삶을 최대한 이용하는 것과 가장 덜 이용하는 것의 차이로서—덜 이용하는 것은 다른 시대 다른 장소에서 더 나은 삶을 얻게 된다는 것입니다. 남아 있는 그 나머지 하나마저도 이용한다는 것은 죄악일까요? 그리고 우리는 현재뿐만 아니라 미래에 있어서도 설득당하지 않으면 안 되는가요?

아마도 내가 아름다움을 너무 좋아하는지도 몰라요. 나는 아름다움을 즐기며, 그것을 숭배하며, 계속 그것에 대해 생각하며, 그것이 번성하기를 바라는 마음으로 창작을 합니다. 내 처는 아름다움에 대해 지나치게 표현해서는 안 된다고 주장하지요. 그녀는 언제나 그것을 두려워하고—언제나 경계하지요. 나는 그녀가 등 뒤에 무엇을 숨기고 있는지 모르겠어요. 그런데 그녀 스스로 아름답지 않다고 생각하고 있어요. 그녀가 사랑스럽다고 생각지 않으세요? 여하튼 내가 그녀와 결혼할 때는 아름다웠어요. 그때에는 내가 말한 우리들의 의견의 차이를 나는 인식하지 못했어요—나는 그것 모두가 같은 것이 된다고 생각했어요. 결국에는 사람들이 그렇다고 말해 왔듯이 마지막에 가서는 말입니다. 아마도 결국에는 그렇게 되겠지요. 나는 마지막이 어떠할지는 잘 모릅니다. 더구나, 나는 있는 대로의 사물을 보기 좋아하지요. 그것이 바로 내 소설 속에서 내가 보여 주려고 애쓰는 방식이기도 하고요. 하지만 당신은 있는 그대로의 사물에 대해 아내에게 말하지 마세요. 아내는 있는 그대로의 사실에 대해 지독한 두려움을 가지고 있어요."

"돌시노 때문에 그것들을 무서워하겠지요." 내가 말했다. 잠시 뒤에 나는 앰비언트 양 덕분에 내가 그처럼 변명하는 듯한 위치에 있게 된 것에 대해 깜짝 놀랐다. 그리고 지금도 역시 그렇지만, 마크는 도대체 내가 아름다움에 대해 뭘 알고 그런 말을 하는지 모르겠다는 표정으로 그의 집 대문에 도착할 때까지 그의 부인에 관해 더 많은 이야기를 하였다. 만약 그가 수다스러운 게 아닌가 하는 생각이 들었다면 아마도, 그가 예술적 기질이라는 재능 못지않게 수다라는 약간의 약점도 가지고 있음을 인정하지 않을 수 없을 것이다. 그러나 나는 여태까지 내가 알고 있는 한에서는 그가 거의 불평은 하지 않았다는 것을 덧붙이겠다. "그녀는 나를 부도덕하다고 생각하는데 그것이 바로 핵심이라고 할 수 있지요." 그는 우리가 집 밖에서 잠시 멈추는 사이 그의 손을 대문의 쇠창살에 기대고 말했다. 그러는 동안 보통의 영국인이라기보다는 훨씬 이방인다운 눈이라고 내가 생각하는 그의 지각 있고 표정이 풍부하고 민감한 두 눈은 나를 아주 절친한 친구로서 바라보면서 이렇게 말했다. "곰곰이 생각해 보면 그건 아주 이상해요. 그리고 그 속에는 내가 밝혀내고 싶은 더할 나위 없는 우스꽝스러움도 있고 또 그녀는 아주 좋은 여성으로 행실이 나무랄 데가 없으며 정직하고 영리하며, 많은 것들에 대한 분별심도 갖추고 있습니다. 그러나 소설에 대한 그녀의 생각은 한두 번 그것을 내게 설명하였으며 그리고 설명으로서는 그다지 잘못되지도 않았는데 너무나 엉터리여서 내 얼굴이 달아오를 정도예요. 그것은 너무나 공허하고 불성실하고 거짓된 것으로, 진정한 삶은 가려지고 무시되며, 너무나 얼버무려지고 훼손되어서 정말 낯 뜨거울 지경입니다. 그것은 전체 사물을 보는 두 개의 전혀 다른 방식입니다." 그는 대문을 열면서 말했다.

"그것들은 서로 화해할 수가 없어." 한숨을 쉬며 그는 말했다. 우리는 집 쪽으로 다가갔는데, 그러나 문에서 반쯤 다가간 곳의 통로 위에 멈추어 서더니 내게 말하였다.

"이 집으로 들어가려 한다면 미리 알아두어야 할 것이 있어요. 알아두는 것이 당신의 실망을 덜어줄 겁니다. 여기엔 예술에 대한 증오문학에 대한 증오가 있어요." 나는 기분 좋은 빛깔을 띠고 약간 구부러져 있는 그 매혹적인 저택을 쳐다보았다. 그리고 그 같은 사악한 격정이 그 집에 도사리고 있을지도 모르지만 그곳에서 그것을 발견하게 되리라고는 결코 기대하지 않노라고 웃으며 대답했다. "아니, 그건 결국은 별 문제는 되지 않아요." 그는 웃으며 말했는데, 그 말을 듣는 것이 나는 기뻤다. 왜냐하면 내가 그를 너무 자극시킨 것에 대해 나 자신을 꾸짖는 중이었다. 비록 내가 그를 자극시키기는 했어도 그것은 곧 가라앉았는데 왜냐하면 점심 때쯤 그의 기분이 유쾌해졌기 때문이다. 그러나 그가 말했듯이 그와 그의 부인 사이의 차이점이 화해할 수 없는 것이라는 점을 고려해 볼 때 그것은 좀 지나치게 그 애에 대해서는 과민하였으며, 그들은 천성이 서로 반대되는 견해를 가지도록 운명지어져 있었기 때문에, 베아트리체가 할 수 있는 유일한 것은 낙관적인 체하는 것뿐이었다. 나는 그가 그들의 돌시노에 대한 처신에 관해서 내게 이야기해 주었던 것을 기억하는데—그들 사이에서 베아트리체 양이 내게 이야기해 주었던 그 고정된 관념에 대한 더 많은 실례들을 발견하려고 식탁에서 앰비언트 부인을 지켜보았다. 왜냐하면 그녀의 시누이와 남편의 일치된 폭로에 비추어 본다면, 그녀는 아주 특이한 사람으로 생각되었기 때문이다. 나는 이 여주인의 광신적인 기질을 드러내 주는 표시는 전보다 더 뚜렷하게 드러나지는 않았다는 것을 이야기하지 않을 수 없다. 그녀의 변하지 않는 묵종의 태도, 점점 가늘어지는 정확한 단음절어 등이 차갑고 가는 불꽃처럼 보이기 시작한 것은 잠시 시간이 지난 후였다. 분명히 처음에 그녀는 격정이라고는 거의 지니지 않은 여성처럼 보였다. 그러나 만약 그녀가 걱정을 지닌다면 그것은 무교양의 걱정일 것이다. 내 생각에 모든 위대한 원리에는 수호신들이 있기 마련이므로 그녀는 아마도 예절의 천사일지도 몰랐다. 분명히 마크 앰비언트는 10년 전에는 그녀가 어떤 천사인지 물어보지도 않은 채 그냥 그녀가 천사라고 믿었던 게 틀림없다. 그가 그녀의 아름다움에 주목해 보라고 요구한 것은 아주 옳았다. 왜 그가 그녀와 결혼했을까 하는 이유를 더듬어보는 데 있어, 나는 전보다 훨씬 더 그녀가, 신체상으로 말한다면 훌륭하게 가꾸어진 인간식물이라는 것, 또 그녀가 그에게 많은 생각들과 이미지들을 제공했음이 틀림없으리라는 것을 알았다. 더 이상 그린 듯한 눈썹을 하거나, 정원 같거나 아니면 절묘한 색깔이나 모양의 꽃잎을 갖기는 불가능하였다. 만약 내가, 우리가 산보할 동안 했던 모든 이야기를 앰비언트가 저녁 식탁에서 모조리 잊어버린 듯이 행동해 그를 위선자라고 생각했다면 나는 그와 같은 판단을 즉시 취소시켰을 것이다. 왜냐하면 그의 부인이 어린애에 관해 좋은 소식을 전했을 때 그가 갑작스럽게 행복해 하는 태도에 대해 충분한 이유가 되었기 때문이다. 그 같은 태도가 부분적으로는 그의 앞에 앉아 있는 아름다운 부인에 대해 내게 불평을 한 데 대한 어떤 죄책감 같은 것에서부터 나왔을 터이지만, 결국은 그가 그처럼 비참한 상태는 아니라는 것을 보여주고 싶어서였을지도 모른다. 돌시노의 건강은 계속 좋아져서 저녁식사 뒤에는 아래층으로 내려와도 좋다고 허락되었다. 우리가 식사를 마치고 일어서자마자 앰비언트는 살며시 빠져나갔는데 분명히 그 애에게 가기 위해서였을 것이다. 그리고 내가 이 사실을 목격하자마자 나는 그의 부인도 동시에 사라졌다는 것을 알게 되었다. 앰비언트 양과 나는 둘 다 거의 동시에 부인의 드레스 끝자락이 문 밖으로 재빨리 사라지는 것을 우연히 보았는데, 그 일로 그 젊은 처녀는 마치 내가 그곳의 모든 비밀을 알게 되었다는 듯이 내게로 웃음을 지어 보였다. 나는 그녀와 함께 안뜰로 나섰으며, 우리는 그 저택의 서쪽 벽에 기대어 있는 오래된 참나무 벤치 위에 앉았다. 그 곳은 6월의 일요일 오후 한 때를 위해서는 완벽한 장소였으며, 그곳을 더욱 아름다운 곳으로 만든 것은 부분적으로는 그곳의 고풍스런 해시계 때문이었다. 그것은 우리들 앞에서 솟아올라, 키작은 화초들이 복잡하게 얽혀 있는 화단의 한가운데에 자리를 잡고서 매시간들을 아주 천천히 가리키고는 그 시간들을 여유와 담소를 위한 확실한 시간으로 만들어 주었다. 안뜰은 가득한 오후의 햇살 속에 한창 때에 이르렀고, 키 큰 밤나무들이 마치 그 뜰의 모범이라도 되는 양 조용히 서 있었으며, 그리고 우리들 뒤쪽과 위쪽으로는 여러 철에 걸쳐 피는 장미가 벽돌 담장의 빛 바랜 거친 돌에 매달려서는 그 장면의 전체 특징을 친근하고도 절묘한 향기로 나타내었다. 그곳은 내게는 천재의 모든 면이 격려 받는 장소요, 항의나 방해에 부딪힐 장소는 아닌 것처럼 보였다. 앰비언트 양은 그녀 오빠와의 산책이 재미있었는지, 둘이서 어떤 이야기를 나누었는지를 내게 물었다. 나는 비록 우리가 앰비언트 양에 관해서는 이야기하지 않았다는 것을 기억하였지만,

"네, 거의 모든 일들에 관해서지요" 웃으면서 대답했다.

"그의 이론들 중 어떤 것들은 매우 특이하다고 생각지 않으세요?"

"아니, 내가 그 모두에 동감한다고 생각하는데요." 나는 앰비언트 양을 대화의 상대로서 접대한다는 면에서는 종잡을 수 없는 유별난 편이었을 것이다.

"당신은 예술이 전부라고 생각하세요?" 그녀는 잠시 뒤 물었다.

"예술에 대해, 물론 그렇게 생각하지요!"

"당신은 아름다움이 모두라고 생각합니까?"

"모두라는 말이 좀 거창하군요. 그것이 모두인지는 잘 모르겠지만 우리 삶에서 어느 정도는 필요하지 않나요?"

"나는 삶에 매력을 주는 모든 것을 흠모합니다. 나는 형식에 매우 민감하지요. 그러나 때로 나는 한 발짝 물러서는데—내 말이 무슨 말인지 모르시겠어요? 나는 어디에 발을 디뎌야 할지 알 수가 없어요. 나는 오직 조용히 지내기를 원합니다." 앰비언트 양은 그녀가 원하는 지점에 아직 도달하지 못했음을 나타내주는 듯한, 억눌린 갈망의 어조로 계속 말하였다.

"그리고 사람은 여하튼 선량해야만 돼요, 그렇지 않아요?" 하고 그녀가 내게 물었는데, 그 억양은 나의 대답이 그녀를 위해 이 어려운 질문을 해결해 줄 것이라는 확신을 나타내고 있었다. 그 대답을 독창적인 것으로 만들기는 매우 어려웠으며, 그리고 유감스럽지만 나는 그녀가 품고 있는 나에 대한 신뢰에도 불구하고 염치 없이 상투적인 대답을 하고 말았다. 더구나 나는 참신하지 못하고 재치가 결여된 질문을 덧붙였던 것을 기억하는데, 그 질문은 그녀의 물음이 교회에 가는 것을 의미하지 않았는지 하는 것이었다. 왜냐하

면 교회에 간다는 것은 선량할 수 있는 쉬운 방법이었기 때문이었다. 그녀는 그날 아침에 교회에 갔었고, 또 일요일 오후에는 그녀가 최고의 미덕으로 여기는 일주일 동안 받은 편지에 답장을 쓸 것이라 했다. 그리고 그녀는 불쑥 내게 말했다.

"돌시노가 나아졌다는 말은 잘못된 거예요. 내가 그 애를 보았는데 전혀 괜찮지가 못하더군요."

그녀의 말이 의심스러워 내가 되물었다.

"그 애 어머니가 그걸 알고 있겠죠. 그렇지 않을까요?"

그녀는 잠시 동안 너도밤나무를 바라보았다. 마치 나뭇잎들을 세고 있는 것처럼 보였다.

"그러니까 말하자면, 어떤 상황이 주어졌을 때, 올케가 어떤 행동을 할지 쉽게 알 수 있어요. 그런데 이 일에는 이상한 요소들이 있어요."

"이상한 요소라니요? 그 애의 체질상의 문제?"

"아니에요, 제가 의미하는 것은 제 올케의 감정에서 일어나는 일들이에요."

"물론 애정이나 근심이겠지요. 그것이 왜 이상하다는 거예요?" 그녀는 나의 말을 되받았다.

"그래요. 그녀는 매우 근심에 차 있답니다."

앰비언트 양은 나를 막연히 불안하고 놀라게 만들었다. 나는 그녀가 가서 편지나 썼으면 좋겠다는 생각이 들었다. "그 애 아버지가 보러 갔을 거예요." 나는 그렇게 말하고 다시 한마디 덧붙였다.

"만약 잘못되었다면 의사를 부르겠지요."

"의사는 오늘 아침에 이곳에 왔었어야 해요. 그는 두 마일밖에 떨어져 있지 않은 걸요."

나는 이 모든 것이 아마도 앰비언트 양의 인생에 속한 일반적인 비극의 오직 일부에 지나지 않으리라 생각했다. 그러나 나는 왜 그녀가 그녀 올케에게 의사를 부르는 일과 같은 꼭 해야 할 임무를 요구하지 않았는지 궁금해서 물었다. 그녀는 아주 의미심장한 웃음을 띠며 내가 자신과 베아트리체의 관계에 대해 거의 모르고 있음이 틀림없다고 하였다. 그러나 나는 공정하게, 마크와 그의 부인이 어떻게 다른지 예를 들어 달라고 앰비언트 양에게 부탁했다. 내용은 이랬다. 마크는 언제나 돌시노에 대한 일에 과민했고, 베아트리체는 잘못되었다 싶을 정도로 낙천적이었다. 나는 마크가 돌시노에 대해 이야기했던 것을 기억하는데, 그들의 옳지 않은 양육방법 때문에 아마 아이가 죽을지도 모른다고 했다. 그러나 나는 이 말을 앰비언트 양에게 할 수가 없었다. 이유는 마크가 돌시노를 안고 불쑥 나타났기 때문이었다. 마크의 뒤에 그의 부인 베아트리체가 심각하고 창백한 표정으로 따라오고 있었다. 아이의 얼굴은 마크의 어깨 너머로 자기 어머니 쪽을 향해 있었다. 앰비언트 양과 나는 그들을 맞으러 일어섰다. 그들이 내 쪽으로 가까워지자 돌시노가 얼굴을 돌렸다. 아이가 작고 예쁜 얼굴로 나를 알아보고 미소를 지었는데, 그 모습을 본 순간 나는 안심이 되었다. 그런데 앰비언트 양은 전혀 다른 느낌을 받았다. 그녀의 예민한 모성애적 진실한 감성이 인간의 사악한 속성에도 불구하고 튀어나오는 것이라고 나는 단정지어버렸다. "저래서는 안 돼. 저래서는 정말 안 돼요." 그녀가 소리죽여 내게 말했다. "의사를 부르라고 마크에게 말해야겠어요."

아이는 창백했지만 전날보다 크게 다른 점이 있다면 훨씬 예뻐 보이는 거였다. 아이는 벨벳 천으로 된 한 벌을 입고 허리에는 진홍색 장식 띠를 매고 있었다. 마치 작고 병약한 어린왕자 같았는데, 너무 어려서 신하들에게 겸손한 체하거나 친근한 척 웃는 게 무엇인지 모르는 것 같았다.

"애를 내려요, 마크. 애가 불편하겠어요." 앰비언트 부인이 말했다.

"이제 내려서 보련, 애야?" 그의 아버지가 물었다.

"네, 이젠 괜찮아졌어요." 그애가 대답했다.

마크는 아이를 땅 위에 내려놓았다. 그애는 빛나고 뾰족한 구두를 신었는데, 그 위에는 매우 큰 리본이 매어져 있었다.

"앰비언트 군, 이제 기분이 좀 좋아졌니?"

"네, 아주 행복해요." 돌시노가 대답했다. 아이의 말이 채 끝나기도 전에 앰비언트 부인은 아이를 무릎에 앉히고 앰비언트 양과 내가 앉아 있던 벤치에 앉았다. 앰비언트 양은 그녀 오빠에게 뭔가 말을 건네었고, 그 때문에 두 사람은 안뜰 쪽으로 걸어가 버렸다.

제4장

    나와 앰비언트 부인만 남게 되었다. 그때 하인 하나가 의자 두 개를 내왔지만 꼭 거기에 앉아야 되는 것은 아니어서 나는 그녀와 떨어져서 앉았다. 우리의 대화는 활발하지 않았는데, 그건 내가 그녀에게 친절하려고 애쓰는 데는 일종의 위선도 있을 것이라는 생각이 들어서였다. 나는 그녀를 싫어하지 않고 오히려 칭찬했다. 그러나 나는 내가 그녀와는, 뭔가 말할 수는 없지만 서로 다르다는 점을 알았다. 그리고 나는 그 이후에 그것을 분명히 알게 되었고 또 내가 이미 암시한 바 있던 사실인, 그 가련한 여성이 나를 좋아하지 않는다는 것을 어렴풋이 느끼게 되었다. 물론 이것은 별로 고무적인 것은 못되었다. 그녀는 나를 주제넘고 타락한 젊은 친구라고까지 생각하였으며, 심술궂은 신께서 그녀 부부의 조용한 잔디밭에 자기 남편의 성벽을 만족시켜 주기 위해 떨어뜨려 놓은 자라고 생각했다. 그녀는 앰비언트 양을 통해, 한 방문객을 그처럼 좋아하는 남편을 처음 봤다며 내게 경의를 표하기도 했다. 그녀는 분명 나와의 교제에 대한 그녀 남편의 평가로써 나의 사악한 영향력을 쟀다. 나는 이 모든 것에 대해 예민하지는 않지만 충분히 알 수는 있을 만큼 의식하고 있었다. 비록 그같은 나의 의식이 나의 잡담을 억눌렀을지 몰라도, 그 아름다운 모자들이 장미를 배경으로 서로 꼭 붙들고는 아마도 내가 가까운 시일 내에는 다시 보지 못할 것 같은 그런 광경을 만들었다는 것은 말해야만 되겠다. 내 생각에 그때 나는 자유로이 집안으로 들어가 편지를 쓰거나, 객실에 앉아 있거나, 내 방으로 올라가 잠시 낮잠을 자거나 할 수 있었다. 그러나 내가 자유시간을 이용해서 한 유일한 일은 의자에 머물면서 혼잣말로 레이놀즈(조슈아 레이놀즈 경, 1723~1792. 영국의 초상 화가. 그의 시대의 거의 모든 유명인들의 초상을 그림) 경이 있었더라면 그의 날랜 손이 마크 앰비언트의 부인과 아들을 그림으로 그려놓았을지도 모른다고 말하는 것이 고작이었다. 나는 내가 계속 돌시노를 쳐다보고 있다는 것을 알았고, 돌시노도 몸을 돌린 채 계속 나를 쳐다보았는데, 그것만으로도 나를 그자리에 붙들어 두기에 충분한 것이었다. 나를 쳐다 볼 때 그애는 미소를 지었고, 나는 사람을 보고 그처럼 미소를 짓는 애를 버린다는 것은 절대로 있을 수 없는 일이라는 생각이 들었다. 그 애의 눈은 이리저리 움직이는 것이 아니라 나의 눈에 고정되어 있었는데, 그건 마치 그의 천성 속의 눈뜨기 시작하는 작은 것들 가운데에, 내게 무언가를 이야기하고 싶은 욕망 때문인 듯하였다. 만약 내가 그 애를 내 무릎 위로 데려올 수만 있었더라면 아마도 그 애는 어떻게든 그것이 무엇인지 이야기했을지도 모른다. 그러나 아이의 어머니에게 아이를 포기하라고 이야기하는 것은 매우 미묘한 문제였을 것이어서, 그 일요일 오후에 내가 잠시 동안만이라도 돌시노를 안아보지 못한 것이 아직도 후회로 남아 있다. 그 애는 자기가 아주 건강한 기분이라며 더없이 행복하다고 말했었다. 그러나 비록 그 애가 예쁜 머리를 어머니의 가슴에 기대고 작고 붉은 비단결 같은 다리를 그녀의 무릎에서 달랑거리게 하고 있었지만, 건강이 좋아보인다는 생각은 들지 않았다. 그애는 걸으려고도 하지 않고, 다리를 가늘게 흔들고 있는 것에 만족하고 있었으며, 내게 힘 없는 천사같은 애라는 생각이 들게 했다.

마크는 그의 누이와 함께 우리 있는 곳으로 되돌아왔다. 앰비언트 양은 그녀에게 온 편지를 살펴봐야 한다는 말을 남기고는 집 안으로 들어갔다. 마크는 부인 앞에 가서 돌시노를 내려다보자 아이가 즉시 그의 손을 붙들더니 그가 그곳에 있는 동안 계속 그러고 있었다. "내 생각에 매킨토시가 이 애를 살펴봐야 할 것 같소." 앰비언트가 말했다. "가서 그를 데려와야 될 것 같소."

"그건 그원돌렌이 말했던 것 같은데요." 앰비언트 부인은 상냥하게 대답하였다.

"아이가 아픈데 어떤 엉뚱한 생각인들 못하겠소." 그가 쏘아붙였다.

"전 아프지 않아요, 아빠. 이제 훨씬 나아진걸요." 돌시노가 말하였다.

"그게 정말이니, 아니면 단지 듣기 좋으라고 그렇게 말하는 거니? 넌 남을 기분좋게 하는 것에 유별난 생각을 가지고 있구나, 애야." 그 애는 자신의 특징을 지적하면서 또 책망하는 듯한 이 말에 대해 잠시 생각해 보는 듯하였다. 아이의 크게 뜬 눈이 이리저리 두리번거리다가 내 눈과 마주쳤.

"아저씨께서도 제가 남에게 듣기 좋게만 말한다고 생각하세요?" 아이가 그렇게 물으며 미소를 지어 보였는데, 그 미소 속에는 그 나이에서 오는 솔직함과 그의 아버지로 하여금 내 쪽으로 고개를 돌리고 웃으면서 말없이 표정만으로 "사랑스럽지 않아요?" 하고 묻게 만드는 뭔가가 있었다. "그렇다면 좀 뛰어다녀 보렴. 정말 기운이 나니?" 앰비언트는 그렇게 말하며 아이의 팔을 흔들었다.

"어머니가 절 꼭 붙들고 있어서 그래요."

"그렇겠지. 가까이서 보니 네 어머니가 어떻게 널 붙들고 있는지 알만하구나." 앰비언트는 얼굴을 찡그리고 부인을 쳐다보며 외쳤다. 그녀는 아름다운 눈을 들어 그를 바라다보았는데, 그 말을 인정한다는 표정도, 그렇지 않다는 표정도 나타내지 않았다. "원하신다면 매킨토시 의사를 부르러 가세요. 그렇게 하는 것이 좋을 것 같은 생각이 드네요. 마차를 타고 가야 할걸요."

"아내는 나를 떼어버리려고 저렇게 말해요." 앰비언트가 웃으면서 말했다. 나는 앰비언트 부인과 그 곳에 남아 있었는데, 우리 사이의 대화는 이어지기보다는 끊기는 편이 더 많았다. 그애의 고정된 듯한 작은 얼굴은 여전히 내게 그 곳에 머물러 있으라고 간청하는 듯하였다. 그 애는 조금 뒤 또 다른 표정을 띠었는데, 그것은 아주 묘해서 뭐라고 설명하기 어려운 모습이었다. 물론 단순한 어린애의 사려는 타고난 결핍의 결과일지도 모를 어떤 행위인데 그것에 엉뚱한 이유를 대려는 내 고집스러움은, 내가 그 문제를 그냥 넘기지 못하도록 만들었다. 사실을 말하자면 나는 완벽하고 성실하게 행동했고, 돌시노의 호의적인 작은 눈빛은 나의 영감에 불을 지폈다는 점이다. 그 불이 타오르도록 도운 다른 이유들이 있었는데—조용하고 뭔가를 암시하는 듯한 영감을 위한 완벽한 기회, 그리고 그 애의 간절한 눈빛이었다. 그 눈빛은 이렇게 말하는 것 같았다. "어머니, 나를 안고 가슴에 꼭 누르고 있는 어머니. 저에게는 아주 풍부한 감성이 있습니다. 당신은 갖고 있지 않은 것 같은 그 감성을 말이에요. 하지만 당신께서 참을성 있게 그리고 겸손하게 그것을 찾으려고 애쓰신다면 당신도 느낄 수 있습니다. 어머니에게 감성이 없다는 상상은 하고 싶지 않습니다. 어떻게 그럴 수가 있겠습니까? 어머니에게 감각이 있어서 제게도 있는 것입니다. 여보세요, 신사손님. 제가 그녀하고 아무 관계가 없나요? 저는 훌륭한 아버지의 아들이고 또 아름다운 어머니의 자식이기도 합니다. 다만 저는 부모님 성격들이 달라서 안타까울 뿐입니다."

그래서 나는 앰비언트 부인과 그녀의 남편을 화해시킬 방법을 찾게 되었고, 곧 그들의 성격차이에서 오는 다툼을 끝낼 수 있으리란 꿈같은 환상을 갖게 되었다. 하지만 그것은 참으로 어리석은 생각이었다. 그간 서로의 마음에 남긴 상처로 생긴 깊이를 알 수 없는 큰 틈이 그들 사이를 갈라놓고 있었다. 몸소 겪어서 우러난 쓰라린 마음으로 이야기하던 마크의 말을 듣지 않았던가? 그럼에도 불구하고 마크가 자리를 뜬 지 15분쯤 뒤, 나는 앰비언트 부인에게 그 전날 밤 그녀가 남편의 글쓰기를 '불쾌한 것'으로 생각한다는 말이 유감스러워 잊지 못하고 계속 기억해왔다고 말했다. 그런 그녀의 마음을 바꿀 수 없는지 물었다. 앰비언트 부인은 싸늘한 눈길로 나를 바라보았다. 아마도 남의 일에 상관하지 말라는 충고인 듯했다. 그녀의 말없는 충고를 받아들였더라면 좋았겠으나 나는 그러지 않았다. 그처럼 아름다운 많은 작품이 그녀에게는 아무 소용도 없다는 것은 참으로 애석한 일이라고 말했다.

"애석해할 건 없어요. 나도 그 작품들이 훌륭하다는 건 알고 있으니까요." 그녀는 부정하지 않았다.

"아빠의 책을 좋아하지 않으세요?" 돌시노가 내게 시선을 보낸 채 그녀에게 물었다. 그러고는 내게 부탁했다. "〈미국인 신사〉를 읽어주시겠어요?"

"아, 그보다는 내가 아는 얘기를 해줄게." 나는 말했다. "재미있는 얘기를 많이 알고 있거든."

"언제 해주실 건데요? 내일요?"

"내일 좋지, 너만 괜찮다면."

아이의 어머니는 아무 말도 하지 않았다. 그녀의 남편은, 산책을 하며 내게 하루만 더 머물러달라고 했다. 이유는 내가 돌시노와 했던 약속 때문이었는데, 그 일이 앰비언트 부인을 기쁘게 하지는 않았다.

이 일로 나는 더욱 말을 조심해야 했으나, 나는 그러지 못했다. 마크의 저술에 대해 앰비언트 부인과 이야기했던 그날, 나는 그녀와 헤어진 뒤 내 방으로 가서 마크가 내게 고맙게도 빌려줬던 그의 새 책 교정쇄들을 정독했다. 나는 거의 오전 세 시까지 책을 연거푸 두 번 읽고 그것에 몰두했었다.

"그것을 아직 보지 않으셨다고 말씀하셨는데, 그건 정말 애석한 일입니다. 그 책들을 읽어보시기를 간절히 권합니다. 정말 보기 드문 것들이지요. 틀림없이 그것들이 당신의 생각을 바꾸게 할 것이라고 확신합니다. 그것들은 정말 그분을 눈부시게 만들지요. 그분의 훌륭한 작품들이 모두 그 속에 들어 있습니다. 이렇게 말씀드리는 것은 지나치게 무례한 일이라고 생각합니다만, 그러나 죄송하지만 꼭 한번 읽어보세요."

"그것들을 읽으세요, 엄마." 돌시노가 되풀이해서 말했다. "꼭 읽으세요, 엄마."

그녀는 고개를 수그려 입맞춤함으로써 그 애의 입을 막았다.

"물론 그이가 그 작품을 위해 무한히 애썼음을 저도 알아요." 이 말을 끝으로 그녀는 말없이 생각에 잠긴 듯이 눈을 땅으로 향한 채 있었다. 그녀의 마지막 말의 어조는 내게 더 이상 어떠한 공세도 취하지 못하게 만들었다. 나는 의사가 집에 없으면 어쩌나 하는 걱정의 말을 한 뒤 일어서서는 안뜰을 잠시 산책하였다. 내가 산책에서 돌아왔을 때, 그녀는 여전히 그 자리에서 그녀 무릎에 쓰러져서 잠들어 있는 아이를 내려다보고 있었다. 내가 가까이 다가가자 그녀는 손가락을 입술에 대어 보였다. 잠시 후 애를 안고 일어선 그녀가 혼잣말로 중얼거렸다. "애를 위층으로 데려가는 게 낫겠네." 내가 아이를 올려다주겠다고 말하며 손을 내밀자 그녀는 고맙다는 말만 하고는 바로 몸을 돌려버렸다. 그녀의 팔에 안긴 아이의 머리가 그녀 어깨에 기대어져 있었다. "저도 힘이 세답니다." 그녀는 집 안으로 들어가면서 말했는데, 그녀의 가늘고 나긋나긋한 몸은 그 애의 무게 때문에 뒤로 젖혀져 있었다. 그래서 나는 돌시노에게 손도 대지 못했다.

나는 앰비언트의 서재로 갔는데, 그의 책들을 혼자서 읽어볼 수 있는 조용한 시간을 갖게 되어 기뻤다. 창문들은 뜰로 향해 열려 있었고, 영국 여름의 온화한, 눈부신 햇살이 주는 고요함이 방을 가득 채우고 있었는데, 그 방의 매력의 일부라고 할 수 있는 풍부하고 어둑한 분위기는 전혀 몰아내지 않은 채로 있었다. 그리고 그러한 매력은, 밝은 모로코 산 가죽으로 덮인 책의 표지에서 내뿜는 진기한 학식의 향기들 사이에서 솟아나고 있었다. 또 메달들과 출판물들이 밝은 공간 속에도 빛바랜 모습을 드러내고 있었다. 그 장소에는 단지 빛과 고요뿐이었다. 나는 그곳이 작업하기에 더없이 알맞은 방인지 샅샅이 살펴보았다. 그리고 내 눈길을 끄는 책 한 권을 빼내어서 그것을 들고 창문가의 밝은 가죽으로 된 훌륭한 의자에 자리 잡고 그렇게 한 반시간쯤 무르익은 오후를 보내고 있었다. 그런데 문득 누군가의 인기척을 느끼고, 책에서 눈을 들어 보니 앰비언트 부인이, 그 전날처럼 소리 없이 문을 밀고 들어와 있었다. 나를 보자마자 그녀는 멈추었다. 나를 발견하리라고는 예상하지 않았던 듯 잠시 동안 주저한 그녀는 곧장 그녀 남편의 집필용 책상으로 마치 무언가를 찾고 있는 듯 다가왔다. 나는 일어서서 혹시 도와드릴 일이 있는지 물었다. 주위를 잠시 둘러 본 그녀는 아침에 내가 방에서 가져다놓은 두루마리 종이뭉치를 만지작거렸다.

"이게 바로 그 새 책인가요?" 그녀는 그것을 들어올리며 물었다.

"소중한 주석이 붙은 바로 그 교정본이지요." 내가 미소를 띠고 대답했다.

"당신의 충고대로 해보려고 해요." 그러더니 그녀는 그 작은 꾸러미를 팔 아래에 끼었다. 나는 그녀에게 진심으로 축하를 하고는 내 말대로 그녀가 그 책을 읽게 된 나의 승리를 농담의 주제로 삼기까지 해보았다. 그러나 그녀는 매우 엄숙하였고, 들어왔을 때처럼 웃음도 띠지 않은 채 몸을 돌려 나가버렸다. 그녀가 나가고 다시 책을 읽으려고 앉았는데, 문득 나는 그 4절판책을 다시 들고 앉았으며, 앰비언트 부인은 정말 이상한 여성이라는 생각이 들었다. 그리고 나의 승리 또한 갑자기 공허해 보였다. 적절히 웃어야 할 곳에서 웃을 수 없는 여성이라면 마크 앰비언트를 결코 이해하지 못할 것이다. 마침내 그가 의사를 데리고 돌아왔다. "의사가 집에 계시지 않았어요." 마크는 말하였다.

"그래서 내가 그를 데리러 그가 있다는 곳에 갔는데, 그 곳에서도 떠나버려서 뒤따라 두세 곳을 더 들러야 했죠. 그래서 이렇게 늦었지요." 의사는 이제 앰비언트 부인과 함께 그 애를 살펴보고 있으며, 가기 전에 마크를 한 번 더 만나고 가기로 되어 있었다. 잠시 뒤, 마크는 새 책의 교정본이 책상 위에서 없어진 것을 목격하였고, 그것이 어떻게 된 것이냐는 그의 물음에 내가 부인께서 그것을 읽으려고 가져갔다고 대답하자 그는 순간적으로 놀라서 얼굴이 창백하게 변했다.

"왜 그녀가 갑자기 그처럼 호기심을 갖게 되었을까?" 하고 그는 말했다. 그리고 나는 그 알 수 없는 일의 원인이 바로 나라고 말하지 않을 수 없었다. 내가 그녀에게 남편이 할 수 있는 바를 정말 알아야 한다고 확신시켰던 것이 마음에 꺼림칙했던 것이다.

"내가 할 수 있는 것에 관해서라고요? 그것에 대해 그녀는 오직 의심할 뿐이지요." 앰비언트는 웃으면서 말하였다. 그러나 그는 나의 쓸데없는 참견을 매우 너그럽게 받아들였다. 다만, 교정한 것이 적혀 있으며 복사해 놓지도 않은 그 교정쇄를 그녀가 태워버리지나 않을까 많이 걱정된다고 덧붙이는 것으로 만족하였다. 의사는 아이의 방에 오래 머물러 있었다. 나는 의사가 내려오기 전에 내 방으로 가서 저녁식사 때까지 그곳에 머물러 있었다. 저녁식사 때 객실에 들어가자마자 나는 앰비언트 양이 그 전날 저녁처럼 방에 있는 것을 발견했다.

"돌시노에 관한 제 말이 맞았어요." 그녀는 나를 보자마자 기묘하고 약간 의기양양한 표정으로 말했다.

"그 애는 정말 많이 아파요."

"많이 아프다고요! 아니, 아까 4시경 그 애를 보았을 때는 아주 상태가 좋았는데요."

"최악의 상태로 변했어요, 갑자기 재빠르게 말이에요. 그리고 의사가 말하길, 아이에게 디프테리아 증세가 있는 걸 발견했대요. 의사는 내 말대로 아침에 불러왔어야 했고, 그애를 뜰로 데리고 나가지 말았어야 했어요."

"아니, 아가씨, 그 애는 안뜰에 있을 때 아주 행복해 했는데요." 나는 깜짝 놀라서 물었다. 그애는 어디에서도 행복해보여요. 지금도 아마 틀림없이 그럴걸요. 그녀는 오빠가 들어오자 목소리를 낮추었다. 마크는 앰비언트 부인이 식사에 함께하지 않을 거라 했다. 디프테리아 증세를 보이는 것은 사실이나, 지금은 아주 평온하며, 앰비언트 부인이 아이를 열심히 간호하고 있었다. 마크는, 그 애 어머니는 완벽한 간호사이고 또 의사도 열시에 다시 오기로 되어 있다고 말했다. 저녁식사는 그다지 유쾌하지 못했다. 앰비언트는 걱정스럽고 놀란 듯하였으며, 누이는 빵을 조금씩 떼어 먹고 포도주를 홀짝거리며 모든 걸 알고 있었다는 듯, "내 말이 맞지?" 하는 표정으로 나를 성가시게 하였다. 나는 그녀가 이야기하는 어떤 것도 부정할 생각이 없었으며, 그리고 그 사건에서 자신의 말이 옳다고 느끼는 그녀의 만족감이 가련한 돌시노의 목을 낮게 하고 있는지는 알 수 없었다. 사실 그 이후의 상황이 입증하였듯이, 앰비언트 양은 예언자적 특질을 갖고 있었으며, 그렇기 때문에 아마 점쟁이만이 할 수 있는 엉터리 판단을 할 용기도 가지고 있었을 것이다. 그녀의 오빠는 아이의 상태에 정신이 반쯤 나가 있어서, 나는 내가 그곳에 있는 것이 실례라는 생각이 들었고, 그 다음날까지 머무르리라 약속했던 것이 후회되었다. 그에게 그날 아침 내가 떠났더라면 좋았으리라고 말하자 그는 오히려, 조바심이 나 있는 자기에게 내가 큰 위안이 되고 있다고 대답했다.

그는 이미 조바심으로 안절부절못하고 있어서, 저녁 식사를 마치고 담배를 피우며 서재에 앉아 있는 동안 무슨 소리만 들리면 의사일지도 모른다며 현관으로 달려 나갔다. 우리와 함께 있던 앰비언트 양은 마크가 그런 행동을 보이면 즉시 내게 의미 있는 시선을 보냈다. 그녀는 서재로 들어오기 전에 조카의 안부를 물으러 위층으로 올라갔었다. 돌시노의 어머니와 간호사는 아이가 괜찮아지고 있다고 말했으나, 앰비언트 양의 생각은 아이의 열이 높고 증세가 매우 심각하다고 했다. 의사는 10시에 도착했다. 나는 마크로부터 아이가 별다른 위험이 없다는 이야기를 듣고 침실로 갔다. 의사는 밤을 지낼 수 있는 모든 대비를 해주었고, 다음날 아침 일찍 다시 오기로 되어 있었다.

나는 다음날 아침 8시에 방을 나와 아래층으로 내려왔는데, 열린 현관문을 통해서 앰비언트 부인이 안으로 통하는 통로에서 의사와 이야기하고 있는 것을 보았다. 그녀는 흰 실내복을 입고 있었으나, 그녀의 빛나는 머리카락은 머리그물 속에 단정하게 감싸여 있었고, 아침의 상쾌함 속에서 밤새 애를 돌본 그녀는 시누이가 말하던 것과 똑같은 '전형적인 숙녀'처럼 보였다. 그런데 이상한 것은 그녀의 모습이 나를 안심시켰어야 했으나, 나는 여전히 불안하고 걱정스런 마음에 돌시노가 어떻게 되었을까 알고 싶어 안절부절못하였다. 앰비언트 부인이 나를 보지 못하였기 때문에 오른편으로 돌아 뜰 안으로 들어가서 멀리 떨어진 울타리 문에 멈추어 섰다가 막 떠나려는 의사를 손짓해 불렀다. 앰비언트 부인은 의사가 마차에 타기 전에 집 안으로 들어갔다.

"실례합니다······. 저는 이 집의 손님으로서 돌시노가 좀 나아졌는지 알고 싶습니다." 빈틈 없어 보이는 그 의사는 머리부터 발끝까지 나를 훑어보고는 말했다.

"유감스럽지만 저는 그 애를 보지 못했어요."

"애를 못 보았다고요?"

"내가 마차에서 내렸을 때 앰비언트 부인께서 내려와서는 그 애가 밤새 잠을 못 잔 끝에 이제 겨우 곤히 잠들어서 그 애를 깨우지 않았으면 좋겠다고 하더군요. 그래서 내가 그 애를 깨우지 않은 채 아이의 상태를 보겠다고 부인을 안심시켰지만 그 애가 이제는 많이 괜찮아져서 자신이 돌볼 수 있다고 하더군요."

"고맙습니다. 다시 오실 건가요?"

"아니에요, 다시 오면 내 목을 매달지요." 의사는 소리를 지르면서 말했는데, 분명 화가 나 있는 듯하였다. 그리고 그는 채책으로 말을 몰아갔다. 나는 뜰로 되돌아 들어갔다. 5분쯤 지나서 앰비언트 양이 나를 맞으러 집에서 나왔다. 그녀는 아침식사가 좀더 있어야 준비되기 때문에, 의사가 가버리기 전에 의사를 만나야겠다고 말했다. 그래서 나는 의사가 이미 왔다가 가버렸으며, 의사가 왜 그냥 갔는지에 대해 내게 이야기했던 그대로를 그녀에게 들려 주었다. 앰비언트 양은 매우 심각해져서 눈을 크게 뜨고는 벤치에 앉아 팔짱 낀 손으로 팔꿈치를 붙들었다. 그녀는 몇 마디 짧은 고함을 지르고는, 정말 어찌할 바를 모르겠다고 내게 털어놓고는 마침내 자신이 알고 있는 조카의 가장 최근 소식을 이야기하였다. 그녀는 아주 늦게까지 자지 않고 있다가 갑자기 바로 전에 돌시노의 방을 노크했다. 간호사가 문을 열어주었다. 사람 좋은 간호사는 그녀가 아이를 볼 수 있도록 허락했다. 돌시노는 상기된 얼굴로 조용하게 누워 있었고 그의 어머니가 침대 옆에 앉아 있었다. "그녀는 한 손으로 그 애의 손을 쥐고 있었어요." 앰비언트 양은 말했다. "그리고 다른 손으로는 무엇을 했는지 아세요? 바로 마크의 새 책 교정쇄를 들고 있었어요. 그녀는 그것을 열중해서 읽고 있었지요. 이처럼 희한한 이야기를 들어본 적 있으세요? 그녀가 결코 인정하지 않는 작가의 작품을 읽는 일처럼 이상한 순간에 말이에요." 몹시 흥분한 앰비언트 양은 그렇게 지껄였는데, 나는 그녀의 말에 큰 충격을 받았고, 나중에 그 말을 되짚어보다가 그녀의 표현이 이상스러움을 알아챘다. 앰비언트 부인은 손가락을 입술에 갖다 댄 채 책에서 눈을 들었는데 그순간 나는 그녀가 그날 오후 내게 말을 걸었던 때의 몸짓이 생각났다. 마침 간호사가 막 쉬러 가려던 참이었다. 그런데 그녀는 시누이에게 애보는 일을 맡기지 않았다. 분명 돌시노의 상태는 전혀 안심할 만한 것이 못되었다. 그 애의 숨쉬는 모습은 고통스러워 보였다. 의사가 아이를 살펴보지 못하게 접근을 거부한 베아트리체를 정당화시켜 줄 수 있는 변화가 몇 시간 내에 일어날 수 있었겠는가? 바로 이 부분이 앰비언트 양이 걱정한 바였다. 어쨌든 그날, 그 시간은 앰비언트 부인이 자신이 한 번도 그 가치를 인정하지 않았고, 별로 좋아하지도 않는 젊은 미국인에 의해 우연히 추천된 데 지나지 않던 소설가에 대해 자세히 조사하기에는 어울리지 않는 시간이었다는 점이다. 나는 밤의 고요한 시간, 간호사가 나간 뒤에 무수히 책장을 넘기며 그것의 마법과도 같은 불길한 영향력과 씨름하면서 병실에 앉아 있는 그녀를 머릿속에 그려보았다.

나는 마크 앰비언트에 대한 나의 방문의—두어 시간 길어진—나머지 상황을 아주 간추려 이야기하고, 그 뒤 그와의 관계에 대해 단 세 마디를 덧붙이지 않으면 안되었다. 그와의 교제는 5년 동안 그가 죽을 때까지 지속되었는데 흥미와 만족과, 또한 슬픔으로 가득 차 있었다. 이에 대해서 말해야 할 것은 내가 그에게서 하나의 비밀을 알아냈다는 점이다. 비록 절대로 확신할 수는 없지만, 그는 결코 그것을 꿈에도 짐작해 보지 않았으리라고 나는 믿는다. 만약 그가 그것을 예상했었다면, 그가 취했던 방침, 즉 그 문제에 있어서 그의 절대적인 부권의 방침은 엄청난 의지의 노력을 나타내주는 것이다. 나는 이제 그 비밀을 밝히고 그것에 대한 응분의 대가를 받도록 하겠다. 왜냐하면 이제 그도 저 세상으로 갔고, 유명한 요절자들 중의 한 사람으로 언급되기 시작하였으며, 그의 부인은 그보다 일찍 죽었기 때문이다. 또한 그 뒤 가끔씩 만났던 앰비언트 양도 그녀의 자수품들과 태도, 마법적인 눈길들과 기이한 그 직관적인 힘들과 함께 한 수녀원으로 은둔해 버렸는데, 들리는 소문에 의하면 그곳에 아주 틀어박혀서 이 세상과 완전히 담을 쌓아버렸기 때문이다.

마크는 그의 누이동생과 내가 그곳에 한동안 앉아 있은 뒤에 아침식사를 하러 들어왔다. 그는 말없이 나와 악수를 나누고, 누이에게 키스를 하였으며, 편지와 신문들을 펼쳐 보고 그러고는 커피를 마시는 체하였다. 그러나 나는 그의 이러한 움직임들이 기계적이라는 것을 알아챘다. 그래서 갑자기 그가 앞에 있는 모든 것들을 밀쳐버리고 머리를 두 손으로 감싼 채 팔꿈치를 테이블에 올려놓고, 테이블보를 이상한 눈으로 응시하며 앉아 있는 것을 보았을 때도 거의 놀라지 않았다. "왜 그래요, 오빠?" 앰비언트 양은 커다란 커피 주전자 뒤에서 그의 눈치를 살피며 물었다. 그는 아무 대답도 하지 않았으나, 다소 난폭하게 일어서서 창문께로 성큼성큼 걸어갔다. 그의 누이와 나는 똑같은 충동에 의해 일어섰으며, 좀 놀란 듯한 표정을 서로 교환했다. 그러는 동안 그는 잠시 뜨락을 내다 보았다.

"도대체 무엇이 베아트리체를 사로잡고 있는 거야?" 그는 마침내 외쳤고, 거의 초췌한 얼굴을 이쪽으로 돌렸다. 그리고 그는 우리 둘을 번갈아 쳐다보았다. 그의 호소는 그의 누이에게뿐 아니라 내게도 향했다.

앰비언트 양은 어깨를 으쓱하였다. "가엾은 마크, 베아트리체는 언제나—베아트리체지!"

"그녀는 그 애와 함께 스스로를 가두어버렸어—문에 빗장을 걸고 내가 그 애에게 가까이 다가가는 것조차 거부하더군." 앰비언트는 계속했다.

"그녀는 한 시간 전에 의사가 그 애를 보는 것도 거절했어요." 앰비언트 양은 배우들이 무대 위에서 대사를 말하듯 힘주어 이야기하였다.

"의사가 진찰하는 것을 거부했다고? 맙소사, 문을 부수고 들어가야겠어!" 그리고 마크는 주먹으로 테이블을 탁! 쳤으며, 그 바람에 모든 아침 식사용 그릇들이 소리를 내었다.

나는 앰비언트 양에게, 즉시 올라가서 그녀 올케와 대화를 할 수 있도록 애써보라고 권하고는, 마크를 뜨락으로 데리고 나갔다.

"당신은 지금 매우 흥분해 있습니다. 그리고 앰비언트 부인이 어쩌면 옳을 수도 있어요." 나도 모르게 그녀를 감싸고 있었다.

"여성들은 압니다—여성들은 그 같은 상황에서는 비길 데 없는 존재가 되지요. 어머니를 믿으세요—헌신, 이러한 말로써 나는 그를 달래고 위로하려고 애썼으며, 믿어지지 않겠지만 여러 개비의 담배의 도움을 빌려서 나는 그를 진정시키려고 거의 한 시간가량 뜰을 이리저리 거닐면서 이야기를 나누었다. "오빠, 의사를 데려오세요. 지금 당장 데려오셔야 해요!"

"애가 죽어가고 있니? 그 여자가 애를 죽였어?" 가엾은 앰비언트는 피우던 담배를 던져버리면서 외쳤다.

"올케가 어떤 짓을 했는지 모르겠어요! 하지만 올케는 겁에 질려 있고, 이제 그녀도 의사를 원해요."

"의사가 다시 오느니 차라리 목을 매달겠다던데요!" 나는 알려주지 않을 수 없다는 생각으로 그 말을 전했다.

"맞아요. 마크가 직접 가야지 사람을 보내서는 안 돼요. 의사를 직접 만나서 아이의 목숨이 달려 있다고 말해요. 마차는 이미 준비되어 있어요."

"그 애를 구하러? 그래, 내가 아이를 구해야겠어, 오 하나님!" 앰비언트는 그렇게 외치고는 큰걸음으로 잔디밭을 가로질러 달려갔다. 그런데 문득 내가 그를 대신해야 마땅했다는 생각이 들어서 앰비언트 양에게 내 마음을 전하였다. 그러자 그녀는 내 팔을 재빨리 잡아 나를 제지하였고, 그러는 사이 우리는 이륜마차의 바퀴들이 문으로부터 멀어지는 소리를 들었다.

"그는 떠났어요…… 그는 떠났어…… 이제 나도 생각해 볼 수 있겠어요. 그를 보내버리려고 그랬지요. 내가 생각할 동안에요. 내가 생각해 볼 동안 말이에요!"

"무엇을 생각해 본다는 말이오, 앰비언트 양?" "이 지붕 밑에서 일어났던 망측한 일에 관해서 말이에요!" 그녀의 태도는 언제나 재난의 예언자 같았기 때문에 나의 첫 충동은 뭔가 크게 과장되었으리라는 상상을 믿고 싶었다. 하지만 그녀의 감정이 진짜라는 것을 알았다.

"돌시노가 죽어가고 있다면 그렇다면…… 그 애가 죽은 게 아닐까요?"

"그 애를 구하기는 이미 늦었어요. 애 어머니가 그 애를 죽게 했어요. 당신은 동정심도 있고 상상력이 있기 때문에 그 사실을 당신에게 말하는 거예요." 앰비언트 양은 말을 덧붙여 내 두려움을 증가시켰다. "마크의 새 책을 올케에게 읽힌 이유가 그래서 아닌가요?"

"그게 아이와 무슨 상관이 있죠? 정말 당신을 이해할 수가 없군요. 그건 말도 안 되는 비난이라고요."

"나는 그걸 모두 알아요. 나는 어리석지 않아요." 앰비언트 양은 나의 항변에는 개의치 않고 소리쳤다.

"올케를 꼼짝 못하게 만든 것은 바로 그 책이에요. 그게 그녀의 결심을 부추겼다고요!"

"부인을 결심하게 했다고요? 앰비언트 부인이 자기 애를 죽였다는 말씀이세요?" 나는 떨리는 목소리로 물었다.

"올케가 그 애를 희생시켰어요. 그녀는 그 애가 살아날 수 있도록 만드는 어떤 짓도 하지 않기로 결심한 거예요. 그렇지 않다면 왜 그녀가 틀어박혔으며, 또 왜 의사를 돌려보냈을까요? 그 책이 그녀에게 공포감을 주었기 때문에 그녀는 그 애를 구하려고 그 애에게 책의 영향이 미치는 것을 막기로 마음을 먹었죠. 그런데 그 애는 새벽 두 시쯤 더 위독해졌어요. 나는 이 진실을 간호사에게서 들었어요. 간호사는 방에서 나와 있었는데, 앰비언트 부인은 잠시 동안 그녀를 다시 불러들였지요. 돌시노는 훨씬 더 위독해졌지만 앰비언트 부인은 간호사에게 가서 자라고 고집을 부렸어요. 그리고 올케는 아이와 단둘이 있었지요."

앰비언트 양은 무서운 눈초리로 나를 노려보며 끔찍한 이야기를 퍼부었다. "당신은 아이의 엄마가 무자비하고 제정신이 아니라는 말씀이군요."

"올케는 아이를 두 팔로 가슴에 끌어당겨 안고 있었어요. 하지만 쳐다보지는 않았죠. 그리고 그 애에게 아무 약도 주지 않고, 더구나 의사가 처방한 약에는 손도 대지 않은 채 그대로 있었어요. 고지식한 성품이어서 그 약들을 쓰레기통에 버리지도 못했다고요!"

나는 놀람과 흥분에 압도되어서 가까운 벤치 위에 털썩 주저앉았다. 나는 앰비언트 양의 올케에 대한 비난만큼이나, 사건을 전해주는 그녀의 끔찍한 명석함에 압도되었다. 그녀의 이야기는 놀랄 정도로 논리가 정연하였고 그녀의 이야기 속에서 내가 그 애 죽음의 원인에 아주 가깝게 놓여 있는 게 끔찍하였다.

"당신은 아주 이상한 여성이군요. 도무지 믿을 수 없는 말씀만 하시고요." 내가 할 수 있는 말은 그게 고작이었다.

앰비언트 양은 버릇대로 고개를 가로저은 뒤 애처로운 표정으로 말했다. "당신은 항의가 필요하다고 생각하시겠지만 이미 내 말을 믿을 준비가 되어 있어요. 왜냐하면 올케가 어떤 사람인지 이미 알았을 테니까요."

나는 이 말에 내가 앰비언트 양에게 어떤 시인을 했던가에 대해 지금 말해야 하리라고는 생각지 않는다. 앰비언트 양은 내게 지난 반시간 동안 베아트리체에게 감정의 격변이 있었다는 것, 자신이 저지른 일에 대해서 스스로가 엄청나게 놀랐다는 것, 그녀의 두려워하는 모습이 표정에 세밀하게 나타났다는 것, 그리고 그녀가 지금은 그 애를 구하기 위해서라면 어떤 일이라도 하겠다고 한다는 등의 이야기를 했다.

"앰비언트 부인이 아이를 구할 수 있도록 기원해 봅시다." 나는 그렇게 말하고, 가련한 앰비언트가 의사에게 다녀오는 시간을 재어보았다. 마침 앰비언트 양도 그녀의 특이한 말투로 똑같이 외쳤다.

"그렇게 되도록 희망해 봅시다." 내가 앰비언트 양에게 그녀 자신은 할 일이 없는지, 그녀가 올케와 같이 있어야 하는 것이 아닌지 물었다.

"당신이 가보고 판단하는 것이 좋겠어요. 그녀는 마치 상처 입은 암호랑이 같아요."

나는 그 뒤로 6개월이 지나도록 앰비언트 부인을 보지 못했다. 그러므로 암호랑이 같다던 그 비유의 사실 여부를 확인할 수 없었다. 6개월이 지나고 나서 앰비언트 부인을 다시 만났는데, 그녀는 역시 전형적인 숙녀였다. "이 일을 계기로 해서 앞으로는 올케가 오빠에게 더 잘하겠지요." 그녀의 말은 내가 마크 앰비언트의 집에 서른여섯 시간 정도밖에 머물지 않았으나, 이 젊은 여성은 내게 남다른 신뢰감을 보여주었다. 그런 까닭에 내가 그녀에게 친구로서 요구할 만한 일이 있었다. 나는 그녀가 내게 했던 말을 그녀 오빠에게는 전하지 않을 것이며, 그가 부인의 행동에 대해 나름대로의 의견을 가질 수 있도록 내버려 두겠다는 약속을 그녀에게서 받아내었다. 이미 그 집안에는 그녀가 새로운 괴로움을 더하지 않아도 이미 불행으로 가득 차 있다는 것과, 앰비언트 부인의 행동이 그녀의 남편에게는 질투심에 따른 과도한 집착으로 설명될 수 있으리라는 것에 대해 나와 그녀의 생각이 같았다. 가련한 마크는 우리가 기대했던 것보다 훨씬 빨리 의사를 데리고 돌아왔다. 그러나 우리는 5분 뒤에 그들의 도착이 너무 늦었다는 것도 알게 되었다. 불쌍한 어린 돌시노는 살아 있을 때보다는 죽음 속에서 더 절묘하게 아름다웠다. 앰비언트 부인의 슬픔은 미친 듯한 것이었다. 그녀는 실성해서 헛소리를 지껄였다. 마크의 슬픔에 대해서는 더 이야기하지 않겠다. 그러나 그것은 그가 흔히 말하듯 '충분하니 이제 그만'이었다. 앰비언트 양은 그녀의 비밀을 입 밖에 내지 않았으나 나는 이미 그것이 마땅하다고 말한 적이 있다. 그것은 마치 그녀가 범죄행위에 가담한 것처럼 그녀의 양심을 아프게 했을 터였다. 그리고 내 생각으로는, 그 일로 그녀가 궁극적으로 수녀원으로 은둔해버린 것과 관계가 있는 것 같다. 양심에 대해 한마디 덧붙인다면, 독자들은 내가 앰비언트 부인의 생각을 바꾸려고 노력했던데 대한 나의 회환을 판단할 수 있는 위치에 있을 것이다. 나는 그녀 아들의 죽음이 어느 정도는 그녀의 생각을 바꾸게 했음을 이야기해야만 됐다. 마크 앰비언트의 새 책은 오랫동안 지체되었다가 출판되었고 그녀도 그의 작품집을 읽어보았다. 나는 그녀의 남편에게 들었는데, 그녀는 아들을 잃은 뒤 빠른 속도로 쇠약해졌고, 폐결핵에 감염되어 휴양지 멘토네에서 숨을 거두었다는 것이다. 죽기 전 마지막 수주일 동안 그녀는 《벨트라피오》도 잠깐씩 읽어보았다고 했다.

The Figure in the Carpet
융단 속의 무늬

1

 그 무렵 나는 몇 가지 글을 써서 얼마 안 되는 원고료를 벌고 있었다―그래서 어쩌면 내 단골 출판사가 인정해 주는 이상으로 내게 글 재주가 있을지도 모른다고 생각한 때도 있었다. 그러나 내가 지금까지 겪어온 과정을 조금이라도 어림잡아 본다면(앞으로는 아직도 오래 걸릴 것이라서 안절부절못하는 게 내 버릇인데), 내 진짜 인생은 조지 코빅이 허둥지둥 걱정스러운 얼굴로 내게 도움을 청하러 온 그날 저녁에서야 비로소 시작된 것이라 생각된다. 그즈음 코빅은 나보다 일을 더 많이 하고 있었고 벌이도 나보다 나았다. 그래서 그에게는 재주가 넘쳐흘러서 때로는 글을 쓰기에 좋은 기회를 많이 놓쳐버리는 것이라고 나는 생각했다. 그러나 그날 저녁 만큼은 그가 한 번도 실수 없이 사람들에게 친절했었다고 분명히 말해 주고 싶었다. 어쨌든 그는 우리가 애써 쓴 글을 실어주는 문예지로서, 일주일의 중간날짜에 발행되기 때문에 〈미들〉이라 부르는 신문에 쓰기로 되어 있던 자신의 서평을 대신 써주지 않겠느냐고 내게 부탁해왔다. 그 말을 듣고 나는 거의 뛸 듯이 기뻤다. 그는 끈으로 단단히 묶은 서평용 소설을 내 테이블 위에 내려놓았다. 드디어 기회가 왔구나 싶어서 나는 와락 덤벼들었다―즉 나는 그 소설의 첫권을 얼른 달려들다시피 움켜잡았다―그리고 그가 부탁하는 내용을 열심히 설명했는데 그것은 그저 스쳐지나가는 말일 뿐이었다. 나야말로 그 서평을 하는 데 있어서 분명한 적격자라는 사실 이외에 도대체 무슨 설명이 더 필요하겠는가? 나는 휴 베리커의 소설에 대해서 전에도 몇 번 글을 쓴 적은 있지만, 〈미들〉에다가는 한 마디도 그에 대한 글을 내본 적이 없다. 이 신문에서 내가 지금까지 다룬 것은 대체로 여류작가나 시원찮은 시인들이었다. 그런데 지금 여기 놓인 이 책은 베리커의 신작소설 서평용으로 미리 나온 것이다. 그리고 베리커의 책이 좋고 나쁘고는 내 평가가 어떻게 나오느냐에 달려 있었다. 그런 건 누가 말해주지 않아도 알 수 있었다. 나는 지금까지 베리커의 소설은 손에 넣기만 하면 언제나 곧장 읽어왔지만, 특히 이번 작품을 꼭 읽어두고 싶은 특별한 이유가 있었다. 왜냐하면 다음 일요일에 브리지스 저택에서 있을 파티에 초대를 받아 가기로 했는데, 제인 여사의 편지에 베리커 씨도 그곳에 오기로 했다는 소식이 있었기 때문이다. 그처럼 유명한 사람을 만난다는 사실에 가슴 설렐 만큼 그때의 나는 젊었다. 그리고 그 사람을 만나게 되면 그의 '최신작'을 읽어서 익히 알고 있다는 것을 표시하는 게 예의라고 생각할 만큼 나는 순진하기도 했었다.

　코빅은 그 작품의 서평을 해주겠다고 약속을 해놓고도 그 책을 읽어볼 겨를조차 없었던 것이다. 왜냐하면 그는 그날 밤에 파리행 야전 열차를 타지 않으면 안 되는 소식을 듣고서—그가 서둘러 심사숙고 한 뒤에 판단한 것이기는 하지만—아주 허둥대고 있었기 때문이다. 코빅은 궤덜런 엄에게 도움이 필요하면 언제고 날듯이 달려가겠노라는 편지를 보냈었는데, 그것을 받고서 그녀가 전보로 답장을 해왔던 것이다. 궤덜런 엄에 관해서는 나도 이미 알고 있었다. 한 번도 그녀를 만나본 적은 없지만 내 나름대로 생각하는 바가 있었다. 짐작하건대 그녀의 어머니가 죽으면 코빅이 그녀와 결혼할 속셈이었던 것 같다. 그런데 그녀의 어머니가 이제야 코빅의 소망을 이루어줄 것 같은 상태에 놓였다. 좋은 기후나 '특별치료법'을 찾아다니다가 많은 돈과 시간을 낭비하고 해외에서 귀국하자마자 그의 어머니가 갑자기 쓰러지고 만 것이다. 그녀의 딸은 달리 도움 받을 곳도 없고 놀라기만 해서 서둘러 영국으로 달려가고 싶은 생각뿐이었으나 혹시라도 위험을 당하지나 않을까 주저하다가 내 친구 코빅의 구혼을 받아들였다. 그런데 그 친구의 모습을 보기만 해도 엄 여사가 병상에서 벌떡 일어나리라고 나는 마음속으로 은근히 자신하고 있었다. 그러나 그 친구의 자신감은 별로 숨길 게 없이 당당한 것이었다. 여하튼 그 친구는 나와 분명히 다른 신념으로 가득 차 있었으며 어쨌든 나와는 뚜렷이 구분될 만큼 다른 신념을 가지고 있었다. 그는 내게 궤덜런의 사진을 보여준 적이 있는데, 그녀가 예쁘지는 않지만 대단히 재미있는 사람일 것이라는 자기의견도 말했다. 그녀는 열아홉 살 때에 《깊은 곳에서》라는 세 권짜리 소설을 출판했는데 그 소설에 관하여 코빅이 〈미들〉에서 정말 훌륭하게 논평한 바 있다. 그는 내가 지금 열의를 가지고 일을 떠맡은 것에 크게 고마움을 표시하고 그 일을 하게 된 잡지사도 자기 못지않게 고마워할 것이라고 말했다. 그런데 막상 끝에 가서는 출입문에 한쪽 손을 얹은 채 그가 말했다. "물론 자네가 잘 해내겠지 뭐." 그러고는 조금은 의아스러워하는 내 표정을 보고는 "멍청한 짓은 하지 않을 것이라고 믿는단 말일세." 그는 덧붙였다.

"멍청한 짓이라니—베리커에 관해서야 그렇게 할 수 있나! 그 사람이야말로 엄청나게 재능이 있는 작가라는 것 이외에 무슨 딴소리를 하겠나?"

"글쎄, 그게 바로 멍청한 짓이 아니고 뭔가? 아니, 도대체 '엄청나게 재능이 있다'는 게 무슨 말인가? 제발 그 사람의 실체를 잘 파악하도록 해보게나. 우리가 서로 의논해서 일의 결말을 내야 하는 것인 만큼 이것으로 해서 베리커가 엉망이 되지 않게 하게나. 할 수만 있다면 내가 그 사람의 작품을 평가해 온 것처럼 그렇게 서평을 해주면 좋겠는데 말이야."

나는 그 순간 그가 의도하는 것이 무엇인지 궁금해졌다. "그럼 자네 말은 단연코 발군의 걸작이라든가 하는—그런 말을 쓰라는 것인가?"

그랬더니 코빅은 거의 불평에 찬 듯한 목소리로 말했다. "아, 이보게나. 뭐 그렇게 작가들의 키 재기를 시킬 것까지는 없네. 그렇게 하다 보면 예술의 비평으로서는 유치한 것이 아니겠는가! 그러나 베리커의 작품을 읽으면 참으로 희한한 즐거움을 맛보게 된단 말이야. 그런 느낌은 말이야."—그는 잠시 생각에 잠겼다—"뭐라고 할까, 말할 수 없는 느낌이란 말일세."

나는 또다시 갈피를 잡지 못했다. "느낌이라니? 아니, 무슨 느낌이란 말인가?"

"여보게, 그게 바로 내가 자네한테 써 주기를 부탁하는 것 아닌가!"

그가 쾅, 문을 닫기도 전에 나는 이미 책을 손에 들고서 그렇게 써주어야겠다고 마음을 먹었다. 그 날 밤을 거의 새우다시피 하면서 나는 베리커의 소설을 다 읽었다. 코빅도 그 이상은 하지 못했을 것이다. 베리커는 정말 대단히 재능 있는 사람이었다. 나는 그런 생각을 버리지 않았지만 그가 가장 출중한 작가라고는 조금도 생각지 않았다. 그래서 출중하다는 말은 하지 않았다. 그리고 내 딴에는 이 글이 코빅이 말한 바 예술비평에 있어서 유치하다는 말을 들을 정도에서는 벗어났다는 생각에 자랑스러웠다. "아주 좋습니다." 출판사 사람들도 분명하게 말해주었다. 그래서 이번 호의 잡지가 나왔을 때 나는 이 일로 해서 그 위대한 작가와도 만날 수 있는 기회가 마련된 것이라고 생각했다. 하루 이틀 동안은 그렇게 자신에 차 있었는데 얼마 안 있어 그 자신감이 뚝 떨어져버렸다. 나는 베리커가 내 서평을 흐뭇하게 읽어 주고 있는 모습을 마음속에 그려 보기도 하였지만, 혹시라도 코빅이 서평을 만족스럽게 생각하지 않는다면 당사자인 베리커 자신은 어떻게 생각할까 걱정되었다. 독자가 열기를 냈는데도 저자의 욕구에는 하찮은 것이 되는 수도 있지 않은가? 나는 다시 곰곰이 생각해 보았다. 어쨌든 코빅이 파리에서 나한테 편지를 했는데 조금은 언짢아하는 기색이 있었다. 엄 여사가 건강을 회복하고 있기도 하지만 자기가 베리커로부터 받은 느낌을 내가 한마디도 하지 않았다는 것이다.

2

브리지스 저택을 방문했던 일을 시작으로 해서 나는 이전보다 훨씬 더 심오한 것에 눈을 돌리게 되었다. 그 저택에서 만난 휴 베리커는 전혀 까다롭지 않은 대인관계가 좋은 사람이었기 때문에 사소한 것에도 신경을 쓰면서 경계심을 가졌던 나로서는 상상력의 빈곤을 스스로 부끄러워하지 않을 수 없었다. 그는 기분이 썩 좋았었는데 그렇다 하더라도 그가 내 서평을 읽었기 때문에 그런 것은 아니었다. 사실 일요일 아침, 나는 그가 아직 내 서평을 읽지 않았다는 확신을 갖게 되었다. 〈미들〉이 발행된 지 사흘이 지났는데 방안의 금빛 도금을 한 탁자 위에는 마치 정거장의 매점처럼 정기간행물이 빈틈 없이 꽉 차 있고 그 가운데 이 〈미들〉이 꽂혀 있는 것을 나는 분명히 확인하였다. 베리커를 직접 만나본 인상으로는 그 사람이 내 서평을 꼭 읽어주었으면 좋겠다는 생각이 들었다. 나는 이런 생각을 은밀히 이루기 위해서 아무도 눈치 채지 않게 슬그머니 그 잡지를 사람들의 눈에 잘 띄게끔 옮겨놓았다. 이처럼 내가 꾀를 부린 결과가 어떻게 될지 점심때까지 지켜보았지만 결국은 헛수고였다.

그 뒤에 우리가 떼를 지어 함께 산책할 때 또다시 잔꾀를 부려보았지만 나는 반 시간가량을 그 위대한 작가의 곁에 있었는데 그가 무척 붙임성 있는 사람이었기 때문에, 내가 그의 작품에 대한 서평에서 그를 남달리 높이 평가했던 사실을 몰라서는 안 되겠다는 생각이 불쑥 치솟았다. 그런데 그는 자기에 대한 정당한 평가를 간절히 바라고 있는 것 같지도 않았다. 오히려 그 반대로 그가 말하는 데에 있어서 조금도 불평하며 투덜대는 소리를 아직은 듣지 못했다—경험이 적은 나로서도 이미 그런 말투쯤은 알아들을 만한 귀를 가지고 있었다. 요즈음 그는 전보다 더욱 인정을 받았다. 그래서 〈미들〉에서 우리가 흔히 말해 왔듯이 그렇게 유명해졌기 때문에 그가 마음 놓고 이야기할 수 있는 모습을 보는 것도 즐거운 일이었다. 물론 그가 인기 있는 작가는 아니었다. 그러나 그의 인간미는 틀림없이 그의 성공과는 무관할 것으로 나는 판단했다. 그럼에도 불구하고 어느 의미에서 그는 요즈음 잘 팔리는 작가가 되었으며, 그래서 비평가들이 최소한 막바지 힘을 다해서 그를 따라잡으려고 애를 쓰고 있었다. 우리도 마침내 그가 얼마나 재주 많은 작가인가를 알아냈고, 그 사람도 지금껏 지켜왔던 자신의 신비성을 상실하고 말았다. 나는 그 사람 옆에 붙어 걸으면서 그를 둘러싸고 있던 베일을 벗기는 데 내가 얼마나 많이 애를 썼는지 그에게 알려주고 싶은 유혹에 크게 빠지기도 하였다. 그런데 마침 우리와 동행하던 여자들 가운데 한 사람이 느닷없이 그 사람의 옆자리로 가서는 제멋대로 그에게 하소연하듯 말을 걸었다. 그렇게 어처구니없는 짓을 당한 나는 갑자기 맥이 풀렸고, 그 방자한 행동이 나를 겨냥한 처사가 아니었나 하는 생각이 들 정도였다.

나는 기회를 보아서 그녀에게 한두 마디 적절히 해주고 싶은 말이 입가에서 맴돌았다. 그러나 그러지 않기를 잘했다는 걸 잠시 뒤 알게 되었다. 우리가 산책에서 돌아와 차를 마시러 모였을 때였다. 산책에 나가지 않았던 제인 여사가 팔을 길게 뻗고 손에 든 〈미들〉을 흔들어대었다. 그녀는 한가해서 이 신문을 보다가 아주 재미있는 것을 발견하고 몹시 기뻐했던 것이다. 남자에게 있어서 실책이 되는 것이 여자에게 있어서는 경사가 되는 수도 있는 것처럼, 내가 도저히 할 수 없었던 일을 그녀가 실제로 내 대신 해준 것이나 마찬가지였다. "꼭 말씀드려야 할 멋진 일들이 좀 있답니다." 그녀는 그렇게 말하고는 벽난로 옆에 있는 부부에게 그 신문을 억지로 떠맡기다시피 해서 그들을 당황하게 만들었다. 그때 우리와 함께 산책을 하고 옷을 갈아 입으러 이층으로 올라가려던 휴 베리커를 보자 그녀는 그 부부한테서 신문을 빼앗듯이 날쌔게 잡아채고는 그에게 말했다. "평소에 이런 것을 거들떠보지 않으신다는 걸 알고 있어요. 하지만 읽어보시기에 정말 좋은 기회가 아닌가 싶어요. 그러니 읽어보셔야 해요. 이 글을 쓴 사람이 정말 당신을 아주 잘 파악했네요. 내가 늘 느끼고 있는 것을 말이에요." 그렇게 말한 제인 여사의 눈에는 자신의 생각을 알리고 싶어 하는 마음이 간절해 보였다. 그녀는 신문에 실린 서평이 아주 멋지다면서 자신은 그렇게는 쓸 수 없다고 했다. "거길 읽어보세요. 거기 말예요. 제가 줄을 쳐놓은 곳 말예요. 그 사람의 말이 얼마나 근사해요." 그녀는 내 글 가운데 가장 빛나는 몇 군데를 그에게 하나하나 짚어주어서 내가 조금이라도 낯간지러워했다면 베리커 자신도 당연히 그러했을 것이다. 제인 여사가 우리 모두가 있는 앞에서 큰소리로 그 서평의 일부를 읽어 주고 싶다고 말했을 때 베리커의 얼굴에는 정말 멋쩍어하는 표정이 나타났다. 그는 제인 여사가 쥐고 있던 신문을 공손하게 받아들고 그녀가 읽어주려는 것을 못하게 했는데 나도 그 방법이 마음에 들었다. 그는 신문을 이층으로 가져가 옷을 갈아입으면서 대충 훑어보겠다고 했다. 반시간쯤 지나서 그는 자기 방으로 올라갔고, 그때 그의 손에 신문이 들려 있는 것을 나는 보았다. 나는 제인 여사를 즐겁게 해줄 생각으로 그 서평의 필자가 바로 나라고 말해 주었다. 나는 틀림없이 그녀에게 즐거움을 주었다고 생각했는데, 그녀는 내가 기대했던 만큼 그렇게 즐겁지는 않은 모양이었다. 그 필자가 '오로지 나'라고 해도 그것이 그토록 대단한 것은 아닌 것 같은 눈치였다. 나를 드러낸 일이 내 자신에게 빛을 더해주기는커녕 내 글의 빛을 오히려 감소시킨 결과밖에 되지 않았다. 그 귀부인께서는 매우 유별나서 쉽게 눈물을 흘릴 수 있는 사람이었다. 하지만 그건 상관없는 일이었고 내가 마음을 쓰는 것은 오로지 한 가지뿐이었다. 베리커가 이층 자기 침실의 난로 옆에서 그 서평을 읽고 어떤 생각을 할까 그 걱정만 했다.

저녁식사를 하는 자리에서 나는 그가 내 서평을 읽은 표시를 나타내기를 기다렸고, 그의 얼굴에 기뻐하는 빛이 번지리라는 공상도 해보았다. 그러나 유감스럽게도 제인 여사가 그것을 확인할 기회를 주지 않았다. 나는 그녀가 식탁에 둘러앉은 사람들에게 의기양양하게 소리치면서 자기가 앞서 한 말이 틀리지 않느냐고 사람들에게 물어주기를 바랐다. 모인 사람들은 밖에서 온 사람들까지 합해 꽤 많았다. 식탁이 그토록 길게 보인 적이 없을 만큼 여러 사람이 모여 있어 제인 여사가 아무리 신나게 자랑을 하려고 해도 그 소리가 들리지 않을 수밖에 없지 않나 싶었다. 실제로 그렇게 많은 사람들 앞에서는 나도 역시 의기양양해질 수 없다는 생각을 하고 있었다. 그때 마침 내 옆에 손님으로 앉아 있던 귀엽게 생긴 여인—미스 포일이라는 여자로 교구 목사의 누이동생이며 몸가짐이 좋아서 오히려 조화가 안 되는 듯한 인상을 주는 사람이 용기를 내어 건너편 자리에 앉아 있는 베리커에게 말을 걸었다. 베리커는 그녀와 비스듬히 마주 앉아 있었는데 그가 그녀의 말에 대꾸를 할 때면 두 사람이 식탁 위에서 비스듬히 몸을 앞으로 내밀고 이야기를 주고받았다. 그녀는 꾸밈없는 태도로 제인 여사가 '찬사'를 보낸 그 서평을 자기도 읽어 보았는데 그것을 어떻게 생각하느냐고 물었다. 하지만 그녀는 오른쪽에 앉아 있는 나에 대해 전혀 알고 있지 않았다. 그래서 내가 그의 대답을 들으려고 귀를 기울였더니 그가 입에 빵을 잔뜩 문 채 유쾌한 목소리로 대꾸했다. "아, 괜찮습니다—언제나 듣는 허튼 소리지요!"

그렇게 말하면서 베리커가 나를 흘깃 바라보았다. 미스 포일이 놀라서 그에게 되묻는 바람에 다행히도 그 사람과 눈이 마주치지는 않았다. "선생님을 정당하게 평가하지 않았다는 말씀이신가요?" 그녀가 아주 멋진 말을 했다.

베리커는 큰소리로 웃었다. 그래서 나도 똑같이 따라 웃을 수 있어서 다행이었다. "매력 있는 글이긴 하더군요." 그는 가볍게 대답했다.

미스 포일은 식탁보의 중간까지 턱을 내밀면서 거침없이 정곡을 찔러 말했다. "아, 속이 참 깊으시군요!"

"속이 깊기로는 대양과 같지요! 다만 모르는 체하고 싶을 뿐인데 그걸 필자는 알지 못하고 있는 것이지요……." 바로 이 순간에 요리가 그의 어깨 너머로 돌려졌고, 그래서 우리는 그가 요리를 자기 접시에 덜어놓는 동안 기다리지 않을 수 없었다.

"무얼 모른다는 건가요?" 내 옆 사람이 물었다. "아는 게 없다고요."

"어머나! 정말 얼마나 어처구니가 없었을까요!"

"아니지요, 조금도." 베리커는 다시금 웃으면서 말했다. "모두 같은걸요."

그의 건너편에 있는 부인이 그에게 말을 걸어왔고, 그래서 미스 포일은 의자에 풀썩 주저앉으며 내게 말머리를 돌렸다. "아무것도 아는 게 없다는군요!" 그녀는 자못 재미있다는 듯이 말했다. 그 말에 대해 나는 이렇게 대꾸했다. 나도 자주 그렇게 생각해 왔고 스스로도 그렇다는 사실을 인정합니다. 그렇다고 해서 그 서평이 내가 쓴 것이라고 말하지는 않았다. 그러고 나서 나는 식탁 맨 끝의 주인자리에 앉아 있는 제인 여사는 베리커가 한 말을 듣지 못했다는 것을 알게 되었다.

나는 만찬이 끝난 뒤에 오히려 그 사람을 피했다. 사실을 말하자면 문득 그가 지독하게 잘난 체한다는 생각이 들었고 그러한 의외의 사실을 알게 된 것이 견딜 수 없이 괴로웠기 때문이다. 그에 대한 나의 작지만 예리한 연구가 '언제나 듣는 허튼 소리'라니! 칭찬하는 말을 한두 마디 아꼈다고 그토록 화가 났다는 것인가? 나는 그가 침착한 사람이라고 생각해 왔고 실제로 그는 상당히 침착했었다. 그렇지만 그런 겉모습은 매우 열심히 닦아서 번득이는 유리처럼 허울만 좋은 그의 싸구려 허영심에 지나지 않았다. 나는 정말 화가 치밀어 오르는 것을 어찌할 수 없었다. 그래도 한 가닥 위안이 되는 것은 행여 어느 누구든 아무것도 모른다면 조지 코빅 역시 나와 마찬가지로 아무것도 모르고 있지 않나 하는 생각이었다. 그러나 이런 생각으로 위안을 해보았지만 그것으로는 충분하지 않았다. 부인네들과 헤어진 뒤 얼룩덜룩한 실내용 윗저고리를 입고 콧노래를 부르면서 흡연실로 갈만한 기분은 나지 않았다. 나는 약간 낙심한 채 침실로 향했다. 그런데 복도에서 옷을 갈아입으러 이층에 올라갔다가 자기 방에서 나오는 베리커 씨와 딱 마주쳤다. 그 사람이야말로 콧노래를 부르며 얼룩덜룩한 윗저고리를 입고 있었는데 그는 나를 보자마자 법석을 떨기 시작했다.

"여보게, 젊은 양반." 그는 큰소리로 말했다. "자네를 여기서 찾아내게 되어 매우 기쁘네! 만찬 자리에서 미스 포일한테 내가 한 말이 아주 뜻하지도 않게 자네에게 심한 상처를 입혔는지도 모르겠네. 겨우 반시간 전에서야 제인 여사로부터 들어서 알았네만〈미들〉에 실린 그 짤막한 신간소개의 집필자가 자네였더군."

"아니요, 괜찮습니다." 나는 단호하게 말했다. 그러나 그는 내가 입은 상처를 친절하게 어루만져 주듯이 한 손을 내 어깨에 얹고 내 방 앞까지 함께 걸어와 주었다. 그러고서는 내가 잠을 자려고 올라왔다는 말을 듣자마자 잠깐이나마 방 안에 들어가서 내가 쓴 글에 대해서 자기가 비평한 것을 서너 마디라도 설명해 줄 수 있게 해달라고 요청했다. 내가 마음 상해 있다는 것을 그가 진정으로 걱정하는 것은 분명했다. 그래서 그가 그토록 염려해 주는 뜻을 알게 되어 내 감정은 갑자기 뒤바뀌고 말았다. 내 값싼 서평은 허공 속으로 날아가 버렸고 그 글에서 내가 아무리 훌륭한 말을 했어도 그가 이곳에 있기 때문에 생기는 광채 옆에서는 그런 말이 아무 보잘것없는 것이 되고 만 것이다. 지금도 여전히 그가 긴 털 양탄자 위에서 난로의 불빛을 받으며 그 얼룩덜룩한 윗저고리를 입은 채 내 젊음을 동정해 주고 싶어하는, 그의 마냥 환하고 맑고 깨끗한 얼굴을 생생하게 보는 것만 같다. 그가 처음에 무엇을 말하려고 했는지 나는 알지 못 한다. 그러나 생각건대 내가 안심하는 모습을 보고서 그의 마음이 움직여 흥분한 나머지 그의 마음속 밑바닥에 깔려 있던 말까지 입 밖으로 튀어나왔는지도 모른다. 이렇게 그가 내게 해준 말은 뒤에 가서 알게 되었지만, 그가 지금껏 아무에게도 말해 주지 않았던 그 무엇인가를 내게 말해 주었다는 것이다. 나는 그 뒤로 늘 그의 입을 열게 했던 그 너그러운 마음씨를 공정하다고 평가해 왔다. 그가 그런 아량을 베푼 것은 자기보다 못한 위치에 있는 문인을, 더구나 바로 자기를 칭찬해 마지않는 평론가를 무의식중에 냉대하고만 자기 행동에 대한 양심의 가책에서 나온 행동이었다. 그러한 것을 보상해 주기 위해서 그는 완전히 대등한 입장에서, 그리고 우리 두 사람이 다 같이 가장 찬미해 마지않는 것에 대해서 나한테 이야기 해주었던 것이다. 시간과 장소와 뜻밖의 만남이 깊은 인상을 심어주었다. 그 사람으로서도 이번보다 더 깊게 인상에 남은 일은 별로 없었을 것이다.

3

"그것을 자네에게 어떻게 설명해야 할지 나도 정말 모르겠다네." 그는 말했다. "그러나 내 책을 소개해 준 자네의 글에서 짜릿한 지적 흥취가 풍겼던 것은 분명한 사실이었네. 자네는 정말 남달리 영민해. 그러니 아주 오래 전부터 들어오던 이야기로 여겨주기 바라네. 순간적으로 아까와 같은 때는 저 착한 부인과 애기를 하면서 자네가 당연히 싫어할 말을 지껄이고 말았다네. 나는 신문에 나온 글을 아까처럼 억지로 내 눈앞에다 들이밀지 않으면 읽지를 않네. 그렇게 억지로 떠맡기다시피 해서 읽게 하는 것은 언제나 가장 좋은 친구이잖은가! 물론 전에도 이따금 그렇게 해서 읽은 적이 있었지, 10년 전만 해도 말이야. 아마 그때의 평론가들은 대체로 지금사람들보다 훨씬 멍청한 글을 썼던 것 같아. 여하튼 내가 늘 못마땅하게 생각해온 것이지만 그들이 내 작품의 작지만 가장 중요한 점을 완전히 놓쳐버리고 말았단 말이야.

그들이 내 등을 토닥거리며 작품을 칭찬할 때나 내 정강이를 걷어차 듯 비방할 때나 훌륭한 글을 썼으면서도 그 중요한 점을 틀림없이 놓쳐버렸단 말일세. 그 뒤에도 어쩌다 그런 글을 잠깐이라도 보게 되면 언제나 평자들은 여전히 총을 쏘아대듯이 흥분해서 써놓고 있더군. 그런데도 여전히 요점을 못 찾아내고 있단 말일세. 그나마 아주 멋지게 빗나가고 있네. 자네도 역시 그것을 놓치고 있네, 이 사람아. 그것도 아주 확실히 말이야. 자네는 굉장히 똑똑한 사람이고, 자네가 쓴 서평도 대단히 훌륭하지만 그 요점을 빠뜨리고 있다는 사실만은 조금도 다를 게 없네. 자네처럼 새로이 떠오르는 젊은 사람들과 만나면 나야말로 정말 실패자가 아닌가, 하는 생각을 많이 하게 된다네." 베리커는 그렇게 말하며 웃었다.

나는 깊은 관심을 가지고 귀를 기울였다. 그가 하는 말을 들으면서 나의 관심은 더욱더 강렬해졌다. "선생께서 실패자라니요—천만의 말씀이십니다. 그런데 선생께서 말씀하시는 그 '조그마한 요점'이라는 것은 무엇이란 말인가요?"

"이렇게 오랜 세월 마냥 고생하면서 글을 써왔는데 이제 자네에게 모든 것을 털어놓지 않으면 안 된다는 것인가?" 그가 이처럼 상냥하게—우스꽝스러울 만큼 과장해서—나무랐기 때문에 그 무렵 아직 젊은 나이에 열렬한 진리 탐구자였던 나로서는 머리털 끝까지 새빨갛게 달아오르는 것 같았다. 나는 언제나 무지 상태에 있으며 어떤 점에서는 내 자신의 우둔함에 익숙해져 버렸다. 그러나 그 순간에 베리커가 기분 좋게 말하는 소리를 듣고 나 자신뿐만 아니라 어쩌면 그 사람에게까지도 내가 세상에서 보기 드문 바보로 생각되었다. 그래서 하마터면 "아, 예, 그렇고말고요. 제발 말씀하지 마십시오. 저의 명예를 위해서나 그 문학적 기교의 명예를 위해서도 말씀하지 마십시오!"라고 크게 소리를 지를 뻔했다. 그때에 그는 자기가 내 생각을 이미 읽어냈고 언젠가는 우리가 서로 보상해줄 날이 있을 것이라는 태도로 말을 계속했다. "내 조그마한 요점이라고 말했는데—뭐라고 부를까? 특별히 그 것이 있었기 때문에 내가 지금까지 책을 써왔던 것이라고나 할까. 어느 작가에게나 그런 종류의 특별한 것, 즉 자기로 하여금 일에 전념하게 하는 것, 성취하려는 노력이 없으면 전혀 쓸 마음이 내키지 않는 것, 작가가 가지고 있는 정열의 정열 바로 그것, 작가에게 있어서 예술의 불꽃이 가장 강렬하게 타오르는 창작의 일부라고나 할까? 글쎄, 바로 그런 것이지!"

나는 잠시 생각에 잠겼다. 나는 경원해 마지않는 입장에서 숨을 헐떡이며 그의 뒤를 쫓아가기에 바빴다. 나는 그 순간 그에게 매혹되어 있었던 것이다. 그렇게 쉽사리 매료되었느냐고 하겠지만, 그러나 나는 결코 그에게 방심하지는 않을 참이었다. "선생께서 쓰신 글은 확실히 훌륭합니다. 그러나 쓰신 내용이 아주 분명하게 나타나 있지는 않더군요."

"조금이라도 깨닫게 되면 자네만은 확실히 알게 될 것이 틀림없네." 내 대화의 상대자인 베리커에게 충만해 있던 화제의 매력에 나 자신은 물론 그 사람까지도 강렬하게 감동해 버린 것을 나는 알았다. 그는 말을 계속했다. "여하튼 내 생각을 말하자면 이런 것일세. 즉 내 작품 속에는 한 가지 의도가 있는데, 그것이 없으면 내가 하는 일이 모두 아무 쓸모없는 것이 되고 말걸세. 그것은 더없이 훌륭하고 충실한 작품 전체의 의도 바로 그것이라네. 그래서 그렇게 겨냥한 목표가 잘 들어맞으면 내가 끈기 있게 연구개발해서 얻은 승리가 아닌가 하고 생각하네. 그런 말은 누군가 다른 사람이 해주어야 하는 것인데 아무도 그런 말을 해주지 않는단 말이야. 바로 그래서 지금 우리가 이렇게 이야기하고 있는 것이지. 그것은 내 조그만 수법인데 내가 쓴 책 전체에 걸쳐 있고 그래서 그에 비하면 다른 것은 모두가 작품의 표면만 가지고 노닥거리는 것에 지나지 않지. 내 작품에 관해서 말하자면 그 질서나 형식이나 짜임새가 완전무결하게 표현된 것이고, 혹시 이 방법을 이미 아는 사람은 언젠 알아보게 되겠지. 그렇기 때문에 그것을 비평가가 찾아야 하는 것은 당연하지. 그래야 한다는 게 내 생각인데." 나를 찾아온 베리커가 웃으면서 말을 덧붙였다. "그것이야말로 비평가가 할 일이란 생각이 든단 말이야."

이것은 정말 우리 비평가들의 책임인 것 같다. "그게 조그만 트릭이라고 말씀하셨던가요?"

"그렇게 말한 것은 내가 조금은 겸손하고 싶어서일 뿐이네. 사실은 그게 더할 나위 없이 정성들여 꾸민 것이라네."

"그래서 그 계책이 마음먹은 대로 성취되었다고 생각하십니까?"

"내가 그 일을 수행한 방식이 평생에 걸쳐 조금은 잘한 것이라고 생각하네."

나는 잠시 숨을 돌렸다. "그런데 말입니다—아주 조금이라도—비평가를 도와주어야 한다고 생각지는 않으시는지요?"

"비평가를 돕는다? 내가 글씨 하나하나를 쓰면서 달리 무슨 일을 했겠나? 그게 바로 도와준 것 아닌가? 비평가의 커다랗고 멍청한 얼굴에다 대고 내가 의도하고 있는 바를 큰 소리로 외쳐 왔단 말일세!" 이렇게 말해 놓고서 베리커 씨는 또다시 웃으면서 내 자신의 외모를 빗대어서 그렇게 한 말이 아니라는 것을 보여주려는 듯이 내 어깨에 손을 얹어놓았다.

"그러나 아까도 비결을 이미 터득한 사람에 관해서 말씀하셨습니다. 그렇기 때문에 그 길에 도통하여 비결을 전수받는 일을 꼭 해야만 된다는 것이겠네요."

"그럼 비평이란 그게 아니면 도대체 무엇이라고 생각하나?" 나는 그 말을 듣고서 또다시 얼굴이 붉어지지 않았는가 싶었다. 그러나 나는 그런 부끄러움을 달래기 위해서, 그가 희망을 주는 말을 한 것이 어딘가 모르게 보통사람은 이해하기 어려운 점이 있다는 것을 되풀이해서 말했다. "그것은 자네가 아직도 그 일부마저 어렴풋이 보지 못했기 때문일세." 그가 대꾸했다. "한 번 그것을 흘깃 보기만 해도 문제가 되는 그 내용은 모두가 실제 자네에게 제대로 보일 걸세. 내게는 그것이 마치 이 난로의 굴뚝을 쌓은 대리석처럼 아주 뚜렷하게 보인다네. 그뿐만 아니라 비평가란 자네가 방금 전에 말한 것과 같은 보통 사람이 결코 아니잖는가. 만일 보통 사람이라면 자기 이웃집 정원에 제멋대로 들어와서 대체 무엇을 하겠다는 건가? 자네만 해도 결코 보통 사람은 아니지. 그리고 자네와 같은 비평가들이 존재하는 이유는 바로 장난꾸러기들처럼 교묘한 재주를 가졌다는 데 있어. 만약에 내가 한 큰일에 비밀스러운 것이 있다면 그런 사실에도 불구하고 그것이 오로지 비밀스러울 뿐이기 때문에 그런 것이라네—놀랄 만한 사건으로 말미암아 이상하게도 그렇게 된 것일세. 나로서는 처음부터 그것을 그렇게 비밀스럽게 만들려는 생각이 조금도 없었을 뿐만 아니라 이렇게 뜻밖의 사건으로 커지리라고는 꿈에도 생각지 않았네. 만일 그런 생각을 가졌다면 미리 그렇게 글을 써 나갈 마음을 갖지는 않았어야 했지. 그게 사실이었기 때문에 나는 조금 씩이나마 알게 되었을 뿐이고 그러는 동안에 내 작품을 완성했던 것일세."

"그래서 지금은 그것이 꽤 마음에 드시겠군요?" 나는 당돌하게 물었다.
"내 작품 말인가?"

"선생의 비밀 말입니다. 그게 같은 뜻이겠습니다만."

"자네의 짐작처럼 내가 이미 말했듯이 자네 머리가 좋다는 증거일세!"라고 베리커가 대답했다. 나는 그의 말에 용기를 얻어 그 비밀을 남에게 넘겨주게 되면 가슴 아프지 않겠느냐고 물었는데, 그에게 있어서 이 비밀이야말로 인생의 가장 큰 즐거움이라며 그는 솔직히 털어놓았다. "과연 이것이 사람들에게 간파될 것인지 아닌지를 알기 위해 살고 있다네." 그는 장난삼아 나를 부추기는 눈초리로 바라보았다. 그의 깊은 눈은 무엇인가 말하고 있는 것 같았다. "그러나 나는 걱정할 필요가 없을 것 같네―그것이 간파될 턱이 없으니까 말이야!"

"이렇게 몹시 감정이 자극을 받은 적이 없을 만큼 저를 흥분시키는군요." 나는 단호하게 말했다. "말씀을 듣고 보니 죽어도 그 비밀을 알아내고 싶은 마음이 듭니다." 그렇게 말하고 질문을 던졌다. "거기에 무엇인가 심오한 의미라도 들어 있습니까?"

이렇게 묻자 그의 표정에 실망의 빛이 드리워졌다. 그는 잘 자라는 인사라도 하려는 듯이 악수의 손을 내밀며 말했다. "아, 이 사람아, 그것을 값싼 신문용어로 말할 수야 없는 것일세!"

나는 물론 그에게 지독하게 괴팍스러운 점이 있으리라는 것을 알고 있었다. 그리고 그와 이야기를 나누고 보니 그가 얼마나 까다로운 사람인가를 어느 정도 알게 된 느낌이 들었다. 나는 아직도 만족할 만큼 이야기를 들은 것은 아니었다. 그래서 그가 내민 손을 마냥 붙잡고 있었다. "그렇다면 그런 표현은 사용하지 않겠습니다." 나는 말했다. "언젠가 결국에는 그 비밀을 제가 발견해서 그것을 신문 기사로 공표하게 될 텐데요. 그렇게 되면 그런 표현을 사용하지 않고서는 정말 글을 쓰기가 어렵지 않나 싶습니다. 그리고 한편으로는 그 어려움을 풀기 위해서라도 누군가에게는 실마리가 될 만한 것을 일러주셔야 되지 않습니까?" 그렇게 말을 하고 나니까 훨씬 더 마음이 편해진 느낌이 들었다.

"내가 마냥 명료하게 글을 쓰려고 노력하기 때문에 그 모두가 실마리를 잡게 해주는 것일세. 페이지마다, 문장마다, 글자 하나하나가 모두 실마리가 된다는 말일세. 그것은 새장 속의 새, 낚시의 미끼, 쥐덫의 치즈와 같은 것이네. 그처럼 아주 확실한 미끼란 말일세. 내 작품 어느 것에나 그 미끼가 꼭 들어 있지. 마치 자네의 발이 자네 구두에 꼭 들어맞는 것처럼 말이야. 그래서 문장 한 줄 한 줄이 그 미끼에 따라 결정되고 말 한마디 한마디가 선택되는 것이지. 세세한 데까지 마음을 써서 점 하나라도 신중하게 찍는다네."

나는 머리를 긁었다. "그것은 문체 속에 있는 것인가요, 아니면 사상 속에 있나요? 형식을 만드는 요소인가요, 아니면 감정을 불러일으키는 요소인가요?"

그는 다시금 부드럽게 내 손을 흔들었다. 내가 얼마나 미욱한 질문을 하였는가, 그리고 얼마나 하찮은 구별을 했는가 하고 생각했다. "여보게, 잘 자게나—그런 것 가지고 걱정은 말게. 결국에는 자네도 여느 친구처럼 할 테니까 말이야."

"그런데 조금이라도 지성이 나타나면 그것을 망쳐버리게 됩니까?" 나는 여전히 그를 붙잡고 물었다.

그는 망설였다. "글쎄, 자네의 몸속에도 심장이 있지 않은가? 그것이 형식을 만드는 요소인가, 아니면 감정을 불러일으키는 요소인가? 지금껏 내 작품에 있어서 어느 누구도 말한 적이 없다고 내가 주장하는 것이 있는데, 그것이 곧 생명체라는 것이라네."

"그렇군요—그것이 무엇인가 생명에 관한 사상이라고 할까, 일종의 철학이란 말씀이시군요. 그렇지 않다면." 나는 어쩌면 훨씬 더 잘 어울릴 것 같은 생각이 떠올라 열심히 덧붙여 말했다.

"선생께서 문체를 가지고 하고 계시는, 무언가 언어로 추구하고 계신 어떤 종류의 게임이겠군요. 혹시 P라는 글자를 선호하셔서 그러는 것은 아닌지 모르겠습니다!" 나는 불경스러울 만큼 당돌하게 느닷없이 질문했다. "예를 들자면 파파, 포테이토, 푸룬과 같은 그런 종류의 말을 애용하신다는 말씀인가요?" 그는 적당히 아량을 베풀면서 내가 지적했던 글자가 맞지 않는 것이라고만 말했다. 그러나 그의 즐거워하던 표정은 사라지고 말았다. 나는 그가 싫증을 느끼고 있는 것을 알 수 있었다. 그럼에도 불구하고 내가 절대적으로 알아두어야 할 또 다른 그 무엇이 있었다. "선생께서 펜을 잡고 손수 그것을 분명하게 써놓을 수 있는 것입니까? —즉 그것에다 이름을 붙이고 말로 표현하고 명확하게 형식을 갖춘 문장으로 나타낼 수 있는 것입니까?"

"오." 그는 격렬에 가까울 만큼 크게 한숨을 쉬고 말했다. "만일 내가 자네들 같은 처지에서 글을 쓰게 된다면야!"

"그렇게만 된다면 선생께서 큰일을 해주실 만하지요, 말할 것도 없이. 그런데 선생께서도 손수하시지 못하는 것을 안 하고 있다 해서 왜 저희들을 경멸하시는 겁니까?"

"못한다고?" 그의 눈이 휘둥그레졌다. "20권이나 되는 작품 속에다 내가 그것을 해놓았지 않았나? 내게는 내 나름대로 하는 방법이 있다네." 그는 계속해서 말했다. "자네들이야말로 자네들 방식으로 하고 있는 것이고."

"우리가 하는 비평은 정말 엄청나게 힘든 것이지요." 나는 풀이 죽어 의견을 말했다.

"내가 하는 것도 마찬가지라네. 우리는 저마다 자기방식을 선택하는 것이지. 강제당하는 게 전혀 아닐세. 밑에 내려가서 담배라도 한 대 피우지 않겠나?"

"아닙니다. 저는 이 일에 대해 좀더 잘 생각해보고 싶습니다."

"그러면 내일 아침에 자네가 내 정체를 파헤친 이야기를 해주겠나?"

"제가 할 수 있는지 어떤지 알아보겠습니다. 밤새도록 생각해 보겠습니다. 그러나 꼭 한마디만 더 해주십시오." 나는 덧붙여 말했다. 우리는 방을 나와 함께 복도를 몇 발짝 걸었다. "선생께서 말씀하시는 이 특별한 '전체적 의도'라는 것 말입니다—선생께서 생각하시는 것을 가장 선명하게 설명해주는 것으로 짐작합니다만—그러면 그것이 일반적으로 말하는 하나의 숨겨진 보물이라고 하는 것인가요?"

그의 얼굴이 환하게 밝아졌다. "그럼, 그렇게 말할 수 있지. 하지만 내가 그렇게 말할 만한 처지는 못 되는 것 같네."

"농담이시겠지요!" 나는 웃었다. "그것을 엄청나게 자랑하고 계시면서요, 선생께서도 알고 계신 대로 말입니다."

"글쎄, 내가 자네한테 그렇게 이야기하려는 것은 아니었네. 그러나 그것은 분명히 내 정신적 기쁨임에는 틀림없다네!"

"그렇게 말씀하시는 것은 그것이 틀림없이 아주 희한하고 아주 위대한 아름다움이라는 말씀이시겠지요?"

그는 잠시 말없이 있다가 입을 열었다. "그것은 세상에서 가장 멋있는 것이라네!" 우리는 걸음을 멈추고 이야기를 하고 있었는데, 그렇게 말해놓고 그는 그 자리를 떴다. 그러나 내가 헤어지기를 자못 서운해 하면서 그의 뒷모습을 바라보고 있으려니까 그는 복도 끝까지 걸어가서 뒤돌아보고 어쩔 줄 몰라하는 내 얼굴에 눈길을 주었다. 그가 나를 열심히 바라보았는데 정말 걱정스러워서 그렇게 한 것이라고 생각했지만 그는 고개를 저으며, 그리고 손가락을 옆으로 흔들며 "그만두게—그만두는 게 좋겠어!" 말했다.

이렇게 말해 주는 것이 도전은 아니었다—그것은 아무래도 아버지의 충고와 같은 것이었다. 만일 바로 가까이에 그의 책이 한 권이라도 있었더라면 내가 앞서 했던 충실한 행동을 되풀이할 참이었다—나는 그의 작품을 읽느라고 그날 밤을 거의 새우다시피 했을 것이었다. 새벽 3시 즈음에 잠을 이루지 못한 채 더구나 그가 제인 여사에게는 정녕 없어서는 안 될 사람이라는 것을 기억하면서 나는 촛불을 켜들고 서재에 몰래 내려가 보았다. 하지만 아무리 찾아보아도 그 집 안에는 그의 글이 단 한 줄도 보이지 않았다.

4

런던으로 돌아온 나는 정신없이 그의 전 작품을 수집하였다. 그러고는 순서에 따라 한 작품씩 불빛에 비춰 보았다. 이렇게 미친 듯이 하다 보니 한 달이 후딱 지나고 말았으며 그 동안에 몇 가지 일이 생겼다. 그 가운데 한 가지 마지막에 일어난 일을 성급히 말한다면 내가 베리커의 충고에 따라서 행동했다는 것이다. 즉 나는 그 어리석은 시도를 포기해 버린 것이다. 나는 사실상 그 일에서 아무것도 얻어낸 것이 없었다. 그저 완전히 손해만 보고 말았다. 베리커 자신도 말했던 것처럼 나는 언제나 그의 작품을 좋아해왔는데 이제 내가 새롭게 이해하고 헛된 선입견으로 가득 찬 결과는 내가 그의 작품을 좋아하는 마음마저 상처를 입고 말았다는 사실이다. 나는 그의 작품에 들어 있는 전체적인 의도를 철저히 규명해 내지 못했을 뿐만 아니라 내가 전에는 재미있게 읽어냈던 다른 의도마저 내 자신이 놓쳐버리고 말았다. 그의 작품에는 이제 내가 일찍이 느꼈던 매력 같은 것이 남아 있지도 않았다. 그 작품의 의도를 찾는 일에 점점 화가 나서 그의 소설에 대해서 지녔던 내 호의적인 생각이 사라져버렸다. 그의 작품을 읽어서 더 많은 즐거움을 얻는 대신에 오히려 그 즐거움이 더 줄어들고 말았다. 왜냐하면 작가가 암시해 준 것을 내가 끝까지 추구해낼 수 없다는 것을 깨닫게 된 순간부터 나는 그렇게 이해하기 어려운 작품에 대한 내 지식을 직업적으로 이용하지 않는 것이 비평가의 명예라는 점을 느꼈기 때문이다. 나는 전혀 알 수 없었다—어느 누구도 알지 못했다. 그러고 보니 부끄러운 노릇이었다. 그래도 그것은 참을 수 있었다—이제는 그저 그의 작품에 대해서 화가 날 따름이다. 결국은 몹시 싫증이 나서 그의 작품을 읽고 싶지도 않았으며 또한 심술궂은 생각으로 그렇게 한 것임을 인정하는데—내가 이처럼 혼란에 빠져든 것은 베리커가 나를 바보로 취급했기 때문이라고 생각했다. 숨겨진 보배라 하는 것은 기분 나쁜 농담이었으며 작품 전체의 의도라는 것도 터무니없이 겉으로만 그럴싸하게 꾸민 것이라는 생각이 들었다.

그러나 무엇보다도 더 중요한 것은, 내가 베리커를 만났다는 사실을 조지 코빅에게 말해 주었고 그가 내가 일러준 소식을 듣고 엄청나게 충격을 받았다는 사실이다. 그는 마침내 영국으로 돌아왔으나 공교롭게도 엄 여사마저 생기를 되찾은 상태로 돌아왔으며 그래서 아직까지도 그의 결혼 문제가 전혀 거론되지 못한 것임을 알 수 있었다. 내가 브리지스의 저택에서 듣고 온 이야기 때문에 코빅이 굉장히 동요된 모습을 보였다. 내가 한 그 이야기는 그가 처음부터 베리커의 작품에는 눈에 띄는 것 이상의 무엇인가가 있다고 생각했는데 바로 그러한 생각에 완전히 들어맞는 것이었다. 눈에 띈다는 것은, 바로 그렇게 뚜렷이 눈에 띄게 하기 위해서 활자로 인쇄된 책이 일부러 발명된 것이라고 말하자 그는 내가 실패를 당했기 때문에 엉뚱한 화풀이를 하는 것이라고 나를 나무랐다. 우리는 늘 입씨름을 하면서도 매우 즐거워했다. 베리커가 내게 말해 준 것은 사실 코빅 그 사람이 내가 서평을 할 때 이야기해주기를 바랐던 바로 그것이었다. 마침내 내가 지금껏 도와주었던 대로 그에게 그런 이야기를 틀림없이 할 수 있느냐고 넌지시 물어보았다. 그는 그러기 전에 자기가 반드시 이해해두어야 할 일이 있다고 했다. 만일 그가 새로 나온 작품의 서평을 했더라면 그 작가의 예술 속에는 분명히 이해되어야 할 그 무엇이 있다는 말을 해두고 싶었을 것이다. 나는 그 서평에서 전혀 그런 눈치조차도 채지 못했다. 마찬가지로 작가인 베리커도 기뻐하지 않은 것은 조금도 이상할 게 없다. 나는 코빅에게 작가의 지극히 미묘한 기술이라고 그가 말한 것이 실제로 무엇이라고 생각하는지를 물어보았다. 그랬더니 영락없이 얼굴을 붉히면서 "일반 대중은 알 수 없는 것이야—속물들이 볼 만한 책이 아니란 말일세!" 그는 대답했다. 그는 이미 무엇인가 실마리를 잡았던 것이다. 그는 이 실마리를 힘껏 잡아당겨 그 진상을 뽑아내 보겠다고 말했다. 그는 끈질기게 나를 유도신문하면서 베리커가 숨김없이 털어놓은 진기한 이야기를 꼬치꼬치 캐물었고 내가 어느 누구보다도 행운아라고 덧붙였다. 그는 지혜를 짜내서 적어도 이런 것만이라도 이야기해 주면 좋겠다, 말하면서 대여섯 가지 질문을 했다. 그러나 다른 한편으로는 너무 몽땅 털어놓지 않기를 바랐다. 앞으로 듣게 될 이야기의 재미를 잃어버릴 것이기 때문이라고도 말했다. 내가 코빅과 만났던 때 흥미가 완전히 사라진 것은 아니었으나 앞으로 그렇게 되리라는 예측은 하고 있었고 코빅도 그 사라진 것을 알아차리고 있었다. 나도 그의 심중을 꿰뚫고 있어서 그가 무엇보다도 내 이야기를 꿰덜런 쪽으로 몰아가려는 의도가 있는 것을 알아차렸다.

그런데 놀랍게도 코빅과 만나서 이야기를 나누었던 바로 그날 나는 휴 베리커로부터 간단한 편지를 받았다. 베리커는 어느 잡지에서 가내서명이 들어 있는 서평을 우연하게 보게 되었고, 브리지스 저택에서 우리가 만났던 일을 되새기게 되었다고 말했다.

"자네의 서평을 읽고 매우 즐거웠네. 그래서 자네의 침실 난롯가에서 솔직하게 서로 이야기를 주고받았던 것이 생각나더군. 그런데 그날 밤에 내가 한 말이 자네에게 무언가 큰 짐을 지워준 것이 아닌가 하고 내 무모했던 행위를 되짚어보기 시작한다네. 이제 한때의 흥분도 가라앉고 보니 어떻게 해서 늘 하던 버릇도 아닐 만큼 내가 그토록 마음의 동요를 갖게 되었는지 알수가 없네. 지금껏 아무리 기분이 부풀어 올랐어도 나는 그 작은 비밀만은 결코 입 밖에 낸 적이 없었고 이제부터도 그 비밀을 두 번 다시 결코 지껄이지 않을 것일세. 우연찮게 내 게임에 간직해 두었던 이상으로 자네에게 의외로 숨김없이 털어놓고 말았기 때문에 나는 내 게임에 걸고 있는—말하자면 승부에 대한—흥미를 상당히 손상당하고 있다네. 요컨대 자네가 이해해 줄수 있다면 나는 오히려 내 즐거움을 망쳐놓고 말았다고 하겠네. 사실 나는 자네들처럼 머리가 좋은 사람들이 묘책이라고 부르는 것을 어느 누구에게도 넘겨주고 싶지 않다네. 그야 물론 그것은 내 이기적인 걱정거리고 그래서 자네가 그것을 곧이곧대로 받아들일지는 모르겠네. 하지만 자네가 행여 내 기분을 받아 줄 마음이 내키면 그때 내가 자네에게 밝혀두었던 것을 다른 사람에게 되풀이해서 일러주지 않기 바라네. 내가 정신 나간 사람이라고 생각되어도—할 수 없다네. 그러나 왜 그런가 하는 이유는 누구에게도 말하지 않기 바라네.”

이와 같은 편지를 읽고 그 이튿날 내가 한 일은 되도록 일찍 베리커 씨의 집으로 곧장 마차를 몰고 간 것이었다. 그 당시 그는 켄싱턴 광장에 있는 진짜 고풍스러운 집들 가운데 어느 한집에서 살고 있었다. 그는 바로 나를 맞아들였는데, 집 안에 들어서자마자 나는 아직도 내게 그를 쾌활하게 해줄 힘이 남아 있다는 것을 알았다. 그는 내 얼굴을 보고서 웃어젖혔다. 틀림없이 내 얼굴에 마음이 흔들리는 표정이 나타났던 모양이다. 내가 경솔한 짓을 했구나 하고 나는 크게 후회하고 있었다. “사실 어떤 사람에게 이미 이야기해 버리고 말았습니다.” 나는 숨가쁘게 말했다. “그래서 그 사람은 지금쯤 또 다른 사람에게 이야기해 주었을 게 틀림없습니다! 게다가 그 사람은 여자랍니다.”

“자네가 이야기해 준 사람 말인가?”

“아닙니다. 다른 사람이지요. 정말 그 여자에게 틀림없이 이야기했을 것입니다.”

“아무 일도 없을 것일세. 그 여자한테는—아니, 내게도 마찬가지일세. 여자로서는 결코 찾아낼 수 없을 테니까.”

“아닙니다. 그래도 그녀는 사방에 그 말을 해버리겠지요. 선생께서 바라지 않으시는 바로 그런 일을 해버릴 겁니다.”

베리커는 잠시 생각에 잠겼으나 내가 걱정한 만큼 그렇게 당황하는 기색은 아니었다. 행여 잘못된 일이 생긴다 해도 그럴 수밖에 없다고 생각하는 것 같았다. “아무 상관없네—걱정하지 말게나.”

“최선을 다하겠습니다. 약속하지요. 저한테 말씀해 주신 것이 더 이상 퍼지지 않도록 말입니다.”

“그것 정말 고맙네. 할 수 있는 데까지 해주게나.”

“그 동안에라도.” 나는 말을 계속했다. “조지 코빅이 그 비결을 손에 넣게 되면 그 사람으로서는 사실 무언가 일을 하게 될지도 모릅니다.”

“그렇게 되면 훌륭한 일이 많이 생기겠지.” 나는 코빅이 머리가 좋고 베리커를 찬양해 마지않으며 내가 들려 준 이야기에 무척 관심을 나타내더라는 말을 그에게 해주었다. 그리고 우리 두 사람이 각기 해놓은 평가에 나타난 차이에 대해서는 많은 이야기를 하지 않고 다만 내 친구가 대부분의 다른 사람들보다 더 많은 것을 이미 알아낼 지혜를 가지고 있다고 말했다. 브리지스 저택에서 내가 그랬던 것처럼 코빅도 지금 꽤나 흥분되어 있었다. 더구나 그는 젊은 여인과 사랑에 빠져 있었다. 어쩌면 그 두 사람이 하나가 되어 수수께끼를 풀게 될지도 모른다.

베리커는 이러한 사실에 충격을 받은 것 같았다. "그 두 사람이 결혼할 참이라는 말인가?"

"아마 그렇게 될 것입니다."

"그것도 도움이 될 것일세." 그는 수긍했다. "하지만 그러려면 시간이 있어야지!"

나 자신이 새로운 수수께끼풀이 싸움을 시도했지만 어려움이 많다는 것을 나는 고백했다. 그는 전과 마찬가지로 "그만두게, 그만두는 것이 좋겠네!" 충고의 말을 되풀이했다. 그는 분명히 내가 이와 같이 무모한 짓을 할 만큼 지적인 능력을 갖추었다고는 생각지 않는 것 같았다. 나는 그의 집에서 반시간가량 머물렀는데 그동안 줄곧 그는 매우 너그러웠으나 나로서는 그가 불안정한 변덕꾸러기라고 단정하지 않을 수 없었다. 한동안 기분이 내켜서 그는 나와 마음 놓고 이야기를 했다가 그것을 후회하는 기분이 되었고 이제는 또다시 기분이 바뀌어 무관심하게 되어버렸다. 이렇게 전반적으로 변덕스러웠기 때문에 그 비결의 주체에 관한 한 거기에는 대단한 것이 없다는 것을 믿게 되었다. 그래도 나는 그 문제에 관하여 몇 가지 질문을 해보았는데 그가 대답을 해주기는 했지만 초조해 하는 것이 분명했다. 우리 눈에는 완전히 공백상태인 것이 그에게 있어서는 의심할 여지없이 분명하게 보이는 것이 틀림없었다. 어쩌면 그것은 무엇인가 작품의 기본적인 계획이었던 것으로 짐작되었다. 무언가 페르시아의 융단 속에 감추어진 복잡한 무늬와 같은 것이라고 짐작되었다. 내가 이렇게 비유해서 묻자 그는 내 말을 크게 인정하면서 자기도 역시 비유해서 "그것이 바로 내 진주를 꿰어 매단 줄이란 말일세" 했다. 그가 내게 편지를 보낸 이유는 우리와 같은 서평자들에게 조금이라도 도움을 주고 싶지 않다고 했다. 그는 서평자들이 완벽할 정도로 우둔해서 손을 댈 수 없다고 생각했다. 그가 그렇게 생각하는 것은 습관이 되어 있어서 혹시라도 작품의 마력이 풀려야 한다면 그것은 그 자체의 힘으로 자연스럽게 풀려야 한다고 생각하는 게 틀림없었다. 그를 마지막으로 만났던 때—나는 결코 두 번 다시 그 사람과 이야기해 볼 기회를 갖지 못했는데—그는 자기만의 즐거움을 어느 정도 안전하게 간직하고 있는 사람으로 지금도 내 기억 속에서 떠오른다. 나는 베리커의 집을 나와 걸어서 돌아오는 길에 도대체 그 자신만이 가졌다는 은밀한 비결을 어디서 입수했을까 하고 불현듯 궁금해졌다

5

베리커로부터 받은 편지에서 그가 내게 경고해 준 것을 조지 코빅에게 말했는데 그는 자기의 세심한 마음 씀씀이를 의심하는 것은 거의 모욕과 같은 것이라고 생각하는 듯했다. 그는 즉시 궨덜런에게 그 이야기를 해주고 말았던 것이다. 하지만 그녀가 열렬한 반응을 보였고 그 반응 자체가 그 일을 두 사람만의 비밀로 하자는 하나의 맹세가 되었다. 그들은 이제 그 문제에 열중하게 되었고, 그것은 그들에게 무척이나 귀중한 오락이 되어서 아무래도 여느 사람들과 함께 즐길 수는 없는 것이었다. 그 두 사람은 즐거움을 만끽하겠다는 베리커의 고상한 생각에 본능적으로 매달린 것처럼 보였다. 그러나 그들이 아무리 지적인 자존심을 가지고 있다 해도 자기들이 손대고 있는 문제에 내가 밝혀줄 일이 더 있을 것이기 때문에 그에 대해서 무관심할 수는 없었다. 그들이야말로 정녕 '예술적 기질'의 소유자이며 내 동료인 코빅이 예술이라는 문제에 그처럼 열중하는 것을 보고 나는 새삼 놀랐다. 그는 그것을 문학이라고 부르고 또한 생명이라고도 부르지만 그것은 오로지 한 가지를 말하는 것이다. 그가 말하는 것은 이제 궨덜런을 두고 하는 것이다. 궨덜런의 어머니 엄 여사의 병세가 호전되어 궨덜런이 약간의 여유를 갖게 되자 그는 나를 그녀에게 소개하려고 했다. 코빅과 나는 8월의 어느 일요일에 첼시에 있는 어떤 혼잡스런 집을 함께 찾아간 적이 있는데, 코빅에게는 함께 어울려 이야기를 주고받을 여자친구가 있었고, 나는 그것을 새삼스레 부러워했다. 내가 그에게 결코 말할 수 없는 것을 그는 그녀에게 말할 수 있었다. 유머 감각이 전혀 없는 궨덜런은, 머리를 한쪽으로 갸우뚱하게 기울인 채 애교를 떨고 있었는데 그녀는 뭐라고 할까 좀 흔들어주고 싶은 그런 사람

중의 하나였다. 그러면서도 독학으로 헝가리어를 배운 여자로서 어쩌면 코빅과는 헝가리어로 대화를 했는지도 모른다. 그런데 그의 친구인 내게는 놀랍게 영어로는 말을 하지 않았다. 나중에 코빅이 나한테 말해 준 바에 따르면, 내가 베리커를 만나서 들었던 이야기를 더 자세하게 말해주지 않으려는 뜻이 분명해 보였기 때문에 그녀의 마음이 싸늘해졌다고 했다. 베리커가 그렇게 말해 주었던 이야기에 대해서 나로서도 여러 가지로 생각해 보고 또 생각해 보았던 것을 느낀 그대로 말해 주었다. 그러나 지금껏 헛수고만 하고 아무 데도 쓸모가 없지 않느냐는, 그래서 이제 체념할 수밖에 없다는 느낌이 든다. 거기에다 그들이 중요성까지 덧붙이기 때문에 나는 화가 나고 잘될까 하는 의구심만 더 깊어졌다.

그렇게까지 말하는 것은 심술궂은 짓인지도 모른다. 그런데 내게 오로지 분통만 안겨준 그런 일을, 남들은 심심풀이로 즐기고 있는 것을 보니 정말 내 기분은 수모를 당한 느낌이었다. 나는 이제 열외자가 되어 추운 바깥에서 떨고 있는데 그들은 저녁 난로 가의 램프 아래에서 내가 눈에 불을 켜고 쫓기 시작한 일에 흥미를 보이고 있는 것이다. 그들은 내가 했던 것을 똑같이 하고 있는데 다만 좀더 신중하고 끈기 있게 그 저자의 책을 처음부터 다시 읽어나가는 일을 하고 있었다. 서두를 필요가 전혀 없다고 코빅이 말했다— 왜냐하면 장래가 유망하고 매력이 솟아나기만 하니까. 그들은 고전을 읽듯이 그의 책을 한 장 한 장 열심히 읽을 것이며, 속으로 천천히 깊이 들이마셔서 그 책의 저자를 여러 가지 방법으로 자신들의 몸속에 담아 놓을 거라고 했다. 만일 그들이 서로 사랑하는 사이가 아니었더라면 그렇게까지 긴장하지 않았을지도 모른다는 생각이 들었다. 보잘것없는 베리커의 작품이 지니고 있는 내밀한 의미가 그 두 젊은이에게 이마를 맞댈 무한한 기회를 주었다. 여하튼 코빅에게는 특별한 재능이 있어서 남달리 쉽게 문제를 풀어 나갈 수 있는 차분하고도 강인한 인내심이 있었다. 만일 그가 살아 있었다면 보다 눈부신 솜씨를 보여주었을 것이며 더욱 풍부한 결실을 맺었을 것이라고 생각한다. 베리커의 말에 따르면 그에게는 예민한 재주가 있었기 때문이라고 했다. 코빅과 나는 처음부터 의견이 맞지 않았지만 어쨌든, 나는 손가락 하나 까딱하지 않고 있어도 그의 영광에 좋지 않은 시간이 닥쳐올 것이라는 것을 알게 되었다. 그 사람도 내가 그렇게 했듯이 엉뚱한 냄새를 쫓느라 잡을 것도 놓치고 말 게다—그는 새로운 해명의 빛을 보고 손뼉을 치며 기뻐하겠지만 책장을 넘기면서 그 바람에 빛이 사라지고 마는 것을 알게 될 것이다. 그래서 나는 코빅에게 그가 셰익스피어의 신비로운 속성에 관해서 이러쿵저러쿵 허튼 소리나 해대는 미치광이에 지나지 않는다고 말해 주었다. 이 말에 대해서 코빅은 대꾸하기를, 혹시 셰익스피어가 자신이 신비로움을 지니고 있다는 말을 우리에게 해준다면 코빅도 그 말을 받아들이겠다고 했다. 그러나 이 경우에는 사정이 달랐다—우리는 베리커라고 하는 시시한 친구의 말밖에 들은 게 없다. 베리커 씨의 말을 그가 그처럼 중요하게 여기는 것을 보고 있으니 내 정신이 나가는 것 같다고 나는 대답했다. 그랬더니 그는 혹시나 내가 베리커 씨의 말을 거짓말로 생각하는지를 알고 싶어했다. 나는 내 자신이 실망한 터라 반갑지 않은 감정의 반동도 있고 그것을 거짓말이라고까지 단언할 각오가 되어 있지는 않았던 것으로 생각되지만 그 반대의 경우가 입증될 때까지는 그것을 믿는다는 것이 너무나 제멋에 겨운 상상으로밖에 간주되지 않는다고 주장했다. 그런데 솔직히 말하지만 나는 내 감정을 전혀 나타내지 않았다. 그때 나는 내가 무엇을 느끼고 있는지조차 전혀 알지 못했다. 미스 엄의 소설 제목에 있다시피 내 마음속 깊은 곳에 불안과 기대의 감정이 뒤섞여 있었다. 이처럼 내 마음속 깊은 곳에서는 늘 호기심이 불타고 있었는데, 어쩌면 코빅이 거기서 무엇인가를 찾아내고 말 것이라는 강렬한 예감을 갖고 있었던 것 같다. 코빅은 자기가 사려분별 없이 경박하게 믿었던 것을 변호하려는 듯이 이 천재작가를 자신이 연구해 오는 동안 옛날부터 이 작가에게는 숨겨진, 마치 음악에 어렴풋이 떠도는 가락과 같은 것, 분간하기 어려울 만큼 확 풍기는 향기와 어떤 암시 같은 게 있다고 마구 주장했다. 그것이야말로 이 작가의 희귀성이며 그의 매력인 것이다. 더구나 그것이 내가 알려준 것과 너무나 완벽하리만큼 잘 맞았다고 덧붙였다.

나는 그 뒤 이따금 첼시에 있는 그의 작은 집에 찾아가곤 했는데 미스 엄의 부모님 병문안도 하고 동시에 베리커에 관한 소식도 들을 겸해서 그랬던 것인지도 모른다. 코빅이 그곳에서 보낸 시간이 내 마음에 생생하게 떠오르는데 그때의 그의 모습은 기나긴 겨울밤을 새우며 등불 밑에서 서양장기판에 눈을 부릅뜨고 말없이 다음 장기의 말을 어떻게 놓을까를 생각하는 그런 사람의 모습이었다. 내 상상력이 점점 부풀어오름에 따라 그 그림 속의 모습은 나를 꽉 붙잡고 놓아주지 않았다. 장기판의 반대쪽에는 보다 희미한 모습의 사람이 있는데 그 어슴푸레하게 보이는 대국자는 기분이 좋은 것 같으나 약간 지루할 만큼 견실하게 대응하고 있었다. 그는 의자에 몸을 기댄 채 두 손을 주머니에 넣고서 그 깨끗하고 잘생긴 얼굴에 미소를 띠우고 있었다. 코빅의 바로 뒤 가까이에는 한 젊은 여자가 서 있었다. 그녀는 얼굴이 창백하고 지쳐 보이는 인상이었는데 자세히 살펴보니 잘 생긴 얼굴이었다. 그녀는 코빅의 어깨에 기댄 채 그가 놓은 장기의 말이 움직이는 것을 꼼짝도 않고 열심히 바라보고 있었다. 코빅은 장기의 말을 하나 집어 장기판의 작은 네모꼴 눈금 위에 놓으려다가 멈칫했다. 다음 순간 그는 실망하는 긴 한숨을 쉬면서 장기의 말을 있던 자리에 그대로 내려놓았다. 이것을 보고 그 젊은 여자는 간신히, 그러나 근심스러운 듯이 몸을 돌려 그 희미한 모습의 상대방을 똑바로 정말 이상하리만큼 오랫동안 넘겨다보았다. 나는 그 사람들이 이 일을 처음 시작했던 때 베리커와 좀더 가깝게 지냈더라면 그들이 하는 일에 도움이 되지 않았겠느냐고 물었다. 베리커와 만났던 그 특별한 상황은 분명히 그들을 소개할 만한 권리를 마련해준 것이었다. 코빅은 즉석에서 대답하기를 제물을 바칠 준비를 하기 전에는 제단 쪽에 다가가고 싶은 생각이 전혀 없다는 것이다. 그는 사냥하는 재미와 그 영광에 관해서 베리커와 같은 생각을 하고 있었고, 찾고 있는 짐승을 만나면 자신의 총으로 쏘아 넘어뜨리겠고 했다. 내가 미스 엄도 그처럼 사격의 명수인가 묻자, 그는 잠깐 생각하고 난 뒤에 이렇게 말했다. "아닐세, 말하기 부끄럽네만 그녀는 올가미를 놓고 싶어한다네. 어쨌든 베리커를 보고 싶어 하지. 또 한 번 올가미를 놓아야 할 필요가 있다고 말하고 있다네. 그 문제에 대해서 그녀는 정말 병적이야. 그런데 그녀야말로 정정당당한 방법을 써야만 될 거야. 그 사람을 절대로 만나지 못하게 해야겠어!" 그는 마지막 말을 힘주어 덧붙였다. 나는 그들이 말다툼을 했을 거라 생각했다. 나의 그런 의심은 "그녀는 정말 믿을 수 없을 만큼 문학적이란 말이야—아주 대단하다구." 코빅이 소리 높여 외쳤댔지만 쉽게 믿어지지 않았다. 언젠가 그가 그녀에 대해서 말하면서 그녀가 느끼고 생각하는 것이 무척 과장되어 있다고 한 말을 나는 기억하고 있다. "그녀가 베리커의 비밀을 밝혀내게 되면 그때는 내가 그 사람 집을 찾아가야 할 게 아닌가, 그렇지? 그렇고말고—믿어주게나. 그 사람 입으로 직접 '맞았소, 자네가 이번에는 해냈군' 하고 말하도록 시킬 참일세. 그 사람이 내게 승리자의 왕관을—비평가의 월계관을 씌워주도록 할걸세."

런던에서 생활했더라면 만나볼 수 있었던 그 유명한 소설가를 그는 사실상 피해왔다. 그런데 그런 기회도 베리커가 얼마 동안 영국을 떠나 있었기 때문에 사라지고 말았다. 신문 보도처럼, 베리커는 병 때문에 오랫동안 은거해 온 아내의 건강을 이유로 남유럽 쪽으로 여행을 떠났다. 브리지스 저택에서 있었던 사건 이후로 일 년—아니, 그 이상의 세월이 지났지만 나는 그 뒤로 줄곧 그 사람의 얼굴을 보지 못했다. 나는 마음속 깊이 대단히 부끄러워하지 않았나 하는 생각을 한다. 비록 그가 말한 요점은 이미 놓쳐버리고 말았지만 재빨리 내가 예민한 비평가라는 명성을 온몸에 받게 된 것을 그가 감지하는 것이 무척 싫었던 것이다. 그래서 망설이다보니 이리저리 끌려 다니며 괴로움을 당하게 되었고 그래서 제인 여사의 집에도 발길을 끊었는데, 그녀는 두 번씩이나 편지를 보내서 그녀의 훌륭한 저택으로 초대해주었다. 물론 나는 거절하고 말았다. 언젠가 음악회에서 그녀가 베리커와 함께 있는 것을 보게 되었는데 틀림없이 그 두 사람도 나를 보았을 터였다. 하지만 그들이 나를 붙잡지 않아 나는 살짝 그곳을 빠져나와서 비를 맞으며 철벅거리고 걸었다. 그렇게밖에 달리 내가 할 수 있는 일은 없었다. 그렇다 해도 그때 그들의 행동은 정말 매정한 것이었고 잔인하기까지 했다고 혼자 중얼거렸던 오후의 한때를 기억하고 있다. 그러므로 나는 베리커의 작품을 잃어버렸을 뿐만 아니라 좋아하던 저자까지도 잃어버리고 말았다. 내가 가장 가슴 아파하는 게 무엇인지 나는 잘 알고 있다. 지금껏 내가 그의 작품에 이끌려 왔던 그 이상으로 나는 그 저자에게도 매혹되어 있었다.

6

베리커가 영국을 떠나고 6개월이 지난 뒤, 글을 써서 먹고살던 조지 코빅은 작품을 하나 쓰기로 계약을 했다. 그 일로 그는 한동안 영국을 벗어나 힘든 여행길에 들게 되었다. 그가 그러한 일을 떠맡았다는 사실에 나는 크게 놀랐다. 그의 매형이 유력한 지방 신문의 편집국장이 되었고 그 지방 유력자가 아주 엉뚱하게도 인도에 특파원을 파견하려는 생각을 해냈다. 그즈음 수도권 '중앙지'들에 특파원 파견이 유행했는데 문제의 신문도 그 물결을 타게 되었다. 코빅에게는 신문사 특파원으로서 큼직한 글 재주가 없다는 것을 나는 느끼고 있었지만 그것은 그의 매형이 책임질 문제였다. 코빅은 특별한 그 일에 자기가 능숙한 재주를 갖지 못했다는 사실 때문에 오히려 그 일을 받아들이게 되었다. 그는 '중앙지' 기자들을 뺨칠 정도로 잘해보겠다는 마음을 갖고 좋은 글만 쓰리라는 진지한 결심을 했으며 고상한 심미적 취향 같은 것은 깨끗이 버리고 새로운 모습으로 거듭나기로 다짐했다. 출장에 쓰여지는 비용과 업무에 따르는 특별 수당을 받기도 했다. 한편 그는 돈벌이가 되는 책을 내고 싶었던 마음에 자신을 도와줄 출판사도 눈여겨 두었다. 나는 그가 돈을 벌겠다는 욕심을 갖게 된 이유는 궨덜런 엄과 결혼하려는 그의 의지 때문이라 생각했다. 그들의 결혼을 여자의 어머니가 반대했는데, 첫째 그에게 재산이 없고, 둘째는 마땅한 직업이 없어서라는 말을 들었다. 하여튼 그 일로 코빅을 만났을 때 내가 그 젊은 여자인 궨덜런과 헤어져야 할 이유가 있다고 하자 그는 놀랄만큼 강하게 말했다. "아니야, 약혼은 하지 않았어!"

"그야 겉으로는 안했겠지" 내가 대꾸했다. "그녀의 어머니가 자네를 좋아하지 않으니까. 그러나 서로 은밀히 좋아하고 있는 것이겠지. 나는 늘 그렇게 생각해 왔거든."

"글쎄, 그렇게 생각할 수도 있겠지. 그러나 지금은 달라." 그는 그렇게밖에 말을 하지 못하고 엄 여사가 아주 놀랄만큼 건강해졌다고 말했다. 그가 엄 여사의 건강상태를 이야기한 것은 내 생각처럼 그들이 서로 은밀하게 사랑한다는 것도 의사가 그들을 한몫 거들어주지 않는다면 별 쓸모가 없음을 강조하는 것이었다. 그런데 문득, 혹시 여자 쪽에서 그 사람을 멀리하는 게 아닌가 하고 내 멋대로 추리해 보기도 했다. 그런데 만약 그가 질투를 하고 있다면—그런 어리석은 짓은 하지 않을 테지만—우리 둘만을 남겨둔 채 그가 영국을 떠나 멀리 갈 수는 없었을 테니까. 그는 떠나기 전 얼마 동안 그 숨겨진 보물에 대해서 전혀 언급하지 않았다. 그가 침묵하고 있었기 때문에 나도 맞대결하듯이 말을 아꼈는데, 그가 왜 그래야했는지 분명히 알게 되었다. 이제 그는 용기가 꺾이고 말았으며, 그의 열정도 내가 경험했던 것처럼 그렇게 허무하게 사라지고 말았다. 나는 그의 우울한 얼굴에서 자세히 읽을 수 있었다. 그러나 그는 그 이상의 모습을 보여주지는 못했다. 그는 혹시라도 내가 대성공을 거두게 되면 그것을 분명히 시인해야 할지도 모를 일을 참고 견뎌내기는 힘들다고 느꼈을 게다. 안타깝게도 그가 두려워할 필요는 없었다. 왜냐하면 그때쯤이면 승리해야 한다는 욕망이 내게서 완전히 사라지고 말 것이기 때문이다. 실제로 나는 그의 좌절을 책망하지 않고 그의 아량이었다고 생각한다. 이유는 그가 이 승부를 포기했구나 하는 생각이 들었을 때 결국 얼마나 내가 그 사람을 의지했었는지 그 어느 때보다 더 절실히 느꼈기 때문이다. 만일 코빅이 실패했다 해도 나로서는 결코 그것을 알 턱이 없다. 그가 깨닫지 못하는데 어느 누가 알 수 있을까. 그렇다고 궁금한 마음이 시들어버렸다는 것은 전혀 아니다. 오히려 내 호기심은 가슴속에서 조금씩조금씩 생기를 얻고 밤낮을 가리지 않고 자라나 나를 마냥 흔들어댔다. 물론 이런 고통은 엉뚱한 질병이나 다를 게 없다고 생각하는 사람들이 있을 게 틀림없다. 그러나 결국 이와 같은 인간 관계에서 내가 왜 그 사람들에 대한 말을 해야 하는지 그 이유를 알지 못한다. 이상하든 이상하지 않든, 어쨌든 내 이 이야기에 관련이 있는 몇몇 사람들에게 있어서는 문학이 기교의 승부게임이며, 기교는 용기를, 용기는 명예를, 그리고 명예는 정열을, 생명을 의미하는 것이었다. 이러한 승부게임 테이블에 놓인 승자의 몫은 특별한 물질로 된 보배이며 우리의 투전기 룰렛은 회전하는 지성이었다. 그러나 우리는 초록빛 룰렛판을 둘러싸고 몬테카를로의 도박사처럼 무서운 얼굴로 앉아서 골똘히 응시하고 있었다. 다시 그 일을 두고 말한다면 렌덜런 엄은 그 창백한 얼굴과 꼼짝 않는 눈초리를 하고, 행운을 잡으려는 도박의 신전에서 흔히 보게 되는 깡마른 부인네들과 같은 모습을 하고 있었다. 코빅이 없는 동안에 그녀가 이토록 변했구나, 생각했다. 문학예술을 위해서 살고 있는 그 모습에는 유별난 것이 있었다. 그녀는 분명히 정열의 포로가 되어 있었고 그래서 그녀 앞에서 나는 정말 열정이 없는 사람처럼 느껴졌다. 다시 한 번 그녀의 소설 《저 깊은 곳에》를 읽어보았다. 그것은 그녀가 길을 잃고 헤매던 사막이었다. 그러나 그 사막에서도 역시 그녀는 놀라우리만큼 멋지게 모래 속의 구멍을 파고들었다—이 구멍으로부터 훨씬 더 멋들어지게 그녀를 끌어냈던 것은 바로 코빅이다.

  3월 초 나는 그녀로부터 전보를 받고 곧 첼시로 달려갔다. 그녀가 내게 던진 첫 번째 말은 다음과 같았다. "그 사람이 찾았대요, 그가 알아냈대요!"

  그녀의 감동을 끌어낸 말이어서 그 말이 매우 중요한 것임을 나는 알 수 있었다. "베리커의 착상을 알아냈다는 말입니까?"

"베리커의 전체적인 의도를 알아냈다는 거예요. 조지가 봄베이에서 국제 전보를 쳤어요."

그녀는 가지고 있던 전보용지를 펼쳐 보였다. 전보의 내용은 간결 했지만 강한 표현이었다. "나는 발견했노라. 엄청난 것이로다." 그것이 전부였고 발신인의 서명에 쓰일 비용도 아꼈다. 나도 그녀와 마찬가지로 감동했지만 또한 실망도 컸다. "그 내용이 무엇인지 알려주지 않았군요."

"어떻게 알려줄 수 있었겠어요—전보에다가. 편지로 써 보내겠지요."

"그런데 어떻게 알아냈을까요?"

"어떻게 알았느냐고요? 제 생각에 그건 당신이 보는 순간 알게 되는 거예요." 그녀는 말을 이었다. "'걸음걸이만 보아도 진짜 여신임을 알다' 그 말을 알고 있지요!"

"미스 엄, 나한테 그 소식을 전해주었으니 당신이 바로 그 '여신'이구려!" 나는 마냥 상기되어 신이 났다. "그렇지만 힌두교의 3대 신 가운데 하나인 비슈누의 신전에서 우리의 여신을 찾아냈다는 것은 얼마나 멋진 일인가! 저토록 색다르고 강렬한 유혹 속으로 또다시 그 일속으로 뛰어들 수가 있었으니 조지야말로 대단히 기묘한 사람이군요!"

"그분이 그 문제에 뛰어든 게 아닌 것으로 알아요. 6개월 동안이나 싫어서 혼자 있게 내버려두었기 때문에 그 문제 자체가 마치 정글에서 암호랑이가 뛰쳐나오듯이 그 사람에게 달려들었을 뿐이랍니다. 그이는 책을 한 권도 안 가지고 갔어요—일부러 말이에요. 정말 그럴 필요가 없었거든요—그이는 나와 마찬가지로 책을 몽땅 외우고 있었지요. 그것이 모두 한꺼번에 그 사람의 마음속에 작용했고, 그래서 어느 날 어디선가 갑자기 생각지도 않고 있을 때 정말 굉장히 복잡하게 뒤엉킨 그 모두가 정확히 하나로 짝을 맞추었던 것이지요. 융단 속의 무늬가 나타난 것이지요. 그것이 그런 식으로 나타나리라는 것을 그이도 알고 있었고요. 왜 그분이 그 곳에 갔었는지, 그리고 왜 그것을 내가 동의했는지 그 진짜 이유를—그동안 조금도 알지 못하고 계셨지만—이제 말씀드려도 괜찮으리라고 생각해요. 사실 변화의 덕분에 그렇게 잘될 것을 우리는 알았어요—생각하는 것도 달라지고 경치도 달라지면 없었던 감동도 생기고요. 술처럼 멋지게 흔들어대는 일도 생긴다는 생각을 한답니다. 어쨌든 우리는 완전히, 그리고 멋지게 예상을 하고 있었지요. 필요한 것들은 모두 그의 마음속에 들어 있었고 그래서 새롭고 강렬한 경험으로부터 자극을 받아 그것들이 바로 불을 붙인 것이랍니다." 정녕 그녀에게 불이 붙었다—글자 그대로 그녀의 얼굴이 타오르고 있었다. 나는 무의식의 사고 행위에 대한 것을 무엇인가 입 속에서 중얼거린 뒤 계속 말했다. "그이는 곧장 집으로 돌아올 겁니다—이렇게 그이가 돌아온다고요."

"베리커를 만나기 위해서 말입니까?"

"네, 그를 만나기 위해서지요—물론 저도 만나고요. 그리고 생각해 보세요. 그분이 나한테 무엇을 말해 주실 것인지요!"

나는 머뭇거리며 물었다. "인도에 대해서 말인가요?"

"시시한 말씀하시네요! 베리커에 대한 것이지요—융단 속의 무늬에 관한 것 말이에요."

"하지만 말씀하시다시피 그거야 틀림없이 편지로 알게 되겠군요." 그녀는 영감을 받은 사람처럼 무언가 생각에 잠겼고 그러자 그녀의 얼굴이 재미있게 생겼다고 오래 전에 코빅이 나한테 한 말이 생각났다. "아마 그게 '굉장한' 것이라면 편지로 쓸 수가 없겠지요."

"그게 정말 대단한 허튼소리라도 아마 쓸 수 없겠지요. 편지에다가 쓸 수 없을 만한 것을 잡았다면 그거야 진짜를 붙잡은 것은 아니지요. 베리커 자신이 나한테 한 말로 봐서는 그 '무늬'가 글자 하나하나에 잘 조화되어 있는 것 같습니다."

"글쎄요. 한 시간 전에 조지에게 전보를 쳤지요—두 마디 말로요"라고 퀜덜린이 말했다.

"전보내용이 무엇인지 물어봐도 괜찮을는지요?"

그녀는 잠시 머뭇거리다가 마침내 그것을 밝혀주었다. "천사처럼 훌륭한 분이시여, 써 보내세요."

"잘하셨습니다!" 나는 크게 외쳤다. "나도 확실하게 해놓지요—똑같은 전보를 칠 참이랍니다."

7

그러나 내가 친 전보는 미스 엄의 내용이 조금 달랐다—'천사처럼 훌륭한 분' 대신에 다른 말을 썼다. 그런데 결국은 내가 쓴 형용사가 한결 더 적절했던 것처럼 생각되었다. 왜냐하면 마침내 우리가 여행 중인 그로부터 편지를 받았을 때 그 편지는 오로지, 그리고 완전히 우리를 애먹이는 것에 지나지 않기 때문이다. 그는 멋들어진 승리를 획득했고 굉장한 발견을 했노라고 썼다. 그러나 그가 환희의 절정에 빠져 있어서 오히려 그 빛을 잃게 했을 뿐이다—그가 자기의 생각을 최고의 권위자인 베리커에게 이야기해야 했을 때까지도 자세한 것을 말하지 않았다. 그는 특파원의 임무를 포기했고, 책을 쓰는 일도 그만두었고, 모든 것을 중단하고 그 길로 베리커가 머물고 있는 제노바 만 근처의 라팔로로 서둘러 갔다. 나는 그에게 편지를 써서 예멘의 수도 아든에서 그가 받아 볼 수 있게 부쳤다. 내 걱정을 덜어줄 답장을 보내달라고 간절히 부탁했다. 내 편지를 그가 받아봤다는 것을 전보를 보내와서 알게 되었는데, 이 전보는 내가 며칠 동안 지루하게 봄베이에 있는 그를 기다리다가 받은 것으로, 두 번째 편지의 답장으로 온 것이었다. 그의 전보에 쓰인 몇 마디 말은 귀에 익은 현대 프랑스어였으며, 코빅은 자기가 깐깐한 사람이 아니라는 것을 보여주기 위해서 흔히 이 프랑스 말을 이용했다. 그런데 어떤 사람들에게는 역효과를 내기 일쑤였지만 그가 전하려는 말은 대체로 다음과 같이 바꿔 설명될 수 있다. "조금만 참으시게. 그 일이 난데없이 자네 앞에 밝혀질 때 자네가 어떤 얼굴을 하는지 보고 싶네!" 그러므로 차분히 앉아 참고 견뎌야만 했다. 그러나 나는 그럴 수가 없었다. 왜냐하면 그즈음 나는 첼시에 있는 작은 집과 내 집 사이를 늘 마차로 덜컹거리면서 오갔기 때문이다. 우리, 즉 궨덜런이 나타나 똑같이 조바심을 치고 있었지만 나는 줄곧 궨덜런이 나보다 더 많은 것을 알아내기를 바랐다. 그러는 동안에 우리와 같은 서민들은 전보를 치고 마차를 타고 다니느라 많은 돈을 쓰고 있었고, 연합한 뒤 라팔로로부터 들려오는 소식을 듣고 있었다. 코빅의 소식을 기다리는 동안은 일각이 여삼추로 꽤 긴 것 같았다. 그러나 어느 날 늦게 이륜마차가 현관 앞에 당도하는 소리가 들렸다. 갑자기 요란스럽게 난 그 소리를 듣고 나는 단숨에 창가로 달려갔다. 한 젊은 여자가 마차의 발판위에 서서 열심히 내 집을 올려다보고 있는 모습이 눈에 띄었다. 그녀는 나를 보자 종이 한 장을 마구 흔들어 댔는데 그 몸짓에 나는 곧장 아래로 뛰어 내려갔다. 그런데 그 모습은 멜로드라마 속에서였더라면 사형장의 교수대 밑 부분에서 손수건과 형 집행정지의 영장이 마구 휘날리는 듯한 모습이었다.
 "이제 방금 베리커를 만났소—한 가지 기록도 잘못된 게 없소. 가슴속에 간직했소. 한 달은 걸리겠소." 그 젊은 여인이 보여준 전보를 거기까지 읽고 있는 동안 마부가 자기 자리에 앉아서 싱긋 웃고 있었다. 나는 흥분해 있었기 때문에 그에게 팁을 듬뿍 주었고, 그녀도 역시 흥분해 있어서 그렇게 하는 것을 내버려두고 있었다. 마부가 떠난 뒤 우리는 근처를 산책하면서 이야기를 주고받았다. 전에도 우리는 자주 이야기를 주고받았지만, 이번에는 이상하리만큼 마음이 들떠 있었다. 우리는 라팔로에서 일어났을 광경을 모두 상상해 보았다. 그는 라팔로를 방문하기 위해서 내 이름을 들먹이면서 허가받는 편지를 썼을 것이다. 그런 상상은 그곳에 대한 자료를 많이 가지고 있던 내가 혼자서 멋대로 상상해 본 것인데, 나는 그녀와 함께 걸으면서 일부러 상점의 진열장 앞에서 걸음을 멈추고 이야기를 하고는 했다. 하지만 진열장 안을 들여다보지는 않았고, 그녀는 내 이야기에만 귀를 기울이고 있었다. 우리는 분명히 생각이 겹쳐지는 때가 있었다. 혹시라도 코빅이 베리커와 더 많은 의견을 나누기 위해 그 곳에 계속 머문다면 적어도 우리에게 편지 한 장 정도는 해주어야 했다. 우리는 그를 이해하면서도 한편 싫어하고 있었다. 우리가 분명히 오리라고 생각했던 편지가 도착했다. 그 편지는 궨덜런 앞으로 보낸 것이었다. 나는 때맞춰 그녀를 찾아가 그녀가 일부러 내게 편지를 가져오는 수고를 덜어주었다. 아주 당연한 것이었지만 그녀는 그 편지를 끝까지 다 읽지 않고 중요한 내용만을 나한테 구체적으로 알려주었다. 편지에서 코빅은 자기들이 결혼한 뒤에 그녀가 알고 싶어하는 것을 모두 알려주겠다는 놀라운 말이 씌어있었다.
 "제가 자기의 아내가 되었을 때에나 말예요—그 전에는 안 된대요." 그녀가 설명했다. "그렇다면 말예요—우리가 곧장 결혼하지 않으면 안 된다는 말과 같지요! —안 그래요?" 그녀는 나한테 웃어 보였지만 나는 맥이 확 풀리면서 실망하고 말았다. 이제부터 새로이 지체될 것 같은 예상이 들어 처음에는 내가 놀라고 있는 것마저 알지 못했다. 어쨌든 그가 나한테도 무언가 귀찮은 조건을 떠맡길 것이 틀림없었다. 그런데 갑자기 나는 코빅이 떠나기 전에 나한테 했던 말을 생각해냈다. 그러는 동안 그녀는 내게 그가 편지에서 한 말을 몇 가지 더 일러주었다. 코빅은 베리커 씨야말로 미칠 정도로 재미있는 분이라는 것을 알았으며 자기가 이 비밀을 차지하고 있다는 사실에 정말로 흥분해 마지않았다는 것이다. 묻혀 있는 보물은 정녕 황금과 보석이었다. 그것이 거기에 있었기에 자기 눈앞에서 자꾸만 불어나는 것처럼 생각되었다. 그것은 모든 시대를 통해서, 그리고 모든 언어를 사용해서 쓰인 가장 훌륭한 문학예술의 꽃 중의 꽃이었던 것이다. 더구나 그것을 직접 대하고 나면 그보다 더 완전무결하게 성취된 예술을 결코 다시는 볼 수가 없었다. 일단 모습을 드러내 놓자 그것은 부끄러움을 탈 만큼 눈부신 광채를 지녔다. 그런데 그것을 왜 지금껏 못 보고 지나쳐왔는가 궁금했다. 어쩌면 아주 사소한 이유는 다름 아니라 모든 사람이 감식력을 잃고 부패했으며 모든 감성이 메말라버린 현대의 속물성에 있는 것이다. 그것은 위대하지만 그만큼 단순하고, 단순하면서도 그만큼 위대해서 마침내 독특한 경험이 되었다. 그러한 경험의 매력, 그것이 생생한 동안에 마지막 한 방울까지 쭉 들이켜고자 하는 욕망 때문에 그가 그 근원이 되는 사람과 가까이하고 있는 것이라고 그렇게 편지에 말해 놓았다. 궨덜런은 이러한 단편적인 이야기를 내게 가볍게 해주면서 아주 환한 얼굴로 나 자신보다 더 확실한 장래의 기대에 의기양양해 보였다. 그래서 나는 그녀의 결혼문제를 다시 생각하게 되었는데, 그녀가 나를 놀라게 했던 말이 그 사람과 약혼했다는 뜻이냐고 물어 보지 않을 수 없었다.

"물론이지요!" 그녀가 대답했다. "모르고 계셨나요?" 그녀는 놀란 것 같았다. 하지만 내가 오히려 더 놀랐다. 왜냐하면 코빅이 한 말과는 완전히 반대였기 때문이다. 그러나 그 말은 하지 않았다. 다만 나는 그녀에게 그러한 이유로 내가 그녀를 믿지 않았고 코빅조차도 믿지 않았으며, 그녀의 어머니가 그들의 약혼을 막으려고 했음을 모르지 않았다고 일러두었다. 마음속으로는 그 두 사람의 말이 맞지 않아서 언짢은 기분이 들었으나 잠시 뒤 코빅이 한 변명이 의심스럽지 않아 덮어두기로 했다. 그러나 이런저런 생각을 하지 않을 수 없었다. 그녀가 옛날 이야기를 새로운 이야기처럼 꾸몄거나 아니면 새로운 이야기를 불쑥 내놓았거나—순간적으로 약혼을 했다고 해놓고 자기가 소망한 대로 되기를 바라는 것은 아닌가 하고. 그녀에게는 내가 갖지 못한 임기응변의 재능이 있음이 틀림없었지만 그녀는 곧 다음과 같이 대꾸했기 때문에 자기 입장을 조금은 이해시켜 주었다. "지금까지의 모든 일의 상태로 보아서 엄마가 살아계신 동안에는 아무것도 하지 말아야 한다고 생각한 것이지요."

"하지만 이젠 엄마의 승낙을 받지 않아도 될 것이라고 생각하시겠죠?"

"아, 그렇게 안 될지도 몰라요!" 그렇다면 어떻게 될 것인가, 생각하는데 그녀가 계속해서 말했다. "안됐군요. 엄마는 반갑지는 않지만 그대로 받아들이실 거예요. 사실 아시다시피," 그녀는 크게 웃으면서 덧붙였다. "엄마는 정말 그렇게 해주셔야만 돼요!"—관심을 가진 모든 사람을 대신해서 그녀의 주장이 강력하다는 것을 충분히 인정했다.

8

내가 영국에 있을 형편이 못되어 코빅으로부터 모든 이야기를 들을 수 없게 된 것을 알고 나는 몹시 마음이 상했다. 동생의 위급한 병 때문에 갑자기 독일로 오라는 소식을 받았던 것이다. 그런데 동생은 내 충고를 듣지 않고 뮌헨으로 가서 어느 훌륭한 대가의 밑에서 유화의 초상화기법을 배우고 있었다. 그에게 학자금을 대주었던 가까운 친척이 혹시라도 내 동생이 보다 훌륭한 진리를 찾기로 했다고 그럴듯한 핑계를 대면서 파리로 간다면 학비 송금을 철회하겠노라고 으름장을 놓았다. 웬일인지 몰라도 이 첼튼엄 숙모에게 있어서의 파리는 악의 양성소이며 끝없이 깊은 구렁텅이였기 때문이다. 나는 그때 이 숙모의 편견을 한탄했었는데 이제 그 믿지 못할 일이 벌어지고 말았다—즉 첫째로 똑똑하면서도 허약하고 미련했던 동생은 실제로 이상하게도 폐병을 앓고 있었고, 둘째로는 그 사건으로 해서 나는 파리보다 런던으로부터 더 멀리 떨어진 뮌헨까지 가게 되었다. 불안한 몇 주일 동안 내 마음 속에 맨 먼저 떠오른 것은 만일 나와 내 동생이 파리에만 있었더라면 내가 단숨에 달려가 코빅을 만날 수 있었지 않았나 하는 생각이었다. 실제로 그런 생각은 모든 점에서 전혀 문제가 되지 않았다. 동생이 병에서 회복하면 우리 둘이 할 일은 많지만 동생이 석 달 동안이나 앓고 있어서 그 동안 나는 동생 곁을 한 번도 떠나지 못했다. 그렇게 석 달이 지난 끝에 우리는 영국으로 돌아가는 것을 완전히 금지당할 참이었다. 분위기를 바꿔 시골 요양이라도 해야 할 것으로 생각했는데 동생은 혼자서 그런 변화를 감당할 상태에 있지 않았다. 나는 동생을 이탈리아의 미랜으로 데리고 가 그곳에서 여름을 함께 보내면서 어떻게 일을 다시 시작할 것인지 예를 들어 설명했다. 그런데 한편, 동생에게는 결코 보여주고 싶지 않으려고 애를 쓰는 또 다른 걱정에 나는 빠져 있었다.

이 모든 일이 이상하게 얽히고설켜 일어난 여러 일들 가운데 그 첫 번째 일이 동생의 입원이었다. 나는 그 일을 어떻게든 모두 받아들여야 했는데—그 일은 물론 인간의 정신을 이롭게 하는 것이지만, 인간의 욕망이 아무리 강하다 해도 운명이 때로는 이 욕망을 좌우한다는 진리를 내가 깨닫게 해준 기회였다. 그러나 어떤 사건이 비록 사소한 것이라 해도 때로는 그 무시해서는 안될 결과보다 더 큰 의미를 지니고 있다. 물론 그 결과 역시 무시해서는 안될 것이라는 생각이 든다. 어쨌든 사실을 말하자면 내 유배지와 같았던 그곳에서 얻은 꼴사나운 결과가 이 시각에 바로 그러한 의미로 내 앞에 나타난 것이다. 내가 처음부터 말했다시피 대단한 욕망에 사로잡혀 왔던 그 동안의 내 마음은 조지 코빅이 라팔로에서 돌아오기 전에 내게 편지를 보내온 사실에도 불구하고 전혀 편해질 수가 없었는데, 그의 편지조차도 내가 싫어하는 방식으로 씌어 있었다. 오늘에서야 내가 고백을 하는데 분명히 코빅이 내 마음을 진정시키고자 편지를 보냈지만 실제로는 그런 기능을 전혀 발휘하지 못했으며, 그 뒤에 일어난 일도 그의 편지에 빠져 있는 것을 보완해줄 만큼 잘 진전되지도 않았다. 그가 그 현장에서 어떤 계간지를 위해 베리커의 작품에 대하여 마지막으로 확인하는 말을 썼다고 적혀 있었으며, 그 글이 철저한 연구인 동시에 세상에 내놓을 만한 가치가 있는 유일한 연구로 문단에 새로운 빛이 될 거라는 기대를 받고 있고, 그 진실이 아직은 무언의 비밀로만 떠돌고 있다는 것이다. 바꾸어 말하자면 그렇게 해서 융단 속의 무늬를 하나하나 찾아내고 그것을 갖가지 색조로 재현할 참이었다. 코빅 그 친구에 의하면 그 결과가 지금껏 그려진 문학적 초상화의 최고 걸작이 될 것이고, 그래서 자기가 그 걸작을 내 눈앞에 매달아 보여줄 때까지 귀찮은 질문 같은 것은 하지 않는 게 좋지 않겠느냐고 부탁을 해왔다. 그는 내게 경의를 표하고 무상무념 속에 아주 초연하게 앉아 있는 위대한 초상화의 모델과 같은 그 사람을 제쳐놓고 개인적으로 자기가 가장 애써 일을 해주는 나를 감정가로 삼아 그 초상화를 보여주겠노라고 단언했다. 그렇기 때문에 나는 착한 아이가 되어 그 전시회의 준비가 마무리되기 전에는 커튼 밑으로 들여다보지 않으려고 애를 썼다. 아주 꼼짝 않고 앉아 있기만 하면 그 만큼 더 많은 즐거움을 갖게 될 것이라고도 했다.

  나는 최선을 다해서 꼼짝도 않고 조용히 앉아 있으려고 했다. 그런데 펄쩍 뛰어오르지 않을 수 없는 일이 생겼다. 내가 뮌헨에서 한두 주일 있는 동안 내가 알기로는 코빅이 아직 런던에 도착하기 전이었는데, 그 곳의 신문〈타임〉에서 안타깝게도 엄 여사가 갑자기 죽었다는 짤막한 기사를 보았던 것이다. 나는 곧 궨덜런에게 편지를 써서 자세한 것을 알려달라고 간청했다. 그녀로부터 답장이 왔는데 자기 어머니가 오랫동안 심장마비 증세로 고통을 받아 왔다고 했다. 그녀가 편지에 쓰지는 않았지만 그녀의 말 가운데서 내가 멋대로 읽어낸 것인데, 그녀의 결혼문제, 그리고 내게 조금도 뒤떨어지지 않는 그녀의 열성이라는 점에서 보면, 이 어머니의 갑작스런 죽음은 예상보다도 더 빨리, 그리고 노부인이 참아주기를 기다리는 것보다도 더 근본적인 해결을 해준 셈이었다. 솔직히 말해서 그때 그녀로부터 몇 번인가 편지를 받았기 때문이지만—궨덜런의 이야기에서 무언가 이상한 느낌을 받았고 또한 그녀가 말하지 않은 것에서도 더욱 심상치 않은 것을 읽게 되었다. 이렇게 펜을 잡고 지나간 세월을 되살리고 보니 당시에 나는 몇 달 동안이나 본의 아니게도 일종의 강요당한 방관자 신세가 되었었다는 아주 야릇한 생각이 들었다. 나는 마치 내 두 눈으로 보고만 있을 수밖에 달리 길이 없는 것처럼 생각되었다. 그 무렵 나는 차라리 휴 베리커에게 편지를 써 그의 동정심이나 기대해 볼까 생각한 날도 많았다. 그러나 내가 그렇게까지 형편없이 되어버리지는 않았고 또 부탁을 한다고 그가 들어줄 리도 없었다. 엄 여사가 사망함으로써 코빅이 곧장 영국으로 돌아왔고 그 달 안에 그는 '아주 은밀히'— 그가 자기의 평론에서 자신이 찾아낸 것을 세상에 내놓았던 것처럼 그렇게 은밀히—한때 사랑하다가 버리기도 했던 여자와 결혼했다. 덧붙여 말하자면 내가 '버렸다' 표현한 이유는 그가 인도에 갔을 때나 봄베이에서 중대한 뉴스를 전했을 때 두 사람 사이에는 결혼에 대한 적극적인 약속이 전혀 없었음을 알고 있었기 때문이다. 그녀가 나한테 정반대의 주장을 하고 있는 순간에도 사실상 아무런 약속을 하지 않았다. 그뿐만 아니라 그는 돌아온 그날 분명히 그녀와 약혼하게 되었던 것이다. 이 행복한 한 쌍의 부부는 신혼여행을 휴양지인 데번셔의 토키로 갔는데 그 곳에서 코빅은 무모하게도 젊은 신부에게 드라이브를 시켜주고 싶었다. 그에게는 마차를 몰 만한 재주가 전혀 없었다. 이 사실은 옛날에 등을 맞대고 앉는 이륜마차를 타고 함께 그곳을 잠시 여행했을 때 내가 절실히 느껴 알고 있었다. 코빅은 신혼여행지에 데리고 간 그의 애마가 끄는 이륜마차에 신부를 태우고 데번셔의 구릉지대로 올라갔다. 그런데 갑자기 그의 말이 쏜살같이 달아나는 바람에 마차에 타고 있던 두 사람이 앞쪽으로 세차게 내동댕이쳐졌고, 그때 코빅은 끔찍하리만큼 심하게 머리를 다쳤다. 그는 안타깝게도 현장에서 즉사했고 궨덜런은 그 위기를 면하고 상처 하나 입지 않았다.

　이 끔찍한 비극의 문제, 나와 가장 친했던 친구를 잃었다는 것이 무엇을 의미하는가를 간단히 줄여서 이야기하려고 한다. 그때 내 마음이 얼마나 비통했고 얼마나 힘들었었는지 솔직하게 밝힌다. 그 끔찍스러운 소식을 접하고 나서 나는 코빅 여사에게 보낸 첫 편지의 끝부분에 그녀의 남편이 베리커에 관한 평론을 써놓지 않았는지 물어보았다. 내 성급한 물음에 그녀가 재빨리 답장을 보내왔다. 코빅의 평론은 이제 겨우 쓰기 시작한 것으로, 단지 가슴을 아프게 할뿐인 단편에 불과하다고 했다. 그녀의 설명에 의하면 코빅이 그곳에서 막 그 일을 적극적으로 시작하려고 했을 때 그녀의 어머니가 돌아가셨고 그로 인해 그 일이 중단되었다고 했다. 그리고 그가 귀국한 뒤에는 오히려 그 갑작스러운 재난 때문에 얻은 그들의 기쁨에 들떠서 그는 일을 제대로 할 수 없었다. 그러므로 평론의 시작부분 몇 페이지가 그대로 남아 있을 뿐이었다. 그것은 매우 인상적이었고 장래가 기대되는 것이었다. 그러나 그 우상의 실체는 벗겨지지 않았다. 그는 비밀을 찾아내는 그 지적 대작업을 자기 평론의 클라이맥스로 만들어야 했던 것이 분명하다. 그녀는 그 내용 이외에 전혀 다른 말을 하지 않았으며 그녀 자신이 얼마나 알고 있는지에 대해서 내게 밝혀줄 만한 말을 한마디도 내비치지 않았다―그러나 그녀는 그 비밀에 대한 지식을 얻기 위해서 비범한 행동까지 서슴지 않았다고 나는 생각했다. 그녀는 그 우상의 실체를 이미 알고 있는 걸까? 그것은 내가 무엇보다도 알고 싶어하는 부분이었다. 가슴 조이며 듣고자 하는 사람을 위해서 그 실체를 밝혀주는 은밀한 의식이 치러졌던 것인가? 그 의식 이외에 다른 어떤 것을 위해서 결혼식이 거행되었던 것인가? 코빅이 없는 동안 그녀와 나 사이에 오갔던 내용을 생각할 때 그녀가 입을 열지 않는 것에 나도 놀랐지만 그렇다고 해서 그녀를 억지로 몰아대고 싶은 생각은 없었다. 하지만 나는 얼마 지나지 않아 그녀에게 다시 한 번 간청하는 편지를 보냈다. 그녀가 계속 말이 없어 조금 두려웠던 나는 편지에 이렇게 썼다. "비록 사라지고 말았지만 당신이 더없는 기쁨에 젖어있던 그 며칠 동안에 우리가 그처럼 듣고 싶어 했던 것에 대해서 무언가 들은 애기가 있는지요?" 내가 "우리들"이라는 말을 쓴 것은 하나의 조그만 암시였다. 그런데 그녀가 이 조그만 암시를 이해할 수 있었다는 것이 그녀의 편지에 나타나 있었다. "모든 것을 들었어요. 그렇지만 그것을 제 마음속에 간직해 둘랍니다!" 그녀는 그렇게 답장을 보냈다.

9

나는 그녀를 크게 동정하지 않을 수 없었고 영국으로 돌아오자마자 그녀에게 할 수 있는 모든 친절을 베풀었다. 그녀는 자기 어머니가 남긴 재산으로 생활의 여유를 갖게 되어 전보다 더 편리한 지역에 옮겨 살고 있었다. 그러나 그녀는 가족을 잃은 슬픔으로 매우 고통을 받고 있었다. 그러나 어떤 묘안도 문학활동도 그녀의 슬픔을 가라앉히지는 못했다. 그러나 이상하게도 그녀를 몇 번인가 만나면서 이상야릇한 일을 알게 되었다. 나는 서둘러 다른 믿지 못할 일들을 떠올려 보았다. 그러나 아무리 생각해도 분명하게 이해되지 않았다. 어쨌든 나는 답을 얻기 위해서 코빅 부인을 추억 속으로 밀어넣었다. 상처받고 고독한 그녀가 대단히 세련된 모습으로 이제 깊은 슬픔에 빠져 있지만, 그녀의 기품은 더욱 원숙해 보였고 비통한 마음을 억누르고 있는 그녀는 의심할 나위 없이 단정한 자태를 견지하고 있었는데, 그것은 그녀가 비할 데 없이 훌륭한 위품과 아름다움이 가득 찬 인생을 영위하고 있는 모습을 보여준다. 내가 시기를 잘못 택해서 그녀에게 충격을 주었을지도 모른다는 것을 알면서도 그녀에게 보낸 내 간청의 편지에 답장을 보내왔다. 코빅이 죽은 지 일주일만이었다. 그 편지에는 터놓고 이야기할 수 없는 것이 있었지만, 나는 그 불편함을 극복할 방법을 찾아냈다. 그렇게 주저한다는 것이 내게 있어서는 확실히 충격과 같은 것이었다—확실히 그것을 생각하면 할수록 그 만큼 더 어리둥절해질 뿐이었다. 그런데 그렇다 할지라도 나는 그것이 그녀의 기고만장한 감정인지 미신에 홀린 망설임인지 고상한 충성심에 따라서 그러한 것인지를 해명해 보려고 했다(실제 그렇게 생각한 것이 잘된 순간도 있었다). 동시에 그것 때문에 이처럼 신비롭게 나타난, 그토록 귀중한 베리커의 비밀의 가치가 더욱 커진 것이 분명했다. 비록 어처구니없는 일이지만 차라리 고백하는 것이 낫겠는데, 코빅 여사가 내게 보여준 뜻밖의 태도는 내 불운한 생각을 단단히 고정시켜 버리고 강박관념으로 바꿔놓아서 나는 항상 그것을 의식하지 않을 수 없었다.

그러나 그녀가 이러한 태도를 취하면 나로서는 한층 더 교묘하게, 더 빈틈 없게 시간을 벌면서 다시 한 번 간청하는 수밖에 없었다. 그러는 동안에 많은 추측을 해보았는데, 그 가운데 한 가지 매우 흥미진진한 것이 있었다. 코빅이 자기들 두 사람이 깊은 관계를 맺는 데 있어서 최후의 장애가 되는 것이 없어질 때까지 자기의 젊은 연인인 그녀에게는 아무것도 알려주지 않다가 때가 되어서야 비로소 비밀을 밝혔다. 궨덜런도 그에게서 힌트를 얻어 그렇게 관계를 맺어야만 비밀을 밝히겠다는 생각이었나? 융단 속의 무늬는 남편과 아내—더할 나위 없이 훌륭하게 결합한 연인들만이 찾아낼 수 있고 묘사할 수 있는 것인가? 이러한 가능성이 있을 것 같은 베리커의 말을 코빅이 켄싱턴 광장의 집에서 자기가 좋아하는 연인에게 해버렸는지도 모른다는 생각이 머릿속을 스쳤다. 베리커가 한 그 말 속에는 대단한 뜻이 없는지도 모른다. 그러나 그 말에는 내가 원하는 것을 손에 넣기 위해서 코빅 여사와 내가 결혼해야만 되지 않는가 생각하게 만들었다. (그런데) 그녀가 알고 있는 것을 내가 얻은 고마움에 이만한 대가를 치러야 할 마음의 준비가 되어 있었던가? 아, 그런 생각을 하자니 미쳐버리겠구나! —그런 생각들은 여지없이 나를 당황하게 만들었다. 그동안에 그녀가 건네주기를 거절했던 횃불이 그녀의 기억의 침실에서 활활 타오르는 것을 나는 볼 수 있었다—그 불길은 그녀의 두 눈에 넘쳐흐르는 빛이 되어 쓸쓸한 그녀의 집에서 번쩍이고 있었던 것이다. 6개월쯤 지났을 무렵 그렇게 따스하게 타오르는 존재가 그녀에게 어떠한 보상을 해줄 것인가를 충분히 확신하게 되었다. 우리는 몇 번이고 되풀이해서 우리를 서로 만나게 해준 그 사람에 대해서 이야기를 주고받았는데—그의 재능, 그의 성격, 그의 개성적 매력, 그의 확실한 성공, 그가 당한 무시무시한 운명, 그리고 비평가의 한 사람으로서 반다이크(1599~1644, 네덜란드의 화가)나 벨라스케스(1599~1660, 스페인 궁중화가)와 같은 최고의 문학적 초상화가가 되었어야 할 그 거대한 연구에 나타나 있는 그의 명확한 목적에 대해서까지도 이야기를 했다. 그녀가 나한테 전달하고자 했던 것은 자신의 의지와 죽은 남편에 대한 존경심 때문이었다. 그녀는, 비밀을 파헤칠 '마땅한 사람'이 그것을 파헤치지 못하고 죽고 말아 내가 그 비밀에 대해서 말하는 건 옳지 않다고 했다. 하지만 마침내 때가 왔다. 어느 날 밤 평소보다 오랫동안 그녀와 이야기하고 있었을 때 나는 그녀의 팔을 힘껏 붙잡으면서 말했다. "그러면 결국 그것은 무엇이랍니까?"

그녀는 내가 그러리라고 예상하고는 만반의 태세를 갖추고 있었다. 그녀는 소리 없이 천천히 한참동안 머리만 가로저으며 아무 말도 하지 않았는데 나는 그런 그녀가 고맙기만 했다. 그러나 이 고마움은 잠시뿐이었고 그녀는 금세 아주 크고 예리하고 냉혹하게 말했다. "결코 말하지 않겠어요!" 나는 평생을 지내오는 동안 이때껏 많은 거절을 당해봤지만 면전에서 이처럼 냉정한 거절을 당한 적이 없었다. 나는 그 말을 듣고 그녀의 매정한 행동에 울컥 눈물이 솟구치는 것을 느꼈다. 한동안 우리는 서로의 얼굴을 바라보면서 앉아 있었다. 얼마 뒤 나는 천천히 자리에서 일어났다. 언젠가는 그녀도 나를 받아들이겠지 하는 생각을 해보았지만 이 말을 입 밖에 내지는 않았다. 나는 손에 들고 있던 모자를 만지작거리면서 말했다. "알았습니다. 그러면 제 나름대로 생각해 보지요. 그건 아무것도 아닌걸요 뭐!"

그녀는 슬며시 웃었는데 그 웃음에는 나에 대한 희미하나마 멸시에 찬 동정심이 서려 있었다. 그리고 나서 그녀는, 지금 이 시각에도 내내 귀에 들려오는 듯한 목소리로 말했다. "그건 저의 생명이랍니다!" 잇대어 출입문께에 서 있는 내게 덧붙여 말했다. "당신이 그 사람을 모욕한 거랍니다!"

"베리커를 말씀하시는 겁니까?"

"아니에요, 돌아가신 분 말씀이에요." 나는 길에 나와서야 그녀의 비난이 정당했다는 것을 알았다. 그렇다. 그것은 그녀의 생명이었다. 나도 역시 그것을 인정했다. 그러나 그녀의 생명은 그럼에도 불구하고 시간의 흐름과 더불어 또 다른 관심을 받아들일 여유를 마련했다. 코빅이 죽고 일 년 반이 지난 뒤 그녀는 자신의 두 번째 소설인 《정복당한 자》를 한 권짜리 책으로 출판하였다. 그래서 나는 그 책에서 어떤 모습으로든 비밀을 폭로하는 메아리가 울리거나 아니면 무언가 엿보기 좋아하는 모습이라도 찾게 될까 하는 희망에서 와락 덤벼들다시피해서 읽었다. 내가 찾아낸 것은 다만 이 책이 그녀가 젊었을 때의 것보다 훨씬 더 잘된 작품이라는 것이며, 그것은 그녀가 전부터 사귀었던 좋은 친구 덕분이었음을 보여주는 것이라고 생각될 뿐이었다. 그것은 상당히 복잡한 직물과 같은 소설이라서 그 나름의 무늬를 가진 융단이었다. 그러나 그 무늬는 내가 찾고 있는 무늬가 아니었다. 그 책의 서평을 〈미들〉에 보내고 나서 금세 놀란 것은 이 책에 대한 신간소개의 글이 이미 인쇄에 부쳐졌다고 편집실에서 알려주었기 때문이다. 그 신문이 나왔을 때 꽤나 지속할 정도로 극구 칭찬해 마지않는다고 생각된 이 기사가 옛날에 코빅의 친구였던 드레이튼 딘이 썼을 것이라는 사실을 나는 곧 알았다. 그런데 그가 이 미망인과 알게 된 것은 불과 몇 주일이 되지 않아서였다. 나는 일찌감치 이 책을 구해서 읽었지만 딘은 분명히 나보다 더 일찍 이 책을 입수했었던 모양이다. 그렇지만 그의 글에는 코빅이 허울뿐인 물건을 광채가 나도록 만든 그런 필재(筆材)가 없었다—그는 무턱대고 칭찬만 하여 현란한 금빛으로 얼룩지게 했을 뿐이다.

<h2 style="text-align:center">10</h2>

여섯 달이 지나서 베리커의 소설 《통행의 권리》가 나왔는데, 나는 미처 그 사실을 모르고 있었다. 그것은 우리가 목숨을 건지듯이 그 문제를 해결해야 할 마지막 기회였다. 그 책은 전적으로 베리커 자신이 외국에서 체재하는 동안에 씌어졌기 때문에 출판되기에 앞서 전과 다름없이 유치한 글로 장황하게 예고되었다. 나는 이번에야말로 어느 누구보다도 일찍 그 책을 입수했다고 우쭐해서 곧장 코빅 여사에게 가지고 갔다. 이렇게 하는 것만이 내가 그 책을 유익하게 사용하는 것이었다. 〈미들〉에 부득이 찬사의 서평을 싣기로 한다면 나보다 더 글재주가 있고 또 마음이 더 안정된 사람에게 주는 게 좋다고 생각했다. "하지만 난 벌써 가지고 있어요"라고 궨덜런이 말했다. "드레이튼딘이 어제 일부러 가져다주어서 방금 전에 다 읽었어요."

"어제라고요? 어떻게 해서 그리도 일찍감치 그 책을 구했을까요?"

"그 사람, 무엇이든 일찍 구한답니다. 〈미들〉에 서평을 싣기로 되어 있지요."

"그 사람—드레이튼 딘이 베리커의 서평을 한다고요?" 나는 내 귀를 의심했다.

"왜, 안되나요? 이 사람이나 저 사람이나 모르면 마찬가지지요." 나는 멈칫했지만 곧 이렇게 말했다. "당신이 직접 베리커의 작품을 서평하셔야지요."

"나는 서평을 하지 않아요." 그녀는 웃으며 말했다. "내가 서평을 당하는 편인걸요."

바로 그때 출입문이 벌컥 열렸다. "아, 여기 있습니다. 당신의 서평자가 여기 와있습니다!" 긴 다리에 이마가 넓은 드레이튼 딘이 이미 그곳에 와 있었다. 그는 《통행의 권리》에 대해서 그녀가 어떻게 생각하고 있는지, 그리고 그것과 연관된 특별한 소식을 전해주고자 왔던 것이다. 방금 전에 나온 석간 신문에 그 작품의 저자에 대한 전보 기사가 실려 있었는데, 그 저자가 로마에서 말라리아 열병으로 며칠 동안 앓고 있다는 것이다. 처음에는 위험하지 않았는데 여러 가지 합병증이 생긴 결과 위험한 상태에 이를지도 모른다고 했다. 그 위독한 상태는 사실상 겨우 몇 시간 전부터 시작되었다.

이 소식을 접하고 깜짝 놀란 나에 비해 코빅 여사는 지나치게 걱정하는 태도를 보였다. 그것은 그녀가 이미 완전히 독립했다는 뜻이었다. 그녀의 독립은 그녀가 터득한 지식에 의한 것이며 그 지식은 이제 무엇으로도 파괴될 수 없으며 어떤 것으로도 달라질 수 없다. 융단 속의 무늬에 한두 번 비꼬이는 일이 생기는 수가 있다 해도 글은 사실상 저작되었다. 작가는 차라리 무덤으로 들어가는 게 좋을지도 모른다고 그녀는 생각했을 게다. 그녀는 자기야말로 그 작가의 은혜를 입은 상속인이 된 것처럼 더 이상 그 작가가 살아 있을 필요가 없다고 생각하는 사람이었다. 그 일로 내가 목격한 어느 특별한 순간이 머리에 떠올랐다. 코빅이 죽고 난 뒤 그녀가 베리커를 직접 만나고 싶어 했던 욕망이 사라져버리지 않았나 그런 생각이 들었다. 그녀는 그 사람을 만나지 않고도 자기가 원하는 것을 얻었기 때문이다. 만일 그것을 손에 넣지 못했다면 엄청난 치욕을 받으면서라도 자기가 직접 작가 자신을 알아보는 노력을 포기하지 않았을 것이다. 그런 일은 여자 쪽보다는 남자 쪽에서 흔히 있는 일인데 남자인 내게 있어서는 그러한 치욕감 때문에 내가 그 작가를 만나는 일이 방해를 받지 않았나 생각하게 되었다. 그러나 실제는 그렇지 않았기 때문에 서둘러 덧붙여 두지만 내가 이처럼 비위에 거슬리는 비교를 하고 있음에도 불구하고 남자인 내 경우가 애매한 것은 분명하다. 베리커가 지금 이 순간에 이탈리아에서 죽어가고 있다고 생각하자 비통한 느낌이 파도처럼 밀어닥쳤다. 참으로 변덕스러운 생각이긴 하지만 내가 여전히 그에게 의탁하고 있다는 것이 뼈에 사무칠 만큼 가슴 아프게 생각되었다. 내 마음이 매사에 조심스럽게 나를 억제해 왔기 때문에 그 한 가지 보상으로써 알프스 산맥과 아파니노 산맥이 그 사람과 나를 갈라놓고 말았다. 그러나 이제 그를 만날 수 없다는 생각이 들자 차라리 그를 만나러 가버릴까 싶기도 했다. 물론 실제로는 그 어떤 비슷한 행동도 할 수가 없었다. 나는 5분 동안 그 곳에 머물러 있었는데 그동안 그 두 사람은 베리커의 새 작품에 관해서 이야기를 주고받았는데, 드레이튼 딘이 나에게 그 책에 대한 의견을 물었을 때 나는 자리에서 일어나면서 휴 베리커를 몹시 싫어하며 그 사람의 작품을 읽을 생각도 없다고 대답해 버렸다. 헤어지고 나면 딘은 틀림없이 나를 대단히 천박한 사람으로 여길 거라고 생각했다. 그의 여주인도 그 말을 부인하지는 않을 것으로 생각되었다.

 그 뒤로 우리에게 계속해서 생긴 아주 이상한 일들을 보다 간략하게 언급해두고자 한다. 딘과 내가 만난 뒤 3주가 지나서 베리커가 죽었고, 그 해가 다 가기도 전에 그의 아내도 죽었다. 이 가엾은 부인을 나는 한 번도 만나본 적은 없었지만, 혹시 그 부인이 죽지 않았다면 나중에 예의를 갖추어 만나서 내가 궁금해하는 것들을 물어볼 수 있지 않았을까, 그런 쓸데없는 추측만 하고 있었다. 그녀가 알고 있었을까? 알고 있다면 알려 주었을까? 하지만 여러 가지 이유로 그녀가 아무것도 말해 주지 않았을 것이라는 가상만 잔뜩 하게 되었다. 그러나 이제 그녀가 손에 닿지 않는 곳으로 사라져버렸고 이것이 곧 내 운명이니 체념해야 된다는 느낌이 들었다. 나는 끝이 없는 강박관념의 감방 속에 감금 되어 있었고 교도관은 열쇠를 가진 채 자리를 떠나 버렸다. 마치 지하 감방에 갇힌 포로가 되어 시간의 흐름을 짐작하지 못하는 것처럼 그 뒤에 시간이 얼마나 흘렀는지는 모르지만 그 동안에 코빅 여사는 드레이튼 딘의 아내가 되어 있었다. 일이 이렇게 끝나게 되리라는 것을 나는 감방의 창살을 통해서도 예견한 바 있지만, 그 두 사람이 아주 방정맞게 결혼을 서두른 것도 아닌데 우리들 사이의 우정은 오히려 소원해지고 말았다. 그들 두 사람은 다같이 '대단히 지성이 있는' 사람들이었기 때문에 세상 사람들에게는 잘 어울리는 부부로 생각되었으나, 신부가 그 두 사람의 결합에 기여한 바 이해의 재산을 그 어느 누구보다도 잘 평가한 것은 나였다. 하나의 문학적 결합으로서의 결혼이라고—신문이 그 결연관계를 그렇게 묘사했는데—그토록 화려한 남편의 유산을 생전에 받아본 여자가 과거에는 결코 없었다. 나는 당장에 서둘러 이 사건에서 생겨나는 것, 다시 말하면 이 결혼에 의해서 남편에게 특별히 나타날지도 모르는 예고된 징후를 찾기 시작했다. 그 반대쪽인 부인의 결혼선물이 호화찬란한 것을 생각하면 당연히 남편도 그에 맞먹을 만큼의 재산증가가 될 징후를 보여주리라고 나는 기대하고 있었다. 나는 그의 재산이 얼마나 되는지 알고 있었는데—《통행의 권리》에 대한 그의 서평에 의해서 그 재산의 총체가 분명하게 알려졌다. 지금 그의 입장은 분명히 내가 경험해보지 못한 그런 입장이었기 때문에 나는 매월 그의 서평이 실릴 것 같은 잡지를 주시하면서 저 불행한 코빅이 미처 발표할 수 없어서 그 발표의 무거운 짐을 자기의 후계자에게 넘겨주었을 비중 큰 메시지가 발표되기를 기다렸다. 과부이자 새로이 아내가 된 그녀는 난로에 불을 다시 지펴서 재혼한 과부만이 부술 수 있는 침묵을 깨뜨린 셈이며, 그래서 코빅이 남몰래, 그리고 퀜덜런도 역시 남몰래 그 비밀에 대한 지식을 얻고자 마음이 불타올랐듯이 이제는 딘이 그 비밀의 지식에 마음의 불꽃을 태우고 있는 것이다. 그가 불꽃처럼 타오르고 있는 게 틀림없었다. 그러나 웬일인지 그 불은 일반사람들의 눈에 띄는 불꽃을 피워 올리지 않는 것 같았다. 나는 잡지를 모두 자세히 훑어보았지만 헛수고였다. 드레이튼 딘은 혈기 왕성하게 여러 잡지에 글을 써댔지만 내가 열광적으로 찾느라 애를 쓰고 있는 글은 삼가고 있었다. 무수히 많은 문제에 대해서 글을 썼으면서도 베리커에 대한 문제에는 전혀 글을 쓰지 않았다. 그가 가장 자신 있게 쓴 글은 그가 말한바 사람들이 '두려워' 했든가 아니면 빠뜨리고 보지 못한 진실을 폭로한 것이었으나, 이 무렵 내게 있어서 중요하게 여겨졌던 단 한 가지 진실에 대해서는 그는 결코 한마디 말도 하지 않았던 것이다. 내가 이 부부를 만난 것은 신문에서 말하는 어느 문단의 모임에서였다. 왜냐하면 내가 충분히 친숙해질 만큼 말해 왔다시피 우리가 행동할 수 있는 둘레가 거의 그 협소한 문단에 한정되어 있었기 때문이다. 퀜덜런은 세 번째 소설을 출판하여 문단과의 관계를 지금까지보다 더 깊이 하고 있었는데, 나는 그녀의 이번 작품이 이전 작품보다 열등하다는 의견을 분명히 가지고 있었다. 그녀의 작품이 좋지 않은 건 그녀가 좋지 않은 사람과 함께 지내기 때문인가? 행여 그녀의 비밀이 그녀가 내게 말했듯이 그녀의 생명이라면, 하루가 다르게 더해가는 그녀의 아름다움은 어쩌면 우아한 자애심으로 능숙하게 고쳐진 자신의 특권을 의식하고 있는 모습처럼 그 생명의 비밀은 아직은 그녀의 작품에 직접적인 영향을 미치지 못하고 있었다. 그렇기 때문에 사람들은 오로지—모든 것이 다 그렇게—그 숨겨진 생명의 비밀을 알고 싶어하는 마음으로 더욱더 안달하게 되었다. 그리고 그 비밀은 더욱 우아하고 더욱 정교한 신비로 감싸일 뿐이었다.

11

그런 연유로 해서 나는 그녀의 남편으로부터 결코 눈을 뗄 수가 없었다. 나는 짓궂을 만큼 늘 따라다녀서 아마 그 사람도 불안했을 것이다. 내가 그 사람을 이야기에 끌어들이기도 했다. 그가 정말 모르고 있나? 그가 그것을 알게 되는 건 당연한 것 아닌가? —그런 의문이 내 머리 속에서 왱왱거렸다. 물론 그는 알고 있었다. 그렇지 않았더라면 내가 그를 노려보았을 때 그가 그렇게 이상한 눈초리로 나를 바라보지 못했을 게다. 내가 무엇을 원하고 있는지를 그의 아내가 그에게 말해 주었을 것이며, 그래서 내 무기력을 기분 좋게 즐기고 있었을 것이다. 그는 웃지 않았다—웃을 만한 사람이 아니었다. 그의 방식은 나를 화나게 만드는데, 그가 대화 도중에 말을 끊어 공백이 생기면 그것은 마치 그의 훌렁 벗겨진 이마처럼 커다란 공백이 되고, 나는 내 자신을 함부로 노출시켜야 했다. 그래서 나는 언제나 드넓은 황야와 같은 그의 이마로부터 고개를 돌리고 마는 일이 생겼다. 그런데 그의 넓게 퍼진 이마와 그의 길게 늘어진 대화의 공백은 말하자면, 지형상으로 상호보완관계에 있는 것으로서 드레이튼 딘이라는 사람에게는 발표력이 부족하고 표현 형식마저 결핍되어 있음을 모두 상징하고 있는 듯했다. 그는 자기가 알고 있는 것마저도 잘 이용할 수 있는 솜씨를 전혀 갖지 못하고 있다. 그에게는 문자 그대로 코빅이 해놓은 일을 이어받을 능력 같은 것이 아예 없다. 나는 더 깊이 파고들었다—그것이 곧 내가 가질 수 있는 유일한 행복의 세계였기 때문이다. 내 생각으로는 내게 관심있는 일이 그에게 감동을 주지 않았을 것임은 틀림없다. 그는 관심도 없었고, 걱정도 하지 않았다. 그렇다. 정말 내 마음을 즐겁게 하는 것이지만 그는 내가 갖지 못한 그 비밀을 가지고 있으면서도 그것을 즐거워하지 못할 만큼 어리석은 사람으로 여겨진다. 그는 그 비밀을 알기 전이나 알고 난 뒤에도 여전히 어리석었으며, 그래서 그런 사실이 그 신비를 감싸고 있던 찬란한 황금빛 영광을 내게 깊이 드리워주었다. 그럼에도 불구하고 물론 나는 그의 아내가 자기의 조건과 부당한 요구를 그에게 강요했을지도 모른다는 생각을 하지 않을 수가 없었다. 무엇보다도 먼저 머리에 떠오르는 것은 베리커의 죽음과 더불어 주요한 동기가 사그라져 버렸다고 하는 것이다. 베리커는 이제부터 성취될지도 모르는 일에 의해서 아직도 영예를 얻을 수 있는 자리에 있지만—그는 이미 그 일을 옳다고 시인할 자리에는 있지 않는 것이다. 아, 정녕 그 사람 말고 어느 누가 그런 권한을 가졌단 말인가?

 이 부부에게 두 아이가 태어났다. 그러나 두 번째 아이의 출산으로 그 어머니가 생명을 잃고 말았다. 이 충격이 있은 뒤에 나는 다시금 어렴풋이나마 새로운 기회가 다가오는 듯한 생각을 하게 되었다. 마음속으로는 그 기회에 펄쩍 뛰어 달려들고 싶었으나 예의를 지키느라 한동안 때를 기다렸다. 그리하여 그 기다린 보람이 있어 마침내 내게 기회가 찾아왔다. 그의 아내가 죽고 1년이 지났을 무렵 나는 드레이튼 딘을 어느 조그만 클럽의 흡연실에서 만났는데 우리 둘은 다 같이 그 곳의 회원이었다. 그러나 이곳에서 내가 그 사람을 만났지만—어쩌면 내가 좀체로 그곳을 드나들지 않았기 때문이었는지 몰라도—몇 달 만의 일이었다. 방에는 아무도 없었고 기회도 좋았다. 나는 지금까지의 문제를 아주 끝내버리기 위해서 그가 오랫동안 찾고 있었던 것으로 생각된 그 우세한 입장을 일부러 그에게 부여했다.

 "돌아가신 자네의 부인과는 자네보다 더 오랫동안 알고 지낸 사람으로서" 나는 말을 꺼냈다. "일찍부터 내가 마음을 써오고 있는 것을 자네에게 들려주어야겠네. 틀림없이 자네 부인이 조지 코빅한데서 들었을 정보에 관한 것인데, 그것을 밝혀준다면 내 기꺼이 자네의 어떠한 조건이라도 들어주기로 하겠네—여보게, 잘 알다시피 불쌍한 친구 코빅 그 사람이 평생에 가장 행복했던 때에 휴 베리커로부터 곧장 얻은 그 정보 말일세."

 그는 마치 골상학용의 흉상처럼 멍청하니 나를 바라보았다. "정보라고요?"

 "베리커의 비밀 말이야. 이봐요—그분의 작품 전체에 깔려 있는 의도, 진주를 꿰매 단 실끈, 숨겨진 보물, 융단속의 무늬 말이야."

그의 얼굴이 달아오르기 시작했다—그리고 동요의 표정이 나타나기 시작했다.

"베리커의 작품에 전체적인 의도가 있었다고요?"

이번에는 내가 그의 얼굴을 빤히 쳐다볼 차례가 되었다. "그걸 모른다고 말할 건 아니지 않은가?" 한순간 나는 그가 나를 놀리고 있다는 생각이 들었다. "자네 부인은 그것을 알고 있었다네. 전부터 내가 말했다시피 자네 부인은 코빅한테서 직접 들었던 것일세. 그런데 코빅은 한없이 찾아 헤맨 끝에, 그리고 베리커 자신도 이것을 매우 기뻐하였다시피 마침내 바로 그 동굴의 입구를 찾아냈던 것이네. 그 입구가 도대체 어디에 있단 말인가? 코빅은 결혼하고 난 뒤에서야 말해 주었지—단 한 사람에게만 말해주었어—이 사람은 처지가 바뀌어 재혼했을 때 틀림없이 바로 자네에게 말해 주었을 것일세. 자네 부인은 자기에게, 남편이라는 관계에 있는 자네에게 최고의 특권으로서 코빅이 죽고 난 뒤 자기만 간직해두고 있던 비밀에 관한 지식을 허용했던 것이지. 내가 당연하다고 생각한 게 잘못일까? 나 자신이 알고 있는 것은 그 지식이 한없이 귀중한 것이라고 하는 것뿐일세. 그래서 자네가 이해해주기를 바라는 것은, 만일 이번에 자네가 그 지식을 내게 알려준다면 내가 영원히 감사해야 할 은혜를 베풀어주는 셈이 된다는 것일세."

마침내 그의 얼굴이 아주 새빨갛게 되었다. 아마도 그는 내가 제정신이 아니라고 생각하기 시작했나 보다. 그는 조금씩조금씩 내가 하는 말을 알아듣게 되었다. 나는 반갑고 놀라워서 그를 뚫어지게 바라보았다. 그랬더니 그가 말했다. "무슨 말씀을 하시는지 전혀 모르겠는데요."

그가 연기를 하고 있는 것은 아니었다—어이없게도 그것은 사실이었다.

"부인께서 자네한테 정말 아무 이야기도 해주지 않았나?"

"휴 베리커에 관해서는 아무것도 들은 게 없다고요."

나는 망연자실하고 말았다. 방이 빙글빙글 돌았다. 그렇게까지 할 정도로 그 비밀이 아주 대단한 것이었구나! "맹세코 그렇단 말인가?"

"절대로 사실입니다. 아니, 도대체 어떻게 된 겁니까?" 그는 볼멘소리로 투덜댔다.

"뜻밖이군—실망했네. 자네한테서 그 비밀을 듣고 싶었는데 말이야."

"저로서는 그것에 관해서 아는 바가 없지요!" 그는 어색하게 웃었다. "그리고 혹시 알고 있다해도—."

"그렇다면 나한테 그것을 말해주겠지—아, 그렇지, 그게 일반적인 인정일 테니 말이야. 하지만 나는 자네를 믿네. 알았어—알고 있어요!" 나는 계속해서 말했지만 모든 것이 수레바퀴처럼 완전히 한 바퀴 돌아버렸기에 내가 엄청나게 잘못 생각하고 있었음을 알게 되었고 안타깝게도 이 친구의 태도를 내가 오판하고 있었던 것이다. 비록 말 할 수는 없었지만 내가 알게 된 것은, 그의 부인은 그가 비밀을 밝혀줄 만한 사람이라고 생각지 않았다. 그래서 그런 사람과 결혼하려는 그녀가 이상하다고 여겨졌다. 결국 그녀는 그 사람에게 비밀에 대한 이해력이 있기 때문에 결혼했던 것이 아니라 다른 어떤 이유로 그 사람과 결혼했던 것이다.

그는 이제 어느 정도 그 문제를 잘 알게 되었으나 그만큼 더 놀라고 당황하였다. 그리고 그는 잠깐 동안 내 이야기와 자기의 기억을 재빠르게 비교 대조해 보았다. 그가 명상에 잠겼던 끝에 곧 말을 했지만 상당히 힘이 없는 모습이었다. "여태껏 귀띔해 오신 것을 듣는 게 금시초문입니다. 죽은 아내가 휴 베리커에 관하여 어떠한 말도 하지 않은, 그리고 더욱이 입 밖에 낼 수도 없는 지식을 가졌었다고 하는 것은 당신의 오해임이 틀림없다고 생각합니다—만일 그것이 베리커 문학의 특성과 관계가 있었다면—아내는 확실히 그것이 이용될 수 있기를 바랐을 테니까요."

"그것은 분명히 이용되었네. 자네 부인 스스로가 그것을 이용한 것이라네. 그녀가 내게 직접 말해 주었지. 자기가 그것에 의존해 살고 있다고 말이야."

그렇게 지껄이고 난 순간 나는 내가 말을 잘못한 것을 후회하였다. 그가 새파랗게 질려버렸기 때문에 마치 내가 그 사람을 때린 것처럼 느껴졌다.

"아, '살고 있다'고요!" 그는 그렇게 중얼거리면서 금방 내게서 얼굴을 돌렸다. 나는 정말 후회스러운 마음이었다. 그래서 그의 어깨에 손을 얹고 말했다. "용서하게. 내가 잘못했네. 자네가 알고 있으려니 생각했는데 실제로 알고 있지 않았군. 내 생각이 옳았더라면 자네한테서 도움을 받을 수 있었을 텐데 말이야. 그리고 자네가 내 희망을 충족시켜 줄 위치에 있는 사람이라고 생각한 데에는 내 나름대로의 이유가 있었다네."

"나름대로의 이유라고요?" 그는 메아리치듯이 되물었다. "이유가 무엇이었습니까?"

나는 그의 얼굴을 지그시 바라보았다. 나는 망설였다. 그리고는 골똘히 생각에 잠겼다. "이쪽으로 와 나와 함께 앉아서 이야기를 하세." 나는 그를 소파가 있는 데로 데리고 가 시가를 하나 더 꺼내 불을 붙였고, 그리고서 베리커가 구름 위로부터 지상에 내려 왔던 이야기에서부터 시작하여 그 뒤에 연쇄적으로 발생한 유별난 사건들을 그에게 자세히 이야기해 주었는데, 당초부터 어슴푸레하게 나타났던 비밀의 빛은 아직도 무시된 채 그때까지도 나는 암중모색만 하고 있다는 말도 했다. 나는 그에게 지금까지 여기에 자세히 써냈던 것을 그대로 간단하게 이야기해 주었다. 그는 점차로 주의를 더해가면서 내 말을 귀담아들었다. 그리고 나도 놀랐지만, 그가 감동해서 부르짖는 소리, 간간이 던지는 질문을 듣고 그가 결국에는 자기 부인으로부터 신뢰받을 만한 가치가 없는 사람은 결코 아니었다는 것을 나는 알아차리게 되었다. 그렇지만 그는 뜻밖에도 자기 아내가 믿어주지 않았다는 것을 알게 되자 그때 그의 불안감은 크게 영향을 받았다. 그러나 내가 보기에는 그렇게 갑자기 몰아닥친 충격이 조금씩조금씩 가라앉으며 경탄과 호기심의 파도가 모아졌다. 그런데 내가 완벽하게 판단을 내릴 수 있는 것은 이 파도가 끝에 가서는 내 자신이 일찍 겪은 분노의 절정과 더불어 산산이 부서질 가능성이 있다는 것이다. 오늘 우리 사이에는 충족되지 않은 욕망의 희생자로서 우열의 차가 바늘 끝만큼도 없다고 할 만하다. 가엾게도 그 사람의 현재 상태는 거의 내 위안이 되는 것이다. 그래서 실제로 순간순간 그것이 정말 나의 복수라고 느껴지는 때가 있다.

A Tragedy of Errors
실수의 비극

1

 천천히 달려가던 영국식 사륜마차가 프랑스 항구 도시 어느 우체국 문 앞에 멈춰 섰다. 마차 안에는 한 부인이 얼굴에 베일을 쓴 채 양산으로 앞을 가리고 앉아 있었다. 이 이야기는 한 신사가 우체국에서 나와 그녀에게 편지를 건네주는 데서부터 시작된다.
 신사는 마차에 오르기 전에 잠시 마차 옆에 서 있었다. 그녀는 신사에게 양산을 받쳐 들도록 하고 나서는 베일을 걷어 올렸는데 참으로 아름다웠다. 이 두 사람은 지나가는 행인들에게 퍽 흥미롭게 보였다. 행인들은 이들을 빤히 쳐다보면서 서로 의미 있는 눈길을 주고받았다. 그렇게 잠시 이들을 지켜보던 행인들은 그녀가 편지를 읽어 내려가면서 그녀의 안색이 점점 창백해지는 것을 알 수 있었다. 그러자 그녀 옆에 서 있던 신사가 곧바로 그녀의 옆자리에 올라앉아 말고삐를 잡고 시내 중심가를 달려 항구를 지나 바다를 감싸는 길로 재빨리 마차를 몰아갔다. 여기에서부터 신사는 속도를 늦추었다. 여자는 다시 베일로 얼굴을 가리고 뒤로 기댄 채였고 편지는 펼쳐진 채 그녀의 무릎 위에 놓여있었다. 그녀의 태도로 보아서 거의 정신을 잃고는 눈을 감고 있음을 눈치 챈 신사는 만족한 듯이 서둘러 편지를 집어 읽어 내려갔는데, 그 내용은 다음과 같았다.

 18XX년 7월 16일 서댐튼에서
 내 사랑하는 오르탄스에게
 당신이 이 편지에 찍힌 우체국 소인을 보면 내가 지난번에 썼을 때 보다 수천 리나 더 집 가까운 곳에 있다는 것을 알 수 있을 것이오. 하지만 지나간 날 일어난 변화를 설명할 시간이 없구려. M.P.는 나에게 전혀 예기치 못했던 이별을 하게 했소. 이제 몇 개월만 더 헤어져 있으면 몇 주일쯤은 함께 지낼 수 있을 듯하오. 하느님을 찬양하시오! 우리는 오늘 아침에 뉴욕에서 이곳으로 왔소. 그리고 운 좋게도 아흐모리크라는 배를 타게 되었는데 곧장 출항한다는구려. 우편물은 곧장 출발시켰지만 조류 때문에 우리는 몇 시간 더 머물러야 할 것 같소. 그래서 이 편지는 내가 도착하기 하루 전에 도착할 것이오. 선장은 우리가 목요일 아침 일찍 도착할 것이라고 말하더군. 사랑하는 오르탕스! 기다리는 시간이 얼마나 지루할까! 하지만 만 3일뿐이오. 내가 뉴욕에서 편지를 쓰지 않는 것은 내가 감히 희망하는 바이지만 당신에게 기다림의 지루함을 주고 싶지 않기 때문이오. 그럼 만날 때까지 안녕!

당신의 사랑하는 C.B.로부터

편지를 다시 그녀의 무릎에 놓았을 때 신사의 표정 역시 그녀처럼 창백해졌다. 잠시 동안 그는 멍하니 뚫어지게 앞만 쳐다보았다. 그러곤 반쯤 억눌린 입에서 저주의 말이 흘러나왔다. 그리고 나서 그녀에게 시선을 돌렸다. 그는 잠시 머뭇거린 후에 말이 천천히 걸어가도록 말고삐를 느슨하게 하고 그녀의 어깨 위에 살며시 손을 올려놓았다.

"여, 오르탕스. 웬일이야, 잠이 들었나?" 그가 매우 유쾌한 어조로 말했다. 오르탕스는 살며시 눈을 떴다. 그리고 그들이 시내를 빠져나왔다는 것을 알고 베일을 걷어 올렸다. 그녀의 모습은 두려움으로 굳어있었다.

"읽어보세요." 그녀는 개봉된 편지를 건네주면서 말했다. 신사는 편지를 받아들고 다시 읽는 체했다.

"아, 베르니에가 돌아오는군. 기쁜 일이야!" 그는 외쳤다.

"기쁜 일이라고요?" 오르탕스가 물었다. "이보세요. 우리는 이 심각한 위기를 농담으로 흘려서는 안돼요."

"물론, 엄숙한 만남일 거야. 2년 동안의 여행은 정말 길거든." 상대방은 말했다.

"오, 하느님! 그이를 마주 대할 수가 없어요." 오르탕스는 눈물을 흘리면서 소리쳤다.

그녀는 한손으로 얼굴을 가리고 다른 한손을 그에게 내밀었다. 그러나 그는 깊은 공상에 빠져 있었으므로 그녀가 손을 내민 것도 알아채지 못했다. 그러다가 갑자기 공상에서 깨어난 그는 그녀의 흐느낌 소리에 벌떡 일어섰다.

"진정해요." 그는 다른 사람을 의심스러운 위험 속으로 빠뜨리고 싶은 듯한 투로 말했다. 그는 베르니에의 무관심한 태도를 보기 전에는 안심할 수 없을 것이다. "그가 온다고 어떻게 되겠어? 그는 아무것도 알 필요가 없어. 그는 잠시 머물렀다가 예기치 않고 온 것처럼 다시 항해를 떠날 텐데."

"아무것도 알지 못할 거라고요! 날 놀리시는군요. 단지 인사를 하러 온 사람들은 남의 비행을 실컷 떠들어댈걸요."

"흥! 당신이 상상하는 만큼 사람들은 우리 사이를 알지 못할 거요. 솔직히 말해 그렇잖소? 우리는 이웃사람의 결점에 대하여 관심을 가질 겨를이 없소. 그러니까 다른 사람들도 우리와 마찬가지요. 바다에서 배가 난파될 때 떠오르는 나무판자에 올라타려고 안간힘을 쓰는 불쌍한 사람들은 그 옆에서 파도와 싸우는 다른 사람들에게 그다지 주의를 주지 않는 법이오. 그들은 해안선만을 쳐다보면서 자신들의 안전에만 관심을 가질 뿐이지. 인생행로에서 우리 모두는 성난 파도 위에 떠 있는 부초에 불과하오. 돈과 사랑과 휴식을 얻기 위해서 어떤 피안의 세계를 향해서 고전분투하고 있는 것이오. 우리가 헤치고 나온 파도의 굉음과 우리 눈에 부딪치는 물보라는 우리를 귀먹고 눈 멀게 해서 옆 사람들의 말과 행동을 듣지도 보지도 못하게 한다오. 우리가 높은 물에 올라가 있다고 가정해 봅시다. 대체 사람들을 위해서 무얼 할 수 있겠소?"

"하지만 우리가 그곳에 있지 않다면요? 사람들은 자신이 희망을 잃었을 때 다른 사람을 끌어들이려 하죠. 그래서 다른 사람들의 목에 무거운 돌을 매달아 가장 더러운 웅덩이에 밀어버리는 거예요. 그 돌이 그들을 꼼짝 못하게 하는 거라고요. 여보세요. 비난의 화살은 당신을 겨냥 하는 것이 아니라 나를 향한 것이에요. 마을사람들이 수군거리는 것도 당신이 아니라 나에 대해서죠. 어떤 친절한 손길이 그녀를 저지할 시간도 없이 가엾은 여인은 파도에 몸을 던지고, 드디어 물 위로 떠오른 그 여인의 시체는 온 세상 사람들이 다 보게 되겠죠. 사람들이 수군거리는 소리를 남편이 들었을 때 아내의 죽음에 대한 소식을 그에게 알릴 사람이 없다고 생각하시나요?"

"물에 뜰 정도로 가볍다면, 오르탄스. 그녀는 익사했다고 할 수 없소. 사람들이 그녀를 건져 올리는 것을 원하지 않을 때는 오직 그녀가 사람들의 시야에서 보이지 않도록 먼 바다에 빠졌을 때뿐이라오."

오르탄스는 눈물이 가득 고인 눈으로 바다를 바라보면서 잠시 침묵을 지켰다.

"루이," 부르면서 마침내 침묵을 깨고 그녀가 입을 열었다. "우린 지금 너무 비유해서 말하고 있어요. 글자 그대로 투신자살이라도 하고 싶은 심정이에요."

"말도 안 돼!" 루이가 대답했다. "피고는 자신의 무죄를 주장하며 감옥에서 목을 매거든. 그럼 신문은 무어라고 쓸까? 사람들은 또 얼마나 떠들어댈까? 당신은 사람들이 말할 수 있는 만큼 말할 수 없을까? 여자는 입 다물고 다툼을 거부하는 순간부터 어려움에 빠지게 된다고. 당신이 자주 그렇게 하듯이 손수건을 꺼내 눈물을 닦는 것은 다툼을 포기하는 표시야."

"나도 확실히 모르겠어요." 오르탄스는 냉담하게 말했다. "아마 그럴지도 모르죠."

우리를 곤경에 빠지게 하는 원인들이 서로 이질적인 것으로 관계가 없는 것처럼 보일 때 슬퍼지는 법이다. 그녀는 여전히 말없이 바다 쪽을 응시하고 있었다. "오, 가엾은 샤를! 도대체 당신은 어떤 보금자리로 돌아오시려는 겁니까!" 그녀는 마침내 침묵을 깨고 조용히 입을 열었다.

"오르탄스." 그는 제삼자에게 말하듯이 했지만 마치 그녀가 말한 것을 듣지 못한 것처럼 말했다. "나는 우리의 비밀을 누설할 일이 생기지 않을 것이라 생각해요. 베르니에가 집에 머무르는 동안 아무도 그 일에 대해서 한마디도 하지 않을 것이라고 믿소."

"그게 어떨 거라고요?" 오르탄스는 한숨을 내쉬었다. "그 사람은 나하고 10분만 함께 있어도 눈치 챌 텐데요."

"그렇다면, 그건 당신이 알아서 할 일이지." 그 사람은 냉담하게 말했다.

"메이로! 그 여인은 소리 질렀다.

"내 생각엔 말야," 그 남자는 계속 말했다. "내가 할 일은 다 한 것 같은데."

"당신은 할 일을 다했다고요!" 오르탄스는 흐느끼며 말했다.

메이로는 대답이 없었다. 대신 도로를 따라 달리는 말에게 채찍을 세차게 가했다. 그러고는 더 이상 말이 없었다. 오르탄스는 마차 안에 기대어 앉아서 손수건으로 얼굴을 푹 가린 채 흐느끼고 있었다. 남자는 이맛살을 찌푸리고 입을 꽉 다문 채 앞을 바라보면서 꼿꼿이 앉아 있었다. 그리고 이따금씩 가혹한 채찍질을 하여 말이 맹렬하게 달려가도록 했다. 행인들은 그에게 저항하느라 지쳐버린 피해자를 데리고 도망치는 강탈자쯤으로 여겼을지도 모른다. 그러나 그는 그들을 알고 있는 행인들 중에서 우연히도 이 사건의 내용을 눈치 채고 있을지도 모른다고 생각하여 우회하여 마을로 돌아갔다.

오르탕스는 집에 도착하자 2층의 작은 침실로 올라가 문을 잠가버렸다. 이 방은 그 집의 뒤편에 있었다. 그때, 조그만 보트를 탈 수 있는 부두가 있는 길을 따라 길게 뻗어 있는 정원을 걷고 있던 하녀, 오르탕스가 외투를 입고 모자를 쓴 채로 문발을 내리고 방 안을 어둡게 하고 있는 것을 보았다. 그렇게 그녀는 혼자 두어 시간 동안 있었다. 평상시 5시쯤이면 오르탕스는 하녀를 방으로 불러 그녀의 도움을 받아 이브닝드레스를 입었다. 그런데 그날은 오르탕스가 하녀를 불러 편두통이 있어서 드레스를 입지 않을 거라 했다.

"마실 것 좀 드릴까요? 따뜻한 약차나 한잔 드릴까요?" 조세핀이 물었다.

"아니, 그만둬."

"저녁식사를 올릴까요?"

"싫어."

"뭘 좀 드시고 나가시는 게 좋겠어요."

"와인이나 한 잔 줘. 아니, 브랜디로."

조세핀은 시키는 대로 했다. 하녀가 브랜디를 가지고 왔을 때 오르탕스는 문간에 서 있었고 열린 문 틈으로 그녀의 모자가 소파 위에 던져져 있었으나 외투는 그대로 놓여 있는 것을 볼 수 있었다. 그리고 그녀의 얼굴은 매우 창백해 보였다. 조세핀은 동정이나 질문도 하지 말아야 한다고 느꼈다.

"마님! 더 시키실 일 없으신가요?" 쟁반을 받쳐 들고 힘을 내서 물었다.

그녀는 머리를 흔들고는 문을 닫고 잠가버렸다. 조세핀은 순간 난처하여 머뭇거리며 서 있었다. 그녀는 아무 소리도 듣지 못했다. 마침내 하녀는 심사숙고한 끝에 몸을 구부리고 열쇠구멍에 눈을 가까이 댔다.

다음은 조세핀이 목격한 것이다.

그녀는 열린 창문으로 가서 바다를 내려다보면서 문을 등진 채로 서 있었다. 그녀 옆으로 관심 없이 늘어져 있는 손에는 술병이 들려 있었고 다른 한 손에는 반쯤 채워진 물 잔이 들려 있었다. 그리고 그 옆 탁자에는 개봉된 편지가 놓여 있었다. 그녀는 조세핀이 기다림에 지칠 때까지 그렇게 서 있었다. 그러나 하녀가 호기심에 만족할 수 없어 자포자기하고 막 일어서려고 할 때 그녀는 술병과 잔을 들어 올려 잔을 가득 채웠다. 조세핀은 그런 모습을 보고 싶은 충동이 더욱 간절했다. 오르탕스는 순간 불빛과 건배라도 하듯 잔을 들어 올리더니 쭉 들이켰다.

조세핀은 무심코 휘파람을 불었다. 그러나 그녀가 술을 두 잔째 마시는 것을 보고 놀라움이 경악으로 바뀌었다. 그러나 브랜디를 반쯤 마신 뒤에 잔을 내려놓고 갑자기 무슨 생각이라도 난 듯이 서둘러서 방을 가로질러 걸었다. 그녀는 캐비닛 앞에서 몸을 구부리고 조그마한 쌍안경을 꺼냈다. 창가로 다가 선 그녀는 쌍안경을 눈에 대고 바다 쪽을 내려다보면서 시간을 보냈다. 조세핀은 마님의 이런 행동을 도대체 이해할 수가 없었다. 그녀가 볼 수 있었던 것은 마님이 갑자기 쌍안경을 탁자에 내려놓고 안락의자에 풀썩 주저앉아 두 손으로 얼굴을 감싸는 것이었다. 조세핀은 더 이상 놀라움을 억제할 수 없었다. 하녀는 서둘러 주방으로 내려갔다.

"바랑틴" 하녀는 요리사를 불렀다. "도대체 우리 마님에게 무슨 일이 생겼니? 저녁도 안 잡수시고 브랜디를 잔째로 마셨어. 조금 전에는 쌍안경으로 바다를 내려다보더니 지금은 무릎에 편지를 놓고 공포에 질린 듯이 울고 있어."

요리사는 감자껍질을 벗기다가 의미 있게 윙크를 하며 올려다보았다.

"주인님이 돌아오는 것 외에 뭐가 있겠어?" 요리사는 다 알고 있다는 듯 말했다.

2

여섯 시까지 조세핀과 바랑틴은 바랑틴이 예감했던 일이 어떻게 일어났는지 또 어떻게 될 것인지에 대해 얘기하면서 앉아 있었다. 그때 갑자기 베르니에 부인이 벨을 울렸다. 조세핀은 기쁜 듯이 재빠르게 대답했다. 그녀는 머리를 빗고 외투를 입고 베일을 쓰고 내려오는 주인마님을 맞이하였다. 그런데 마님은 아무런 동요의 흔적은 없으나 얼굴은 매우 창백해 보였다.

"나 외출 좀 하겠어." 베르니에 부인이 말했다. "만일 비콩트 씨가 오면 시어머님 댁에 있을 거라고 전해줘요. 그리고 내가 돌아올 때까지 기다리시라고 말씀드려요."

조세핀은 문을 열고 그녀가 나가도록 했다. 그러고 나서 그녀가 정원을 지나가는 것을 바라보고서 있었다.

"시어머님 댁에 간다고? 뻔뻔스럽군!" 하녀는 중얼거렸다. 오르탕스가 큰 길가에 다다랐을 때 그녀는 시내로 가는 길이 아니라 전혀 다른 방향인 구식 부인인 시어머니가 살았던 고풍스런 구역으로 통하는 길을 택하였다. 그녀는 주로 어부와 뱃사람들이 붐비는 곳이 나타날 때까지 항구 옆으로 나 있는 선창가 길을 따라 걸었다. 여기서 그녀는 베일을 걷어 올렸다. 황혼이 지고 있었다. 그녀는 가능한 한 남의 눈에 띄지 않도록 걸었으나 사람들이 쳐다보고 있다는 것을 알게 되었다. 그녀의 옷차림은 너무 평범해서 시선을 끌 만한 것은 못 되었다. 그러나 어떤 이유에서든 어떤 사람이 그녀를 알아보게 된다면 그녀가 만나는 모든 사람마다 너무나 유심히 쳐다보는 것 때문에 놀라지 않을 수 없었다. 그녀의 태도는 군중 속에서 오랫동안 잃었던 친구를 찾거나 또는 오랫동안 찾아다닌 적을 발견한 듯했다. 마침내 그녀는 항구의 양쪽으로 승객을 실어 나르는 6척의 보트가 사용되는 부두의 아래쪽 층계 앞에서 멈췄다. 때때로 올렸다 내렸다 하는 다리가 뱃길을 막았다. 그녀가 서 있는 동안 다음 장면을 목격하게 되었다.

붉은 모직으로 된 어부용 모자를 쓴 한 남자가 계단 꼭대기에서 바다를 향해 앉아서 담배꽁초를 빨고 있었다. 그 남자는 뒤를 돌아보았다가 가까이 있는 우중충한 다세대 아파트 쪽으로 난 선창길을 따라 주전자를 들고 바쁘게 가고 있는 어린아이에게 눈이 멈췄다.

"안녕, 꼬마야! 거기서 뭘 하니? 이리 와." 그 남자는 소리쳐 아이를 불렀다.

그 아이는 뒤돌아볼 생각은 하지 않고 발걸음을 재촉할 뿐이었다.

"귀신이 붙잡아간다. 이리 와!" 그 남자는 화가 나서 다시 소리쳤다. "아저씨 말 안 들으면 가냘픈 네 목을 비틀어버릴 거야."

아이는 멈춰 섰다. 그러고는 가엾게도 어떤 권위에 호소하듯이 집 쪽을 몇 차례 쳐다보면서 친척들이 있는 방향으로 발걸음을 옮겼다.

"인마, 빨리 와 안 오면 잡으러 갈 거야!" 그 남자는 재촉했다.

아이는 여섯 계단을 올라와 주전자를 바싹 끌어안고 서서 그 남자를 주의 깊게 바라보았다.

"이리 와, 이 거지 같은 놈아 바짝 오란 말이야."

아이는 묵묵히 침묵을 지키며 조금도 움직이지 않았다. 갑자기 자칭 아저씨란 사람은 앞쪽으로 상체를 굽히고 팔을 뻗어 햇볕에 그을리지 않은 아이의 손목을 낚아채듯 획 잡아당겼다.

"왜 부를 때 오지 않는 거야?" 그는 다른 한 손을 아이의 더러운 더벅머리에 얹고 아이가 비틀거릴 정도로 흔들면서 물었다. "왜 안 오는 거야, 이놈아, 응? 응? 응?" 그는 물을 때마다 아이의 머리를 흔들어댔다.

아이는 대답이 없었다. 아이의 목을 비트는 것은 쓸데없는 일일 뿐만 아니라 오히려 그 집에 구조요청을 전하는 것이나 다름없는 것이다.

"여기 봐, 고개를 들고 똑바로 날 쳐다봐. 그리고 대답해. 주전자에 뭐가 있어? 거짓말하면 안 돼!"

"우유요."

"누구 줄 거냐?"

"할머니."

"할머니는 교수형으로 죽었잖아."

그 남자는 아이가 연약하게 쥐고 있는 주전자를 빼앗아 불빛에 기울여보더니 입에 대고 모두 마셔버렸다. 아이는 비록 풀려나긴 했으나 돌아가지 않았다. 그 남자가 다 마시고 주전지를 내려놓을 때까지 쳐다보고 있었다. 그러고 나서 그와 눈이 마주쳤을 때 아이는 말했다.

"그 우유는 애기 줄 거였어요."

그 남자는 잠시 망설였다. 그러나 아이는 부모님의 꾸지람을 예상하는 것처럼 보였다. 왜냐하면 말이 끝나자마자 주전자를 낚아채서 도망치듯 달아나 버렸기 때문이다. 아이가 시야에서 사라지자 그는 다시 바다를 향해서 잔뜩 얼굴을 찌푸리고 이빨로 담뱃대를 물고는 베르니에 부인이 들을 만한 소리로 중얼거렸다.

"저놈의 목을 조여 버렸어야 하는 건데."

오르탄스는 이 단막극에서 말없는 단 하나의 관객이었다. 극이 끝나자 그녀는 돌아서서 머리에 손을 얹고 20야드쯤 걸어갔다. 그리고 곧바로 다시 돌아와서 그 남자에게 말을 걸었다.

"멋쟁이 양반, 당신이 이 배의 선주이신가요?" 그녀는 매우 상냥한 목소리로 물었다.

그는 그녀를 쳐다보았다. 순간 물고 있던 파이프를 손에 들고 히죽이 웃었다. 그리고 손에 모자를 들고 일어섰다.

"부인께서 원하신다면 태워드리지요."

"저를 저쪽으로 건네주시겠어요?"

"배는 필요 없지요. 가까이에 다리가 있으니까요." 남자의 친구 하나가 다리 쪽을 쳐다보면서 말했다.

"알아요. 하지만 묘지에 가려고 하거든요. 배로 가면 반마일을 걷지 않아도 되니까요." 베르니에 부인은 말했다.

"이 시간에는 묘지 문이 닫혀요."

"아롱, 부인을 그냥 둬. 부인! 이쪽으로 가시죠." 처음 말을 건넸던 남자가 말했다.

오르탄스는 배 끝 쪽에 앉았다. 남자는 노를 저었다.

"곧장 건널까요?" 남자는 물었다.

오르탄스는 주변을 둘러보았다.

"참 산뜻한 저녁이군요." 그녀는 말했다. "등대 바깥으로 갔다가 돌아오면서 묘지 가까운 곳에서 내려주세요."

"좋지요. 요금은 15전이오." 남자는 그렇게 대답하고 활발하게 노를 저었다.

"자, 후하게 드리지요." 부인은 말했다.

"15전이면 돼요." 남자는 고집스럽게 대답했다.

"구경만 잘 시켜줘요. 그러면 100전을 드리지요." 오르탄스는 말했다.

남자는 아무 말도 하지 않았다. 그는 분명 그녀의 말을 듣지 못한 것처럼 보이고 싶었다. 침묵은 농담으로 여길 수 없는 약속을 받아들이는 가장 위엄 있는 태도이다.

가까운 해안과 근처의 배에서 들려오는 소리와 노에서 물이 떨어지는 소리 이외에 얼마동안 침묵은 계속되었다. 베르니에 부인은 사공의 용모를 꼼꼼히 관찰하고 있었다. 그의 나이는 35세 정도였고 얼굴은 완강하고 사납고 무뚝뚝해 보였다. 이런 표현은 아마도 그의 행동의 단조로움 때문에 과장되었을 것이다. 매우 열성적으로 노를 젓는 그의 눈은 교활해 보이지 않았다.

얼굴은 그나마 차라리 나았다. 말하자면 악덕이 무식보다 나은 것처럼 말이다. 사람들의 얼굴은 단지 작은 미소로도 환해진다. 그리고 진실로 그렇게 순간적인 빛은, 우리 영혼의 어두운 구석에 한줄기 빛을 뿌려준다. 일반적으로 가난한 남자의 용모는 거의 변화가 없다. 운명이 단조로운 표정의 변화를 제한하거나 오히려 하나의 단조로운 표정을 지닌 인간으로 제한하는 광범위한 인간계층이 있다. 아! 나는 어떠한가! 아무것도 걸치지 않았거나 아니면 넝마를 걸친 얼굴이다. 그들의 휴식은 부패이고 활동은 악행이다. 그들에게 최악의 상태는 무지이고 최상의 상태는 악명 높은 것이다.

"너무 힘들게 노를 젓지 말아요." 오르탕스는 말했다.

"만약에 시간제로 했다면 빈둥거리게 놔두지 않으실 걸요." 남자가 심술궂게 히죽 웃으면서 말을 덧붙였다.

"너무 힘들어하고 있잖아요." 베르니에 부인은 말했다.

그 남자는 머리를 약간 저었다. 마치 그의 노동의 한계를 이해하려는 어떠한 노력도 부당하다고 암시하듯이.

"아침 4시에 일어나서 부두에 있는 짐짝과 상자를 나르며 배를 운행했지요. 단 5분도 안 쉬고 일하기 때문에 땀이 많이 납니다. 그래서 가끔 땀에 젖은 몸을 식히려고 세숫대야에 뛰어들고 싶다고 친구한테 말하곤 합니다. 하하하!"

"그래도 돈은 조금밖에 못 버는군요." 베르니에 부인은 말했다.

"아예 없는 것만 못하죠. 먹고사는 데 겨우 허기를 면할 정돕니다."

"뭐라고요. 끼닛거리도 없이 사신다고요?"

"끼닛거리 정도는 약과죠. 부인께서는 별것 아니게 생각하시겠지만요. 아무것도 없는 데서는 그것도 사치스런 것이랍니다. 저는 바람을 들이마시는 것으로 끼니를 대신할 때도 있지요. 내 스스로 그 공기조차 버릴 수 없는 것은 내 힘으로는 어쩔 수 없는 일이지요."

"그렇게 가엾은 일도 있나요?"

"내가 오늘 무얼 먹었는지 말씀드릴까요?"

"어디 말해봐요." 베르니에 부인이 말했다.

"흑빵 한 덩어리하고 절인 청어가 12시간 동안 제 입에 들어간 전부지요."

"왜 더 좋은 일자릴 구하지 않지요?"

"오늘 밤 내가 죽는다면 나를 묻기 위해 무엇이 남아 있겠습니까? 내가 입은 이 옷들이 나를 묻어줄 긴 관을 살 수 있을지도 모르지요. 내가 입으면 1년도 견디어낼 수 없는 이 낡고 보잘것없는 옷이 천년 동안 닳지 않을 관을 구할 수 있겠지요. 아주 좋은 생각이지요!" 뱃사공은 질문에는 무관심한 듯, 자신에 대한 연민을 향하는 힘이 이미 위안의 깃발을 통과해 버린 사람처럼 이야기했다.

"왜 돈을 더 많이 주는 일자릴 찾지 않나요?" 오르탄스는 반복했다.

남자가 다시 노를 젓고는 말했다.

"더 좋은 일자리요? 일자리를 찾기 위해서 노력해야겠죠. 그래야만 하겠죠. 일이 돈이니까요. 그렇지 않아도 다음주에 할 일자리를 계약해 놓았습니다. 내가 가장 돈을 많이 낼 수 있는 일이죠. 50개의 술통을 배에서 창고로 나르는 일이죠. 그게 말이죠. 서른 개의 동전을 벌자고 50개의 술통을 죽자 사자 굴리는 일이에요. 손이 으깨지도록 해야 하고, 어깨가 내려앉도록 해야 한다는 말입니다. 그리고 약값으로 20프랑이 들었으니 내 일한 몫으로는 그만이지요."

"결혼하셨나요?" 오르탄스는 물었다.

"아니오. 고맙게도 그와 같은 운명의 축복에는 저주받지 않았지요. 하지만 저에게는 늙은 어머니와 여동생과 세 명의 조카가 있어요. 그런데 그들은 나를 후원자로 여기지요. 어머니는 너무 늙어서 일할 수 없어요. 여동생은 너무 게으르고 조카들은 너무 어리고요. 그러나 늙거나 어리다고 해서 굶을 수는 없지요. 그러니까 내가 그들에게 가장이 아니었다면 나는 교수형을 당했을 것입니다."

잠시 말이 멈췄다. 그 남자는 노 젓기를 다시 시작했다. 베르니에 부인은 옆에 있는 그의 인상을 관찰하면서 조용히 움직이지 않고 앉아 있었다. 그의 얼굴에 부딪치는 저녁노을은 붉은빛으로 그의 얼굴을 감싸고 있었다. 서쪽 하늘과 등져 있는 어두워진 그늘에 가린 그녀의 모습과 그들의 방향을 뱃사공은 분별할 수 없었다.

"왜 그곳을 떠나지 그러세요?" 그녀는 마침내 물었다.

"떠난다고요! 어떻게?" 그와 같은 유의 사람들이 이익과 관련된 제안을 받아들일 때 보이는 아주 탐욕스런 모습으로, 자신의 이득을 지키려는 경험에서 나온 호기심과 열정으로 그는 손을 내밀듯 물었다. 그것은 단지 그녀가 그들의 생태를 잘 알고 있다는 태도의 제안이었다.

"어디 다른 곳으로 가세요." 오르탄스는 말했다.

"어디로요? 예를 들어서!"

"미국 같은 새로운 나라지요."

남자는 크게 웃음을 터뜨렸다. 베르니에 부인의 얼굴은 조롱하는 듯한 빛으로 당황하는 것보다 더 흥미 있는 듯한 모습을 하고 있었다.

"아, 여기에 한 숙녀의 계획이 있군요! 만일 당신이 아파트를 계약한다면 나는 더 이상 바랄 게 없어요. 그러나 어둠 속에서는 어떤 비약도 없지요. 미국과 알제리는 당신이 한가하게 햇빛 속을 거닐고, 당신이 담뱃대에 담배를 말아넣고 담배 연기가 당신 머리 주위를 맴돌게 할 때에 당신의 빈 위장을 꽉꽉 채울 수 있는 매우 환상적인 단어입니다 그러나 그러한 생각은 돼지고기 안주와 포도주 앞에서는 모두 사라져 버립니다. 땅이 그렇게 부드럽고 공기가 선명해서 당신이 저쪽 부두에서 미국 해안을 볼 정도가 될 때 그때 나는 큰돈을 벌 수 있을 거요. 아니 그 전에라도 말이오."

"어떤 위험을 무릅쓰는 것을 두려워하나요?"

"아무것도 두렵지 않소. 그러나 난 바보가 아니오. 내가 한 켤레의 신발을 확신할 때까지 나는 나막신을 차버리지 않지요. 나는 맨발로 올 수 있어요. 땅을 기대하는 곳에서 물을 찾지는 않지요. 미국에 관해서라면 이미 다녀왔고요."

"아! 다녀오셨다고요."

"브라질, 멕시코, 캘리포니아, 그리고 서인도에도 갔었지요."

"아!"

"아시아도 다녀온걸요."

"네에."

"중국과 인도도 갔다 왔지요. 세상을 다 보았습니다! 희망봉은 세 번이나 다녀왔지요."

"그때도 선원이었나요?"

"네, 부인. 14년 동안이나."

"그럼 어떤 배를 탔나요?"

"글쎄, 50여 척은 될걸요."

"프랑스 배도 탔나요?"

"프랑스, 영국, 에스파냐 배를 탔지요. 대체로 에스파냐 배였죠."

"아, 그러세요?"

"나는 정말 바보였소."

"왜죠?"

"아 글쎄, 그건 개 같은 삶이었지요. 나는 내가 보아온 그런 비열한 속임수를 조금만이라도 쓰는 개는 모두 물에 빠뜨리고 싶거든요."

"그리고 당신은 당신 몫을 갖지 못했군요?"

"실례, 나는 내가 얻은 것을 희생한 거죠. 나는 선량한 에스파냐 사람이었소. 그리고 어느 누구 못지않게 악마 같은 인간이었습니다. 나는 칼을 지니고 다녔지요. 그리고 재빨리 꺼내서 깊숙이 박히도록 던지기도 했지요. 결국 나는 흉터만 남았어요. 당신이 숙녀가 아니었다면 말이오. 나는 수십 명의 에스파냐계 사람들 속에서도 당신에게 친구를 찾아줄 수 있지요."

그는 회상하면서 새로운 활기를 끌어낸 듯이 보였다. 잠시 침묵이 흘렀다.

"저, 혹시," 베르니에 부인은 말했다. 잠시 뒤 그녀가 말을 이었다. "전에 사람을 죽여본 일이 있습니까?"

순간적으로 뱃사공은 노 젓는 속도를 죽이고 그 부인의 얼굴을 날카롭게 쳐다보았다. 그런데 그 부인의 얼굴은 자신의 그늘에 가려져 있어서 얼굴의 표정을 알아볼 수 없었다. 그 부인의 질문하는 어감은 단순한 호기심일 뿐이었다. 그는 잠시 주저했다. 그리고 나서 의식적이고 조심성 있게, 그러나 모호한 미소를 지었다. 그것은 진실이나 또는 범죄에 대해 부정하는 것이라기보다 더욱 추측케 하는 것이었다.

"부인!" 그는 크게 어깨를 으쓱하면서 "질문이 있는데요! …… 물론 까닭 없이 살인한 게 아니지요." 그는 대답했다.

"물론 그렇겠지요." 오르탕스는 말했다.

"남미에서는 이유가 있었지만!" 뱃사공은 덧붙였다. "뭐, 이유랄 게 되나요."

"나는 그렇지 않다고 생각해요. 무슨 이유였나요?"

"발파라이소에서 사람을 죽였다면—내가 그랬다고 말할 수는 없지만—그것은 내 칼이 내가 생각했던 것보다 훨씬 깊이 들어갔기 때문이지요."

"그러면 왜 칼을 쓰셨어요?"

"나는 칼을 쓴 게 아니지요. 만일 내가 칼을 썼다면, 그것은 상대가 내 칼에 와서 찔린 것이지요."

"그가 왜 그렇게 했을까요?"

"제기랄! 항구에 배가 많이 있듯이 여러 가지 이유겠지요."

"예를 든다면요?"

"에, 그가 취직하려고 하는 선박회사에 내가 취직신청을 했던 것 같아요."

"그런 일로 그럴 수 있을까요?"

"아, 아주 하찮은 일 때문이지요. 한 소녀가 그에게 주기로 약속했던 열두 개의 오렌지를 나에게 주었거든요."

"이상하기도 하군요." 날카로운 웃음소릴 내며 베르니에 부인은 말했다. "당신에게 빚진 남자가 갑자기 당신을 죽이려 한다면, 그렇다면, 그것도 별 것 아니라고 생각하나요?"

"정확하게, 당신 칼집에서 칼을 뽑으시오. 맹세하면서, 그리고 칼로 수박이나 자르시오. 5분 뒤에 노래를 부르면서."

"그리고 어떤 사람이 두려워하거나 부끄러워하거나, 또는 어떤 면에서 스스로 복수할 수 없을 때 그는—또는 여자일지라도—그녀를 위해서 그 일을 해줄 수 있을까요?"

"물론이지요! 그런 일을 경계하는 가련한 악마가 길모퉁이에 서 있는 수위처럼 남미의 해안에는 아주 많지요."

그 뱃사공은 숙녀가 악명 높은 화제에 매력을 느끼고 있는 것을 알고 매우 놀라고 있었다. 그러나 독자 여러분이 보시는 대로 선원의 즉각적인 이 대답은 그녀에게 정보를 줄 수 있다는 것과 함께 그 자신이 점점 위대하게 들릴 수 있다는 즐거움이 있었다. "그리로 내려가시오." 그는 계속했다. "그들은 결코 원한을 잊지 않지요. 만일 어떤 사람이 어느 날 당신을 섬기지 않는다면 그는 다른 사람을 섬기게 될 것입니다. 에스파냐 사람의 증오심은 잠을 잃은 것과 같지요—사람은 한동안 잠을 늦출 수 있지요. 그러나 그것은 결국 사람을 고통스럽게 합니다. 악한들은 언제나 자신들의 약속을 지키지요……. 배에 타고 있을 때는 아주 즐거워들 하지요. 그것은 들판에 매여 있는 황소와 같지요. 사람은 벽에 기대지 않고는 30초도 견딜 수 없지요. 그는 당신과 친구가 되었을 때조차도 그의 호의는 의심스럽답니다. 그와 함께 식사를 하는 것은 놋쇠 잔으로 술을 마시는 것과 같죠. 어디에서든 그래요. 한번 에스파냐의 길을 가로질러 보시오. 만일 당신이 어디에서든지 살아있지 않다면 악당들은 자동적으로 유럽의 도시를 저주하지요. 당신은 남미의 항구에서 일어나는 사정을 상상도 하지 못할 거요―반쯤 남은 사람들이 모퉁이에서 반쯤 남은 다른 사람을 기다리지요. 그러나 나는 여기가 훨씬 더 좋다고 생각하지 않아요. 왜냐하면 어느 곳이나 스파이들이 있기 때문이지요. 거기서는 늘 살인자를 만나게 되지요. 여기에서 순경을 보듯이 말이오……. 어쨌든 그쪽의 생활은 그 어느 것보다 얕은 해협에서의 항해를 생각나게 해주지요. 거기에서 당신은 미친 듯한 록음악이 무엇을 뜻하는지 모르실 겁니다. 모든 사람들은 이웃과 거래를 하고 있지요. 부인들에게 집집마다 방문하는 상인이 있듯이 말입니다. 그리고 맹세코 그들은 거래를 청산하거든요. 산티아고의 주인들은 우리가 헤어질 때 그의 뒤에 올라온 멋진 이름에 대하여 나에게 보상을 하지요. 그러나 결코 임금을 지불하진 않아요."

에스파냐의 미덕에 대해 설명한 뒤에 잠시 말이 멈추었다.

"그래 당신은 사람을 이 세상 밖으로 보낸 일이 없나요?" 오르탄스는 계속 물었다.

"오, 물론이지요! …… 무서우신가요?"

"전혀, 그런 일은 가끔씩 정당화된다는 걸 알죠." 남자는 잠시 말이 없었다. 아마도 놀란 듯했다. 왜냐하면 그가 말한 다음의 일 때문이었다.

"부인께서는 에스파냐 사람인가요?"

"아마 내가 살아 있는 이유로"라고 오르탄스는 대답했다. 다시 그녀의 동행인은 말이 없었다. 한동안 말이 중단되었다. 베르니에 부인이 똑같은 생각을 연속적으로 하고 있음을 보여주는 질문 때문에 침묵이 깨어졌다.

"이 곳에서 한 남자를 죽이는 데 충분한 근거는 무엇인가요?"

뱃사공은 물위로 큰 웃음을 웃었다 오르탄스는 외투를 끌어당겼다.

"거기엔 아무도 없겠지요."

"정당방위의 권리도 없습니까?"

"물론 있지요―그것은 내가 알아야 할 것이지만요. 그러나 그것은 파리에 있는 남자들이 재빨리 처리하는 것이지요."

"남미와 그들 나라에서는 어떤 남자가 생활을 견뎌 낼 수 없게 할 때 당신은 어떻게 하겠어요?"

"아이고! 나는 그 남자를 죽여버릴 겁니다."

"그럼, 프랑스에서는요?"

"자신을 죽이겠지요. 하! 하! 하!"

이때 그들은 큰 방파제 끝 쪽에 닿았다. 등대도 내항의 한쪽만 비추고 있었다. 해도 졌다.

"등대로 왔군요"라고 남자는 말했다. "날이 어두워지는데 돌아갈까요?"

오르탄스는 그 자리에서 잠시 일어섰다. 그리고 서서 바다를 내려다보았다. "그래요." 마침내 그녀가 말했다. "돌아가도 좋아요―천천히." 그리고 배가 돌려고 할 때 그녀의 자리에 앉았다. 그리고 뱃전을 손으로 붙잡고 배가 움직일 때 한 손으로 물을 튀기며 긴 잔물결을 물끄러미 바라보았다.

마침내 그녀는 동료로서 뱃사공을 올려다보았다. 그녀는 서편의 꾸물대는 저녁노을을 보고 있었으므로 그녀의 얼굴이 몹시 창백한 것을 볼 수 있었다.

"당신은 세상살이가 힘든 것처럼 보이는군요." 그녀는 말했다. "내가 당신을 도울 수 있다면 좋겠어요."

그 남자는 노를 저으며 잠시 쳐다보았다. 그것은 이 말이 그녀의 눈에서 식별할 수 있는 표정을 가리고 있었기 때문이었다. 그 다음 그는 손을 모자에 얹었다.

"부인께서는 친절하시군요. 무얼하시겠습니까?"

베르니에 부인은 그를 돌아다보았다.

"나는 당신을 믿고 싶어요."

"아!"

"그리고 보답하고 싶군요."

"뭐라고요? 부인께서 나에게 시킬 일이 있으시다고요?"

"일이지요." 오르탄스는 고개를 끄덕였다.

그 남자는 분명히 어떤 설명을 기다리면서 아무 말도 하지 않았다. 그의 얼굴은 어리둥절함을 느끼게 하는 짜증난 표정이었다.

"용기는 있으신가요?"

이 질문에 빛이 스며드는 듯 보였다. 그의 얼굴이 빠르게 바뀌는 것은 그 일에 응답하는 것인 듯했다. 그와 당신을 분리하는 장애물을 희생시키는 일 외에 시시한 일은 손댈 필요가 없다. 불평등한 신분을 가려내는 생각과 감정과 번쩍임과 생각의 예시 같은 것이 있었다.

"나는 아주 용감합니다." 뱃사공은 대답했다. "부인께서 나에게 원하는 어떤 일에도 말이오."

"범죄를 저지를 만큼 용감하단 말인가요?"

"아무것도 아니죠."

"만일 나를 위해서 당신의 개인적 안전을 무릅쓰고 당신에게 평화로운 마음을 위태롭게 한다면 그것은 꼭 호의만은 아니지요. 당신의 도덕심이 내 일로 하여 더욱 무거워진다면 열 곱절이나 대가를 치러 드리겠어요."

그 남자는 흐릿한 불빛을 통하여 오랫동안 열심히 그녀를 쳐다보았다.

마침내 그는 "나는 부인께서 나에게 무엇을 시키려는지 알겠소" 하고 말했다.

"좋아요." 오르탄스는 말했다. "해보시겠습니까?"

그는 계속 쳐다보았다. 그녀는 감출 것이 더 이상 아무것도 없는 여인처럼 그의 눈과 마주쳤다.

"실례를 들어주시지요."

"아흐모리크라 불리는 기선을 아시나요?"

"물론이지요. 그것은 서댐튼을 운행하는 배가 아닙니까?"

"그 배가 내일 아침 일찍 닿을 거예요. 배를 붙잡아 매는 쇠격자를 없애줄 수 있겠어요?"

"안 돼요. 정오까지는 어렵습니다."

"나도 그럴 거라고 생각은 해요. 그 대신 사람은 어떻겠어요?"

베르니에 부인은 계속할 수 없는 것처럼 보였다. 마치 그녀의 목소리가 달아나 버린 것처럼.

"뭐라고요?" 하고 그 뱃사람은 말했다.

"그는 사람이에요." 그녀는 다시 멈추었다.

"어떤 사람입니까?"

"내가 없애고 싶은 사람이지요."

한동안 아무 말이 없었다. 뱃사공은 먼저 말을 시작했다.

"어떤 계획이 있으신가요?"

오르탄스는 고개를 끄덕였다.

"들어봅시다."

"문제는." 베르니에 부인은 말한다. "정오가 되기 전에 상륙하는 것을 참을 수 없어요. 그가 돌아갈 집은 만일 배가 머문다면 배에서 보일 거예요. 만일 그가 보트를 탄다면 확실히 해안선에 닿겠지요. 이해하시겠죠?"

"아하! 내 배 말인가요?"

"제발!"

베르니에 부인은 자리에서 벌떡 일어섰다. 그녀는 팔을 뻗으며 얼굴을 무릎에 파묻고 다시 주저앉았다. 뱃사공은 서둘러 그의 노를 배에 얹었다. 그리고 그녀의 어깨에 손을 얹었다.

"자, 그러면 갑시다. 악마의 이름으로. 울지 마십시오." 그는 말했다. "우리는 서로 이해점에 다다를 수 있을 것도 같군요."

배 바닥에 무릎을 꿇고 그가 부축하여 지탱해줌으로써 그녀의 머리는 아직도 수그러져 있었지만 그녀 스스로 일어서도록 했다.

"보트에서 그를 처치해 끝내버릴까요?"

아무런 대답이 없었다.

"그는 늙은 사람인가요?"

오르탄스는 힘없이 고개를 저었다.

"제 또래쯤 됐나요?"

그녀는 고개를 끄덕였다.

"빌어먹을! 쉽지도 않겠군."

"그분은 수영을 못해요." 오르탄스는 쳐다보지도 않고 말했다. "그이는 절름발이거든요."

"신의 이름으로!"라고 하면서 뱃사공은 손을 놓았다. 오르탄스는 힐끗 쳐다보았다. "수신호를 알고 있습니까?"

"신경 쓰지 마십시오." 드디어 그 남자가 말했다. "사인으로 잘 쓰일 것입니다."

"물론이지요. 그 외에도 그는 큰 부두에 붙어 있는 연못 뒤에 있는 베르니에 씨 집으로 데려다 달라고 요구할 거예요. 자, 이제 여기서 그 집을 볼 수 있을 겁니다."

"그 곳을 압니다." 뱃사공은 말했다. 마치 질문을 받고 그 질문에 답하듯이 말이 없었다. 오르탄스는 그가 그녀를 막으려고 할 때 그가 따르려고 하는 행동을 염려하여 그의 생각에 끼어들려 하고 있었다.

"내 일에 대해 어떻게 확신할 수 있죠?" 그는 물었다.

"보상 말인가요? 나도 생각해 뒀지요. 이 시계가 나중에 당신에게 기꺼이 보상하겠다는 서약이에요. 그 케이스 속에는 2천 프랑 가치의 진주가 들어 있어요."

"값을 정하시지요" 하고 시계는 손도 대지 않고 그 남자는 말했다.

"그것은 당신이 결정할 일이지요."

"좋소, 알다시피 많은 금액을 요구할 권리가 있지요."

"물론, 말해 보세요."

"부인의 제의를 생각하면 많은 금액이 되리라고 생각됩니다. 생각해 보시오. 제게 살인을 요구하고 있으니 말이오."

"값—값이라고요?"

"자." 그 남자는 계속했다. "밀랍은 늘 값이 비싸지요. 그 시계 속에 들어 있는 진주는 사치스럽지요. 왜냐하면 그것은 진주를 가지고 있는 사람의 생명 가치가 있기 때문이지요. 당신은 내가 당신의 진주 채취자가 되기를 원하고 있소. 그렇지요 당신은 나를 안전한 상속인으로 보장해야만 하오. 아시다시피 상속인이오. 나에게 안전한 갑옷을 제공해야만 하오. 내가 작업을 하는 동안 숨 쉴 작은 틈을 말이오—나폴레옹의 번득이는 생각을 모자 가득히오!"

"내 친절한 분! 말하고 싶지 않아요. 또한 어떤 농담도 듣고 싶지 않아요. 단지 값만 알고 싶어요. 닭 두어 마리 사는 게 아니지요 값을 말 해 보세요."

뱃사공은 이때 자리로 돌아가 노를 집어 들었다. 그는 길게 천천히 뻗었다. 그리고 그 부인의 얼굴에 자신의 얼굴을 바짝 대었다. 이 위치에서 그는 몸을 앞으로 굽혀서 베르니에 부인의 얼굴을 뚫어지게 쳐다보았다. 그는 잠시 동안 그렇게 있었다—그것은 전에도 그녀의 목적에 자주 도움이 되었다—그녀가 아름다웠던 것은 그녀의 목적을 이루는데 다행스러운 것이었다.

솔직한 얼굴은 협상의 매우 불쾌한 본성을 강조하고 있을지도 모르는 것이었다. 갑자기 빠르고 충격적인 움직임으로 그 남자는 노 젓기를 끝냈다.

"그렇게 어리석지 않지요! 스스로 제안해보시죠."

"좋아요." 오르탄스는 말했다. "만일 원한다면 내가 할 수 있는 모든 걸 드리겠어요. 나는 1만 5천 프랑의 값이 나가는 그 보석이 당신에게 난처하다면 그 값만큼 돈을 드리지요. 집에 천 프랑의 금화가 들어 있는 상자가 있어요. 그것도 드리지요. 미국에 가는 여권도 준비해 드리고요. 그리고 뉴욕에는 친구가 있어요. 내가 그 친구에게 당신의 일자릴 구해주도록 편지도 써 드리죠."

"그리고 당신은 세탁물을 내 어머니와 여동생에게 주시오. 하! 하! 1만 5천 프랑 값어치의 보석이라! 또한 천 프랑의 금화라! 미국으로의 여행— 그것도 일류로—5백 프랑, 일자리—그게 도대체 무얼 뜻하는 거요?"

"당신의 성공에 필요한 모든 것이지요."

"내가 암살자로 기록되는 걸 부정합니까? 맹세코 그 인상을 지우지 않는 게 더 좋겠군요. 적어도 바닷가에서 나의 운명이 바뀌는군요. 2만 5천 프랑을 주시오."

"좋아요. 그 이상은 단 한 푼도 안 돼요."

"당신을 믿을까요?"

"내가 당신에게 미덥지 않습니까? 내가 하는 모험을 스스로 생각하지 않도록 하는 것이 당신에게 좋지요."

"아마도 우리는 똑같소. 우리들 가운데 어느 누구도 확실한 가능성을 생각할 수 없지요. 아직도 난 당신을 믿소." 뱃사공은 덧붙였다. "자, 부두 가까이에 왔소." 비웃듯 엄숙하게 모자를 들고, "부인께서는 공동묘지를 방문하시겠습니까?"

"빨리 내립시다." 베르니에 부인은 성급하게 말했다.

"우리는 유행 뒤에 죽은 사람들 사이에 있지요." 뱃사공은 그녀와 악수를 하며 말했다.

3

베르니에 부인이 집에 닿았을 때는 8시가 조금 지나서였다.

"메이로 씨가 여기에 왔었나?"라고 그녀는 조세핀에게 물었다
"예, 마님. 부인이 외출했다는 걸 알고 그는 쪽지를 남겨 놓았어요."
오르탄스는 남편의 옛 서재에 있는 책상 위에서 봉인된 편지를 발견했다. 그것은 다음과 같이 쓰여 있었다.

나는 당신이 외출한 걸 알고 쓸쓸했소. 당신에게 할 말이 있소. 나는 좋아 보인다고 생각되는 곳에서 밤을 지내도록 저녁 초대를 받았소. 같은 이유로 나는 뿔이 달린 황소를 데려오기로 결심했소. 그리고 베르니에 씨 집에서 쓰도록 돌아올 때 배에 실었소―내 옛 친구의 특권이지요. 나는 아흐모리크가 새벽에 배를 고정시키는 꺾쇠를 풀어놓는다고 들었소. 어떻게 생각하오? 그러나 너무 늦어서 내게 알릴 수 없었겠지. 나의 수완을 인정하시오. 아무튼 당신은 결국에 환영할 것이오. 당신은 일이 어떻게 평온하게 될 것인지 알게 될 것이오.

그녀가 편지를 읽었을 때 "어쩌나! 어쩌나!" 하고 부인은 소리를 내었다. "정말 죽을 지경이군!" 그녀는 몇 차례 방을 오르내렸다. 그리고 마침내 사람들이 강한 감정에 사로잡혔을 때 하는 것처럼 "체! 그러나 새벽까지 닿지도 못했을걸. 늦잠 자느라고 말이야. 특히 저녁 만찬을 끝낸 뒤에는. 다른 사람들이 그보다 앞서서 올 텐데…… 아, 내 가련한 머리. 너무 괴로워서 결국 실패하고 말았군!"
조세핀은 주인마님의 짐을 치우기 위하여 다시 나타났다. 그녀 자신을 안심시키려는 소망으로 요즈음에 일어난 일을 물었다.
"비콩트 씨 혼자였어?"
"아니요, 마님. 다른 신사분이 같이 오셨어요. 솔즈 씨라고 생각돼요. 온통 찌그러진 가방 두 개를 가지고 오셨어요."
필자는 소설의 근거를 파헤치는 과장된 두려움으로부터 지금까지 아주 잘 판단해 왔지만 그녀가 무엇을 생각하고 있었는지보다 차라리 무엇을 하고 무엇을 말했는지에 대해 이야기하기 위해 여인의 마음에 무엇을 지니고 있는지 폭로해야 할지도 모르겠다.
"그는 겁쟁이인가요? 나를 떼어놓으려 하던가요? 또는 그는 장난으로 술

마시면서 이 마지막 시간을 보내려 하는 걸까요? 나와 함께 지낼지도 모르지요. 아아! 나의 친구 당신은 나를 위해 아무것도 한 일이 없군요. 당신을 위해 누가 그렇게 많이 할까. 누가 살인을 하지? 그리고—하느님이 돕겠지! —당신에게 자살을! ……그러나 나는 그가 가장 잘 알고 있다고 상상하고 있지. 마침내 그는 그날 밤을 지냈을 거야."

요리사가 그날 밤 늦게 왔을 때 자지 않고 있던 조세핀은 말했다.

"당신은 주인마님이 어떻게 보이는지 아무런 생각도 못하고 있다. 마님은 오늘 아침에 10년은 더 늙어 보여. 성모 마리아여! 그날은 그 여인에게 어떤 날인가!"

"내일까지 기다려요." 바랑틴은 말했다.

나중에 여인들이 다락방으로 자러 갔을 때 그 여인들은 오르탄스의 문 아래 켜져 있는 등불을 보았다. 마님의 위층에 방이 있던 조세핀은 밤새도록 잠도 자지 않고 아래층에서 움직이는 소리를 들었다. 그것은 주인마님이 그녀보다도 더 잠을 못 이루고 있었다는 사실을 말해 준다.

4

그녀가 그 다음날 이른 새벽에 H항구 밖에 정박해 있을 때 아흐모리크 호 근처는 무척 소란했었다. 외투를 입은 한 신사가 지팡이를 짚고서 작은 여행가방을 들고 조그마한 고깃배를 따라서 왔다. 그리고 배에 오르기 위해서 떠났다.

"베르니에 씨가 여기 있습니까?" 그는 첫 번째 만난 관리에게 물었다

"그분은 해변으로 가셨다고 생각하는데요. 몇 분 전에 그분을 묻는 뱃사공이 있었지요. 뱃사공이 그 분을 싣고 갔다고 생각하는데요."

메이로 씨는 잠시 생각하였다. 그때 그는 육지를 쳐다보면서 배의 다른 쪽 위로 건너갔다. 성채 위에 기대서서 그는 텅 빈 배가 배 옆으로 통해 있는 사닥다리에 묶여 있는 것을 보았다.

"저것은 도시의 배지. 그렇지?" 그는 한쪽 손을 세우고 말했다.

"예, 선생님."

"주인은 어디에 있소?"

"잠시 전에 여기에 있었는데요. 방금 전에 관리와 얘기하는 걸 보았는데요."

메이로 씨는 사다리를 내려왔다. 그리고 배의 끝에 앉았다. 말을 걸어온 선원이 그의 가방을 내려놓고, 붉은 모자를 쓰고 있는 사람은 성채 위를 쳐다보았다.

"여보시오!" 하고 메이로는 소리 질렀다. "이것이 당신의 배요?"

"예, 당신의 마음대로"라고 사다리 꼭대기로 올라오고 있는 붉은 모자를 쓴 사람에게 대답하였다. 그리고 그 신사의 지팡이와 가방을 뚫어지게 쳐다보았다.

"새 부두의 끝에서 나를 시내 베르니에 부인에게 데려다주시겠소?"

"물론이죠, 선생님." 사다리를 허둥지둥 내려가면서 뱃사공은 말했다. "선생님은 내가 찾고 있던 바로 그 신사이시군요."

한 시간쯤 뒤에 오르탕스 베르니에는 집에서 나왔다. 정원을 걸어서 바다가 보이는 테라스 쪽으로 천천히 걷기 시작했다. 하인들이 이른 시각에 나왔을 때 그녀가 일어나 옷을 입고 있는, 오히려 분명히 옷을 갈아입지 않은 것을 발견했다. 왜냐하면 그녀는 전날 밤과 똑같은 옷을 입고 있었기 때문이다. 그녀를 보고는 조세핀은 소리를 질렀다. "마님은 어제보다 10년은 더 늙으셨어요. 밤새 10년이 지나갔네요." 베르니에 부인이 정원 가운데쯤 갔을 때 걸음을 멈추었다. 그러고는 꼼짝도 않고 서서 듣고 있었다. 그 다음 그녀는 커다란 울음을 터뜨렸다. 왜냐하면 그녀는 테라스 아래로부터 어떤 사람이 나타나 팔을 쭉 뻗어 쳐들고 그녀 쪽으로 절룩거리며 올라오는 것을 보았기 때문이다.

The Private Life
사생활

우리는 우뚝 선 원시 빙하를 마주한 채 런던에 대해 이야기했다. 그 시간에 그런 풍경은 스위스 여행을 하면서 절감한 오늘날 여행이 주는 모욕감—난잡한 애정 행각에 상스러운 작태들이 벌어지는 기차역과 호텔, 끊임없이 인내심을 자극하고 주의를 산만하게 하는 것들, 무리지어 다니는 여행객의 하나로 전락하는 것—을 충분히 보상해 주었다. 높이 솟구쳐 오른 산과 골짜기는 분홍빛으로 젖어 있었다. 차가운 공기는 세상이 원시로 돌아간 듯 신선했다. 만년설 위에 드리운 오후의 엷은 홍조 위로, 어디선가 정겹게 울리는 가축들 방울 소리가 햇볕에 곡식을 말리는 냄새와 함께 밀려들었다. 오버란트의 가장 멋진 길이 시작되는 길목에 세워진 호텔에서, 우리는 일주일 동안 '일행'과 '날씨'를 함께 누렸다. 이건 참으로 큰 행운이었다. 하나가 나쁘면 다른 하나가 보상해 줄 것이기 때문이었다.
　날씨가 일행들을 보상해 준 건 분명한 사실이었다. 그렇다고 날씨의 지배까지 받을 정도는 아니었지만, 운 좋게도 우리에겐 '튼실한 알곡'들이 있었기 때문이다. 멜리폰트 경 부부와 (모두 인정하는) 우리 시대의 문호(文豪) 클래어 보드리, 그리고 (모두 인정하는) 연극계 최고의 스타 블랑슈 애드니가 있었다. 그들은 그즈음 런던 사람들이라면 누구나 '알현'하고 싶어하는 인물들이었다. 그들을 만나려면 적어도 6주 전에는 선약을 받아 놓아야 했다. 우리가 줄을 대지 않고도 그들과 함께할 수 있었던 것은 서로에게 끌렸기 때문이다. 이런 기회가 주어진 것은 8월 끝무렵이었는데, 비슷한 사회적 지위를 갖고 있다는 행운이 작용한 덕분이기도 했다. 이 황금 같은 날들이 끝나면—그리 오래지 않아 찾아들겠지만—우리는 우리가 걷는 길을 떠날 것이다. 그리하여 우리를 에워싸고 있는 이 높은 산봉우리들 너머로 사라질 것이다. 우리는 같은 종파에 속해 있었고, 다양한 매체들로부터 비슷한 평판을 받았다. 런던에서 우리는 정기적이지는 않았지만 자주 만나는 사이였다. 우리는 녹록치 않은 사회적 지위가 가져다주는 전통과 관습, 법률과 언어의 지배 아래 놓인 엇비슷한 처지였다. 우리 모두는, 심지어 여자들조차 '영향력을 행사'하는 사람들이었다. 다만 아무것도 '행사하지 않는' 척했을 뿐이다. 런던이었다면 그리 말할 일이 아닌 것도, 여행지에서는 우리의 순수한 즐거움이 되어 주었다. 1년에 한 번 있는 휴가의 들뜬 분위기를 즐겼기에, 이런 변화는 마땅한 것이었다. 어쨌든 우리는 런던에 있을 때보다 더 인간적인 조건에 놓여 있다는 것을, 적어도 우리 본디의 모습으로 돌아가 있다는 것을 누구나 실감했다. 이 점에 대해 솔직하게 이야기를 나누곤 했는데, 붉게 물든 빙하를 바라보고 있을 때 우리가 나눈 대화가 바로 그런 종류의 것이었다. 이때 누군가가 멜리폰트 경과 애드니 부인이 긴 시간 보이지 않는다고 주의를 환기시켰다. 우리는 작은 탁자와 벤치들이 놓여 있는 테라스에 자리를 잡고 앉아, 자연으로 돌아왔다는 사실을 한껏 증명해 보이는 기이한 독일식 복장을 한 채 식전 커피를 마시고 있었다.

일행 가운데에 두 사람만이 보이지 않음에 대해 그때까지 누구도 말하지 않았다. 심지어 멜리폰트 부인과 다정한 성격의 작곡가 애드니(블랑슈 애드니의 남편)조차 한 마디도 없었다. 그 말을 꺼낸 건 자신의 책 속표지에 '클래런스'라고만 표기하는 버릇이 있는 클래어 보드리였다. 마침 그는 마음을 드러내는 문제에 대해 얘기하고 있었다. 그는 일행들에게, 누구에게든 솔직하게 속마음을 털어놓고 싶은 적이 없었느냐고 물었다. '난 당신이 진정으로 멋지다고는 생각하지 않아.' 나는 속으로만 그렇게 말했다. 드러내 말하기에는 껄끄러웠기 때문이다. 사실 우리 사이에는 보드리가 얘기를 하고 있을 때는 입을 다물어야 한다는 일종의 묵계가 있었는데, 그렇다고 그가 그런 분위기를 요구한 건 전혀 아니었다. 이야깃거리가 많은 사람치고 그는 주변의 이목에 이상하리만치 초연했다. 탐욕스러운 수다쟁이가 아니었다. 우리가 관심을 두는 것은 어디까지나 얘기하는 당사자—남자건 여자건—의 개인적 인생관이었고, 우리는 저마다 다른 이유로 이 저명한 작가 보드리와 만찬할 때면 늘 그의 청중을 자처하곤 했다. 이런 말을 하는 것은 나를 포함한 우리 일행 모두가 런던에서 그와 함께 만찬한 경험이 있고, 그때마다 기꺼이 그의 청중이 되었음을 암시하기 위해서다. 나도 그와 함께 식사를 한 적이 있는데, 그날 저녁도 이곳 알프스의 늦은 오후와 마찬가지로, 내 혀를 묶어두는데 어떤 고통도 느끼지 않았다. 그저 그의 훤칠한 키와 잘생기고 떡 벌어진 몸을 바라보면서 늘 일어나던 의문을 속으로 삭히고 있었을 뿐이다.

그 의문은 이런 것이었다. 왜 그는 자신을 남의 이목을 끄는 사람이라고 생각하지 않을까? 고작해야 저녁식사 자리에서 사람들이 자신의 말에 귀를 기울인다는 정도로만 생각할까? 그 사실이 내 마음을 적잖이 불편하게 했다. 언론은 그를 '자기중심적인 사람'이라고 표현했지만, 실제 그는 자기 위엄을 자랑하는 사람이 아니었다. 자기 자신에 대해 떠벌리는 사람이 아니었던 것이다. 바로 그 점이 그를 돋보이게 했지만 그 또한 의도적인 것이 아니었다. 그는 자신만의 시간과 고유의 버릇들을 갖고 있었고, 재단사와 모자를 만드는 사람을 따로 두었으며, 자신만의 독특한 위생법과 특별히 즐기는 와인을 갖고 있었다. 하지만 그 모든 것들로 하나의 고집스러운 태도를 형성하지는 않았다. 그의 그런 본연의 태도는 국내에서보다는 '근사한' 외국에서 쉽게 드러났다. 여러 상황이 바뀌었다는 걸 감안한다면 그 정도는 문제 될 게 없었다. 하지만 그는 여타의 사람들과 다르긴 해도(내가 곧 설명하게 될 독특한 감각을 제외하곤), 내 눈에는 풍기는 분위기도 감수성도 선호하는 것도 별다를 것 없는 사람처럼 보였다. 그는 늘, 자신이 감내할 수 있는 나이나 조건, 또는 성별을 따져서 비슷한 부류의 사람들하고만 지냈음에 틀림없었다. 그는 남자에게 말을 걸듯이 여자에게 말을 걸었고, 모든 사람들과 가리지 않고 험담을 늘어놓았으며, 둔한 사람에게나 영리한 사람에게나 대화에 차이를 두지 않았다. 그렇지만 나는 하나의 주제를 다른 주제와 절묘하게 연결시키는 그의 솜씨에 절망감을 느끼곤 했다. 그런 자리에 내가 끼여 있다는 게 정말이지 싫을 정도였다. 그는 언제나 커다란 목소리로 즐겁게, 너무나도 자세하게 묘사했다. 억지를 부리지도 어두운 얘기를 꺼내지도, 어떤 사상을 희화화시키지도 않으면서. 그런 그와의 대화 속에서, 우리는 아주 예외적인 인간성을 발견할 수 있었다. 상식적인 수준에서 자신의 통찰력을 드러낼 줄 아는 그의 엄청난 건강함에 질투가 날 지경이었.

보드리는 선량한 양심을 앞세워 정연한 속도로 온갖 이야기들을, 멀리 풍차와 이정표가 보이는 기담(奇談)의 들녘으로 행진시켜 나갔다. 잠시 뒤 나는 멜리폰트 부인의 주의가 흐트러지는 걸 눈치챘다. 우연히 그녀의 옆자리에 앉게 된 나는 그녀의 불안한 눈길이 낮은 산비탈 너머로 향하는 걸 지켜보았다. 그녀는 시계를 들여다보다가 내게 물었다. "두 사람이 어디로 갔는지 아시나요?"

"애드니 부인과 멜리폰트 경 말씀인가요?"

"그래요, 멜리폰트 경과 애드니 부인." 그녀는 귀부인다운 말투로 내 말의 순서를 수정해 주었다. 하지만 질투 때문에 그랬다고 생각하지는 않았다. 그녀에게 그런 식의 저급한 감정을 끌어다 붙이고 싶지는 않았고, 무엇보다 내가 좋아하는 여자와 관련된 일이기 때문이었다. 또한 멜리폰트 경을 먼저 말하는 게 당연하기 때문이다. 경은 당연히 맨 처음, 예외 없이 제1의 존재였다. 그것은 그가 가장 위대하다거나 가장 현명하다거나 가장 저명한 존재라는 뜻은 아니다. 다만 필연적으로 명단의 맨 위에 놓여 있는, 식탁의 상석을 차지하는 존재라는 말이다. 그것은 자연스럽게 형성된 위치였다. 그리고 경의 아내 역시 자연스럽게 거기에 익숙해져 있을 뿐이었다. 그러고 보면 내 말은 마치 애드니 부인이 경을 데려간 것처럼 들릴 수도 있었으리라. 하지만 그랬을 가능성은 전혀 없었다. 누군가를 데려가는 건 오직 경만이 할 수 있는 일이기 때문이다. 사람들은 이 서열을 예의상 멜리폰트 부인에게도 그대로 적용시켜야 한다는 걸 깜빡하곤 했다. 사실 나는 그녀가 은근히 무섭기도 했다. 그녀의 견고한 침묵과 사람들을 대하는 얼마쯤은 딱딱하고 냉소적이기까지 한 지극히 어두운 면모를 생각하면. 그녀의 창백한 얼굴은 엷게 잿빛이 드리워진 듯했고, 윤기 흐르는 검은 머리는 늘 거기에 꽂혀 있는 브로치와 머리띠, 그리고 빗만큼이나 차가운 금속성을 띠고 있었다. 항상 침울한 분위기에 싸여 있는 그녀는 셀 수 없이 많은 흑옥과 마노, 찰랑거리는 목걸이와 유리구슬로 치장했다. 애드니 부인은 그런 그녀를 가리켜 '밤의 여왕'이라고 지칭한 적이 있는데, 구름이 잔뜩 낀 흐린 밤을 연상하면 이해가 쉬울 것이다. 그런 은밀한 부분을 제대로 알아차리지 못한다면 그녀는 그저 상냥하고, 남의 말에 휘둘리지는 않지만 지성은 부족한, 슬픔에 잠겨 사는 여인에 불과해 보였다. 그녀는 고통 없는 만성병을 앓고 있는 환자 같았다. 나는 그녀에게, 한 시간쯤 전에 당신의 남편이 누군가와 계곡을 산책하는 걸 보았지만, 그 이상은 아마도 애드니 씨가 알고 있을지도 모르겠다고 말했다.

오십대로 접어들었음에도 친구들 앞에서는 말이 너무 많으면 안 된다고 생각하는 숫기 없는 어린 소년처럼 보이는 빈센트 애드니는 놀라울 만큼 순진무구했고, 위대한 배우의 남편 자리를 음미하며 사는 인물이었다. 그가 아내를 편하게 대해 준다는 얘기는 누구나 들은 바 있었는데, 그 얘기를 들은 몇몇은 가슴에서 우러나는 호의로 모든 걸 당연히 받아들이는 그의 태도를 존경할 수밖에 없었다. 같은 배우도 아니고 무대와 직접 관련된 일을 하지도 않는 남편이, 배우인 아내를 품위 있게 대한다는 건 쉽지 않은 일이기 때문이다. 또한 애드니는 품위 이상의 것을 가지고 있었다. 더없이 우아하며, 영감이 풍부한 사람이었다. 그는 음악을 진정으로 사랑했고, 그의 음악이 지닌 진정성은 누구나 공감할 수 있었다. 어디에서건 늘, 그의 아내는 사람들 무리 속에 있었다. 사람들은 그녀가 만들어 내는 표정들을 저마다 자유롭고 풍부하게 해석했다. 그녀는 머리를 늘어뜨린 채로 가볍게 웃음을 흘리며, 누군가의 표현처럼 무대를 장악했다. 그녀에게 남편은, 극이 진행되는 동안 꼼짝없이 제자리를 지키고 있는 몸집이 자그마한 바이올리니스트일 뿐이었다. 하지만 그녀는 그를 진기하고 이해할 수 없는 존재로 만들어 주었다. 두 사람이 가진 우월감은 일종의 동업자적인 것으로, 한 사람이 누리는 행복은 두 사람이 누리는 행복의 일부였다. 애드니가 가진 오직 한 가지 불만은 자신이 아내를 위한 희곡을 직접 쓸 수 없다는 점이었다. 그래서 작가들에게 희곡을 써줄 수 없겠냐고 떼를 쓰는 것이 그가 아내의 일에 유일하게 참견하는 방식이었다.

잠깐 애드니를 흘낏 본 멜리폰트 부인이, 그에게는 아무것도 묻지 않을 거라면서 나에게 이렇게 말했다. "사람들이 저를 과민하다고 보지 않았으면 좋겠어요."

"과민하시다고요?"

"물론 남편과 떨어져 있으면 언제나 그렇게 되지만요."

"경에게 무슨 일이 일어났을 거라고 생각하신다는 건가요?"

"항상 그렇게 생각해요. 물론 익숙해지긴 했지만."

"절벽에서 미끄러진다거나……. 뭐 그런 뜻인가요?"

"뭔지는 정확히 알 수 없어요. 다만, 그 사람이 영영 돌아올 수 없을 거라는 생각이 든다는 거죠."

그녀는 많은 걸 얘기했지만 많은 걸 억제하기도 했다. 농담처럼 가장하는 것이 그녀가 속내를 드러내는 유일한 방법이었다. "경께서 부인을 저버리는 일은 절대로 일어나지 않을 겁니다, 맹세코!" 내가 웃으며 한 말이었다.

그녀는 잠시 바닥을 내려다보더니 말했다. "그래요, 사실 전 마음이 편하답니다."

"그토록 세심하고, 절대로 오류가 없고, 모든 일에 철저하게 대비가 된 사람에겐 아무 일도 일어날 수 없는 법이죠." 나는 용기를 내서 주절거렸다.

"당신은 그 사람이 평소에 어떻게 준비하는지 상상도 못할걸요!" 그녀가 이상하게 떨리는 목소리로 주장했다. 그녀가 예민해져 있다는 방증이라고 나는 생각했다. 이 생각은 그녀의 다음 행동에 따라 확고해졌다. 그녀는 불쑥 자리를 바꾸어 앉았는데 대화를 중단하겠다는 것처럼 보이진 않았지만 불안해하고 있다는 증거였다. 그녀를 그렇게 만든 게 무엇인지는 알 수 없었지만, 애드니 부인이 우리를 향해 다가오는 걸 보고서야 나는 비로소 안심이 되었다. 그녀는 손에 커다란 야생화 한 다발을 들고 있을 뿐 멜리폰트 경과 함께 온 것은 아니었고, 뭔지 모르게 말하기를 꺼리는 기색이었다. 멜리폰트 부인이, 대답을 듣고 싶기는 하지만 묻고 싶지는 않은 질문을 하나 가지고 있다는 걸 알고 있던 나는 곧바로 애드니 부인에게, 경께서 크레바스에 빠져 있는 건 아니기를 바란다고 말했다.

"그럴 리가요. 그분과 헤어진 건 고작 3분 전이에요. 먼저 숙소로 가셨어요." 블랑슈 애드니는 곧장 내게로 시선을 돌리고는 한동안 내 얼굴을 바라보았다. 어떤 남자도, 혼자 힘으로는 결코 저항할 수 없는 끈끈한 눈길이었다. 재빨리 전해야 할 특별한 뭔가가 있음을, 그 눈이 말했다. '오, 그래요. 전 매력이 있죠. 저도 알아요. 하지만 그 때문에 소동을 일으키고 싶진 않아요.' 그러고는 달콤하면서도 내밀한 눈길로 이렇게 덧붙였다. 그것이 그녀가 전하고자 하는 핵심이었다. '별 문제 없었지만, 뭔가 일이 있긴 했어요. 나중에 알려 드릴지도 모르죠.' 그러고는 멜리폰트 부인에게로 돌아서더니 숙달된 배우답게 금방 명랑하게 태도를 바꾸고는 말했다. "제가 경을 무사히 모시고 왔답니다. 멋진 산책이었어요."

"잘됐군요." 멜리폰트 부인이 엷은 미소를 띠면서 대꾸하더니 자리에서 일어나며 우물거렸다. "그 사람은 만찬 때 입을 옷으로 갈아입으려고 방으로 갔을 겁니다. 그것 말고 뭐가 있겠어요?" 그러면서 자기도 간편한 옷으로 갈아입어야겠다면서 호텔로 발길을 옮겼다. 만찬 얘기가 나오자, 남은 사람들은 어떻게 해야 할지 모르겠다는 듯 서로의 눈치를 살폈다. 그날 저녁, 세상

물정에 밝은 급사장이—급사장이라면 누구나 그렇지만—우리에게 특별한 만찬을 즐길 수 있는 시간과 장소를 제공해 주어서 우리는 군데군데 켜진 램프 아래에 조촐하게 둘러앉았다. '차려입은' 사람은 멜리폰트 경 부부뿐이었고, 모두들 그걸 당연하게 받아들였다. 멜리폰트 부인은 언제나 격식을 차리기 때문이었다. 한편 경은 놀라운 조정력과 적응력을 발휘했다. 그는 급사장 못지않게 세상 물정에 훤했고 여러 개의 언어를 구사하는 인물이었다. 그렇다고 연미복과 흰 양복 조끼를 비교하거나, 검정색과 푸른색과 갈색의 벨벳을 넥타이에 어울리게, 또는 셔츠와 상관없이 입는 방법 따위를 언급하는 인물은 아니었다. 그는 모든 기능을 갖춘 한 벌의 의상과 거기에 맞는 하나의 태도를 갖고 있었다. 또한 그의 의상과 태도들은 많은 구경꾼들의 흥미를 위한 것이기도 했다. 그의 그런 면모는 그의 독특한 친구들에겐 즐거움 이상의 것이었다. 하나의 주제가 되기도 했고, 사회적 지지를 만들어 냈으며, 게다가 그칠 줄 모르게 그들을 긴장시켰다. 만찬이 시작되기 전, 그러니까 아직 경이 나타나지 않았을 때 우리가 입을 모아 떠들어 댔던 것도 바로 그런 점들에 대해서였다.

클래어 보드리는 경에 관한 일화들을 시시콜콜한 것까지 알고 있었는데, 매우 일찍부터 경을 알았기 때문이다. 멜리폰트 경이라는 이 상류층 남자의 특징 가운데 하나는 일화의 형태가 아니고서는 얘기될 수 없는 인물이라는 것이었고, 그 일화는 모두 경의 명예와 관련되어 있었다. 우리는 경이 자리로 돌아오면 항상 솔직하게 '경에 대해 얘기했답니다'라고 말할 수 있었다. 그건 양심의 문제로, 런던에서 통상적으로 양심이라고 하는 것은 훌륭한 덕목임에 분명했다. 더욱이 우리는 아주 상냥한 방식으로 그에게 찬사를 표시했다. 그는 항상 무대 위에 서 있는 배우처럼 품격을 갖춘, 정돈된 사람이기 때문이다. 그러나 그의 인생에서 프롬프터는 필요 없었다. 자신을 곤란에 빠뜨리는 일들에 대비해 수없이 리허설을 해왔기 때문이다. 내 개인적인 느낌에 불과하지만 사람들과 그에 대해 얘기를 나누노라면, 항상 죽은 사람에 대해 이야기하는 듯한 기이한 인상을 받았다. 그의 명성은 일종의 아름답게 치장된 오벨리스크였고, 그는 그 아래 묻혀 있는 모호한 존재였다. 실재에 앞서 자신이 주인공인 전설과 추억의 화신이 되어 있었던 것이다.

경의 이러한 모호함은, 그의 이름이 주는 울림과 그의 인격에서 비롯된 분위기가 왠지 증명해 내기에는 너무도 고매하다는 사실에서 시작된 것 같았다. 도시 사람다운 세련된 그의 실제 모습보다 우선적으로 드러나는 것은 그의 '전설'이었다. 그날 저녁 내가, 사실이란 지극히 유동적이라고 말했던 것이 기억난다. 이 시대에 가장 말쑥한 그 남자는 더 이상 멋져 보일 수 없는 모습으로 조금은 서투른 오케스트라의 화음을 조정하는 차분한 지휘자처럼 우리 사이에 앉아 있었다. 그는 무슨 뜻인지 알 수 없어 함부로 저항도 할 수 없는 몸짓으로 우리의 대화를 조정했는데, 어떤 이는 그가 없으면 말조차 제대로 할 수 없을 것 같았다. 그 사실은 그는 어떤 경우에든 '공헌'하는 인물이라는 것을, 무엇보다 영국 대중들의 삶에 공헌하고 있음을 드러내 주었고, 거기에 스며들어 그것을 아름답게 물들이고 장식했다. 그가 없었다면 영국 대중들은 제대로 된 어휘도, 품격도 가질 수 없었을 것이다. 멜리폰트 경은 온전한 하나의 품격 그 자체였다. 나는 그런 생각을 하며 신선한 충격에 휩싸인 채 그 조그만 스위스 호텔의 식당 안에서 잠자코 송아지 고기를 먹었다. 경의 격식을 갖춘 말투와 행동을 눈앞에서 지켜보자니, 클래어 보드리의 태도는 음유시인의 것처럼 보였다. 그날 밤 그렇게나 기대해 왔던 두 인물의 대조적인 모습을 지켜보는 건 너무나도 흥미진진했다. 그렇다고 큰일이 일어나지는 않았는데, 멜리폰트 경이 능란한 솜씨로 모든 것을 조용히 감싸고 최소화했기 때문이었다. 그런 주인 노릇은 멜리폰트 경에게는 초보적인 일에 불과했다. 사실 그는 일생 손님이 되어 본 적이 없었다. 모든 상황에서 그는 주인이었고, 후견인이었고, 조정자였다. 그의 그런 태도에 한 가지 결점이 있다면(이 대목에선 목소리를 낮출 수밖에 없는데), 자연스럽게 접점을 이뤄낼 수 있는 문제도 기술적으로 해결하려 든다는 사실이었다. 어쨌거나 두 사람은 상대를 정확하게 거꾸로 반영하는 거울 같았다. 유능한 귀족은 자신이 상황을 어떻게 지배하는지를 보여 주었고, 견실한 작가는 상황에—심지어 자신이 관계된 상황에도—얼마나 무관심한지를 보여 주었다. 멜리폰트 경은 상황을 조절하는 보석 같은 솜씨를 쏟아 내었지만, 보드리는 경이 그렇게 하는 것을 상상조차 못하는 듯 보였다.

심지어 보드리는 블랑슈 애드니가 3막에 관해 물었을 때, 그 질문에 어떤 교묘함이 담겨 있음을 의심도 못했다. 그녀는 보드리가 희곡 한 편을 쓰고 있으며, 그 여주인공은 그녀가 오래전부터 갈망해 온 역할이어야 한다고 생각했다. 그녀의 나이 마흔(이 사실은 그녀를 흠모하는 사람들에겐 비밀일 수밖에 없다), 이제 그녀는 지상에 남은 자신의 마지막 목표를 향해 팔을 뻗고 있었다. 배우로서 최고의 역할을 놓치고 싶지 않다는 일종의 비극적 열망이었다. 하지만 수년 동안 그녀는 그것을 그리워하기만 했고, 더는 기다릴 시간이 없었다. 그녀는 웃음보다는 달콤한 슬픔을 자아내는, 말라 들어가는 장미의 고통스러운 미소를 짓고 있었다. 그녀는 능숙한 고대영어와 프랑스어를 구사하며 자신의 세대를 매료시킨 인물이었다. 하지만 더 큰 기회가 곧 다가오리라는 환상에 사로잡혀 있었다. 그녀는 셰리든에 흥미를 잃었고 바우들러를 혐오했다. 그녀에겐 결이 한층 더 고운 천으로 만들어진 캔버스가 필요했다. 내 직감으로는, 그녀는 바늘에 실을 꿰듯 작품을 생산할 수 있는 이 노련한 작가로부터 자신이 원하는 현대적인 희곡을 얻지 못한 것 같았다. 때문에 자신을 솔직하게 드러내며 그를 귀하게 대했고, 밀어를 속삭였고, 사랑을 나누었지만, 아직도 꿈을 이루지 못한 듯했다. 이러다가는 자신의 생사를 바우들러와 함께해야 할지도 몰랐다.

 이 매력적인 여인은 흘긋 보고 넘기기 어려운 사람이었다. 수많은 결점들을 가졌으면서도 아름답고 완전했다. 무대 위에서의 그녀는 받침대에서 벗어난 인형처럼 아름다웠다. 그 자체로 이리저리 돌아다니는 그림이었고, 그녀의 꾸밈없는 사교적인 성격은 끝없는 놀라움, 하나의 기적이었다. 사람들은 그림처럼 아름다운 그녀가 비밀을 들려준 답례로, 자신들이 그녀에게 여유와 홍차를 대접한다고 생각했다. 하지만 사실 그녀는 아무런 얘기도 들려주지 않고 그저 차를 마셨을 뿐이었다. 그럼에도 사람들에게 그건 결코 손해가 아니었다. 보드리가 희곡을 쓰는 건 사실이었다. 그녀를 좋아해서 그 희곡을 시작했다면, 같은 이유로 느리게나마 진행시키고 있었으리라. 하지만 그는 누구에게도 털어놓지 못하는 지독한 어려움을 겪고 있었다. 그 원고가 완성되고 나면 자신의 인생에서 활력이 사라질 것임을 알고 있었기 때문이다. 늘 그 문제를 블랑슈 애드니에게 터놓고 얘기해야 한다고 생각하면서, 자신의 희곡에 아주 가끔씩 몇 개의 멋진 문장을 집어넣고 있었다. 그러면서도 그가 그 문제를 그녀에게 털어놓지 못했던 건, 오로지 애드니 부인이 실망할까 두려웠기 때문이었다. 3막에 관한 그녀의 질문에 그는, 만찬 전에 굉장한 대목을 썼노라고 대답했다.

"저녁식사 전에요?" 내가 물었다. "그때 선생님은 테라스에서 저희 모두에게 마법을 걸고 계셨잖습니까?"

내 말은 일종의 농담이었다. 그때만 해도 나는 그가 그 원고를 다 써놓았을 거라고 생각했기 때문이다. 하지만 나는 그의 얼굴에 드리워진 당혹감을 확인할 수 있었다. 그는 굳은 표정으로 나를 보고는 마치 말고삐를 잡아채듯 재빨리 고개를 돌려버렸다. "그보다 더 전이었단 얘기지." 그가 무척이나 자연스럽게 응수했다.

"그보다 전이라면 나하고 당구를 치고 있었지." 멜리폰트 경이 그의 말투를 흉내내며 말했다.

"그건 어제였던 것 같은데요." 보드리가 말했다.

하지만 그는 궁지에 빠지고 말았다. "어제는 아무것도 하지 않았다고 아침에 말하셨잖아요?" 여배우가 이렇게 반박하고 나선 것이다.

"내가 언제 뭘 했는지 정확히는 모르겠소." 보드리는 마음을 가라앉히지 못한 채 자기 앞에 놓인 접시를 물끄러미 내려다보았다.

"우리가 아는 것으로 충분하지." 멜리폰트 경이 미소를 지으며 말했다.

"한 줄이라도 쓴 건가요?" 블랑슈 애드니가 말했다.

"당신에게 그 장면을 읊어 줄 수도 있소." 보드리는 껍질 콩을 집어 먹으며 말했다.

"오, 해봐요, 해봐요!" 우리 가운데 두엇이 크게 외쳤다.

"식사를 마친 뒤에 살롱에서 하도록 하지. 굉장한 선물이 되겠어!" 멜리폰트 경이 선언하듯 말했다.

"잘될지 모르겠지만, 노력해 보죠." 보드리가 대답했다.

"오, 사랑스러운 사람!" 여배우가 미국 코미디에 빠진 사람처럼 미국식으로 환호했다.

"하지만 조건을 달아야겠소." 보드리가 말했다. "당신 남편이 연주를 해줘야겠소."

"당신이 낭독하는 동안 연주를 하라고요? 안 돼요!"

"날 너무 생각해 주는군." 애드니가 끼어들었다.

멜리폰트 경이 그에게 결론을 짓듯 말했다. "서곡을 연주해 주게. 그래야 커튼이 올라가지. 특별하고 즐거운 순간이 될 걸세."

"그런데 보고 읽진 않을 겁니다. 그냥 읊을 겁니다." 보드리가 말했다.

"그래도 좋긴 하지만, 제가 가서 원고를 가져오겠어요." 여배우가 제안했다.

그러자 보드리는 원고는 신경 쓰지 말라고 대답했다. 한 시간 뒤 살롱에 모인 우리는 당연히 그가 원고를 가지고 있으리라 믿고 있었다. 우리는 애드니의 마법 같은 바이올린 연주에 홀린 채로 기대에 부풀어 앉아 있었다. 그의 아내는 맨 앞자리 쿠션 달린 상자 모양의 의자에 앉은 채로 안절부절못하는 표정이었고, 늘 그랬듯 따로 마련된 의자에 앉아 있는 멜리폰트 경은 우리의 소규모 회합을 무슨 사회과학 집회나 시상식처럼 만들어 놓았다. 그런데 낭독을 시작하는 줄 알았던 우리의 '길들여진 사자'는 불협화음을 내듯 으르렁거리고만 있었다. 말을 완전히 잊어버린 사람 같았다. 보드리는 아주 참담한 표정으로, 단 한 줄도 읊조리지 못했다. 머릿속이 텅 비어 있는 듯했다. 하지만 전혀 부끄러워하지 않았다. 사실 그는 살면서 한 번도 부끄러움을 내비친 적이 없었는데, 쉽게 동요되지 않는 명랑한 성격을 타고났기 때문이었다. 때문에 자신이 이토록 바보가 될 줄은 상상도 못했다고 말해도, 그에게 이 일은 나중에는 그저 즐거운 추억거리가 될 것만 같았다. 우리는 마치 그가 계획적으로 우리를 갖고 논 것 같다는 굴욕감을 느꼈다. 그러자 늘 그랬듯, 멜리폰트 경이 재치 있는 솜씨로 우리 모두의 마음을 달랬다. 그는 어색한 침묵을 돌파해 내는 특유의 매력적인 솜씨로(그는 코메디 프랑세즈의 배우처럼 읊어 댔다), 과거 자신이 중대한 상황에서 어떻게 무너졌는지를 말해 주었다. 수많은 청중 앞에서 연설하려는데 깜빡 잊고 메모를 안 가지고 온 것을 알고는, 자신을 주목하고 있는 수많은 눈들을 마주한 채 그 끔찍한 연단 위에서 말을 더듬으며 혹시 메모지가 있을까 주머니를 뒤졌다고 했다. 경의 얘기는 보드리의 어줍은 농담보다 훨씬 멋졌다. 가벼운 몸짓으로 당황스러운 상황을 무마시키는 경의 그 화려한 '공연'은 우리의 넋을 빼놓았다. 사람들이 그의 명성에서 오점을 발견하지 못하고, 또 굳이 찾으려 하지 않는 것은, 바로 경의 이런 노력과 '공연' 덕분이었다.

"연주를 계속해요, 연주를!" 블랑슈 애드니는 무대 위에서 일어나는 우연한 사고들이 늘 음악 속으로 묻혀 들어갔다는 것을 기억하면서, 그녀의 남편에게 손가락을 까닥거리며 외쳤다. 애드니는 바이올린에 운명을 맡긴 사람처럼 다시 연주를 시작했고, 나는 클래어 보드리에게 지금이라도 사람을 보내 원고를 가져오게 하라고 했다. 내게 그걸 시켰다면 당장 그의 방으로 갔을 것이다. 그러나 그는 이렇게 대답했다. "친애하는 후배님, 원고가 없다는 사실이 두려울 뿐이네."

"그럼 아무것도 안 쓰셨다는 말씀인가요?"

"내일쯤 쓸 생각이었지."

"장난치지 마세요." 황당한 표정으로 내가 말했다.

보드리가 주뼛거리다가 말했다. "있다면 왜 보여 주지 않겠나."

그때 누군가가 그에게 말을 걸었고, 멜리폰트 부인이 우리의 흐트러진 주의를 바로잡아 주듯 부드러운 목소리로 애드니 씨가 지금 매우 아름다운 곡을 연주하는 중이라고 말했다. 전에도 그녀의 얼굴에 음악을 무척이나 좋아한다고 쓰여 있는 걸 본 적이 있었다. 그때 그 조용한 배 안에서, 그녀는 늘 음악을 듣고 있었다. 보드리는 약간 얼이 빠진 상태였지만, 그것이 내가 그의 방으로 가는 걸 허락한다는 걸 의미하는 것 같지는 않았다. 나 역시 그보다는 블랑슈 애드니와 얘기를 나누고 싶었다. 그녀에게 은밀히 물어보고 싶은 게 있었다. 하지만 그녀의 남편이 연주하는 동안 모두 입을 다물고 있었기에, 하는 수 없이 다른 기회를 기다려야 했다. 일찍 잠자리에 드는 게 우리에겐 일종의 의식과 같아서, 저녁 시간이 그다지 많이 남아 있지 않았다. 다행히 나는 여배우에게 말할 수 있는 기회를 포착하고는, 보드리 씨가 자신의 원고를 내게 넘겨줄 것 같다고 말했다. 그러자 그녀는 자기를 존중한다면 당장 그 원고를 갖다 달라고 했다. 지금은 그가 원고를 낭독하기에는 늦은 시간이었고, 아까와 같은 마술적인 분위기도 아니었다. 하지만 그런 데엔 신경 쓰지 않는 태도였다. 하기야 그녀가 직접 읽어 보는 데는 그다지 늦은 시간도 아니었다. 그렇다면 그 귀중한 원고를 손에 넣기 위해 시간을 지체할 이유가 없었다. 그렇지만 나는 그전에 그녀에게 잠깐만 내 말을 들어 달라고 했다. 저녁식사 전, 그러니까 그녀가 멜리폰트 경과 함께 산에 있는 동안 무슨 일이 있었냐고 물었다.

"무슨 일이 있었다는 걸 어떻게 아셨나요?"

"당신의 얼굴에 그렇게 쓰여 있던데요."

"그게 바로 사람들이 절 배우라고 부르는 이유죠!" 애드니 부인이 소리를 높였다.

"사람들이 나는 뭐라고 부릅니까?" 내가 따지듯 물었다.

"당신은 마음의 탐색자죠. 하찮은 것들을 찾고 있는."

"그 탐색자는 당신을 위한 희곡을 쓰고 싶어 해요!" 나는 버럭 소리를 질렀다.

"사람들은 당신이 뭘 쓰건 상관하지 않을걸요. 당신은 굴러 들어온 복덩이도 걷어차 버리는 사람이니까."

"하지만 난, 상연되는 연극들을 빼놓지 않고 보고 있어요." 내가 선언하듯 말했다. "오늘 밤은 세상이 모두 연극판이군요."

"세상이? 대체 뭐가 있다고 그래요. 아무것도 없는데! 중요한 건 제 책상 서랍에 보드리의 원고가 있어야 한다는 거라고요."

"둘러대는 걸 보니, 그 사람과 빙하 위에서 사랑이라도 나눴나 보죠." 나는 계속 밀어붙였다.

그녀는 나를 쏘아보다가 갑자기, 점점 고조되는 웃음을 터뜨렸다. "멜리폰트 경 애길 하는 건가요? 오호, 빙하 위에서! 앞으로 사랑을 나누고 싶으면 거길 꼭 가봐야겠군요!"

"그 사람이 크레바스에 빠지기라도 했나요?" 나는 얘기를 그칠 마음이 없었다.

블랑슈 애드니는 저녁식사 전 손에 꽃다발을 들고 나타났을 때 그랬던 것처럼 나를 유심히 바라보았다. "그 사람이 어디에 빠졌었는지 생각나면 내일 말씀드리죠."

"그 사람이 어디든 떨어지긴 했나 보죠? 그래서 어떻게 됐어요?"

"아마도 올라왔겠죠." 그녀가 웃음을 터뜨렸다. "내가 왜 이런 얘기를 하고 있는지 모르겠네요."

"오늘 나한테 얘기해야 할 이유가 백 개도 넘습니다."

"그 이유를 곰곰이 생각해 봐야겠네요. 수수께끼를 풀듯이."

"수수께끼를 풀고 싶다면 하나 더 드리죠." 내가 말했다. "그 대문호한테 대체 무슨 일이 있는 겁니까?"

"대문호가 어쨌는데요?"

"모두 위장했던 겁니다. 보드리는 한 줄도 쓰지 않았어요."

"가서 그분의 원고를 갖고 오시죠. 그럼 볼 수 있을 테니까."

"그 사람에 대해 폭로하긴 싫습니다."

"만약 내가 멜리폰트 경에 대해 폭로하겠다면 어쩌시겠어요?"

"오, 그에 관한 일이라면 저도 뭐든 하겠습니다." 나는 인정했다. "하지만 보드리가 왜 거짓말을 했을까요? 정말 이상해요."

"나는 저분이 정말 이상해요." 블랑슈 애드니는 의아한 표정으로 멜리폰트 경을 바라보며 내 말을 따라했다. 그러다가 뭔가 생각났다는 듯 그녀가 말했다. "가서 저분의 방을 살펴봐 주세요."

"멜리폰트 경의 방을?"

그녀가 재빨리 내게로 고개를 돌렸다. "그게 한 가지 길이 될 거예요!"

"무슨 길?"

"저 사람을 폭로하는 길 말이에요!" 그녀가 흥분해서 명랑한 목소리로 말했다. 그러다가 갑자기 감정을 자제하고는 덧붙였다. "우리가 무슨 헛소리를 하고 있는 거죠?"

"우리 둘 다 뒤죽박죽인 상태네요. 하지만 당신의 생각에 감명받았어요. 멜리폰트 부인에게나 가보시지요."

"어머나, 그녀가 절 보고 있었네요!" 애드니 부인은 이상한 연극 대사를 읊조리듯 중얼거렸다. 그러고는 마치 환상을 걷어 내듯 예쁜 손을 들어 올리더니, 고압적으로 외쳤다. "원고를 가져다주세요. 그 원고나 가져다 달라고요!"

"그렇게 하겠지만." 내가 대답했다. "앞으론 내가 희곡을 쓸 수 없을 거라고 말하진 말아 주시죠."

그녀는 나를 남겨 두고 자리를 떴다가 돌아와서 자신이 만든 생일 수첩—우리로 하여금 여러 날을 공포에 떨게 했던 그 수첩—에 서명을 해달라고 했다. 그것은 내 명예를 세워 주는 요청이었지만 다른 사람들에게 서명을 부탁하면서 나만 빼버릴 수 없어서 하는 행동일 수도 있었다. 나는 두 개의 날짜를 두고 미적거리다가 가능하다면 둘 다 적어 넣게 해달라고 말했다. 그러자 그녀는 사람은 누구나 한 번만 태어난다고 대꾸했고, 나는 당신을 알게 된 날 다시 태어났기 때문이라고 대답했다. 나는 사람들의 서명을 유심히 살펴보면서, 우리가 이 거래를 성사시키기 위해 몇 분의 시간을 허비했다는 사실을 주지시키기 위해 여러 소리를 지껄여 댔다. 여자는 수첩을 가지고 홀을 나갔다. 그제야 나는 일행들이 모두 떠났다는 걸, 이 조그만 살롱에 나만 홀로 남겨져 있다는 걸 깨달았다. 나는 조금 낙심한 상태였다. 보드리가 잠자리에 들었다면 그를 귀찮게 하고 싶지는 않았다. 하지만 그렇게 머뭇거리고 있다가 나는 보드리가 아직 자러 가지 않았음을 알게 되었다. 창문이 하나 열려 있었는데, 그 창을 통해 블랑슈와 그가 테라스에 나와 밤하늘의 별에 대해 얘기를 나누는 소리가 들려왔다. 나는 그들의 동태를 살피며 창가로 다가갔다. 알프스의 밤은 장관이었고, 그 속에 두 사람의 모습이 보였다. 망토를 들고 있는 여배우의 모습은 언젠가 무대 한쪽 끝 대기실에서 바라보았던 그녀의 모습과 비슷했다. 두 사람은 한동안 아무 말이 없었고, 멀지 않은 곳에서 급류가 우르릉거리며 흘러가는 소리가 들려왔다. 돌아서서 조용히 타오르는 등불을 바라보았을 때 묘안이 하나 떠올랐다. 일행들이 모두 흩어졌으니—사실 전원의 경치를 감상하기엔 늦은 시간이었다—남은 건 우리 셋뿐임이 분명했다. 만약 클래어 보드리가 원고를 써놓았다면, 그리고 그걸 우리에게만 낭독해 준다면, 그 시간은 정말이지 잊을 수 없는 추억이 될 것이었다. 나는 그의 원고를 가지고 내려와서 두 사람이 살롱으로 들어올 때 자연스럽게 그들과 마주치겠다는 계획을 세웠다.

나는 살롱을 떠나 보드리의 방으로 향했다. 그의 방은 이층 긴 복도의 마지막 방이었다. 1분쯤 뒤 나는 노크를 생략한 채 그의 방문을 자연스럽게 밀었다. 당연히 아무도 없는 방은 어둠에 싸여 있었다. 복도에 불을 켜두지 않는 시각이라 문을 열어 두어도 여전히 어두웠다. 커튼이 드리워진 창문 틈새로 비치는 희미한 별빛만으로는 원고를 찾기가 어려웠다. 주머니에 들어 있는 조그만 성냥갑을 확인하고는 그것을 꺼내려는 순간, 나는 깜짝 놀라 흠칫 동작을 멈추었다. 비명을 지르든, 사과의 말을 하든, 뭔가를 해야 할 판이었다. 나는 다른 방에 잘못 들어온 것이었다. 창문 가까이에 놓인 책상에 어떤 형상이 앉아 있었다. 처음에는 그게 의자 등받이에 걸쳐져 있는 여행용 담요라고 생각했다. 나는 무단 침입을 했다는 생각에 뒤로 슬금슬금 물러났다. 그때 두 가지 생각이 재빨리 뇌리를 스쳤다. 우선 이곳은 분명 보드리의 방이라는 것이었고 다른 하나는, 정말 이상한 얘기지만, 책상 앞에 앉아 있는 게 보드리라는 사실이었다. 문가에 바짝 붙어선 채로 나는 잠시나마 혼란스러움을 느꼈지만 상황을 확인하기에 앞서 냅다 소리부터 질렀다. "맙소사!

누구예요? 보드리, 당신인가요?"

　웬일인지 그는 돌아보지도, 대답하지도 않았다. 하지만 내 물음은 즉각적인 반응을 불러왔다. 복도 건너편 문이 열렸던 것이다. 촛불을 든 종업원 하나가 문 밖으로 모습을 드러냈다. 그 일렁이는 불빛의 도움을 받아 나는 책상 앞에 앉은 남자의 정체를 흐릿하게나마 확인할 수 있었다. 그는 분명히 조금 전 애드니 부인과 대화를 나누고 있던 테라스의 그 남자였다. 등을 반쯤 내 쪽으로 돌린 채로 뭔가를 쓰고 있는 듯 탁자에 몸을 웅크리고 있었다. 사람을 잘못 보았다는 생각은 추호도 들지 않았다. "죄송합니다. 아래층에 계신 줄 알았어요." 그는 내 말을 듣는 것 같지도 않았지만 나는 덧붙였다. "바쁘시면 방해하지 않을게요." 그길로 나는 방을 나와 문을 닫았다. 그의 방에 있었던 건 채 1분도 되지 않았다. 나는 이상한 느낌에 휩싸였고, 그 느낌은 점점 더 깊어져 갔다. 나는 여전히 문고리에 손을 얹은 채로, 태어나서 느껴 보는 가장 이상한 기분 속에 빠져 있었다. 책상 앞에 앉아 뭔가를 쓰고 있던 보드리의 모습은 너무도 자연스러웠다. 하지만 왜 깜깜한 어둠 속에서 글을 쓰고 있었을까? 그리고 왜 내게 아무 대답도 하지 않았을까? 나는 무슨 소리라도 들릴까 싶어 문가에 붙어 귀를 기울인 채 얼마간 기다렸다. 쓰는 일에 너무 몰두한 나머지 나를 알아보지 못했다는 걸―위대한 작가에게 충분히 일어날 수 있는 일이었다―뒤늦게야 깨닫고 이렇게 말할지도 모르기 때문이었다. '이런, 자네였어?' 그러나 여전히 고요하기만 했다. 예상치 못한 상황에 봉착한 나는 별빛이 내린 방 어귀에 멍하니 서 있다가 천천히 발길을 되돌려 혼란스러운 걸음으로 계단을 내려갔다. 살롱은 여전히 등이 켜져 있었지만 텅 비어 있었다. 나는 호텔 출입문을 지나 밖으로 발길을 옮겼다. 테라스 역시 비어 있었다. 블랑슈 애드니와 미지의 신사는 방으로 돌아간 게 확실했다. 나는 5분쯤 꼼짝도 않고 거기 서 있다가 침실로 향했다.

　마음이 심란해서 잠자리가 편치 않았다. 한밤에 일어난 이상한(그게 얼마나 이상한 일이었는지는 곧 알게 될 것이다) 일은 되짚어 볼수록 마음을 혼란스럽게 했다. 괴상한 일일수록 처음엔 별일 아닌 듯해도 깊이 생각하다 보면 점점 더 괴상해지는 법이다. 그래서 이해하기까지는 시간이 어지간히 걸리는 것이다. 은근히 부아가 치밀기도 하고, 깜짝깜짝 놀라기도 했다. 하지만 아침에 일어나서 블랑슈 애드니에게 전날 밤 테라스에 누구와 함께 있었느냐고 물어보면 문제는 간단히 해결될 것이다. 그렇지만 정말 이상하게도 정작 해가 뜨자―멋진 일출이었다―나는 그 궁금증을 해결하기보다는 떨떠름한 기분을 그냥 던져 버리는 게 낫겠다 싶었다. 아무 걱정 없던 어린 시절에 그랬듯이 화창하게 갠 산속의 호젓한 길을 걷다 보면 떨떠름한 기분이 사라질 것 같았다. 그래서 일찌감치 복장을 갖춰 입고는 사람들 사이에 끼여 커피를 마시고 난 뒤, 한쪽 주머니엔 커다란 롤빵을 다른 한쪽엔 조그만 휴대용 술병을 넣고, 손에는 튼튼한 지팡이를 들고서 산정으로 향했다. 그곳에서 보낸 매혹적인 몇 시간―진한 추억을 만들어 낸 시간―은 이 소설에서 내가 하려는 이야기와는 별 상관이 없다. 나는 산등성이를 어슬렁거리면서 그 매혹적인 시간의 반을 썼고, 나머지 반은 경사진 풀밭에 누워 있었다. 모자로 얼굴을 덮은 채 엄청난 장관을 엿보면서, 온화한 고요 속에서 산벌이 윙윙 날아다니는 소리를 들었다. 그러자 모든 것들이 가라앉고 희미해졌다. 클래어 보드리는 점점 작아졌고, 블랑슈 애드니는 점점 희미해졌으며, 멜리폰트 경은 점점 사위어 갔다. 낮이 저물기 전에 나를 혼란에 빠뜨렸던 그 모든 것들을 잊을 수 있었다. 호텔로 돌아왔을 때는 해가 저물고 있었고, 내가 차려입고 저녁식사 시간에 때맞춰 나타났을 때 사람들은 모두 식탁에 앉아 있었다.

사람들 사이에 있자니 나를 괴롭혔던 문제가 다시금 떠올랐고, 혹시나 보드리가 나를 이상하게 보지는 않을까 궁금했다. 하지만 그는 아예 나를 쳐다보지도 않았다. 사실 맞은편에 앉아 있는 그에게 궁금한 걸 물어보면 그만이었지만 웬일인지 나는 주저하고 있었다. 낮 동안 나의 불안한 마음을 멀리 떨치고 돌아왔음을 다시 떠올리며 생각을 정리했다. 그러자 주저하는 내가 부끄럽지도 않았고, 오히려 분별 있게 행동하는 거라는 믿음이 생겼다. 내가 막연하게나마 느낀 것은 사람들 앞에서 보드리에게 대답을 요구한다는 게 공정하지 않다는 사실이었다. 물론 멜리폰트 경이 그 자리에 있었으므로 문제가 생기면 그가 완벽한 솜씨로 해결하여 줄 터였다. 하지만 경에게도 그런 화제는 꽤 불편할 거라는 생각이 들었다. 식사를 마치고 모두들 자리에서 일어나자, 나는 애드니 부인에게로 가서 날씨가 좋으니 잠시 밖으로 나가 산책하지 않겠느냐고 청했다.

"당신은 벌써 백 마일이나 산책하고 왔잖아요? 그냥 있는 게 좋지 않을까 싶은데요."

"내게 뭔가를 들려주시면 백 마일은 더 걸어도 괜찮습니다."

그녀는 뭔가를 눈치챈 듯 나를 바라보았는데, 그 눈빛은 클래어 보드리에게서 찾으려 했지만 찾을 수 없었던 바로 그것이었다. "멜리폰트 경과 관련된 걸 말하는 건가요?"

"멜리폰트 경과 관련된 거라니요?" 뜻밖의 물음에 나는 맥락을 놓쳐 버렸다.

"대체 기억을 어디다 갖다 놓으셨나요? 지금 지난밤 얘길 하는 거 아니었나요?"

"아, 그랬죠!" 나는 그제야 어젯밤 그녀와 나누었던 대화를 떠올리며 큰 소리로 말했다. "그래요, 많은 얘길 했었죠." 나는 그녀를 테라스로 끌어내고는, 세 걸음도 떼기 전에 물었다. "어젯밤에 여기 함께 있던 사람이 누구였죠?"

"어젯밤?" 맥락을 놓친 건 그녀도 마찬가지였다. "어제 10시쯤, 사람들이 막 흩어진 뒤에 신사 한 분과 여기로 나왔잖습니까. 뭔 얘기를 나누는 것 같던데."

그녀는 잠시 나를 노려보더니 웃음을 터뜨렸다. "친애하는 보드리 씨를 질투하시는 건가요?"

"그럼, 그 사람이 보드리……?"

"물론이죠."

"얼마나 같이 있었나요?"

"당신 참 고약하시네요. 15분쯤이었나? 어쩌면 그보다 조금 더 있었는지도 모르죠. 그 사람은 자신이 쓰고 있는 희곡 얘기를 했어요. 뭘 더 듣고 싶은 거죠? 제가 마술이라도 부렸을까봐 그래요?"

"그러고 나서 보드리는 무얼 했습니까?"

"나야 모르죠. 그 사람을 놔두고 나는 곧바로 자러 갔으니까요."

"그때가 몇 시쯤이었죠?"

"당신은 몇 시쯤에 잤는지 알아요? 나는 기억하고 있어요. 보드리 씨와 헤어진 건 10시 25분이었어요. 살롱에다 책을 놓고 와서 가지러 갔다가 시계를 봤거든요."

"그러니까 당신과 보드리는 분명히 여기 이 자리에, 10시 5분부터 그 시각까지 함께 있었다?"

"확실하게 말할 수 있는 건 우린 아주 즐거웠다는 거예요. 산책은 어디로 가실 거죠?" 블랑슈 애드니가 물었다.

"간단히 말씀드리죠. 바로 그 시간에 당신의 친구는 당신과 함께 있었고, 또한 자신의 방에서 문학작품을 쓰시느라 아주 바쁘셨어요."

내 얘기에 그녀는 걸음을 멈추었고, 어둠 속에서 그녀의 눈은 자신의 진실성을 의심하는 거냐고 묻고 있었다. 나는 정반대라고, 나는 당신의 진실을 보완해 주려는 거라고, 이건 무척 흥미로운 상황이라고 대답했다. 그러자 그녀는 자신이 나의 진실을 보완해 준다면 모를까 전혀 흥미롭지 않다고 되받았다. 하지만 그때 나는 당신과 관련된 원고의 행방을 추적하다가 그런 사건과 마주친 거라고, 어떻게 그 사실을 까맣게 잊어버릴 수 있냐고 하자 비로소 그녀는 내 얘기를 받아들였다.

"그 사람 얘기에 완전히 취해 버려서, 당신에게 원고를 가져오라고 한 걸 깜빡했어요. 그 사람은 어떻게든 살롱에서 저지른 실수를 만회하려고 하면서, 제게 희곡의 한 장면을 낭송해 주었죠." 그러고는 벤치에 잠시 걸터앉아 내게 이것저것 묻더니 환하게 웃으며 말했다. "그 천재, 참으로 기이한 존재네요!"

"상상할 수 없을 정도로."

"엄청나게 미스터리한 존재예요!"

"당신도 그 미스터리를 알아야 해요. 그래 봐야 내가 받은 충격은 그대로겠지만."

"그 사람이 보드리 씨였다는 게 확실한가요?"

"그 사람이 아니었다면, 그 사람하고 똑같이 생긴 어떤 낯선 신사가 야심한 시각에, 그것도 어둠 속에서 그 사람의 책상에 앉아 글을 쓰고 있었다는 건데, 그런 사람이 세상에 있을까요?" 나는 강한 어조로 덧붙였다. "제 말이 놀랍게 들리시겠지만 분명 사실입니다."

"그러게요, 왜 불도 안 켜고……." 애드니 부인이 생각에 잠겨 우물거렸다.

"고양이들은 어둠 속에서도 잘 볼 수 있죠." 내가 말했다.

그녀는 희미하게 웃으며 말했다. "고양이처럼 생겼던가요?"

"천만에요, 부인. 보드리의 저 훌륭한 작품들을 쓴 작가처럼 생겼더군요. 우리의 친구인 그 사람보다 훨씬 더 그 사람처럼 보이던걸요." 내가 선언하듯 말했다.

"그러니까 그 사람은 분명 그 사람이었다?"

"그래요. 당신과 같이 식사하고, 당신을 실망시켰던 바로 그 사람."

"절 실망시켰다니요?" 애드니 부인이 멍하니 중얼거렸다. "그는 나를 포함해, 그가 쓴 문장들을 사랑해 온 모든 사람을 실망시켰죠. 그 사람이 읊어 준 대사 속에 있으니 어땠나요?"

"지난밤 그 사람은 눈부셨어요." 여배우가 말했다. "그 사람이야 항상 눈부시죠. 아침에 목욕을 한 당신만큼이나. 소의 등심이나 브라이튼행 기차만큼이나. 그렇지만 그 사람은 진기한 존재는 아닙니다."

"무슨 말씀이신지는 알겠어요."

"제가 종종 궁금해하던 의문이 있었는데, 이젠 알겠어요. 세상에는 정말로 도플갱어가 있다는 것을."

"정말 기발한 생각이군요!"

"한 사람은 밖으로 나가고, 나머지 한 사람은 방에 머물렀던 거죠. 한 사람은 천재적인 작가고, 다른 한 사람은 부르주아란 말입니다. 여기저기 쏘다니며 수다를 떨고 인기도 많은, 당신과 장난삼아 연애도 하는……."

"그걸 간파하시다니, 진짜 천재는 당신이군요!" 애드니 부인이 내 말을 끊으며 끼어들었다. 그러고는 덧붙였다. "당신의 그 비범함에 탄복하지 않을 수가 없네요."

나는 그녀의 팔에 손을 얹고는 말했다. "그 사람을 잘 살펴보세요. 시험 삼아 그 사람 방에 한번 가보는 게 어때요?"

"그 사람 방에 가보라고요? 그건 옳은 방법이 아니에요!" 그녀는 자신이 출연한 가장 재밌는 연극에서 했던 어조로 말했다.

"의문을 풀기 위해 적절하지 않은 방법이란 없어요. 만약 방에 있는 그를 알아본다면 모든 의문은 풀릴 거예요."

"그럼 정말 멋지겠는걸요. 간단히 풀린다면야 얼마나 좋겠어요!" 그녀는 잠깐 생각에 잠겼다가 불쑥 말했다. "지금 당장 그렇게 하는 게 좋겠단 말씀인가요?"

"당신만 좋다면 언제든."

"하지만 잘못된 사람을 만나게 되면 어떻게 하죠?" 블랑슈 애드니는 강렬한 눈빛으로 쏘아보며 물었다.

"잘못된 사람? 그럼 올바른 사람은 누굽니까?"

"여자더러 가서 살펴보라고 하는 사람은 잘못된 사람이죠. 제가 만약 그 천재를 찾지 못한다면?"

"그럼 제가 다른 사람을 찾아보도록 하죠." 그리고는 주위를 둘러보며 덧붙였다. "말조심해야겠어요. 멜리폰트 경이 이리로 오고 있어요."

"당신이 저분을 살펴봐 주면 좋을 텐데." 그녀가 웅얼거리는 소리로 말했다.

"경에게 무슨 문제라도?"

"제가 말씀드리려던 게 바로 그거예요."

"이제 말해 봐요. 경이 이리로 올 것 같진 않네요."

블랑슈 애드니는 잠시 경을 바라보았다. 호텔 밖으로 나온 멜리폰트 경은 우리와 좀 떨어진 곳에서 걸음을 멈추고는 생각에 잠긴 듯 시가를 피워 문 채 눈앞에 펼쳐진 경치를 그윽한 눈길로 바라보며 서 있었는데, 어스름 속에서도 그 모습이 훤히 보였다. 우리는 방향을 바꾸어 천천히 걸음을 옮겼다. 그녀가 이내 말했다. "제 생각이나 당신 생각이나 우스꽝스럽긴 마찬가지군요."

"내 생각은 우스꽝스러운 게 아닙니다. 아름다운 거죠."

"하기야 우스꽝스러운 것만큼 아름다운 것도 없죠." 애드니 부인이 선언하듯 말했다.

"당신이 뛰어난 관찰자라면 저는 뛰어난 경청자죠. 그러니 말해 봐요." 나는 호기심을 느끼며 그녀의 말을 기다렸다.

"만약 클래어 보드리 씨가 두 개의 존재라면, 그 잘난 멜리폰트 경은 정반대의 이상한 존재라는 뜻이에요. 그는 심지어 하나의 온전한 존재도 아닌 것 같아요."

우리는 동시에 걸음을 멈추었고, 내가 말했다. "이해가 안 되네요."

"저도 그래요."

나는 조금 생각해 보고는 웃는 얼굴로 말했다. "무슨 말인지 알겠어요!"

"당신 혼자 경을 본 적이 있어요?" 그녀가 물었다. 나는 기억을 더듬어 보고는 말했다. "그럼요. 그분이 날 보러 오셨을 때요."

"그 사람이 혼자 오진 않았겠죠."

"나 혼자 그분을 보러 간 적도 있었어요. 그분의 서재로."

"당신이 거기 있었다는 걸 그분이 아셨나요?"

"당연하죠. 제가 간다고 알려 드렸으니까요."

블랑슈 애드니는 사랑스러운 공모자의 눈길로 나를 바라보며 말했다. "알리지 말았어야 했어요!" 그러고는 그녀는 다시 걸음을 뗐다.

나는 숨도 쉬지 않고 곧바로 대꾸했다. "그분이 내가 왔는지 모르는 상태에서 몰래 가봐야 한다는 건가요?"

"불시에 가야만 해요. 그분의 방으로. 그러지 않으면 그분의 정체를 알아낼 수 없어요."

내가 그때 만약 그런 식으로 미스터리를 풀어 보겠다고 의기양양하게 나섰더라면, 나 또한 어쩔 수 없이 적잖은 혼란에 빠졌을 것이다. "그럼 그분이 하나의 존재도 가지고 있지 않다는 사실을 내가 어떻게 알게 되는 거죠?"

"그가 있다는 걸 당신이 알 때."

"무슨 말인지 모르겠군요."

"어쨌거나 당신은 아무것도 보지 못해요!" 애드니 부인이 외쳤다.

우리는 테라스 끝까지 걸어갔다가 멜리폰트 경과 얼굴을 마주 볼 수 있도록 몸을 돌렸다. 다시 걸음을 떼기 시작한 경은 전혀 서두르는 기색 없이 우리를 그냥 지나쳤다. 달려가는 커다란 기차를 연상시키는 그의 멋진 뒤태는 전형적인 저명인사의 모습이었다. 그러다가 경은 걸음을 멈추고는 우리를 향해 미소를 지으며 맑게 갠 밤의 풍경 속에서 한쪽 손을 흔들었다(마치 알프스의 산들을 설명하는 안내자처럼 보였다). 경은 독특한 시가 향기와 함께 자신의 모든 독특함을 내뿜으며, 너무나도 수려한 얼굴을 들어 올렸다. 완벽한 그의 모습은 사람들의 시선을 무척이나 당연하게 받아들이는 인기인처럼 보였다. 그 모습에서 나는 블랑슈 애드니가 가진 의문에 대한 멋진 답 하나를 읽어낼 수 있었다. 경은 완전한 공인이어서 사생활이라는 걸 전혀 가질 수 없는 사람이었는데, 그건 마치 클래어 보드리가 완전히 사인(私人)이어서 어떤 공적인 생활도 가지지 못하는 것과 마찬가지였다. 그 뒤로는 블랑슈 애드니의 말을 반쯤밖에 듣지 못했는데, 멜리폰트 경이 우리 뒤편에서 걸어오고 있었기 때문이었다(그가 애드니 부인을 좋아하는 건 사실이었지만 그건 어디까지나 사교계 안에서의 일에 불과했다). 그의 다양한 주제의 이야기를 반시간 동안 들으며, 블랑슈 애드니와 내가 함께 찾아낸 그의 태연자약한 이중성을 실감할 수 있었다. 그건 무척이나 즐거운 탐구였는데, 나 혼자가 아니라 무대 위에서 여배우와 함께 연기를 하면서 발견하게 된 것 같아서 더욱 그랬다. 나는 그녀와 내가 비밀을 나누어 가졌다는 사실을 수치스럽게 생각하지 않았는데(비록 두 가지 비밀 중에서 내 비밀이 저명인사의 것이라는 점에서 더욱 중요했는데도), 그건 내가 잔인하지도 않지만 반대로 부드러움이나 동정심도 가지고 있지 않기 때문이었다. 경은 내게 그저 안전한 사람일 뿐이었다. 나는 갑자기 우주를 주머니 안에 넣은 듯 부유해진 기분이었고 큰 깨달음을 얻은 듯했다. 왜냐하면 귀족들의 세계에서는 그런 식의 아름다운 일들이 일어날 수 없다고 생각해 왔기 때문이었다. 그러나 잘난 체하는 소리로 들릴지 모르겠지만, 경은 자신이 하고 싶은 대로 하는 사람일 뿐이라고 생각한 것도 사실이었다. 겉으로 드러내진 않았지만 그의 완벽주의가 측은하기도 했다. 가면처럼 무표정한 얼굴로 지독하게 이기적인 정실부인에 만족하며 살아가는 그 끔찍한 시간들을 생각하면 동정심이 일 수밖에 없었다. 집에 있을 때 그는 어떻게 지냈을까? 혼자일 때는 뭘 하며 지냈을까? 그는 부인에게조차 공적인 태도를 유지했고, 때문에 그녀 역시 나와 비슷한 의문들에 사로잡혀 있을 수밖에 없었다. 그것은 그녀가 가진 영원한 숙제였다. 따지고 보면 블랑슈 애드니와 내가 그의 부인보다 더 많은 걸 알고 있는 셈이었다. 하지만 우리는 그녀에게 그 사실을 말하지 않을 것이고, 말한다고 해서 그녀가 우리에게 고마워하지도 않을 터이다. 그녀는 남편의 모호함이 가져다주는 고상함을 선호했기에 남편과 편하게 지내보지 못했고, 때문에 뭐라 말할 수 있는 처지가 아니었다. 또한 경 역시 언제나 아내를 대표하는 존재로, 하인들의 영웅으로 존재하고자 했다. 하지만 아무도 보지 않을 때의 그의 모습이 진정으로 그가 되고 싶어한 모습이 아니었을까. 짐작건대, 그때야 그는 휴식을 취할 것이다. 하지만 어떤 식의 휴식이라야 그의 다양한 면모를 회복시켜 줄 수 있을까? 몰래 동정을 살피기에는 지나치게 자존심이 강했던 멜리폰트 부인은 열쇠 구멍으로 혼자 있는 그를 들여다보기보다는 기품을 유지하며 의

문을 묻어 두는 길을 택했을 것이다.

우리가 이미 만들어진 이미지로 그를 보지 않았더라면, 그의 기존의 모습과 새로 알게 된 모습이 그토록 다르게 느껴지지는 않았을 것이다. 하지만 우리가 그의 이면을 알게 되었다고 그가 전보다 더 공적인 존재가 된 것도, 그의 완벽한 매너가 더 완벽해진 것도, 그의 놀라운 재치가 더 놀라워진 것도 아니었다. 나는 다만 어떤 언론사가 시운을 걸고 취재할 만한 사실을 알게 된 사람 같은 기분을 마치 완벽한 음식을 즐기듯이 즐겼다. 그럼에도 애드니 부인과 또다시 단둘이 있고 싶어서 저녁에 다시 만나자고 약속했다. 하지만 그 약속은 이루어지지 않았다. 일행들 중 몇몇이 그날 저녁 멜리폰트 경을 찾아와서 경은 다시 세상의 무대로 올라야 했고, 그가 우리에게 멋진 연주를 선사해 준 바이올린 연주자에게 음악 몇 곡을 더 청했기 때문이다. 연주가 끝나기 전 나는 여배우를 놓쳤고, 나중에 살롱의 창을 통해 원고를 읽어 주고 있는 보드리와 함께 있는 그녀를 발견했다. 그 위대한 원고는 그날 쓰인 것이 분명했고, 그녀는 그 원고의 저자에게 푹 빠진 듯했다. 나는 그들을 혼란스럽게 하지 않는 것이 낫다고 판단하고는 침실로 향했다. 다음 날 아침 일찍 그녀를 찾아가, 전날 낮에 한 약속을 상기시키며 산으로 가자고 했다. 그녀는 기꺼이 동행을 허락했다. 하지만 채 10야드도 가기 전에 그녀는 열정적으로 이렇게 말했다. "경애하는 친구님, 당신이 발견한 다른 보드리가 저에게 어떤 영향을 미쳤는지 상상도 못 할 거예요! 전 다른 건 아무것도 생각할 수 없어요."

"멜리폰트 경의 정체에 관해선 더 궁금하지 않아요?"

"오, 그 얘긴 지긋지긋해요! 나는 지금 그 사람보다 더 흥미로운, 보드리 씨에 대해 얘기하는 거예요! 전 그 사람의 환영에 매혹되어 버렸어요. 당신은 그걸 뭐라고 부르죠?"

"그를 대체하는 정체성?"

"그의 또 다른 자아라고 하는 게 더 쉽겠네요."

"당신이 그 존재를 사실로 받아들였다는 말인가요?"

"그 정도가 아니죠. 전 그 안에서 기쁨을 누려요! 지난밤에 그 사실을 확실히 알 수 있었어요."

"거기서 그 사람이 읽어 주는 동안에 말이죠?"

"그래요. 그 사람의 원고를 귀로 듣고, 눈으로 읽었어요. 그러니 모든 것이 간단해지더군요."

"굉장한 축복이군요. 그게 그렇게 좋았나요?"

"엄청나게. 그 사람의 낭독은 아름다워요."

"다른 사람이 쓴 것도 거의!" 내가 웃으며 말했다. 내 말에 동행자는 멈칫하더니, 손을 내 팔에 얹으며 말했다. "제가 받은 인상을 고스란히 표현하는군요. 다른 사람의 작품을 읽어 주는 것 같았거든요."

"다른 사람이라!"

"완전히 다른 사람의 것이었어요." 애드니가 말했다. 우리는 산책하는 동안 그 '다른 사람'에 대해, 그리고 두 개의 성격이 어떻게 삶을 풍부하게 만들어 주는지에 대해 얘기를 나누었다.

"그 사람 속에 다른 사람이 있다면 그의 생명은 두 배가 되어야 하겠군요." 내가 말했다. "둘 가운데 누가 그렇게 될까요?"

"둘 다. 결국 둘은 한 회사에 속한 사원들이니까. 두 사람 모두 어느 한쪽이 없으면 업무를 수행할 수 없죠. 한 사람만 살아남는다는 건 두 사람 모두에게 두려운 일일 거예요."

블랑슈 애드니는 한동안 침묵을 지키다가 주장하듯 말했다. "모르겠어요. 어쨌든 전 또 다른 보드리가 살아남기를 원해요."

"나는 누가 살아남으면 좋겠다고 해야 할까요?"

"나야 모르죠."

"난 당신 마음을 알아요. 당신은 언제나 다른 사람에게 더 끌리죠."

그녀는 다시 걸음을 멈추고는, 주위를 둘러보았다. "여기를 떠나요. 남편에게서 멀리요. 그러면 말씀드릴게요. 전 그 사람과 사랑에 빠졌어요!"

"불쌍한 여자, 그 사람은 열정이라곤 없어요."

"그게 바로 제가 그 사람을 사모하는 이유예요. 저 같은 내력을 가진 여자는 그런 사람을 받아들일 수밖에 없어요. 저는 가엾게도, 제 곁에 있는 사랑은 돌보지 않아요. 거기 보답하려 하지도 않고요. 제 결혼이 그걸 증명하고 있죠. 제 결혼생활은 파탄 상태예요. 또한 지난밤 보드리 씨가 그 아름다운 원고를 낭독해 주었을 때 제가 뭘 갈망했는지 알아요? 그 원고를 쓴 그의 또 다른 자아를 보고 싶다는 미칠 듯한 욕망뿐이었어요." 그러고는 마치 부끄러움을 숨기듯, 연극적으로 나를 바라보았다.

"그 또 다른 자아를 분명 다시 볼 수 있을 거예요." 내가 되받았다. "하지만 나 역시 당신이 도발적이고도 그럴듯하게 묘사한 멜리폰트 경의 사생활에 대한 증거를 확보하기 위해 48시간 이상을 기다려 왔다는 사실을 조금이라도 기억해 줘요."

"멜리폰트 경에겐 관심 없다니까요."

"어제는 관심이 있었잖소."

"그랬죠. 하지만 그건 제가 사랑에 빠지기 전이었죠. 그리고 당신은 당신 생각으로 멜리폰트 경을 폄하하려고 했죠."

"그랬다면 사과하겠소만⋯⋯." 내가 호소하듯 말을 이었다. "왜 당신이 경에 대한 의문을 품었는지 정확히 말해 주지 않는다면, 당신 말이 다 꾸며 낸 거라고 생각할 거예요."

"시간을 좀 주세요. 여기 이 푸른 계곡을 돌아다니면서."

우리는 세찬 물길이 부드럽게 바뀌는 매력적인 골짜기로 들어가서 맑은 급류를 따라 가벼운 발걸음을 옮겼다. 나는 계속 걸음을 떼며 동행자의 기억이 살아나기를 기다렸다. 그때 갑자기 저쪽에서 멜리폰트 부인이 걸어오고 있는 게 보였다. 검은색 담비 모피 자락을 끌고 양산을 쓴 채 혼자 풀밭을 거닐고 있었다. 이런 거친 길에서 그녀를 만나다니, 놀라운 일이었다. 옷차림으로 봐선, 뒤편에 하인을 대동하고 잘 닦인 큰길을 걷고 있는 것 같았다. 그녀는 우리를 보자 무슨 변명을 해야 할 것 같은 표정으로 얼굴을 붉히더니, 희미하게 웃으며 조금 일찍 산책을 나왔다고 말했다. 우리는 잠깐 의례적인 말들을 주고받았고, 그녀는 남편을 찾아봐야 할 것 같다고 말했다.

"경께서 이쪽으로 오셨나요?" 내가 물었다.

"그럴 거라고 생각해요. 스케치를 하러 한 시간쯤 전에 나갔거든요."

"그분을 찾고 계셨던 거예요?" 애드니 부인이 나섰다.

"뭐 조금. 많이는 아니고." 멜리폰트 부인이 대답했다.

두 여자는 많은 말들이 담긴 눈빛을 주고받았다. 적어도 내게는 그렇게 보였다.

"저희도 찾아보겠습니다." 애드니 부인이 말했다.

"그러지 않으셔도 돼요. 둘만 있을 생각이니까요."

"부인께서 원치 않으신다면 경께서도 스케치를 그만두실 거예요." 나의 동행자가 무슨 암시를 건네듯 말했다.

"당신이 원한다면 그렇게 하겠죠." 멜리폰트 부인이 맞받았다.

"경께서는 돌아오실 겁니다." 내가 끼어들었다.

"저희가 여기 있다는 걸 아시면 분명 그러실 겁니다!" 블랑슈 애드니도 거들었다.

"저희가 찾아 드릴 테니 기다리고 계시겠습니까?" 내가 멜리폰트 부인에게 물었다.

그녀는 거듭 신경 쓰지 말라고 말했지만, 애드니 부인이 질기게 밀어붙였다. "저희가 좋아서 하는 일이에요."

"유쾌한 탐험이 되길 바랍니다." 그녀는 귀부인답게 말했다. 경에게 부인이 찾고 있다는 얘기를 전할 것인지를 생각하던 차에 부인이 몸을 돌려 잠깐 멈칫하다가 투박하게 내뱉었다. "아무래도 여러분들은 나서지 않는 게 좋겠어요." 그러고는 우리를 떠나 골짜기 아래쪽으로 무척이나 완고하게 걸음을 옮겼다.

우리는 그녀의 뒷모습을 한참 동안 지켜보다가 서로를 바라보았다. 경쾌한 웃음의 유령이 여배우의 입술 위로 찰랑거렸다. "저 여잔 멜리폰트 경을 찾아 관목 숲을 헤맬 게 뻔해!"

"당신도 알겠지만, 그녀는 의심하고 있어요." 내가 말했다. "그래도 자신이 의심한다는 걸 경께서 알게 되는 걸 원치는 않을걸요. 그럼 경이 그린 스케치는 없을 테니까요."

"우리가 경을 불시에 찾아가지만 않으면……." 내가 말을 이었다. "경이 우아한 태도로 만들어 내고 있는 뭔가를 발견하게 되겠군요. 얼마나 엄청날까요?"

"그분을 혼자 계시도록 놔두죠. 혼자서 호텔로 돌아오시나 두고 봐요."

"그래 봐야 다시 사람들에게 둘러싸이겠죠!"

"아마도 그분은 들판의 소들을 위해서라도 그렇게 할걸요." 블랑슈 애드니가 말했다. 내가 그녀의 무례한 말씨를 힐책하자 그녀가 덧붙였다. "제가 우연히 발견한 건 아주 단순했어요."

"무슨 소리요?"

"그저께 말이에요."

"마침내 털어놓으시는군!"

"별거 없어요. 저도 멜리폰트 부인처럼, 그분을 찾을 수 없었어요."

"경을 놓쳤소?"

"그분이 절 놓친 거죠. 경은 제가 가버렸다고 생각했었죠."

"하지만 당신이 경을 찾았다고 했잖소? 경과 함께 호텔로 돌아왔을 때."

"그분이 절 발견한 거죠. 똑같은 일이 일어날 거예요. 경은 누가 있다는 걸 알게 되면 그 순간 나타나니까요."

"마치 중간 휴식 시간처럼 나타난다는 말이군요." 나는 잠깐 생각에 잠겼다가 다시 말을 이었다. "그렇다고 내가 확실히 알아들었다는 말은 아닙니다."

"멋지게 응달이 진 곳이었는데, 저는 피곤해서 더 있지 못하겠더라고요. 그래서 먼저 호텔로 가겠다고, 혼자 가겠다고 말했어요. 그때 우린 희귀한 꽃을 꺾고 있던 중이었죠. 제가 숙소로 안고 돌아왔던 바로 그 꽃을요. 그걸 찾아낸 사람은 그분이었어요. 그분은 아주 즐겁게 꽃을 꺾으셨고, 더 그러고 싶어 하셨어요. 하지만 저는 지쳐서 그만두고 싶었고, 경은 절 가게 내버려 두더군요. 제가 가버리고 나면 꽃들은 아무 소용이 없다는 걸 깨닫기엔 제가 너무 멍청했죠. 숙소 쪽으로 3분쯤 걸었을까, 그분의 주머니칼을 제가 갖고 왔다는 걸 깨달았어요. 가지를 다듬을 때 쓰라고 그분이 제게 빌려 주셨거든요. 그분에게 그게 필요하겠다 싶어서 되돌아가 그분을 부르려고 하다가, 먼저 그분을 살폈어요. 당신은 직접 보지 않았기에 그때 일을 제가 말해도 이해할 수 없을 거예요."

"날 거기로 데려다 줘요." 내가 말했다. "여기서 보일지도 몰라요. 거긴 나무 같은 장애물이 없는 완만한 구릉지니까요. 제 근처에 바위가 몇 개 있어서 그 뒤로 몸을 숨길 수 있었지만, 되돌아 나올 때는 제 모습이 드러나 버렸죠."

"경이 당신을 보았겠군요."

"그분은 그때 완전히 넋이 나간 상태였어요. 피곤하기도 했을 거고, 고독을 즐기고 있었던 것 같아요. 큰 반향을 불러일으키는 인물은 그만큼 잦아들기도 하니까요. 그런데 그 '무대'는 텅 비어 있었어요."

"다른 데로 가셨을지도 모르잖아요."

"그분이 있을 수 있는 곳은 그곳밖에 없었어요. 하지만 그곳에는 아무도 없었어요. 존재 자체를 중단시켜 버린 것처럼. 하지만 제가 그분의 이름을 불러서 제 목소리가 울려 퍼지자마자 그분의 모습이 떠오르는 태양처럼 제 앞에 불쑥 솟아올랐어요."

"대체 어디서 솟아오른 겁니까?"

"그분이 있어야 할 그곳에서요. 바로 제 눈앞에서." 나는 더할 수 없는 흥미를 느끼며 그녀의 말을 들었지만 한편 반감도 솟구쳤다. "멜리폰트 경이 없어졌다는 걸 안 때로부터 경의 이름을 부르기까지 시간이 얼마나 걸렸죠?"

"순식간이었어요. 얼마가 걸렸다고 할 수도 없는."

"그분의 부재를 확인하기에 충분한 시간이었나요?"

"그분이 거기 안 계셨다는 게 확실하냐고 묻는 건가요?"

"그렇소. 뭔가에 홀려서 잘못 본 건 아니냐고 묻는 거요."

"그럴 수도 있죠. 하지만 저는 그렇게 생각하지 않아요. 어쨌든 그래서 제가 당신더러 그분의 방을 살펴보라고 한 거예요."

나는 잠깐 생각하고는 입을 열었다. "멜리폰트 부인조차도 감히 하려 하지 않는 일을 내가 어떻게 할 수 있겠어요?"

"부인도 당신이 그러길 원하실 걸요. 부인을 설득해 보세요. 그리 오래 걸리진 않을 거예요. 부인도 경을 의심하고 있을 테니까."

나는 다시 생각에 잠겼다가 말했다. "경이 알고 있었던 것 같아요?"

"제가 그분을 발견하지 못했다는 걸요? 분명히 그럴 거예요. 하지만 그분은 자신이 충분히 재빨리 다시 나타났다고 생각하세요."

"경이 사라졌다 다시 나타나셨다……."

"정말 이상하게도 그랬어요."

"그렇군요. 그가 어때 보였어요?"

블랑슈 애드니는 다시 한 번 자신에게 일어났던 기적 같은 일을 재구성해 보면서 멍하니 계곡을 바라보았다. 그러다 갑자기 소리를 질렀다. "바로 지금처럼 보였어요!" 그 순간 나는 멜리폰트 경이 스케치북을 들고 우리 앞에 서 있는 걸 발견할 수 있었다. 그의 모습에는 의심을 살 만한 구석도 없었고, 그렇다고 멍해 보이지도 않았다. 그는 그저, 어디에서나 늘 그랬듯이 무대의 주요 등장인물로 보일 뿐이었다. 그는 시점을 고르더니 연필을 놀려 대상을 종이 위에 옮기기 시작했다. 그는 바위 쪽으로 몸을 구부렸는데, 수채화 물감이 들어 있는 작고 예쁜 상자가 그 '자연의 탁자' 위에 놓여 있었다. 그 바위는 경사가 져 있어서 스케치북을 놓고 그리기에 안성맞춤이었다. 그는 얘기를 하면서 그림을 그렸고, 그림을 그리면서 얘기했다. 그 그림이 이야기 만큼이나 잡다한 것들을 담고 있다면, 그의 얘기 또한 그림처럼 우아하게 화폭을 수놓고 있는 것 같았다. 우리는 그런 '공개 전시'가 계속되는 동안 묵묵히 기다렸다. 마치 그가 도드라진 산봉우리들의 경사면을 제대로 그리고 있는지 주의 깊게 살펴보는 것처럼. 스케치북 속의 그림이 검푸른 하늘을 배경으로 하고 있다면 그 하늘은 공포스러울 게 분명했다. 블랑슈 애드니는 아무 말이 없었지만, 그녀의 눈은 이렇게 말하고 있었다. '오, 저분처럼 할 수 있다면! 저분은 우리의 가슴을 뛰게 하며 무대를 장악하고 있어.' 우리는 한 편의 연극이 끝날 때까지 꼼짝없이 그를 지켜보았다. 한참 뒤 우리는 그와 함께 호텔로 돌아왔다. 호텔 문 앞에 이르자 그는 자신의 그림을 한 번 바라보더니 귀족적인 동작으로 스케치북에서 그림을 떼어 애드니 부인에게 다정한 말과 함께 건네주었다. 그러고는 호텔 안으로 들어갔다. 잠시 뒤, 우리가 서 있는 곳에서 올려다보니 그의 방 거실(그는 가장 좋은 방들을 쓰고 있었) 창문으로 날씨를 살피는 그의 모습이 보였다.

"저분은 좀 쉬셔야 할 거예요." 블랑슈가 고개를 숙여 자신의 것이 된 수채화를 내려다보며 말했다.

"그러시겠죠!" 나는 다시 고개를 들어 창문을 올려다보았다. 그새 멜리폰트 경은 사라지고 없었다. "벌써 다시 빨려 들어가셨군."

"무슨 말이에요?"

"다시 사물의 광대무변함 속으로 빨려 드셨다고요. 막과 막 사이의 쉬는 시간처럼."

"길어야 할 텐데요." 애드니 부인이 시선을 쳐들었다가 다시 테라스 쪽으로 내렸다. 그때 시종장이 입구에 나타났고, 갑자기 그녀가 그에게 질문을 던졌다. "보드리 씨를 보셨나요?"

그는 곧장 다가와 말했다. "5분 전에 여길 떠나셨습니다. 산책을 나가신 것 같은데, 길 쪽으로 내려가시더군요. 책을 한 권 들고서 말이죠."

나는 음산하게 드리워진 구름을 바라보았다. "우산을 갖고 가셨어야 할 텐데."

시종장이 미소를 지었다. "저도 그렇게 말씀드렸는데……."

"고마워요." 애드니 부인이 말했다. 시종장이 돌아가자, 그녀가 불쑥 말했다. "부탁 하나 들어주시겠어요?"

"분부만 내리시지요. 그런데 우선 당신 그림에 서명이 되어 있는지 좀 보여 주시겠어요?"

그녀는 자신의 그림을 살펴보더니 말했다. "이런 세상에, 서명이 없어요."

"그림의 값어치는 서명에 있는 건데. 내가 그걸 좀 갖고 있어도 될까요?"

"제 부탁을 들어주신다면 허락하겠어요. 우산을 가지고 보드리 씨에게 가 주세요."

"그 사람은 당신을 기다릴 텐데?"

"그 사람을 지켜 주세요. 가능한 한 오래도록."

"비가 몰아치지만 않는다면야 문제가 있겠어요?"

"비가 와도 그래 주세요!" 블랑슈가 소리를 질렀다.

"비에 홀딱 젖어도?"

"그런 사정은 안 봐줄 거예요." 그러면서 묘하게 눈을 반짝이며 덧붙였다. "전, 시도를 해볼 거예요."

"시도?"

"진짜를 보려고요. 오, 그걸 찾아낼 수만 있다면!" 그녀가 열정적으로 소리를 질렀다.

"그래요, 한번 해봐요!" 내가 대답했다. "난 온종일 우리의 친구를 보살펴 주고 있을 테니."

"만약 그 진짜를 찾아내기만 한다면." 그녀는 잠시 말을 끊었다가 눈빛을 반짝거리며 말했다. "제 역할을 따낼 수 있을 거예요!"

"보드리 씨를 영원히 보살펴 드리죠!" 재빨리 호텔 안으로 들어가는 그녀의 뒤에다 대고 내가 말했다.

나는 상기된 얼굴로 서서 멜리폰트 경이 그린 수채화를 물끄러미 바라보았다. 돌풍이 몰려오고 있었고, 나는 경의 방 창문들 쪽을 다시 한 번 바라보고는 시계를 확인했다. 5분이면 멜리폰트 경의 거실(언젠가 우리가 융숭한 대접을 받은 곳)로 올라가서 그림에 서명을 해서 애드니 부인이 그림을 가보로 간직할 수 있게 해달라고 부탁할 수 있었다. 다시 한 번 그 그림을 들여다보니 역시나 뭔가가 빠진 듯했다. 거기 서명 하나만 붙는다면 완벽할 것이다. 나는 그 결핍을 메우기 위해 곧장 호텔로 들어가 멜리폰트 경의 방으로 올라갔다. 그러나 경의 응접실 출입문 앞에 이르자 한 가지 어려움에 봉착했다. 내가 하려는 일이 혹시 터무니없는 짓이 아닌가 하는 생각이 든 것이다. 문을 두드리는 순간 모든 일을 망쳐 버리게 되는지도 몰랐다. 내가 이 축하연을 망쳐 버리기 위해 준비된 인물이라면? 내가 던진 그 물음이 스스로를 당혹시켰다. 그림을 든 채로 문 앞을 맴돌며 나는 이런 대답이 떠오르기를 바랐다. '부드럽게, 소리 나지 않도록 부드럽게, 재빨리 문을 열어. 그러면 넌 그의 부재를 확인하게 될 거야.' 문고리에 손을 얹었을 때, 내가 생각했던 방식대로—부드럽게, 소리 없이 부드럽게—반대편 방의 문이 열렸다. 그 순간 나는 문밖을 살피는 멜리폰트 부인과 마주쳤고, 난처한 표정을 지으며 웃음을 흘렸다. 잠깐 우리는 아무 소리도 내지 않고 무언의 의견을 주고받았다. 서로 뭔가 주저하고 있었지만, 서로를 이해했다. 하지만 내가 그녀에게로 건너가자 그녀는 거의 들리지 않는 목소리로 애타게 호소했다. "안 돼요!" 나는 그녀의 눈을 통해 그녀가 표현하고자 하는 모든 것을 읽을 수 있었다. 자신이 무엇을 궁금해하고 있는지, 내게 일어난 일련의 사건들에 깃든 불길한 기운이 무엇 때문인지를 눈빛으로 고백하고 있었다. "안 돼요!" 내가 그녀 앞에 바짝 다가서자 그녀는 입술만 움직여 다시 말했다. 그래서 나는 그녀에게 충격이 될 수도 있는 그 실험을 포기하기로 마음먹었다. 하지만 한편으로 그녀는, 내가 여기서 물러나 버린다면 실망할 것 같았다. 그녀는 이렇게 얘기하는 것 같았다. '당신이 책임진다면, 난 당신이 그렇게 하도록 놔둘 거예요. 그렇지만 그 배후에 내가 있다는 걸 그 사람이 알게 하지는 않을 거예요.'

"이제 곧 멜리폰트 경의 모습을 보시게 될 겁니다." 내가 한 시간 전에 그녀와 만났을 때를 넌지시 상기시키며 말했다. "경께서는 애드니 부인에게 이 멋진 그림을 선물해 주셨고, 애드니 부인은 경께서 서명을 빠뜨리셨다며 저를 보냈습니다."

멜리폰트 부인은 그 그림을 내게서 가져가더니 바라보았다. 그녀의 마음속에 격렬한 동요가 일어나고 있음을 충분히 짐작할 수 있었다. 그녀는 한동안 아무런 말이 없었다. 그녀의 우아함과 위엄, 수줍음과 연민 모두가 그녀 자신과 맞서 싸우고 있었다. 그러더니 그녀는 그 그림을 가지고 자신의 방으로 들어가 버렸다. 그렇게 몇 분 동안 나타나지 않았다. 다시 그녀가 나타났을 때 나는 그녀가 모든 유혹을 떨쳐 냈음을 알 수 있었다. 심지어 공포에 오그라든 모습이었다. 그림은 방에다 놓고 나온 듯했다. "그림을 나한테 맡겨 두시면, 애드니 부인의 뜻대로 서명을 받아 놓도록 하죠." 그녀는 무척이나 정중하고 밝은 표정으로 말했지만, 그건 어디까지나 얘기를 여기서 마무리 짓겠다는 태도에 지나지 않았다.

나는 짐짓 감사의 표정을 지어 보이고는, 날씨가 바뀔 것 같으니 우리도 이제 이곳을 떠나야 하지 않겠느냐고 말했다.

"당연히 그렇죠. 당장 떠나야겠어요." 그녀의 그런 적극적인 발언이 놀라웠다. 마치 비밀이 드러날까봐 두려워 안전한 곳으로 달아나려는 것처럼 보였다. 내가 몸을 돌리자 그녀는 놀랍게도 손을 뻗쳐 내 손을 잡으려 했다. 단지 작별 인사일 뿐이었지만, 그녀의 손은 이런 말을 강렬하게 전했다. '도와줘서 고마워요. 실은 그 이상이랍니다. 만약 내가 진실을 알게 된다면, 그땐 누가 날 돕겠어요?' 나는 우산을 가지러 내 방으로 돌아와 혼잣말로 중얼거렸다. '그녀는 확신하고 있어. 증거를 가지고 있진 않지만.'

15분 뒤 나는 클래어 보드리를 따라잡았고, 잠시 뒤 우리는 대피소를 찾아야 했다. 돌풍이 엄청난 속도로 모든 걸 부숴 버리고 있었기 때문이다. 우리는 빈 통나무집을 향해 언덕을 기어올랐다. 엉성하게 지어진 그 집은 축사 이상으로 보이지 않았다. 끔찍한 피난처이긴 했지만 덕분에 갈라진 틈으로 돌풍이 만들어 내는 엄청난 장관을 지켜볼 수 있었다. 그 모습을 지켜보는 한 시간은 이상한 불균형들로 가득 차 있었다. 번개가 천둥과 함께 춤을 추고 빗줄기가 우산 속으로 세차게 흘러드는 동안, 나는 클래어 보드리에게 실망감을 느끼고 있었다. 자연의 분노에 노출된 대문호가 무슨 생각을 하고 있었는지 정확하게 알 수도 없었고 그에게 '맨프레드'의 태도를 기대했던 건 아니었지만, 그렇다고 그 상황에서 귀가 닳도록 들은 링그로즈 부인에 관한 얘기를 다시 주저리주저리 떠드는 것은 적절치 않아 보였다. 중간에 악명 높은 비평가 체이퍼의 얘기도 나왔지만, 돌풍의 장엄한 광경이 펼쳐지는 동안 보드리는 여전히 링그로즈 부인의 숙녀다운 태도에 집중했다. 보드리 같은 사람에게서 비평가들의 의견을 전해 듣는다는 건 내 마음을 아프게 했다. 번쩍이는 번개의 불빛은 수년 동안 내게 익숙했던, 그리고 이 여행의 마지막 이틀 동안 더욱 확실해진 가혹한 세상의 이치를 더욱 또렷하게 비추는 듯했다. 세계는 상스럽고 어리석으니, 이런 세계에 사는 인간은 차선책으로나마 만찬에 초대되어 허접한 잡담을 주고받는 바보가 되어야 한다는 것을. 나의 '친구'조차 그런 이치에 따라 살고 있다는 걸 깨닫자 내 마음은 무너져 내렸다. 그만은 예외이기를 바랐기 때문이다. 내가 그의 능력을 얼마나 숭배하고 있는지를 안다면, 그렇게 해줄 거라고 믿었던 것이다. 하지만 그런 나의 생각을 그에게 적절히 설명할 수는 없었고, 그는 자신이 따르는 이치를 끈질기게 고수했다. 어쨌든, 우리가 대피소에 있던 그 한 시간 동안 그의 방 책상 앞 의자에는 '맨프레드'가 환하게 타올랐을 것이다. 나는 그 빛을 맘껏 즐기고 있을 애드니 부인이 부러울 뿐이었다. 마침내 돌풍이 꺾이고 호텔로 돌아갈 수 있을 만큼 빗줄기도 잦아들었다. 호텔에 도착하자 우리의 긴 부재가 사람들을 애태우게 했다는 사실을 알 수 있었다. 몇몇은 문가에 서 있다가 빗물에 흠뻑 젖은 몰골로 나타난 우리를 보고는 적잖이 당황한 것 같았다.

블랑슈 애드니는 사람들에 섞여 우리 둘을 주시했지만, 정작 보드리가 그녀에게로 다가가자 인사도 않고 외면해 버렸다. 나는 살롱 밖으로 나가는 그녀의 뒤를 젖은 채로 쫓아갔고, 그녀는 내게로 돌아서더니 노려보았다. 그녀의 모습은 평소처럼 아름답지 않았다. 하지만 한 줄기 영감의 빛이 서려 있었다. 그녀는 재빨리 속삭였지만 그것은 이제껏 내가 들어본 것 가운데에서 가장 커다란 외침이었다. "제 역할을 따냈어요!"

"그 사람 방으로 갔었군요. 맞죠?"

"그럼요, 사랑스러운 친구!" 그녀가 입속으로 우물거렸다. "거기서 그 사람을 봤군요!"

"그 사람이 절 봤죠. 제 인생을 바꿔 놓은 시간이었어요!"

"그의 인생도 바꿔 놓았을 겁니다. 당신이 지금의 반만큼만 사랑스러웠더라도."

"그 사람, 굉장했어요." 그녀는 내 말은 아랑곳 않고 혼자 떠들어 댔고, 나는 엄청난 감동을 받으면서 그녀의 말을 들었다. "우린 서로를 이해하고 있었어요."

"번개가 칠 때였소?"

"번개는 보지 못했어요!"

"거기 얼마나 있었던 거요?" 나는 존경어린 표정으로 물었다. "제가 그분을 사모한다고 말하기에 충분할 만큼."

"나로선 도저히 할 수 없는 말을 그가 했군요!" 나는 애처롭게 감탄하며 외쳤다.

"전 제 역할을 가지게 될 거예요. 제 역할을 맡게 될 거라고요!" 그녀는 승리감에 도취된 듯 계속 떠들어 댔다. 기쁨에 들뜬 소녀처럼 방 안을 빙글빙글 돌았다. 그러다가 정신을 차린 듯 말했다. "가서 옷을 갈아입도록 하세요."

"멜리폰트 경에게서 사인을 받아야 할 텐데."

"오, 빌어먹을 멜리폰트 경 얘기는 그만해요." 그러면서 그녀는 별 상관도 없는 얘기를 떠들더니 의기양양하게 나를 내버려 두고 열려 있는 문을 통해 잽싸게 나가 버렸다. 바로 문밖에서 남편과 마주친 그녀는, "당신 얘기를 하고 있었어요. 내 사랑!" 하더니 남편에게 매달려 키스를 퍼부었다.

나는 내 방으로 돌아가 옷을 갈아입었지만, 저녁이 될 때까지 방에서 나가지 않았다. 거센 돌풍은 지나갔지만 빗줄기는 여전히 흩뿌리고 있었다. 저녁을 먹으러 내려갔을 때 돌변한 날씨가 우리의 파티를 모두 망쳐 놓았음을 알게 되었다. 멜리폰트 경 부부는 벌써 마차로 떠난 뒤였으며 여러 대의 마차가 다음 날 아침에 오기로 예약되어 있었다. 블랑슈 애드니의 마차도 그 하나였는데, 그녀는 떠날 준비를 한다는 핑계로 저녁을 먹자마자 일행들과 헤어졌다. 클래어 보드리는 그녀에게 무슨 문제가 있느냐고 내게 물었다. 자신을 그녀가 갑자기 싫어하는 것 같다면서. 그때 내가 뭐라고 대답했는지 기억은 잘 나지 않지만, 그다음 날 그와 함께 마차를 타고 가면서 정성을 다해 그를 안심시켰던 기억은 난다. 다음 날 일어났을 때 이미 애드니 부인은 떠나고 난 뒤였다. 하지만 보드리와 애드니 부인은 런던에서 화해했다. 그가 만든 연극이 끝난 뒤에. 그러나 그 뒤에도 큰 역할을 갈구하는 그녀의 욕망은 사그라지지 않았다. 내 가슴은 여전히 아름다운 한 여인을 품고 있지만, 그녀가 나를 찾아와서 내 마음을 흔들어 놓을 리는 없었다. 멜리폰트 부인은 언제나 내게 친절하게 말을 건네지만, 내게는 위로가 되지 못한다.

Owen Wingrave
오언 윈그레이브

1

"제 결정은 변함없이 확고합니다. 모든 걸 신중하게 생각하고 드리는 말씀입니다."

얼굴이 창백한 청년이 꼿꼿이 선 채로 말했다.

"뭐야? 자넨 정신이 나간 게 틀림없어!" 청년의 말이 떨어지자마자 스펜서 코일이 고함을 질렀다.

둘 다 하얗게 질려 있기는 마찬가지였지만 오언 윈그레이브의 얼굴에는 어줍은 미소가 맴돌았고, 심술궂게 눈을 흘기듯 찡그린 상대의 얼굴에는 머리끝까지 치뻗은 신경질이 고스란히 담겨 있었다.

"이렇게까지 될 줄은 몰랐습니다. 하지만 그래서 더는 가지 말아야겠다는 생각을 하게 됐으니 오히려 잘된 일이죠." 오언은 딱하게도 상대의 대꾸를 기다리며 창밖의 볼품없는 집들을 향해 공허한 시선을 던지고 있었다. 그는 허풍을 떨고 싶은 마음도 없었고 실제로 그러지도 않았다.

"몹시 화가 나는군. 자넨 날 바보로 만들어 버렸어. 알아?" 코일 씨는 이성을 잃고 소리를 질렀다.

"정말 죄송합니다. 더 일찍 말씀드리려고 했는데 교관님께 폐를 끼치는 게 두려웠습니다."

"그래도 3개월 전에는 말했어야 했어. 네 마음이 하루가 다르게 바뀌는 걸 몰랐단 말인가?"

청년은 한동안 아무 말도 못하다가 떨리는 목소리로 대답했다. "제게 화를 내실 거라는 건 예상했던 일입니다. 그동안 교관님께서 제게 베푸신 모든 일, 정말 감사하게 생각합니다. 저도 교관님을 위해 뭐든 할 겁니다. 하지만 이 일만은 어쩔 수가 없습니다. 물론, 모든 사람들이 제게 기대를 걸겠죠. 저는 준비가 되어 있다고 생각할 테니까요. 맞습니다, 준비라면 다 되어 있습니다. 때가 문제일 뿐이죠. 제가 느끼는 것, 후회하고 있는 것, 이 모든 게 교관님을 화나게 만든다는 것도 압니다만, 시간이 지나면 다 잊으실 겁니다."

"잊어? 자네야 어지간히 빨리 잊어버리겠지!" 스펜서 코일이 비꼬듯 소리를 질렀다. 그는 젊은 친구보다 더 흥분해 있었다. 하지만 서로에게 상처만 입히는 이런 대화는 그만두어야 한다는 걸 분명히 자각하고 있었다.

코일 씨는 사관학교 진학을 원하는 젊은이들을 훈련시키는 전문 교관이다. 한 기에 서너 명 정도만 받아서 훈련을 시켰는데, 그의 비법과 수완은 훈련생들을 완전히 매료시켜서 그 방면에서는 그의 이름을 모르는 사람이 없다. 그의 사관후보생 훈련 캠프는 규모가 크지 않았는데, 그는 그 이유를 자신이 하는 일이 기성품을 만드는 일이 아니기 때문이라고 설명했다. 그가 실시하는 학습 체계도 그렇지만, 그의 체력이나 성격상 훈련생을 많이 받을 수가 없었다. 따라서 그는 학생 수를 조정해야 했고 합격자보다 더 많은 지원자들을 돌려보내야 했다. 그는 생도 개개인의 성향에 맞춰 주제들을 선별하고, 그들 하나하나를 관리하여 열정적인 전사로 만드는 일에 있어 예술적인 경지에 도달한 사람이었다. 어떤 종류의 능력을 갖고 있든 열정적인 젊은이를 좋아하는 그는 특히나 오언 윈그레이브에게 사로잡혀 있었다. 훈련생들은 모두 갖가지 재능들을 갖고 있었지만 대개는 그로부터 비웃음밖에 얻지 못했는데, 오언만은 예외였다. 코일의 키는 딱 나폴레옹 황제 정도에 불과했지만 푸르게 빛나는 눈동자는 천재성이 번득이고 있었다. 사람들은 그가 피아니스트 같은 분위기를 풍긴다고도 했다.

어쨌든 그런 스펜서 코일마저, 질투할 정도로 뛰어난 지략을 갖춘 가장 아끼는 생도가, 너무도 무심하게 그만두겠다는 말을 뱉은 것이다. 이제껏 윈그레이브가 보여 준 뛰어난 활약으로 미루어 볼 때, 그의 확고한 신념 때문에 마음이 아플 수도 있다는 걸 코일은 깨달았지만 사실 그리 특별한 일은 아니었다. 그러나 바로 오늘, 그 특별하지 않은 일이 그의 가슴에 견디기 힘든 고통을 안기고 있다. 더 이상의 논쟁은 불필요했다. 그는 자신의 생도에게 어디든 도망이라도 가버리라고, 그렇게 며칠이 지나면 다시 자신감이 생길 거라고, 제정신으로 돌아올 거라고 말했다. 그리고 그가 지목한 곳은 이스트본이었는데, 그곳의 바다가 오언의 흐트러진 정신을 정돈시켜 줄 거라고 생각해서였다. 시간만 주어진다면 오언이 정신을 차릴 거라 여기면서도 한편 코일은 평소 방식대로 따귀를 올려붙이고 싶었다. 하지만 몸도 마음도 건강하게 단련된 한 젊은이의 결심이 그런 물리적인 방법으로 바뀔 수 있는 것은 아니었다. 옳은 일을 위해서라면 양쪽 뺨을 모두 들이대겠다는 의지를 담고 있는 그의 잘생긴 얼굴에는 양심의 가책과 불굴의 정신, 혼란스러움과 관대함이 뒤얽혀 있었다. 그 젊은이는 남보다 우월하다고 잘난 척하는 사람이 아니다. 다만 자신의 생각을 밖으로 드러내는 데 주저하지 않을 뿐이다. 그런 그의 고유한 품성이 결국 이런 문제를 일으킨 것이다.

오언은 이스트본으로 가든가 최소한 입이라도 꾹 다물고 있으라는 교관의 제안을 거부할 수도 있었다. 그리고 그의 뜻을 받아들이면 코일 씨의 언짢은 기분이 풀릴 수도 있었다. 그는 자신의 행동이 지나쳤다고는 생각하지 않지만 분명 코일 씨에게는 큰 부담이 된다는 것도 알고 있었다. 때문에 자신의 휴가가 코일 씨의 이성을 회복하는 데도 도움이 되리라고 생각했다. 코일 씨는 기분이 썩 좋지 않았지만 스스로를 억누르며 직권으로 사흘 동안의 '휴전'을 요구할 뿐이었다. 오언 윈그레이브는 그래 봐야 달라질 게 없다는 걸 알고 있었지만 기꺼이 제안을 받아들였다. 그가 휴가를 떠나기 전, 이 유명한 교관님은 에두르지 않고 그에게 말했다.

"아무래도 자네 고모님을 만나 봐야 할 것 같네. 마을에 나와 계시다고 했지?"

"그렇습니다. 베이커 가에 계십니다. 가서 만나 보십시오." 청년이 기운차게 말했다.

코일 씨는 뭔가 집히는 게 있는 듯 그를 쳐다보았다. "자네의 그 엉뚱한 생각을 그분에게도 밝힌 건가?"

"아직은 아무한테도 말하지 않았습니다. 교관님께 제일 먼저 말씀드리는 게 옳다고 생각했습니다."

"오호, 그랬다고?" 젊은 친구의 예의를 차리는 태도에 화가 치민 스펜서 코일이 목소리를 높였다. 그러고는 어쩌면 윈그레이브 양을 방문하게 될지도 모르겠다고 다시 한 번 덧붙였다. 물론 젊은 배신자 녀석이 휴가를 떠난 뒤에 말이다.

오언 윈그레이브는 곧바로 이스트본으로 출발하지는 않았다. 우선 켄싱턴 가든스로 발길을 옮겼는데, 코일 씨의 호화 저택(그는 능력만큼 큰 집도 갖고 있었다)과 그리 멀지 않은 곳이었다. 그 유명한 교관님은 생도들을 자신의 집에서 숙박하도록 했는데, 오언은 집사에게 저녁식사 때까지는 돌아올 거라고 말하고는 그 집을 나섰다. 봄의 한낮은 더없이 화창했고 그의 주머니엔 책이 한 권 들어 있었다. 정원을 돌아보며 짧은 산책을 즐긴 그는 나중에 다시 돌아보기로 마음먹고 길게 한숨을 내쉬며 의자에 앉았다. 그는 긴 다리를 쭉 뻗고 책을 읽기 시작했다. 괴테의 시집이었다.

오언은 여러 날을 엄청난 긴장 속에서 보냈었다. 팽팽히 당겨져 있던 긴장의 끈은 이제 적당한 균형을 이루고 있었다. 이런 식의 해방감을 지적인 즐거움과 연결시키는 건 그의 장기였다. 만약 그가 대단한 경력을 쌓을 수 있는 기회를 스스로 차버렸다고 생각했다면, 본드 가를 빈둥거리며 쏘다니거나 무심히 클럽의 창문을 들여다보는 짓 따위는 결코 하지 않았을 것이다. 어쨌든 그는 잠시나마 즐거움 속에 푹 빠져 모든 것을 잊었다. 코일 씨가 느꼈을 실망감도, 베이커 거리에 살고 있는 그의 무서운 고모의 얼굴도 모두 지워버렸다. 그러나 그들이 자신을 공격해 올 것을 대비해 그들의 격분에 맞설 수 있는 몇 가지 변명은 확실히 준비해 두었다. 그는 자신이 조금은 부족한 사람이 틀림없지만, 이런 상황에서도 여유를 즐기려는 태도는 확실히 자신의 핏속에 흐르는 독일인 기질 때문이라고 생각했다.

"그 악마한테 무슨 일이 일어났는지 알고 있나?" 그날 오후, 스펜서 코일은 젊은 생도 레크미어에게 그렇게 물었다. 레크미어는 훈련 캠프의 '두목'이 그런 식으로 누군가를 악의적으로 말하는 걸 한 번도 들은 적이 없었다. 윈그레이브의 동기생인 레크미어는 자신이 그의 가장 절친한 친구라고 생각하고 있었으며, 또한 코일 씨가 친구의 뛰어난 재능을 더욱 북돋워 준다고 굳게 믿고 있었다. 그는 자그마한 키에 단단한 몸을 가진, 별달리 튀는 구석이 없는 보통 청년이었다. 코일 씨가 그런 레크미어를 믿음직스럽게 여기는 것은 그가 자신의 생각을 쉽게 드러내지 않는 듬직함이 있기 때문이다. 레크미어는 그게 무엇이든 성과를 올려도 진정한 젊은이라면 가볍게 행동해서는 안 된다는 듯 감정을 다스리는 청년이었다. 어쨌든 그는 자신의 친구에게 심상찮은 문제가 발생한 이유를 모르는 게 분명했다. 그래서 코일 씨는 대놓고 솔직하게 오언의 일을 털어 놓았다.

"오언이 입교를 거부했네. 모든 걸 던져 버렸단 말일세!" 교관의 입에서 튀어나온 언어들이 레크미어의 가슴을 쳤다.

"샌드허스트로 가려 하질 않는단 말씀입니까?"

"어디로도 가고 싶지 않다는군. 군인이 되기를 포기해 버렸다니까." 코일 씨는 레크미어의 숨통을 막아 버릴 듯한 기세로 말했다. "군인이 되기를 거부했다고."

"왜요? 집안이 대대로 군인인데!"

"그 정도가 아니지. 군은 그 가문의 종교야! 자네, 윈그레이브 양을 알고 있을 테지?"

"물론이죠, 정말 무시무시한 분이죠." 레크미어가 솔직하게 말했다.

그의 선생은 생각이 달랐다.

"무시무시하다는 게 대단하다는 뜻이라면, 자네 말처럼 그녀는 무시무시하지. 독신인 그녀는 훌륭한 영국군의 전통과 업적을 대표하는 힘 있는 여성이지. 또한 영국인이 지닌 포괄적 특질을 대표하는 인물이기도 해. 때문에 그녀는 오언을 비난할 자격이 있네. 그 집안의 영향력은 계속 이어져야만 해. 자네의 생각을 알고 싶네. 자네라면 이 문제를 어떻게 하겠나?"

"두어 번 만나 설득하면 해결될 겁니다." 레크미어는 신중하게 말을 이었다. "그런데, 그 친구는 뭔가 불길한 운명 같은 걸 느끼고 있는 듯합니다."

"자네한테 은밀하게 털어놓은 거라도 있나?"

"그 친구 혼자 장황하게 지껄이는 걸 들은 적이 있습니다." 정직한 젊은이가 미소를 띠며 말했다. "경멸스럽다는 표현을 썼습니다."

"뭐가 경멸스럽다는 거야? 이해할 수가 없군." 코일 씨는 자책하듯 자신이 정성을 기울여 훈련시켜 왔던 생도들을 떠올렸다.

"제 생각엔 영광스러운 군인, 군인의 영광, 뭐 이런 것에 대해 의문을 품고 있었던 것 같습니다. 거기에 대한 우리의 시각이 잘못되어 있다고 말했죠."

"그런 식으로 말해선 안 되지. 그런 식의 선동이 아테네의 젊은이들을 타락시켰지."

"분명히 그렇게 들었습니다!" 레크미어가 말했다. "하지만 그만두겠다는 뜻은 아니었어요. 그 친구는 군대란 곳을 꿰뚫고 있었어요. 군인 집안 출신이니 당연하다고 생각합니다. 그 친구는 교관님께서 옳다고 하시는 일도 따지고 들 사람이지만, 군인으로서 크게 성공할 거라고 확신합니다."

"그 친구한테 가서 그렇게 호소하게나. 싸워서라도 그릇된 생각을 고쳐주란 말이야, 젠장!"

"제가 할 수 있는 일이라면 하겠습니다. 사관학교 진학을 거부한 건 정말 부끄러운 일이라고 말하겠습니다."

"그래, 바로 그렇게 말하게. 불명예라는 걸 강조하란 말일세."

젊은이는 무언가 할 말이 많은 듯한 시선으로 코일 씨를 바라보았다. "그 친구는 불명예스러운 일을 할 친구가 아닙니다."

"그러면 얼마나 좋겠나. 그걸 확실히 인식시켜 주게나. 북돋워주라고. 전우로서, 총으로 맺어진 형제로서 말일세."

"그게 바로 저희가 해야 할 일이죠!" 청년 생도 레크미어는 자신에게 주어진 임무에 무척이나 고무되어 감상적으로 읊조렸다. "그 친구는 정말이지 훌륭한 놈입니다."

"그 친구가 자퇴한다면 아무도 그렇게 생각하지 않을 걸세!" 스펜서 코일이 말했다.

"제게는 절대 그런 소리 못하도록 하겠습니다!" 대답하는 레크미어의 얼굴이 벌겋게 달아올랐다.

코일 씨는 잠깐 머뭇거렸다. 이 젊은이는 분명 타고난 군인처럼 보였지만 목소리에서는 군인 특유의 집념 같은 것이 느껴지지 않았다. 조금 난해한 표현일지 모르지만, 어릴 적 여자 친구를 사귈 때조차 흥분이라곤 몰랐을 인물 같았다. "자넨 그 친구를 무척 좋아하지? 그를 믿나?"

레크미어는 그즈음 자신의 인생이 끔찍한 질문들에 대해 대답하는 일로 허비하고 있다고 생각하고 있었는데, 이처럼 야릇한 질문은 처음이었다. "그 친구를 믿느냐고요? 그렇고말고요!"

"그렇다면 그 친구를 구해 내게!"

가련한 청년은 혼란에 빠져 버렸다. 보이는 것 이상의 힘을 가진 호소가 자신을 조여 오고 있었다. "감히 말씀드리건대, 그 친구를 제자리로 돌려놓겠습니다!" 그는 두 손을 주머니에 찔러 넣고 있긴 했지만 거만하지 않게, 희망적으로 대답했다. 하지만 자신이 복잡한 상황에 빠져 있다는 사실은 의심의 여지가 없었.

2

 레크미어를 만나기 전 코일 씨는 윈그레이브 양에게 면담을 요청하는 전보를 보냈다. 면담을 수락한다는 답이 오자 즉시 그녀가 기다리고 있는 베이커 가로 떠났다. 도착한 지 5분쯤 뒤 그는 오언 윈그레이브의 멋진 고모와 마주 앉아, 화나고 슬픈 자신의 심경과 자신의 판단에는 절대 오류가 없다는 말을 여러 번 되풀이했다. "그 친구는 아주 명석합니다. 정말 명석한 친구죠!" 코일은 그런 녀석이 애를 먹이고 있어서 답답할 뿐이라고 말했다.
 "물론 그 아이는 명석하죠. 그런데 지금 하는 꼴을 보세요. 우리 가족 가운데 그 아이처럼 멍청하게 군 사람은 아무도 없었어요!" 제인 윈그레이브가 말했다. 이 말은 오언의 행동이 훌륭한 파라모어 사람들에게 실망감을 안겼다는 것을, 말하자면 창피를 주었다는 것을 암시하고 있었다. 그런데 제인 윈그레이브의 말을 통해 예전에도 목격했듯이 그녀에게는 품위가 결여되어 있음을 확실하게 다시 확인할 수 있었다. 그녀의 죽은 오빠의 큰아들인 불쌍한 필립 윈그레이브는 말 그대로 '등신'이었으며, 도무지 생각이 없었다. 못생겼고, 사회성도 없고, 구제불능인 그는 사설 보호시설에 수용되어 있다가 가족과 친구들 사이에 조용히 묻혀 버린 애처로운 전설에 불과했다. 이제 폭삭 늙어버린 그녀의 아버지 필립 경의 고독한 거처이자 그의 병세로 보아 최후를 맞게 될 고풍스러운 파라모어 대저택에서, 모든 희망은 오로지 오언에게 달려 있었다. 두드러진 외모는 물론 뛰어난 독창성과 재능으로 가득한 그 아이의 천성은 그녀의 가슴에 꽂힌 비싼 브로치 따위와는 견줄 수 없는 자산이었다. 오언은, 수많은 선조들처럼 조국을 위해 청춘을 송두리째 바친 그 노인의 외아들에게서 난 두 명의 자식 중 둘째였다. 백병전 와중에 아프가니스탄 군도(軍刀)로 일격을 당한 오언 윈그레이브의 부친은 두개골이 부서진 채 최후를 맞았다. 그때 그의 아내는 인도에서 막 셋째 아이를 출산하고 있었다. 출산은 어둠과 비통함 속에서 진행되었다. 아이는 생명을 얻지 못한 채 세상으로 나왔고 산모는 자신의 불행을 곱씹으며 죽어 갔다. 그리하여 두 소년은 할아버지 밑에서 크게 되었고, 그중 둘째 아이는 고모들 중 유일하게 미혼이었던 그녀의 특별 관리 대상이었다. 그리고 어느 화창한 일요일, 스펜서 코일은 긴급한 초대를 받고 파라모어 저택에서 그녀와 만난 적이 있었다. 그때 윈그레이브 양은 오언을 사관학교에 입학시키기 위해서는 어떻게든 그를 저 유능한 교관의 손에 맡겨야 한다고 생각하고 있었다. 그때의 그 짧은 방문은 관찰력이 뛰어난 키 작은 교관의 뇌리에 기이한 형태로 남게 되었다. 낡고 으스스한 제임스 1세 시대의 저택은 여전히 기품 있고 평화로운 노병의 모습을 한 필립 윈그레이브 경과 절묘하게 어울렸다. 하지만 그의 명성을 생각하지 않는다면 그는 그저 한 사람의 노인에 불과해 보였다. 작고 가무잡잡하며 허리가 꼿꼿한 그 팔십대 노인은, 우울한 눈동자와 세심하게 계획된 공손함을 갖추고 있었다. 하지만 그는 사위어 가는 가문의 명예를 지키고 싶어 했고 자기 가문에 반감을 가진 손님을 위해 침실의 초를 켤 때 손을 파르르 떠는, 자비심이라고는 없는 늙은 전사임에 분명했다. 상상의 눈으로 바라보면 동유럽에서 펼쳐진 그의 파란만장한 과거, 그를 더 끔찍한 인간으로 보이게 만드는 과거를 흘끗이나마 볼 수 있었다.

코일 씨는 그때 그 저택에서 본 또 다른 두 사람도 기억하고 있었다. 한 사람은 어느 장교의 미망인인 줄리언 부인이었다. 윈그레이브 양과 특별히 친해 그 집을 자주 방문하는, 악의 없고 가정적이며 호리호리한 몸매의 여자였다. 다른 한 사람은 그 부인의 딸이며 놀랍도록 영리한 열여덟 살의 어린 소녀였다. 그녀는 오언에게 무척이나 함부로 굴었다. 코일 씨는 예전에 오언과 함께 긴 산책을 하면서 그 젊은이가 높은 이상을 가졌다는 걸 알게 되었는데, 그때 오언이 줄리언 부인과 윈그레이브 양 사이에 얽힌 은밀한 이야기들을 털어 놓았다. 줄리언 부인은 인도 폭동에 참전한 기병대 대위 흄 워커의 여동생이고, 그녀의 오빠와 윈그레이브 양 사이에 비극으로 끝나 버린 괴이한 사건이 있었다. 둘은 결혼을 약속한 사이였는데, 윈그레이브 양이 타고난 질투심을 이기지 못해 모든 책임을 남자에게 돌려 버리고 파혼한 일이었다. 그 일로 그녀는 줄곧 그 남자에 대한 죄책감에 시달렸다. 그리고 역시 군인과 결혼했던 그 남자의 여동생 줄리언 부인이 헤어나기 힘든 일을 겪고 무일푼이 되었을 때 윈그레이브 양이 속죄의 마음으로 옛 남자의 불쌍한 동생을 거두었다. 음식 솜씨가 좋았던 줄리언 부인은 그 뒤 오랫동안 파라모어 저택에서 무보수로 가정부 일을 했다. 스펜서 코일의 눈에, 윈그레이브 양이 보여 준 동정은 결국 줄리언 부인을 짓밟고 얻은 안락의 일부였다.

코일 씨가 제인 윈그레이브 양의 인상을 아직도 또렷하게 기억하는 것은, 그녀를 베이커 가에서 다시 만난 그 일요일이 미망인들의 통곡과 전장의 불길한 소식들로 뒤얽혀 있던 날이었기 때문이다. 사실 코일 씨는 그의 주변에서 일어나는 모든 일들 때문에 자신이 순진한 젊은이를 위험한 군문(軍門)으로 끌어들이고 있다는 자책과 두려움을 느끼고 있었다. 더구나 윈그레이브 양의 태도가 그의 꺼림칙한 마음을 더욱 악화시켰다. 그녀의 쏘아보는 듯한 야무지고 또렷한 눈빛, 맑고도 싸늘한 목소리 때문이었다.

그녀는 고매하고 기품 있는 사람이었다. 외고집인 데다 비겁하지 않았고, 요즘 들어서는 군데군데 흰 머리칼이 보이긴 하지만 그때만 해도 풍성하던 검은 머릿결과 기다란 이마는 그녀를 '고상한' 사람처럼 보이게 했다. 하지만 군인 가문의 뛰어난 면모를 드러내 보인 그녀의 모습이, 영국 근위대 병사의 걸음걸이나 훈련병의 말투보다 더 뛰어난 건 아니었다. 그녀의 생김새와 행동 하나하나, 시선과 목소리에는 그녀 집안 특유의 도전적인 성향이 너무도 생생하게 드러나 있었다. 균형 감각에 결함을 가진 그녀는 종종 괜한 시비를 불러일으켰는데, 그 이유 역시 군인인 선조들로부터 물려받은 천박함 때문이었다. 그녀의 안색과 목소리에 뚜렷하게 드러나는 공격성을 한눈에 알아차린 스펜서 코일은 애초부터 그녀와 다툴 생각이 없었다. 오히려 그녀의 조카가 그 집안에서 자라면서 가치관의 혼란을 겪었기보다는 차라리 그녀의 너그럽지 못한 기질을 더 많이 갖고 있었기를 바랐다. 그는 그녀가 마을로 나올 때면 왜 늘 베이커 가에서 머물 곳을 찾는지 이유가 궁금했다. 시장 사람들과 사진사들과만 어울린 탓인지 그는 베이커 가가 거처로 적당하다는 얘기를 들어 본 적이 없었다. 그는 그녀가 자신의 열정과 무관한 것에는 철저하게 무관심하다는 사실을 이미 알고 있었다. 그것을 제외하고는 그녀에게 문제가 될 건 아무것도 없었고, 마음만 먹었다면 그녀는 화이트 채플에서도 여러 개의 방을 얻었을 것이다. 그녀는 자신을 찾아온 손님들을 덩그렇게 큰 서늘하고 어두운 방에서 맞이하곤 했다. 몇 개의 미끈거리는 의자들이 놓여 있는 그 방은 설화석고로 만든 꽃병들과 덩굴식물들로 장식되어 있었다. 그녀가 누리는 개인적인 안락이라고는 육해군 불하품 전문점에서 발행한 두꺼운 카탈로그가 전부였는데, 그것은 푸르스름하고 널따란 보자기가 덮인 탁자 위에 덩그렇게 놓여 있었다. 주소와 영수증을 보관하는 도자기 용기처럼 생긴 그녀의 훤한 이마는 조카의 교관이 전한 소식에 벌겋게 달아올라 있었다. 그는 그녀가 놀라지 않고 화를 내서 다행이라고 생각했다. 그녀는 마치 수많은 사건과 마주치면서 모든 사태에 그렇게 반응하도록 길들여진 것 같았다. 그녀는 자신이 오언을 제어하지 못한다는 사실에 화가 났을 뿐, 다른 불안감은 느끼지 못하고 있었다. 쓸데없거나 애매모호한 감상 같은 데 빠지는 사람이 아니었기 때문이다. 만약 오언의 형이 남의 돈을 빌렸다거나 하층계급의 여자와 사랑에 빠졌다고 털어놓았다면 그녀는 불같이 화를 내며 불안해했을 것이다. 어쨌든 그때 그녀는 어느 누구도 자신을 바보로 만들 수 없다는 사실을 위협받고 있는 듯했다.

"젊은 친구가 언제부터 그런 생각을 하고 있었는지 모르겠습니다. 저도 생도들의 교육을 맡은 후 처음 겪는 일입니다." 코일 씨가 말했다. "저는 그 친구를 좋아했고, 믿었습니다. 그 친구가 성장해 가는 걸 보는 게 즐거웠죠."

"오, 성장이라, 인정합니다!" 윈그레이브 양은, 마치 칼집과 박차를 철컹거리는 생도들의 대열 앞에 서 있는 듯 예의 그 활달한 동작으로 고개를 젖혔다. 그런 행동은 누구한테서 배운 것이 아니라 윈그레이브 집안의 천성 같았다. 그는 그녀의 눈빛을 보면서, 이 불편한 이야기 속에서 불쌍한 존재로 전락해 버린 젊은 생도에 대해 일말의 죄책감마저 느꼈다. "우리 조카를 좋아하셨다면, 그를 조용히 지켜 주시기 바랍니다!" 그녀는 선언하듯 말했다.

코일 씨는 이 사태가 그녀의 상상을 넘어서는 쉽지 않은 문제라는 것을 설명하기 시작했다. 하지만 그녀는 코일 씨의 말을 제대로 이해하지 못했다. 오언이 지성을 갖춘 독립적인 개체임을 주장하면 할수록, 그녀에게 그 말은 조카가 윈그레이브 가문의 일원이며 군인이라는 사실을 더욱 결정적으로 증명하는 말이 될 뿐이었다. 군인이라는 직업이 자기 이상과 맞지 않는다는 오언의 말을 전하기도 전이었고, 이 문제가 얼마나 복잡한 것인지를 그녀가 제대로 인식하기도 전이었다. 그녀는 잠깐 동안 멍하니 회상에 잠겼다가 벌컥 소리를 질렀다. "당장 오언을 내게 보내세요!"

"제가 찾아온 이유가 바로 그래도 되는지 고모님께 허락받기 위해서였습니다. 하지만 최악의 상황을 대비해 주시고 그 친구가 고모님 앞에서 강하게 자기주장을 하더라도 이해해 주십시오. 고모님께서 아주 실질적인 뭔가를 제시하셔도, 그다지 효과가 없을 거라는 사실을 특히 유념하시기 바랍니다."

"내 의사를 강하게 주장할 겁니다." 윈그레이브 양은 자신의 방문객을 무척이나 굳은 표정으로 바라보았다. 그는 그녀가 어떤 주장을 할지는 전혀 알 수 없었지만, 그녀에게 지체하지 말기를 거듭 부탁했다. 그는 그녀에게 어떻게든 그날 저녁에 오언을 베이커 가로 오게 하겠다고 약속했고, 동시에 자신이 오언에게 이틀 정도 이스트본에 가 있으라고 말한 사실도 털어놓았다. 그러자 제인 윙그레이브는 놀란 표정으로 그건 지나친 치료비를 무는 행위가 아니냐고 물었다.

코일 씨가 "과로로 예민해진 데 대한 작은 휴식, 작은 변화, 작은 구원이죠"라고 말하자 그녀는 결연히 대답했다.

"그 아이를 적당히 다루지 마세요. 그 아이 때문에 엄청난 비용을 물고 있으니까요! 난 그 아이에게 똑똑히 말할 거고, 파라모어로 꼭 데리고 올 겁니다. 그러고는 곧바로 당신에게 보내 드리겠어요."

스펜서 코일은 과장스럽게 만족을 표시하며 큰 소리로 맞장구를 쳤지만, 윙그레이브 양과의 면담을 끝내기도 전에 새로운 근심거리에 휩싸였다. 그는 속으로 불안스럽게 중얼거렸다. '저 여잔 완전히 보병인걸. 사람을 다루는 기술이 없어. 저 여자가 하려는 강력한 주장이 뭔지 모르겠지만, 오언을 더 비뚤어지게 만들 것 같아. 그렇다면 차라리 노인네가 나을지도 몰라. 활동을 멈춘 화산 같기는 하지만 사람 다루는 기술은 있을 테니까. 하지만 십중팔구 오언은 노인네를 분노로 들끓게 만들 테지. 어쨌거나 그 녀석이 이 집안에서 그나마 가장 나은 인물이란 건 이래저래 골치 아픈 일이야.'

스펜서 코일은 그날 저녁 식사를 하면서 오언이 윙그레이브 사람들 중 최고라는 사실을 새삼스럽게 실감했다. 젊은 윙그레이브는 해변까지는 가지 않았던 모양인지 평상시처럼 저녁식사 시간에 때맞춰 나타났다. 여전히 자신감이 넘쳐 보였지만 베이스워터 사람처럼 굴지는 않았다. 그는 코일 부인과 무척 자연스럽게 얘기를 나누었다. 코일 부인은 이제껏 그들의 집을 드나든 생도 후보생들 중에 오언을 가장 아름다운 청년이라고 생각했다. 반면 레크미어는 마음을 통 놓지 못하고 있었는데, 그릇된 생각에 빠져 있는 친구와 눈을 마주치지 않기 위해 애쓰는 모습은 너무도 섬약해 보였다. 스펜서 코일은 걱정에 걱정이 더해지면서 깊은 자책감을 느꼈다. 오언의 정서에는 파라모어 사람들로서는 도저히 이해할 수 없는 온갖 것들이 깃들어 있기 때문이었다. 코일 씨는 이미 위협받고 있는 자신의 신념에 대한 대응을 시작하고 있었는데, 그것은 결국 자신의 생각이 옳다는 것을 반증하고 있었다. 오언의 성정은 거칠게 사용되기에는 너무도 우아했다. 이 변덕스럽고 복잡한 성격의 땅딸막한 열혈 교관은, 불만을 가진 상태든 의욕을 가진 상태든 편안하게 자신을 가라앉히는 사람이 아니었다. 진실에 대한 열망이 그를 편안하게 놔두지 않았다. 교관이 윈그레이브에게 저녁식사를 마치는 즉시 베이커 가로 가라고 말하자, 청년은 불쾌한 기억을 다시 떠올린 듯 얼굴을 찡그리며 중얼거렸다. "또다시 시련이 닥쳤군." 분명 고모를 무서워하고 있는 것 같았지만, 소심해서 그런 것 같지는 않았다. 저 가련한 청년의 고향 집에 대한 공포는 스펜서 코일이 보기에도 당연했다. 그럼에도 불구하고 두려움을 무릅쓰고 진지를 향해 돌진하려는 생도 후보생의 모습에서 긍정적인 군인 기질을 발견할 수 있었다. 다른 젊은이들은 이런 위험스러운 상황을 대부분 회피했기 때문이다.

"오언은 생각이 너무 많아요!" 레크미어는 자신의 동료가 집을 나가자 교관에게 불만을 쏟아 놓기 시작했다. 당황하여 어찌할 바를 모르면서 울분을 터뜨렸다. 그는 코일 씨가 부탁한 대로 식사를 하기 전에 곧바로 그의 친구를 찾아갔었다. 그는 오언을 괴롭히는 양심의 가책이 전쟁에 대한 회의에서 비롯됐음을 알 수 있었다. 오언은 그것을 '어리석은 집단행동'이라 불렀다. 오언은 사람들이 전쟁보다 더 현명한 방법을 고안해 내지 못한다는 사실에 크게 불만을 느끼고 있었고, 그가 결국 증명해 보이려 한 것도 자신은 결코 그런 바보가 아니라는 사실이었다. 그는 자신이 한 결정이 그를 위한 유일한 길이라고 확신하고 있었다.

"그렇다면 저 위대한 장군들은 모두 총살당해야겠군. 나폴레옹 보나파르트는 특히. 가장 위대한 장군이니까. 변명의 여지도 없는 범죄자인 괴물에 불과하다, 그 말이지!" 코일 씨는 레크미어에게 결론까지 내려 주었다. "그 친구는 자네에게 호의를 갖고 있었어. 내게 보여 주었던 것과 똑같은, 보석 같은 지혜를 가지고서 말이야. 자네가 뭐라고 대답했는지 알고 싶군."

"썩어 빠진 놈이라고 말해 주었습니다!" 레크미어가 힘주어 말했다. 그 말에 코일 씨가 웃음을 터뜨리자, 레크미어가 놀란 표정으로 교관을 바라보았다. 코일 씨는 한동안 가만히 있다가 입을 열었다.

"정말이지 이상해. 다른 뭔가가 있는 것 같단 말이야. 딱한 일이야!"

"제게도 그런 의문이 일었는데 오언의 자세한 얘기를 해주었습니다. 4, 5년 전, 그러니까 한니발, 율리우스 카이사르, 말버러, 프리드리히, 보나파르트 나폴레옹 같은 온갖 위대한 명장들과 그들의 전투에 대한 이야기를 많이 읽고 있던 때라고 했습니다. 그 친구는 엄청난 독서가인 데다 책이 자신의 눈을 뜨게 해주었다고 말하는 친구니까요. 그 친구는 역겨움의 파도가 자신을 덮쳤다고 표현했어요. 전쟁의 '헤아릴 수 없는 비극'에 대해 얘기하고는 이렇게 묻더군요. 인민들은 왜 그런 지배자가 국가를 통치하게 놔두느냐고, 왜 정부를 해산시켜 버리지 않느냐고요. 그 친구는 늙고 초라한 보나파르트 나폴레옹이 최악의 군인이라며 증오했습니다."

"그래, 불쌍한 보나파르트 노인네, 한낱 짐승, 무서운 악한이었지." 코일 씨의 입에서 나왔다고는 믿기지 않는 말이었다. "하지만 자네는 그 친구의 말을 받아들이지 않았겠군."

"당연하죠. 동의할 수 없어요. 어쨌든 우리가 그 친구를 제압했다는 건 다행한 일입니다. 저는 그 친구에게 그의 생각이 너무도 많은 시비를 만들어 낼 거라고 지적했습니다." 젊은 레크미어는 잠깐 머뭇거리더니 덧붙였다. "또한 최악의 상황에 대비해야 할 거라고도 말했습니다."

"물론 그 친구는 '최악'이 뜻이냐고 물었겠지." 스펜서 코일이 말했다.

"맞습니다. 그렇게 물었죠. 그래서 제가 뭐라고 대답했는지 아세요? 자네가 말하는 양심의 가책이니 역겨움의 파도니 하는 건 한낱 변명일 뿐이라고 했습니다. 그러니까 다시 묻더군요. 변명이라니, 내가 뭘 위한 변명을 한다는 거냐고."

"저런, 오히려 자네가 궁지로 몰렸구먼!" 코일 씨가 웃음을 터뜨리며 말하자 생도는 의아한 표정을 지었다.

"천만에요. 대답하지 못할 게 없잖아요."

"뭐라고 말했나?"

또다시 몇 초의 시간이 흘러갔다. 교관의 눈동자에 비친 젊은이의 순수한 두 눈에 불길이 타오르고 있었다.

"뭐라고 했겠어요? 몇 시간 전부터 우리가 한 그 얘기였죠. 그 친구가 물려받은, 그러니까 그……" 정직한 청년은 잠깐 말을 더듬거리더니 뇌까리기 시작했다. "군인의 기질, 아시잖아요? 그 기질 말입니다. 그러니까 그 친구가 뭐라고 대꾸했는지 아세요?"

"빌어먹을 군인기질!" 유능한 교관이 지체 없이 내뱉었다.

레크미어가 그를 노려보았다. 코일 씨의 반응으로 봐서는 자신이 윈그레이브를 제대로 설득시켰는지 확실하지가 않았다. 하지만 그는 목청을 높였다.

"그것만큼 그 친구한테 딱 들어맞는 말도 없잖습니까!"

"그 친구는 신경도 쓰지 않을 거야." 코일 씨가 말했다.

"그렇지 않을 겁니다. 만약 그렇다면 그 친구는 우리 생도들을 무시하는 겁니다. 저는 말했습니다. 제일 중요한 건 바로 그 기질이라고, 용기와 영웅심만큼 빛나는 건 없다고."

"아하! 그렇게 얘기했구먼."

"용감하고 훌륭한 직무를 매도하는 건 나쁜 일이라고 말해 주었습니다. 군인으로서의 의무를 다하는 것만큼 멋진 일은 없다고요."

"자네한텐 필연적인 일이지, 친구." 코일의 말에 레크미어가 얼굴을 붉혔다. 자신의 친구가 돌이킬 수 없는 지경에 이르렀다는 사실을 그는 도저히 이해할 수 없었다. 또한 그는 친구가 그런 위험에 처했다는 걸 전혀 예상하지도 못했다. 하지만 그 젊은이가 그동안 견지해 왔던 자세가 그를 얼마큼은 안심시켰다. 교관은 레크미어의 어깨에 손을 얹으며 말했다. "그런 식으로 계속 밀고 나가게! 우린 할 수 있어. 그리고 난 자네를 믿네." 하지만 그렇게 말하는 교관은 정말로 이 심각한 문제를 끝낼 수 있을 것인지 의구심을 가지고 있었다.

"그 친구가 정말로 제 말에 신경도 안 쓴다면요?"

"그렇더라도, 오늘 오후에 자네가 한 말을 기억하고 그대로 밀고 나가게. 괜히 자네 환심이나 사려고 하는 말이 아니야."

"믿습니다. 전 그 녀석을 꼼짝 못하게 만들어 버릴 겁니다!" 코일 씨가 자리에서 일어났다. 두 사람이 나란히 앉아 대화를 하는 동안 코일 부인은 이미 저녁 식탁에서 물러나 있었다. 늘 하던 대로 코일은 고급 자홍색 포도주가 담긴 잔을 들고서 자신의 생도에게 지루한 훈시를 늘어놓았다. 부동자세로 서 있던 생도의 뇌리에 엉뚱한 생각 하나가 스치고 지나갔다. 교관의 말에 따라 친구에게로 다시 가야겠다는 생각이 아니라, 오랫동안 특이하게 길러 왔던 자잘한 콧수염에 묻어 있을 포도주를 닦으러 가야겠다고. 교관은 생도가 아직 못다 한 말이 남아 있음을 느껴 문고리에 손을 올려놓고 잠시 기다렸다. 레크미어가 다가 왔을 때 스펜서 코일은 그의 둥글고 순진한 얼굴에 예사롭지 않은 신념이 깃들어 있음을 보았다. 청년은 긴장하고 있었지만, 노련하게 행동하려고 애쓰고 있었다. "여기에 교관님과 저뿐이리니까 하는 얘긴데……." 그는 더듬거리며 말을 이었다. "불쌍한 윈그레이브에게 관심이 없다면 입도 뻥긋하지 않았을 겁니다. 교관님이니까 드리는 말씀입니다만…… 그 친구가 꽁무니를 뺀다고 생각하십니까?"

코일 씨는 잠시 굳은 표정으로 그를 바라보았다. 그러고는 놀란 표정이 드러난 얼굴로 말했다. "꽁무니를 빼다니, 무슨 뜻인가?"

"뭐라니요, 사관학교 말입니다." 레크미어가 침을 꿀꺽 삼키고는 호소하듯 덧붙였다. "교관님은 그곳이 얼마나 위험한지, 아시잖아요!"

"자네 말은, 그 친구가 자기 몸 걱정을 하고 있다는 건가?"

레크미어의 눈이 애원하듯 커졌다. 그의 붉게 물들고 게다가 눈물까지 비치는 얼굴에는 그간 그가 친구에게 갖고 있었던 충심과 존경심만큼이나 큰 실망감과 두려움이 깔려 있음을 교관은 보았다.

"오언, 그 친구가 겁에 질려 있는 건 아닐까요?" 순진한 젊은이는 불안에 떨리는 목소리로 말했다.

"천만에, 전혀 그렇지 않아!" 스펜서 코일이 등을 돌리며 말했다.

레크미어는 적잖은 모욕감과 함께 수치심마저 느꼈다. 하지만 그보다는 안도감이 더 컸다.

3

그로부터 일주일이 안 돼 스펜서 코일은 자신의 조카와 함께 런던을 떠났던 윈그레이브 양으로부터 돌아오는 일요일에 파라모어 저택으로 와달라는 편지를 받았다. 오언이 너무도 무료해 하고 있다고 했다. 온갖 사건과 기억들이 뒤얽힌 그 집에서 '끔찍하게 짜증나는' 그녀의 사랑하는 그 불쌍한 아버지와 최후의 담판을 짓는 건 오언으로선 가치 있는 일일 수도 있었다. 코일 씨는 베이커 가에서 만났을 때만 해도 자기 말을 건성으로 받아들였던 그녀가 파라모어로 와달라는 말을 한 건, 그녀에게 심경의 변화가 있다는 것을 전하는 말이었다. 코일의 환심을 사려는 윈그레이브 양의 얄팍한 속셈이 아니었다. 오히려 위기에 처한 한 가문에 그가 특별한 호의를 가지는 이유를 알고 싶어 하는 눈치였다. 그가 아내와 동행하겠다면 따로 초대장을 보내겠다는 말까지 전해왔다. 또한 원한다면 레크미어에게도 초대장을 보내겠다고 쓰여 있었다. 그렇게 멋지고 남자다운 청년이라면 가련한 자신의 조카에게 도움이 될 거라고 생각한 모양이었다. 이 유명한 교관은 굴러 들어온 기회를 굳이 마다하지 않기로 했다. 하지만 그는 매우 소심한 사람이어서 쓸데없는 걱정이 앞섰다. 윈그레이브 양의 편지에 곧바로 답장을 쓰던 그는 갑자기 편지 쓰기를 멈추고 빙긋이 웃었다. 그러고는 혼자 중얼거렸다. "그래, 오언을 나무라기보다는 이해해줘야겠어."

코일은 매사에 지혜롭고 훌륭한 외모를 지닌 자신의 아내에게 윈그레이브 양의 초청을 받아들이자고 말했다. 그는 아내에게 유서 깊은 영국의 한 가문을 특별하게 대접하자는 말을 했는데, 그의 말에는 사실 완곡한 빈정거림이 숨어 있었다. 그는 전에 오언 윈그레이브에게 여러 번 연정을 품었던 자신의 아내, '얌전한 숙녀'를 비난한 적이 있었다. 그러자 그녀는 걱정에 이끌렸음을 시인했었다. 두 사람 사이에서 그 문제는 서로가 자유로운 영혼임을 암시하는 것이었다. 그녀는 열렬히 초청을 수락한다고 농담을 섞어가며 말했다. 레크미어 역시 무척 기뻐했다. 그 또한 막판 힘내기를 위해선 잠깐의 휴식이 필요하다면서 능청을 떨었다.

멋진 고가(古家)에서 두어 시간을 보내고 났을 때, 스펜서 코일은 파라모어 사람들이 꽤 곤란을 겪었을 거라는 생각이 불현듯 들었다. 토요일 저녁에 시작된 파라모어 가의 두 번째 방문에서 그는 살면서 겪은 가장 이상한 일들을 체험하게 되었다. 코일 부부는 주위에 아무도 없다는 걸 알게 되자마자 —사람들은 만찬을 위해 옷을 갈아입으려고 제각기 흩어져 있었다—서로에게 주의를 환기시키는 말을 주고받았는데, 그 저택에 낙인처럼 찍혀 있는 불길하고 음산한 분위기에 대한 것이었다. 저택의 네 면 가운데 세 면이 돌출부인 이 집 안으로 들어서면 감탄을 자아내는 오래된 회색빛 현관을 만나게 되었다. 하지만 코일 부인은 이 집의 분위기가 괴이하다며, 이런 줄 알았으면 결코 오지 않았을 거라고 주저하지 않고 말했다. 그녀는 이 집을 '뭔가 꺼림칙한 곳'이라고 묘사했고, 그런 사소한 것들을 미리 알려 주지 않은 남편을 비난했다. 그제야 그는 몇 가지 사실들을 그녀에게 말해 주었고, 그녀는 옷을 갈아입으며 흥분 상태로 온갖 질문들을 퍼부었다. 그 와중에도 그는 한 특별한 여자, 줄리언 양에 대해서만은 아무 말도 하지 않았다. 그녀가 특별한 이유는, 그녀의 행동을 지켜보면 알게 되겠지만, 무척 의존적인 이 젊은 여인이 이 집에서 가장 중요한 역할을 담당하고 있다는 사실 때문이었다. 어쩌면 그런 줄리언 양을 코일 부인은 가식적이라며 혐오하게 되는지도 몰랐다. 그가 또 하나 굳게 입을 다문 것은 자신의 어린 제자가 그사이에 다섯 살은 더 늙어 보인다는 사실이었다.

코일 씨가 입을 열었다. "난 지난번에 윈그레이브 양에게 오언이 마음에 부담을 가지도록 가족들이 진심을 다해야 한다고 말했지만, 그녀는 내 말을 너무 곧이곧대로 받아들인 것 같소. 오언에게 제공하던 걸 모두 정지해 버렸으니까. 보급을 차단해서 제 발로 걸어 나오게 만들 심산이었던 게지. 내가 의미한 건 그게 아니었는데. 하지만 여기까지 오고 보니 사실 나도 그때 내 말이 무슨 의미였는지 잘 모르겠소. 오언이 압박감을 느끼고 있긴 하겠지만, 그 친군 결코 포기하지 않을 텐데." 기이하게도 아담한 키의 이 유명한 교관은 이 집에 들어서자마자 자신의 영혼이 어떤 반감의 파도에 휩쓸린 듯한 느낌을 받았다. 마치 오언의 편을 들기 위해 이 집에까지 온 것 같았다. 그가 받은 인상이나 그가 인식하는 모든 것이 무한히 깊어지는 느낌이었다. 그가 아끼는 청년의 저항이 그를 매료시키기 시작했던 것이다. 그의 아내가 남편의 생도가 드러내 보인 저항감을 지나칠 정도로 솔직하게—호전적인 군인이 되기에는 오언은 너무도 선량하며 자신의 신념을 견지해 내는 품위 있는 사람이라고, 그는 젊은 영웅처럼 강직하고 순교자처럼 깨끗한 얼굴을 가졌다고—칭찬한 것은 오언에 대한 동정심을 표한 것일 뿐이었지만, 그는 누구보다 아내의 말을 인정하고 있었다.

30분 전, 그러니까 갈색으로 빛바랜 거실에서 가볍게 차를 마신 뒤, 오언이 옷을 갈아입기 전에 잠시 밖으로 나가자고 그에게 제안했다. 멀리 테라스 끝에 이르렀을 때, 청년은 그의 팔짱을 끼며 생도와 교관 사이로는 흔치 않는 친밀감을 나타냈다. 무언가 털어놓을 말이 있는 것 같았다. 그는 제인 윈그레이브가 여러 개의 오래된(어두운 빛깔의 두꺼운 판유리로, 3백 년은 된 듯 보이는) 창문들 중 어느 한 곳에서 그들을 엿보고 있다는 걸 알고 있었다. 조카가 방문객의 마음을 상하게 하지나 않을까 감시하고 있는 것이었다. 코일 씨는 오언이 스스로의 결심을 포기하게 될까 봐 파라모어로 오지 않으려 했다는 사실을 누구보다 잘 알고 있었다. 하지만 결국 오언은 자신의 결심이 헛되지 않기를 간절히 바랐기에 마지막 호소를 하기 위해 집으로 왔다. 오언의 입가에 쓸쓸한 미소가 번졌다. 잘못하다간 애꿎은 다리가 부러지겠군. 오언은 자신을 향해 조용히 말을 건넸다.

"안 좋아 보이는군. 아픈 사람처럼 보여." 스펜서 코일이 매우 솔직하게 말했다. 그들은 테라스 끝에서 걸음을 멈추었다.

"맞서려니 엄청난 힘이 필요하네요."

"자네는 분명 대단한 힘을 갖고 있어. 그걸 더 나은 일에 쓰길 바라네!"

오언 윈그레이브는 작은 키의 교관을 미소 띤 얼굴로 내려다보며 말했다. "저를 누구보다 잘 아는 교관님께서는 제가 가진 힘을 어디에다 써야 할지 알고 계시죠? 하지만 지금 제가 할 수 있는 일은 이런 보잘것없는 일뿐입니다." 오언은 할아버지와 보낸 시간들이 머리칼이 삐죽삐죽 설 정도로 끔찍했다고 말했다. 예상은 하고 있었지만 그토록 격렬한 대립이 일어날 줄은 몰랐다. 고모는 좀 다르긴 했지만, 상처를 주는 건 매한가지였다. 그들은 자신들이 얼마나 그를 수치스러워하는지를 깨닫게 만들었다. 자신들의 이름을 공공연하게 실추시켰다고 그를 호되게 비난했다. 그는 어느 순간에 3백 년 동안 유래를 찾아볼 수 없는 가문의 역적이 되어 있었다. 이제 모든 사람들이 그를 양심의 가책 따위나 지껄이는 젊은 위선자로 취급할 거라고 했다. 그들은 그가 느끼는 양심의 가책이 사람이 사람을 죽이는 문제와 결부되어 있다는 사실을 무시해 버렸다. 그의 조부는 증오로 가득 찬 이름들을 그에게 갖다 붙였다. "할아버지가 저를…… 저를 부르시길……." 떨리는 젊은이의 목소리가 안으로 잠겨 들며 채 말을 잇지 못했다. 그토록 건장했던 청년이었다고는 믿기지 않을 정도로 초췌해 보였다.

"짐작이 가네!" 스펜서 코일은 신경질적으로 웃으며 말했다. 어둡게 가라앉은 오언 윈그레이브의 두 눈이 마치 먼 옛날의 일들을 좇고 있는 듯, 한동안 먼 곳을 바라보았다. 그러다가 교관의 두 눈으로 돌아와서는 깊은 공명을 가진 목소리로 말했다. "이건 아닙니다. 아니라고요. 이러면 안 되죠!"

"이게 아니면, 그럼 뭐가 되어야 하는 건가?"

"뭐가 있겠습니까?"

"전쟁이 바보 같은 해결책이라고 생각한다면, 전쟁을 부정한다면, 적어도 대안을 제시할 수는 있어야지."

"인민들이, 정부와 내각이 책임을 져야 할 문제죠." 오언 윈그레이브가 말을 이었다. "중요한 문제라는 인식만 가진다면 대안은 충분히 빠른 시일 안에 찾아질 겁니다. 찾으려 하지 않으니까 찾을 수 없었다는 사실을 인식해야 합니다. 가령, 전쟁을 사형에 처하는 중죄로 만드는 겁니다. 그러면 각료들은 신속하고 정확하게 지혜를 모으게 될 겁니다!" 얘기를 하는 동안 그의 두 눈은 밝게 빛나고 있었다. 확신으로 가득 찬 행복한 얼굴이었다. 코일 씨는 복잡하게 뒤얽힌 체념의 한숨을 그 편집증 환자를 향해 내쉬었다. 한순간 그는 오언이 자신을 비겁자라고 생각하느냐고 묻는 환상에 빠져들었지만, 오언이 그런 식의 질문으로 자신을 불편하게 만들지 않을 거라는 걸 눈치채고는 안심했다. 스펜서 코일은 그의 용기를 의심하지 않는다고 털어놓을까 생각했지만, 그 말이 왠지 지나친 찬사처럼 비칠까 봐 불편했다. 그건 곧 오언의 생각이 옳다고 말하는 것이나 마찬가지일 테니까. 다행히도 오언의 말이 다시 이어졌다. "할아버지가 제 상속권을 박탈해 버릴 순 없지만, 그렇더라도 전 이 집을 제외하곤 아무것도 가질 수 없을 겁니다. 보시다시피 보잘것없는 집이니 세를 놓는다고 해도 얼마나 받겠습니까? 할아버지는 많진 않지만 얼마간의 현금도 갖고 계신데, 그마저도 전 만져 보지도 못하겠죠. 고모도 똑같아요. 당신 생각을 말씀해 주시더군요. 1년에 6백 파운드를 제게 주시는데, 제가 군인의 길을 접는다면 단 1페니도 주지 않겠다고요. 하지만 돌아가신 어머니가 제 앞으로 물려주신 1년에 3백 파운드의 몫은 공정하게 처리돼야 한다고 생각해요. 하지만 교관님께 분명히 말씀드리고 싶은 건 이 문제를 돈과 결부시켜선 안 된다는 겁니다." 젊은이는 상처 입은 짐승처럼 길고 느리게 숨을 내쉬었다. 그러고는 덧붙였다. "저를 괴롭히는 건 돈 따위가 아닙니다!"

"앞으로 어떻게 하려는 건가?" 스펜서 코일이 물었다.

"저도 모르겠어요. 어쩌면 아무것도 하지 않을지 모르죠. 실은 아무것도 하지 않는 게 위대한 일이죠. 평화를 위해서라면!"

오언은 지친 한 조각 미소를 던졌다. 그건 아직은 윈그레이브 가문의 일원으로서 발언할 수 있다는 사실에 감사한다는 기발한 표현처럼 보이기도 했다. 하지만 이세는 더 이상 그를 원그레이브 사람으로 인정할 수 없는, 온갖 전투를 겪어 왔던 그의 입장에서는, 그의 그런 모습은 분노를 자아냈다. 또한 그런 식의 말을 오언의 조부와 고모가 들었다면 수치스럽게 생각했을 것이다. '어쩌면 아무것도 하지 않을지 모르죠'라니. 위대한 전통을 이어 나가야 할 젊은이의 입에서 어떻게! 오언은 분명 용기 있고 흥미를 불러일으키는 젊은이였지만, 교관을 짜증스럽게 하는 면 또한 분명히 가지고 있었다.

"자네를 불안하게 만드는 게 뭔가?" 코일 씨가 물었다.

"이 집, 이 집이 주는 분위기. 이 느낌들이 절 불안하게 만들어요. 불만을 늘어놓는 것 같은 이상한 목소리들이 들려요. 제가 지나갈 때면 무서운 말들을 주절거립니다. 네가 하는 일이 양심에 어긋나지 않으냐, 책임을 질 수 있느냐…… 그런 말들이. 그러니 편하지가 않죠, 조금도. 전 제 일을 전혀 즐길 수가 없습니다." 키 작은 교관의 눈을 굽어보는 오언의 눈동자는 예전의 정의로웠던 오언을 떠올리게 했다. 오언은 설득하듯 말했다. "제 눈에 오래된 유령들이 보이기 시작했어요. 벽에 점점 더 또렷이 나타나고 있어요. 할아버지의 할아버지. 그 특별한 이야기의 주인공을 교관님도 아시죠? 널따란 두 번째 층계참에 걸려 있는 그 노인의 모습이 캔버스 안에서 꿈틀거리고 있어요. 가까이로 가면 마치 숨을 쉬는 것 같죠. 계단을 오르내릴 때마다 무서워 죽겠어요! 고모가 입이 닳도록 가문이라고 부르는 것들이 그 벽에 죄다 갇혀 있어요. 지워 버릴 수 없는 그림의 형상으로 과거를 상기시키고 있죠. 고모와 함께 이곳으로 돌아온 날 고모가 그 벽을 가리키며 말하시더군요. 뻔뻔스럽게도 제가 그 가운데 서려 하지 않는다고요. 할아버지에게는 강하게 반항할 수 없었지만, 이제 고민은 끝났어요. 전 이곳을 떠나고 싶어요. 다시 돌아오지 못한다 해도."

"그래, 자넨 군인이야. 밖으로 나가 싸워야만 해!" 코일이 웃음을 터뜨렸다.

오언은 그의 경박함에 낙담한 것처럼 보였다. 하지만 두 사람이 왔던 방향으로 되돌아 걷기 시작했을 때, 그는 보일 듯 말 듯 미소를 띠며 말했다. "정말이지, 우린 타락했어요. 우리 모두가!"

두 사람은 낡은 포르티코로 통하는 길을 말없이 걸었다. 그러다 스펜서 코일이 발길을 멈추고는 불쑥 물었다. "줄리언 양은 뭐라고 하던가?"

"줄리언이요?" 오언이 표 나게 얼굴을 붉혔다. "그녀라면 자신의 생각을 숨기지 않았을 것 같은데."

"그녀의 생각 역시 우리 가문의 생각과 똑같아요. 물론 자신의 생각도 갖고 있었지만."

"자신의 생각?"

"그녀 자신의 가문 말입니다."

"그녀의 모친, 그러니까 병중에 계신 그 부인 말인가?"

"그녀의 부친 말입니다. 전투에서 전사한. 그리고 그녀의 할아버지, 그 할아버지의 아버지, 그녀의 숙부들, 왕숙부들…… 그들 모두 전쟁에서 목숨을 잃었죠."

"그렇게 많은 분들이 전쟁에서 희생되었는데 자네까지 거기 가라고 하던가?"

"오, 그녀는 절 증오해요!" 오언이 다시 걸음을 떼며 선언하듯 말했다.

"예쁜 아가씨들은 원래 멋진 젊은 남자들을 증오하는 법이지!" 스펜서 코일이 목소리를 높였다.

그는 줄리언 양이 자신을 증오한다는 오언의 말을 믿지 않았지만, 그의 아내의 생각은 달랐다. 오언과 나눈 얘기를 들려주자 아내의 얼굴엔 오언의 말을 그대로 믿는다는 표정이 떠올랐다. 코일 부인은 응접실에서 30분쯤 줄리언 양을 만나본 뒤 벌써 그녀의 형편없는 태도를 알아챈 모양이었다. 줄리언 양이 레크미어에게 추파를 던지는 꼴이 보기 싫어서 아예 자신의 얼굴에 눈이 달려 있지 않은 듯 행동했다고 했다. 그러면서 멍청한 레크미어를 이 파티에 불러들인 것은 실수였다고 말했다. 하지만 스펜서 코일은 줄리언 양에 대해 아내와는 다른 평가를 내리고 있었다. 줄리언 양이 레크미어에게 추파를 던진 건 다른 의도 때문이라고 생각한 것이다. 사실 줄리언 양은 오언의 오래된 친구라는 사실을 빼고는 이 집안에서 별다른 입지가 없었다. 윈그레이브 양의 질녀나 마찬가지였던 그녀는 일찍부터 오언의 친구가 되어 선조들의 그 비극적인 '단절'을 치유하려고 해왔다. 때문에 그녀 역시 오언의 선택을 받아들일 수가 없었다. 바로 자신의 임무 때문이었다. 그녀는 오언의 현명한 친구로서 항상 그와 함께 고민하고 논쟁할 준비가 되어 있었고, 그 싸움을 포기해 버리는 바보가 되고 싶지 않았던 것이다. 그녀는 파라모어 가문에 친숙함과 안정감을 가지고 있었기에 자신이 발언권을 가지고 있다고 생각했다. 하지만 어디까지나 그건 순진한 착각이었다. 어찌 보면 그것 역시 그녀의 독특한 매력이었는데, 열여덟 살 먹은 영악한 처녀가 그 집안의 상속인을 못마땅하게 생각하는 척하는 것은 쓸데없는 짓이었다.

코일 부인은 두 남자가 테라스에서 들어온 뒤 남편에게 무슨 대화를 나누었는지 물었고, 남편의 답변 속에서 오언이 더 이상 이 가문에서 귀한 존재로 대접받지 못한다는 걸 알 수 있었다. 또한 남편은 오언이 고조부의 초상화에 두려움을 느끼고 있다는 얘기를 해주었다. 그녀는 아직 그 초상화를 보지 못했고, 남편은 아래층으로 내려가면서 아내에서 그걸 보여 줄 생각이었다. "다른 사람도 많을 텐데 왜 하필 고조부를 두려워하죠?"

"정말 대단한 존재니까. 아무 데서나 볼 수 있는 사람이 아니지."

"그럼 어디서 볼 수 있죠?" 코일 부인이 소리가 나게 몸을 돌리며 물었다.

"그분이 죽어서 발견되었던 방. 화이트 룸, 여기 사람들은 늘 그렇게 불러 왔지."

"이 집에 유령이 있다는 뜻이에요?" 코일 부인은 거의 비명에 가까운 소리를 내질렀다. "그런데 아무 소리도 않고 절 이리로 데려온 거예요?"

"지난번에 내가 얘길 하지 않았소?"

"그에 대해선 한마디도 하지 않았어요. 윈그레이브 양 얘기만 했었죠."

"난 전부 다 얘기했소. 당신이 깜빡한 거지."

"그런 소리 마세요!"

"만약 내가 말하지 않았다면 사건, 아마도 잠자코 있는 게 좋겠다 싶어서였을 거요. 말을 했다면 당신이 여기 오려고 하지도 않았을 테지."

"신소리는 그만하시고 제게 하지 않은 말을 털어놓으세요!" 코일 부인이 외쳤다. "대체 무슨 얘기죠?"

"음, 폭력에 관한 것이지. 수세기 전에 이 저택에서 일어났던. 아마도 조지 1세 때일 거요. 이 가문의 선조들 중 한 사람인 윈그레이브 대령은 홧김에 뭔가 손에 잡힌 것을 휘둘렀는데 그게 그만 한 자식의 머리에 부딪히고 말았지. 그런데 불행하게도 그 청년이 그만 죽고 말았소. 그 사건은 여러 시간 동안 쉬쉬대다가 누군가의 입을 통해 알려졌지. 그 불쌍한 소년은 이 집 별채의 어느 방에 안치되어 있었는데, 질식해 죽었다는 흉흉한 소문이 떠도는 가운데 서둘러 땅에 묻혔소. 그런데 다음 날 아침 가족들이 다 모였는데 윈그레이브 대령만 보이지 않았소. 누군가의 입에서, 아이의 시체를 두었던 방에 있을지도 모른다는 얘기가 나왔지. 방으로 달려가 문을 두드렸지만 아무 대답도 없어 문을 열었는데, 윈그레이브 대령이 마룻바닥에 죽은 채로 누워 있었소. 평상복 차림이었는데, 마치 줄에 감겨 있다가 뒤로 나자빠진 것처럼 보였다고 하오. 누군가와 싸웠거나 맞은 흔적은 전혀 없었소. 그분은 건장한 사람이었소. 그런 식으로 갑자기 죽을 사람이 아니었단 말이지. 아마도 밤에 잠자리에 들기 전에 그 방으로 갔을 거고, 죄책감이나 두려움에 휩싸였던 게 아닌가 싶소. 아무튼 그 사건이 일어난 뒤 소년의 유령이 나타났을 거라는 소문이 떠돌았고, 누구도 그 방에서 자려 하지 않았소."

코일 부인의 얼굴이 창백하게 변해 있었다. "생각하기도 싫어요! 설마 우리한테 그 방을 주는 건 아니겠죠?"

"멀리 떨어져 있으니 걱정 말아요. 하지만 그 방은 정말 음침하더군."

"거길 들어가 본 거예요?"

"잠깐 동안. 이 집 사람들은 오히려 거길 자랑스러워 하던걸. 전에 여기 왔을 때 오언이 나한테 그 방을 보여주었지."

코일 부인이 굳은 표정으로 남편을 노려보았다. "그래서, 어떤 느낌이었어요?"

"뭐 그저 골동품들로 가득 차 있는 넓고 칙칙한 구식 침실이었지. 천장에서 바닥까지 패널로 장식되어 있었는데, 한눈에 보기에도 아주 오래되었고 하얗게 칠해져 있더군. 하지만 세월이 지나서인지 칠은 바랬고, 벽에는 유리 액자에 담긴 아주 예스럽고 조그만 재봉 견본품 서너 개가 걸려 있었소."

코일 부인은 몸을 부르르 떨면서 주위를 둘러보았다. "여긴 그런 게 걸려 있지 않아서 다행이군요! 이렇게 가슴을 섬뜩하게 하는 얘긴 처음 들어 봐요! 어서 식사나 하러 가요."

층계를 내려가던 중에 코일 씨가 아내에게 윈그레이브 대령의 초상화를 가리켰다. 붉은 코트와 가발로 장식한 강인하고 잘생긴 신사의 용모는 당시의 지위와 품위를 고스란히 나타내고 있었다. 코일 부인은 그의 후손인 필립 경이 이 신사를 꼭 빼닮았다고 자신 있게 말했다. 그 순간 코일 씨는 한밤중에 파라모어 저택의 오래된 복도를 거닐 수 있는 용기를 가진 자라면, 저 신사와 비슷한 모습의 키 큰 유령 소년이 손을 맞잡고 있는 장면을 목격하게 될 거라는 상상에 빠졌다. 아내와 함께 응접실로 들어선 그는 자신의 생도를 이스트본으로 보내야겠다는 생각이 더욱 절실해졌다. 하지만 막상 만찬 식탁에 앉자 불길한 예감은 사라졌다. 윈그레이브 가문의 으스스한 분위기가 그곳에 초대된 이웃 사람들에 의해 많이 따뜻해졌기 때문이었다. 손님들 중에는 낯선 얼굴들도 보였는데, 밝은 표정의 교구 목사와 그의 아내, 그리고 생선을 가지고 온 말수 적은 젊은 남자가 끼어 있었다. 언젠가는 오언의 이야기가 나오겠지만, 그럴 때 괜히 나섰다가 바보가 될 것 같다는 생각이 들자 코일 씨는 새삼 그들이 구세주처럼 느껴졌다. 하지만 그들 덕분에 오히려 다음 날은 짜증나는 하루가 될 게 분명했다. 격식을 차리며 길고 긴 일요일을 보내야 할 것이고, 그 와중에 제인 윈그레이브의 입에서 튀어나온 그녀의 냉혹한 생각들을 싫든 좋든 귀담아 들어야 하기 때문이었다. 코일은 윈그레이브 양과 그녀의 부친이 오언의 일로 자신에게 매달릴 것 같았다. 만약 그들이 어리석은 술책으로 그를 엮으려 든다면 자신의 생각을 뚜렷하게 밝히리라 생각했다. 그렇게 되면 손님들을 초대한 그들의 술책은 명백한 실수가 될 것이다. 노인이 이 일을 꾸민 것은 분명 지인들에게 모든 게 잘되어 가고 있다는 인상을 심어 주기 위해서였다. 그리고 런던의 뛰어난 교관까지 참석시켜 오언에게 사관학교 시험에 대한 말을 털어놓게 하기 위해서였다. 그런데 참으로 놀랍게도, 가족 간의 불화가 전혀 없다고 보이게 만드는 사람은 다름 아닌 오언이었다. 그는 사람들 앞에서 자신이 힘겨운 시험을 통과할 거라고 은근한 암시를 주며 더 이상 그 문제에 대해서는 거론하지 않았다. 스펜서 코일이 테이블 건너편으로 두어 차례 미묘한 눈빛을 보내자, 그는 혼란스러운 표정 한 조각을 내보였다. 희생 제의에 바쳐진 한 어린 양의, 외면할 수 없는 고통이 담긴 얼굴이었다. '애석하도다, 용사여!' 그는 단지 겉치레에 불과한, 이 집안의 허약한 논리에 남몰래 탄식했다.

    그가 만약 케이트 줄리언 양에게 집중하지 않았다면 아마도 그 생각에 매몰되어 버렸을 것이다. 그의 앞에 앉은 처녀는 너무나도 매력적으로 보였다. 동양인 같은 가느다란 눈과 풍성한 머리칼, 부끄러움을 모르는 대담한 성격의 뛰어난 미인이기 때문만은 아니었다. 그녀의 발그레한 살결과 마음에 쏙 드는 용모는 전부터도 알고 있었다. 지금 발산되는 그녀의 매력은 배려심이나 신중함, 심지어 아주 사소한 예의조차 갖추지 않은 듯한 태도 속에 깃들어 있었다. 그녀는 땡전 한 푼 없는 주제에 남을 깔보고 불쾌감을 주는, '딸린 식구'에 불과했다. 하지만 그 속에는 뭔가 의미심장한 것이 있었는데, 자신이 처한 열악한 상황을 극복하기 위해 모든 노력을 다하거나 아예 완전히 굴복해 버리겠다는 표현을 담고 있었다. 그녀는 공격적이지도 않았고 무관심하지도 않았다. 그러나 만약 누군가 그녀를 그렇게 표현한다면, 그것은 근거 없는 소문에 불과했다. 그건 얻을 것도 잃을 것도 없는 그녀가 마음 가는 대로 행동해서 불러일으킨 오해일 뿐이었다. 스펜서 코일의 눈에 그녀는 상상 이상의 위기에 처한 것 같았지만, 스스로의 안전을 위해 아무런 노력도 하지 않았다. 그런 여자는 본 적이 없었다. 수감자 신세나 마찬가지인 그녀가 어떻게 지금까지 제인 윈그레이브와 평화를 유지하며 지낼 수 있었을까? 어쩌면 케이트 줄리언은 자신의 보호자인 윈그레이브 양에게 거만하게 굴었을지도 모른다. 일전에 파라모어 저택을 방문했을 때 그는 필립 경과 나란히 앉아 있는 그녀에게서 배수의 진을 치고 있는 듯한 인상을 받았다. 그녀와 필립 경 사이에는 누구도 의심할 수 없는 위계가 세워져 있음에도 불구하고 그녀는 필립 경의 비위를 맞추면서 그를 완전히 사로잡고 있었다. 반면 윈그레이브 양은 아버지 앞에서 패배자 혹은 억류자나 마찬가지인 자신의 운명을 당연한 것으로 받아들이고 있었다.

오언이라는 영리한 소년과 이 소녀의 관계는 어땠을까? 무심하게 지냈을 리는 없었다. 둘은 모두 명랑하고 잘생기고 젊음이 넘치는 존재였으니 서로 반감을 가졌을 리도 없었다. 그들은 어린 시절부터 전원에서 여름을 함께 보냈을 것이다. 어떤 소녀라도 자신을 좋아하지 않는다고 그 멋진 사내아이를 거부할 수는 없었을 것이며, 또한 어떤 사내아이라도 그렇게 살갑게 구는 소녀를 거부할 수는 없었을 것이다. 코일 씨는 줄리언 부인이, 자신의 딸이 학교에 다니지 못했기 때문에 오언과의 사이가 지속되지 못했다고 말한 것을 기억하고 있었다. 또한 그 선량한 여인은 오언과 자신의 딸이 폴과 비르지니처럼 남매 같은 사이로 머물렀다는 사실도 털어놓았다. 그리고 그 '비르지니'가 지금 레크미어와 기분 좋은 시간을 보내기 위해 엄청나게 애를 쓰고 있음을, 그의 아내가 귀띔해 주었다. 코일 씨가 편안하게 이런 것들을 떠올릴 수 있었던 것은 순전히 다른 손님들 덕분이었는데, 그들의 대화는 어긋나는 법 없이 순조롭게 진행되고 있었다. 하나 같이 똑같은 문제를 이야기했고, 집을 세놓는 문제가 나오자 마치 같은 상처를 입은 짐승들처럼 서로 푸념을 늘어놓았다. 그런 가운데 파티의 호스트들은 아무 일 없이 저녁 시간이 지나가기를 학수고대하고 있었는데, 그런 모습은 오히려 그들이 느끼고 있는 분노를 가늠하게 해주었다. 만찬이 진행되는 동안 그는 자신의 또 다른 생도에게 불안감을 느꼈다. 레크미어는 이제껏 모든 방면에서 기대한 만큼의 성과를 보여 주었다. 하지만 순진한 어린아이같이 풀어져 버린 지금의 그에게서는 그런 모습을 기대하기가 힘들었다. 파라모어 저택에서 누리는 즐거움이 그에게 분명 활력소가 되고 있었지만, 저 순진한 녀석의 행동은 분명 문제를 불러일으킬 소지가 있었다. 밝게 빛나는 레크미어의 이마는 연민을 불러일으킬 정도의 솔직함을 드러내고 있었다. 그것은 줄리언 양 같은 사람에게서는 찾아볼 수 없는 면모였다.

4

식사를 마친 뒤 응접실로 나온 줄리언 양은 스펜서 코일과 애기를 나눌 기회를 찾고 있었다. 그녀는 미소 띤 얼굴로 부채를 펼쳤다 접으며 그의 앞에 서 있다가 묘한 눈으로 바라보며 불쑥 말했다. "교관님께서 왜 오셨는지 알아요. 하지만 별 소용이 없을 거예요."

"아가씨를 보러 온 건데, 소용이 없다니요?"

"친절하시군요. 하지만 제 눈을 속일 순 없어요. 교관님은 오언의 결심을 바꾸지 못할 거예요."

스펜서 코일은 잠깐 머뭇거리다 말했다. "아가씨는 오언의 젊은 친구와 뭘 할 거요?"

그녀는 고개를 돌려 뒤를 보았다.

"레크미어 씨말인가요? 오, 불쌍한 청년! 우린 오언에 대해 애기를 나누었어요. 그 사람은 오언을 아주 존경하죠."

"나도 그렇다는 걸 아가씨에게 확실히 말해 줘야겠군."

"우리 모두 그렇죠. 그게 바로 우리가 불행해진 이유죠."

"아가씨는 그 친구가 군인이 되기를 바라겠지?"

"아주 간절히 바라죠. 전 군대를 사모하고, 옛 소꿉동무도 끔찍하게 좋아하죠." 줄리언 양이 대답했다.

그는 옛 소꿉동무의 생각은 그녀와는 다르다는 걸 알고 있었지만, 그녀에게 굳이 그 점을 지적할 필요는 없다고 판단했다.

"아가씨의 옛 소꿉동무도 분명 아가씨를 좋아하겠군. 그렇다면 당연히 그 친구도 아가씨를 기쁘게 해주고 싶어 할 텐데, 어째서 두 사람의 관계가 좋아 보이지 않죠?"

"절 기쁘게 해주어야죠!" 줄리언 양이 목소리를 높였다. "유감스럽게도 오언은 절 무례한 천덕꾸러기라고 생각할 뿐이죠. 전 언젠가 제가 그를 어떻게 생각하는지 말해 주었지만, 그는 절 미워할 뿐이에요."

"너무 예민하군! 아가씬 방금 그 친구를 존경한다고 얘기했잖아요."

"그의 능력들, 그의 가능성은 존경하죠. 그의 외모도. 그런 것만 얘기한다면 그렇죠. 하지만 지금 그의 행동은 존경할 수가 없어요."

"그 친구에게 왜 그런지 말했소?"

"그럼요, 위험을 감수하고 솔직하게 말했죠. 별 반응은 없었지만, 아마 제 말이 거슬렸을 거예요."

"뭐라고 말했는데?"

줄리언 양은 잠깐 생각에 잠기며 다시 부채를 펼쳤다 접었다.

"왜 그렇게 했냐고, 그런 행동은 신사답지 못하다고 말했어요!"

그녀의 두 눈이 스펜서 코일의 눈과 마주쳤다.

"아가씨는 그 친구가 죽임을 당할 곳으로 보내지길 그토록 원하는 건가?"

"어떻게 그런 질문을 하세요?" 그녀는 웃음을 흘리며 말을 이었다. "교관님 맞으세요? 교관은 군인을 만드는 게 임무 아닌가요?"

"농담을 전혀 모르시는군. 어쨌든 오언 윈그레이브는 어떤 것으로 '만들' 필요가 없는 인물이오." 작은 키의 교관은 자신의 생각이 혼자만의 것이 아닌지 따져 보는 듯 잠깐 말을 멈추었다가 다시 말을 이었다. "그 친구는 타고난 전투 능력을 지닌 사람이오."

"그럼 그걸 증명해 보이셔야죠!" 여자가 그렇게 외치고는 돌아섰다.

스펜서 코일은 가는 그녀를 내버려 두었다. 그녀의 말투는 짜증 날 뿐만 아니라 심지어 소름까지 끼쳤다. 결국 군인 가문 출신인 그녀는 무장한 전사의 모습에서 남성다움을 느끼는 보통 여자일 뿐이었다. 젊은 여자들은 언제나 그런 남성성에 대한 틀에 박힌 생각을 갖고 있다고 코일은 생각했다. 하지만 15분쯤 지나 레크미어에게서 그런 전형적인 남성성을 발견하자, 스펜서 코일은 무척 심란해져서 냉담하게 그 순진한 청년에게 말했다. "너무 오래 있었단 생각이 들지 않나? 내가 여기서도 자넬 통제해야겠나?" 마침 손님들이 하나둘씩 자리에서 일어나 침실을 밝힐 촛불에 불을 붙이고 있었다. 레크미어는 교관의 말을 기분 나쁘게 받아들이기에는 너무도 기분이 좋은 상태였다.

"전 지금 너무너무 잠자리에 들고 싶어요. 근데, 이곳에 끔찍하게 재밌는 방이 있다는 거 아세요?"

"설마 이 사람들이 자넬 거기다 집어넣진 않겠지?"

"그럴 리가요. 오랫동안 그 방에 든 사람은 없다던데요. 하지만 그 방에서 지내보고 싶어요. 짜릿하지 않을까요?"

"그래서 줄리언 양한테 허락을 받으려고 했던 건가?"

"그녀는 허락할 수 없다고 했어요. 하지만 그 이상한 이야기를 믿기는 하는 모양이던데요. 누구도 감히 그 방에서 지내려 하지 않는다고 했으니까요."

"괜한 호기 부리지 말고 조용히 잠자리에 들게나!" 스펜서 코일이 말했다.

레크미어가 실망한 표정을 지어보이며 한숨을 내쉬었다. "그렇게 하죠. 하지만 윈그레이브 가문을 좀더 느껴 봐야 하는 거 아닌가요? 아직은 맛을 덜 봤거든요." 코일 씨가 자신의 시계를 확인하고는 말했다. "담배 한 모금 정도는 허락하겠네." 그는 레크미어의 어깨에다 손을 얹고는 아내를 돌아보았다. 그녀가 든 양초가 기울어져 그의 코트에 촛농이 흘러내리고 있었다. 여자들은 모두 침실로 가고 있었는데, 그 시간에 잠자리에 드는 건 필립 경이 만들어 놓은 오래된 전통이었다. 코일 부인은 남편에게서 끔찍한 얘기를 들은 뒤부터 아무리 짧은 시간이라도 혼자 있지 않겠다고 선언한 상태였고, 그는 3분 안에 뒤따라가겠다고 약속하며 아내를 침실로 올려 보냈다. 여자들은 그에게 정중하게 악수를 하고는 치맛단을 끌며 흩어졌다. 그러나 케이트 줄리언만은 그에게 인사를 하지 않았다. 말 한마디, 눈길 한 번 주지 않고 다만 오언 윈그레이브를 지그시 바라보고 있었다. 오언은 그런 그녀는 아랑곳

하지 않고 동정심을 유발하는 그녀의 어머니에게만 고개를 숙여 보였다.

한편 윈그레이브 양은 불이 일렁거리는 조그만 초를 널따란 참나무 계단에다 올려놓고는 세 명의 여자를 불러 모았다. 그러고는 초를 들어 올려 불우한 운명을 가진 선조의 초상화를 비추었다. 오언이 반감을 드러내며 주춤주춤 움직이자 필립 경은 그 가련한 청년과 등진 채 돌아섰고, 시종이 나타나서 노인의 팔을 붙들었다. 나중에 알게 된 일이지만, 이 할아버지와 손자 사이가 불편해지기 전에는, 오언은 늘 잠자리까지 공손하게 할아버지를 모셨다고 한다. 필립 경이 지켜온 오랜 전통들은 이제 경멸스러운 것으로 변해 있었다. 노인은 시종의 도움을 받아 자신이 기거하는 아래층으로 발을 끌며 물러났다. 그의 뒷모습에 드리워진 이글거리는 분노의 빛 때문에 한동안 손님들은 자책감에 시달렸다. 그건 늘 그가 보여 주던 부드러운 태도와 상충되었기 때문이다. 스펜서 코일의 눈에는 그 분노의 빛이 '내일 우린 젊은 악당을 해치워 버릴 거야!'라고 말하는 것 같았다. 복도 한쪽 끝을 서성이고 있는 젊은 악당은 마치 수표 위조범처럼 초조해 보였다. 그는 신경질적으로 의자에서 일어났다 앉았다를 반복했다. 그리고 곧 코일과 레크미어가 있는 곳으로 다가왔다.

"이제 자러 가야겠네. 내가 좀 전에 했던 말을 유념하게나. 자네 동무와 여기서 담배 한 개비 태우고 나서 방으로 가게. 만약 밤 동안 자네가 어떤 엉뚱한 게임이라도 했다는 말이 들리면 자넬 경멸하게 될 거야." 레크미어는 주머니에 손을 찔러 넣고 고개를 숙인 채 양탄자를 발끝으로 찍어 댈 뿐이었다. 그런 암묵적인 동의에 만족하지 못한 스펜서 코일은 곧바로 오언에게로 말머리를 돌렸다. "자네한테도 일러 둬야겠네, 윈그레이브. 저 친구를 침실로 보내고 난 뒤에 꼭 문을 잠그게나." 오언이 이해할 수 없다는 듯 그를 응시하자 그가 덧붙였다. "레크미어는 자네 집안의 그 역사적인 방들 가운데 한 방에 병적인 호기심을 가지고 있다네. 미리 방비를 해야한다는 얘길세."

"오, 전설이란 좋은 겁니다. 오히려 실망할까 봐 겁나네요!" 오언이 웃음을 터뜨렸다.

"너도 그 전설을 믿지 않는다는 거 알아, 친구!" 레크미어가 큰 소리로 말했다.

"난 그렇게 생각하지 않네." 코일 씨가 오언의 상기된 얼굴을 바라보며 말했다.

"누가 너한테 그 얘길 해줬는지 알아." 오언이 엉거주춤한 자세로 촛불로 담뱃불을 붙이면서 말했다.

"그래, 그 여자가 해줬어. 그게 어때서?" 레크미어가 벌겋게 달아오른 얼굴로 성냥갑을 더듬으며 말했다.

오언 윈그레이브는 조용히 담배를 피우다가 큰 소리로 말했다.

"그 여자가 알 것 같아? 그 여잔 아는 게 없어."

"그녀가 모르는 게 뭔데?"

"그 여잔 아무것도 몰라! 저 친구 재워야겠어요!" 오언이 자신을 바라보는 코일 씨에게 가볍게 말했다. 코일 씨는 젊은 친구들이 자신을 불편해할 거라는 생각이 들었고 자신 또한 생도들이 낯설게 느껴지고 있음을 깨달았다. 하지만 늘 그랬듯 신중한 태도로 두 사람에게 바보짓은 절대 하지 말라고 말한 뒤 이층으로 이어진 계단을 올라갔다. 층계 꼭대기에서 놀랍게도 줄리언 양과 마주쳤다. 그녀는 다시 아래층으로 내려오려 한 게 분명했다. 그녀는 그를 보고도 그다지 놀라지 않았지만, 10분 전쯤에 그를 무시하던 것과는 다른 태도로 변명처럼 몇 마디를 흘렸다. "뭘 좀 찾으려고 내려가는 길이에요. 보석을 잃어버렸거든요."

"보석?"

"꽤 괜찮은 터키옥인데, 목걸이에서 떨어졌나 봐요. 제가 제일 아끼는 거죠!" 그러고는 층계를 밟아 내려갔다.

"내가 같이 가서 도와줄까요?" 스펜서 코일이 물었다.

처녀는 몇 계단 아래에서 고개를 돌리고는 동양인처럼 가늘게 올라간 눈으로 그를 쳐다보았다.

"홀에서 목소리가 들리던데요?"

"멋진 청년들이 거기 있지."

"그럼 그 사람들이 절 도와주겠죠." 그러고는 다시 계단을 내려갔다.

스펜서 코일은 그녀를 따라가고 싶은 충동을 억제하고는 아내가 있는 방으로 향했다. 하지만 곧바로 침실로 들어가지는 않았다. 일단 침실 곁에 딸린 탈의실로 들어갔지만 코트를 벗을 수가 없었다. 그는 30분가량 소설을 읽는 둥 마는 둥 하다가 조용히 뭔지 모를 흥분감에 휩싸여 탈의실을 나가 복도로 향했다. 그 통로를 따라서 레크미어의 방이라고 짐작되는 문 앞으로 갔다. 방문이 잠겨 있는 것을 확인하자 그는 한숨을 내쉬었다. 그 얼이 나간 청년이 잠자리에 들었다고 생각하니 안도감이 밀려왔다. 이제 확인을 한 이상 조용히 물러나려 했다. 바로 그 순간, 방에서 무슨 소리가 들리는 것 같았다. 그는 급히 문을 두드렸다. 레크미어가 셔츠와 바지를 입은 채로 나와 방문객을 들였다.

"자네를 괴롭힐 생각은 없네. 하지만 자네가 과도하게 흥분해 있지 않다는 걸 꼭 확인하고 싶었네."

"예, 얼마든지요!" 순진한 청년이 말했다. "줄리언 양이 다시 내려가더군요."

"터키옥을 찾으러?"

"그렇게 말했어요."

"찾았나?"

"모르겠어요. 전 그냥 올라왔으니까요. 불쌍한 윈그레이브만 남겨 두고요."

"아주 잘했군." 스펜서 코일이 말했다.

"잘한 건지 모르겠네요." 레크미어가 불편한 얼굴로 말을 이었다. "두 사람이 다투는 걸 내버려 두고 왔으니까요."

"무슨 문제로 다투던가?"

"글쎄, 이해를 못하겠어요. 괴짜 커플이에요!" 스펜서 코일이 머뭇거리다가 연민과 비슷한 감정으로 말했다,

"그녀가 오언에게 반감을 가지고 있다는 생각이 들지 않나?"

"천만에요! 오히려 오언이 항상 그녀에게 거짓말을 하던걸요!"

"무슨 뜻이지?"

"왜 제 앞에서까지 그러는지. 그래서 두 사람을 그냥 내버려 뒀어요. 치열하게 싸웠겠죠. 근데 사실은 제가 바보같이 그 귀신 들린 방 얘기를 다시 꺼냈어요. 죄송해요."

"자네 말이야, 다른 사람 집에선 그런 식으로 사생활을 캐물어선 안 되네. 자네한텐 그럴 권리가 없어. 알겠나?" 코일 씨가 나무랐다.

"걱정 마세요. 그리고 그 방 가까이엔 가고 싶지도 않아요!" 레크미어가

믿어 달라는 듯 말했다. "줄리언 양이 말하더군요. 제가 그 방에 가면 위험에 빠질 거라고. 그러더니 불쌍한 오언을 돌아보며 빈정거리듯 이렇게 덧붙이더군요. 하지만 특별한 가문의 자손은 그 방에서 무사할 거라고요."

"그래서, 오언이 뭐라고 하던가?"

"처음엔 아무 말도 않더군요. 하지만 곧 아주 침착한 목소리로 말했어요. '난 매일 밤을 그 빌어먹을 방에서 보내지.' 그 소릴 듣고 우리 둘은 동시에 그를 노려보면서 소리를 질렀어요. 제가 거기서 무얼 봤냐고 물었더니 아무것도 보질 못했대요. 그러자 줄리언 양이 말했죠. 그런 식으로 말고 더 솔직히 말하라고요. 그러자 오언이 말하더군요. '그건 얘기가 아니야. 하나의 사실이지.' 그러자 그녀는 오언을 비웃으면서 그랬다면 왜 그날 아침에 자기에게 아무 말도 하지 않았냐고, 그 이유를 알고 싶다고 하더군요. 이유야 빤하죠. 그녀가 자신을 어떻게 생각하는지 잘 알고 있었으니까 아무 말 안 했겠죠. '아무래도 상관없어.' 윈그레이브는 그렇게만 말했어요. 그 말에 화가 났는지 줄리언은 아주 신경질적으로 말했어요. '네가 우리 두 사람을 속이려는 걸 모를 것 같아?'라고요."

"지독하군!" 스펜서 코일이 소리를 질렀다. "정말이지 독특한 여자예요. 도대체 어떤 여자인지 모르겠어요."

"독특한 여자인 것도 사실이고, 영리한 젊은 남자들과 밤이 이슥하도록 수다를 떠는 푼수이기도 하지!"

레크미어가 잠시 생각에 잠겼다가 말했다. "제가 이러는 건, 그녀가 오언을 좋아한다고 생각하기 때문입니다."

스펜서 코일은 평소와는 다른 묘한 느낌에 휩싸인 채 불쑥 말했다. "그럼, 오언도 그녀를 좋아하는 것 같나?"

레크미어는 의미를 알 길 없는 한숨을 구슬프게 내쉬고는 툭 뱉었다. "모르겠어요, 전 포기했어요! 그 친구는 확실히 뭘 봤거나 무슨 소리를 들은 게 분명해요."

"그 수수께끼 방에서? 무슨 근거로 그렇게 확신하는 건가?"

"모르겠어요. 그냥 그렇게 보였어요. 그런 것처럼 행동했다고요."

"그러면 왜 얘기를 하지 않았을까?" 레크미어는 잠시 생각에 잠겼다가 입을 열었다. "너무도 끔찍했던 거죠!"

스펜서 코일이 웃음을 터뜨렸다. "자네 혹시 그 방엘 들어가 보지 못해서 기분이 언짢아진 건가?"

"당연하죠!"

"잠이나 자, 멍청아." 스펜서 코일이 다시 웃음을 터뜨렸다. "하지만 그 말만은 듣고 가야겠네. 줄리언 양이 자네 두 사람을 속였다고 말했을 때, 오언은 뭐라고 말하던가?"

"이렇게 말했어요. '날 그 방으로 데려가. 그런 다음 문을 잠가버려!'라고."

"그래서 줄리언 양이 그를 데려갔나?"

"모르겠어요. 전 그냥 올라와 버렸다니까요." 스펜서 코일은 그와 오래도록 눈길을 주고받았다.

"아직 두 사람이 홀에 있을 거 같지 않군. 오언의 방이 어디지?"

"모르겠는걸요."

코일 씨는 당황스러웠다. 그 역시 오언의 방이 어디인지 모르고 있었다. 그렇다고 아무 방이나 문을 열어볼 수는 없는 일이었다. 그는 레크미어에게 이제 그만 방으로 돌아가라고 부탁하고는 복도로 나와 걸음을 옮기기 시작했다. 그는 선조들의 이름이 적혀 있는 많은 방들을 하나씩 떠올리면서 오언이 전에 안내해 주었던 그 방으로 가는 길을 찾을 수 있을지 자문해 보았다. 하지만 파라모어 저택 복도들은 복잡하게 얽혀 있었다. 더구나 시종들 몇은 아직 깨어 있을 것이고, 그들에게 집 안을 어슬렁거리는 모습을 보여 주고 싶지는 않았다. 그는 자신의 방 쪽으로 발길을 돌렸다. 더 늦으면 아내가 그가 곁에 없다는 걸 잠결에라도 알아챌 것이다.

시간이 지날수록 점점 더 '소름 끼치는' 이 무시무시한 곳에서 도대체 어찌할 바를 모르겠다고 아내가 털어놓았을 때는, 밤이 그다지 깊어지기 전이었다. 레크미어한테 단단히 다짐을 받아 놨다는 남편의 말을 하는 수 없이 받아들이긴 했지만, 그녀의 정신은 시간이 흐를수록 또렷해져 밤을 꼬박 새울 것만 같았다. 새벽 2시가 가까워지자 코일 부인은 잔뜩 움츠러 들어 있던 오언의 표정이 자꾸 마음에 걸렸다. 사악한 케이트 줄리언이 오언을 끔찍한 시험에 빠뜨리지 않을까 걱정되니 어떻게든 오언의 마음을 평정시킬 방법을 찾아보라고 남편에게 사정했다. 하지만 스펜서 코일은 너무 깊은 밤이라는 핑계로, 오언이 시련에 맞설 각오를 하고 있기를 바라며 아내에게 이렇게 말했다.

"차라리 그 친구가 그 방에 있다면 좋겠군. 모든 사람들의 생각이 틀렸다는 걸, 그가 공포심 때문에 군인이 되지 않겠다고 한 게 아니라는 걸 똑똑히 알게 될 테니까!"

어쨌거나 코일은 제대로 잘 알지도 못하는 그 집을 탐색할 수가 없었다. 그의 머릿속은 뒤죽박죽 엉망이었다. 그렇다고 자고 싶은 생각도 없었다. 그는 결국 탈의실에 우두커니 앉아 희미한 불빛 아래 소설책을 펼쳐 든 채로 졸음이 쏟아지기를 기다렸다. 아내도 마침내 돌아눕는가 싶더니 잠잠해졌다. 어느덧 그 역시 의자에 앉은 채로 잠에 빠져들었다. 그러다 정신이 번쩍 들었을 때 그는 자신이 꽤 깊이 잠에 빠져 있었음을 깨달았다. 바로 그 순간, 코일은 소름 끼치는 소리를 들었다. 그 소리는 공포를 실감하게 해주는 아내의 비명 소리와 뒤섞여 있었다. 하지만 그는 아내에게는 주의를 기울이지 못한 채 복도로 튀어 나갔다. 그 소리는 반복되고 있었다.

"도와줘요! 도와줘요!"

고통과 공포에 휩싸인 여인의 목소리였다. 먼 곳에서 들려오고 있었지만, 어디인지는 충분히 감지할 수 있었다. 스펜서 코일은 그곳을 향해 곧장 내달렸다. 갑자기 문을 열어젖히는 소리가 났고, 그의 눈 속으로 이른 새벽빛이 달려 들었다. 여러 개의 통로들 가운데 한 곳을 막 돌았을 때, 벤치 위에 실신한 채 늘어져 있는 창백한 여자의 모습이 보였다. 케이트 줄리언이었다. 뒤늦은 죄책감에 휩싸인 그녀는, 자신의 조롱의 희생양이 된 그의 몸에 감겨 있던 줄을 푼 뒤, 넋이 빠진 채로 자신이 얼마나 끔찍한 일을 저질렀는지 비로소 깨닫고 있었다. 문이 열려 있는 방 안으로 눈길이 간 순간 코일은 정신이 혼미해졌다. 오언 윈그레이브가 지난밤의 옷차림 그대로, 그의 선조가 발견되었던 바로 그 자리에 죽은 채로 누워 있었다. 마치 전장에 누워 있는 젊은 용사처럼.

The Friends of the Friends
친구 중의 친구

의뢰인께서도 예상하셨겠지만, 무척 흥미로운 얘기이긴 해도 출판의 가능성이라는 미묘한 문제를 푸는 데는 그다지 도움이 되지 못했습니다. 그녀의 일기는 제가 기대했던 것만큼은 체계적이지 못했습니다. 다만 묘사와 서술, 특히 요약하고 절제하는 데 능숙한 솜씨를 보이더군요. 하지만 이야깃거리를 빠뜨리지 않고 잘 포착해 냈다고는 인정하기가 어렵습니다. 물론 그녀가 소문이 아니라 직접 보고 느낀 것들을 기술했다는 점은 인정합니다. 그녀는 때로는 자신의 입장에서, 때로는 상대방의 처지에서, 때로는 두 사람 모두의 입장에서 서술하는데, 마지막 부분이 비교적 가장 생생했습니다. 그러나 생생함이 항상 출판을 가능하게 하지는 않습니다. 솔직히 말씀드리자면 제 눈에는 그녀의 글이 몹시 경솔해 보입니다. 의뢰인의 편의를 위해 여러 개의 작은 장들로 나누어 놓은 부분이 바로 그 경우에 해당합니다. 얇은 공책에 다시 옮긴 내용들은 제가 직접 쓴 것인데, 쉽게 이해할 수 있는 완결본이라 보시면 되겠습니다. 일기 속 사건은 분명히 수년 전의 일이었습니다. 저는 일기를 읽어 나가면서 놀랄 수밖에 없었으며, 그 놀라운 사실들이 암시하는 바를 있는 그대로 받아들이기 위해 최선을 다했습니다. 이 일기를 읽고 충격받지 않을 사람이 있을까요? 공개하지 않는 것이 더 낫다고 여긴 듯 그녀가 '친구들'의 이름은 물론 이니셜마저 밝히지 않았습니다만, 설마 의뢰인께서는 한순간이라도 제가 이 일기를 세상에 내놓을 거라고 상상하신 건 아니시겠지요? 의뢰인께서는 혹시 그분들의 정체를 풀 만한 어떤 단서를 갖고 계실지 모르겠지만, 저는 그녀의 생각대로 놔두겠습니다.

1

물론 그 일은 나 때문에 일어난 일이지만 그렇다고 더 나아질 건 없다. 그에게 그녀의 얘기를 전해 준 사람은 내가 처음이었다. 그때까지 그는 그녀에 대해 들어본 적이 없었다. 하지만 설령 내가 말해 주지 않았더라도 누군가는 그렇게 했으리라. 이런 생각을 하면서 마음이 편해지기를 기대했지만, 그렇게 얻은 위안은 변변치 못했다. 인생에서 유일한 위안거리는 바보로 살지 않았다는 사실이었는데, 그것은 이제 절대 내가 누리지 못할 지상의 행복이다.

"그녀를 만나서 애길 해봐요." 내가 지체하지 않고 던진 말이었다. "유유상종(類類相從)이라는 말도 있잖아요." 나는 그녀가 누구인지 그에게 말해 주었다. 내가 유유상종이라고 표현한 것은, 그가 젊은 시절에 겪은 이상한 모험을 그녀 역시 같은 시기에 경험했기 때문이었다. 그녀는 지인들로부터 그 사건을 들려 달라는 끊임없는 요청을 받았고, 덕분에 그 이야기는 지인들에게 잘 알려져 있었다. 영리하지만 무척 불행한 그녀가 명성을 얻게 된 것은 그 사건 때문이었다.

열여덟 살 때 이모와 함께 해외로 나갔던 그녀는 부모 중 한 사람이 죽음에 직면하는 환상을 보았다. 아버지는 수백 마일이나 떨어진 영국에 있었기에 죽어가고 있다거나 죽었다는 걸 알기에는 너무 먼 거리였다. 한낮이었고, 외국의 어느 대도시에 위치한 미술관에서였다. 그녀는 일행과 떨어져 홀로 유명한 작품들이 전시되어 있는 조그만 전시실로 들어갔는데, 그 안에는 낯모르는 두 사람이 있었다. 그중 하나는 나이가 많은 관리인이었고, 다른 한 사람은 얼핏 보기에 외국인 여행객 같았다. 처음에 그녀는 그가 모자를 쓰고 있지 않으며 긴 의자에 앉아 있다는 사실만 인식했을 뿐이었다. 그런데 그 모자를 쓰지 않은 사람에게 눈길이 머무른 순간 그녀는 소스라치게 놀랐다. 그 사람은 바로 그녀의 아버지였던 것이다. 그 남자는 마치 오랫동안 딸을 기다렸던 것처럼 유난히 지쳐 보였고, 그녀를 책망하는 듯한 표정이었다. 당황한 그녀는 큰 소리로 외치며 곧장 그에게로 달려갔다. "아빠, 어떻게 된 일이에요?" 하지만 바로 그 순간 그 남자는 사라져 버렸고, 관리인과 뒤처져 있던 친척들이 놀라 달려온 뒤에도 그녀의 그 생생한 느낌은 사라지지 않았다. 미술관 관리인과 그녀의 이모, 그리고 그녀의 조카들은 그 사실에 대해, 적어도 그때 그녀로부터 어떤 인상을 받았는지에 대해 증언할 수 있는 목격자들이었다. 더구나 다른 일행의 한 사람으로 미술관을 둘러보고 있다가 사건이 일어난 뒤 곧바로 그녀와 대화를 시도했던 한 의사의 증언도 있다. 그는 그녀의 히스테리 증상을 진료해 주고는, 그녀의 이모에게 넌지시 말했다. "집안에 무슨 일이 생긴 건지도 모르니 살펴보시기 바랍니다." 사실 그때는 이미 무슨 일인가가 일어난 뒤였다. 그날 아침 그녀의 가련한 아버지가 갑자기 경련을 일으킨 뒤 세상을 떠나 버린 것이다. 이모, 그러니까 그녀의 어머니의 여동생은 그날이 다 가기 전에 그 사실을 알리는 전보를 받았는데, 조카에게 마음의 준비를 시키라는 당부가 적혀 있었다. 그녀의 조카는 이미 준비가 된 상태였고, 미술관에서 보았던 환상 또한 그녀의 머릿속에 생생히 살아 있었다. 그녀의 친구인 우리는 이 사실을 다른 친구들에게 전했고, 섬뜩한 느낌 역시 서로 나누었다. 그로부터 12년의 세월이 흘러갔다. 그사이 그녀는 결혼했고, 행복하지 못한 결혼생활을 이어 가다 파경을 맞이했는데, 남편과 별거하면서 인생의 전기를 마련하는 듯했다. 하지만 이혼 소송이 마무리된다 해도 그녀가 예전의 이름으로 돌아온다는 것은 그저 '자기 아버지의 유령을 본 여자'로 돌아온다는 것을 의미할 뿐이었다.

내가 사랑한 남자에 대해 말하자면, 그는 자기 어머니의 유령을 본 사람이었다. 유유상종이라고 말하지 않았던가! 그와 나 사이가 친밀하고 유쾌해져서 그가 자신의 특별한 얘기를 내게 들려주었고, 나는 그에 필적할 만한 경험을 가진 다른 친구가 있다고 말해 주었다. 그 뒤 나는 지겹도록 그의 일화를 떠들고 다녔고, 아마도 그 때문에 그 얘기가 마치 꼬리표처럼 그를 따라다녔을 것이다. 내가 그를 안 지 1년이 채 안 됐을 때였다. 그녀가 그렇듯 그에게도 다른 훌륭한 점들이 많았다. 솔직히 말하자면, 척 보는 순간 나는 그가 가진 장점들을 꿰뚫어 보았다. 그가 내게서 장점을 찾아내기도 전에. 내 경험으로는 이해하기 어려운 그 기이한 일화에 나는 동화했고, 급기야 그에게 급속도로 관심을 두게 되었다.

그의 일화는 그녀와 마찬가지로 십 수 년 전에 일어난 일이었다. 그는 몇 가지 이유로 옥스퍼드에서 장기간 머무르고 있었다. 그러던 어느 날 그는 강물 위를 흐르는 8월의 오후를 즐겼다. 숙소로 돌아왔을 때도 여전히 맑은 햇살이 비쳤는데, 미동도 없이 방문을 응시하고 있는 자신의 어머니를 발견했다. 그날 아침 그는 아버지와 함께 웨일스에 살고 계신 어머니로부터 편지를 받은 터였다. 그를 발견한 순간 예사롭지 않은 빛줄기에 싸인 그녀는 미소 띤 얼굴로 그를 향해 팔을 활짝 펼쳤다. 그 역시 기쁨에 겨워 팔을 벌린 채 튕기듯 앞으로 나갔는데, 그 순간 어머니가 사라져 버렸다. 그날 밤 그는 자신에게 일어난 그 일을 어머니에게 편지로 썼는데, 그 편지는 지금도 고이 간직되어 있다. 그리고 다음 날 아침, 그는 어머니가 돌아가셨다는 소식을 들었던 것이다.

내가 그에게 적합한 파트너를 소개시켜 주겠다고 하자 그는 몹시 충격을 받은 듯했다. 그때까지 자신과 같은 경험을 한 사람을 들어본 적이 없었기 때문이다. 그들, 내 친구와 그는, 반드시 만나야만 했다. 그들은 분명 뭔가를 공유하고 있을 터였다. 그녀가 반대하지 않고, 그 역시 꺼리지 않는다면 나는 그들의 만남을 주선할 생각이었다. 안 그럴 이유가 없었다. 나는 가능한 한 빠른 시일 안에 그녀에게도 말하겠다고 약속했고, 그 주에 나는 그렇게 할 수 있었다. 그녀 역시 그가 그랬듯 전혀 '꺼리지' 않았다. 기꺼이 그를 만나겠다고 했다. 그럼에도 그 만남은 이루어지지 않았다. 누구나 이해할 수 있는, 그런 만남은.

2

그들의 만남은 이해하기 어려운 방해를 받아 이루어지지 않았다. 연속적으로 일어난 사고들 때문이었다. 그 사고들은 수년 동안 집요하게 일어났고, 나나 그들에게 풍성한 얘깃거리를 제공했다. 그 일들은 처음엔 무척이나 신기했지만 점점 식상해졌다. 기이한 것은 나나 그들이나 그 모든 걸 묵묵히 받아들였다는 사실이다. 무심하게 넘길 상황도 아니었고, 적잖이 기분 상할 일이기도 했는데 말이다. 그것은 운명이 부리는 변덕 같기도 했고, 그들의 상반된 관심과 습관 때문에 일어난 일이기도 했다. 그의 일상은 사무실을 중심으로 이루어졌는데, 쉴 틈 없는 검열관의 업무로 여유가 없었을 뿐더러 사람들에게 수시로 불려 다니느라 약속은 번번이 취소되었다. 그는 워낙 사람들과 어울리기를 좋아했기 때문이다. 반면에 그녀는 여러모로 한적한 교외와 맞았다. 그녀는 리치먼드에 살았는데, 결코 그 지역을 '벗어나려' 하지 않았다. 그녀는 어디서나 돋보이는 여인이었지만 유행에 민감하지는 않으며, 사람들의 말처럼 자신이 처한 상황을 잘 알고 있었다. 자존심이 강하고 꽤 엉뚱한 면모도 가진 그녀는 자신이 설계한 대로 인생을 살아가는 여자였다. 그녀와 함께할 수는 있었지만 그녀를 모임에 끌어들일 수는 없었다. 그래서 사람들은 그녀의 사촌이 속한 모임에 나가 차를 마시며 그녀의 모습을 살펴보는 것으로 만족했다. 그 모임에서 나오는 차는 훌륭했지만 그녀의 모습이 특별히 훌륭한 것은 아니었다. 물론 그녀가 아버지의 유령을 보았던 그 미술관에 같이 있었고, 현재 그녀와 함께 사는 무뚝뚝한 노처녀인 그녀의 사촌처럼 역겹지는 않았지만. 그녀가 그런 질 낮은 친척과 관계를 유지하는 것은 경제적인 이유 때문이었다. 같이 사는 사촌을 자신의 훌륭한 보호자라고 선언한 적도 있다. 그건 어디까지나 그녀가 가진 개인적인 특질들의 하나로, 우리로서는 마땅히 감내해야 할 몫이었다. 그녀의 또 다른 특징적인 면모는 남편과의 파경 탓에 생겨난 엄전한 태도였다. 그건 가혹할 정도여서, 적잖은 사람들이 무시무시하다고 표현할 정도였다. 그녀는 절대 환심을 사려 하지 않았고, 양심의 가책을 부풀렸다. 그녀는 하찮은 것조차 의심했는데, 그건 어쩌면 그녀가 자신의 과거를 잊지 못했기 때문일 수도 있다. 그녀는 내가 아는 한 곤경에 처했을 때 과감해지기보다는 오히려 정숙해지는 몇 안 되는 여자들 가운데 하나였다. 특히나 남자들이 접근할 수 있는 선을 명확히 그어놓고 있었다. 그녀는 남편이 사사건건 트집을 잡는 사람이라고 생각해서 노인을 제외하고는 남자들의 방문을 철저히 사절해야 마음을 놓았다. 그건 결코 지나친 노파심이 아니라고 말한 적도 있었다.

 처음으로 그녀에게 그녀와 똑같은 기묘한 운명을 가진 친구가 있다고 말했을 때, 나는 그녀가 아무 거리낌 없이 '그럼 그 사람과 만나게 해줘!'라고 말할 줄 알았다. 그랬다면 나는 바로 그를 데려왔을 것이고, 무척이나 순수하고 그다지 복잡할 것 없는 만남이 이루어졌을 터이다. 하지만 그녀는 그런 식으로는 말하지 않았다. 단지 이렇게 말했을 뿐이다. "꼭 만나긴 해야겠지. 그래, 그 사람을 마음에 담아두고 있을게!" 처음 그들의 만남이 뒤로 미루어진 것은 바로 그 때문이었다. 그러는 사이에 여러 일들이 일어났다. 그중 하나는 시간이 갈수록 매력을 더해 간 그녀에게 많은 친구들이 생겨났고, 그 친구들 중에는 그의 친구들도 있어서 둘을 두고 심심찮게 논란이 일어난 것이다. 이해하기 어려운 이 한 쌍의 남녀는 말하자면 같은 세계에 속하지 않았으면서도, 속된 말로 한패가 아니었으면서도, 기이하게도 수없이 많은 상황에서 같은 사람들과 어울려 우스꽝스러운 합창을 즐기고 있었다. 그를 알지 못하는 그녀의 친구들조차 때를 맞춰서 반드시 그를 만나야 하지 않겠느냐고 그녀를 부추겼다. 그녀는 사람을 끄는 타고난 면모를 갖고 있어서, 우리 각자는 은밀하고도 은근한 질투심을 가지고 저마다 그녀를 자신만의 보물이라고 생각했다. 그녀는 쉽게 접근할 수 없을뿐더러 사교계에서도 만나기 쉽지 않은 희귀한 사람이었기 때문이다. 우리는 각자 시간을 달리해서 그녀를 개별적으로 만났지만, 각각이 나눈 이야기는 서로 크게 다르지 않았다. 어떤 사람은 다른 사람들에 비해 훨씬 뒤늦게야 그녀의 얘기를 들었고, 그런 혜택조차 받지 못한 어떤 실없는 여자는 한동안 '끔찍하도록 똑똑한 벽지의 사람들'과 친교를 맺겠다는 이유로 그녀의 명성이 자자한 리치먼드를 세 번씩이나 방문한 적도 있었다.

누구나 행복한 생각을 함께 나누어 가지고 싶어 하지만, 그 행복한 생각들이 항상 큰 호응을 얻는 건 아니다. 하지만 영향력 있는 다수가 힘을 발휘할 때는 대부분 호응을 얻는 데 성공한다. 나의 숙녀와 신사를 둘러싼 이야기가 다수의 힘을 가장 극명하게 드러낸 예였다. 두 사람의 만남은 친구들 사이에서 한 편의 와자지껄한 익살극처럼 말해졌고, 두 사람이 만나지 못하는 사이 그들이 만나야 하는 이유는 50배는 부풀려졌다. 그들은 끔찍할 정도로 닮아 있었다. 똑같은 생각과 습관과 취향, 똑같은 편견과 이단적인 생각을 갖고 있었다. 그들은 똑같은 것들을 말했고, 때로는 똑같이 실행에 옮겼다. 좋아하거나 싫어하는 사람과 장소도 같았고, 좋아하거나 싫어하는 책, 저자, 문체도 동일했다. 심지어 용모의 특징도 유사했고, 둘 모두를 엄전하게 보이게 하는 '품위' 있는 근사한 말투도 비슷했다. 하지만 곧잘 친구들의 입방아에 오르내린 가장 놀라운 유사점은, 사진 찍히는 것을 이상하리만치 싫어하는 태도였다. 그들은 우리 가운데 한사코 사진 찍기를 거부했던 유일한 사람들이었다. 나는 이 문제에 대해 큰 소리로, 특히 그에게, 내가 원하는 건 그저 본드 거리에서 구입한 나무 액자 안에 사진을 넣어서 응접실 벽난로 선반 위에 올려놓는 거라고 불만을 터뜨렸다. 어쨌든 바로 이 유사성은 그들이 서로를 알아야만 하는 이유들 가운데 가장 절실한 것이었다. 그러나 그런 모든 까닭에도 그들의 만남은 서로의 면전에서 요란한 소리를 내며 닫혀버린 문처럼, 우물의 두레박처럼, 시소의 양쪽 끝처럼, 한 국가의 두 정당처럼, 한쪽이 올라가면 한쪽은 내려가고, 한쪽이 나가면 한쪽이 들어가는 식의 기묘한 법칙에 의해 번번이 실패로 끝나 버렸다. 단지 한 사람이 올 수 없게 되었을 때만 다른 한 사람이 도착했고, 한 사람이 떠나 버린 순간에 나머지 한 사람이 도착했다. 한마디로 그들은 엇갈린 존재, 양립할 수 없는 존재였다.

마치 운명이 그렇게 결정되어 있는 듯, 서로가 늘 엇갈렸다. 하지만 세월이 흐른 뒤, 결국 실망과 괴로움으로 끝나 버린 그들의 결말까지 미리 결정되어 있었던 것은 아니었다. 그러나 많은 것들이 그들에게 도움이 되었지만, 어디까지나 그건 그들의 교신을 위해 설치된 전선에 불과할 뿐 두 사람은 식사 한 번 함께할 수 없었다. 한 사람에게 제대로 된 때는 다른 한 사람에겐 제대로 된 때가 아니었다. 일부러 만들어진 듯한 폭풍우와 인간세계의 여러 사고까지 그들의 만남을 방해했다. 감기, 두통, 가족의 사망, 돌풍, 안개, 지진, 홍수가 영락없이 그들을 가로막았다. 농담으로 넘길 일은 단 하나도 없었지만 그들은 그걸 농담으로 받아들였다.

   그런 일을 농담으로 넘기려는 태도가 그들 사이의 상황을 더욱 심각하게 만들었다. 자의식과 서로에 대한 어색함이 더욱 커졌고, 단 하나 남은 최후의 사건, 즉 그들의 만남에 대한 본능적인 두려움도 더욱 짙어졌다. 그래서 더 많이 준비했을 것이고, 좌절 또한 컸으리라. 그런 서곡이 있었기에, 그들은 필연코 극적으로 만나야 했다. 그저 단순하고 무미건조한 만남이면 안 되었다. 그런 수년 동안의 기다림 끝에 그들이 정말이지 멋쩍게 대면하는 모습은 나로서도 보고 싶지 않았다. 그들은 분명히 같은 생각을 했을 것이고, 어떤 식으로든 각자의 생각을 전해 들었으리라. 상황을 최종적으로 조정한 것은 바로 그들의 독특한 수줍음이었을 것이다. 즉 첫 한두 해는 어쩔 수 없는 이유로 만날 수 없었지만, 이후로는―이렇게 말해도 되는지 모르겠지만―서로에 대해 점점 더 신경을 쓰게 된 나머지 서로를 만나지 못하게 하는 습관을 더욱 고수했던 것이 아닐까. 우스꽝스러운 일이 규칙적으로 발생하는 상황을 돌파하자면 숨겨진 결단력을 끄집어내야 했는데, 그러기엔 너무 부담스러웠기에.

3

   오랜 기간 사귄 것에 대한 보답이라도 하듯 그는 내게 청혼했고, 나는 그것을 받아들이는 조건으로 그에게 사진을 달라고 농담처럼 말했다. 사실 그동안 나는 그의 사진을 가질 수 없다면 내 사진도 줄 수 없다고 거절해 왔다. 나는 마침내 벽난로 선반 위에 그의 선명한 모습을 놓아둘 수 있게 되었고, 결혼을 축하하기 위해 우리집을 방문한 그녀는 그 사진으로 그와 더 가까워졌다. 또한 그의 사진은 그녀에게도 사진을 달라고 말할 수 있는 본보기가 되었다. 그가 사진을 찍지 않겠다는 고집을 꺾었듯이 그녀도 자신의 사진을 내게 주지 않을까? 하지만 그녀는 웃음을 터뜨리며 고개를 가로저었다. 먼 곳에서 불어와 한 떨기 꽃을 흔드는 미풍과도 같은 그녀의 고갯짓은 마치 자신의 충동을 억제하는 것처럼 보였다. 미래의 남편과 어울리는 사진은 미래의 아내의 사진이라며, 자신의 입장을 고수했다. 죽을 때까지 사진을 찍지 않겠다는 것은 그녀의 고집이자 맹세였다. 바로 그것이 그녀를 더욱 독창적이게 만들었다. 그녀는 사진으로나마 그를 볼 수 있음을 즐거워하며 액자 뒤편까지 살펴보면서 한동안 아무 말이 없었다. 그러고는 우리의 약혼을 따뜻한 우정과 호의로 반겼다. "넌 내가 그 사람을 알기 훨씬 전부터 그를 알고 있었잖니. 참 오랜 세월이었을 거야." 그녀는 우리가 험난한 장애를 뛰어넘어 왔기에 이제는 함께 쉴 때가 되었다고 말했다. 그 말에 나는 이상할 정도의 안도감을 느꼈고, 그 덕에 그녀와 나의 관계가 그 어느 때보다 자연스럽게 느껴졌다. 그런 흥분이 지나쳤던 탓인지, 나는 두 사람이 만날 약속을 제의했다. 그녀는 그런 내 말에 아무런 대답도 하지 않고, 내가 본드 거리에서 구입한 액자 속에 담긴 그의 잘생긴 얼굴을 보고 있었다. 나는 왜 그녀에게 그의 사진을 보여 주었던 것일까? 나는 처음부터 그녀가 그에게 관심을 두길 원했고, 또한 이후로 두 사람을 계속 갈라놓고 있는 우스꽝스러운 마법이 깨지길 바랐다. 다행히도 내 약혼자는 그녀가 그 마법을 깨기 위해 당당히 자신의 몫을 한다면 그 역시 자신의 몫을 할 거라고 말한 상태였다. 나는 돌아오는 토요일 5시에 그가 나의 집에 있을 거라고 장담했다. 급한 볼일로 지금은 마을을 떠나 있지만, 약속 시간에는 나타날 거라면서. "확실한 거지?" 그녀가 엄숙하고 사려 깊은 표정으로 그렇게 물었다. 그녀의 얼굴은 약간 지치고 어딘가 불편해 보였다. 안타깝게도 그는 이런 초췌한 모습의 그녀를 보게 될는지도 몰랐다. 5년 전에 그녀를 볼 수 있었다면! 나는 약속 시간은 확실하며 만남이 이루어지는 건 오직 그녀에게 달렸다고 말했다. 토요일 5시면 그녀는 평소에 그가 즐겨 사용하던 의자에 앉아 있게 되리라. 지난주에 그는 그 의자에 앉아 우리의 미래에 대한 질문을 던졌다. 어떤 사람이 자신의 두 번째 자아에게 자신이 가장 사랑하는 친구를 소개해 주는 게 얼마나 어려운 일인지를 내가 스무 번도 넘게 반복하는 동안 그녀는 입을 꽉 다문 채, 사진을 들여다보던 그 눈길로 의자를 바라보았다. "네가 가장 사랑하는 친구가 나야?" 그녀는 미소를 띠며 물었는데, 그 순간 그녀의 아름다움이 되살아났다. 나는 그녀를 가슴에 꼭 껴안는 걸로 대답을 대신했다. 그러자 그녀가 말했다. "그래, 올게. 꽤 두렵지만, 날 믿어도 돼."

그녀가 떠난 뒤, 나는 두렵다는 그녀의 말이 왠지 신경이 쓰이면서 그녀를 두렵게 만드는 게 무언지 의문이 들기 시작했다. 다음날 늦은 오후, 나는 그녀가 보낸 세 줄짜리 편지를 받았다. 우리집에서 떠난 뒤, 7년 동안이나 보지 못한 남편이 세상을 떠났다는 소식을 받았다는 것이었다. 그녀는 내가 다른 경로로 그 소식을 듣기 전에 자신이 먼저 말하고 싶었다면서, 그렇지만 괘념치 말라고, 그녀의 인생에서 그건 별일이 아니기에 약속을 지키는 데는 지장이 없을 거라고 써놓고 있었다. 나는 그 일로 그녀에게 조금이라도 돈이 생기지 않을까 싶어 처음에는 기뻐했다. 하지만 전날 우리집을 나서면서 그녀가 두렵다고 한 말이 떠오르며 가슴이 답답해지더니, 갑작스러운 공황 상태에 빠져 버렸다. 그것은 질투가 아니라, 질투를 느낄까봐 생겨난 두려움이었다. 그와 내가 부부가 될 때까지 차분히 기다리지 못한 나 자신이 바보처럼 느껴졌다. 결혼한 뒤였다면 어떻게든 마음의 안정을 찾았을 것이다. 나는 왜 한 달밖에 남지 않은 내 결혼식까지 기다리지 못하고 그들을 만나게 하려 한 것일까? 오랫동안 신경증을 앓아 온 그녀는 남편의 죽음으로 그 신경증에서 해방되었을 터였다. 그건 불길한 징조였다. 지금까지 온갖 방해물의 희생자였던 그녀가 앞으로 훼방꾼 노릇을 할 수도 있다는 생각이 들었다. 그때 희생자는 내가 될 터였다. 이제껏 그녀를 훼방하던 신이 손가락을 뻗어 그녀의 희생자가 될 사람을 지목한다면, 그것은 나였다. 그러자 일단 두 사람이 만나면 그 뒤로도 계속 은밀한 만남을 가질 거라는 확신이 들었다. 그들이 서로 가까워져 하나로 수렴되고 있다는 생각이 나를 점점 더 세차게 찍어 눌렀다. 그들이 눈을 가린 채 보물찾기 놀이를 하고 있는 것 같았다. 한 사람은 이미 찾았고, 나머지 한 사람은 보물에 '가까워져' 있었다. 여태껏 그들을 만나지 못하게 했던 마법이 깨어질 것만 같았다. 이 문제는 가만히 앉아 생각만 한다고 해결될 문제가 아니었다. 나는 한밤중에도 잠들지 못하다가, 그런 망령을 쫓아내는 단 하나의 방법을 깨달았다. 만약 그들 사이에 기세등등하게 일어났던 사고들이 더 이상 일어나지 않는다면, 나 자신이 사고를 일으킬 수밖에 없었다. 나는 의자에 앉아 그에게 보내는 편지를 황급히 쓴 다음 하인들이 잠자리에 들었을 때 모자도 쓰지 않은 채 돌풍이 몰아치는 텅 빈 거리로 나가 가장 가까운 우체통이 있는 곳으로 갔다. 그녀와 약속한 그날 그 시간에 내가 집에 있을 수 없게 되었으니, 방문을 저녁 식사 시간으로 연기해 달라는 내용이었다.

4

그녀가 5시에 모습을 나타냈을 때 나는 치졸하고 비열한 짓을 했다는 느낌을 지울 수 없었다. 내가 한 행동은 순간적인 광기에 휩쓸린 짓이었다. 그녀는 한 시간가량 머물렀다. 그는 물론 오지 않았다. 내가 할 수 있었던 것은 그저 나의 배신을 지속하는 것뿐이었다. 나는 그가 없는데도 그녀를 집으로 들어오라고 했는데, 이상하게도 그러는 게 덜 죄스러울 것 같았기 때문이다. 하지만 남편의 죽음 탓에 창백하고 피로한 모습으로 앉아 있는 그녀를 보자 연민과 후회에 시달렸다. 내가 무슨 짓을 저질렀는지 끝내 말하지 못한 것은 너무도 수치스러웠기 때문이었다. 나는 그가 올 수 없다는 사실을 바로 오늘에야 알게 되었다며 놀라운 얼굴을 하고 있었다. 이 이야기를 하려니 얼굴이 달아오른다. 참회하는 마음으로 이 글을 쓰고 있다. 시곗바늘이 움직이는 동안 나는 그들의 운명이 돌이킬 수 없는 곳으로 흘러가는 것을 망연히 지켜보았다. 그녀는 미소를 머금은 채 그들의 그런 운명을 지켜보았다. 하지만 그녀의 얼굴은 불안으로 가득했고, 평소와 다르게 상복을 입은 그녀의 모습이 나를 줄곧 자극했다. 상장(喪章)은 두드러져 보이지 않았지만, 옅은 검은빛의 상복이 가책을 불러일으켰다. 그녀는 세 개의 조그만 검정 깃털이 달린 보닛을 쓰고, 아스트라한 모피로 만든 작은 방한용 토시를 끼고 있었다. 그녀는 남편의 죽음이 갑작스럽긴 하지만 달라질 건 없노라고 편지에 썼었다. 그러나 막상 그녀의 모습은 평소와는 완연히 달랐다. 정말로 그녀가 동요하지 않았다면 남편의 부음을 들은 그다음 날 평소처럼 차를 마시러 외출할 수 있었을까? 남편이 매장될 때까지 기다릴 수 없을 만큼 너무도 보고 싶은 누군가가 있는 게 분명했다. 그런 생각이 나를 거칠고 잔인하게 만들어 나는 계속 끔찍한 속임수를 썼던 것이다. 시간이 흐름에 따라 그녀의 얼굴에서 실망감보다 더 깊은, 감추어지지 않는 뭔가를 볼 수 있었다. 그것은 쉽게 드러나지는 않았지만 근원적인 안도감, 위험이 지나갔다는 부드러운 한숨 같은 것이었다. 그녀는 나와 함께 아무 쓸모 없는 시간을 흘려보낸 뒤 마침내 그와의 만남을 포기했다. 그녀는 내가 들어본 것 중에서 가장 우아한 농담을 빌려 그런 뜻을 전하며, 그럼에도 자신의 생애에서 가장 근사한 약속이라고 말했다. 그녀는 지나간 모든 공허한 시간들을, 그 길고 긴 숨바꼭질을, 그 미증유의 기괴한 관계를 가볍고 즐거이 얘기했다. 그녀가 떠나려고 하자 나는 앞으로 그를 만날 기회가 더 많아질 거라고 말했지만, 당장에 그런 기회가 올 거라고 뻔뻔스럽게 말하지는 못했다. 유일한 기회는 내 결혼식일 게 분명했다. 나는 그녀에게 물었다. "물론 내 결혼식에 오겠지? 그도 그러길 바랄 거야."

"내가 그라면, 그런 희망을 품진 않을 거야!" 그녀는 그렇게 말하고는 잠깐 웃음을 터뜨렸다. 그 목소리와 웃음소리를 듣자니 우리의 결혼을 안전하게 치러야겠다는 생각이 더욱 절실해졌다. "아무것도 우릴 도와주지 못해!" 그녀는 내게 작별의 키스를 하며 말했다. "난 결코, 결코 그를 만나지 못할 거야!" 그녀가 떠나며 남긴 말이었다.

그녀가 그를 만나지 못해 드러내는 실망감은 견딜 수 있었다. 하지만 두 시간쯤 뒤 저녁 식탁에서 그와 마주 앉았을 때, 그녀를 만나지 못해 그가 느끼는 실망감은 견디기 어렵다는 것을 깨달았다. 내가 한 그릇된 행동의 결과는 그의 입에서 이제껏 들어본 적 없는 비난으로 발산되었다. 그러자 감정을 주체할 수 없어 내가 한 부당한 행위와 그렇게 해야만 했던 가련한 이유를 그에게 실토하고 말았다. 그녀는 제시간에 왔고, 나는 외출하지 않았다고. 그녀는 여기에 있었고, 한 시간이나 당신을 기다렸다고.

"날 아주 형편없는 놈이라고 생각했겠군!" 그가 큰 소리로 말했다. "그녀가 나에 대해서." 그는 잠시 말을 멈추고는 숨을 골랐다. "나에 대해 뭐라고 하지는 않았소?"

"그녀는 최소한의 감정만 드러냈을 뿐 아무 말도 하지 않았어요. 그녀는 당신의 사진을 보았어요. 당신의 주소가 적혀 있는 액자 뒷면까지요. 하지만 별다른 반응을 보이진 않았어요. 무슨 일에든 크게 상관하지 않는 친구잖아요."

"그렇다면 당신이 그녀를 두려워하는 이유는 뭐요?"

"제가 두려워하는 건 그녀가 아니라, 당신이에요."

"내가 그녀와 사랑에 빠질 거라고 생각하는 거요? 전에는 그런 의심을 한 적이 없잖소." 내가 침묵을 지키는 동안 그가 말을 이었다. "당신은 그녀가 존경할 만한 사람이라고 했소. 하지만 그녀를 내게 보여 주려 한 건 그 이유가 아니었나 보군."

"다른 이유였다면 그녀를 살짝이라도 훔쳐봤을 거라는 뜻인가요? 처음엔 전 두려울 게 없었어요." 그러고는 덧붙였다. "그땐 다른 이유가 있었죠."

그러자 그는 내게 키스했다. 그런데 한두 시간 전에 그녀 역시 내게 키스를 했다는 기억이 떠오르면서 마치 그가 내 입술에서 그녀의 입술을 느끼는 듯한 기분이 들었다. 소름이 끼쳤다. 마치 그가 내게 속임수의 죄를 묻고 있다는 끔찍한 기분이 들었다. 그에게 솔직하게 고백했음에도 지우지 못할 오명을 짊어진 듯 슬펐다. 그녀는 그가 오지 않은 것에 별달리 신경 쓰지 않았다고 말하자, 그는 묘한 눈길로 나를 바라봤다. 우리가 알고 지낸 이후 처음으로 내 말을 의심하는 듯했다. 그와 헤어지기 전, 나는 그녀에게 진실을 알려 주겠노라고, 아침에 리치먼드행 첫 기차를 타고 가서 그에겐 아무런 잘못이 없다는 걸 알리겠다고 말했다. 그러자 그는 다시 내게 키스했다. 나는 속죄하겠다고 말했고 먼지처럼 초라해졌다. 나는 고백했고 용서를 빌었다. 그 순간 그는 다시 한 번 내게 키스했다.

5

다음 날 기차에 올랐을 때, 나는 그가 동의해 준 것이 고맙게 느껴졌다. 하지만 그가 동의하지 않았더라도 나는 기차에 탔을 것이다. 시야가 탁 트인 곳까지 긴 언덕을 올라가서 마침내 그녀의 집 앞에 이르러 문을 두드렸다. 가리개가 아직 드리워져 있는 게 조금은 이상했지만, 너무 일찍 찾아온 게 아닌가 싶기도 했다.

"집에 계시냐고요? 부인은 아주 가버리셨어요."

나이 든 가정부의 말에 나는 깜짝 놀라며 되물었다. "가버렸다면······?"

"떠나셨다는 말입니다, 부인." 그다음에 이어진 말에 숨이 막혀 버렸다. "어젯밤에 돌아가셨지요."

내 몸을 빠져나온 커다란 비명이 온몸을 후려치는 듯한 소리가 되어 내 귓속으로 밀려들었다. 내가 그녀를 죽인 것처럼 느껴졌다. 몸을 약간 틀었을 때 어둠 속에서 한 여인이 내게로 팔을 뻗는 게 보였다. 기억이 몹시 흐릿하지만, 조금 뒤 어둠이 가득한 방에서 내 친구의 불쌍하고 어리석은 사촌이 뭐라고 말한 뒤 가볍게 책망하듯 나를 보며 울먹였던 것이 생각난다. 쓰라린 자책감으로 미망과 혼돈 속에 빠져 버린 나는 내게 벌어진 이 엄청난 일을 이해하기 위해, 이 일을 객관적으로 받아들이기 위해 꽤 오랜 시간이 필요했다. 의사는 그녀의 죽음에 대해 지극히 현명하고 냉철한 판단을 내렸다. 오래전부터 그녀의 심장이 약해져 있었는데, 그것은 수년 전의 결혼생활이 가져다준 불안과 공포 때문이라고 했다. 그 기간 동안 그녀는 끔찍한 일들을 겪었는데, 그것이 그녀의 삶에 공포를 심은 것이다. 그 이후로 그녀는 늘 불안과 긴장에 시달렸고 그녀 자신도 그 사실을 매우 잘 알고 있었다. 그녀가 눈에 띄게 조용한 삶을 살아온 것도 바로 그 때문이었다. 하지만 막상 그런 고통을 안겨다 준 남편이 사망했다는 소식을 듣자, 단순히 슬픔이나 놀라움으로 표현할 수 없는 충격을 받은 것이다. 그리고 그날 저녁 런던 시내에서, 그녀는 어떤 불의의 사건과 마주쳤음에 틀림없다. 피할 수 없는 사건이었을 것이다. 그녀가 집으로 돌아온 것은 아주 늦은 밤, 11시가 지난 시간이었다. 그러고는 거실에서 불안에 떨던 그녀의 사촌을 만났다. 그녀는 너무 지쳐서 층계를 올라가기 전에 잠깐 쉬려고 사촌과 함께 응접실로 갔고, 사촌은 와인 한 잔을 허둥거리며 따라줬다. 그런 뒤 사촌이 몸을 돌렸을 때, 우리의 가련한 친구는 자신의 몸을 의자에 앉힐 시간조차 없었다. 갑자기, 거의 들리지 않는 조그만 신음 소리를 내며 소파 위로 나가떨어졌다. 그렇게 죽은 것이다. 대체 어떤 알려지지 않은 '사소한 문제'가 그녀의 목숨을 앗아 버린 것일까? 아니면 어떤 '놀라운 일격'이 시내에서 그녀를 기다렸던 것일까? 나는 이 혼란스러운 사건의 배경이 될 수 있는 한 가지를 생각해 내고는, 곧바로 그녀의 사촌에게 털어놓았다. 그것은 바로, 나와 결혼하기로 되어 있던 신사와의 만남에 실패한 일이었다. 그녀는 5시에 초대를 받았지만 우연히 그가 멀리 떠나 있었기에 만나지 못했다고 말했다. 그러나 사촌은 내 얘기를 그녀의 죽음의 이유로 전혀 고려하지 않았다. 하지만 다른 가능성도 충분했다. 런던 거리에서는 어떤 우발적인 일도 일어날 수 있었다. 특히나 필사적으로 내달리는 마차 사고 같은 건 얼마든지 일어날 수 있었다. 대체 무슨 일을 겪은 걸까? 내 집에서 나와 어디로 갔던 것일까? 나는 당연히 그녀가 곧바로 자신의 집으로 돌아갔을 거라고 생각했었다. 그녀의 사촌과 나는, 그녀가 가끔 마음을 진정시키고 원기를 회복하기 위해 한두 시간 정도 머무르는 '젠틀우먼'이라는 클럽을 기억해 냈다. 나는 그 클럽으로 가서 그곳 사람들에게 자세하게 물어보겠다고 약속했다. 그러고 나서 우리는 그녀의 주검이 놓여 있는 어둠침침하고 으스스한 방으로 들어갔다. 조금 있다가 나는 그녀의 사촌에게 혼자 있게 해달라고 말한 뒤, 30분쯤 그 방에 남아 있었다. 죽음이 그녀를 덮쳤지만, 그녀의 아름다움마저 빼앗아 가지는 못했다. 그녀의 침대 곁에 무릎을 꿇고 앉았을 때, 나는 죽음이 그녀를 침묵하게 만들었다는 사실을 절감했다. 내가 알고 싶은 뭔가가 자물쇠로 굳게 잠겨 버린 것 같았다.

리치먼드에서 돌아온 나는 몇 가지 볼일을 본 뒤 그의 집으로 향했다. 그것이 첫 방문이었지만, 늘 가보고 싶은 곳이었다. 스무 개의 방을 가진 그의 집은 제지를 받지 않고 드나들 수 있었다. 층계참에서 만난 시종들이 나를 집 안으로 안내했다. 내가 들어서는 소리를 들었는지 멀리 떨어져 있는 어느 방문이 열리면서 그가 나타났다. 시종들이 떠나고 둘만 남게 되자 나는 말했다. "그녀가 죽었어요!"

"죽었다고?" 그는 이 돌연한 말에 큰 충격을 받은 것 같았지만, 죽은 여자가 누구인지 물을 필요는 없어 보였다.

"어제저녁에 죽었어요. 저와 헤어진 뒤에."

그는 이상한 표정으로 나를 응시했다. 마치 나를 탐문하는 듯한 눈동자였다. "어젯밤, 그러니까 당신 집을 떠난 뒤라고?" 그는 얼어붙은 표정으로 내 말을 그대로 반복했다. 그러고는 여전히 같은 표정으로 말했다. "말도 안 되오! 나는 그녀를 보았소."

"뭐라고요? 그녀를 '보았다'고요?"

"그렇소. 이곳, 당신이 있는 이곳에서."

그의 말은 구렁 속으로 속절없이 빨려 들던 나를 벌떡 일으켜 세웠다. "죽음의 시간을 보았다는 말이군요. 당신이 당신의 어머니를 보았던 그때처럼."

"아니, 그때와는 달랐소. 그런 식이 아니었소!" 그는 내가 전한 소식에 동요하는 듯했다. 전날보다 훨씬 더 동요하는 게 분명했다. 그 모습에 나는 두 사람이 관계를 맺고 있었음을, 서로 얼굴을 대면한 적이 있었음을 의심할 수밖에 없었다. "난 살아 있는 그녀를 보았소. 지금 당신처럼 그녀는 살아 있었소."

잠깐, 아주 잠깐에 지나지 않았지만, 그의 말에서 나는 몰래 안식을 얻을 수 있었다. 나는 나와 헤어진 그녀가 그에게로 가는 장면을 떠올리면서, 그녀가 보낸 시간 중에 의문으로 남아 있는 시간들이 해명될 수 있겠다는 생각을 하며 약간은 엄숙하게 물었다. "무엇 때문에 온 걸까요?"

그는 마음을 가다듬기 위해 한동안 생각에 잠겨 있었다. 흥분이 가라앉지 않은 눈은 그가 아직 자신을 추스르지 못했음을 증명했다. 하지만 그는 내 말에 깃든 엄숙함을 웃음으로 날려 버리면서 대수롭지 않은 투로 말했다. "그저 날 보러 온 거요. 당신 집에서 시간을 보낸 뒤에…… 그러니까 우린, 결국엔 만나야 할 운명이었나 보오. 그녀의 마음에 충동이 일어났을 때가 절묘하게도 내 시간과 맞아떨어진 거요. 그래서 내가 그녀를 받아들인 거요."

어제 그녀가 있었던, 나는 오늘 처음 와본 그 방을 둘러보고는 말했다. "당신이 그녀를 받아들였다는 건 그녀의 표현인가요?"

"그녀는 그저 자신을 내게 보였고, 그걸로 충분했소!" 그는 기이하게 웃으며 큰 소리로 말했다.

궁금증이 점점 더 커져 갔다. "당신 말은, 그녀가 아무 말도 하지 않았다는 건가요?"

"그랬소. 단지 나를 바라보았을 뿐이오. 내가 그녀를 바라보았듯이."

"그럼 당신 역시 아무 말도 하지 않았나요?"

그는 다시 내게 고통스러운 미소를 던졌다. "난 당신을 생각하고 있었소. 아주 미묘한 상황에서 가장 멋진 방법을 사용했던 거요. 그녀 역시 나의 방법을 기쁘게 받아들였소." 그는 귀에 몹시 거슬리는 웃음을 연거푸 터뜨렸다.

"그녀는 분명히 당신을 '기쁘게' 했을 테죠!" 그러고 나서 나는 잠깐 생각했다. "그녀가 얼마나 머물렀죠?"

"어떻게 알겠소? 아마도 20분쯤, 하지만 더 짧았을지도 모르오."

"20분 동안의 침묵이라!" 내 눈에 확연히 보이기 시작했다. 이제 그걸 꽉 움켜쥘 시간이었다. "당신 말이 말도 안 되게 괴상하다는 거 아세요?"

불빛을 등진 채로 서 있던 그는 내 얘기를 듣고는 애절한 눈으로 나를 바라보며 다가왔다. "부디 내 말을 친절하게 받아 주오."

나는 그의 말대로 그 말을 친절하게 받아들였다. 하지만 그가 무척이나 어색하게 팔을 벌렸을 때 그의 뜻대로 그의 품에 안길 수는 없었다. 덕분에 아주 중요한 순간 우리 사이에는 커다란 침묵이 불편하게 놓여 있었다.

6

그가 침묵을 깨뜨리며 말했다. "그녀가 죽은 게 정말 확실하오?"
"불행하게도 사실이에요. 그녀의 시신이 누워 있는 침대 곁에 무릎을 꿇고 앉아 있다가 돌아온 길이니까요."
그는 얼어붙은 듯 바닥을 내려다보다가 내게로 눈을 들었다. "어떤 모습이었소?"
"그녀는…… 평화로워 보였어요." 내가 그를 응시하는 동안 그는 다시 나를 외면했다. 잠시 뒤 그가 다시 물었다. "그때가 몇 시였다고 했소?"
"거의 한밤중이었어요. 집에 도착해서 쓰러졌다고 하는데…… 그녀를 쓰러뜨린 건, 그녀도 알았고 그녀의 주치의도 알고 있었던 심장병 때문이었어요. 제게는 말하지 않았지만 그 병을 고통스럽게, 꿋꿋이 버티고 있었던 거죠."
그는 내 얘기를 가만히 듣고는 1분쯤 아무 얘기도 하지 않았다. 그러다가 자신감 넘치는 소년처럼 강한 어조로 말했다. 극단적으로 단순한, 마치 글을 읽는 듯한 그의 말소리가 내 귀를 울렸다. "정말 놀라운 여인이지 않소?" 나는 굳이 대답할 필요를 느끼지 못했다. 그 말에 대한 대답은 내가 늘 해왔기 때문이었다. 그다음 순간, 그는 마치 뭔가를 간파했다는 듯 나를 흘끗 바라보더니 빠르게 말을 이었다. "그녀가 한밤중이 되기 전에 집으로 간 게 아니란 걸 당신도 이젠 쉽게 이해할 수 있을……."
나는 재빨리 그의 말을 잘랐다. "그녀를 만날 시간이 넉넉했다는 건가요? 어떻게 그렇죠? 당신은 늦게까지 제 집에 있었어요. 우리는 식사를 마친 뒤 오랫동안 많은 얘기를 나누었으니까요. 그녀는 그 시간에 '젠틀우먼'에 있었고요. 제가 방금 거기 가서 그 사실을 확인했어요. 그녀는 거기서 차를 마셨다더군요. 긴긴 시간을 거기서 보냈던 거죠."
"거기서 긴긴 시간을 보내면서 뭘 했다고 하오?" 그는 그 문제에 대해 차근차근 도전하듯 열의를 다했다. 그가 그런 태도를 보이자 의혹은 더욱 짙어졌다. 그의 얘기는 누가 봐도 경이와 신비를 확장시키는 것에 불과했다. 그게 아니라면 두 기인에 대한 질투를 받아들이는 편이 나았다. 그는 극심한 좌절감 속에서도 자신이 그녀를 살아 있는 상태에서 보았다는 특권이 얼마나 아름다운 것인지를, 순진무구한 표정으로 내게 호소했다. 하지만 나는 여전히 의문의 연기를 피워 올리는 잿더미를 바라보며, 단지 이렇게 대답할 수 있었다. 두 사람은 유전된 기이한 재능을 공유했으며, 그에게 그의 어머니가 나타났던 것처럼 그녀가 나타난 거라고. 그녀는 그에게 왔다. 그건 분명한 사실이었다. 그리고 그녀는 그를 흡족하게 할 만큼 매력적인 충동을 일으켰다. 하지만, 그녀의 육체는 결코 그와 함께 있지 않았다! 그것은 간단히 입증할 수 있는 사실이다. 나는 거듭 그녀가 바로 그 시간을 그 조그만 클럽에서 보냈다고 말했다. 종업원들이 그녀를 목격했다고, 그녀는 거실 난롯가에 놓인 등받이가 높은 의자에 파묻힌 채 미동도 없이 앉아 있었다고, 고개를 뒤로 젖힌 채로 선잠에 빠진 듯 눈을 감고 있었다고 했다.

"알겠소. 그런데 몇 시까지 그러고 있었다고 하오?"

"그러니까 거기서……." 나는 대답해야만 했다. "종업원들은 제게 많은 걸 알려 주진 못했어요. 특히나 여자 관리인은 그 클럽의 회원이나 마찬가지지만 아둔한 구석이 있어요. 사람들이 들어오고 나가는 걸 지켜보는 게 그 여자의 일인데 한동안 자기 자리를 지키지 못했던 게 분명해요. 그 여자는 혼란스러워하면서 얼버무렸죠. 그녀를 본 건 분명하지만, 몇 시까지 있었는지는 말해 주지 못했어요. 하지만 그 가련한 친구는 분명 10시 30분에 그 클럽을 떠났을 거예요."

내 말은 오히려 그에게 빌미를 제공했다. "그리고 그녀는 곧장 여기로 온 거요. 그리고 여기서 나가서 기차를 타러 갔을 거요."

"그녀는 그렇게 다급하게 뛸 수 없는 몸이었어요." 내가 선언하듯 말했다. "그녀는 절대로 그렇게 할 수 없었어요."

"다급하게 뛸 필요는 없었다오, 내 사랑. 그녀에겐 시간이 많았으니까. 내가 당신 집에서 느지막하게 나왔다는 당신의 기억에 문제가 있는 거요. 공교롭게도 난, 보통 때와는 달리 일찍 당신 집에서 나왔더랬소. 당신은 내가 오래 머물러 있었다고 생각하지만, 내가 여기로 돌아온 건 10시쯤이었소."

"당신은 실내화로 갈아 신고서." 내가 맞받아쳤다. "의자에서 잠이 들었고, 아침까지 깨질 않았어요. 당신은 꿈속에서 그녀를 본 거예요!" 그는 말없이 침울한 눈빛을 보내며 화를 삭였다. 지체하지 않고 내가 말을 이었다. "특별한 시간에, 당신은 한 여자의 방문을 받았어요⋯⋯. 하지만 그럴 수 있는 여자는 많아요. 그녀는 예고도 없이 나타났고, 한마디도 하지 않았고, 더구나 당신은 그녀의 사진조차 본 적이 없는데, 어떻게 당신 앞에 나타난 그녀가 지금 우리가 말하는 여자라고 확신할 수 있죠?"

"그녀가 어떻게 생겼는지는 내가 지겨울 만큼 들었잖소? 당신에게 그녀의 모든 특징들을 낱낱이 일러 주리다."

"그러지 말아요!" 그의 말에 내가 곧바로 소리를 지르며 받아치자 그가 다시 한 번 웃음을 터뜨렸다. 그의 그런 반응에 얼굴이 달아올랐지만, 나는 계속 말했다. "당신의 시종이 그녀를 안내했나요?"

"그는 없었소. 그는 자리를 비우고 싶으면 늘 그러니까. 이런 큰 집의 특징 중 하나는 남의 눈에 띄지 않고 드나들 수 있는 층계들이 있다는 건데, 우리집 시종은 저 위층 방들을 관리하는 젊은 여자와 사랑에 빠져 있고, 어제저녁엔 제법 오래 즐기고 있었지. 그 사람은 일이 끝나면 층계참에 있는 바깥쪽 문을 통해서 나가는데, 그래서 그 문은 살짝 밀기만 하면 열리지. 그녀가 그 문으로 들어온 거요. 필요한 건 조그만 용기뿐이었을 거요."

"조그만, 이라고요? 엄청난 것이었죠! 모든 종류의 불가능한 계산이 필요했을 테니까!"

"그래, 그녀가 그걸⋯⋯ 그 계산을 한 거요. 잘 들어 두오, 난 결코 부정하지 않소." 그러고는 덧붙였다. "그게 아주, 아주 대단했었다는 걸 말이오."

그의 어조에 깃든 뭔가가 내 말문을 막아 버렸다. 한참 뒤에 내가 입을 열었다. "당신이 사는 곳을 그녀가 어떻게 알게 된 거죠?"

"액자를 만들었던 가게 점원이 뒤에다 조그만 상표를 붙였는데 거기에 쓰인 내 주소를 기억해 두었을 거요."

"그녀가 어떤 옷을 입고 있었죠?"

"상복을 입고 있었소. 상장은 두드러지지 않았고, 옅은 검정 빛깔의 옷이었소. 보닛을 쓰고 있었는데 조그만 검정 깃털이 달려 있었고, 아스트라한 모피로 만든 방한용 토시를 하고 있었소. 왼쪽 눈 가까이에⋯⋯." 잠깐 머뭇거리다 그는 말을 이었다. "수직으로 된 조그만 흉터가⋯⋯."

나는 그의 말을 잘라 버렸다. "그녀의 남편이 남긴 애무 자국이죠." 그러고는 덧붙였다. "정말 가까이에도 있었군요!" 이 말에 그는 대답하지 않았다. 그는 당황한 것 같았다. 나는 작별의 인사를 툭 던졌다. "그래요, 잘 있어요."

"좀 더 있지 않겠소?" 그는 다시 부드럽게 내게로 다가왔다. 내게는 견디기 힘든 시간이었다. "그녀의 방문은 아름다웠소." 그가 나를 안으며 중얼거리듯 말했다. "하지만 당신이 와준 것이 내겐 더 중요하다오."

나는 그의 키스를 받아들였지만 다시 한 번 전날 그녀가 마지막으로 내게 남겼던 키스를 떠올렸다. 그 입술에 그의 입술이 닿고 있었다. "전 살아 있으니까요, 당신도 알다시피." 내가 대답했다. "어젯밤 당신이 본 건 죽음이었어요."

"살아 있었소……. 그건 살아 있는 사람이었소!" 그는 부드러우면서도 완고하게 말했다. 마음이 풀어지는 것 같았다. 우리는 서로를 멀뚱히 바라보았다. "당신은 그 장면을…… 당신이 묘사할 수 있는 한 전부를…… 이해하기 어려운 용어로 묘사했어요. 당신이 알기도 전에 그녀가 방에 들어와 있었다?"

"난 책상 앞에서 램프를 켜놓고 편지를 쓰고 있었다오. 그 일에 몰두하고 있다가 문득 고개를 들어 보니, 그녀가 내 앞에 서 있었소."

"그래서 당신은 어떻게 했죠?"

"난 깜짝 놀라 튕기듯 몸을 일으켰다오. 그녀가 미소를 띤 채로 손가락 하나를 너무도 다정하게, 미묘하고도 우아하게, 그녀의 입술에 갖다 대었소. 조용히 하라는 뜻이었고, 이상하게도 곧 나는 그녀의 그런 행동의 의미를 이해할 수 있을 것 같았소. 어쨌든 우린, 당신에게 말했듯이 한동안 그렇게 서 있었는데, 서로 얼굴을 마주한 채로 아무것도 할 수 없었다오. 지금 당신과 내가 마주 보고 있는 것처럼."

"우리가 지금까지 그냥 아주 보고만 있었나요?"

그는 짜증스럽게 머리를 가로저었다. "아, 물론……."

"그래요, 우린 지금까지 얘기를 나누고 있었죠."

"어쨌든, 우린…… 그렇게 서 있었소." 그는 그때를 기억하느라 정신이 없었다. "지금처럼 다정하게." 온갖 말들이 목구멍까지 차올랐지만, 나는 그들이 서로를 존경 어린 눈빛으로 바라보았을 장면을 거론하지 않고 핵심만 물었다. 내가 물은 것은 그녀를 즉각 알아보았냐는 것이었다. "바로 알아보진 못했소." 그가 대답했다. "당연히, 그녀가 올 거라고는 예상하지 못했으니까. 그녀가 떠나기 전에 그녀가…… 그녀가 누구란 걸 알 수 있었소."

나는 잠깐 생각에 잠겼다가 물었다. "어떤 식으로 떠났나요?"

"여기로 왔던 것과 똑같았소. 뒤편에 문이 열려 있었고, 거기로 나갔소."

"빠르게? 아니면 천천히?"

"꽤 빠르게. 하지만 그녀의 뒷모습은 볼 수 있었소." 그가 미소를 띠며 덧붙였다. "난 그녀가 가도록 내버려 두었소. 그녀가 그렇게 하길 원했으니까."

나는 길고 낮은 한숨을 내뱉었다. "그래요, 지금도 당신은 제가 원하는 대로 해야 해요. 제가 가도록 내버려 두세요."

그러자 그는 내게로 다시 다가와 나를 부여잡고는 내가 낯선 사람이기라도 한 듯 무척이나 정중하게 설득하려 했다. 나는 그녀를 만졌냐고 묻고 싶었지만 차마 입에서 그 말이 떨어지지 않았다. 아무 질문도 하지 않고 얼마간 의도적으로 그 혼자 떠들도록 내버려 두었다. 그건 분명 천박한 짓이었다. 그는 나를 위로하고 달래는 눈빛으로 10여 분 전에 했던 말들을 반복할 뿐이었다. 내가 늘 그렇게 말했듯이. 실제로 그녀는 아름다웠다고. 하지만 자신의 '진정한' 친구, 영원한 친구는 나라고. 그의 말을 듣고 나는 조롱하듯, 적어도 나는 살아 있어서 다행이지 않느냐고 말했다. 그 순간 내가 두려워하고 있던 자가당착의 섬광이 그에게서 뿜어져 나왔다. "젠장, 그녀는 살아 있었소! 그녀는, 그녀는 살아 있었단 말이오!"

"그녀는 죽었어요, 죽었다고요!" 지금 생각해 보면 기괴하기 이를 데 없지만, 그때의 나는 있는 힘을 다해서 너무도 결정적으로 단언했다. 하지만 내 귓속으로 밀려들어온 나 자신의 목소리 때문에 갑자기 공포에 휩싸였다. 온갖 감정들이 거대한 물길처럼 밀려들고 있었다. 완전히 바스러져 버린 그녀에 대한 내 사랑과 믿음이 나를 온통 덮어 버렸다. 그와 동시에 죽음 뒤에 남겨진 그녀의 아름다움만이 외로이 내 눈앞에 떠올랐다. "그녀는 떠났어요. 우리를 영원히 떠나 버렸다고요!" 나는 울음을 터뜨렸다.

"나 역시 그렇게 느끼오." 그는 너무도 부드럽게 나를 쓸어안고는 절규하듯 말했다. "그녀는 떠났소. 영원히 우리 곁을 떠난 거요. 하지만 이제 와서 그게 무슨 상관이란 말이오?" 그가 나를 굽어보았다. 그의 얼굴이 내 얼굴에 닿았을 때 나의 것인지 그의 것인지 알 수 없는 눈물이 흘러내렸다.

7

　그들이 결코 '만나지' 못했다는 건 내 생각, 내 확신, 말하자면 나의 입장이었다. 내가 그에게 그녀의 장례식에 함께 가자고 청할 수 있었던 것도 그 때문이었다. 그는 아주 정중하고도 부드럽게 그러자고 했다. 그러자 상황이 상황인 만큼, 그의 출현으로 말미암아 두 사람을 모두 알고 있는 농담을 즐기는 사람들로 인해, 그가 자신이 속한 모임에서 퇴출될 수도 있다는 생각이 들었다. 그녀가 죽은 날 저녁에 무슨 일이 일어났는지에 대한 의혹은 우리 사이에서 얼마간 희미해져 있었지만, 그로서는 시종의 증언을 제외하고는 내놓을 수 있는 게 거의 없었다. 시종은 너무도 태평하게, 10시 무렵부터 한밤중 사이에 무려 세 명의 여자들이 그곳을 드나들었다고 말했다. 그 말은 아주 많은 것을 증언했지만, 우리에겐 세 명까지 필요치 않았다. 그는 내가 그녀가 그 시간을 어떻게 보냈는지 알아보느라 골몰한다는 것을 알고 있었다. 하지만 우리 사이에 그 문제는 더 이상 입에 올리지 않았다. 내가 제시한 이유들에 그가 굴복했기 때문이 아니라 내 기분에 맞추려고 자제한 것이었다. 그는 결코 굴복하는 사람이 아니었다. 단지 타인에게 너그러운 사람일 뿐이었다. 그는 자신의 해석을 고집하는 것을 좋아했고, 그것이 그가 가진 허영심과 어울리는 태도였다. 나도 그와 비슷한 태도를 가진 사람이었지만, 그 문제에 대해서만큼은 그런 식으로 넘기지 못했다. 그리고 그건 각자의 입장이지, 누가 판단할 수 있는 문제는 아니었다. 또한 그 문제는 괴기소설에 등장하는, 그리고 지식인들의 모임에서 이야깃거리가 되는 불가사의한 사건들 가운데 하나일 뿐이었다. 그것이 과연 인간의 감정에 오래도록 변함없는 떨림을 가져다주는 문제인가를 생각해 보면, 다른 권선징악적인 이야기나 교훈담 또는 호기심을 자극하는 이야기보다 그다지 멋지지도 순수하지도, 숭고하지도 존엄하지도 않았다. 하지만 누구나 그의 입장이었다면, 그리고 나 역시 그의 입장이었다면, 그것을 아주 특별하며 선택받은 존재 사이에서 일어난 아름다운 이야기로 해석했을 것이다. 그가 그런 문제로 오래전부터 널리 알려진 인물이라는 점을 감안하면 더욱 그럴 수밖에 없었다. 그는 분명히 다른 감각을 갖고 있었다. 자신의 입장을 고수하려고, 또는 사람들이 말하듯 관심을 집중시키려고 그러는 척하는 게 아니었다. 물론 내가 '내키는 대로' 그렇게 믿었는지는 모르겠지만. 어쩌면 그 모든 건 내가 만들어 낸 하나의 신비로운 사건일 수도 있다. 그건 분명히 그의 것이 아니라 내 개인사의 한 사건, 내 의식의 한 수수께끼였기 때문이다. 그리고 결국 그는 그 문제에 대해 어떻게든 나를 편하게 하는 방식을 택한 것이었다. 어쨌든 우리 두 사람에겐 당장 닥친 일이 있었다. 결혼 준비였다.

그러나 결혼 준비로 하루하루를 보내면서 나의 의심은 완전한 확신에 이르고 있었다. 때문에 결혼을 앞둔 내 상황이 마음에 들지 않았다. 하지만 그런 나의 집착—나는 진정으로 거기다 집착이라는 이름을 붙였고 스스로 인정했다—탓에 결혼이라는 중요한 일까지 저버리지는 않으려고 했다. 하지만 할 일이 많으니 생각도 많아졌고, 결국엔 그 때문에 목전에 닥친 결혼이 심각하게 위협받는 순간이 다가오고 있었다.

지금 나는 그때의 그 모든 감정을 다시 확인하고, 느끼고, 추억에 잠긴다. 이런 반추는 끔찍하도록 공허한, 넘치도록 쓰디쓴 기쁨을 안겨다 준다. 그러나 나는 내가 아닌 다른 사람이 될 수 없으니 그때의 나를 변호해야만 한다. 다시 그런 상황에 닥친다 해도 그때와 똑같은 극심한 고통, 똑같은 날카로운 의심, 똑같이 예민한 확실성에 사로잡혔을 것이다. 지금 그걸 되짚어 나가자니 형언할 수 없는 추함과 고통 때문에 이 글을 쓰는 내 손이 멈춘다.

결혼식이 있기 한 주 전, 그러니까 그녀가 세상을 떠난 지 3주가 흐른 뒤의 일을 간략하게 적어 보도록 하겠다. 당시 나는 무언가 매우 심각한 일이 다가오고 있음을 온몸으로 깨닫고 더 늦기 전에 조치를 취해야겠다고 생각했다. 나의 사라지지 않는 질투, 그것은 메두사의 얼굴을 하고 있었다. 그것은 그녀의 죽음과 함께 죽지 못하고 생생하게 살아 있었으며 말할 수 없는 의심들로 배를 불리고 있었다. 그때 내게 절실히 필요했던 것은 그 운명의 손아귀에서 벗어나는 일이었다. 그런 생각이 들자—위급한 상황이라 지체할 시간도 없었다—단 한 가지 생각밖에 들지 않았다. 더는 머뭇거리지 말아야 한다는 것, 솔직해져야 한다는 것이었다. 그런 태도가 그를 그릇된 길에서 벗어나게 해 주고, 내가 처한 곤경을 피하기 위한 멋진 핑곗거리도 될 것 같았다. 그래서 나는 어느 날 저녁 갑작스럽고도 흉물스럽게, 우리의 상황을 재고해야만 하며, 상황이 완전히 바뀌었음을 인식해야 한다고 그에게 털어놓았다.

그는 나를 무섭게 응시하며 말했다. "어떻게 바뀌었다는 거요?"

"다른 사람이 우리 사이에 들어와 있어요."

그는 아주 잠깐 생각하더니 이렇게 말했다. "당신이 의미하는 그 사람이 누구인지 모르는 척하지 않겠소." 그는 나의 일탈된 행동을 연민하듯 미소를 지으며 말했다. "그 여자는 죽었고, 땅에 묻혔소!"

"그녀는 묻혔어요. 분명 죽은 사람이죠. 하지만 당신에겐 죽지 않았어요."

"그날 저녁 우리가 그녀를 두고 한 그 이상한 이야기를 다시 하자는 거요?"

"그렇지 않아요." 내가 대답했다. "전 아무것도 되새기지 않아요. 그럴 필요가 없으니까요. 제 앞에 있는 것들로 이미 충분해요."

"왜 이러오, 당신! 왜 이러는 거요?"

"당신은 완전히 변했어요."

"그 말도 안 되는 이유 때문에 그렇게 생각하는 거요?" 그가 웃으며 물었다.

"그 때문만이 아니라 그 뒤에 따라올 다른 모든 말도 안 되는 것들 때문이죠."

"대체 무슨 뜻이오?"

우리는 서로의 눈을 피하지 않고 노려보았다. 그의 눈은 어둡고 기이한 빛을 띠고 있었으며, 나의 확신은 그의 창백한 얼굴 속에서 승리를 굳히고 있었다. "정말로 무슨 뜻인지 모르시나요?" 내가 물었다.

"내 사랑, 너무도 막연하오!"

나는 잠깐 생각에 잠겼다가 입을 열었다. "그 막연함을 끝내는 것이야말로 누군가에겐 당황스러운 일이겠죠. 당신의 그 독특한 사랑법만큼이나 막연한 게 또 있을까요?"

늘 아름답게 느껴지던 그의 모호함이 다시 나타나고 있었다. "나의 독특한 사랑법이라고 했소?"

"그래요. 당신의 그 악명 높은, 그 기이한 힘 말이에요."

그는 참을성을 유지한 채 내 말을 무시하듯 과장스러운 신음을 뱉으며 어깨를 으쓱해 보였다. "나의 기이한 힘이라!"

"살아 있는 것들에 손쉽게 접근하는 당신의 그 힘." 나는 차갑게 말을 이었다. "당신의 그 주장들, 인상과 용모, 관계를 맺고 끊는 그 힘 말이에요. 그것이 당신을 흥미로운 인물로 보이게 하고 저를 놀라움에 빠뜨렸죠. 전 그런 당신을 알고 있다는 게 큰 자랑거리였어요. 그 덕분에 내가 엄청나게 돋보였으니까요. 하지만 그것이 지금과 같은 방식으로 작용할 거라고는 예상하지 못했어요. 설령 알았다 하더라도 결국엔 지금과 같은 결과를 낳았겠지만."

"도대체 당신을 그토록 사로잡고 있는 게 뭐요?" 그는 호소하듯 물었다. 내가 어떻게 대답할지 궁리하며 입을 다물고 있는 사이 그가 말을 이었다. "도대체 그게 어떻게 작용하고, 어떻게 당신에게 영향력을 행사한다는 거요?"

"그녀는 5년 동안 당신과 어긋나기만 했죠." 내가 말했다. "하지만 이젠 더 이상 당신과 어긋나지 않을 거예요. 당신이 그렇게 만들었어요!"

"그게 무슨 소리요?" 그의 창백한 얼굴이 붉게 변하기 시작했다.

"당신은 그녀를 보고 있어요. 매일 밤 그녀를 보고 있다고요!" 그는 비웃듯 크게 웃어 젖혔지만 한낱 거짓 웃음에 지나지 않았다. "지금도 그녀는 그날 밤처럼 당신에게 오고 있어요." 나는 선언하듯 말했다. 내가 치정이라는 식으로 천박하게 표현하지 않았던 건 그야말로 하늘이 도왔기 때문이다. 하지만 그 정도의 말도 그들의 '막연함'의 힘보다는 훨씬 뚜렷했다. 그는 웃음을 거두고는 내 어리석음을 향해 손뼉을 쳤다. 하지만 잠깐 사이에 그는 소름 끼치는 표정으로 바뀌더니 나를 정면으로 노려보았다.

"물론 당신은 부인할 테죠. 늘 그녀를 보고 있다는 걸." 내가 말했다.

그는 언제나 어떤 치우침도 없이 친절하게 나를 위해 주는 사람이었다. 하지만 그 순간 그는 놀랍게도, 이렇게 말하는 것이었다. "만약 정말로 그렇다면, 어쩌겠소?"

"당신에겐 아주 당연한 일이겠죠. 그게 바로 놀랍도록 부러운 당신의 능력이니까요. 하지만 바로 그것이 우리를 갈라놓으리라는 것도 알고 있을 거예요. 전 아무런 조건 없이 당신을 놔주겠어요."

"날 놓아준다고?"

"나와 그녀, 둘 중에 하나를 선택하세요."

그는 굳은 표정으로 나를 보더니 말했다. "알았소." 그러더니 몇 발자국 걸음을 옮겼다. 내가 한 말이 무슨 뜻인지 알겠으니 최선의 방법을 찾아보겠다는 태도였다. 마침내 그는 다시 내게로 돌아섰다.

"어떻게 그런 나의 사적인 부분을 안 거요?"

"당신이 열심히 감추려고 했으니까요. 또한 그건 지극히 사적인 부분이니, 내가 그걸 안다고 해도 그 이유로 당신을 배반할 수는 없다고 여겼겠죠. 당신은 최선을 다해 당신의 역할을 연기했어요. 충실하고도 존경스럽게! 그래서 전 침묵 속에서 당신을 지켜보기만 했어요. 저 또한 제 역할을 연기하면서요. 전 당신의 목소리, 당신의 눈빛, 당신의 무심한 손놀림까지 다 내 마음속에 새겨 놓았어요. 그러면서 돌이킬 수 없는 순간이 될 때까지 기다렸어요. 어떻게 그걸 숨길 수 있었죠? 당신이 그녀를 끔찍하게 사랑하게 되었다는 걸. 그녀가 당신을 사랑하게 된 기쁨 때문에 죽을 만큼 아팠다는 걸 어떻게 숨길 수 있었냐고요." 그가 반박하려고 하자 나는 재빨리 다음 말을 내뱉었다. "그녀도 당신을 사랑했지만, 당신은 그보다 더 그녀를 사랑했어요. 그녀는 당신을 지배하고, 당신의 전부를 가지고 있어요! 나는 그걸 직감하고, 느끼고, 보고 있어요. 나는 당신의 말을 곧이곧대로 다 믿는 바보가 아니에요. 당신은 외롭게, 후회로 가득 찬 채로 찌꺼기처럼 남은 부드러움과 생명을 가지고서 제게로 와요. 전 당신을 포기할 순 있지만 당신을 그녀와 공유할 순 없어요. 그래서 전 그녀에게 당신을 내주어야 해요. 당신이 영원히 자유로울 수 있도록!"

그는 엄청난 변명들을 늘어놓았지만 아무것도 제대로 수습하지 못했다. 오로지 나의 비난을 조롱할 뿐이었다. 나는 그의 그 모든 언동을 기꺼이 받아들였다. 잠깐이라도 대수롭지 않은 척하지 않았고, 잠시라도 그와 그녀가 평범한 사람들인 척하지 않았다. 한편으론 이렇게도 생각했다. 그들이 평범한 사람들이었다면, 과연 나는 그들을 사랑할 수 있었을까? 그들은 존재의 희귀한 영역을 즐겼고, 그들만의 비행(飛行)을 하며 나를 떨쳐냈다. 나는 그 희박한 공기 속에서 숨을 쉴 수 없어 즉시 나 자신으로 돌아와야만 했다. 내 명료한 자각 속에서 그들의 모든 것이 괴물스러워 보였다. 그걸 깨달은 만큼 나는 그에 합당하게 행동해야 했다. 그런 내 생각을 밖으로 내뱉자 나의 확신은 더욱 굳어졌다. 그러자 그는 이제껏 자신에게 여유를 가져다준 조롱의 구름 속으로 꼬리를 감추며 시간을 벌려 했다. 나의 신의를, 나의 분별력을, 나의 인간성마저 탓하면서. 그런 그의 태도는 당연히 우리 사이의 틈을 더욱 넓혔다. 그는 나의 잘못된 판단으로 자신이 불행해졌다며 모든 문제를 단순화하려 했다. 결국 우리는 헤어졌고, 나는 그의 그 알 수 없는 교감

속으로 그를 떠나보냈다.

  내가 결혼하지 않았듯 그 역시 결혼하지 않았다. 고독과 침묵에 갇힌 채 6년의 세월이 흐른 뒤 그가 세상을 떠났다는 소식을 들었을 때, 나는 그의 죽음이 내 지론을 증명해 줬다며 속으로 쾌재를 불렀다. 그의 죽음은 갑작스럽고, 적절하게 설명할 수 없는 상황에서 일어난 일이었다. 내가 그들을 갈라놓았기 때문에 일어난 일이었다! 그래서 나로 하여금 그가 끝까지 감추었던 것이 무엇이었는지를 분명하게 알 수 있게 해준 사건이었다. 그것은 그의 오랜 결핍, 채울 수 없는 욕망의 결과였다. 정확히 말하자면, 거역할 수 없는 부름에 대한 응답이었다.

The Abasement of the Northmores
노스모어 집안의 굴욕

1

　노스모어 경이 죽었을 때, 그 죽음에 대한 공식적인 언급은 지나치다 싶을 정도로 무겁고 어색했다. 정치권의 거물이 세상을 떠났다. 우리 시대의 큰 빛이 타오르다 말고 꺼져 버렸다. 그 저명인사의 영향력은 물론 여전히 일정 부분 움직였지만, 어느 정도는 그 끝을 예상할 수 있었다. 그럼에도 저명인사에 대한 기사들은 그 저명함이 갖는 힘에 따라 모든 행간을 수놓았고, 죽은 자의 초상이 일간신문을 우아하게 장식했다. 그런 식으로 신문과 구독자들은 자신들의 도리를 행했다. 너무 거칠게 다루는 게 아닌가 싶기는 했지만, 기사는 큰길 운구행렬을 깔끔하고 인상적으로 묘사하고는 다음으로 신속하게 넘어갔다. 노스모어 경은 사실, 성공 말고는 거의 언급할 게 없는 사람이었다. 성공은 그의 일이고 의미였으며 그가 도달하고자 한 목표였다. 그 밖에 그가 이룬 성과에 대해서는 달리 기술할 것도 없었고, 분석을 더 필요로 하는 것도 없었다. 그는 정치학과 문학을, 국가를, 나쁜 매너와 엄청나게 많은 실수를, 깡마르고 둔한 아내와 두 명의 사치스러운 아들과 네 명의 멍청한 딸을, 그가 만들어 낼 수 있었던 그 모든 것들을, 통째로 자신의 성공을 위한 대가로 지급한 사람이었다. 그의 가슴속에는 그렇게 하게 만들었던 뭔가가 깊이 내재했지만, 그것이 무엇이었는지는 그의 가장 오랜 벗이며 모든 면에서 그를 가장 잘 알던 워런 호프조차도, 숨을 거둘 때까지 찾아내지 못했다. 사실 그 비밀은 멀리 떨어져 살았던 워런 호프에게는 경쟁의 도구이자 지적인 구원으로 톡톡히 작용했다. 그래서 그는 친구의 장례식이 있기 전날 밤, 그에 대해 일종의 깊은 찬사를 보내며 한동안 말없이 생각에 잠겨 있다가 이렇게 말했다. "빌어먹을! 당신도 알겠지만, 옛 친구를 그냥 보낼 순 없잖소. 아무래도 장례식엘 가야겠소."

　호프 부인은 남편을 아무 말 없이 불안한 눈길로 바라보다가 말했다. "견디기가 힘드네요. 당신은 지금 병중이에요. 그 사람 사정을 생각할 때가 아니라고요."

"다른 사람 장례식이라면 그런 이유가 통할 테지!"

"당신의 그 기사도 정신, 자신의 이득 따위는 고려하지 않는 그 태도가 아내의 마음을 아프게 한다는 생각은 안 해보셨나요? 당신은 그 사람을 위해 30년이나 끊임없이 스스로를 희생해 왔어요. 그게 아무리 최상의 희생이라 하더라도, 어디까지나 당신이 살아 있는 동안에나 가능한 일이죠." 그녀는 정말 참아낼 수 없었다. "이런 날씨에 장례식에 간다는 건, 단지 그 사람에 대한 마음의 짐을 푸는 일일 뿐이라고요!"

"여보." 호프가 대답했다. "내가 마음에 짐을 졌다는 건 당신의 기발한 상상일 뿐이오. 지나치게 날 생각해 준 거라고. 나를 위하는 당신의 그 아름다운 마음 때문이란 말이오. 날 위하는 마음, 그래, 그거지."

"그 마음이 당신을 위한다는 거 맞아요." 그녀는 선언하듯 말했다. "하지만 그 마음은 결국 그 사람에게로 돌아가겠죠."

"그 친구는 내 가장 오래된 친구잖소. 내가 엉뚱한 판단을 하는 게 아니란 말이오. 난 가야 하오. 정장을 입어야겠소. 우리 관계가 결코 깨지지 않았다는 건 사실이잖소. 늘 함께였다는 거 말이오."

"못 말리겠네요." 그녀는 마뜩치 않은 표정을 지으며 웃었다. "그 사람은 항상 당신의 보호를 받았죠! 이젠 당신을 알아볼 수도 없게 되었지만, 당신을 가만두지 않는군요. 하기야 당신이 그 사람을 꽉 붙들고 있으니. 그 사람은 당신을 이용하기만 했어요. 마지막 한 방울까지 쥐어짰다고요. 당신의 터무니없는 이상주의와 구제불능의 겸손이 아니었다면 그처럼 우둔한 사람이 어떻게 출세할 수 있었겠어요? 그는 당신의 등을 밟고 올라선 사람이었어요. 그러고도 당신은 속없이 '세상에서 이런 능력을 본 적이 있느냐?'고 사람들에게 물어 댔죠. 최소한의 의견도 가지지 못한 멍청이 바보들에게요. 능력을 얘기하자면, 당신이 바로 그 사람의 능력이었다고요!"

"그리고 나의 능력은 당신이지, 내 사랑!" 남편은 그녀를 와락 끌어안으며 쓸쓸하게 웃었다. 다음 날 그는 장례식이 거행되는, '위대한 자'의 소유지에 세워진 교회까지 '특별열차'를 타고 내려갔다. 하지만 거대하고 기품 있는 무리들—생각들이 똑같고 남과 어울리기 좋아하는 군중—속에서 그는 혼자였다. 그의 아내는 남편과 떨어지는 게 걱정이 되긴 했지만 그와 함께 가는 걸 원하지 않았다. 그녀는 날씨를 살피고 감기라도 걸리지 않을까 남편을 걱정하며 불편한 마음으로 시간을 보냈다. 그녀는 이 방 저 방을 거닐다가 발길을 멈추고는 어두워지기 시작하는 창밖을 내다보았다. 그러고는 남편이 돌아올 때까지 온갖 생각에 빠져들었다. 남편이 '위대한 자'가 땅에 묻히는 것을 보는 동안 그녀는 홀로 그들이 말년을 보내고 있는 옹색한 집에 있었지만, 매장을 위해 파헤쳐 놓은 무덤 앞에 서 있는 거나 마찬가지였다. 그녀는 그 안으로 몸을 숙이고는 연약한 손으로, 재로 변해버린 그들의 무거운 과거와 인생의 죽은 꿈들을 던져 넣었다. 그녀는 노스모어 경의 주검을 둘러싼 화려한 장식이 워런에게는 그 어떤 보답도 될 수 없으리란 걸 알고 있었다. 워런은 언제나 그녀가 알고 있는 가장 똑똑하고 성실한 사람이었다. 하지만 사람들의 말처럼 피폐해진 재능과 망가진 건강, 형편없는 연금을 제외하고 쉰일곱의 그가 지금 '보여 주는 것'은 무엇이란 말인가? 몇 줄로 요약된 그의 행복한 경쟁자의 영광과는 너무도 대조적이지 않은가! 그와 그녀의 남편은 평등하게 결합한 단짝이자 행복한 라이벌 관계였다. 대학을 졸업한 뒤 어깨를 나란히 한 채 함께 출발한 두 남자는 적어도 겉으로는 미래에 대한 준비나 야망, 주어진 기회에 있어 거의 똑같은 상황이었다. 그들은 동일한 지점에서, 동일한 것들을 원하는 상태에서 시작했다. 다만 원하는 것을 실현해 내는 방식이 달랐을 뿐이었다. 그랬다. 죽은 남자는 원하는 것들을 '획득'해 냈다. 워런이 결코 가질 수 없었던 것들을 그는 귀족이라는 신분 덕에 가질 수 있었다. 그러나 그에 대한 불평은 부질없다. 지금 이 시간 그녀는 침묵했지만, 침울하고도 우울한 고독을 통해 많은 것들을 말하고 있었다. 어찌된 일인지, 어디서부턴가 일이 잘못되었다고, 워런은 마땅히 성공해야 할 사람이었다고. 그러나 그녀를 제외하고 이 사실을 유일하게 알았던 한 사람이, 이제 무덤 속으로 들어가고 있었다.

절친했던 그들 세 사람 사이에 얽혀 있던 온갖 기이한 추억들을 되새기며 그녀는 런던의 조그마한 집 잿빛 어스름 속에 앉아 있다가, 다시 자리에서 일어나 남편이 돌아오기를 기다리며 방 안을 서성거렸다. 워런은 모든 것을 알았지만 그 어떤 것도 상관하지 않았다. 그것이야말로 상대를 편안하게 해 주는—거의 무심에 가까운—그의 힘이었다. 존 노스모어도 그런 그의 힘을 분명 알고 있었다. 오래전, 그가 그녀에게 직접 그렇게 말한 적도 있었다.

이런 식으로 추측할 수 있는 것이 또 하나 있었다. 그녀는 과거로 돌아가 추억에 잠겼다. 그녀의 머릿속으로 그때의 모든 광경들이 차곡차곡 들어찼다. 그녀는 존 노스모어가 사귄 첫 여자였다. 그가 얼마나 그녀와 결혼하고 싶어 했는지는 지금도 그녀가 간직하고 있는 두툼한 연애편지 뭉치가 말해 주고 있다. 그런 그가 워런 호프를 그녀에게 소개해 주었다. 지극히 우연이었다. 그들이 변호사 사무실에 함께 근무했던 때였으므로, 너무도 자연스러운 일이었다. 그것이 그들을 위해 존 노스모어가 유일하게 '해준' 일이었다. 그런데 이제 와서 다시 생각해 보니, 어쩌면 노스모어가 자신의 짐을 덜기 위해 숙고 끝에 내린 결정이 아니었나 싶었다. 그녀가 워런을 받아들인 것은 6개월 뒤였다. 그녀는 워런의 미래를 믿었고, 그렇게 되자 노스모어는 그녀를 떠날 수 있었다. 당시에는 나중에 존 노스모어가 자신을 '팔아 치웠다'는 느낌을 가지게 될 거라고는 추호도 생각할 수 없었다. 그리고 하느님이 보우하사, 이후 그녀가 그 앞에 모습을 드러낼 일은 일어나지 않았다.

그녀의 남편은 몸이 꽁꽁 언 채로 집으로 돌아왔다. 그녀는 곧바로 그를 침대에 뉘었다. 그 뒤 일주일 동안 그녀는 그의 곁을 떠나지 않았고, 그들은 서로를 깊이 응시했다. '제가 뭐라고 그랬어요!'라는 말이 수없이 그녀의 입 안에서 맴돌았다. 그의 죽은 후원자가 그에게 아무런 이득도 가져다주지 않았다는 것은 그다지 놀라운 일은 아니었다. 이득은커녕 결국 그는 자신의 생명을 대가로 지급하게 되는 터무니없는 처지에 몰리고 말았다. 이렇게 되리라는 것을 그녀는 처음부터 알고 있었다. 장례식에 다녀온 지 일주일이 지나 남편은 피를 토하기 시작했고, 그다음 날엔 전날과는 비교할 수 없을 정도로 증세가 위중해졌다. 그로부터 열흘 뒤, 워런 호프는 마침내 무릎을 꿇고 말았다. 그녀는 그가 항복했음을 느꼈다. 그는 그 고통 속에서도 무심의 극치를 보이며, 그녀를 사랑해 온 방식 그대로 부드럽고도 거룩하게 무너져 내렸다. "당신은 또 타인을 편안하게 해주는 힘을 보여 주네요!" 이 단순하고도 은밀한 문장만큼 남편에 대한 그녀의 사랑을 표현해 주는 것은 없었다. 그는 너무도 자존심 강하고 멋있고 유연한 사람이라서, 그에게는 사소한 실패조차 큰 실패나 매한가지였다. 그래서 그는 어떤 우화처럼, 도끼머리를 잃자 수문을 활짝 열어젖히고는 남겨진 도낏자루마저 저수지로 던져 버렸던 것이다. 그는 이 탐욕스러운 세계가 자신을 앗아 가는 장면을 즐기며 바라보았다. 그렇게, 세계는 남김없이 가져가 버렸다.

2

그는 떠났고, 그의 이름은 물 위에 쓴 것처럼 사라져 버렸다. 그가 그녀에게 남겨 놓은 것은 무엇일까? 잿빛 적막과 고독한 경건, 고통스럽게 흔들리는 저항감뿐이었다. 사람은 죽으면 종종 사는 동안 하지 못했던 무언가를 하곤 한다. 그래서 사람들은 오래지 않아 이렇게 저렇게 그를 새롭게 발견하고는 그에게 새로운 이유를 붙여 주어 그들의 깃발 아래로 끌어들인다. 하지만 세상을 떠난 워런 호프에게 세상의 이런 이법이 관여하는 속도는 한없이 더뎠다. 그가 그저 세상에 알려진 상식 수준에서 사람들의 입에 오르내릴 뿐이라는 사실이, 그녀의 마음을 아프게 했다. 물론 남편은 사는 동안 사적인 관계들을 잘 유지해 온 덕에 세상을 떠나자 애도의 편지들이 섭섭하지 않을 만큼 도착했고 언론들도 많은 기사를 실었지만, 그 내용은 바보스럽기 짝이 없었다. '배운' 사람이건 아니건 그가 속해 있던 서너 개 모임의 회원들이 그의 죽음 앞에 바친 유감과 애도로 점철된 조사와 그의 가장 절친했던 서너 명의 동료들이 더듬거리며 늘어놓은 그에 대한 찬사조차 그녀에게는 과장되게만 느껴졌다. 권력 상층부의 두어 명은 그녀를 만족스럽게 하고도 남을 만큼의 유감으로 도배된, 그녀가 아니라면 이해할 수 없는 암시들로 가득 찬 편지를 보내왔다. 그런 일련의 과정들을 통해, 사람들이 남편의 진가를 제대로 알아보지 못한다는 사실을 그녀는 참아낼 수 있었다. 그러나 그가 이류 명사로 취급된다는 사실은 여전히 견딜 수 없었다. 그는 경제학과 정치학, 역사철학에서, 가치를 매기기 어려울 만큼 뛰어난 천재였다. 그게 아니라면 그는 아무것도 아니었다. 그는 정말이지 한 사람의 '중요한 인물'이었다. 그럼에도 노스모어 경을 덮친 망각의 물길은 고스란히 남편에게도 덮쳤다. 시간이 흐를수록 그녀는 그런 현실을 더욱 받아들이기 어려웠다. 그 저명인사의 존재 역시 장례식이 치러진 주중에 사흘 동안 열린 자선 바자회가 끝나자, 말끔하게 치워진 진열대와 부스처럼 깨끗이 쓸려 나갔다. 쓰레기통으로 던져진 구겨진 종이처럼 지체 없이 바닥으로 곤두박질친 것이었다. 그런데 둘에게는 어떤 차이가 있었을까? 결말은 서로가 비슷했다. 그러나 워런에게 있어 그것은 시작에 지나지 않았다.

남편이 죽고 첫 6개월 동안 그녀는 자신이 뭘 할 수 있을지 알지 못했다. 그녀에게 소중한 뭔가를 바다로 떠내려 보내는 어떤 빠른 물살을 느꼈을 때, 그녀는 그것이 자신의 시야에서 사라지지 않도록 본능적으로 그 흐름과 보조를 맞추며 둑 위를 달렸다. 손을 뻗으면 그것을 건져낼 수 있는 지점에 도달하기 위해 그녀는 멈추지 않고 나아갔지만, 그것은 여전히 물 위에 떠 있기만 했다. 흐름이 길어 시야에 둘 수는 있었지만, 결코 건져낼 수는 없었던 것이다. 그녀는 엄청난 두려움 속에서 내달리고, 관찰하며 삶을 이어 나갔다. 그렇게 바다와의 거리를 좁혔다고 생각했을 때, 갑자기 해류가 눈에 띄게 불어났다. 마침내 그녀는 무슨 일이든 해야 하는 다급한 상황에 놓여 있음을 직감했다. 그 순간 그녀는 남편의 원고들 속으로 달려갔다. 책상 서랍들을 뒤지기 시작했다. 그런 일이라도 해야만 했다. 하지만 쉬운 일도 아니었고, 상황도 단순하지 않았다. 그녀는 미로에서 길을 잃어버렸고, 자신의 능력에 의문도 들었다. 두세 명의 친구들에게 조언을 부탁했지만 그들은 그녀를 뜨뜻미지근하게, 심지어 차갑게 대했다. 남편이 쓴 서너 권의 중요한 책들을 세상에 내놓았던 출판업자들조차 그의 유작을 출간하려는 뜻은 전혀 보이지 않았다. 이제 남은 거라곤 서너 권의 그 중요한 책들이 어떻게 해서 그렇게 전혀 '힘을 발휘할 수 없게 되어 버렸는지'를 이해하는 일뿐이었다. 그러나 남편은 생전에도 그녀를 힘겹게 할 만한 일들을 드러내지 않았듯이, 그 이유 역시 그녀의 눈에 띄지 않게 숨겨 놓은 것 같았다. 그가 남겨 놓은 기록과 메모들을 다루는 것은 황량한 사막의 굽이마다 찍힌 그의 양심적인 영혼의 발자국에 도달하는 일이었다. 하지만 그녀는 혼자 힘으로, 스스로를 구원하기 위해서, 그의 뒤를 쫓아 진실을 찾아내야만 했다. 위축과 방해에 의해, 그의 작업은 완성본의 형태를 갖추고 있지 못했다. 원고들은 낱낱이 흩어져 있을 뿐이었다. 이런 상황에 이르자 그녀는 그를 포기할 수밖에 없었고, 그는 다시금 그녀를 위해 죽어야 했다.

시간은 시간 위에 쌓이고, 쓰라린 감정의 농도 역시 짙어져 갔다. 그 무렵, 그녀는 노스모어 부인으로부터 편지 한 통을 받았다. 고인이 된 경이 쓴 방대한 양의 흥미로운 편지들을 모아 책으로 출판하려 한다며, 경이 워런에게 보낸 편지들을 보내 준다면 출간에 큰 도움이 될 거라고 했다. 그녀가 보기엔 그건 단순한 서한집 발간 이상의 뜻을, 그러니까 새로운 출발의 의미를 담고 있었다. 경의 위대함을 찬양하는 장편 코미디가 아직 끝나지 않았다는 말인가? 그렇게 기념비를 세우려는 것은 결국, 패배한 친구는 도저히 그런 일을 할 수 없다는 걸 되새기게 만들지 않는가? 또한 비교와 대조를 통해 경의 비위를 상하게 할 만한 것들을 추려낸 뒤 모든 것을 새롭게 만들어 버리겠다는 수작 아닌가? 결국 경만을 돋보이게 하고 다른 모든 이들은 어두운 그늘 속에 묻어 버리려는……. 편지라고? 존 노스모어가 쓴 거라고는 고작해야 서너 줄짜리 보잘것없는 의견들이지 않았나? 대체 누구의 생각을 출판한다는 거지? 어떤 얼빠진 편집자가 뒤를 봐주고 있단 말인가? 그녀는 물론 아는 게 아무것도 없었지만, 현실에서 일어나고 있는 사실에 놀라움을 금치 못했다. 생각해 보면, 편집자들과 출판업자들의 관심이 온통 거기에 쏠렸을 거라는 짐작이 가기는 했다. 그의 광휘는 여전히 위력을 뿜고 있었다. 때문에 그가 살아서 그랬던 것처럼 그의 편지들은 그들에게 관심거리일 것이다. 사실 늘 그래 오지 않았던가? 그리고 그들은 엄청난 성공을 거두게 될 것이다. 그녀는 남편이 남겨 놓은 다채롭고도 혼란스런 유물에 대해 다시금 생각했다. 그것은 여태까지 그랬듯이 지금도 그렇게 놓여 있을 수밖에 없는 한 덩어리의 푸석한 대리석이었다. 수없이 깊은 한숨을 내쉰 뒤, 그녀는 노스모어 부인의 편지를 다시 읽기 시작했다.

보관이 되어 있는지 알 수는 없었지만, 노스모어 경이 워런에게 보낸 편지들은 그녀의 눈에 띄지 않았다. 반면 경이 자신에게 보냈던 편지들은 안전한 곳에 잘 보관되어 있었다. 하지만 노스모어 부인이 보낸 편지에는 그 편지들에 대한 언급은 전혀 없었다. 그것들이 존재한다는 사실 자체를 모르는 것 같았다. 그 편지들은 분명 위대한 자—그렇게 부를 수밖에 없다니!—가 위대해지기 이전에 속하는 것이었다. 빛바랜 두툼한 편지 뭉치는 오랜 세월 묻혀 있던 그곳에 여전히 묻혀 있었다. 그녀는 무엇 때문에 그 편지들을 보관했는지 스스로에게도 설명할 수 없었다. 그 편지 얘기를 워런에게 하지 못했던 것도 그 때문이었다. 워런에게 하지 못한 말을 노스모어 부인에게 할 이유는 없었다. 기이한 것은, 그 편지들을 간직해 온 게 단지 우연은 아닌 것처럼 느껴진다는 사실이었다. 살아오면서 그녀는 본능이나 속셈 따위를 완전히 무시하지는 않았다. 미약하게나마 거기에 따랐던 게 사실이었다. 그렇다면 이건 어떤 본능, 무슨 속셈이었을까? 어쩌면 단순히 작은 문집 하나쯤 만들어 보겠다는 심산이었는지도 몰랐다. 그게 아니라면 대체 누굴 위해, 이런 '행운'이 일어난 것일까? 비록 누구도 그 편지에 관심을 기울이지도 않고 읽으려 하지도 않았지만, 그녀만큼은 뭔가를 기대하고 있었는지도 몰랐다. 하지만 그녀는 어떤 일이 있더라도 그것들을 만지지도 읽지도 않을 거라고 생각했다.

아직 그녀는 노스모어가 워런에게 보낸 편지들을 꼼꼼하게 찾아보지 않았다. 그녀는 그 내용이 궁금했다. 남편이 그 편지들을 보관했다면 뭔가 이유가 있을 터였다. 그녀였다고 해도 적잖은 이유가 있었을 것이다. 경의 서간체가 마음에 들어 쓰레기통이나 불길 속으로 던지지 않았을지도 모른다. 물론 워런의 삶은 그야말로 온갖 문서 더미 속에 파묻혔고, 그런 의미에서 그는 동시대 역사의 위대한 공헌자였다. 그럼에도 어쩌면 오히려 그 때문에, 그는 많은 것들을 보관하지 않으려 했을지도 몰랐다. 그녀는 찬장과 상자들, 서랍들을 뒤지기 시작했다. 그러면서 남편이 자신에게 숨겼던 것과 숨기지 않았던 것들 모두에 놀라움을 금치 못했다. 그녀가 남편에게 쓴 편지들이 거기 있었다. 몇몇 개는 없었지만, 거의 모든 편지가 남겨져 있었다. 편지지 위를 스치는 손가락이 만나는 것들은 모두 그녀가 알고 있는 내용이었고, 그녀는 그 속에서 행복을 느꼈다. 그들이 주고받았던 편지들은 그렇게 온전하게 남아 있었다. 한편 노스모어 경의 편지들도 점점 모습을 드러내기 시작했다. 그러자 남편이 경으로부터 받은 모든 편지들을 보관했을 거라는 확신이 들었다. 또한 왜 그런지는 모르겠지만, 자신이 남편에게 소홀했다는 자책감도 들었다. 그런 뒤 그녀는 노스모어 부인에게 아무것도 찾을 수 없었다는 답장을 썼다.

사실, 그녀는 모든 편지들을 찾은 상태였다. 성실하게 마지막 하나까지 다 찾아냈다. 탁자 위에는 그녀의 탐색의 결실들이 수북이 쌓여 있었다. 대략적으로나마 분류까지 되어 있었다. 그녀는 그 편지들을 저 우수한 전통을 가진 가문에 고스란히 보내 버릴 수도 있었다. 하지만 단 한 통도 허투루 넘기지 않겠다고 스스로에게 다짐했다. 피곤과 짜증이 머리끝까지 뻗친 상태였지만, 그녀는 자신이 계획했던 것과는 사뭇 다른 새로운 답장을 준비했다. 그러는 게 옳을 것 같았다. 하지만 자신이 찾아낸 편지 뭉치와 마주한 그녀는 그렇게 쓸 수 없으리라는 사실을 깨달았다. 탁자 위에 쌓인 편지 더미를 더 이상 그냥 바라보고 있을 수 없어서 곧 방을 나섰다. 늦은 저녁 침대에 들기 직전 그녀는 다시 편지를 쌓아 놓은 곳으로 돌아왔는데, 그 행동은 마치 그날 오후부터 줄곧 일어나고 있던 혐오감을 제어해 줄 뭔가를 찾는 듯했다. 혹시 편지를 발견한 것이 거짓이었다는 마술 같은 일이 벌어지는 건 아닐까? 편지들이 사라져 버렸거나 다른 누군가에게로 가버렸기를 은근히 바랐다. 하지만 편지들은 거기에 있었고, 촛불을 켜자 탁자 위에서 오만한 자태를 드러냈다. 그로부터 한 시간 동안 불쌍한 여인은 깊은 고뇌 속으로 잠겨 들었다.

모호하고 불합리했다. 그러나 한순간 모든 것이 확연해졌다. 그녀는 탁자 위에 몸을 웅크린 채 거침없이 써 내려갔다. '친애하는 노스모어 부인, 샅샅이 찾아보았지만 아무것도 발견하지 못했습니다. 제 남편이 죽기 전에 모두 없앤 모양입니다. 도움이 되기를 바랐지만, 죄송하게 되었습니다. 진심을 보내며.' 날이 밝으면 그녀는 은밀하고도 결연히 그 편지 뭉치를 없애려고 생각했다. 그러기 전에 아무도 이 문제에 대해 거론하지 못하도록 몇 마디의 말로 분명히 못 박아 둘 필요가 있었던 것이다. 그렇게 해서라도 불쌍한 워런을 조금이나마 덜 이용당하게, 덜 바보로 만들어야 한다는 게 그녀가 바란 전부였다. 아마도 그 생각이 그녀의 마음을 편하게 만들어 주었을 것이다. 하지만 또 다른 현실적인 유혹이 손을 뻗고 있었다. 얼마큼의 시간이 흐른 뒤, 그녀는 새로 쓴 편지를 바라보며 밤이 깊도록 자리에 앉아 있었다. '친애하는 노스모어 부인, 엄청난 것을 발견했다고 말씀드리게 되어 기쁩니다. 제 남편이 모든 편지들을 주의 깊게 간수하고 있었습니다. 제가 가진 이 편지들을 자유롭게 사용하시기 바랍니다. 부인의 작업에 도움을 주게 되어 무척 기분이 좋습니다. 진심을 보내며.' 그녀는 그 편지를 들고 가장 가까운 우체통으로 향했다. 다음 날 정오 무렵, 그녀의 탁자는 깨끗하게 비워졌다. 노스모어 경의 편지들을 커다란 칠기 상자에 담아 믿음직한 시종 집사와 함께 사륜마차에 태워 보낸 것이었다.

3

그 뒤 12개월 동안, 그녀는 노스모어 경의 서간집 출간에 대한 발표와 암시를 사방에서 빈번하게 들을 수 있었다. 물론 그 소식은 그녀에게는 아무

의미가 없었다. 서간집을 발간하겠다는 노스모어 부인의 계획을 그녀가 처음 들었을 때, 그 소식은 모든 신문에 실려 각광을 받았고, 노스모어의 편지를 보유하고 있던 사람들은 앞다투어 자신들의 편지를 노스모어 집안으로 보냈다. 노스모어 집안사람들이 그에 어울리는 보상을 한다는 사실이 알려지자 작업은 급속도로 진행되었다. 수집된 자료들은 그 안에 실제 담겨 있는 내용보다 훨씬 많은 것들을 드러내 주었다. 출간이 임박해지면서 자료에 대한 검증 과정이 자연스럽게 흥미를 끌었는데, 그 내용들을 미리 살펴볼 수 있었던 사람들은 그 책이 대중들에게 전대미문의 사건이 되리라는 것을 의심하지 않았다. 그들은 그 책을 통해 알려지지 않았던 작가의 지성과 경력이 밝혀지리라고 장담했다. 노스모어 부인은 과분한 호의에 빚을 졌고 계속 성원해 달라고 부탁하면서, 특정한 날짜와 관련된 나머지 '묻혀 있는 보물'들에 대한 보상을 약속하기도 했다.

시간이 갈수록 호프 부인의 주변에는 사람들이 줄어들었다. 그러나 그녀의 관계망이 그리 좁지는 않아서 이런저런 사람들로부터 '제안을 받았다'는 얘기를 전해 들을 수 있었다. 런던에서 오가는 대화는 한동안 죄다 다음과 같은 질문과 대답들로 국한되어 있다시피 했다. "요청을 받았나요?" "오, 물론이죠. 여러 달 전부터 꽤 자주요. 당신은요?" 어디나 사정은 비슷한 모양이었다. 놀라운 것은, 요청이 곧바로 응답으로 이어졌다는 사실이다. 노스모어 경과 조금이라도 관련된 편지는 무조건 흘러나왔다. 그렇게 쌓인 것이 수만 통에 이르렀다. 그런 식이라면 열 권도 모자랄 것 같았다. 호프 부인은 그 시간 동안 많은 생각을 했지만, 생각 말고는 아무것도 한 게 없었다. 생각하면 할수록 남는 건 오직 의심뿐이었고 결국 그녀는 자신이 실수를 범했음을 인정할 수밖에 없었다. 자신이 결국 죽은 자의 위대한 명성을 지켜내는 일에 기여했을 뿐이라는 결론에. 물론 그것은 그의 책임이 아니라 오류를 범하기 쉬운 인간이라는 짐을 진 그녀 자신의 잘못이었다. 그가 거물이었을 당시의 편지들은 그를 기념비처럼 돋보이게 할 터였다. 그녀는 자신이 묶어 놓은 편지들을 맥없이 바라보았지만 무언가를 각오했다. 거기에는 눈 감아 버릴 수 없는, 워런의 또렷한 증언이 담겨 있었다. 거기에는 그만의 태도와 판단이 들어 있었다. 그녀는 그제야, 자신이 남편의 삶을 떠들어 대던 수다쟁이들에게 휘둘렸다는 사실을 깨닫고 후회의 한숨을 내쉬었다.

그녀는 어떤 강박관념에 의해 옴짝도 할 수 없는 지경에 이르러 있었다. 노스모어 부인이 출간할 책의 윤곽이 드러나기 시작했을 때는—3월로 확정 발표가 되었고, 아직 1월이었다—맥박이 너무도 빠르게 뛰어서 긴긴 밤을 뜬눈으로 누워 있어야만 했다. 수많은 불면의 밤을 지내던 어느 날, 차가운 어둠 속에서 불현듯 자신을 위축시키지 않는 유일한 생각 하나를 떠올렸다. 새롭게 솟아오르는 행복감으로 그녀는 침대 밖으로 뛰어나왔다. 마음이 조급해져 가만히 있을 수 없었다. 자신의 생각을 행동으로 옮기기 위해 동이 틀 때까지 기다려야 한다는 게 힘이 들 정도였다. 그녀가 생각한 것은, 지금 당장 자신의 '영웅'의 편지를 그러모아 세상에 내놓겠다는 것이었다. 물론 남편의 편지들이 출간되려면 신의 가호가 필요할지도 모르지만, 왜 이제껏 그런 생각을 하지 못했던 것일까? 그녀는 그 긴긴 밤이 지나가기를 기다렸다. 눈물로 짓무른 눈과 부당함으로 짓눌린 가슴이 쉽게 회복되지는 못하겠지만, 그녀는 이미 치유된 것이나 마찬가지라고 생각했다. 자신의 잘못을 인정하는 건 무척이나 거북했지만, 그에 대해 침묵하는 것도 분명 잘못이었다. 그러자 당장에 위안이 '강림'하기 시작했다. 이제 곧 노스모어와 워런 호프 사이의 균형이 맞추어질 것이다. 그녀는 그 하루를 온전히 남편이 자신에게 보낸 편지들을 읽으면서 보냈다. 그 편지의 내용은 너무도 은밀하고 성스러워서—오, 불운한 운명이여!—자신의 계획을 실행하기가 불가능해 보이기도 했지만, 그럼에도 세차게 불어온 바람을 품은 돛이 그녀의 생각을 나아가게 했다. 남편과 그녀 사이에 편지는 그다지 자주 오가지도 않았고 오랜 기간 주고받은 것도 아니었기에, 그녀는 남편이 좋은 편지 상대자라고 생각해 본 적이 없었다. 그러나 그녀에게 남겨진 그의 유일한 유물이라고 할 만한 그것들은—세어 보니 깜짝 놀랄 정도로 여러 통이었다—아무나 흉내낼 수 없는 그만의 능력을 뚜렷이 보여 주었다.

그는 여유롭고도 가벼운 손을 자유자재로 놀리며 자연스럽고 기지 넘치며 다채롭고 생동감 있는 필치로 써 내려가는 한 사람의—이런 표현이 가능하다면—편지 대서인이었다. 거기에는 그가 가진 사람을 편하게 하는 힘이 고스란히 담겨 있었다. 바로 그것이 워런이라는 사람을 되살리고 있었다. 물론 가장 뛰어난 편지는 약혼 기간에 주고받은, 풍부하면서도 정돈된 감정이 담겨 있는 편지들이었다. 거기에는 결혼에 대한 여러 고민들과 그들이 겪은 오랜 시련에 대한 증언들이 고스란히 담겨 있었다. 또한 그들의 판단과 습관과 취향이 들어 있었다. 그 편지들을 거리낌 없이 세상에 내놓을 수만 있다면! 하지만 출판하기엔 너무 은밀한 내용들이었고, 그렇다고 그저 묻히기엔 너무도 진귀한 내용들이었다. '혹시 내가 죽은 뒤라면……!' 그런 생각이 들면서 이쯤에서 그만두어야 할 것 같다는 생각이 들 정도였다. 하지만 그녀 자신을 위해, 그리고 그녀의 보물들을 위해, 포기하지 않기로 스스로에게 약속했다. 이대로 세상을 떠나 버린다면 그녀가 간절히 바라던 정의는 텅 빈 들녘에 외로이 남겨질 뿐이었다. 그녀는 조급해졌다. 하지만 분명한 것은 그녀의 엄청난 자원이 친구들에게도 있을 거라는 사실이었다. 그는 수년 동안 여러 사람에게 편지를 보냈었고, 최근에 그녀가 한 조사로 미루어 보건대 전혀 알려지지 않은 수많은 편지의 주인들이 있는 게 분명했다. 그녀는 그들의 명단을 작성해 즉시 그들에게 편지를 보냈다. 이미 세상을 떠난 사람들의 경우엔 그 미망인이나 자녀, 또는 대리인에게 편지를 띄웠다. 이 과정에서 그녀는 노스모어 부인에게 실례를 범하지 않도록 신경을 썼다. 어떤 식으로든 이 일은 노스모어 부인을 자극할 것이기 때문이었다. 하지만 기이하게도 크게 신경 쓰이진 않았다.

그녀는 답장이 오기를 기다렸다. 그리 오래 기다릴 필요도 없이 고대하던 답장이 도착했다. '친애하는 호프 부인, 면밀히 살펴보았지만 아무것도 발견할 수 없었습니다. 제 남편은 죽기 전에 모든 것을 없애 버린 듯합니다. 죄송하군요. 도움이 되어 드리려고 했는데 말이죠. 진심을 보내며.' 바로 노스모어 부인이 보낸 편지로, 거기엔 자신이 그녀에게서 받은 도움에 대해선 감사는커녕 어떤 언질도 없었다. 그녀는 자신이 부칠 수 없었던 편지와 노스모어 부인의 편지 내용이 너무도 일치한다는 사실에 경악하며, 밀려드는 후회를 주체할 수 없었다. 지옥과도 같은 시간 속에서 몇 번이나 써야 한다고 생각하고 생각했던 그 답장을, 그녀 자신이 고스란히 되돌려 받은 것이었다. 하지만 그것으로 끝이 아니었다. 모든 사람들로부터 그와 비슷한 편지들이 매일매일 그녀에게로 날아들었다. 하루하루 쌓여 가는 서너 줄짜리의 유감의 표시들은 경악과 후회를 더욱 깊게 만들 뿐이었다. 편지를 찾아보았지만 헛일이었다며, 노스모어 부인처럼 유감스럽다는 소리만 늘어놓았다. 몇 통이라도 찾았다는 사람은 아무도 없었다. 그 어느 것도, 아무것도 없다고 했다. 거의 대부분의 사람들이 지체 없이 그런 답신을 보냈다. 그런 일이 한 달 동안 지속된 끝에 마침내 그 불쌍한 여인은 서늘한 가슴으로 자신의 상황을 받아들이며 벽을 향해 얼굴을 돌렸다. 그녀는 어떤 소리에도 귀 기울이지 못한 채, 단지 스스로의 상처를 달래고 위로하며 며칠을 보냈다. 너무도 무방비한 상태에서 입은 상처라 전보다 더욱 고통스러웠다. 서한집 발간이라는 치유의 방법이 그녀의 귀에 속삭여지던 그 순간부터, 그녀는 단 한순간도 그 계획이 실패할 거라고 의심해 본 적이 없었고, 그 시간은 너무도 아름다웠기 때문이다. 하지만 그 고통보다 더 기이하게 느껴지는 건 웃기게 돌아가는 세상의 이치였다. 존 노스모어의 편지들은 후세들을 위해 분류되어 연표로 작성되고 있는데, 워런 호프의 편지들은 불길 속으로 던져져 버렸다니! 단 하나의 잣대만 남아 그것이 다른 모든 입과 귀를 막아 버린 꼴이었다. 할 수 있는 건 아무것도 없었다. 보이는 건 모두 뒤집어져 있었다. 존 노스모어는 영원히 죽지 않았고, 워런 호프는 지옥으로 떨어져 버렸다. 그리고 혼자 힘으로 뭔가를 해보려던 그녀도 끝이 났다. 그녀는 혹독하게 매를 맞았고, 결국 맥없이 소리를 죽이고는 아무 생각도 하지 못한 채 야위어 갔다. 그러고는 마침내 베일을 쓴 자신의 머리를 돌리게 만드는 엄청난 굉음을 들었다. 노스모어 부인의 책이 발행되었다는 기사였다.

4

그것은 정말이지 굉음이었다. 그날 모든 신문들이 노스모어 경 서한집의 출간 소식을 유난히 큰 소리로 떠들어 댔다. 문턱에 서서 신문을 펼쳐 든 구독자들은 그 책이 인용문으로 넘치는 서평 기사뿐 아니라 신문의 모든 기사를 장식했음을 알 수 있었다. 그 열기가 어느 정도인지는 두세 장을 넘기는 것으로도 충분했다. 호프 부인은 아침을 먹으며 습관적으로 신문을 읽다가, 하녀에게 다른 신문들도 사오라고 했다. 그러나 신문을 계속 읽기에는 주의력이 너무도 흐트러져 있었다. 그녀는 그날 아침 노스모어 집안사람들이 느꼈을 긍지와 자신의 굴욕감의 극명한 차이를 정면으로 바라볼 수 없었다. 그 신문들이 날카롭게 자신을 파고드는 듯해서 아무렇게나 집어던져 버리고는 일찌감치 집을 나섰다. 그러고는 뛰쳐나온 적절한 핑곗거리를 찾아야 했다. 마치 완전히 비우도록 명령받은 한 개의 잔을 가진 기분이었다. 하지만 할 수 있는 거라곤 호된 시련의 시간을 조금 늦추는 것뿐이었고, 간신히 자신의 시간들을 채워 나갔다. 가게에 들러 소용도 없는 물건들을 사기도 하고, 별로 좋아하지 않는 친구들을 찾아가기도 했다. 그 일을 화제로 꺼내지 않을 만한, 남편의 이력을 잘 모르는 친구의 집들을 골라야만 했던 것이다. 지난번 자신이 보낸 편지에 끔찍한 답변을 보내 왔던 사람들과는 얘기를 나눌 생각이 눈곱만큼도 없었다. 거기에 속하지 않는 사람들은 노스모어 부인의 서간집에 대해 별다른 생각을 가지지 않아서, 동정하더라도 에둘러 하는 사람들이었다. 그녀는 페이스트리 가게에서 점심을 먹고는 차를 마시며 늦게까지 밖에 있었는데, 집으로 돌아왔을 땐 3월의 어둠이 짙게 깔려 있었다. 맨 먼저 그녀의 눈길을 잡아끈 것은 거실의 불빛에 드러난 탁자 위에 놓인 깔끔하게 포장된 커다란 꾸러미였다. 가까이 가지 않고도 그것이 노스모어 부인이 보낸 책이라는 걸 직감했다. 그녀가 집을 나가고 난 뒤에 도착했을 것이다. 집을 나가지 않았더라면, 온종일 그 책과 씨름했을 게 틀림없었다. 자신이 왜 동물적인 본능으로 집 밖으로 탈출했는지 그제야 알 수 있었다. 지극히 가벼운 일상의 도움을 받아 오늘 낮을 무심히 지낼 수 있었지만, 이제는 자신에게 닥친 결과를 의연히 받아들여야 할 때였다.

저녁을 먹은 뒤 그녀는 조그마한 응접실로 들어가 문을 닫은 채, 정의로운 고위 공직자의 공적이며 사적인 서간집 어쩌고 하는, 근사한 자주색 표지에 커다란 장식용 쇠붙이가 달린 두 권의 책과 마주했다. 펼치는 곳마다 다양한 초상화들이 박혀 있었다. 그가 그렇게 끊임없이 '등장'할 줄은 예상하지 못했는데, 묘사될 수 있는 모든 위상과 방식이 총동원되어 있었다. 대대로 살아온 저택들의 풍경과 함께 그려져 있는 그림들은 화랑을 방불케 했다. 그의 초상화들을 들여다보고 있자니 그의 눈길들이 모두 그녀를 찾아 헤매고 있는 것처럼 느껴졌다. 끊임없이 곁눈질을 해대는 존 노스모어의 눈은, 방 안에 함께 있으면서도 그녀를 의식하지 않는 체했다. 그런 이상하고도 생생한 눈길의 효과 탓에 10여 분이 흐르자 그녀는 책 속으로 푹 빠져들었다. 마치 도서관에 들어갔다가 우연히 빼 든 책에 빨려 든 것처럼. 그녀는 절망에 이를까 두려웠지만, 그 책에서 빠져나올 수는 없었다. 늦도록 응접실에 앉아 빈번히 회상에 잠기고 많은 사실들을 발견하면서 신비와 놀라움을 느꼈다. 그녀가 제공한 자료들은 철저하게 쓰였다. 하지만 10여 통 정도의 내용은 전혀 보이지 않았다. 그 사실은 노스모어 부인이 펴낸 책의 실체를 말해 주고 있었다. 처음 몇 쪽을 넘기자마자 그런 기미를 느꼈고, 그 사실이 줄곧 그녀의 뇌리를 떠나지 않았다. 처음부터 그런 기미들을 눈치챌 수 있었던 건, 워런의 저 기이한 경건함을 발견해 낸 그녀의 천부적이고 날카로운 관찰력 덕분이었다. 경이 워런에게 보냈다는 편지들은 말하자면 자신의 가문을 위해 아주 유용하게 써먹을 수 있는 '카드'였지만, 그것은 다른 진실도 드러내고 있었다.

그녀는 열기로 달아올랐다. 기가 막혀 거의 숨이 막힐 지경이었다. 그러나 책장을 넘길 때마다 그 놀라운 진실은 더욱 확산되고 있었다. 워런에게 보낸 경의 편지에선 경의 지각없는 언행이 바닥까지 드러나 있었다. 노스모어의 서간집은 웃음거리에 지나지 않는 모래사막이었다. 그녀는 자신의 엄청난 오해를 절감하면서 정신을 차릴 수 없었다. 11시쯤에 식사 시중을 드는 하녀가 응접실 문을 열었을 때, 그녀는 거의 죄책감까지 느껴지는 놀라움에 떨고 있었다. 하녀가 밤이 깊어서 그만 물러나야겠다는 인사말을 겨우 꺼냈을 때 여주인은 정신을 수습하고는 마치 기억에 불을 지피듯 퀭한 눈길로 하녀의 눈을 응시하면서 강한 어조로 말했다. "신문들은 어떻게 했지?"

"신문들 말인가요, 부인?"

"오늘 아침 신문들 모두 버린 건 아니겠지? 빨리, 빨리 가져 와!" 다행스럽게도 신문을 버리지 않은 모양이었다. 하녀는 곧바로 말끔하게 접힌 신문들을 그녀에게 가져다주었다. 호프 부인은 고맙다는 말도 잊은 채, 단숨에 그것들을 읽어 나갔다. 기이하게도 그 대중적인 매체들에도 자신이 그 책으로부터 받은 인상이 그대로 기술되어 있었다. 신문들은 그 책에서 그녀가 받은 인상이 질투의 환영이 아니었음을, 그녀의 판단이 옳았음을 증명해 주고 있었다. 뜻밖의 승리였다. 서평자들은 나름대로 예의를 지켰지만, 그녀와 마찬가지 이유로 놀라고 있었다. 그녀가 아침에 신문을 읽으면서 그 진실을 깨닫지 못한 건, 언론이 노스모어를 신비화하려 한다고만 생각해서 제대로 기사를 읽지 않았기 때문이었다. 이제 차분해진 그녀는 한 가지 의문을 떠올릴 수 있었다. 어떻게 노스모어 집안은 워런을 한낱 편지 대서인 정도로 여길 수 있었을까? 워런의 표현이 과장되고 투박하고 느슨하고 모호해 보였기 때문이다. 그는 교묘한 방법으로 자신과 노스모어 모두를 조잡하고 터무니없는 인간으로 보이게 한 것이다. 이런 경우, 누구에게 주된 책임이 있다고 할 것이며, 뒤늦게야 이 괴이하게 찾아든 진실을 알게 된 아둔한 사람들에겐 어떤 책임을 물을 수 있단 말인가? 이건 분명 짓궂은 장난꾼의 소행임에 틀림없었다.

기사는 경에 대한 충심에 기반하고 있었기에 처음부터 경의 결점을 거론하지는 않았다. 하지만 행간이 지날수록 경의 결점이 드러나기 시작하면서 결국 그의 정체를 폭로했다. 길게 편지를 인용한 기사 곳곳에 '왜?'라는 물음표가 찍혀 있었다. 그 '왜?'는 호프 부인의 해석으로 옮기자면 '왜 워런은 이런 하잘것없는 경의 문장들을 사람들이 보게 만든 것일까? 왜 존 노스모어의 멍청함과 어리석음을 입증하는 이런 증거물을 세상에 남겨둔 것일까?'라는 뜻이었다. 하지만 노스모어 경의 진면모를 증명하는 것은 워런이 보관했던 편지만이 아니었다. 다른 편지들이 그 사실을 더 멋지게 드러내고 있었다. 그녀는 한밤중에 방을 서성거리다가, 운명의 바퀴가 완전히 원점으로 돌아왔음을 깨달으며 지쳐 떨어졌다. 결국, 정의는 반드시 돌아오게 되어 있었다. 그녀를 그림자로 덮어 버린 그 기념물은 여전히 우뚝 솟아 있었지만, 그것은 일주일 안에 런던의 익살꾼과 지식인들에게 조롱거리가 될 게 뻔했다. 그 안에 기이하게 끼여 있는 남편의 역할이, 그날 밤 잠자리에 든 그녀를 수시로 깨웠다. 하지만 다음 날 그녀는 안온한 아침 햇살 속에서 눈을 떴다. 정면을 응시하는 그녀의 입술에 참으로 오랜만에 웃음이 매달려 있었다. '멍청하게도, 왜 그걸 눈치채지 못했지? 워런은, 자신이 그저 한 명의 후견인인 것처럼 연기해 왔던 거야!' 그는 뒷날에 닥칠 결말을 미리 준비했던 것이다. 끝, 온전한 끝이 그렇게 찾아오고 있었다.

5

그 뒤, 클럽의 흡연실과 원내의 의원 면담실과 온갖 만찬 식탁에서 경에 대한 비판의 목소리들이 쏟아져 나왔고, 그중에는 불손한 언행까지 있었다. 그 불행한 두 권의 서간집은 공감을 끌어내기는커녕 덜 떨어지고 이상하고 미성숙한 싸구려로 취급받았다. 호프 부인이 느낀 것과 정확히 일치하는 반응이었다. 그녀는 자신에게 찾아온 기회가 얼마나 멋진 것이 될지, 그리고 자신의 복수가 얼마나 달콤한 것이 될지를 절실히 예감했다. 노스모어 부인이 실패한 만큼, 자신이 계획하는 서간집은 성공을 거두게 될 것이었다. 과연 운명이란 누구도 피해 갈 수 없는 공평한 것이었다. 그녀는 자신이 보관하고 있는 남편의 편지를 읽고 또 읽으며 새삼스럽게 의문을 품었다. 남편의 서한집이 그 자체로 정당성을 확보하지 못한다면 어떻게 될 것인가? 마치 이런저런 명작들을 그러모아 뚝딱 만들어 낸 선집처럼 보인다면, 대중들의 정형화된 입맛에만 맞춘다면, 결국 영국인의 영예에 손상을 입히는 일이 될 뿐이지 않겠는가? 더구나 다른 사람에게 그 책은, 자신과 상관없는 누군가의 자아를 들여다보아야 하는 일종의 고문일 수도 있었다. 그것이 그녀를 두렵게 했다.

하지만 그녀가 할 수 있는 또 다른 일이 있었다. 그 일이 그녀를 구원해 줄지는 알 수 없었지만, 그녀는 세월을 거슬러 올라가 존 노스모어가 자신에게 보냈던 편지들에 낚싯대를 드리웠다. 그 편지들을 끝까지 다 읽고 났을 때 거기에 다른 편지들과는 비교할 수 없는 확실한 그의 진실들이 가득 차 있다는 것을 깨달았고, 깊은 감회에 휩싸였다. 편집되지 않은 그것은, 그녀 최고의 보물이었다. 이제 뭔가를 행할 때가 되었다는 생각을 하면서 끔찍한 일주일을 흘려보냈다. 그녀는 간략하면서도 달콤하고 아이러니한, 그녀의 마음을 고스란히 대변하는 서문을 마음속으로 써 내려갔다. 그녀의 눈앞에 불안하리만치 큰 명성과 늦게나마 수여된 월계관이 어른거렸다. 어려움이 뒤따르리라는 건 당연한 일이었지만, 분명 그 편지들은 그녀의 손에 있었다. 혼란스럽고 겁먹고 의심 많은 노스모어 집안사람들은, 그녀가 가진 양철 쓰레기통의 뚜껑이 땡강거리는 소리를 내면, 그 뚜껑을 덮기 위해 개처럼 달려들어 만나자고 할 거라고 예상했다. 아니면 그만두라고 명령할지도 몰랐다. 둘 중 어떤 방식을 취하든, 그들이 먼저 덮으려는 것은 그녀가 혼인했던 남자의 짓밟힌 인격보다는, 그녀가 결혼하기를 거부했던 남자의 추문일 것이었다.

앞으로 일어날 일들이 그녀의 눈앞을 가득 메웠고, 그 생각에서 벗어날 수 없었다. 그녀는 다시금 빛바랜 편지 뭉치를 읽기 시작했다. 다시 읽어 내려간 그 편지들은 더욱 풍부한 확신을 가져다주었다. 그녀는 자신의 오랜 친구와 친지들에게 그 편지들을 공개하겠다고 솔직히 털어놓기까지 했다. 이때부터 여러 의견들이 쏟아졌다. 그러면서 그녀는 다시 모임에 나가기 시작했고, 중단되었던 얘기들이 다시 이어졌고, 묵은 앙금들을 털어 냈고, 사교계에서의 그녀의 위치도 재정립되었다. 지난 몇 년 동안 나타나지 않았던 그녀가, 노스모어 집안이 굴욕을 당한 몇 주 동안 세상 밖으로 나간 것이다. 그녀는 특히 자신의 호소가 실패로 돌아간 뒤 절교했던 사람들을 모두 찾아갔다. 그들 중 많은 사람은 그동안 노스모어 부인의 조력자 노릇을 했었고, 미처 알지 못하는 사이에 미증유의 폭로에 대한 대변자 역할을 한 사람들이었다. 그들은 그렇게 노스모어 집안에 충성을 다해 왔던 것이다. 워런은 이 모든 것을 예견해 철저히 계산했고, 그 결과 교묘하게 사태를 역전시켜 놓은 것이다. 하지만 그것은 다른 누구를 위한 것이 아니라 아내를 위해서였다. 그녀는 지난 세월 동안 사람들이 무슨 생각을 했는지 묻고 싶었다. 대체 당신들의 마음속에는 무엇이 들어 있고 당신들의 지성의 싹은 어디에 돋아나기에 값을 매길 수 없을 만큼 귀한 내 남편의 편지들을 불태워 버린 거냐고. 대체 언제부터 구원을 바라듯 노스모어 경에게 매달리기 시작한 거냐고. 그 물음에 대한 빈약하고 우둔한 답변들은 예상대로 그녀가 입은 상처에 큰 위안이 되어 그녀를 끝까지 지켜 주었다. 그녀는 그 위안거리들이 소진되어 버리는 바로 그때 노스모어 부인을 만나러 가리라 생각했다. 그때 얻게 될 위안은 두툼한 편지 뭉치라는 보물만큼 지대할 것이었다. 이윽고 그녀는 노스모어 집안을 방문했다. 다행스럽게도—그런 집에도 '다행'이란 게 존재할 수 있다면—그녀는 거절당하지 않았다. 그녀는 30분쯤 그 집에 머물렀다. 거기엔 다른 사람들도 있었는데, 그들은 그녀가 만족해야 일어날 것 같았다. 도착한 지 10여 분 만에 그녀는 노스모어 집안사람들에 대해 연민을 느꼈고, 바로 그 연민을 통해 모든 문제가 해결되었다는 사실을 깨달았다.

그들은 갑자기 태도를 바꾸더니 자신들이 너무 운이 없었다고 말했다. 그 순간 노스모어 집안사람들은 그저 연약하고 초라한 존재들에 불과해 보였다. 그녀는 출간된 책이나 그것의 실패에 대해서는 어떤 암시도 내비치지 않았으며, 그들 역시 그에 대해선 아무 말도 꺼내지 않았다. 그들에게 던지고 싶었던 질문들은 사라졌다. 때문에 그녀가 작별을 고하며 남편을 잃은 창백한 '자매'의 볼에 한 키스는 유다의 입맞춤과는 달랐다. 그녀는 왜 노스모어 부인이 책을 편집할 때 자신에게 자문을 구하지 않았는지 물어보고 싶었지만, 그 집을 떠나기 전에 이미 다시는 그 집을 찾아오지 않을 것이란 걸 직감했다. 그녀는 집으로 돌아와 목 놓아 울었다. 누구도 실패로부터 자유롭지 못하다는 것을, 누구의 인생도 알 수 없다는 것을 깨달았기 때문이었다. 그녀의 눈물은 일종의 철학적 인식을 가져다주었을지도 모른다. 그 울음은 무척이나 길고 넓게 퍼져 나갔다. 그녀는 마지막으로 그 두툼하고 빛바랜 편지 뭉치를 들고 밖으로 나가 청소부가 매일 비우는 쓰레기통에 내려놓고는 한 장씩 한 장씩, 그 보석과도 같은 노스모어의 편지들을 찢기 시작했다. 마지막 편지까지 갈기갈기 찢었다. 그 편지들이 이렇게 없어져 버렸다는 사실은 누구도 알지 못할 것이다. 그녀는 자신이 남겨 놓은 남편의 편지들로만 만족했다. 다음 날 그녀는 다른 일을 시작했다. 남편의 편지들을 가지고 필경사를 찾아갔다. 그녀는 그것들을 경건하고도 세심하게 복사하라고 시켰다. 그렇게 해야 안심이 되기도 하거니와, 하나라도 누락되어서는 안 되기 때문이었다. 때가 되어 그것들은 책으로 출간될 터였다! 그녀는 그 책이 불러일으킬 비판도 알고 있었지만 그것에 대해선 체념한 태도로, 천천히 고개를 가로저었다. 필사가 모두 끝나자, 그녀는 그것을 인쇄소로 가지고 가 조판을 맡겼다. 그러고 나서 면밀히 교정을 보았다. 그런 다음 비밀 유지를 위한 모든 대비를 하고 난 뒤, 단 한 권만을 출력했다. 그러고는 자신이 보는 앞에서 인쇄에 사용했던 활판을 해체하도록 했다. 그런 뒤 그녀는 3백 쪽짜리 책으로 만들어질 그 편지들을, 그녀를 너무나도 기쁘게 했던 그 편지들을, 조심스럽게 챙겼다. 그런 다음 자신의 유언장에, 반드시 자신이 죽은 뒤에 그 편지들을 책으로 출판할 것을 명확하게 기입했다. 그녀가 마지막으로 행한 것은, 죽음이 알맞은 때에 찾아와 주기를 희망한 것이었다.

헨리 제임스 삶과 문학

헨리 제임스 삶과 문학

> 제임스는 복잡한 유럽에서 스스로를 이방인이라고 느끼는 미국인에 대한 이야기를 쓰기를 좋아했다. 그 역시 사람들 사이에서 이방인으로 살았기 때문일 것이다.
>
> —호르헤 루이스 보르헤스

생애

헨리 제임스는 1843년 4월 15일 뉴욕에서 저명한 저술가이자 목사인 헨리 제임스 시니어의 다섯 자녀 중 둘째로 태어났다. 아버지는 스베덴보리 철학자이자 에머슨과 칼라일의 친구였으며, 신학과 신지학 및 사회문제에 관한 논문들을 저술했다. 그의 형은 실용주의를 주창한 철학자 겸 심리학자인 윌리엄 제임스이다.

헨리는 자녀 교육에 열성적인 아버지 슬하에서 뉴욕의 공기를 마시며 어린 시절을 보냈다. 그리고 가장 민감한 시기인 열두 살부터 열일곱 살 때까지 아버지와 함께 유럽 여행을 다녔다. 집안 살림도 넉넉했고 특히 아버지가 유럽 문화의 전통을 높이 평가했기 때문이다. 미래의 '국제사회'를 열광적으로 옹호했던 아버지는 자식들을 세계시민으로 교육하기 위해 미국과 유럽의 여러 학교로 보냈다. 헨리는 처음에는 제네바에서 살았고 이어서 프랑스에 정착했으며, 프랑스어와 이탈리아어를 모국어처럼 말할 수 있었다. 뒷날 그가 뉴욕·파리·런던을 모두 똑같이 자기 고향으로 여기면서 영국·미국·프랑스 세 나라를 아우르는 국제적 대작가가 된 것은 이때 익힌 국제적 감각에서 비롯되었다고 할 수 있다.

제임스는 22세 때 다시 미국으로 돌아갔다. 처음에는 법률가가 되려고 하버드 대학에서 법률을 공부했지만, 이윽고 문학으로 흥미가 바뀌어 학업을 중단하고, 조지 엘리엇과 호손의 작품을 배우며 창작을 시작했다.

위 : 아버지와 함께

헨리가 열한 살 때 아버지와 함께 찍은 사진. 헨리 제임스는 어린 시절부터 가족들을 따라 유럽 각지를 여행했다. 그때는 은판사진이 발명된 지 얼마 안 된 시기였다. 아버지를 따라 뉴욕 브로드웨이에 있는 사진관으로 간 헨리는 '꽤 오랫동안 카메라 렌즈 앞에 노출되는 시련'을 겪었는데, 뒷날 《자서전》(1913)에서 이를 가리켜 '훌륭한 예술'이라고 비꼬았다.

아래 : 형 윌리엄과 함께

1905년 조국을 다시 방문한 헨리(왼쪽)와 형 윌리엄. 헨리보다 한 살 많은 형은 하버드 대학 철학교수였다. 어릴 때부터 성격이 전혀 달랐던 이 형제는 평생 동안 선의의 경쟁을 펼쳤다. 전기 작가 에델은 외향적 활동가인 형과, 내향적 인생의 '방관자'인 동생 헨리를 구약성서에 나오는 에서와 야곱에 빗대었다.

1865년 3월, 잡지 〈애틀랜틱 먼슬리〉에 단편이 실린 것을 시작으로 다른 잡지에도 연달아 작품이 실려 그는 신진작가로서 인정받았다. 1869년 다시 유럽으로 긴 여행을 떠났는데 특히 런던, 파리, 로마에 머물렀다. 이후 그의 첫 저서 《정열의 순례, 그 밖의 이야기》(1875)와 《대서양 건너편의 스케치 모음》(1875)에서 구대륙에 심취한 열광적인 미국인들을 담았다.

제임스는 미국이 정신분석학적인 소설에 맞는 주제들을 제공하지 못한다고 생각했다. 또한 유럽에 대한 향수를 억누르지 못하고 1875년 마침내 고국인 미국을 영원히 떠난다. 먼저 파리로 가서 살던 중에 트루게네프, 플로베르 등 선배 작가들과 친해져 많은 창작 기법을 배우게 된다. 이듬해인 1876년에는 런던을 영주지로 정하고, 본격적인 창작활동을 시작한다.

1875년에 첫 장편 소설 《로데릭 허드슨》을 발표하고 이어 《미국인》(1877), 《데이지 밀러》(1878) 등을 내놓는데, 모두 국제적인 상황을 다룬 작품들이다. 《데이지 밀러》는 로마에 온 어느 바람둥이 미국 여인의 이야기이며, 이 작품으로 제임스는 국제적 명성을 얻었다. 그는 문화의 뿌리가 얕은 만큼 순수하고 소박한 미국 사회를, 깊은 전통을 자랑하지만 속은 썩고 타락한 유럽 사회와 대비하고, 서로 다른 풍속과 관습에서 발생하는 윤리적·심리적 문제를 그렸다. 그의 기법은 그 뒤 작품으로 갈수록 자연주의적 외면 묘사에서 탈피해 내면적인 심리 묘사로 옮

헨리 제임스(1843~1916)

겨간다. 이 심리적 리듬은 《어느 귀부인의 초상》(1881)에서 절정을 이룬다. 이 시기에 제임스의 산문은 점점 세련되어지고 난해해졌으며, 그의 대부분의 중단편들이 나왔다. 작가는 자신의 중단편들을 '삶의 거대한 창고'라고 정의했다. 이 시기에 나온 가장 중요한 작품들로는 미국의 여성해방을 풍자적으로 해석한 《보스턴 사람들》(1886)과, 무정부주의자들과 귀족주의자들이 등장하는 런던을 배경으로 한 소설 《카사마시마 공작부인》(1886), 《반사경》이 있다. 1890년부터 1895년까지 제임스는 희곡을 썼지만 성공하지는 못했다. 《비극의 뮤즈》가 대중을 미심쩍게 만들었다면 《가이 돔빌》은 실패작이었다. 그러나 희곡 기법을 실험한 경험은 이후 소설 집필에 큰 영향을 주었다.

19세기 말에서 20세기 초는 제임스 스스로 말했듯 문학적으로 '중요한 단계'였다. 다시 소설 세계로 돌아온 제임스는 이른바 간접 기법을 구사한다. '간접 기법'이란 작중 한 인물의 시점에서 다른 인물의 행동 및 심리를 묘사하는 기법이다. 그는 이 간접 기법에 완전히 의존하여 깊은 내면세계로 들어간 다음, 국제적인 상황에서 벌어지는 심리를 매우 치밀하게 분석했다. 이 시기의 작품으로는 《포인턴 저택의 소장품》(1897), 《메이지가 알고 있었던

일》(1897), 《나사의 회전》(1898), 《새장 안에서》(1898), 《사춘기》(1899), 《신성한 샘》(1901), 《비둘기 날개》(1902), 《사자(使者)들》(1903), 《황금 잔》(1904) 등이 있다. 이들 작품에서는 심혈을 기울인 구성과 함께 세련된 문체가 돋보인다.

이리하여 제임스는 심리주의 소설가로서 프루스트와 조이스보다 앞서 알려지게 된다. 한편, 일찌감치 비평도 쓰기 시작해 평전 《호손》(1879)을 비롯한 평론집 《편영》과 자기 작품을 해설한 글을 써서 소설이론 방면에서도 주목할 업적을 남겼다.

1904년 제임스는 1883년 이후 처음으로 미국으로 돌아갔고, 그 여행담을 담은 《미국 풍경》이 1907년 출간됐다. 이 작품은 그가 태어났지만 살고 싶지 않았던 조국에 '이별을 고하는 책'이었다.

생애 마지막 시기에는 영국 라이 주의 램 하우스에 머물면서 글을 썼다. 1912년 런던으로 돌아온 그는 1915년 제1차 세계대전이 일어나자, 영국을 지극히 사랑하는 동시에 모국인 미국이 전쟁에 적극적인 태도로 나오기를 강하게 희망하면서 국적을 영국으로 옮긴다. 영국 정부는 그 답례로 그에게 공로훈장을 수여했다.

제임스는 전쟁이 끝나기 전인 이듬해 1916년 2월 16일 서식스 지방 라이에서 72년 남짓한 긴 생애를 마친다.

작품

헨리 제임스는 우리 시대 가장 위대한 작가들 가운데 하나이다. 그는 키플링이나 톨스토이보다는 카프카와 더 동시대인이며, 현대 예술에서 흔히 볼 수 있는 모호함과 불명확성을 훌륭하게 그려 낸 위대한 거장이다.

헨리 제임스 탄생 100주년 기념행사가 열리기 시작한 1943년부터 헨리 제임스는 부활할 조짐을 보이기 시작했다. 제임스의 명성은 날이 갈수록 높아져서 마침내 미국 문학사상 가장 높은 곳에 우뚝 섰다. 오늘날 그는 거의 이론의 여지 없이 미국 문단의 거장이자 가장 뛰어난 소설 이론가로 인정받고 있다.

제임스가 다시 각광을 받자 그의 작품들이 도처에서 잇따라 출판되고, 수많은 비평가가 다양한 각도에서 그를 연구하기 시작했다. 또 많은 나라에서 헨리 제임스 전집도 출판되었다.

그런데 사실 그 전까지만 해도 헨리 제임스는 별로 주목을 받지 못했다. 그가 1916년 세상을 떠남과 동시에 그의 명성도 내리막길에 들어섰다. 그로부터 수십 년 동안 문학사에서 제임스의 존재는 그다지 눈에 띄지 않았다. 모순으로 가득 찬 이 작가는 '부평초' '비현실적 작가'라고 비판받았으며 '자기기만에 빠진 낭만주의자'라는 말도 들었다. 한 세기 동안 비평가들은 그의 무게와 위대함을 감당하지 못해서 오히려 그를 단편적으로 다룰 수밖에 없었던 것이다.

제임스 이전의 소설가는 깨고 나면 보통 잊어버리는 새벽의 꿈까지 들여다볼 수 있을 정도로 전지전능한 존재였다. 그러나 18세기 서간 소설에서 출발한 제임스는 자신도 모르게 그와는 다른 소설가의 입장을 발견했다. 이야기를 전개하는 관찰자는 오류를 범할 수도 있는 인물이라는 사실이었다.

이런 불완전한 관찰자가 다른 인물들은 물론 부지불식간에 스스로도 규정하고 있다. 때문에 제임스의 독자들은 그의 글을 읽어 나가면서 계속 불신을 품게 될 수밖에 없다. 그 불신이 독자들에게 때로는 기쁨을, 때로는 절망을 준다. 그의 텍스트는 사실을 위조하고, 사실을 이해시키지 못할 수도 있고, 거짓을 말할 수도 있기 때문이다.

제임스는 과정 없는 관찰을 원했다. 그는 어떤 일화를 들으면 한두 가지 질문을 해보고 특별한 것은 허용하지 않았다. 그는 장편소설이나 잊을 수 없는 단편소설을 쓸 수 있는 씨앗을 이미 갖고 있었다. 그와 아주 비슷하며 동시에 아주 달랐던 마르셀 프루스트처럼, 그는 사람을 관찰할 때 상류계급도 똑같은 시선으로 바라보았다. 그들 역시 어지러운 현실을 사는 오두막에 사는 사람들과 마찬가지 존재라고 생각하면서. 그의 작품은 전형적인 상류사회를 배경으로 하고 있지만 마지막 부분에 가서는 초자연적인 것, 숙명, 지옥을 담았다.

미국 평론가 레온 에델 교수는 말한다.

"제임스의 작품이 잇따라 재판되고 희뿌연 전설의 구름이 서서히 걷히고 있다. 그는 이제 강력하고 활발한 예술가이자, 한평생 펜 한 자루만 휘두르면서 살다가 마침내 완성의 경지에 이른 작가의 모범으로서 진정한 모습을 드러내고 있다. 제임스의 부활은 결코 과도기적인 것이 아니다. 그것은 우리

램 하우스
영국 서식스 지방 도시 라이에 있다. 헨리 제임스는 옛 헤이스팅스 전쟁터 근처에 있는 항구도시 라이를 몹시 좋아했다. 그래서 1898년부터는 이곳에서 글을 썼고, 이곳에서 죽었다.

가 제임스에게서 갖가지 신비를 찾아냈고, 또 이로써 작가가 '고전'임을 명시하는 저 영원한 힘을 찾아냈다는 것을 보여 준다."

《데이지 밀러》

《데이지 밀러 Daisy Miller:A Study》는 제임스의 초기 작품 중 하나로, 그의 수많은 작품 가운데서도 가장 유명하다. 1878년에 영국의 잡지 〈콘힐 매거진〉에 발표했으며, 이듬해인 1879년에 단행본으로 출판되었다.

제임스가 국제적인 상황을 다룬 작품을 많이 남겼다고 앞에서 언급했는데, 《데이지 밀러》도 그중 하나이다. 제임스가 로마에 있을 때, 한 여자 친구에게서 미국인 아가씨에 관한 이야기를 듣고서 흥미를 느껴 쓴 것이 이 작품이라고 한다. 주인공 데이지 밀러는 자유분방한 아가씨로, 세상이라고는 고향 마을 스키넥터디와 뉴욕에서 경험한 사교계밖에 모른다. 그런 그녀가 어머니를 따라 유럽으로 건너와, 풍속과 관습이 다른 환경에서 고국에서처럼 제멋대로 행동한다. 그녀는 삶을 좋아한다. 사교를 좋아하고, 특히 남자친구와 어울리기를 즐긴다. 말씨와 행동에 교양은 없지만, 결코 야만스럽지는 않다. 막무가내이기는 하지만 대담하지는 않다. 남을 의심할 줄 모르며, 그저 순진하다. 그러나 그녀의 천진함은 유럽에서 오래 산 동포들에게 비난과 질시를 받는다. 결국 데이지는 어느 날 밤에 콜로세움으로 산책을 갔다가 말라리아에 걸려 젊은 나이에 세상을 뜬다.

제임스의 친구인 소설가 하웰즈는 1860년대에는 그런 미국인 아가씨가 유럽 각지에서 보였지만, 1870년대에 들어서는 완전히 사라졌다고 말한 바 있다. 제임스는 이 작품에서 한 시대의 전형적인 미국인 아가씨를 예술적으로 훌륭하게 그려낸 셈이다. 《데이지 밀러》가 발표되었을 때, 미국 독자들은 자

19세기 후반 베네치아 거리 《비둘기 날개》 시대에 여성은 혼자서 외출할 수 없었다. 특히 독신 여성은 언제나 주위 사람을 의식하면서 조심스레 행동해야 했다. 어쩌다 금기를 깬 사람은 《데이지 밀러》(1878)의 여주인공 데이지처럼 사교계의 빈축을 샀다.

국 여성을 모욕하는 작품이라며 작가를 비난했다. 그러나 설령 데이지의 죽음이 유럽의 사회적 관습을 무시한 대가라 하더라도, 그런 식으로만 본다면 이 작품의 훌륭함을 완전히 놓치게 된다. 제임스 자신은 이 점에 대해 자신은 데이지 밀러를 순수한 시로서 그렸다고 말했다.

작품 《데이지 밀러》에는 주인공 데이지를 비롯해, 교양은 없지만 현실 감각을 지닌 그녀의 어머니, 데이지에게 살며시 호감을 느끼는 '국적 상실자' 청년, 고루하고 잔소리 좋아하는 청년의 큰어머니 등 다수의 인물이 그려지는데, 그 성격 묘사는 실로 훌륭하다. 특히 데이지 모녀에게는 흔한 일상 미국식 영어를 사용하게 하는 데 비해 국적 상실자들에게는 딱딱한 영어를 쓰게 하여 두 부류의 차이를 구분한 점에서 작가의 용의주도함이 엿보인다. 번역문에서 그 부분이 잘 표현되지 않는 것이 안타깝다. 이 작품에는 이렇다 할 극적인 장면이 없어 전체적으로 단조로운 느낌을 피할 수 없다. 부제를 《습작 *A Study*》으로 붙인 것은 작품의 단조로움을―실은 결코 단조롭지 않지만―변호하고자 하는 마음이라고, 제임스는 자기 작품을 해설한 글에서 말했다.

 그러나 그와 동시에, 당시 소설에 과도한 묘사가 유행했던 것에 비해 자기 작품은 선택과 암시로 이루어졌음을 주장하고 싶은 마음이 작용했을 것이라는 한 비평가의 말은 주목할 만하다. 실제로 이 작품에는 장황한 묘사를 피하고 그저 암시에 그치는 장면이 대단히 많다. 또한, 데이지 밀러 묘사에 오로지 청년 윈터본의 관점을 이용하는, 후기에 완성된 간접 기법을 일찌감치 적용하는데, 이 덕분에 데이지의 품성이 한층 좋게 그려졌음은 제임스의 소설 기법을 연구하는 데 충분한 자료가 된다. 한마디로 말해 《데이지 밀러》는 신대륙과 구대륙, '무지'와 '지식'의 대비를 주제로 하여 청순한 사랑 이야기를 그리는 데 성공한 작품이다.

《나사의 회전》

 제임스는 남북전쟁이 끝난 지 2년 뒤인 1867년에 스물네 살 나이로 이미 자신의 예술적 소질을 깨닫고서 뉴포트에 사는 친구에게 편지를 보냈다.

 '미국인이라는 것은 문화생활로 진입하기에 참으로 좋은 기본 조건일세. 우리는 종족으로 보면 더할 나위 없이 뛰어난 소질을 지니고 있다네. 게다가 유럽 문화를 어느 국민(영국인과 프랑스인)보다도 자유롭게 취사선택하여 흡수할 수 있으니, 요컨대 발견 즉시 그것을 자기 것으로 만들 수 있다는 점에서 우리는 유럽 민족 가운데 가장 축복받은 민족이라고 생각하네.'

 그리고 제임스는 '세계 각국의 웅대한 지적 융합과 통합'을 예지했으며, '뭔가 독창적이고 아름다운 것이 우리의 이 끊임없는 발효와 혼란 속에서 생겨날 것'이라고 내다봤다.
 한편 그는 심리학이 성립되기 훨씬 전부터 이미 '인간 상호관계'를 잘 이해하고 있는 심리학의 대가였다. 누구보다도 앞서서 인간 심리의 깊숙한 곳을 파헤치려고 날카로운 메스를 들이댄 제임스야말로, 수십 년이 지나서야 겨우 후대 대작가들이 눈뜨기 시작한 '의식의 흐름(Stream of Consciousness)' 수법을 일찍부터 완벽하게 구사한 선각자였다는 사실에는 아무도 이의를 제기할 수 없을 것이다.

그랜드 캐널(대운하) **강변 풍경** 19세기 베네치아 풍경을 그렸던 페데리코 캄포 작품. 강변에 있는 이 고색창연한 집들은, 역시 베네치아를 무대로 한 제임스의 중편《아스펀의 편지》(1888)에서 시인의 연인이었던 나이 든 여인과 그 조카딸이 같이 사는 집을 연상시킨다.

제임스는 〈정신병리학·정신분석학 연구 연보〉(1904~14)의 저자 프로이트(1856~1939)가 활약하기 전부터 이미 그의 작품에서 인간의 고뇌와 공포와 죄를 섬세하고 미묘한 수법으로 탐구하고 묘사했다. 바로 그렇기에《나사의 회전》이 지금도 세상에서 가장 인기 있는 유령소설 가운데 하나로 꼽히는 것이다.

그러나 세상 사람들이 이 위대한 선구자 헨리 제임스를 이해하기 위해서는, 먼저 그의 영향을 받은 대작가들—조이스·프루스트·카프카·울프·포크너 등—을 소화해서 안목을 길러야만 했다. 제임스 조이스(1882~1941)도 마르셀 프루스트(1871~1922)도 저마다 헨리 제임스에게서 시작된 '의식의 흐름' 기법을 이용해서《율리시스》와《잃어버린 시간을 찾아서》같은 대작을 만들어 냈다. 그들은 모두 제임스보다 30~40년 뒤에 등장한 후배들이다. 또한 '의식의 흐름'을 탐구한 거장으로 이름나 있는《등대로》의 작가 버지니아 울프(1882~1941)도, 또 초현실주의를 바탕으로 잠재의식의 세계를 탐구한 프란츠 카프카(1883~1924)도 모두 제임스보다 40년 늦게 태어난 후배였다.

제임스의 영향을 받았다고 알려진 이 후배들의 문학을 통해 비로소 눈을 뜨

잡지에 연재되던 《나사의 회전》 속표지 그림 가정교사와 학생 마일스 뒤에 기괴한 그림자가 떠올라 있다. 화면에 넘쳐흐르는 오리엔탈리즘은 괴담의 탄생 장소를 반영한 것이다. 뉴욕 주립 역사협회 도서관 소장.

게 된 후세 사람들은 제임스가 그보다 훨씬 전에 제시한 갖가지 귀중한 요소들을 그제야 발견하고, 그 웅대한 유산에 혀를 내두르며 감탄했다. 하지만 헨리 제임스는 오늘날에도 여전히 매우 난해하고 오해받기 쉬운 작가이다. 그런 의미에서도 불가사의하기로 정평이 난 이 《나사의 회전》이 적어도 터무니없이 엉뚱하게 해석되는 일을 막기 위해, 《나사의 회전》의 세계적 평론가 반도렌이 쓴 머리말을 여기에 인용해 보겠다.

칼 반도렌(1885~1950)은 《현대 미국 작가론》《미국 소설사》 등을 쓴 유명한 인물이다. 그는 《나사의 회전》에 대해 다음과 같이 썼다.

'만약에 지금 헨리 제임스가 어느 "시인 천국"의 풀밭 그늘에서, 그의 작품이 사후에 어떤 명성을 얻었는지 알게 된다면 아마 입이 딱 벌어질 것이다. 그리고 아주 터무니없지는 않아도 꽤나 병적인 온갖 억측들이 《나사의 회전》을 둘러싸고 난무한다는 사실을 알면 몹시 난처해할 것이다. 기발한 창조력은 넘칠 만큼 가지고 있으면서도 상상력이 부족한 비평가들은 이 이야기의 이면에 숨겨진 의미를 찾아내려고 너무 열을 올린 나머지, 오히려 핵심을 잘못 파악하고 작품 전체를 오해하였다. 이른바 평론가들이 《나사의 회전》에서 찾아낸 "숨은 의미"는 바로 그들이 스스로 창조하여 작품 속에 끼워 넣은 요소이다—이는 바로 작가가 세심한 주의를 기울여 참으로 면밀하고 명쾌하게 전부 설명해 놓은 내용을 완전히 무시한 것이다.'

제임스의 말에 따르면, 영국 국교의 총본산 캔터베리의 대주교가 어느 겨울날 저녁에 시골에서 했던 이야기가 이 소설의 '근원'이라고 한다. 그때 제임스는 우연히 손님으로 참석했다가 그 이야기를 들었다. 뒷날 제임스는 그 대주교의 아들 A.C. 벤슨(1862~1925, 영국 교육가 겸 저술가)에게 다음과 같은 편지를 써 보냈다.

'당신 아버지께서는 지난날 내게 짧고도 소름끼치는 유령 이야기의 일부분을 여러 번 되풀이하여 들려 주셨습니다. 아버님 역시 몇 년 전 다른 사람들로부터 들은 이야기여서 아주 애매모호하게 말씀하실

잡지에 연재되던 《나사의 회전》 삽화
호수 건너편에 나타난 전임자의 망령을 본 주인공은 의식을 잃고 쓰러진다. 호수를 사이에 두고 주인공과 전임자는 마치 거울에 비친 영상 같은 관계를 맺는다. 이는 유령이 주인공의 신경증과 깊이 관련돼 있음을 암시한다. 뉴욕 주립 역사협회 도서관 소장.

수밖에 없었습니다. 한 가지 이유는 아버님께서 상세한 내용을 잊어버리셨기 때문이겠지만, 또 다른 이유는—아마 이것이 더 큰 이유일 텐데—애초에 그분이 이야기를 들었을 때부터 상세한 설명이나 시작과 끝이 통일된 줄거리가 없었는데, 그것은 그때의 화자도 그 내용을 절반밖에 알지 못했기 때문일 것입니다.

이 이야기의 극히 막연한 핵심이라 하면—죽은 하인과 아이들 사이에 일어난 일이라는 것뿐이었습니다. 그런데 이 핵심이 나에게 강한 인상을 주었으므로 나는 집으로 돌아가는 차 안에서 그 이야기를 (정말 단편적으로) 노트에 기록하였습니다. 나는 그 노트를 올가을(1897년)까지 보관하

고 있었는데, 이번 기회를 맞이하여 그 이야기를 환상적인 소설로 다시 만들어 봤습니다. 처음에는 단편을 예상했는데 결국은 장편이 되어 버렸습니다.'

또한 제임스는 다른 작품집 머리말에서도 이런 글을 썼다.

'대주교가 젊을 때 어느 귀부인에게서 들은 이야기를 나에게 들려준 적이 있다. 그것은 "두 어린아이가 외딴 시골에 살고 있었는데, 한때 그 집에서 일했던 나쁜 하인들의 유령이 아이들을 자기 것으로 만들려고 그들 앞에 나타났다"는 실화였다. 그 귀부인이 기억하고 있는 것은 그게 전부였던 듯하고, 대주교가 나에게 들려준 얘기도 그게 전부였다.'

이것으로만 하나의 사건 전체를 구성하기란 뜬구름잡기나 다를 바 없겠지만, 대문호 헨리 제임스의 풍부하고 날카로운 상상력 앞에서는 그런 단편적인 이야기도 뛰어난 '오싹한 환상소설'의 모티프가 될 수 있었던 것이다.

1898년 무렵 영국에서는 심령 연구에 관하여 숱한 풍문이 떠돌고 있었다. 미국에서도 그렇게 심령술이 성행하던 시대가 있었다. 그보다 조금 전에 링컨 영부인이 사랑스런 아이들을 잃은 슬픔을 견디지 못하고 한때 심령술에 심취하여 죽은 자식과 한밤중에 만나려고 했다가 남편에게 꾸지람을 들었다는 이야기도 전해 내려올 정도이다.

그러나 죽은 사람이 산 사람의 몸에 빙의하여 뜻 모를 메시지를 전한다는 이런 당찮은 심령술 현상은 물론 제임스의 작품 주제나 착상과는 거리가 멀다. 제임스의 이야기에 나오는 망령은 심령술과는 반대로 뚜렷이 모습을 드러내지만, 그 목적은 정확히 알 수가 없다. 이야기의 주제는 사악한 유령이 더없이 무시무시하고 참혹한 상황에서 순진한 어린아이에게 탐욕스러운 손길을 뻗쳐 정신적으로 영향을 준다는 것인데, 여기에서는 하찮은 미신에 바탕을 둔 멜로드라마 같은 경박한 견해는 전혀 찾아볼 수 없다.

제임스는 그의 이야기를 그저 신비로운 수수께끼로 남겨 두었다. 그래서 서문에서도 이렇게 썼다.

'소설을 쓰는 입장에서 본다면 "선한 유령"을 주제로 삼기에는 너무 빈약

영화 〈비둘기 날개〉
1997년 영국 이안 소프틀리 감독이 《비둘기 날개》를 영화화했다. 시대 배경이 1910년으로 설정된 이 영화는 계급사회에서 가난한 신문기자 머튼 덴셔와 결혼하기 위해 친구 밀리를 이용하려고 하는 케이트의 딜레마가 묘사되어 있다.

하며, 처음부터 사냥감을 찾아 헤매면서 인간의 영혼을 갉아먹는 두 괴이한 유령들은 당연히 자연의 법도에 어긋나는 무뢰배여야 할 것이다. 그 유령들은 일종의 대리인이다. 그 장소와 상황에 사악한 기운을 퍼뜨리라는 끔찍한 임무를 띠고 파견된 대리인인 것이다. 사실 엄밀히 말하자면 그들은 유령이라기보다는 고블린(악귀), 엘프(장난꾸러기 꼬마 요정), 님프(꼬마 도깨비), 데몬(악마) 같이 마법을 부리는 고대의 신비로운 존재에 가깝다. 달빛 아래 춤추면서 구애한다는 전설 속의 유쾌한 페어리(요정)들이 아니다.'

제임스는 먹잇감을 손에 넣으려 하는 유령들이 대개의 경우 허약하고 멍청하고 우둔한 '악(惡)의 화신'으로 묘사되는 것에 반발했다. 그는 오로지 다음과 같은 문제를 중시했다.

'대체 어떡해야 독자들에게 그야말로 한없이 사악한 존재를 제시할 수 있을까? 이걸 해내지 못하면 내 소설은 그저 슬프고 연약한 이야기가 되고 말 것이다. 엄청난 사악함—이것을 내 작품에 등장하는 악령들의 의지로서 확보하려고 내가 얼마나 노력했던가. 적당히 조잡한 모습으로 어쩔 수 없이 출몰하면서 이 짧은 실례를 통해 다른 이에게 책임을 전가하는 악덕, 선동자를 앞에 내세우는 행위, 극히 한정된 가련하고 어중간한 악령의예에서 탈피하려면 대체 어떻게 해야 할까? 내 악령의 이상하고 엄청난 사악함을 확보하려면 어떻게 해야 될까?'

제임스는 그의 작품 속 악마가 지닌 사악함이 어떤 특정한 잔학 행위나 특별한 악덕, 특수한 파렴치함 따위로 축소돼 버리는 것을 원치 않았다. 그러면 모든 것이 저급한 싸구려가 되고 만다는 것이다. 어디까지나 제임스는 무한하고 끝을 알 수 없는, 강력하고 자율적인 확고한 악을 묘사해야만 했다.

사실 제임스 본인은 이 이야기에 아무런 단서도 제공하지 않았다. 작품 속에는 뚜렷한 단서 하나 없다. 그러므로 독자들은 각자의 성격에 따라 스스로 해석할 수밖에 없다. 동시대 비평가들이나 작가들이 이 작품에 대해 특정한 주석을 다는 데 제임스가 반대했던 것도 당연한 노릇이다. 또한 이 작품에서 묘사된 '끔찍한 것'의 정체를 확실히 드러내

브론치노의 〈루크레티아〉
《비둘기 날개》에서 밀리와 꼭 닮았다고 표현되는 〈루크레티아〉. 사실 밀리의 모델은 이른 나이에 결핵으로 죽은 제임스의 사촌누이 '미니'이다. 밀리는 거울에 비친 자신을 보듯이 이렇게 중얼거린다. "하지만 이 여자는 죽었어. 죽었어. 죽었어." 피렌체, 우피치 미술관 소장.

어 고정시키지 않는 데 마침내 성공함으로써, 독자들이 저마다 스스로 그 정체를 확인할 수밖에 없게끔 만들어 놓고서는 예술가로서 자부심을 느낀 것도 당연한 일이다.

H.G. 웰스는 이 수기를 쓴 여자 가정교사의 성격을 보다 상세하게 묘사했어야 한다고 비평했다. 그러자 제임스는 그랬다가는 내 계획이 어그러졌을 것이라고 실명했다. 제임스의 계획에 따르면 이 가정교사는 멋대로 색을 입히거나 왜곡하는 일 없이 모든 사건을 오로지 정확하게 비추는 수정처럼 투명한 렌즈 같은 역할만을 해야 했다. 작가의 말을 빌리자면 이 인물에게 필요한 속성은 오직 '꼼꼼하고 착실하고 용감한 성격'뿐이었다.

작가는 일부러 이야기 속에서 화자의 모습이 사라지고 오직 그녀가 말하는 사실만이 있는 그대로 정확하게 독자한테 보여지게끔 했다. 또 그녀를 사건 도중에 홀로 고립되게 만들었다. 부모를 잃은 아이들의 유일한 보호자인 큰아버지는 가정교사에게 아이들을 전적으로 맡기고, 무슨 일이 있어도 자기에게 하소연하지 않겠다는 다짐까지 받는다. 그런데 다른 하인들은 물론이고 그로스 부인—헌신적인 가정부이자 단 하나뿐인 친구—조차

팔라초 바르바로
《비둘기 날개》에서 밀리가 빌린 '궁전'의 모델이 되었다는 팔라초 바르바로는 사진 왼쪽 건물이다. 1887년 제임스는 친구 부부와 함께 5주일 동안 이곳에 머물렀다.

유령을 보지 못하므로, 신임 가정교사는 아무도 이해할 수 없는 공포와 고뇌에 시달린다.

가정교사 말고는 아무도 그 사실을 모른다는 점에서 이것은 어쩌면 순전히 그녀가 만들어 낸 환각일지도 모른다. 이런 상황이 가정교사를 궁지로 몰아가서 결국 사악한 침입자들과 단독으로 맞붙게 만든다. 그리고 가정교사가 혼자서 악령들과 싸운다는 것이 그녀뿐만 아니라 그녀를 통해 이야기를 접하는 독자들 마음속에도 한층 끔찍한 공포를 자아내고 강한 위기감을 조성한다. 그리하여 그 악마가 노리고 있는 아이들의 소중함이 더욱더 절실히 느껴지게 되는 것이다.

제임스의 설명에 의하면 그 유령들은 지옥에서 온 악마이다. 그들은 어떤 종류의 악인지 분류하기는커녕 암시할 수조차 없는 본질적인 무한한 악의 동기로써 이 세상에 나타났다. 따라서 많은 연구자들의 해석처럼, 마일스와

플로라를 무시무시한 동성애의 대상으로 삼았다는 특정한 악덕만 가지고 그 유령들을 규정할 수는 없다.

많은 연구자들이 이 이야기에서 동성애를 발견한다. 그러나 알고 보면 거울 속에서 자기 얼굴을 보듯이 연구자 자신의 머릿속에 있는 동성애를 스스로 발견했을 뿐이다. 이에 관해 반도렌은 다음과 같이 말했다.

"혹시 코튼 매더(1663~1728, 3대에 걸쳐 미국 청교도 사회를 휘어잡았던 매더 집안의 유명한 목사)가 이 소설을 읽었더라면, 그는 아이들의 영혼을 신께서도 구원할 수 없는 악의 세계로 데려갈 결심을 한 사탄의 대리인이 바로 피터 퀸트와 제슬이라고 생각했을 것이다. 즉 프로이트(성(性)심리학자)식으로 설명할 수 있다면, 매더(청교도)식으로 설명할 수도 있다는 뜻이다."

어쨌든 《나사의 회전》 하나만 봐도 알 수 있듯이 위대한 제임스는 풍부하고 웅대한 제재, 깊은 인상을 남기는 문체, 시대를 초월하는 신선함, 현대심리학에도 뒤지지 않는 섬세한 심리 포착 기법 등등, 수많은 귀중한 요소들을 통해 지금도 새로운 세대에 큰 감명을 주면서 그 영원한 길을 차근차근 걸어가고 있다.

《번화한 거리 모퉁이집》

1908년 12월호 〈영문학 평론〉지에 발표된 헨리 제임스의 단편 소설이자 가장 유명한 귀신이야기(괴담)로서 주인공 스펜서 브라이든이 어린 시절을 보냈던 뉴욕의 빈 집을 어슬렁거리며 돌아다닐 때 몸으로 겪은 모험을 그리고 있다.

주인공 스펜서 브라이든은 30년 넘게 외국에서 살다가 뉴욕으로 돌아온다. 그는 돈벌이가 되는 공동주택을 짓기 위해서 가족들이 살던 오래된 집을 철거하는 데 동의한다. 집을 철거하기 전에 그는 밤중에 집 주변을 어슬렁거리면 돌아다니기 시작한다. 그리고 그는 그곳에서 '온전한 정신일 때 느꼈던 어떤 것보다 더 복잡한(말로 나타내기가 어려운) 어떤 느낌'을 받는다. 또한 브라이든은 만약 그가 외국으로 건너가 살지 않고 계속 미국에서 살았더라면, 그래서 재능을 살려 무언가 멋지고 새로운 건축양식을 고안해 그 일로 큰 부자가 되지 않았을까? 라는 기묘한 공상이 마음을 어지럽히고 있음을 깨닫게 된다. 그는 이런 가능성을 줄곧 뉴욕에서 살아왔던 자신의 여자 친구인 앨리스 스태버튼과 논의한다. 그러는 동안에 브라이든은 자신의 분신(alter ego)이었을 수도 있는 사람(본질적으로는 브라이든 자신이지만)의 유령이 변화한 거리 모퉁이 집(가족들이 살았던 오래된 옛집에 브라이든이 붙인 별명)에 자주 나타난다고 믿게 된다.

밤새도록 유령 뒤를 쫓던 브라이든은 마침내 그 유령과 마주 대하게 되는데, 그 유령이 자신 앞으로 다가왔을 때 '그 충격으로 어지러웠으며, 자기보다 거대한 존재의 뜨거운 입김과 격정에 휘말린 듯, 앞으로 나서면 움츠러들게 될 분노에 부닥친 듯

서전트가 그린 헨리 제임스 초상
'거장'으로서 확고부동한 지위를 얻었던 일흔 살 무렵의 초상화. 제임스의 생일 선물로 친구들이 존 싱거 서전트(유럽에서 활약한 이탈리아 출신 미국인 화가)에게 의뢰해서 그리게 한 작품이다. 서전트가 남긴 걸작 가운데 하나로서, 현재 런던 내셔널 포트레이트 갤러리에 전시된 여러 저명인사의 초상화들 중에서도 특별히 눈에 띄는 그림이다. 런던, 내셔널 포트레이트 갤러리 소장.

뒷걸음질치는 동시에 눈앞이 캄캄해지고 다리에서 힘이 빠지는 것을 느꼈다. 정신이 아득해지며 기절할 것만 같았다. 마침내 그는 정신을 잃었다.'

그리고 브라이든이 마침내 정신을 차렸을 때 자신이 앨리스 스태버튼의 무릎을 베개삼아 누워 있었음을 알게 된다. 그녀는 그가 위험에 처해 있다고 느꼈기 때문에 그 집으로 돌아왔으며, 그녀는 한쪽 손의 손가락 두 개를 잃어버린 유령을 동정하는 말을 하면서도 다른 한편으로는 브라이든을 포옹하고 그의 모습을 있는 그대로 받아들이게 된다.

이 이야기는 사람들이 살아볼 수도 있었겠으나 실제로는 그러지 못했던 '살아보지 못했던 삶'(unlived life)이라는 누구나 관심을 가지는 주제를 다루

고 있다. 이 이야기를 헨리 제임스의 생애와 연관짓고자 하는 시도는 여러 차례 있었다. 자신이 태어난 나라를 떠나 다른 나라에 가서 살았던 브라이든과 제임스 사이에는 비슷한 점이 몇 가지 있다. 그러나 그런 점만을 강조해서 '동일시(同一視)'한다면 그것은 이 이야기의 의미를 보다 의미있는 것으로 강화해준다기보다는 되레 약화(왜곡)시킬 수도 있으며, 그 가운데에서도 유령이 한쪽 손의 '손가락 두 개를 잃은 것'과 제임스가 10대 후반에 겪었던 '뭔지 알 수 없는 마음의 상처'(제임스는 비록 태어난 곳은 미국이지만 가장 감수성이 예민하던 10대 시절 대부분을 미국이 아닌 영국이나 이탈리아, 스위스와 프랑스, 독일 등 유럽에서 언어와 문학 공부를 하면서 보냈는데, 여기에서 비롯된 유럽에 대한 향수를 말함)를 비교하는 것은 너무나도 단순하고 천진한 판단이 될 것이다.

대부분의 비평가들은 이 작품이 《나사의 회전》 이후로 제임스의 가장 뛰어난 귀신 이야기라는 사실에는 동의하지만 작품 속 주인공인 브라이든이 자신이 겪었던 초자연적인 경험에서 배운 것이 있는지, 아니면 그 자신의 다소 이기적이고 사색(思索)과는 거리가 먼 존재로 다시 돌아갔는지에 대해서는 의견이 분분하다. 그 의견 가운데에는 브라이든이 여자 친구인 앨리스 스태버튼의 헌신적인 사랑 덕분에 보다 신중하고 통찰력이 있는 삶을 살게 될 것이라고 보다 긍정적이고 낙관적으로 보는 비평가들도 있다(국내에서는 제임스 문학의 중요한 주제들 가운데 하나인 '뒤늦은 깨달음'을 잘 포착한 작품으로 소개되어 있다).

작가 스스로가 "이 작품에 대한 착상은 어느 날 갑자기 떠올랐으며, 그 때문에 뜬눈으로 밤을 새웠다. 그러고는 곧바로 작품을 완성했으니 나에게는 '기적과도 같은 걸작(miraculous masterpiece)'이었다"고 말한 이 《변화한 거리 모퉁이집》은 그의 다른 작품 《진짜》, 《밀림의 야수》 등과 함께 근대 모더니즘 소설의 문을 연 작품이라는 평가를 받았다.

《어느 헌 옷가지에 얽힌 로맨스》
18세기 중반 매사추세츠 지방을 배경으로, 한 남자를 사이에 두고 두 자매가 벌이는 애정 암투를 그린 작품이다. 전개가 다소 그로테스크한 이 작품도 유령소설이라고 할 수 있다.

버나드는 옥스퍼드 대학에서 유학을 마친 뒤 영국인 친구 아더 로이드와 고향 매사추세츠로 돌아온다. 그의 두 누이동생 로잘린과 퍼디타는 잘생기고 집안도 훌륭한 로이드에게 한눈에 반해, 그의 사랑을 차지하기 위해 저마다 남몰래 애쓴다. 결국 로이드가 동생 퍼디타를 결혼 상대로 택하자 로잘린의 시기와 질투가 불타오른다.

로이드와 퍼디타는 보스턴에서 행복한 신혼생활을 보낸다. 그러던 중 버나드의 결혼식에 참석하기 위해 로이드는 윙레이브 부인의 집에 들른다. 로잘린은 이때다 싶어 로이드를 유혹하고 로이드 역시 어느새 그녀에게 마음이 끌린다. 로이드는 퍼디타가 난산 중에 있다는 소식을 듣고 급히 집으로 돌아간다. 퍼디타는 자기가 엄청난 고통에 신음하고 있을 때 남편이 언니 로잘린과 함께 있었다는 사실에 충격을 받고 급병이 나서 세상을 떠난다.

임종 순간 퍼디타는 자기가 입었던 옷가지들을 다락에 있는 옷궤짝에 고이 간직했다가 어린 딸이 자라면 전해줄 것을 남편에게 유언한다.

그 뒤 로이드는 로잘린과 재혼한다. 탐욕스러운 로잘린은 동생이 남긴 유품까지 탐낸다. 그녀의 집요한 요구에 결국 로이드는 옷궤짝의 열쇠를 내주고 만다. 그런데 열쇠를 가지고 다락방으로 올라간 로잘린이 한참 지나도록 내려오지 않는다. 로이드는 불길한 예감이 들어 다락방으로 올라간다. 아니나 다를까, 열려 있는 옷궤짝 앞에 로잘린은 한 손으로 가슴을 누른 채 쓰러져 있고, 공포에 질린 그녀의 얼굴과 이마에는 복수심에 불타오른 무시무시한 유령의 손톱자국이 선명하게 새겨져 있었다. 이 작품의 마지막 무서운 장면은 결국 퍼디타의 혼령이 자신의 행복을 빼앗아간 로잘린에게 무시무시한 복수를 행하였음을 강하게 암시한다. 이 작품의 서사기법과 주제는 이후에 나타나는 그의 문학적 면모, 즉 세밀한 심리묘사와 도덕 주제에 깊이 천착하는 일련의 문학적 거리와 관련지어 볼 때, 헨리 제임스의 문학적 발전 과정을 살피는 데 좋은 기초가 되고 있다.

《앰비언트의 《벨트라피오》》

화자인 '나'는 《벨트라피오 *Beltrafio*》의 저자이자 유명한 작가인 앰비언트(Ambiont)의 집에 초대받아 이틀간 머문다. 그가 머무는 동안 앰비언트와 그의 부인은 어린 외아들 돌시노(Dolcino)를 사이에 두고 심한 갈등을 드러낸다. 앰비언트 부인은 남편의 작품이 사악하다고 여기고 그것을 읽지 않는 것은 물론, 남편이 아들을 안는 것조차 싫어한다. 그러던 어느 날 돌시노가 병에 걸린다. 앰비언트 부인은 아이가 살아서 남편의 부도덕한 책의 영향을 받느니보다 차라리 죽는 것이 낫다고 생각하여, 의사의 치료를 거부하고 죽게 내버려둔다.

이 작품은 두 사건, 즉 앰비언트와 그의 예술작품을 증오하는 그의 부인 사이의 갈등과 그 갈등이 불러온 아들 돌시노의 죽음으로 구성되어 있다. 그 무엇보다 예술을 중시하는 앰비언트와 눈앞의 이익에만 관심을 둔 아내 사이의 갈등으로 볼 수도 있다. 또한 에델(Edel) 교수의 주장처럼 제임스 작품에서 돌시노를 비롯한 어린 주인공들이 노래하는 목소리는 어른들의 눈에는 악한 행위로 비친다. 그래서 어린아이들은 사악한 어른들의 자기 중심적인 정당성이나 간섭행위 때문에 희생되고 만다는 제임스의 도덕관에 비추어 이 작품을 해석할 수도 있다.

《융단 속의 무늬》

제임스의 자전적인 요소와 문학 비평을 다루고 있다.

비평가 조지 코빅이 휴 베리커의 신작소설 서평을 '나'인 비평가에게 부탁한다. 어느 파티 석상에서 베리커는 '비평가의 서평이 으례 듣는 허튼 소리'라고 말한다. 또는 '자기 작품에 숨겨둔 융단 속의 무늬를 찾아내는 비평가는 없다'고도 말한다. '나'는 그 말을 듣고 그의 작품을 다시 읽어보았으나 무늬를 찾아내지는 못한다. 그러나 코빅은 그 숨겨진 무늬를 찾아내어 자기 아내에게만 알려주었는데, 그는 신혼여행 중 마차사고로 죽는다. 그의 아내 퀜덜런은 이류 비평가 드레이튼 딘과 재혼한다. 그리고 베리커가 로마에서 열병으로 죽는다. 이어 퀜덜런도 둘째 아이를 낳다가 죽는다. '나'는 딘에게, 혹시 아내가 무늬에 대해 무슨 이야기를 하지는 않는지 물었으나 그는 들은 것이 없다.

저자는 이 작품에서 문학에 대한 사회의 자세를 예리하게 관찰한 문학관을 나타내고 있다. 이 작품은 신중한가 하면 환상적일 때도 있는 문학비평의 애매성을 비평하고 있다. 융단 속의 무늬는 과연 무엇인가? 그 무늬는 누가 밝혀내야 하는가?

이 작품은 예술의 본질에 대해 어떤 인식을 가져야 하는지를 다루고 있으며, 제임스의 작품을 독자가 어떻게 읽어야 하는지 충고하고 있다. 제임스는 이 작품을 "비평적·분석적인 이해력이 부족한 독자들 때문에 쓴 것이다"라고 말한 바 있다.

따라서 예술가의 정신이나 형식, 그리고 편견이나 논리가 얼마나 잘 다듬어져 있는가를 알아보도록 권유하고 있는 작중의 작가 베리커가 연출하는 드라마이며, 제임스가 마련한 테스트이기도 하다.

《실수의 비극》

1864년 2월 뉴욕의 〈콘티넨털 먼슬리〉에 익명으로 발표된, 헨리 제임스가 스물한 살 때 쓴 첫 번째 작품이자 단편소설이다. 제임스는 이 작품을 책 형태로 출판한다거나 출판하기 위해 정리하지는 않았지만, 미국의 권위 있는 비영리 출판사인 라이브러리 오브 아메리카(LOA)에서 펴낸 미국문학 총서(1864~1874)에는 실려 있으며, 1950년에 작품이 재조명되면서 〈뉴 잉글랜드 쿼털리〉 1956년 9월판에 두 번째로 실렸다.

3인칭 관찰자 시점에서 쓰여진 작품으로 모두 4장으로 이루어져 있으며, 제임스의 '첫 번째 작품'이라는 점에서 값어치가 있다. 한 여인이 저지른 남편 살해 미수를 다룬 작품으로, 프랑스 바닷가에 자리한 작은 읍소재지 우체국 앞에서 남편의 귀국 소식이 담긴 편지를 받는 장면으로 시작된다. 남편 샤를 베르니에가 사업 때문에 2년 동안 해외로 나가 있는 동안 부인 호르탄스는 루이 드 메이로 자작과 불륜관계를 가지게 된다. 남편이 돌아온다는 소식에 호르탄스는 행여나 자신의 불륜 행각이 드러날까봐 남편을 죽일 음모를 꾸민다. 마침 선원 한 사람을 만나게 되자, 한몫 챙겨 주겠다는 약속을 하고 그에게 남편을 죽여달라고 부탁한다. 또한 자신의 불륜이 드러날 것을 두려워하여 정부인 메이로 자작을 찾아가 의논하지만 그는 냉담한 반응을 보일 뿐이다. 그러나 메이로가 샤를을 만나기 위해 아르모리크 호를 찾아가지만 샤를은 이미 배를 떠난 뒤였다. 이때 남편 살해 부탁을 받은 선원이 메이로를 샤를로 착각하고서 그를 죽이게 된다. 그리고 호르탄스는, 죽은 줄 알았던 남편이 살아서 절뚝거리는 걸음으로 두 팔을 벌린 채 돌아오는 모습을 보고 울부짖는 장면으로 마무리된다.

《헨리 제임스 독자 길라잡이》를 쓴 골리 퍼트(S. Gorley Putt)는 이 작품에 대해 '신원 확인 과정에서의 잘못과 불행한 살인이 포함된 말끔히 정리된 구성(plot)이 뛰어난, 스물한 살짜리 책벌레의 모방적인 글쓰기 작업'이라고 평가했다. 첫 작품부터 이야기 전달과 인물만들기에서 상당한 수준에 올라 있었음에도 책으로는 출판하지 않았다는 점에서, 또 익명으로 발표했다는 점에서 이 작품이 작가가 추구한 완성도 수준에는 미치지 못했음을 알 수 있다.

그 밖의 헨리 제임스 단편 걸작

《사생활》은 로버트 루이스 스티븐슨이 즐겨 다뤘던 도플갱어라는 테마가 등장한다. 상류사회 인사들이 해외여행을 떠나 그곳에서 주고받는 일상적인 잡담과 연극에 대한 이야기가 주 내용이다. 그러다가 아무렇지도 않게 초현실적인 도플갱어가 등장하지만 그것에 대한 언급도 스치듯 지나가고 다시 그들은 유한계급의 나른한 일상으로 빠진다. 여기에 등장하는 인물들에 대해 보르헤스는 '세상이라는 무대를 훑고 지나가는 화려한 허무를 조롱한다'고 평가한다. 《오언 윈그레이브》는 처음에는 평화주의자에 대한 작품인 듯 보인다. 사관학교 준비 기관의 우수 생도인 오언 윈그레이브는 폭력이 유발하는 헤아릴 수 없는 비극을 견딜 수 없다며 어느 날 불현듯 자퇴를 선언한다. 교관은 너무도 우수한 군인의 자질을 갖춘 오언을 만류하기 위해 그의 아내와 오언의 친한 생도 한 명을 데리고 오언의 집에 찾아간다. 교관은 거기에서 그 집안의 내력을 듣게 되고 그 집의 한 불길한 방에 대해 알게 된다. 그러다가 이야기를 따라가던 독자들은 결말에 이르러서야 이 단편이 '옛 가치와 유령에 대한 이야기'임을 알게 된다. 《친구 중의 친구》는 깊은 우수를 담고 있는 동시에 아주 은밀한 신비에서 만들어진 사랑을 찬양한다. 이 세 편의 단편들은 모두 간접적으로 환상을 다루고 있다. 마지막으로 《노스모어 집안의 굴욕》을 살펴본다. 거물 정치인 노스모어 경이 죽자 노스모어 경의 절친한 친구이자 그를 거물로 만든 숨은 공로자 워런 호프는 노스모어의 영결식장에 갔다가 건강이 악화되어 얼마 안 있어 역시 세상을 떠난다. 호프 부인은 노스모어 경의 성공이 대부분 남편이 이루어낸 것이었음에도 아무도 그것을 몰라 주는 현실을 안타까워한다. 그런데 노스모어 경의 유족들은 노스모어 경의 유고 서한집 발간을 위해 호프 부인에게 예전에 노스모어 경과 워런 로프가 주고받은 서한을 기증해 달라고 요청한다. 고민 끝에 호프 부인은 두 사람의 왕복 서한을 노스모어 집안에 보낸다. 이 단편은 끈질긴 복수의 이야기이다. 마지막에 가서야 그것이 복수라는 걸 알게 되기에 더욱 잔인한 복수처럼 여겨진다.

헨리 제임스 연보

1843년	4월 15일 뉴욕 시 워싱턴 광장 21번지에서 헨리 제임스 태어나다. 신학자인 아버지 헨리 제임스와 어머니 메리의 차남. 한 살 많은 형 윌리엄은 뒷날 저명한 철학자 겸 심리학자가 된다. 그 밖에 두 아우와 누이동생 앨리스가 있었다. 태어난 지 여섯 달 만에 형과 함께 부모님을 따라 유럽으로 건너간다. 그 뒤 자주 유럽을 방문하여 세계인으로서 경력을 쌓아간다.
1848년(5세)	누이동생 앨리스 태어나다. 윌리엄과 헨리 못지않게 비범한 여성이었다고 한다.
1855년(12세)	유럽으로 간 제임스 가족은 3년 동안 스위스, 영국, 프랑스에 머무른다. 소년 헨리는 제네바, 파리, 불로뉴쉬르메르에 있는 학교에 다닌다.
1858년(15세)	제임스 가족이 미국으로 돌아와 로드아일랜드 주 뉴포트에 정착한다. 헨리는 더더욱 책을 탐독하게 된다.
1859년(16세)	제임스 가족이 유럽으로 건너간다. 헨리는 제네바, 본에서 학교에 다닌다.
1860년(17세)	가족과 함께 뉴포트로 돌아옴. 그곳에 사는 화가 윌리엄 모리스 헌트에게서 그림을 배운다. 문학에 강한 관심을 보이면서 뮈세, 메리메의 작품을 번역한다.
1861년(18세)	4월 남북전쟁이 시작되다. 10월 뉴포트에 화재가 일어나자 소화 작업을 돕다가 등에 부상을 입는다. 이 때문에 종군할 수 없게 되고, 평생 병에 시달리게 된다.
1862년(19세)	하버드 대학 법학부 입학. 법률보다는 문학과 연극에 열중하면서 창작 활동을 시작하다.

1863년(20세) 법률 공부를 그만두고 문학자로서 성공할 결심을 하다.
1864년(21세) 제임스 가족이 보스턴으로 이사. 아버지를 통해서 그 지역 문화인에게 인정을 받다. 첫 단편 〈실수의 비극(A Tragedy of Error)〉을 익명으로 〈콘티넨털 먼슬리〉 2월호에 발표. 〈노스 아메리칸 리뷰〉 10월호에서는 그의 서평이 채용되어 익명으로 게재되다.
1865년(22세) 처음으로 이름을 밝히고 내놓은 단편 〈어느 해 이야기(A Story of a Year)〉가 〈애틀랜틱 먼슬리〉 3월호에 실리다. 〈애틀랜틱 먼슬리〉와 그해 창간된 〈네이션〉에 서평을 싣기 시작. 이후에도 이 잡지들을 통해 계속 원고를 발표했다. 주로 단편, 서평, 여행기, 미술·연극 비평, 장편 연재소설을 썼다. 4월에 남북전쟁 종료.
1866년(23세) 제임스 가족이 보스턴 강 건너편에 있는 케임브리지(하버드대학 소재지)로 이사하다. 〈애틀랜틱 먼슬리〉의 부편집장인 작가 윌리엄 딘 하웰스의 지지를 얻어서 이 잡지에 많은 작품을 발표하게 된다. 하웰스와는 평생토록 우정을 나누었다.
1869년(26세) 2월 유럽 여행을 떠나다. 영국, 프랑스, 스위스, 이탈리아 여행.
1870년(27세) 3월 그가 영국에 머물 때 사촌누이 미니 템플이 병으로 세상을 떠나다. 향년 24세. 미니 템플은 '제임스 문학의 여성상'에 커다란 영향을 주었다고 한다. 4월 귀국.
1871년(28세) 8~12월 첫 번째 장편소설 《후견인과 피후견인》을 〈애틀랜틱 먼슬리〉에 연재.
1872년(29세) 5월 유럽 여행을 떠나다. 1874년 9월에 귀국할 때까지 영국, 스위스, 네덜란드, 벨기에, 독일, 프랑스, 이탈리아 등을 전전하면서 틈틈이 〈네이션〉을 비롯한 여러 잡지에 여행기, 평론 따위를 기고하다.
1875년(32세) 1월 첫 번째 단편집 《정열의 순례, 그 밖의 이야기(A Passionate Pilgrim and Other Tales)》 간행. 본격적인 장편 국제 소설 《로데릭 허드슨》을 〈애틀랜틱 먼슬리〉 1월호부터 연재. 4

월 여행기 《대서양 건너편의 스케치 모음(Transatlantic Ske-tches)》 출판. 여름부터 유럽에 영주하고 싶다는 희망을 품다가 10월에 마침내 결심을 굳히고 바다 건너 파리에 정착하다. 그곳에서 투르게네프, 플로베르, 모파상, 도데, 졸라 등과 사귀면서 소설 작법을 배우다. 11월 《로데릭 허드슨(Roderick Hudson)》을 단행본으로 발표.

1876년(33세) 6월 장편 《미국인》 잡지 연재를 시작하다. 12월 파리를 떠나 런던으로 이사.

1877년(34세) 5월 《미국인(The American)》 간행. 9월에 파리를 거쳐 로마로 가다.

1878년(35세) 3월 평론집 《프랑스 시인과 소설가(French Poets and Nove-lists)》 간행. 5월 《후견인과 피후견인(Watch and Ward)》을 단행본으로 출판. 6~7월 《데이지 밀러》 연재. 7월 장편 《유럽인》 잡지 연재 시작. 9월 《유럽인(The Europeans)》을 단행본으로 출판. 11월 단행본 《데이지 밀러(Daisy Miller)》 간행. 작가는 이 책으로 호평을 얻어 런던 사교계의 명사가 된다.

1879년(36세) 1월 《국제적 이야기(An International Episode)》 간행. 2월 작품집 《데이지 밀러》 간행. 9월부터 석 달 동안 파리에 머무르다. 10월 작품집 《미래의 성모, 그 밖의 이야기(The Madonna of the Future and Other Tales)》, 12월 장편 《신뢰(Confidence)》, 평전 《호손(Hawthorne)》 간행.

1880년(37세) 4월 작품집 《50세 남자가 쓴 일기, 편지 한 다발(The Diary of a Man of Fifty and A Bundle of Letters)》 간행. 이탈리아 여행을 떠나다. 12월 장편 《워싱턴 스퀘어(Washington Square)》 간행. 가을부터 《어떤 귀부인의 초상》 연재 시작.

1881년(38세) 2월 프랑스 남부, 이탈리아로 가다. 가을이 되자 6년 만에 미국으로 돌아가 보스턴, 뉴욕, 워싱턴을 방문하다. 11월 《어떤 귀부인의 초상(The Portrait of a Lady)》 간행, 작가로서의 지위를 확립하다.

1882년(39세) 1월 어머니 메리가 세상을 떠나다. 봄에 《데이지 밀러》를 희

	곡으로 각색했으나 미국에서도 영국에서도 상연하지 못했다. 5월 영국으로 떠남. 9월 프랑스 여행. 12월 18일 아버지 헨리가 세상을 떠나다. 21일 미국으로 귀국.
1883년(40세)	2월 중편《런던 공위〔攻圍〕(The Siege of London)》간행. 여름에 영국으로 돌아가다. 이후 20년 동안 미국을 방문하지 않는다. 9월《희극 데이지 밀러》간행. 11월 열네 권으로 된 《전집(Collective Edition of Henry James)》을 런던에서 발간.
1884년(41세)	파리와 이탈리아를 여행. 11월 평론《소설 예술(The Art of Fiction)》간행. 가을에 누이동생 앨리스가 영국으로 오다.
1885년(42세)	2월 작품집《벨트라피오의 작가, 그 밖의 이야기(The Author of Beltraffio and Other Tales)》간행. 월간지〈센추리 매거진〉2월호부터《보스턴 사람들》연재. 9월 장편《카사마시마 공작부인》잡지 연재를 시작하다. 작가 R.L. 스티븐슨과 안면을 트다.
1886년(43세)	2월《보스턴 사람들(The Bostonians)》간행. 10월《카사마시마 공작부인(The Princess Casamassima)》간행. 겨울부터 이듬해 여름까지 이탈리아에 머물다.
1888년(45세)	2월 중편《잔향기(The Reverberator)》를 잡지에 연재하다가 6월에 단행본으로 간행. 5월 작가론《어두운 그늘(Partial Portraits)》출판. 9월 중편《아스펀의 편지(The Aspern Papers)》출판. 스위스, 이탈리아 북부, 프랑스 여행.
1889년(46세)	1월 장편《비극의 뮤즈》연재 시작. 4월 작품집《런던 생활(A London Life)》간행. 희곡 집필에 관심을 기울이다. 가을에 파리로 이동.
1890년(47세)	6월《비극의 뮤즈(The Tragic Muse)》간행. 여름 이탈리아 여행. 극작에 전념하기 시작.
1891년(48세)	지난해부터 각색한〈미국인〉을 런던에서 상연. 형 윌리엄이 찾아와 누이동생 앨리스를 병문안하고〈미국인〉무대를 감상하다.
1892년(49세)	2월 작품집《대가(大家)의 교훈(The Lesson of the Master)》

출판. 3월 앨리스가 런던에서 숨을 거두다. 여름에 이탈리아 여행.

1893년(50세) 3월 단편집 《진짜, 그 밖의 이야기(The Real Thing and Other Tales)》, 9월 단편집 《시간의 수레바퀴(The Wheel of Time)》 출판.

1894년(51세) 5월과 12월에 희곡집을 출판했으나 별로 인기를 끌지 못하다.

1895년(52세) 1월 희곡 〈가이 돔빌〉이 런던에서 상연되다. 이때 작가는 무대 인사를 하러 나갔다가 관객의 야유를 받고 극작 활동을 단념한다. 5월 작품집 《마지막(Terminations)》 출판.

1896년(53세) 4월 장편 《포인턴 저택의 소장품》을 잡지에 연재하기 시작. 6월 단편집 《당혹(Embarrassments)》(문제작 〈카펫 무늬(The Figure in the Carpet)〉 포함) 간행. 10월 장편 《맞은편 집(The Other House)》 출판.

1897년(54세) 1월 장편 《메이지가 알고 있었던 일》 연재 시작. 2월 《포인턴 저택의 소장품(The Spoils of Poynton)》 간행. 9월 《메이지가 알고 있었던 일(What Maisie Knew)》을 단행본으로 간행.

1898년(55세) 8월 중편 《새장 안에서(In the Cage)》 간행. 10월 작품집 《두 가지 마법(The Two Magics)》(문제작 〈나사의 회전(The Turn of the Screw)〉 포함)을 간행하고 장편 《사춘기》 잡지 연재를 시작하다. H.G. 웰스, 콘래드 등 많은 작가들과 교제하다.

1899년(56세) 4월 《사춘기(The Awkward Age)》를 단행본으로 출판. 5월 이탈리아로 가다. 후기 3대 걸작을 집필하기 시작.

1901년(58세) 2월 중편 《신성한 샘(The Sacred Fount)》 출판.

1902년(59세) 8월 3대 걸작 가운데 하나인 《비둘기 날개(The Wings of the Dove)》 출판.

1903년(60세) 1월 3대 걸작 가운데 하나인 《사자(使者)들》을 〈노스 아메리칸 리뷰〉에 연재하기 시작. 2월 작품집 《걸작선(The Better Sort)》(훌륭한 단편 〈밀림의 야수(The Beast in the jungle)〉

	포함) 간행. 9월 《사자들(The Ambassadors)》을 단행본으로 출판.
1904년(61세)	2월 3대 걸작의 대미를 장식하는 《황금 잔(The Golden Bowl)》 출판. 9월 오랜만에 미국 방문. 12월 뉴욕에서 스크리브너 출판사 사람과 함께 전집 출판에 관해 의논하다.
1905년(62세)	미국 각지를 돌면서 강연여행을 하다. 8월 영국으로 돌아가다. 10월 《영국 기행(English Hours)》 출판.
1906년(63세)	자선(自選) 결정판 전집(뉴욕 판)을 내기 위해서 작품 선택·편집·가필·정정·머리말 집필 등에 착수하다.
1907년(64세)	1월 여행기 《미국 풍경(The American Scene)》 출판. 3~7월 프랑스, 이탈리아 여행. 12월 뉴욕 판 전집 출판. 이 전집은 1909년 7월에 총 스물네 권으로 완결됐으며, 작가가 죽은 뒤 미완성 소설 두 권이 추가되어 1917년 총 스물여섯 권으로 출판됐다.
1909년(66세)	10월 《이탈리아 기행(Italian Hours)》 간행. 건강이 눈에 띄게 나빠지다.
1910년(67세)	연초부터 병상에 눕다. 6월 독일에서 요양하는 형 윌리엄을 문병하러 가서 함께 몸을 보양하다. 8월 아우 로버트슨이 세상을 떠나자 형 부부와 함께 미국으로 건너가다. 그 달에 윌리엄 사망. 회상기나 자전을 집필하는 데 열중하게 되다.
1911년(68세)	5월 하버드 대학에서 명예학위를 받다. 8월 영국으로 돌아가다. 10월 《절규(The Outcry)》 출판.
1912년(69세)	옥스퍼드 대학에서 명예학위를 받다.
1913년(70세)	3월 자전 《소년과 다른 사람들(A Small Boy and Others)》 출판. 4월 15일에는 270명이나 되는 친구들이 모여서 그의 생일을 축하하다. J. 서전트가 기념 초상화를 제작.
1914년(71세)	3월 자전적 회상기 《아들·형제의 기록(Notes of a Son and Brother)》 출판. 8월 제1차 세계대전이 시작되자 부상병 위문, 난민 구호, 미국 야전 위병대 격려 등에 힘쓰다. 10월 평론집 《소설가에 관한 기록(Notes on Novelists)》 출판.

1915년(72세)	7월 26일 영국으로 귀화. 12월 2일 뇌졸중을 일으키는 동시에 폐렴에 걸리다.
1916년(73세)	1월 국왕에게서 메리트 훈장을 받다. 2월 28일 런던 첼시에서 숨을 거두다.
1917년	9월 미완성 장편 《상아탑(The Ivory Tower)》 및 《과거의 감각(The Sense of the Past)》 발간. 10월 미완성 자전 《중년(The Middle Years)》 출판.
1920년	4월 《서간집(The Letters of Henry James)》 두 권 간행.
1921년	1월 《제임스 전집(The Novels and Stories of Henry James)》이 런던에서 나오기 시작하여 23년 11월에 총 서른다섯 권으로 완결되다.
1934년	11월 《소설 기법(The Art of the Novel)》 간행.
1947년	10월 《창작 노트(The Notebooks of Henry James)》 간행.
1949년	10월 《희곡 전집(The Complete Plays of Henry James)》 출판.

옮긴이 강서진(姜書振)
Community College of Baltimore County.
University of Phoenix 수학.
헨리 제임스 소설연구.
중앙대학교 예술대학원 수학.
한국소설 등단 「봄의 변주」 신인상 수상.

207
Henry James
DAISY MILLER/THE TURN OF THE SCREW
데이지 밀러/나사의 회전
헨리 제임스/강서진 옮김
1판 발행/2012. 12. 12
발행인 고정일
발행처 동서문화사
창업 1956. 12. 12. 등록 16-3799
서울 강남구 도산대로 163(신사동, 1층)
☎ 546-0331~6 (FAX) 545-0331
www.dongsuhbook.com
잘못 만들어진 책은 바꾸어 드립니다.
*
이 책의 출판권은 동서문화사가 소유합니다.
의장권 제호권 편집권은 저작권 법에 의해 보호를 받는 출판물이므로 무단전재와 무단복제를 금합니다.
사업자등록번호 211-87-75330
ISBN 978-89-497-0797-6 04080
ISBN 978-89-497-0382-4 (세트)